Heidelberger Taschenbücher Band 14

Alfred Stobbe

# Volkswirtschaftslehre I

## Volkswirtschaftliches Rechnungswesen

Sechste, revidierte Auflage

Springer-Verlag
Berlin Heidelberg New York Tokyo
1984

Professor Dr. Alfred Stobbe

Universität Mannheim, Fakultät für Volkswirtschaftslehre
und Statistik, Seminargebäude A 5, 6800 Mannheim 1

1. Auflage 1966: 1.–24. Tausend
2. Auflage 1969: 25.–55. Tausend
3. Auflage 1972: 56.–105. Tausend
(Die 1. bis 3. Auflage erschien unter dem
Titel „Volkswirtschaftliches Rechnungswesen".)
4. Auflage 1976: 106.–139. Tausend
5. Auflage 1980: 140.–166. Tausend
6. Auflage 1984: 167.–196. Tausend

ISBN 3-540-13575-8 Springer-Verlag Berlin Heidelberg New York Tokyo
ISBN 0-387-13575-8 Springer-Verlag New York Heidelberg Berlin Tokyo

ISBN 3-540-10199-3 5. Auflage Springer-Verlag Berlin Heidelberg New York
ISBN 0-387-10199-3 5th edition Springer-Verlag New York Heidelberg Berlin

CIP-Kurztitelaufnahme der Deutschen Bibliothek
Stobbe, Alfred: Volkswirtschaftslehre / Alfred Stobbe. – Berlin ; Heidelberg ; New York ; Tokyo : Springer
Teilw. mit d. Erscheinungsorten Berlin, Heidelberg, New York
Früher u. d. T.: Stobbe, Alfred: Volkswirtschaftliches Rechnungswesen
1. Stobbe, Alfred: Volkswirtschaftliches Rechnungswesen. – 6., rev. Aufl. – 1984
(Heidelberger Taschenbücher ; . . .)
Stobbe, Alfred: Volkswirtschaftliches Rechnungswesen / Alfred Stobbe. –
6., rev. Aufl. – Berlin ; Heidelberg ; New York ; Tokyo : Springer
(Volkswirtschaftslehre / Alfred Stobbe ; 1) (Heidelberger Taschenbücher ; Bd. 14)
ISBN 3-540-13575-8 (Berlin . . .)
ISBN 0-387-13575-8 (New York . . .)
NE: GT


Printed in Germany
Gesamtherstellung: Konrad Triltsch, Graphischer Betrieb, Würzburg
2142/3140-54321

# Vorwort zur sechsten Auflage

Der Text dieser Auflage wurde gegenüber der fünften Auflage von 1980 an vielen Stellen und zum Teil erheblich geändert. Die statistischen Angaben sind nunmehr auf dem Stand des Jahres oder Jahresendes 1982, an einigen Stellen dem von 1983. Das erste Kapitel wurde von einigen Details entlastet, die jetzt in späteren Kapiteln oder im Definitionsverzeichnis zu finden sind. Außerdem fehlt hier der bisherige Teil V über „Sprache in der Wirtschaftswissenschaft", da Erörterungen dieser Art für eine elementare Einführung, wie sie das erste Kapitel bilden soll, vielleicht doch zu speziell sind und eher in einen Band mit dem Titel „Methoden, Sprache und Rolle der Wirtschaftswissenschaft" gehören. Die hier eingenommene generell sprachkritische Haltung wird davon jedoch nicht berührt; auf eher irreführende Bezeichnungen („Geldvolumen") wird weiterhin aufmerksam gemacht. In bezug auf das Wort „Produktionsfaktor" und andere Details habe ich den Sprachgebrauch an den der Volkswirtschaftslehre II – Mikroökonomik von 1983 angeglichen. Das zweite Kapitel blieb im wesentlichen ungeändert. Im dritten Kapitel schlage ich jetzt Bezeichnungen für die Unterteilung des Produktionskontos vor, die mir einleuchtend erscheinen, aber nach wie vor teilweise von denen des Statistischen Bundesamts abweichen. Ich kann mich nicht wie das Amt mit dem Namen „Bruttowertschöpfung" für eine Größe befreunden, die den durch die Abschreibungen gemessenen produktionsbedingten Wertverzehr noch enthält. Jedoch werden sonst Änderungen im Sprachgebrauch der Statistikproduzenten ohne besonderen Hinweis übernommen, da das Buch nicht zuletzt den Zugang zu deren Erzeugnissen eröffnen soll. Außerdem wurde in diesem Kapitel, berechtigter Kritik folgend, der Übergang vom einzel- zum gesamtwirtschaftlichen Produktionskonto methodisch sauber dargestellt; und es enthält nunmehr auch (als Teil VII) elementare Angaben über Preisindizes. Im vierten Kapitel wurde wenig geändert; das fünfte jedoch weitgehend umgeschrieben. Die Darstellung der Zahlungsbilanz der Bundesrepublik samt ihrer Auslandsposition ist jetzt in Teil II zusammengefaßt, und Teil III enthält grundlegende Informationen über die Berechnung des Außenwerts einer Währung, das Europäische Währungssystem, Weltmarktpreise und die internationale Handelsverflechtung. Außerdem wurde der Abschnitt über das Realtauschverhältnis aus dem siebenten Kapitel hierher versetzt. Im sechsten Kapitel wurden Umstellungen vorgenommen; die Revision der Volkswirtschaftlichen Gesamtrechnungen des Statistischen Bundesamts von 1982 ist voll berücksichtigt. Größere Änderungen enthält schließlich das siebente Kapitel. Teil I über „Elemente der Strukturanalyse" wurde vorangestellt und ein Abschnitt über Erwerbstätigkeit in der Bundesrepublik hinzugefügt. Angaben über Unternehmenskonzentration und Personalnebenkosten fehlen nach wie vor, sind aber in Band II – Mikroökonomik enthalten. Die aus dem politikinduzierten Interesse an Strukturproblemen herrührende Fülle von Publikationen konnte jedoch auch nicht annähernd verarbeitet werden, was im übrigen auch den Rahmen dieser Einführung sprengen würde. Die Angaben über statistische Quellen und die fünf Wirtschaftsforschungsinstitute in den Anhängen I und II sind nunmehr auf dem Stand von 1982/83; der Definitionsanhang III wurde eher erweitert, präziser gefaßt und mit Detailangaben angereichert. Hier sind auch nach wie vor Synonyme zu finden, von denen der Text des Buches entlastet wurde. Die bisherigen Aufgabenanhänge am Schluß der sieben Kapitel sind weggelassen, die Literaturanhänge dafür etwas ausführlicher gefaßt.

Ich danke Mitarbeitern der Wirtschaftsforschungsinstitute, einiger Bundesministerien, des Centraal Bureau voor de Statistiek sowie vor allem des Statistischen Bundesamts für ihre Hilfe bei der Beschaffung statistischer Angaben und sonstiger Unterlagen. Ralph Ganter, Peter Heimann, Hans-Joachim Jarchow, Michael Schmid, Klaus Schüler, Carsten Stahmer und Hanna Stobbe gaben Hinweise auf Fehler und Unzulänglichkeiten aller Art; Rudolf Langer und Edmund Urban haben außerdem Zeichnungen angefertigt, Literatur beschafft, Statistiken überprüft, bei der Korrektur geholfen und mir dadurch viel Arbeit abgenommen. Das Dekanat Volkswirtschaftslehre und Statistik sowie die Universität Mannheim stellten wie bisher Ressourcen zur Verfügung. Ich danke allen, die hilfreich waren, und entlaste sie von jeder Verantwortung für das Endprodukt.

Mannheim, im Mai 1984 — Alfred Stobbe

## Aus dem Vorwort zur ersten Auflage

Das vorliegende Lehrbuch verfolgt zwei Ziele. Ohne Vorkenntnisse vorauszusetzen – eine Anzahl der wichtigsten Begriffe der wirtschaftswissenschaftlichen Fachsprache wird im ersten Kapitel erläutert – soll es einmal den Studenten der Wirtschaftswissenschaft in die makroökonomische Ex-post-Analyse einführen und damit eine Grundlage für das Studium der Probleme der makroökonomischen Theorie und der Wirtschaftspolitik geben. Die Erfahrung zeigt, daß in einer solchen Einführung Hinweise auf vergangene Kontroversen, Abschweifungen in philosophische Fragen und methodologische Erörterungen fehl am Platz sind, da sie meist unverstanden bleiben und den Anfänger somit nur verwirren und unsicher machen. Ich habe mich daher bemüht, unter Verzicht auf lehrgeschichtliche Ausflüge nur den gegenwärtigen Stand der Ex-post-Analyse wiederzugeben und dabei möglichst oft auf praktische Beispiele zurückzugreifen. Zu dieser Betonung der Empirie gehört auch das besonders mit dem vorliegenden Band verfolgte zweite Ziel, dem Studenten das unerläßliche Mindestmaß an Kenntnissen über die Volkswirtschaft der Bundesrepublik zu vermitteln. Es sind daher nicht nur die Methoden der einzelnen Zweige des Volkswirtschaftlichen Rechnungswesens erläutert, sondern auch die Ergebnisse der entsprechenden statistischen Berechnungen für die Bundesrepublik Deutschland bis zum jeweiligen neuesten Stand wiedergegeben worden.

# Inhaltsverzeichnis

Erstes Kapitel

## Wirtschaftsprozeß und Wirtschaftswissenschaft: Eine Einführung

Zweites Kapitel

## Vermögensrechnungen



Drittes Kapitel

## Der Wirtschaftskreislauf

Viertes Kapitel

## Geld, Kredit und Finanzsektor

Fünftes Kapitel

## Außenwirtschaftsrechnung

Sechstes Kapitel

## Volkswirtschaftliche Gesamtrechnung



Siebentes Kapitel

## Strukturanalysen

# Hinweise zur Benutzung dieses Buches

**Adressatenkreis und Vorkenntnisse:** Das Buch soll Studienanfängern der Wirtschafts- und Sozialwissenschaften sowie anderen Interessenten den ersten Einblick in die heute allgemein verwendeten Verfahren zur Beschreibung wirtschaftlicher Vorgänge und die dabei verwendete Fachsprache bieten. Es knüpft an ökonomische Alltagserfahrungen an und erfordert keine volks- oder betriebswirtschaftlichen Vorkenntnisse. Die im Volkswirtschaftlichen Rechnungswesen üblichen Fachausdrücke werden von der Umgangssprache her erläutert. Fremdsprachenkenntnisse sind für das Verständnis nicht erforderlich, jedoch wird in den Literaturanhängen auch auf weiterführende englischsprachige Titel hingewiesen. An Mathematik werden nur Kenntnisse der Grundrechenarten benötigt; an einer Stelle sind einige Formeln der Zinseszinsrechnung hergeleitet.

**Stoffauswahl:** Im Rahmen einer einsemestrigen Einführung in einige Grundkonzepte der Wirtschaftswissenschaft und die makroökonomische Ex-post-Analyse wären das erste bis vierte Kapitel sowie die Teile I und II des fünften Kapitels durchzuarbeiten. Diese Auswahl umfaßt mit 206 Seiten Text etwa 65 v. H. des Buches. Der Rest behandelt weitergehende Probleme und kann auch selbständig im Anschluß an den Einführungskurs gelesen werden.

**Fachausdrücke:** Alle wichtigen Fachausdrücke sind da, wo sie definiert oder sonst erläutert werden, *kursiv* gedruckt. Die entsprechenden Stellen im Text können über das Sachverzeichnis (S. 392 ff.) gefunden werden. Außerdem sind in Anhang III (S. 364–386) einige wichtige Definitionen mit zusätzlichen Erläuterungen zusammengestellt. Synonyme werden anschließend an den hier vorwiegend benutzten Fachausdruck in Klammern mit vorangestelltem „auch:" mitgenannt.

**Numerierungen:** Alle Konten, Tabellen, Bilder, Gleichungen, Sätze und Definitionen sind mit zweigliedrigen Zahlen numeriert, deren erstes Glied jeweils das Kapitel, das zweite die fortlaufende Nummer angibt. Konto 2.5 ist demnach das 5. Konto im zweiten Kapitel.

**Tabellen:** Die Einheit in Tabellen, Konten und graphischen Darstellungen ist häufig 1 Million oder 1 Milliarde Geldeinheiten. Mit der Wahl solcher Einheiten werden Auf- und Abrundungen erforderlich, die gelegentlich dazu führen, daß Summen gerundeter Zahlen geringfügig von den tatsächlichen Summen abweichen. Es empfiehlt sich, Tabellen, Konten und graphische Darstellungen auch wirklich zu lesen, da man anders nicht mit der Art und Weise vertraut werden kann, in der wirtschaftliche Vorgänge in Maß und Zahl erfaßt werden. Für die Eintragungen in Tabellen und Konten gilt die folgende Übereinkunft. Es bedeuten:

– anstelle einer Zahl: Nichts vorhanden;

0 anstelle einer Zahl: Mehr als nichts, aber weniger als die Hälfte der kleinsten in der Tabelle dargestellten Einheit. Ist beispielsweise wie in Tabelle 4.4 (S. 180 f.) die Einheit „Mrd. DM", und werden die Zahlen bis auf eine Stelle hinter dem Komma angegeben, so wären Beträge unter 50 Mill. DM mit „0,0", dieser Betrag selbst (wegen Aufrundung) mit „0,1" wiederzugeben;

· anstelle einer Zahl: Der Betrag ist nicht bekannt;

× anstelle einer Zahl: Angabe ist nicht sinnvoll;

. . . anstelle einer Zahl: Angabe fällt später an.

**Verweise:** Der Text enthält zahlreiche Rückverweise, mit denen auf frühere Erwähnungen gleicher oder ähnlicher Sachverhalte, unterstützende oder gegenteilige Argumente und dergleichen aufmerksam gemacht wird. Es empfiehlt sich, ihnen auch tatsächlich nachzugehen. Sie sind sämtlich mit Seitenzahlen versehen, soweit sie sich nicht auf Stellen auf derselben Seite oder in demselben Abschnitt beziehen. An einigen Stellen wird auf die weiterführende Behandlung des jeweiligen Themas an späteren Stellen des Buches hingewiesen. Diese Vorwärtsverweise sind durch den Zusatz „unten" kenntlich gemacht und nennen ohne Seitenangabe Kapitel, Teil und Abschnitt, zum Beispiel „4/II.6".

**Literaturangaben:** Am Schluß jedes Kapitels sowie in den Anhängen I und II befinden sich Angaben über ergänzende und weiterführende Literatur, auf die im Text und in Anmerkungen mit zweigliedrigen Zahlen in eckigen Klammern unter Nennung des Verfassers, Herausgebers oder Titels verwiesen wird. Beispielsweise bedeutet Verweis [5.14] den 14. Titel im Literaturanhang zum fünften Kapitel. Seitenverweise beziehen sich auf die jeweils genannte neueste Auflage und, falls dies in Frage kommt, auf die deutschsprachige Ausgabe. Verlage gehen zunehmend dazu über, mehrere Verlagsorte anzugeben; der Kürze halber wird hier jeweils nur ein Ort genannt. Die Titel sind innerhalb der Sachgruppen nach dem Jahr des ersten Erscheinens geordnet.

**Zeitlicher und örtlicher Bezug:** Statistische Angaben beziehen sich überwiegend auf das Jahr oder das Jahresende 1982. Die Angabe „zur Zeit" bedeutet „Anfang 1984". Unter „Bundesrepublik Deutschland" wird das Bundesgebiet einschließlich Saarland und Berlin (West) verstanden, wenn nicht etwas anderes gesagt wird.

# Allgemeine Abkürzungen

| | |
|---|---|
| Abs. | Absatz |
| AG | Aktiengesellschaft |
| Anm. | Anmerkung |
| Art. | Artikel |
| Aufl. | Auflage |
| Bd, Bde | Band, Bände |
| Bill. | Billion(en) (=1 Million Millionen) |
| ccm | Kubikzentimeter |
| cif | cost, insurance, freight |
| Def. | Definition |
| DM, D-Mark | Deutsche Mark |
| f. | und folgende Seite |
| fas | free alongside ship |
| ff. | und mehrere folgende Seiten (oder Jahre) |
| FF | französischer Franc |
| fob | free on board |
| GmbH | Gesellschaft mit beschränkter Haftung |
| h | Stunde |
| hfl | holländischer Gulden |
| Hg., hg. | Herausgeber, herausgegeben |
| hl | Hektoliter |
| Jg. | Jahrgang |
| kg | Kilogramm |
| km | Kilometer |
| km² | Quadratkilometer |
| £ | englisches Pfund Sterling |
| Lit | italienische Lira |
| ME | Mengeneinheit(en) |
| Mill. | Million(en) |
| Mrd. | Milliarde(n) (=1000 Millionen) |
| N.F. | Neue Folge |
| Pf. | Pfennig |
| Priv.Org.o.E. | Private Organisation(en) ohne Erwerbszweck |
| RM | Reichsmark |
| s. | siehe |
| S. | Seite |
| $ | US-Dollar |
| Sp. | Spalte |
| Std. | Stunde |
| SZR | Sonderziehungsrecht |
| t | metrische Tonne |
| u.a. | und andere(s) |
| Unternehmen m./o.e.R. | Unternehmen mit eigener/ohne eigene Rechtspersönlichkeit |
| vgl. | vergleiche |
| VGR | Volkswirtschaftliche Gesamtrechnung |
| v.H. | vom Hundert |
| Vol., Vols | Volume(s) |
| v.T. | vom Tausend |
| Ziff. | Ziffer |

# Institutionen und Literaturquellen

| | |
|---|---|
| Bbk-Geschäftsbericht | Geschäftsbericht der Deutschen Bundesbank |
| Bbk-Monatsbericht | Monatsbericht der Deutschen Bundesbank |
| BGBl. I, II, III | Bundesgesetzblatt, Teil I, II, III |
| BIZ | Bank für Internationalen Zahlungsausgleich |
| DDR | Deutsche Demokratische Republik |
| DIW | Deutsches Institut für Wirtschaftsforschung |
| EFWZ | Europäischer Fonds für währungspolitische Zusammenarbeit |
| EG | Europäische Gemeinschaften |
| EGKS | Europäische Gemeinschaft für Kohle und Stahl |
| ERP | European Recovery Program |
| ESVG | Europäisches System Volkswirtschaftlicher Gesamtrechnungen |
| EWG | Europäische Wirtschaftsgemeinschaft |
| IMF | International Monetary Fund |
| IWF | Internationaler Währungsfonds |
| KWG | Gesetz über das Kreditwesen |
| NBER | National Bureau of Economic Research |
| OECD | Organisation for Economic Co-operation and Development |
| OEEC | Organisation for European Economic Co-operation |
| OPEC | Organization of Petroleum Exporting Countries |
| RGBl. I | Reichsgesetzblatt, Teil I |
| SAEG | Statistisches Amt der Europäischen Gemeinschaften |
| SNA | System of National Accounts |
| Stat. BA | Statistisches Bundesamt |
| Stat. Jb. BRD | Statistisches Jahrbuch für die Bundesrepublik Deutschland |
| US(A) | United States (of America) |
| WiSta | Statistisches Bundesamt (Hg.): Wirtschaft und Statistik |

Erstes Kapitel

# Wirtschaftsprozeß und Wirtschaftswissenschaft: Eine Einführung

*Dieses Kapitel soll einen vorläufigen Einblick in den Wirtschaftsprozeß einer modernen industrialisierten Marktwirtschaft geben, dessen systematischer Beschreibung die übrigen Kapitel des Buches gewidmet sind. Teil I enthält eine Übersicht über einige wesentliche Elemente des Prozesses wie Güterarten, Produktionstätigkeit, Arbeitsteilung, Märkte und Transaktionen. Teil II stellt die Wirtschaftssubjekte als Akteure des Prozesses mit ihren Zielen, Plänen, Einflußmöglichkeiten und ihrem ökonomischen Hauptproblem, der Zuweisung knapper Mittel auf konkurrierende Verwendungszwecke, vor. In Teil III werden die beiden heute vorherrschenden Haupttypen von Wirtschaftssystemen in ihren Grundzügen erläutert sowie Notwendigkeit und Möglichkeit der Lenkung des Wirtschaftsprozesses in einer Marktwirtschaft begründet. Die Teile I bis III führen zugleich in die Fachsprache der Wirtschaftswissenschaft ein: Fachausdrücke, durch Kursivdruck hervorgehoben, werden mit Hilfe der Umgangssprache und anhand von Beispielen erläutert. Schließlich werden in Teil IV als die vier Hauptaufgaben der Wirtschaftswissenschaft die Beschreibung, die Erklärung und die Vorhersage wirtschaftlicher Vorgänge sowie die Beratung bei ihrer Beeinflussung genannt und erläutert.*

*In diesem einführenden Kapitel müssen auch Fachausdrücke benutzt und Sachverhalte erwähnt werden, die erst in weiteren Kapiteln dieses Bandes oder in anderen Bänden dieses Lehrbuches eingehend behandelt werden können. Ein gewisses Vorverständnis für wirtschaftliche Dinge muß daher hier zunächst vorausgesetzt werden. Hat man den Band durchgearbeitet, wird eine nochmalige Lektüre des ersten Kapitels schon zu einem besseren Verständnis vieler in ihm angesprochener Dinge führen.*

## I. Grundzüge des Wirtschaftsprozesses

**1. Der Wirtschaftsprozeß.** Wer sich mit der Absicht wissenschaftlicher Untersuchung dem Wirtschaftsleben eines Landes zuwendet, begegnet einer Vielfalt von Vorgängen, die zunächst unübersichtlich und verwirrend erscheint. Waren aller Art werden produziert, gelagert und verkauft; Dienstleistungen werden angeboten und nachgefragt; Kredite gewährt und zurückgezahlt. Unternehmen werden gegründet und aufgelöst; es bilden sich Güterpreise, Devisen- und Aktienkurse, Lohn- und Zinssätze; es werden Steuern erhoben und Subventionen gezahlt. Beobachtet man das wirtschaftliche Geschehen über Jahre hinweg, so zeigt sich, daß die Zahl der Arbeitslosen und der offenen Stellen im Zeitablauf schwankt, daß viele Preise steigen und einige sinken, daß neue Waren angeboten werden und bisher vorhandene verschwinden oder verändert werden. Zölle werden eingeführt oder aufgehoben, Währungen auf- oder abgewertet. Die Gesamtheit solcher Vorgänge bildet den *Wirtschaftsprozeß*. Er ist das Ergebnis unzähliger *Entscheidungen* der *Wirtschaftssubjekte,* in einem Land wie der Bundesrepublik Deutschland also von Millionen einzelner privater Haushalte, Unternehmen und öffentlicher Haushalte sowie wirtschaftspolitischer Instanzen wie Gesetzgeber, Regierung und Zentralbank. Der Prozeß spielt sich in einem Rahmen ab, der in jedem Land durch die natürliche Umwelt, die Größe und Zusammensetzung der Bevölkerung, den Ausbildungsstand der Erwerbstätigen und die Kenntnisse technischer Verfahren, durch rechtliche Vorschriften und institutionelle Gegebenheiten gebildet wird. Auch von Änderungen dieses Rahmens gehen Einflüsse auf den Wirtschaftsprozeß aus.

**2. Güter.** Mit dem größten Teil aller wirtschaftlichen Entscheidungen wird über *ökonomische Güter* verfügt. Diese dienen direkt oder auf Umwegen der Befriedigung menschlicher *Bedürfnisse* oder, anders ausgedrückt, ihr Verbrauch wie ihre Nutzung erhöhen die menschliche *Wohlfahrt.* Güter lassen sich in die drei großen Kategorien *Sachgüter* (auch: *Waren*), *Dienstleistungen* (auch kurz *Dienste* genannt) und *Nutzungen* einteilen. Sachgüter sind entweder von Menschenhand hergestellt (wie Papier, Werkzeuge), oder sie entstehen oder bestehen in der Natur (wie Baumfrüchte, Boden, Bodenschätze). Dienstleistungen sind beispielsweise der Transport von Personen oder Sachgütern, die Leistungen der Friseure und Wäschereien ebenso wie die der freiberuflichen Wirtschaftsprüfer und Vortragskünstler sowie der öffentlichen Verwaltungen. Sie unterscheiden sich von Sachgütern dadurch, daß sie gleichzeitig mit ihrer Herstellung verbraucht werden. Dienste können also nicht gelagert werden, es gibt kein Eigentum an ihnen, und sie gelten als unsichtbar. Sie sind jedoch wie viele Sachgüter das Ergebnis von Produktionsprozessen und unterscheiden sich damit von der dritten eben genannten Kategorie, den Nutzungen. Deren wichtigste Erscheinungsform sind menschliche *Arbeitsleistungen* aller Art; ferner gehören zu ihnen die Nutzungen des Bodens ebenso wie die von produzierten Sachgütern wie Gebäuden und Maschinen, die von Unternehmen bei der Güterherstellung eingesetzt werden. Schließlich existieren immaterielle Vermögensobjekte wie Patente, deren Nutzung das Recht zur Herstellung bestimmter Güter bedeutet.

Güter lassen sich nach weiteren Gesichtspunkten einteilen, etwa nach ihrem Verwendungszweck in *Konsumgüter* wie Nahrungsmittel, Kleidung, Wohnungsnutzung; und *Produktionsgüter* wie Arbeitsleistungen, Zement, Eisenerz und Lastkraftwagen. Konsumgüter dienen der unmittelbaren Befriedigung von Bedürfnissen privater Haushalte. Produktionsgüter werden zur Herstellung anderer Güter eingesetzt und dienen daher mittelbar dem gleichen Zweck. Ob ein bestimmtes Gut Konsum- oder Produktionsgut ist, entscheidet sich danach, ob es von einem Haushalt oder von einem Unternehmen gekauft wird. Wohl gibt es Güter wie Baukräne und Rotationsmaschinen, die ihrer Natur nach nur als Produktionsgüter verwendet und daher nur von Unternehmen gekauft werden. Viele der heute produzierten Güter werden jedoch zum Teil als Konsumgüter, zum Teil als Produktionsgüter eingesetzt. Beispiele sind Personenkraftwagen, Elektrizität und der Bleistift in der Hand der Hausfrau oder des Buchhalters.

Bild 1.1 – *Einteilung der ökonomischen Güter*

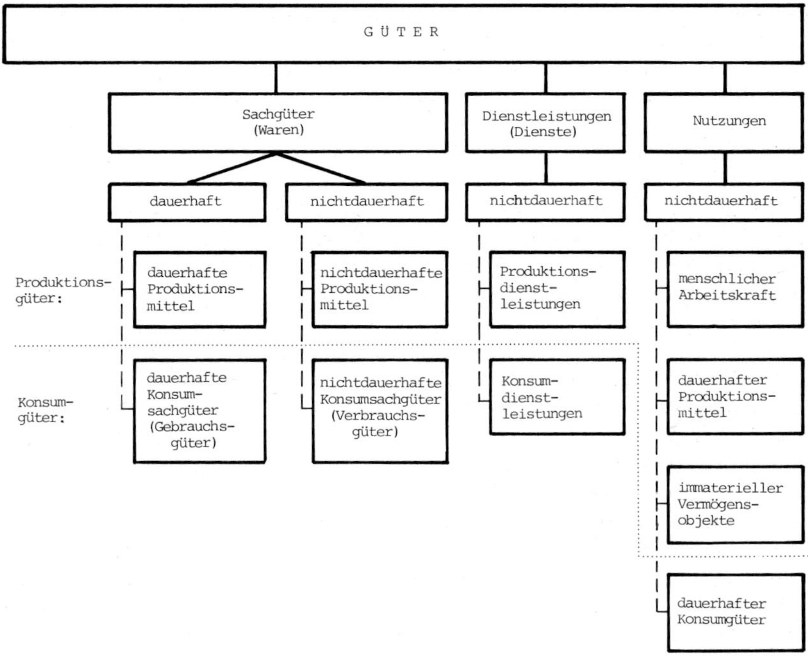


Eine andere wichtige Unterscheidung erfolgt nach der *Nutzungsdauer* von Gütern. *Nichtdauerhafte Güter* verwandeln sich bei ihrer Verwendung oder gehen unter. Zu ihnen gehören alle Dienste und Nutzungen sowie unter den Sachgütern etwa Nahrungs- und Genußmittel, Brennstoffe und Baumaterial. Allerdings will man mit „nichtdauerhaft" keine physische Eigenschaft bezeichnen. So sind etwa Kohle, Bausand und Zucker zwar lagerfähig und damit im physischen, nicht aber im ökonomischen Sinne dauerhaft, da sie bei ihrer Verwendung untergehen. *Dauerhafte Güter* geben während ihrer Lebensdauer einen Strom von Nutzungen ab, der durch Reparaturen zeitlich verlängert werden kann. Man muß also zwischen dem dauerhaften Produktionsgut „Frachtschiff" und den von ihm abgegebenen Transportleistungen ebenso unterscheiden wie zwischen dem dauerhaften Konsumgut „Fernsehapparat" und den Nutzungen, die sein Besitzer aus ihm zieht. Der Unterschied ist auch rechtlich von Bedeutung: Wer ein Kraftfahrzeug mietet, kauft lediglich für einen bestimmten Zeitraum die Nutzungen dieses Gutes, also die Transportleistung. Wer das Auto selbst kauft, erwirbt damit einen Vorrat von Nutzungen in Höhe der technischen Lebensdauer, den er nach Belieben verbrauchen kann.

Dauerhafte Produktionsgüter heißen auch *Investitionsgüter.* Bei Konsumgütern spricht man gemäß dem eben genannten Gesichtspunkt von *Verbrauchs-* und *Gebrauchsgütern.* Allerdings hängt es vielfach von der Länge des betrachteten Zeitabschnitts ab, in welche Kategorie ein gegebenes Konsumgut einzuordnen ist, man denke etwa an Kleidungsstücke. Bei statistischen Erhebungen werden als dauerhafte Güter solche erfaßt, deren Nutzungsdauer in der Regel ein Jahr übersteigt und deren Wert oberhalb eines bestimmten Betrags, der *Bagatellgrenze,* liegt.

Bild 1.1 zeigt eine Übersicht über die Einteilung von Gütern unter den bisher genannten Gesichtspunkten. In den folgenden Kapiteln wird von dieser Einteilung vielfach Gebrauch gemacht werden.

**3. Produktionsprozesse.** Der größte Teil aller ökonomischen Güter entsteht heute durch *Produktion* [1] (auch: Herstellung); diese ist daher die Grundlage des wirtschaftlichen Lebens. Produzieren im ökonomischen Sinne heißt, *Produktionsfaktoren* im Rahmen technischer Prozesse, von *Produktionsprozessen,* so einzusetzen, daß vorhandene Güter verändert oder neue Güter geschaffen werden. Dies geschieht ganz überwiegend in eigens dafür eingerichteten *Betrieben* (auch *Produktions-* oder *Arbeitsstätten* genannt). Vom Betrieb als technischer und räumlicher Einheit ist das *Unternehmen* (auch: die *Unternehmung*) zu unterscheiden. Ein Unternehmen ist eine rechtliche und organisatorische Einheit, deren Leitung ökonomische Entscheidungen trifft. Zu einem Unternehmen können mehrere Betriebe gehören, beispielsweise wenn eine Automobilfabrik über mehrere Werke in verschiedenen Städten verfügt. Anderseits können mehrere Unternehmen einen gemeinsamen Betrieb unterhalten, etwa zum Bau einer Brücke.

Interessiert man sich nicht für die technischen Einzelheiten eines Produktionsprozesses, sondern nur für seine Beziehungen zur Umwelt, so läßt er sich im allgemeinen Fall wie in Bild 1.2 veranschaulichen. Will man ihn darüber hinaus zahlenmäßig beschreiben, muß man jeweils einen Zeitraum festlegen, innerhalb dessen alle Vorgänge registriert und zusammengefaßt werden sollen. Dieser Zeitraum ist der *Berichtszeitraum* oder die *Rechnungsperiode,* im konkreten Fall der Rechnungsmonat oder das Rechnungsjahr.

In Bild 1.2 sind die Produktionsfaktoren in einer für die späteren Erörterungen wichtigen Weise in fünf Arten eingeteilt. Im allgemeinen Fall setzt ein Unternehmen sowohl *nichtdauerhafte Produktionsmittel* – das sind Sachgüter wie Rohstoffe, Halbfabrikate, elektrische Energie – als auch Dienstleistungen wie Transportleistungen in seinem Produktionsprozeß ein. Alle diese Faktoren werden von anderen Unternehmen hergestellt und geliefert und heißen zusammen *Vorleistungen.* Die meisten Unternehmen sind ferner mit Gebäuden, Maschinen, Werkzeugen und anderen *dauerhaften Produktionsmitteln* ausgestattet, deren Nutzungen ebenfalls in den Produktionsprozeß eingehen. Hinzu tritt die Nutzung von Grundstücken, und zwar auf dreierlei Art: Als bloße Stellfläche für Gebäude oder Verkehrswege; als Nutzung bestimmter Eigenschaften (Anbau von Feldfrüchten, Energiegewinnung aus fallendem Wasser, Nutzung von Flüssen und Seen als Transportweg); und als Ausbeutungsobjekt bei der Gewinnung von Erzen, Kohle, Erdöl. Schließlich ist der wichtigste und in jedem Produktionsprozeß eingesetzte Produktionsfaktor die menschliche Arbeitsleistung.

---

[1] Das Wort „Produktion" bezeichnet sowohl den Vorgang (etwa in der Aussage: „Rund 80 v.H. unserer Belegschaft sind in der Produktion, der Rest ist in der Verwaltung beschäftigt") als auch das Ergebnis des Vorgangs (etwa in der Aussage: „Die Produktion unseres Unternehmens ist gegenüber dem Vorjahr um 10 v.H. gestiegen"). Da aus dieser Doppelbedeutung Mißverständnisse entstehen können, werden in diesem Buch für die zweitgenannte Bedeutung die Wörter „Produktionsergebnis", „Produkt(menge)" oder „Erzeugnis" benutzt.

Dauerhafte produzierte Produktionsmittel, Grundstücke und arbeitende (zuzüglich der nichtarbeitenden, aber arbeitswilligen) Menschen heißen seit altersher auch kurz „Kapital" (genauer: *Sach-* oder *Realkapital*), „Boden" und „Arbeit". Wie auch in Bild 1.2 gezeigt, muß sorgfältig zwischen diesen *Bestandsfaktoren* als den Trägern oder Quellen von Produktionsfaktoren und ihren tatsächlich an Produktionsprozesse abgegebenen Leistungen, den *Faktorleistungen,* unterschieden werden. Arbeiter können arbeitslos, Maschinen und Grundstücke ungenutzt sein. Das bloße Vorhandensein von Bestandsfaktoren bedeutet noch nicht, daß sie auch Nutzungen abgeben, daß also produziert wird. Bei der Analyse von Produktionsprozessen darf aber nur das berücksichtigt werden, was tatsächlich in sie eingeht. Das sind erstens die von anderen Unternehmen gelieferten Vorleistungen, zweitens die von Bestandsfaktoren abgegebenen Faktorleistungen.

Der gesamte Einsatz (Verzehr) von Produktionsfaktoren bei der Herstellung einer bestimmten Gütermenge sind deren *Realkosten.* Sie werden in physischen Mengeneinheiten gemessen, die Nutzung dauerhafter Produktionsmittel beispielsweise in Maschinenlaufzeiten. Bewertet man die einzelnen Faktoren mit ihren Preisen, erhält man die *Geldkosten* (oder einfach: *Kosten*) der hergestellten Güter.

Die rechte Seite von Bild 1.2 läßt erkennen, was mit den in einem Produktionsprozeß entstandenen Gütern, seinen *Produkten* (auch: *Erzeugnissen*) geschieht. Ein Teil von ihnen verläßt den Prozeß nicht, sondern wird in dem betrachteten Zeitabschnitt an anderer Stelle eingesetzt und geht dabei unter: Dies sind *Zwischenprodukte.* Alle Güter, für die dies nicht gilt, nennt man die *Endprodukte* des Prozesses. Handelt es sich bei diesen um Sachgüter, so verbleibt im allgemeinen Fall ein Teil von ihnen im herstellenden Betrieb, wird aber in der betrachteten Periode nicht im eigenen Produktionsprozeß eingesetzt und erhöht daher die Lagerbestände an eigenen Erzeugnissen. Manche Unternehmen stellen dauerhafte Produktionsmittel zum eigenen Gebrauch her: Dies nennt man *selbsterstellte Anlagen.* Zusammengenommen vergrößern alle diese Sachgüter den *Produktionsapparat* des Unternehmens, unter dem man seinen Gesamtbestand an dauerhaften und nichtdauerhaften Produktionsmitteln einschließlich der halbfertigen und fertigen Erzeugnisse versteht. Alle anderen Produkte werden ver-

Bild 1.2 – *Die Beziehungen eines Produktionsprozesses zur Umwelt*

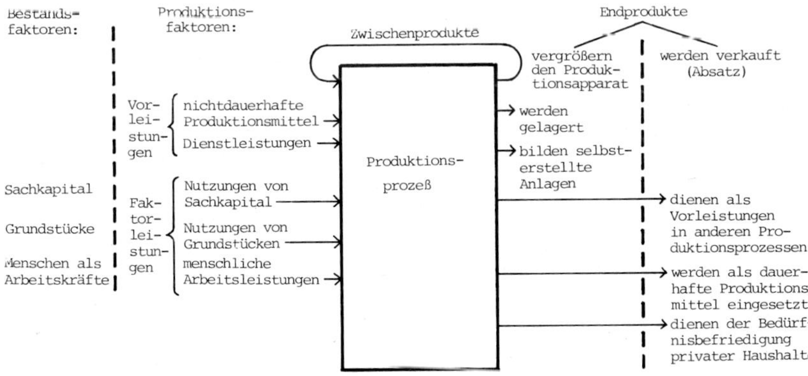

kauft und bilden den *Absatz,* der in physischen (Mengen-)Einheiten wie Stück, Tonnen, Personenkilometer gemessen wird. Bewertet man die abgesetzten Güter mit den erzielten Preisen, erhält man den in Geldeinheiten gemessenen *Umsatz.*

Was als ein Produktionsprozeß betrachtet werden soll, hängt von der Fragestellung ab. Die Bearbeitung eines Werkstücks an einer Drehbank durch einen Arbeiter läßt sich mit der Darstellung von Bild 1.2 ebenso erfassen wie die gesamte Produktionstätigkeit einer Chemiefabrik. Wie im nächsten Abschnitt gezeigt wird, gilt dies auch für die gesamte Produktionstätigkeit einer Volkswirtschaft. Offenbar wird damit auch festgelegt, was Zwischen- und was Endprodukt ist: Werden in einer Abteilung einer Fahrradfabrik die Rahmen gefertigt, so sind diese als Endprodukte der Abteilung und Zwischenprodukte der Fabrik anzusehen, soweit sie im betrachteten Zeitabschnitt nicht auf Lager genommen werden. Der Begriff des Produktionsprozesses ist auch in anderer Hinsicht weit gefaßt. Er umschließt beispielsweise auch die Tätigkeit der freiberuflichen Ärzte und Rechtsanwälte und der öffentlichen Verwaltung, den ambulanten Handel, die Übermittlung von Nachrichten auf drahtlosem Wege, das Alternlassen von Wein oder Whisky und die Nutzung von eigenen oder gemieteten Wohnungen und Häusern. Selbst Vorgänge, die sich unentgeltlich innerhalb des Bereichs privater Haushalte abspielen, wie die Zubereitung von Mahlzeiten, die Anfertigung von Bastelarbeiten oder die Benutzung eines Kraftfahrzeugs, können als Produktionsprozesse angesehen werden. Allerdings schließt man sie wegen der Schwierigkeit, sie gegenüber sonstigen Betätigungen abzugrenzen und statistisch zu erfassen, von der Untersuchung von Produktionsprozessen meist aus.

Welche Produktionsfaktoren in welchen Mengen in einem Produktionsprozeß eingesetzt werden, hängt sowohl von der Art der herzustellenden Erzeugnisse als auch von deren Menge ab. So werden mit wachsenden Produktmengen häufig Produktionsverfahren lohnend, die durch relativ höheren Maschineneinsatz gekennzeichnet sind. Die mit dem vergleichsweise hohen Lebensstandard der Industrieländer verbundene Massenproduktion vieler Güter geht daher mit zunehmender *Mechanisierung* der betreffenden Produktionsprozesse einher. Menschliche Arbeitsleistung wird durch die Nutzung von Sachkapital ersetzt (substituiert): In der Tat ist dies ein fortwährender Prozeß in jeder industrialisierten Volkswirtschaft. Ganz allgemein ist die *Substitution* von Produktionsfaktoren eine häufig realisierbare Möglichkeit; beispielsweise können Steinkohle, Heizöl und Uran alternativ zur Herstellung elektrischer Energie eingesetzt werden und sind daher in diesem Produktionsprozeß *substituierbare Güter* (auch: *Substitute*). Das gilt zwar nicht durchweg für bestehende Produktionsstätten, immer aber bei der Entscheidung über neu zu errichtende Kraftwerke. Die Beziehung zwischen Produktmenge und Einsatzmenge eines gegebenen Produktionsfaktors ist hier also variabel. In anderen Fällen liegen aus technischen Gründen konstante Beziehungen dieser Art vor: Zur Herstellung eines Motorrades gehören jeweils ganz bestimmte Mengen an Stahl, Glas, Farbe, Energie, Maschinennutzung, Arbeitsleistung und so weiter. (Entsprechendes gilt für den Haushaltsbereich: Hier besteht beispielsweise zwischen der Nutzung eines Rundfunkapparates und elektrischem Strom ein konstantes Verhältnis, und weitere Beispiele sind jedem Kochbuch zu entnehmen.)

Die Untersuchung von Produktionsprozessen unter ökonomischen Gesichtspunkten ist Gegenstand der *Produktionstheorie.* Angesichts der Möglichkeit, Produktionsfaktoren durch andere zu ersetzen, lautet ihre zentrale Fragestellung: Welche Faktoren müssen im Rahmen der technischen Möglichkeiten auf welche Weise kombiniert werden, damit ein vorgegebenes Produktionsergebnis mit möglichst geringen Kosten hergestellt wird? Alternativ kann gefragt werden, wie man ein möglichst großes Produktionsergebnis bei gegebenem Faktoreinsatz erhält. In der Produktionstheorie beschäftigt man sich also damit, *Minimierungs-* und *Maximierungsprobleme* zu lösen.

**4. Arbeitsteilung und volkswirtschaftlicher Produktionsprozeß.** Die Gesamtheit der Produktionsprozesse in einem Land nennt man den *volkswirtschaftlichen Produktionsprozeß.* Eines seiner Hauptkennzeichen ist die weitgehende *Arbeitsteilung.* Von den Millionen verschiedener Güter stellt jeder Betrieb jeweils nur relativ wenige her; und jeder Mensch, der seine Arbeitsleistung im Produktionsprozeß verwertet, verfügt nur über eine oder wenige aus der Vielzahl von Fertigkeiten, die für diesen Prozeß erforderlich sind. Arbeitsteilung zeigt sich auf allen Stufen des Produktionsprozesses: Es gibt eine innerbetriebliche, eine volkswirtschaftliche und eine internationale Arbeitsteilung. Jeder größere warenproduzierende Betrieb ist in Abteilungen gegliedert, die von den als Vorleistungen eingesetzten Sachgütern nacheinander durchlaufen werden, bis sie den Betrieb schließlich als dessen Endprodukte verlassen. Ein großer Teil von ihnen geht jedoch an andere Betriebe, wird von diesen in der betrachteten Periode als Vorleistung eingesetzt und ist damit vom Standpunkt eines Beobachters des volkswirtschaftlichen Produktionsprozesses ein Zwischenprodukt. Die volkswirtschaftliche Arbeitsteilung drückt sich also in einem engen Netz von Lieferbeziehungen aus, durch die praktisch jede Produktionsstätte mit anderen Produktionsstätten verbunden ist. Die Gesamtheit dieser Lieferungen heißt *volkswirtschaftliche Produktionsverflechtung,* sie wird in besonderen Tabellen erfaßt und unten in Teil III des sechsten Kapitels näher beschrieben. Da arbeitsteilig produzierte Güter in der Regel nicht überall dort hergestellt werden, wo sie gebraucht werden, wächst mit der Arbeitsteilung der Bedarf an Transportleistungen.

Das Verständnis mancher gesamtwirtschaftlicher Vorgänge wird erleichtert, wenn man von der volkswirtschaftlichen Arbeitsteilung absieht und alle Produktionsstätten einer Volkswirtschaft zusammen als einen Riesenbetrieb auffaßt, der Produktionsfaktoren aus der Umwelt aufnimmt und Erzeugnisse an sie abgibt. Seine Ausstattung mit dauerhaften Produktionsmitteln einschließlich der Wohnbauten sowie sämtlicher Lagerbestände an Rohstoffen, Halb- und Fertigerzeugnissen ist der *gesamtwirtschaftliche Produktionsapparat.* Analog zu den Beziehungen eines einzelnen Produktionsprozesses zur Umwelt nach Bild 1.2, in dem die innerbetriebliche Arbeitsteilung nicht berücksichtigt wurde, läßt sich dann der volkswirtschaftliche Produktionsprozeß wie in Bild 1.3 veranschaulichen.

Produktionsfaktoren sind bei dieser Betrachtungsweise nur noch menschliche Arbeitsleistungen, Nutzungen von Sachkapital und Grundstücken sowie die aus dem Ausland bezogenen Vorleistungen. Man nennt sie *primäre Produktionsfaktoren,* weil sie in dem betrachteten Zeitraum in keinem Produktionsprozeß dieser Volkswirtschaft erzeugt wurden. Die an die Umwelt abgegebenen, also die im betrachteten Zeitraum hergestellten, jedoch nicht während der gleichen Zeit im Produktionsprozeß der eigenen Volkswirtschaft verbrauchten Güter bilden die *gesamtwirtschaftliche Endnachfrage.* Sie werden zum größten Teil an die inländischen privaten und öffentlichen Haushalte verkauft, ein Teil dient der Erhaltung und Vergrößerung des gesamtwirtschaftlichen Produktionsapparates, und ein Teil wird an Ausländer verkauft. Die Bezeichnung „Umwelt" ist bei dieser Betrachtungsweise also nur zum Teil geographisch zu verstehen: Auch die privaten und öffentlichen Haushalte des eigenen Landes sowie der eigene Produktionsapparat gehören zur Umwelt des volkswirtschaftlichen Produktionsprozesses.

Bild 1.3 — *Die Beziehungen des volkswirtschaftlichen Produktionsprozesses zur Umwelt*

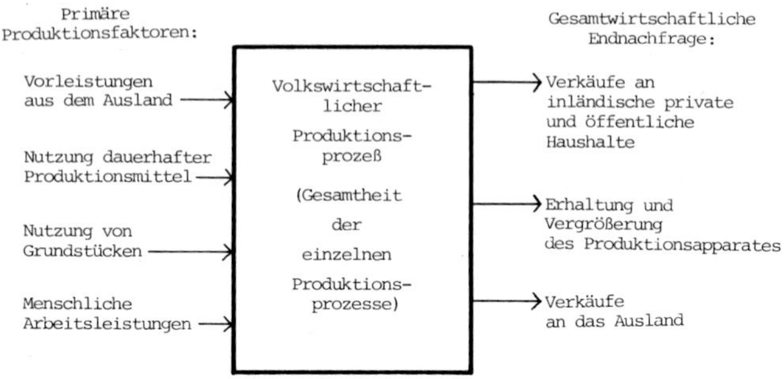


Zieht man von der gesamtwirtschaftlichen Endnachfrage die Käufe ausländischer Güter durch Inländer ab, erhält man das *Bruttosozialprodukt* des betrachteten Landes. Diese sehr wichtige Größe gibt somit den Wert der Sachgüter und Dienste an, die – etwa in einem Jahr – in einer Volkswirtschaft durch den Einsatz der Produktionsfaktoren erzeugt, also nicht im Ausland gekauft, und nicht wieder im gleichen Zeitraum als Vorleistungen im heimischen Produktionsprozeß verbraucht wurden. Das Bruttosozialprodukt der Bundesrepublik Deutschland hatte 1982 einen Wert von 1599 Mrd. DM, 1983 von 1671 Mrd. DM.[2] Berechnung und Bedeutung des Sozialprodukts werden im dritten Kapitel eingehend erläutert.

Die Tatsache, daß auch zwischen Wirtschaftssubjekten verschiedener Nationen Güter gehandelt werden, ist Ausdruck der internationalen Arbeitsteilung. Sie ist unter anderem eine Folge der unterschiedlichen Ausstattung der Länder mit Bodenschätzen, Bodenfruchtbarkeit, Möglichkeiten zur Ausnutzung der Wasserkraft und anderen *natürlichen Ressourcen* sowie der unterschiedlichen Klimabedingungen. Aber auch spezielle, im Laufe von Jahrzehnten erworbene und weitergegebene Fertigkeiten spielen hierbei eine Rolle. Beispiele sind Schweizer Uhren, englische Tuche, deutsche Werkzeugmaschinen und japanische elektrotechnische Geräte.

**5. Ökonomische Interdependenz.** Aus der Existenz der Arbeitsteilung folgt zweierlei: Erstens die Notwendigkeit, Sachgüter, Dienst- und Faktorleistungen zu tauschen; zweitens die weitgehende wechselseitige Abhängigkeit, die *Interdependenz,* aller Produktionsprozesse wie auch praktisch aller anderen ökonomischen Vorgänge. Diese Interdependenz mit ihren weitreichenden Folgen macht sich besonders dann bemerkbar, wenn der Produktionsprozeß an einer Stelle gestört wird. Rund zwei Wochen nach Beginn des Metallarbeiterstreiks mit nachfolgender Aussperrung in Baden-Württemberg im November 1971 hatten alle großen Automobilwerke der Bundesre-

---

[2] Quelle: WiSta 4/1984, S. 127*. Beide Angaben sind vorläufig.

publik, obwohl zum größten Teil nicht selbst bestreikt, ihre Produktion eingestellt oder waren zu Kurzarbeit übergegangen, da die Lieferungen von Vorleistungen aus den bestreikten Betrieben ausblieben. Der Streik der britischen Bergarbeiter im Januar/Februar 1972 machte Millionen von Menschen vorübergehend arbeitslos und beeinträchtigte das gesamte Wirtschaftsleben, da rund drei Viertel des britischen Elektrizitätsverbrauchs in Kohlekraftwerken erzeugt wurden, Streikposten den Einsatz der Lagerbestände an Kohle behinderten und Großbritannien nicht an ein internationales Verbundnetz angeschlossen ist. Geht die Nachfrage nach den Erzeugnissen eines Industriezweiges zurück, so müssen mit den betroffenen Unternehmen auch deren Zulieferer ihre Produktion einschränken. Auch jeder staatliche Eingriff in den Wirtschaftsablauf, wie die Änderung von Steuersätzen und öffentlichen Ausgaben, die Festsetzung von Zinssätzen oder die Änderung des Währungskurses, führt zu einer Vielzahl von Reaktionen. Ebenso berührt der Abschluß von Tarifverträgen angesichts einer gewerkschaftlichen Organisation wie der in der Bundesrepublik die Einkommenslage von jeweils Zehntausenden oder Hunderttausenden abhängig Beschäftigter und die Kostensituation aller betroffenen Unternehmen. Hieraus ergeben sich Folgen für die Nachfrage nach Konsumgütern, deren Produktion, die Gewinne der Unternehmen der Konsumgüterindustrie, deren Nachfrage nach Investitionsgütern, die Situation auf dem Arbeitsmarkt, die Käufe im Ausland und viele andere ökonomische Größen.

An solchen Beispielen zeigt sich, daß die Arbeitsteilung weitgehende ökonomische Abhängigkeiten nach sich zieht. Es ist eine der wichtigsten Aufgaben der Wirtschaftswissenschaft, derartige Abhängigkeiten zu erforschen.

**6. Märkte und Marktformen.** Der mit der volkswirtschaftlichen und internationalen Arbeitsteilung einhergehende Gütertausch vollzieht sich auf *Märkten.* In der Umgangssprache versteht man unter einem „Markt" meist eine geographisch lokalisierbare Veranstaltung, bei der sich Käufer und Verkäufer bestimmter Sachgüterarten persönlich treffen. Beispiele sind Wochenmärkte und Auktionen. In der Wirtschaftswissenschaft wird ein Markt abstrakter durch die Gesamtheit der ökonomischen Vorgänge definiert, die sich zwischen *Anbietern* und *Nachfragern* eines Gutes, einer Reihe ähnlicher Güter oder anderer Vermögensobjekte, allgemein also von *Wirtschaftsobjekten,* in bezug auf deren Tausch abspielen. In diesem Sinne spricht man vom Butter- oder Kühlschrankmarkt in der Bundesrepublik und vom Weltweizen- oder -kupfermarkt, aber auch vom Grundstücksmarkt, vom Arbeitsmarkt und von Kreditmärkten wie dem Geld- und dem Kapitalmarkt. Es liegt hier der nicht seltene Fall vor, daß Wörter der Umgangssprache in der wirtschaftswissenschaftlichen Fachsprache einen anderen, häufig abstrakteren Bedeutungsinhalt haben (was gelegentlich zu Mißverständnissen führt).

Märkte lassen sich nach unterschiedlichen Gesichtspunkten klassifizieren. Eine naheliegende und eben angedeutete Einteilung ist die nach der Art der gehandelten Wirtschaftsobjekte. Dabei ist bei der Zusammenfassung von Gütern je nach der Fragestellung unterschiedlich zu verfahren: Man kann vom „Kraftfahrzeugmarkt" insgesamt, vom Markt für einen bestimmten Typ eines Herstellers wie auch vom Markt für dauerhafte Konsumgüter sprechen (zu denen auch die von privaten Haushalten gekauften Kraftfahrzeuge gehören). Vom Standpunkt eines Unternehmens unterscheidet man den *Beschaffungsmarkt,* auf dem Produktionsfaktoren gekauft werden (vgl.

S. 5, Bild 1.2, linke Seite), vom *Absatzmarkt,* auf dem die hergestellten Erzeugnisse verkauft werden (Bild 1.2, ganz rechts).

Ein sehr wichtiger Gliederungsgesichtspunkt ergibt sich aus der Tatsache, daß Märkte auch eine soziale Institution zum Ausgleich der im Prinzip einander entgegengerichteten Interessen von Anbietern und Nachfragern sind. Vereinfacht läßt sich sagen, daß Anbieter eine gegebene Produktmenge im allgemeinen zu einem möglichst hohen Preis zu verkaufen versuchen, während Nachfrager an einem möglichst niedrigen Preis interessiert sind. Je nach der *Marktform* und damit dem *Wettbewerbsgrad* sind jedoch die Möglichkeiten ungleich verteilt, das eigene Interesse gegenüber dem des Marktpartners – oder der Marktpartner – durchzusetzen. Die vier wichtigsten Marktformen sind die folgenden. Steht nur ein Anbieter einer Vielzahl von Nachfragern gegenüber, so spricht man von einem *Monopol.* Der Anbieter ist *Monopolist,* sein *Marktanteil* beträgt 100 v. H., und er kann den Preis so setzen, wie es seinen Interessen am besten entspricht. Monopole sind nicht sehr häufig, da es für die meisten Güter Substitute gibt. Jedoch wird manchen Anbietern von Staats wegen eine Monopolstellung verliehen: Die Deutsche Bundespost hat das Monopol für die Beförderung von Briefsendungen[3], die Bundesanstalt für Arbeit darf allein Arbeit vermitteln[4] und die Bundesmonopolverwaltung für Branntwein allein mit unverarbeitetem Branntwein handeln.[5] Manche Feuerversicherungsunternehmen („Brandkassen") und die Technischen Überwachungsvereine haben regionale Monopole, und wer über das jeweilige Leitungsnetz verfügt, ist alleiniger Anbieter von Elektrizität, Gas, Wasser und der Möglichkeit zu telefonieren.

Am anderen Ende einer Skala der Marktformen liegt der *Mengenanpassermarkt.* Er ist dadurch gekennzeichnet, daß sich der Preis unabhängig von den Aktionen jedes einzelnen Marktteilnehmers bildet. Kein Anbieter oder Nachfrager kann ihn beeinflussen, er muß ihn als gegebene Größe hinnehmen und die von ihm angebotene oder nachgefragte Menge an ihn anpassen – daher der Name. Mengenanpassermärkte gibt es für viele Rohstoffe, die auf internationalen Warenbörsen gehandelt werden; und diese Marktform herrscht dort vor, wo Kredite in in- oder ausländischer Währung gewährt werden, also auf dem Geldmarkt, dem Kapitalmarkt und dem Devisenmarkt.

Zwischen den beiden Extremen des Monopols und des Mengenanpassermarktes liegen die Marktformen des *Oligopols* und des *Polypols.* Bei einem Oligopol stehen wenige Anbieter des gleichen Gutes – oder enger Substitute (vgl. S. 6) – vielen Nachfragern gegenüber. Ein *Oligopolist* muß bei Entscheidungen über die Preissetzung, den Werbeeinsatz und anderes nicht nur die wahrscheinlichen Reaktionen der Nachfrager, sondern auch die der anderen Anbieter – seiner Konkurrenten – berücksichtigen, und er muß im allgemeinen reagieren, wenn diese ihre Verhaltensweise am Markt ändern. Typische Oligopolmärkte sind in der Bundesrepublik die für Kraftfahrzeugbenzin, Mittelklassewagen und Farbfernsehgeräte.

---

[3] Das *Gesetz über das Postwesen* vom 28. 7. 1969 (BGBl. I, S. 1006) schreibt in § 2 vor: „Das Errichten und Betreiben von Einrichtungen zur entgeltlichen Beförderung von Sendungen mit schriftlichen Mitteilungen oder mit sonstigen Nachrichten von Person zu Person ist der Deutschen Bundespost ausschließlich vorbehalten."

[4] *Arbeitsförderungsgesetz* vom 25. 6. 1969 (BGBl. I, S. 582), §§ 4, 18, 23.

[5] *Gesetz über das Branntweinmonopol* vom 8. 4. 1922 (BGBl. III 612–7), §§ 58, 87.

Stehen schließlich viele Anbieter mit jeweils relativ kleinen Marktanteilen vielen Nachfragern gegenüber, dann liegt ein Polypol vor. Jeder *Polypolist* kann zwar seinen Preis selbst festsetzen und erwartet nicht, daß dies Reaktionen seiner Konkurrenten hervorrufen wird, aber er muß sich an den vorherrschenden Preisen für sein Produkt oder ähnliche Güter orientieren. Die meisten Nahrungsmittel, Bekleidung und Haushaltswaren werden auf polypolistischen Märkten gehandelt.

Es wird in der *Preistheorie* gezeigt, wie die Einflußmöglichkeiten von Anbietern und Nachfragern je nach Marktform verteilt sind, wie sich Preise und Absatzmengen ergeben und wie sich daher die Einkommenssituation der Marktpartner gestaltet.

**7. Geld und Geldfunktionen.** Der Tauschverkehr in einer modernen Volkswirtschaft mit unzähligen einzelnen Tauschakten kann nur bewältigt werden, wenn es ein *allgemeines Tauschmittel* in dem Sinne gibt, daß jedermann bereit ist, dieses Tauschmittel als Gegenleistung für die Hingabe von Gütern entgegenzunehmen, weil er damit seinerseits wieder Güter erwerben kann. Als solches allgemeines Tauschmittel fungiert *Geld.* Ein Teil der Tauschmittelfunktion des Geldes besteht in seiner Funktion als *Zahlungsmittel:* Geld kann nicht nur zum Tausch gegen Güter, sondern auch zu jeder Zeit, in jedem Betrag und gegenüber jedermann zur Tilgung von Schulden verwendet werden. In früheren Zeiten sind in verschiedenen Volkswirtschaften die unterschiedlichsten Sachgüter als Geld benutzt worden, so etwa Schneckengehäuse, Vieh, Felle und vor allem Edelmetalle wie Gold und Silber. Heute dienen *Banknoten* und *Münzen,* die zusammen *Bargeld* heißen, sowie *Sichtguthaben* bei Banken als Geld. Wie im vierten Kapitel begründet werden wird, ist es zweckmäßig, alle Geldarten in der heutigen Wirtschaft als Forderungen gegen Banken anzusehen. Geld wird also in diesem Buch wohl als Wirtschaftsobjekt, nicht aber als ein Gut betrachtet.

Neben der Funktion als allgemeines Tauschmittel hat Geld eine zweite wichtige Funktion: Es dient als *Wertaufbewahrungsmittel.* Wer durch Verkauf von Gütern Geld erworben hat, braucht nicht sofort wieder andere Güter zu kaufen. Er kann warten, bis er Güter benötigt, oder er kann ständig einen Vorrat von Geld halten, um jederzeit zahlungsfähig zu sein.

Außerdem dient die Geldeinheit als allgemeine *Recheneinheit,* die es ermöglicht, den Wert aller Güter in der gleichen Einheit auszudrücken und sie auf diese Weise ökonomisch vergleichbar zu machen.

**8. Forderungen.** Gegenstand des Austausches auf Märkten und damit Wirtschaftsobjekte sind zwei Dinge: Erstens Güter, also Sachgüter, Dienstleistungen und Faktorleistungen, zweitens *Forderungen.* Eine Forderung bedeutet, daß ihr Inhaber, der *Gläubiger,* einen Anspruch gegen den *Schuldner* hat, der bei diesem eine *Verbindlichkeit* (auch: *Schuld*) darstellt. Eine Forderung ist damit die eine Seite einer *Kreditbeziehung* zwischen zwei Wirtschaftssubjekten. Diese besteht häufig in einer Vereinbarung darüber, daß der Schuldner nach oder innerhalb einer festgesetzten Frist einen bestimmten Geldbetrag an den Gläubiger zu zahlen hat. Zu den meisten Kreditbeziehungen gehört ferner eine Vereinbarung über das Entgelt, das der Schuldner dem Gläubiger für die Kreditgewährung zu entrichten hat. Eine Kreditbeziehung entsteht beispielsweise dann, wenn sich ein Lieferant von Gütern zeitweilig mit einem Zahlungsversprechen des Empfängers begnügt. Sie verschwindet, wenn der Empfänger seinerseits Güter in gleichem Wert liefert, in irgendeiner Form zahlt, oder wenn der Lieferant auf seine Forderung verzichtet. Es muß beachtet werden, daß zwischen Gütern und Forderungen ein grundsätzlicher Unterschied besteht: Sachgüter und Dienstleistungen werden unter Einsatz von Produktionsfaktoren produziert, während Forderungen ohne deren Beteiligung entstehen, also nicht das Ergebnis von Produktionsprozessen sind.

Forderungen werden häufig nach ihren Laufzeiten eingeteilt. Dabei gelten in verschiedenen Bereichen des Wirtschaftslebens und der Wirtschaftsstatistik täglich fällige Forderungen (und Schulden) sowie solche mit Laufzeiten oder Kündigungsfristen bis zu einem Jahr einschließlich als *kurzfristig,* alle anderen als *längerfristig.* Diese unterteilt man ihrerseits gelegentlich in *mittelfristige* Forderungen mit Laufzeiten oder Kündigungsfristen von über einem Jahr bis unter vier Jahren und *langfristige* mit Festlegungszeiten von vier Jahren und darüber. Daneben gibt es Forderungen, die nicht oder nur unter besonderen Umständen fällig werden. Die durch eine Aktie verkörperte Beteiligung an einer Aktiengesellschaft verschafft ihrem Inhaber einen Anspruch auf Dividende und nur bei Auflösung der Gesellschaft einen Anspruch auf den Liquidationserlös. An diesem Beispiel wird auch ersichtlich, daß der hier allein verwendete volkswirtschaftliche Begriff der Forderung wesentlich weiter gefaßt ist als der betriebswirtschaftliche und der diesem verwandte juristische Begriff. Der volkswirtschaftliche Begriff umfaßt neben Geld beispielsweise auch die durch Aktien verkörperten Beteiligungsrechte, Ansprüche an Lebensversicherungsunternehmen und Guthaben bei Bausparkassen.

Forderungen können *verbrieft* oder nicht verbrieft sein. Der Gläubiger einer verbrieften Forderung hat ein (häufig handelbares) Dokument in Händen, aus dem im allgemeinen Höhe und Dauer der Kreditbeziehung sowie die Kreditbedingungen hervorgehen. Derartige Dokumente sind bei kurz- und mittelfristigen Forderungen etwa *Wechsel, Schecks* und *unverzinsliche Schatzanweisungen.* Bestimmte langfristige Forderungen gegen Unternehmen und öffentliche Haushalte werden durch *Kapitalmarktpapiere* verbrieft. Zu diesen zählen *Aktien, Investmentzertifikate, Obligationen* (auch *Schuldverschreibungen* oder *Anleihen* genannt) und *Pfandbriefe.* Sie werden an Wertpapierbörsen gehandelt und auch als *Effekten* bezeichnet. Obligationen und Pfandbriefe verbriefen langfristige Kreditbeziehungen, die dadurch gekennzeichnet sind, daß der Schuldner jährlich einen feststehenden Zinsbetrag an den Gläubiger zu zahlen hat. Diese Effekten heißen daher auch *festverzinsliche Wertpapiere.* Nichtbörsenfähige Kapitalmarktpapiere sind etwa Hypotheken- und Grundschuldbriefe.

Auch Geld gilt heute als eine Forderung, und zwar richtet sich diese immer gegen eine Bank. Das ist bei einem Guthaben auf einem Gehaltskonto offensichtlich. Es gilt aber auch in bezug auf Bargeld, also Banknoten und Münzen, wie unten in Teil I des vierten Kapitels gezeigt wird. Die Tilgung einer Schuld durch Übergabe von Geld bedeutet daher, daß der Gläubiger eine andere Forderung anstelle der bisherigen erhält. Er akzeptiert diesen Forderungstausch deshalb, weil dies bei der Kreditgewährung so vereinbart wurde und weil er mit Geld Güter kaufen, seinerseits Schulden tilgen oder erneut Kredit gewähren kann. Mit Forderungen, die nicht Geld sind, wäre dies nicht oder nur beschränkt möglich.

**9. Ökonomische Transaktionen.** Geht ein Wirtschaftsobjekt, also ein Gut oder eine Forderung, von einem Wirtschaftssubjekt auf ein anderes über, so liegt eine *ökonomische Transaktion* vor. Da dies entweder im Tausch gegen ein anderes Gut, eine andere Forderung oder ohne Gegenleistung geschehen kann, gibt es insgesamt fünf Arten ökonomischer Transaktionen:

(1) Tausch Gut gegen Gut: *Realtausch* (auch *Natural-* oder *Gütertausch* genannt);
(2) *Übertragung* (auch: *Transfer*) eines Gutes. Sie bedeutet Übergang ohne Gegenleistung und heißt auch *Schenkung* oder *Realtransfer;*
(3) Tausch Gut gegen Forderung: Hauptsächlich *Kauf* beziehungsweise *Verkauf;*
(4) Übertragung einer Forderung ohne Gegenleistung: Schenkung oder *Forderungstransfer.* Bei der Übertragung von Geld spricht man auch von einer *Transferzahlung;*
(5) Tausch Forderung gegen Forderung: Hauptsächlich Kauf beziehungsweise Verkauf.

Diese Aufzählung ist vollständig, wie an der nachstehenden Tabelle 1.1 zu erkennen ist. Die dort eingetragenen Nummern sind die gleichen wie in der Aufzählung. Da die Transaktion „Gut gegen Forderung" gleich der Transaktion „Forderung gegen Gut" ist, zeigt die Tabelle vielleicht noch deutlicher, daß es nur fünf Arten von

Tabelle 1.1 – *Arten ökonomischer Transaktionen*

| Leistung / Gegenleistung | Wirtschaftsobjekte als Gegenstand von Transaktionen | |
|---|---|---|
| | Gut | Forderung |
| Gut | (1) Realtausch | (3) Güterkauf/-verkauf |
| keine Gegenleistung | (2) Realtransfer | (4) Forderungstransfer |
| Forderung | (3) Güterkauf/-verkauf | (5) Forderungskauf/-verkauf |

Transaktionen geben kann. Sie bedeutet damit einen wichtigen Schritt in dem Bemühen, die S. 1 noch „verwirrend" genannte Vielfalt ökonomischer Vorgänge übersichtlich zu machen: Die immense Zahl ökonomischer Transaktionen in einer Volkswirtschaft mit Hilfe der beiden Begriffe „Gut" und „Forderung" in nur fünf Arten zu gliedern, ist ein hervorragendes Beispiel für das Verfahren der *Abstraktion.*

Welche praktische Bedeutung haben die einzelnen Transaktionsarten? In der heutigen Wirtschaft spielt der Realtausch eine untergeordnete Rolle. Er kommt in nennenswertem Umfang nur noch in der Landwirtschaft, im Kohlenbergbau und im Verkehrswesen insoweit vor, als die dort Beschäftigten einen Teil ihres Einkommens in Gestalt der von ihnen produzierten Güter (*Deputate*) wie Nahrungsmittel, Kohle oder das Recht auf Freifahrten erhalten. Die überwiegende Mehrheit aller Transaktionen ist heute Kauf/Verkauf von Gütern oder Forderungen, fällt also unter die Transaktionsarten (3) und (5). Wichtig ist auch die Transaktionsart (4), zu der etwa Zahlungen von Steuern, Sozialversicherungsrenten, Beamtenpensionen und einige Formen der Entwicklungshilfe gehören.

Die Einordnung mancher Transaktionen in die obige Klassifikation mag strittig sein. So könnte man die Zahlung von Steuern mit dem Argument der Transaktionsart

(3) zuweisen, daß der Staat dem Steuerzahler als Gegenleistung Güter wie Rechtssicherheit, Ausbildung, Straßennutzung und dergleichen liefert. Dem ist entgegenzuhalten, daß sich kein auch nur annähernd bestimmbarer Zusammenhang zwischen der Steuerzahlung und der Inanspruchnahme solcher Güter finden läßt.[6] Im übrigen handelt es sich bei der Einordnung um ein definitorisches Problem, das nur durch Übereinkunft lösbar und in der dargestellten Weise gelöst worden ist.

## II. Wirtschaftssubjekte

**1. Arten von Wirtschaftssubjekten.** In den bisherigen Abschnitten I.1 bis I.9 war im wesentlichen nur von Vorgängen die Rede, in denen der Wirtschaftsprozeß äußerlich sichtbar wird. Die Erfassung, Beschreibung und übersichtliche Darstellung dieser Vorgänge ist eine wichtige Aufgabe der Wirtschaftswissenschaft, wie unten ausführlich erläutert werden wird. Noch wichtiger und interessanter sind jedoch die Fragen danach, welches die treibenden Kräfte hinter allen solchen Vorgängen sind, was mit ihnen bezweckt wird und warum sie gerade in der beobachteten Weise und nicht anders zustandekommen oder ablaufen. Die Antwort auf die erste Frage lautet: Alle wirtschaftlichen Vorgänge werden von Menschen veranlaßt, die wirtschaftliche Entscheidungen treffen und danach handeln. Es kann sich dabei auch um Zusammenschlüsse von Menschen handeln, bei denen eine gemeinsame Willensbildung erfolgt, wie etwa bei Mehrpersonenhaushalten, Parlamenten oder Vorständen von Aktiengesellschaften. Der Oberbegriff zu allen diesen Entscheidungseinheiten ist das Wirtschaftssubjekt (auch: die *Wirtschaftseinheit*). Mit dieser Bezeichnung wird der Tatsache Rechnung getragen, daß sich der Wirtschaftswissenschaftler nur mit einem Ausschnitt aus dem Gesamtbereich menschlicher Aktivitäten beschäftigt. Allerdings ist dieser Ausschnitt schwer abgrenzbar, und angesichts der allgemeinen Interdependenz aller gesellschaftlichen Erscheinungen – von denen die wirtschaftlichen ein Teil sind – ist jede strenge Abgrenzung fragwürdig.

Die Wirtschaftssubjekte einer Volkswirtschaft lassen sich nach mehreren Gesichtspunkten einteilen. Eine elementare und S. 2 schon angedeutete Gliederung ist die in

- Private Unternehmen, die die Ergebnisse ihrer Tätigkeit gegen Entgelt verkaufen und dabei mindestens ihre Kosten decken und in der Regel Gewinne erzielen wollen;
- Öffentliche Wirtschaftssubjekte, die überwiegend Aufgaben wahrnehmen, die nicht von privaten Wirtschaftssubjekten verrichtet werden können oder sollen; oder die sich wie eine Reihe von Unternehmen aus anderen Gründen in öffentlichem Besitz befinden;
- Private Haushalte, die Einkommen als Gegenwert für die Abgabe von Faktorleistungen an Unternehmen oder öffentliche Wirtschaftssubjekte oder ohne Gegenleistung beziehen, Konsumgüter verbrauchen und Vermögen bilden und anlegen.

---

[6] Das Statistische Bundesamt spricht daher bei Übertragungen auch von Leistungen ohne spezielle Gegenleistung. Der Bundesgesetzgeber ist in bezug auf Steuern der gleichen Auffassung, vgl. die Definition in Anhang III.

Jede solche oder andere Zusammenfassung von Wirtschaftssubjekten nennt man einen *Sektor.* Bild 1.4 zeigt Unterteilungen dieser drei Hauptsektoren einer Volkswirtschaft, von denen im Volkswirtschaftlichen Rechnungswesen, in Wirtschaftstheorie und Wirtschaftspolitik häufig Gebrauch gemacht wird. Danach gliedern sich die privaten Unternehmen (wie auch die öffentlichen) in *Produktionsunternehmen,* die in erster Linie Sachgüter oder Dienstleistungen oder beide herstellen und verkaufen; und *Finanzunternehmen,* deren Haupttätigkeit in der Hereinnahme und der Gewährung von

Bild 1.4 – *Einteilung der Wirtschaftssubjekte einer Volkswirtschaft*

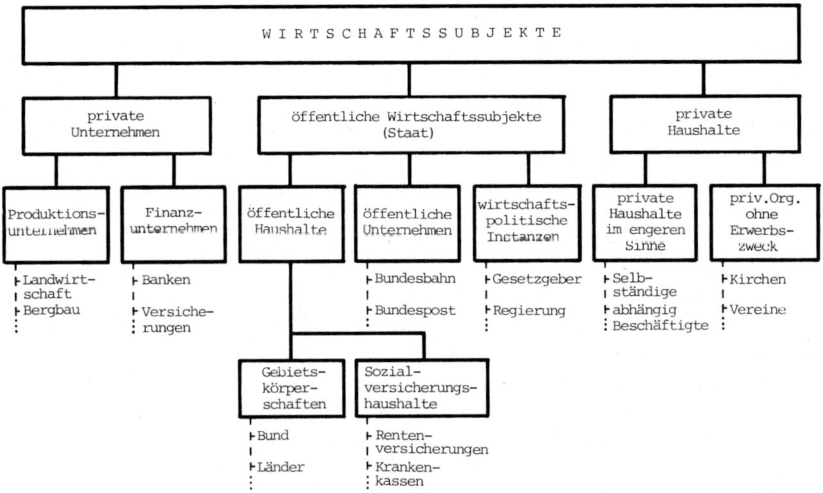


Krediten besteht. Unternehmen sind insofern abgeleitete oder sekundäre Wirtschaftseinheiten, als sie von privaten Haushalten oder öffentlichen Wirtschaftssubjekten gegründet oder übernommen werden, ihnen gehören und in ihrem Interesse tätig sind. In der Bundesrepublik Deutschland wurde die Zahl der Unternehmen außerhalb der Land- und Forstwirtschaft für Anfang 1980 auf 1,74 Mill. geschätzt[7], darunter (Ende 1982) rund 330 000 freiberuflich Tätige[8] wie Ärzte, Rechtsanwälte, Steuer- und Unternehmensberater, Wirtschaftsprüfer, Architekten, Künstler, Publizisten und Padagogen; sowie 1982 rund 904 700 Betriebe der Land- und Forstwirtschaft einschließlich Garten- und Weinbau.[9]

Die Zusammenfassung aller öffentlichen Wirtschaftssubjekte nennt man auch die *öffentliche Hand* oder den *Staat. Gebietskörperschaften* sind die zur politischen Führung

---

[7] SCHMIDT [7.06], S. 49. Das Statistische Bundesamt weist für den 27. 5. 1970, das Datum der bisher letzten Arbeitsstättenzählung, 2,266 Mill. Arbeitsstätten (die nicht mit Unternehmen identisch sind, vgl. S. 3) außerhalb der Landwirtschaft aus. Vgl. Stat. Jb. BRD 1983, S. 114.

[8] Bundesverband der Freien Berufe (Hg.): Jahrbuch 83/84 Der Freie Beruf. Bonn 1983, S. 247.

[9] Bundesministerium für Ernährung ... [I.22], S. 11, 46.

und Verwaltung geographisch abgegrenzter Gebietseinheiten eingesetzten Organe, in der Bundesrepublik hauptsächlich der Bund, die Länder und die Gemeinden. Sie haben das Recht, Steuern zu erheben, und sie stellen die von ihnen produzierten Dienstleistungen wie Verwaltungsleistungen, Unterricht, Straßennutzung überwiegend unentgeltlich zur Verfügung. Bei manchen dieser Dienste ergibt sich das zwangsläufig, wofür der Leuchtturm das Standardbeispiel ist: Jedes vorüberfahrende Schiff kann seine Dienste in Anspruch nehmen, ohne daß es praktisch möglich wäre, dafür ein Entgelt einzutreiben. Es kann also niemand von der Inanspruchnahme dieses Gutes ausgeschlossen werden. Man sagt, das *Ausschlußprinzip* gelte nicht für solche Güter und nennt sie *Kollektivgüter* oder auch *öffentliche Güter,* weil sie zum größten Teil von öffentlichen Wirtschaftssubjekten produziert werden. Den Gegensatz bilden demgemäß *Individualgüter,* von deren Gebrauch oder Verbrauch jedermann ausgeschlossen werden kann, der nicht den für sie geforderten Preis zahlen will. Sie werden ganz überwiegend von privaten Unternehmen hergestellt. Die öffentlichen Wirtschaftssubjekte produzieren aber auch in großem Umfang Dienstleistungen, bei denen dem Ausschlußprinzip sehr wohl Geltung verschafft werden könnte, aufgrund politischer Entscheidung jedoch darauf verzichtet wird. Wichtigste Kategorie ist hier Ausbildung auf allen Stufen des Unterrichtswesens. Land- und Wasserstraßen bilden einen Grenzfall: In manchen Ländern ist für ihre Nutzung ein Entgelt zu zahlen. Die Zahl der Gebietskörperschaften betrug in der Bundesrepublik am 1. 1. 1983: 9895 Einheiten.[10]

*Sozialversicherungshaushalte,* mit den Gebietskörperschaften häufig zum Sektor *öffentliche Haushalte* zusammengefaßt, erheben aufgrund gesetzlicher Vorschriften Zwangsbeiträge von Unternehmen und erwerbstätigen Personen und leisten bei Eintritt der *sozialen Grundrisiken* (Arbeitsunfähigkeit infolge Krankheit, Arbeitsunfall, Mutterschaft oder Invalidität; Erreichung von Altersgrenzen; Arbeitslosigkeit; Tod des Ernährers) Zahlungen an die Versicherten. Sie nehmen also eine Umverteilungsaufgabe wahr. Ihre Zahl beträgt in der Bundesrepublik zur Zeit 1440.[11]

Wirtschaftspolitische Instanzen sind in der Bundesrepublik hauptsächlich der Bundesgesetzgeber (Bundestag und Bundesrat); die Landesgesetzgeber (Landesparlamente), die Bundesregierung (mit einer größeren Zahl ausführender Organe in Gestalt von Bundesoberbehörden wie dem Bundeskartellamt, den Bundesaufsichtsämtern für das Kreditwesen und für das Versicherungswesen, dem Bundesamt für gewerbliche Wirtschaft, dem Bundesausgleichsamt, der Bundesanstalt für Arbeit), die Landesregierungen und die Deutsche Bundesbank als Zentralbank. Diese Instanzen greifen mit einer Vielzahl von Gesetzen, Vorschriften, Richtlinien, Regelungen, Verboten, Festsetzungen ökonomisch wichtiger Größen und dergleichen in den Wirtschaftsprozeß ein. Eine Zahl läßt sich für sie kaum bestimmen, da die eingriffsberechtigten Entscheidungsgremien auf unterschiedliche Weise diversen anderen öffentlichen Wirtschaftssubjekten angehören. Beispielsweise wird die gesetzgebende Instanz „Deutscher Bundestag" durch den öffentlichen Haushalt „Bund" alimentiert.

Die privaten Haushalte sind Ein- oder Mehrpersonenhaushalte, ihre Gesamtzahl belief sich im April 1982 auf 25,3 Mill.[12] Außerdem gibt es *Anstaltshaushalte* wie Al-

---

[10] Bund, 11 Länder, 26 Regierungsbezirke, 91 kreisfreie Städte, 237 Landkreise, 8505 Gemeinden, 1024 Gemeindeverbände. Stat. Jb. BRD 1983, S. 53.

[11] Stand Anfang 1983 gemäß Mitteilung des Stat. BA vom April 1984, vgl. auch WiSta 2/ 1984, S. 185.

ters-, Kinder-, Behindertenheime, Krankenhäuser, Klöster, Strafanstalten und Kasernen, 1970 insgesamt rund 26 900.[13]

Von den privaten Haushalten im engeren Sinne sind die *privaten Organisationen ohne Erwerbszweck* zu unterscheiden, unter denen man Wirtschaftseinheiten wie Kirchen, Gewerkschaften, politische Parteien, Stiftungen und Vereine aller Art versteht. Sie geben ihre Leistungen an private Haushalte in der Hauptsache ohne kostendeckendes Entgelt ab und finanzieren ihre wirtschaftliche Tätigkeit daher überwiegend mit (freiwilligen) Beiträgen und Spenden dieser Haushalte.

Die in Bild 1.4 gezeigte Einteilung ist im Prinzip willkürlich. Welche Klassifizierung der Wirtschaftssubjekte man wählt, hängt von der jeweiligen Fragestellung ab. Dies gilt auch für die im unteren Teil des Bildes angedeutete weitere Unterteilung. Unternehmen können nach der Rechtsform, der Größe oder in *Wirtschaftsbereiche* wie Land- und Forstwirtschaft, Baugewerbe, Handel eingeteilt werden. Bei Untersuchungen auf dem Gebiet der Geldtheorie und -politik ist es zweckmäßig, alle Banken zum *Bankensektor* zusammenzufassen und diesem den *Nichtbankensektor* gegenüberzustellen, zu dem dann alle privaten und öffentlichen Haushalte sowie alle Unternehmen außer den Banken gehören. Bei Analysen der Einkommensverteilung werden die privaten Haushalte je nach Fragestellung anhand der Höhe ihres Monats- oder Jahreseinkommens oder nach der Art ihres Einkommens in Selbständige und abhängig Beschäftigte eingeteilt. Weitere Sektorenbildungen treten in den folgenden Kapiteln auf. Nicht in Bild 1.4 enthalten ist das Ausland, das bei vielen Untersuchungen einen eigenen Sektor bildet.

**2. Knappheit und Allokationsproblem.** Im vorigen Abschnitt wurde deutlich, daß man mit dem Wort „Wirtschaftssubjekt" höchst unterschiedliche Einheiten bezeichnet. Wirtschaftssubjekte sind das Rentnerehepaar wie der multinationale Erdölkonzern, die Rechtsanwaltssozietät wie die Zentralregierung, die Großbank wie die Metallarbeitergewerkschaft. Offensichtlich muß jede nähere Analyse auf erhebliche Unterschiede zwischen ihnen Rücksicht nehmen. Gleichwohl ist es nützlich, zunächst von allen Unterschieden zu abstrahieren und beispielsweise zu fragen, welches die letztlich hinter jeder wirtschaftlichen Betätigung stehenden Beweggründe und welches die allen Wirtschaftssubjekten gemeinsamen Kennzeichen und Probleme sind. Die erste Frage kann so beantwortet werden:

Satz 1.1: *Menschen müssen Güter verbrauchen, um ihr Leben zu unterhalten, und Güter müssen durch Einsatz menschlicher Arbeitsleistungen und anderer Produktionsfaktoren hergestellt werden. Produktion und Verbrauch von Gütern sind also die beiden grundlegenden wirtschaftlichen Aktivitäten.*

Die Grundlagen der menschlichen Existenz sind in diesem Sinne materieller Natur: Ohne ein Minimum mindestens an Nahrung, Kleidung und Unterkunft wäre jede weitergehende Betätigung auf sozialem, politischem, künstlerischem oder wissenschaftlichem Gebiet nicht möglich. Der Sachverhalt wird auch so ausgedrückt: Menschen haben *Bedürfnisse,* von denen ein Teil durch den Verbrauch nichtdauerhafter

---

[12] Stat. Jb. BRD 1983, S. 66. Angabe gemäß Mikrozensus.
[13] Stat. Jb. BRD 1973, S. 50.

und den Gebrauch dauerhafter Güter befriedigt wird. Als Antwort auf die zweite Frage gilt

Satz 1.2: *Die vorhandenen und produzierbaren Güter sind im Vergleich zu den mit ihnen erfüllbaren Bedürfnissen der Menschen knapp: Es können nicht ständig alle Bedürfnisse aller Menschen voll, bis zur Sättigungsgrenze, befriedigt werden. Daraus entsteht das Problem, die jeweils beschaffbaren Güter so einzusetzen, daß die Bedürfnisse in einem ausgewogenen Verhältnis möglichst weitgehend befriedigt werden. Das nennt man das Allokationsproblem.*

Ganz allgemein bedeutet „Allokation" die Zuweisung von irgendetwas Knappem, neben Gütern beispielsweise auch von Geldbeträgen, Arbeitszeit, Einkommen, Freizeit, generell spricht man auch von „Mitteln", auf bestimmte Verwendungszwecke. Satz 1.2 beschreibt das Allokationsproblem aus der Sicht des Wirtschaftssubjekts. So hat ein privater Haushalt ein begrenztes Einkommen, dessen zum Verbrauch bestimmten Teil er in irgendeiner Weise auf die Käufe von Konsumgütern aufteilen muß. Eine Gebietskörperschaft erwartet bestimmte Einnahmen aus Steuern, Gebühren, Beiträgen und Zuweisungen anderer öffentlicher Haushalte, zu denen in ebenfalls begrenztem Umfang die Möglichkeit kommt, sich zu verschulden. Diesen Mitteln steht eine Vielzahl von Aufgaben gegenüber, deren gleichzeitige Erfüllung praktisch immer unmöglich ist, so daß eine Auswahl nach politischen Gesichtspunkten getroffen werden muß. Eine Unternehmung benötigt Produktionsfaktoren, deren Angebot insgesamt begrenzt ist, und wird sie in einer ihr optimal erscheinenden Weise einsetzen.

Aus der Sicht eines Beobachters stellt sich das Allokationsproblem wie folgt dar. Knappheit bedeutet, daß die Nachfrage nach Gütern die jeweils vorhandenen Bestände oder das je Zeitraum erscheinende Angebot übersteigt. Damit wird ein *Allokationsverfahren* erforderlich, mit dessen Hilfe die knappen Güter auf die Wirtschaftssubjekte verteilt werden, die Bedarf an ihnen haben. Eines von mehreren solcher Verfahren besteht darin, die Wirtschaftssubjekte von sich aus in Tauschbeziehungen treten zu lassen. Es bilden sich dann Märkte (vgl. S. 9 ff.), und unter Mitwirkung von Geld als allgemeinem Tauschmittel und der Geldeinheit als Recheneinheit (vgl. S. 11) entstehen *Preise* für die zu tauschenden Güter, an denen sich die Marktteilnehmer bei ihren Entscheidungen ausrichten. Dabei gilt im Prinzip

Satz 1.3: *Je höher der Preis eines Gutes relativ zu den Preisen anderer Güter ist, um so mehr wird unter sonst gleichen Umständen von ihm angeboten und um so weniger wird von ihm nachgefragt.*

Diese Aussage, deren erster Teil auch das *Angebotsgesetz* und deren zweiter Teil auch das *Nachfragegesetz* genannt wird, faßt zwei zentrale Hypothesen der Wirtschaftswissenschaft zusammen. Aus ihr folgt, daß sich in der Regel auf Märkten Preise bilden, bei denen die Nachfrage soweit beschränkt wird, daß sie dem Angebot entspricht. Das Allokationsproblem ist dann vom Beobachter her gesehen gelöst.

Nicht alle knappen Güter haben jedoch Preise. Die Nutzung von Parkraum in den Städten ist ebenso ein knappes Gut wie nutzbares Grund- und Flußwasser, obwohl in vielen Fällen keine Preise für diese Güter gezahlt werden. Wie erwähnt, werden die ebenfalls knappen Dienstleistungen der öffentlichen Haushalte sogar überwiegend ohne Entgelt abgegeben. In solchen Situationen werden jedoch jeweils einige Nachfrager benachteiligt. Autofahrer finden keinen Parkplatz, Wasserverbrauchern wird das Grundwasser weggepumpt, vor den Dienststellen der öffentlichen Verwaltungen bilden sich Warteschlangen, und die Nachfrage nach Studienplätzen für Mediziner übersteigt deren Angebot. Soll aufgrund politischer Entscheidung der Ausgleich zwischen Angebot und Nachfrage nicht über Preise herbeigeführt werden (etwa durch Einführung von Park- oder Studiengebühren) und kann oder soll er auch nicht durch Vergrößerung des Angebots erreicht werden (indem man mehr Parkplätze bereitstellt und mehr Studienplätze schafft), dann muß ein anderes Allokationsverfahren eingesetzt werden. Das nächstliegende ist die *Rationierung:* Die Nachfrage wird mengenmäßig beschränkt, wobei als Kriterium eben nicht ein Preis, sondern andere Merkmale herangezogen werden. In den genannten Beispielen sind dies etwa eine zeitliche Beschränkung der Parkerlaubnis und im Falle der Studienplätze Zeugnisnoten und Wartezeit.

3. **Wirtschaftspläne.** Wer ein Allokationsproblem zu lösen hat, wird sich seine Handlungen am besten vorher überlegen. Die Zusammenfassung der ökonomischen Entscheidungen eines Wirtschaftssubjekts für eine zukünftige Periode heißt sein *Wirtschaftsplan.* Anders ausgedrückt: Ein Wirtschaftsplan gibt an, welche ökonomischen Transaktionen das Wirtschaftssubjekt während der Planperiode auszuführen gedenkt. So wird sich ein privater Haushalt im Rahmen seines Wirtschaftsplanes entscheiden, in welcher Weise er sein für den nächsten Monat zu erwartendes Einkommen auf unterschiedliche Verwendungszwecke, wie Käufe der verschiedenen Konsumgüter, Schuldentilgung, Anlage in Effekten, aufteilen will. Maßgebend für diese Aufteilung sind neben den Konsumgüterpreisen seine *Präferenzen,* also seine Geschmacksrichtungen, Vorstellungen über angemessene Lebensführung, die Notwendigkeit einer Vorsorge für die Zukunft und anderes. Der Wirtschaftsplan einer Produktionsunternehmung besteht aus Entscheidungen über den Einsatz von Produktionsfaktoren, den Ablauf des Produktionsprozesses und den Absatz der fertigen Produkte während der Planperiode. Er läßt sich in Teilpläne wie Einkaufs- und Lagerplan, Produktions-, Absatz-, Finanz- und Investitionsplan gliedern. Der Wirtschaftsplan einer Gebietskörperschaft enthält Schätzungen über das Aufkommen an Steuern und sonstigen Einnahmen, die geplante Kreditaufnahme oder Schuldentilgung und Angaben über die verschiedenen Verwendungszwecke, denen die eingehenden Mittel zugeführt werden sollen.

Die Wirtschaftspläne privater Haushalte liegen nur selten in schriftlicher Form vor und sind noch seltener dem Wirtschaftswissenschaftler zugänglich. Hat sich ein Haushalt einmal etabliert und ist sich über seine Präferenzen im klaren, dann bildet sich vielfach ein gewohnheitsmäßiges Verhalten bei der Einkommensverwendung heraus, das die regelmäßige Aufstellung neuer Wirtschaftspläne überflüssig macht. Gleichwohl wäre es verfehlt, das ökonomische Verhalten eines solchen Haushalts als planlos zu bezeichnen. Ändern sich die Umstände, die für seine Entscheidungen maßgebend sind, dann wird er seinen bisherigen routinemäßigen Wirtschaftsplan und damit sein ökonomisches Verhalten ändern.

Die Wirtschaftspläne besonders größerer Unternehmen werden schriftlich fixiert, sind aber Wirtschaftswissenschaftlern in der Regel nicht zugänglich. Regelmäßig veröffentlicht werden lediglich die Wirtschaftspläne der öffentlichen Haushalte, insbesondere der Gebietskörperschaften. So ist etwa der Bund durch Artikel 110 des *Grundgesetzes für die Bundesrepublik Deutschland* verpflichtet, den Haushaltsplan vor

Beginn des Rechnungsjahres – also vor Beginn der Planperiode – durch Gesetz feststellen zu lassen.

**4. Daten und Instrumentvariable.** Jedes Wirtschaftssubjekt muß bei seiner Planung von gewissen Umständen, Vorgängen und Erscheinungen ausgehen, die es nicht ändern kann und denen es daher sein ökonomisches Handeln anpassen muß. Dies sind seine *Daten.* Ein „Datum" bedeutet nicht, daß die betreffende Größe im Zeitablauf konstant ist, sondern nur, daß sie von dem jeweiligen Wirtschaftssubjekt nicht beeinflußt werden kann. Für einen einzelnen privaten Haushalt sind etwa die Preise der meisten Konsumgüter, die Steuersätze, die Zinssätze und die Effektenkurse, aber natürlich auch das Klima und die rechtliche und soziale Ordnung Daten. Die Gesamtheit seiner Daten bildet den *Datenkranz* des Haushalts.

Im Gegensatz zu den Daten sind die Größen, die der Haushalt selbst bestimmen kann, seine *Instrumentvariablen.* Zu ihnen gehören die Mengen der gekauften Güter, in Grenzen das Einkommen sowie die Anlageformen für sein Vermögen. Einige Gegebenheiten sind nur bei einer kurzfristigen Betrachtung als Daten anzusprechen, langfristig können sie, wie etwa die Höhe des Vermögens und der Ausbildungsgrad, vom Haushalt beeinflußt werden.

Entsprechende Überlegungen gelten für alle anderen Wirtschaftssubjekte einschließlich der wirtschaftspolitischen Instanzen. So sind für eine einzelne Unternehmung in der Regel die Lohnsätze und häufig die von konkurrierenden Anbietern gesetzten Preise Daten. Was in einem konkreten Fall Daten sind und was nicht, läßt sich jedoch nicht allgemein und von vornherein entscheiden, sondern muß jeweils genau untersucht werden. Es kann vorkommen, daß eine Unternehmung auf dem lokalen Arbeitsmarkt eine so starke Stellung als Nachfrager nach Arbeitsleistungen hat, daß sie die Lohnsätze beeinflussen kann. Ebenso gelingt es manchen privaten Haushalten, die Preise dauerhafter Konsumgüter zu beeinflussen.

Was für ein einzelnes Wirtschaftssubjekt gilt, braucht ferner nicht für Zusammenschlüsse von Wirtschaftssubjekten zu gelten. So wird eine einzelne Unternehmung kaum in der Lage sein, die Zollgesetzgebung zu beeinflussen, während dies einem Unternehmensverband, also dem gemeinsamen Organ einer Gruppe von Unternehmen gleicher Produktionsrichtung, schon eher möglich ist. Das bekannteste Beispiel zur Frage der unterschiedlichen Beeinflußbarkeit von Daten ist wohl der einzelne Arbeitnehmer verglichen mit einer Gewerkschaft.

Die Erfahrung lehrt, daß sich Daten ständig ändern. Diesem Sachverhalt kann ein Wirtschaftssubjekt auf unterschiedliche Weise Rechnung tragen. Es kann entweder seinen Wirtschaftsplan revidieren oder einen neuen Plan aufstellen, sobald die Datenänderung eingetreten ist, oder es kann sich schon bei der Aufstellung seines ursprünglichen Plans Gedanken darüber machen, welche seiner Daten sich wohl in welcher Richtung und in welchem Ausmaß ändern werden. In dem Plan kann dann vorgesehen werden, wie auf die Änderungen zu reagieren ist. Einen solchen erweiterten Wirtschaftsplan nennt man eine *ökonomische Strategie.* Ein bekanntes Beispiel hierfür liegt vor, wenn ein Haushalt in seinem Wirtschaftsplan verschiedenen Preisen eines Konsumgutes unterschiedliche zu kaufende Mengen zuordnet. Eine solche Strategie heißt *individuelle Nachfragefunktion* dieses Haushalts.

Eine rudimentäre Strategie besteht darin, bei der Festlegung der Ausgaben für die Planperiode einen Posten „Unvorhergesehenes" vorzusehen.

**5. Ziele und Zielvariable.** Jedes Wirtschaftssubjekt geht bei der Aufstellung seiner Wirtschaftspläne von Zielen aus, die es mit der Verwirklichung der Pläne zu erreichen hofft. Ein privater Haushalt wird danach streben, nach Art und Menge solche Güter zu kaufen, die seine Bedürfnisse insgesamt am besten befriedigen. Man bezeichnet die mit dem Verbrauch von Konsumgütern einhergehende Bedürfnisbefriedigung als *Nutzen,* so daß die Zielsetzung des Haushalts auch durch die Aussage beschrieben werden kann, er versuche im Rahmen seiner Daten möglichst viel Nutzen zu erlangen. Aus dieser Aussage kann jedoch nicht gefolgert werden, welche Güter ein Haushalt in einer bestimmten Periode kaufen oder wie er sein Einkommen auf Konsumausgaben und Vermögensbildung aufteilen wird. Die Aussage ist so allgemein, daß sie mit jedem Verhalten und daher mit jeder Beobachtung vereinbar ist: Sie ist eine *Leeraussage.* Ob etwa ein neugegründeter Haushalt zuerst eine Wohnungseinrichtung oder ein Auto kauft, ob er sparsam oder verschwenderisch lebt, ob er sich wie andere Haushalte verhält oder nicht – man wird immer sagen können, er maximiere seinen Nutzen. Es muß also durch Beobachtungen ermittelt werden, wie sich die Haushalte tatsächlich verhalten. Die Erforschung des Verhaltens der Haushalte ist Aufgabe der *Theorie des Haushalts.* Welche Bedeutung diesem Zweig der Wirtschaftswissenschaft zukommt, erhellt aus der Tatsache, daß rund die Hälfte der insgesamt in einer Volkswirtschaft während eines Jahres hergestellten und nicht wieder im Produktionsprozeß eingesetzten Sachgüter und Dienstleistungen (also der gesamtwirtschaftlichen Endnachfrage in Bild 1.3, S. 8) von den privaten Haushalten dieser Volkswirtschaft gekauft wird. Vom Verhalten dieser Haushalte gehen daher erhebliche Einflüsse auf den Wirtschaftsablauf aus.

Letztes Ziel der ökonomischen Tätigkeit von Gebietskörperschaften ist es, bestimmte Bedürfnisse der Bewohner des Landes zu befriedigen, wobei angenommen wird, daß die entsprechenden Güter nicht von privaten Unternehmen angeboten werden können. Unter anderem werden daher die Dienstleistungen der Polizei und der Organe der Rechtspflege von der öffentlichen Hand bereitgestellt; und diese besorgt auch die Umverteilung von Einkommen, die Verteidigung des Landes und seine Vertretung im Ausland. Es ist das immer wiederkehrende Problem jeder Gebietskörperschaft, die vorhandenen knappen Mittel so auf diese verschiedenen Verwendungszwecke aufzuteilen, daß das gegebene Ziel optimal erreicht wird.

Unternehmen kaufen Produktionsfaktoren und verkaufen die fertigen Erzeugnisse, wobei im allgemeinen ein *Gewinn* entsteht. Die Gewinnerzielung ist in der Regel das Hauptziel einer Unternehmung, obwohl es auch Unternehmen gibt, die nur ihre Kosten decken wollen. Des näheren kann man fragen, ob das Ziel darin besteht, jeweils den höchstmöglichen Gewinn je Abrechnungszeitraum (*Gewinnmaximierung*) oder einen Mindestgewinn bei gleichzeitigem Streben nach anderen Zielen zu erreichen. Solche weiteren Ziele können etwa Erhaltung oder Vergrößerung des Marktanteils oder eine bestimmte Verzinsung der eingesetzten Mittel sein. Es ist nicht zu erwarten, daß alle Unternehmen einer Volkswirtschaft die gleichen Ziele haben, und es ist daher eine Aufgabe der empirischen Forschung festzustellen, welche Ziele etwa in welchem Wirtschaftszweig vorherrschen und ob sie sich im Zeitablauf ändern.

Eine sehr wichtige Art von Zielsetzungen sind schließlich die wirtschaftspolitischen Ziele der Regierung eines Landes oder allgemeiner, der wirtschaftspolitischen Instanzen. Sie werden unten in Abschnitt III.6 dieses Kapitels behandelt.

Die meisten Ziele können durch die Angabe konkretisiert werden, daß eine ökonomische Größe, die *Zielvariable,* bestimmte Werte annehmen oder sich innerhalb festgelegter Bereiche bewegen soll. Der Unterschied zu den Instrumentvariablen besteht darin, daß Zielvariable auch von Handlungen anderer Wirtschaftssubjekte beeinflußt werden. Sie können daher ohne Zutun des betreffenden Wirtschaftssubjekts die angestrebten Werte oder Bereiche auch verlassen, was dieses zu Reaktionen bewegen wird. Zusammenfassend läßt sich die ökonomische Aktivität jedes Wirtschaftssubjekts also, wiederum abstrahiert von allen Besonderheiten, so beschreiben

Satz 1.4: *Ein Wirtschaftssubjekt versucht, unter Beachtung seiner Daten seine Instrumentvariablen so einzusetzen, daß seine Zielvariablen die gewünschten Werte annehmen oder sich innerhalb vorgegebener Bereiche bewegen.*

Bild 1.5 illustriert diesen Sachverhalt, wobei deutlich wird, daß Reaktionen dann erfolgen, wenn sich Daten ändern oder Zielvariable die angestrebten Werte oder Bereiche verlassen. Es ist zu vermuten, daß jedes Wirtschaftssubjekt Zeit braucht, um Informationen aufzunehmen und zu verarbeiten, Entscheidungen zu treffen und in Handlungen umzusetzen. Für den Beobachter ergeben sich daraus *Reaktionsverzögerungen* unterschiedlicher Länge. Hat ein Wirtschaftssubjekt eine Situation erreicht, in der

Bild 1.5 – *Das Wirtschaftssubjekt als reagierende Entscheidungseinheit*

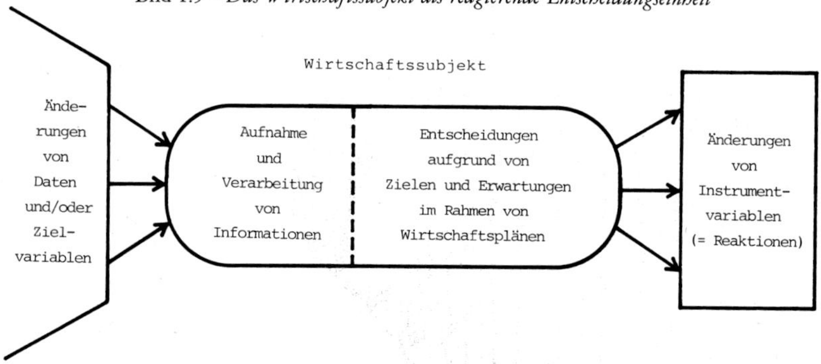


alle seine Zielvariablen die gewünschten Werte annehmen, sagt man, es befinde sich im (einzelwirtschaftlichen) *Optimum.* Es ist eine Aufgabe der Theorie des privaten Haushalts, der Theorie der Unternehmung und der Theorie des öffentlichen Wirtschaftssubjekts, die Bedingungen für solche Optima herauszufinden.

Da viele Wirtschaftssubjekte jeweils gemeinsame Ziele haben, liegt es nahe, sich zu Gruppen zusammenzuschließen und diese Ziele gemeinsam anzustreben. Die Vorteile dieses Vorgehens liegen erstens darin, daß eine organisierte Gruppe ungleich bessere Möglichkeiten zur Durchsetzung ihrer Ziele hat als ein einzelnes Wirtschaftssubjekt. Die gemeinsamen Ziele können also schneller und/oder weitgehender erreicht werden. Zweitens kann es einer Gruppe gelingen, Erscheinungen, die für ihre Mitglieder, einzeln genommen, Daten sind, in Zielvariable oder sogar in Instrumentvariable zu verwandeln. Angesichts dieser Vorteile besteht in der modernen Industriegesellschaft eine starke Tendenz zur Gruppenbildung. Beispiele sind Unternehmens- und Arbeitgeberverbände, Arbeiter- und Angestelltengewerkschaften, Kriegsopfer-, Verbraucher- und Steuerzahlerverbände.

## III. Organisation und Lenkung des Wirtschaftsprozesses

**1. Wirtschaftssysteme.** Eine der zentralen Fragen, die in jeder Volkswirtschaft gelöst werden müssen, lautet: Wie kann der Wirtschaftsprozeß so organisiert werden, daß eine möglichst reichhaltige und reibungslose Güterversorgung der Bevölkerung zusammen mit der Erneuerung, Erweiterung und Verbesserung des Produktionsapparates sichergestellt ist? Das ist keine Frage der Produktionstechnik, die den Wirtschaftswissenschaftler nur am Rande interessieren würde. Sie betrifft vielmehr das Problem, die durch weitgehende Arbeitsteilung gekennzeichnete Produktionstätigkeit in den Millionen einzelner Betriebe einer großen Volkswirtschaft so untereinander und mit den Verbrauchswünschen der Bevölkerung abzustimmen, daß jeder Betrieb die Produktionsgüter nach Art und Menge erhält, die er für seine Tätigkeit braucht, daß er die fertigen Erzeugnisse an andere Betriebe und an Haushalte absetzen kann, und daß die Verbrauchswünsche der Haushalte im Rahmen der jeweiligen Einkommen befriedigt werden können. Da jeder Betrieb anhand eines Produktionsplanes produziert und jeder Haushalt anhand eines Verbrauchsplanes konsumiert, handelt es sich also um das Problem der *Koordination der Wirtschaftspläne.* Das Problem kann im Denkmodell prinzipiell auf zwei Arten gelöst werden:

(a) Die Produktion von Gütern wird einzelnen *Unternehmern* überlassen, die aufgrund eigener Initiative Betriebe errichten, Arbeitskräfte einstellen und Sachgüter und Dienste erzeugen, die sie an Haushalte oder andere Unternehmen verkaufen. Jeder Unternehmer stellt seine eigenen Wirtschaftspläne auf, über die er niemandem Rechenschaft schuldig ist. Selbstverständlich sind diese Pläne nicht unabhängig voneinander: Jeder Unternehmer muß sich danach richten, welche Produktionsgüter er zu welchen Preisen kaufen und welche Erzeugnisse er zu welchen Preisen verkaufen kann. Nur wenn er dabei auf die Dauer seine Kosten decken und angemessene Gewinne erzielen kann, wird er seine Unternehmung aufrechterhalten. Die notwendige Koordination der Produktionspläne untereinander und mit den Verbrauchsplänen der Haushalte wird in diesem System also dadurch erreicht, daß sich alle Wirtschaftssubjekte bei der Aufstellung ihrer Wirtschaftspläne an den Marktpreisen der Produktionsgüter und Produkte ausrichten. Das Allokationsproblem (vgl. S. 18) wird dezentral auf jedem einzelnen Markt aufgrund des Ausgleichs der Interessen selbständiger Marktteilnehmer gelöst; vom Beobachter her gesehen erledigt es sich von allein.

(b) Die Produktion aller Güter wird von einer zentralen Behörde geplant, die Anweisungen über Art und Menge der zu produzierenden Güter an die einzelnen Produktionsstätten gibt, die von Angestellten der Zentralbehörde geleitet werden. Auch neue Produktionsstätten werden nur auf ihre Anweisung errichtet. Die Behörde bestimmt ferner, an wen die hergestellten Güter zu liefern, welche Preise in Rechnung zu stellen und welche Löhne zu zahlen sind. Die Volkswirtschaft ähnelt in diesem Fall einem Riesenbetrieb mit nur einem Produktionsplan, der in viele, von der Zentralbehörde koordinierte Einzelpläne zerfällt. Das Allokationsproblem ist eine ständige staatliche Aufgabe von höchster Bedeutung für die Wohlfahrt des Landes; zu seiner Lösung muß ein umfangreicher zentraler Lenkungsapparat unterhalten werden.

Diese unterschiedliche Handhabung der Koordination von Wirtschaftsplänen konstituiert zwei verschiedene *Wirtschaftssysteme:* Unter (a) ist eine *Marktwirtschaft,* unter (b) eine *zentralgeleitete Wirtschaft* beschrieben. Statt von Marktwirtschaft spricht man auch von (freier) *Verkehrswirtschaft* (was nichts mit Transportproblemen zu tun hat), statt von zentralgeleiteter Wirtschaft auch von *Zentralplanwirtschaft* oder *Zentralverwaltungswirtschaft.* Gelegentlich nennt man das unter (b) genannte Wirtschaftssystem auch nur „Planwirtschaft". Diese Bezeichnung ist jedoch mißverständlich, da in jedem Wirtschaftssystem geplant werden muß und es für seine Charakterisierung lediglich darauf ankommt, wer plant und wie demgemäß die einzelnen Pläne koordiniert werden.

**2. Eigentumsverfassung.** Ein weiteres Kennzeichen von Wirtschaftssystemen ist die *Eigentumsverfassung.* Wer Produktionspläne aufstellen und realisieren will, muß über Produktionsgüter verfügen, also Arbeitsleistungen sowie dauerhafte und nichtdauerhafte Produktionsmittel im Produktionsprozeß in der ihm geeignet erscheinenden Weise einsetzen können. In der zentralgeleiteten Wirtschaft besitzt die Planungsbehörde diese Verfügungsmacht. Sie allein bestimmt, welche Produktionsmittel produziert und wie sie verteilt werden. Keine Einzelperson hat Eigentum an Produktionsmitteln. In der Marktwirtschaft dagegen folgt die Verfügungsmacht über Produktionsmittel aus der Existenz von Privateigentum an diesen. Jeder, der die erforderlichen Zahlungsmittel besitzt oder Kredite erhält, kann Produktionsmittel kaufen, Arbeitskräfte einstellen und einen Produktionsprozeß beginnen. Wer anderseits Eigentümer dauerhafter Produktionsmittel ist oder über Zahlungsmittel verfügt, sich aber nicht als Unternehmer betätigen will, kann dadurch ein laufendes Einkommen erzielen, daß er die Produktionsmittel Unternehmern zur Verfügung stellt oder ihnen Kredite gewährt. Dieses Einkommen in Gestalt von Dividenden, Zinsen und Beteiligungserträgen, das nicht auf der Abgabe von Arbeitsleistungen oder auf unternehmerischer Tätigkeit beruht, heißt *Vermögenseinkommen.*

Die Verfügungsmacht einer zentralen Planbehörde über Produktionsmittel muß durch die Möglichkeit ergänzt werden, Arbeitskräfte in die benötigten Produktionsprozesse zu lenken und darüber hinaus die Berufswahl zu beeinflussen. In einer Marktwirtschaft steht die Wahl des Berufes und des Arbeitsplatzes dagegen jedermann frei, wenn auch nicht in dem Sinne, daß jeder jeden Beruf ergreifen oder jeden Arbeitsplatz besetzen könnte. An diesem Aspekt der Freiheit läßt sich im übrigen auch ihre Kehrseite zeigen. Freiheit in dem Sinne, daß jemand die Wahl zwischen zwei oder mehr Handlungen hat, schließt die Möglichkeit ein, eine Wahl zu treffen, die sich später als falsch herausstellt. Freiheit ist daher immer mit dem Risiko von Fehlentscheidungen verbunden. Diese können schwerwiegende Folgen haben, und daher ist Freiheit dieser Art durchaus nicht für alle Menschen eine unbedingt anstrebenswerte Situation. Das gilt allerdings nur, wenn eine für die Funktionsweise eines Wirtschafts- und Gesellschaftssystems zentrale Regelung in dem Sinne getroffen ist, daß die Folgen von Entscheidungen im allgemeinen und von Fehlentscheidungen im besonderen der Verursacher tragen soll. Pauschal gesprochen gelingt es jedoch in allen Systemen insbesondere Politikern immer wieder, für Folgen ihrer Fehlentscheidungen andere (die Steuerzahler, die Allgemeinheit) haften zu lassen.

Ein Wirtschaftssystem mit Privateigentum an Produktionsmitteln nennt man eine *kapitalistische Wirtschaft,* ihr Gegenstück eine *sozialistische Wirtschaft.*

**3. Wettbewerb.** Sobald in einer Volkswirtschaft das Stadium der Armut überwunden ist, kommt es nicht mehr so sehr darauf an, daß überhaupt etwas produziert wird, sondern vor allem auch darauf, daß die Erzeugnisse den Wünschen der Abnehmer entsprechen und daß das Güterangebot vielfältig und von hoher Qualität ist. In der Marktwirtschaft sieht sich jeder Produzent etwa eines bestimmten Konsumgutes der Tatsache gegenüber, daß andere Produzenten gleiche oder ähnliche Güter anbieten und ständig versuchen, ihre Marktanteile zu erhöhen. Anbieter wecken auch durch Werbung neue Bedürfnisse und vermindern dadurch die Nachfrage, die sich auf die bisher bekannten Güter richtet. Grundsätzlich stehen also alle Anbieter von Konsumgütern im *Wettbewerb* miteinander. Das gleiche gilt mit wenigen Ausnahmen für die Anbieter von Produktionsgütern. Aus diesem Wettbewerb folgt der Zwang für jeden Produzenten, sich ständig um eine Verbesserung seiner Erzeugnisse, die Senkung seiner Kosten oder um die Schaffung neuer Produkte zu bemühen. Wer diesen Anforderungen nicht gewachsen ist, wird zum Ausscheiden gezwungen: Er gibt entweder auf, weil er keine oder nur noch unzureichende Gewinne erzielt, oder er macht Konkurs. Dieser Prozeß der Eliminierung leistungsschwacher Unternehmen ist ebenso ein charakteristisches Element der Marktwirtschaft wie das Privateigentum an Produktionsmitteln. Er zeigt die Kehrseite der Möglichkeit, Gewinne und Vermögenseinkommen zu erzielen: Mit jedem Produktionsprozeß ist das Risiko verbunden, aus dem Markt gedrängt zu werden und die eingesetzten Mittel zu verlieren.

Für Wettbewerb in dem hier geschilderten Sinne gibt es in der zentralgeleiteten Wirtschaft keine Entsprechung. Er bildet also das dritte wichtige Unterscheidungsmerkmal zwischen den beiden Wirtschaftssystemen.

**4. Wirtschaftssysteme in der Realität.** Die in den Abschnitten III.1 bis III.3 in groben Zügen geschilderte zentralgeleitete Wirtschaft stellt ebenso wie die „reine" Marktwirtschaft einen Extremfall dar, der in der Wirklichkeit nicht vorkommt. Beide sind Denkmodelle, die lediglich dazu dienen, sich über die wesentlichen Züge von Wirtschaftssystemen klarzuwerden. Die in der zweiten Hälfte des 20. Jahrhunderts existierenden Volkswirtschaften weisen Elemente aus beiden Systemen auf, sind also Mischformen. Im allgemeinen überwiegen jedoch die charakteristischen Züge des einen oder des anderen Systems, weshalb es sich eingebürgert hat, auch die tatsächlich realisierten Wirtschaftssysteme als „Marktwirtschaft" oder „Zentralplanwirtschaft" zu bezeichnen. Man sollte sich jedoch stets vor Augen halten, daß aus dieser Gleichsetzung Mißverständnisse resultieren können.

Der folgende Vergleich zwischen marktwirtschaftlich organisierten und zentral geplanten Industrieländern muß sich auf wenige hervorstechende Merkmale beschränken. In den westlichen Industrieländern ist der überwiegende Teil des Produktionsapparates in privaten Händen. Die Wirtschaftspläne werden durch ein System von Marktpreisen koordiniert, und es herrscht im allgemeinen Wettbewerb zwischen den Produzenten. Da der Zwang zum Wettbewerb jedoch in der Regel als unbequem empfunden wird, besteht ständig eine Tendenz, ihn zu beschränken oder zu umgehen. Das kann durch Absprachen oder Verträge, die in den meisten Ländern verboten sind, über den Kauf kleinerer durch größere Unternehmen oder durch Zusammenschlüsse geschehen. Eine solche Tendenz zur *Unternehmenskonzentration* ist auch in der Bundesrepublik ständig und seit Ende der sechziger Jahre verstärkt zu beobachten. Die Freiheit der Arbeitsplatzwahl hat als Kehrseite das Risiko, den Arbeitsplatz unverschuldet zu verlieren und längere Zeit arbeitslos zu bleiben. Durch staatliche Eingriffe kann dieses Risiko jedoch ebenso wie das unternehmerische Risiko gemindert werden, und zwar sowohl im gesamtwirtschaftlichen Maßstab – durch konjunktursteuernde Eingriffe – als auch einzelwirtschaftlich durch staatliche Hilfe an Unternehmen.

Nichtmarktwirtschaftliche Elemente finden sich in diesen Ländern vielfach im Bereich der Landwirtschaft. So werden etwa in der Bundesrepublik die Preise vieler landwirtschaftlicher Güter vom Staat beeinflußt, und ihre Einfuhr unterliegt mengenmäßigen und zeitlichen Beschränkungen. In den Vereinigten Staaten und anderen Ländern gibt es Anbaubeschränkungen für manche Feldfrüchte, der Staat übernimmt hier also eine globale Produktionsplanung. In einigen Ländern sind bestimmte Wirtschaftszweige verstaatlicht, so in Großbritannien der Kohlenbergbau, in Frankreich die Elektrizitätserzeugung, der Kohlenbergbau, Banken und Teile der Automobil- und der Chemischen Industrie. In den meisten westlichen Ländern sind Eisenbahnen, Post und Luftverkehrsgesellschaften in staatlichem Besitz. Allerdings stellt sich wegen dieser Unternehmen noch nicht das Problem der zentralen Produktionsplanung, da sie in das marktwirtschaftliche System eingebettet sind und sich überwiegend wie private Unternehmen verhalten.

Elemente der zentralgeleiteten Wirtschaft überwiegen dagegen in der Sowjetunion und den anderen sozialistischen Ländern. So gibt es hier bis auf Reste im Bereich des Wohnungswesens und der Landwirtschaft kein Privateigentum an Produktionsmitteln einschließlich Boden. Die Produktionspläne werden, wenn auch wegen praktischer Schwierigkeiten nicht bis in alle Einzelheiten, zentral erstellt und koordiniert, und mangels selbständiger Produzenten kann es auch keinen Wettbewerb zwischen solchen geben. Marktwirtschaftliche Elemente finden sich hier in der Landwirtschaft. So ist es Kolchosbauern erlaubt, Produkte frei zu verkaufen, die sie auf privat genutzten Grundstücken erzeugt haben. Ein ausgesprochen kapitalistisches Element ist ebenfalls beibehalten worden: Die Staatsbank zahlt Zinsen auf Spareinlagen, so daß es also auch in sozialistischen Ländern Vermögenseinkommen gibt.

Neben diesen Unterschieden weisen alle heutigen Volkswirtschaften Gemeinsamkeiten auf. So gibt es überall Geld als allgemeines Tauschmittel, in allen wird mit einem mehr oder weniger hohen Grad von Arbeitsteilung produziert, und die Haushalte haben in Friedenszeiten mit nur wenigen Einschränkungen freie Konsumwahl. In keiner Volkswirtschaft können die laufend erzeugten und nicht wieder als Vorleistungen im Produktionsprozeß eingesetzten Sachgüter und Dienste restlos als Konsumgüter an die Erwerbstätigen verteilt werden, die diese Güter mit Hilfe des Produktionsapparates erzeugt haben. Mehr als die Hälfte dieser Gütermenge muß ständig für den Bedarf von Personen, die noch nicht, nicht mehr oder zeitweilig nicht am Produktionsprozeß teilnehmen, für den Bedarf der öffentlichen Haushalte und für die Erhaltung und Erweiterung des Produktionsapparates bereitgestellt werden. In jedem Wirtschaftssystem macht der ständige technische Fortschritt Arbeitsplätze überflüssig. Erwerbstätige müssen dann die Arbeitsstelle, den Wohnort oder den Beruf wechseln, was für die Betroffenen mit erheblichen Problemen verbunden sein kann. Preise sind ein so wirksames Instrument der Produktionslenkung, daß auch in der überwiegend zentralgeleiteten Wirtschaft nicht auf sie verzichtet wird, wenn sie sich auch nicht in derselben Weise auf Märkten bilden wie in der Marktwirtschaft. In jedem Wirtschaftssystem gibt es ferner das Problem der *Leistungsanreize* und die Frage der *Machtverteilung*. Der Zwang, durch Arbeit ein Einkommen zu erzielen (der in der Marktwirtschaft, abgesehen von den Nichtarbeitsfähigen, nur für eine Minderheit von Vermögensbesitzern nicht besteht), muß durch Anreize unterstützt werden. In allen Systemen sind dies die Möglichkeit zur Erzielung höherer Einkommen, der Erwerb von Ansehen und die Ausübung von Macht. Die in der Marktwirtschaft gebotene Möglichkeit, durch unternehmerische Tätigkeit Gewinne zu erzielen, stellt dabei zusammen mit dem durch Wettbewerb ausgeübten Druck offenbar einen starken Anreiz zur Aufnahme, Ausdehnung und Verbesserung von Produktionstätigkeiten dar. Da diese beiden Elemente kein Gegenstück in den Ländern mit zentralgeleiteter Wirtschaft haben, versucht man dort, sie durch Prämiensysteme, Auszeichnungen für Verdienste in der Produktion und Veranstaltungen eines „sozialistischen Wettbewerbs" zu ersetzen.

In der Frage der Machtverteilung unterscheiden sich die heute verwirklichten Wirtschaftssysteme wesentlich. Wirtschaftliche Macht kann als die Möglichkeit definiert werden, das Verhalten von Transaktionspartnern im Wirtschaftsverkehr und/oder anderen Wirtschaftssubjekten im Sinne der eigenen Ziele zu beeinflussen. Das reicht von der Möglichkeit, Anordnungen im Produktionsprozeß zu geben und durchzusetzen, über die Beeinflussung oder Festsetzung von Güterpreisen, Zins- und Lohnsätzen bis zu Vorschriften bezüglich wirtschaftlicher Transaktionen mit Ausländern. In einer Zentralplanwirtschaft muß es eine eindeutige Hierarchie der Befehlswege geben, an deren Spitze die gesamte Macht in den Händen einer kleinen Gruppe von Personen konzentriert ist. Da diese Organisation schwerfällig und gegen Störungen stark empfindlich ist, kann sie der Initiative Einzelner nur wenig Raum lassen und die Entstehung selbständiger Organisationen etwa gewerkschaftlicher Art (im Sinne prinzipiell konfliktbereiter Organisationen von Arbeitnehmern) nicht dulden. Das System basiert im übrigen auf der Annahme, daß es in bezug auf die Produktion und Verteilung der Güter ein gemeinsames Interesse aller Beteiligten gibt und daß die kleine Gruppe der Machtinhaber in der Lage sei, dieses Interesse zu erkennen und danach zu handeln. In der Marktwirtschaft fehlen zentrale Anordnungen über Art und Menge der zu produzierenden Güter. Die Produzenten erhalten ihre Signale vom Markt, den sie jedoch ihrerseits, etwa durch Werbung, zu beeinflussen suchen. Die ökonomische Macht ist verteilt, und es ist daher möglich und nicht aussichtslos, Gegenmacht zu bilden, etwa gewerkschaftlicher Art. Wie oben schon bemerkt, besteht jedoch eine starke Tendenz in diesem System, durch Wettbewerbsbeschränkung und Unternehmenszusammenschlüsse die Machtverteilung in Richtung auf eine stärkere Konzentration in den Händen einer kleiner werdenden Personengruppe zu ändern. Basisannahme des marktwirtschaftlichen Organisationsprinzips ist es, daß sich auch bei Abwesenheit eines gemeinsamen Interesses aus dem Bestreben aller einzelnen Wirtschaftssubjekte, ihre Ziele wie etwa Einkommenserhöhung zu erreichen – einzelwirtschaftliches Ziel der Produktionstätigkeit ist es beispielsweise nicht, die Bevölkerung mit Gütern zu versorgen, sondern ein Einkommen zu erzielen – ein insgesamt akzeptables Resultat ergibt. Wie unten näher erläutert wird, bewahrheitet sich diese Annahme unter den heutigen Bedingungen nicht immer. Daraus folgt, daß es auch in der Marktwirtschaft von heute eine zentrale Lenkung geben muß, die jedoch nicht mit einzelnen Produktionsanweisungen und Festsetzung von Preisen, sondern durch

Änderungen der für alle oder viele Wirtschaftssubjekte geltenden Daten arbeitet. Man nennt sie *Konjunkturpolitik.* Ungeachtet der Unterschiede in der Machtverteilung ist jedoch heute für kapitalistische wie sozialistische Industrieländer typisch, daß viele Menschen unter dem Gefühl der Einflußlosigkeit gegenüber sozialen Erscheinungen und ihrer Undurchschaubarkeit, der Abhängigkeit und des Mangels an Befriedigung über geleistete Arbeit leiden, das durch die zunehmende Arbeitsteilung verschärft wird.

Schließlich ist es für den Vergleich und die Bewertung von Wirtschaftssystemen wichtig sich klarzumachen, daß das Wirtschaftssystem ein nicht abtrennbarer Teil der gesellschaftlich-politischen Ordnung ist. Nach aller bisherigen Erfahrung entspricht dabei die Machtverteilung im wirtschaftlichen Bereich der Machtverteilung im gesellschaftlich-politischen Bereich.

**5. Ordnungspolitik.** Das Wirtschaftssystem eines Landes steht nicht ein für allemal fest. Im Deutschen Reich gab es in den dreißiger Jahren viele Elemente der Zentralplanwirtschaft, besonders auf dem Gebiet der außenwirtschaftlichen Beziehungen, während vor dem ersten Weltkrieg auf diesem Gebiet Freizügigkeit herrschte. Nach dem zweiten Weltkrieg begannen mehrere westeuropäische Länder den Wiederaufbau mit Hilfe einer zentralen Produktionsplanung, die später aufgegeben wurde.

Es ist eine politische Entscheidung, das Wirtschaftssystem eines Landes festzulegen. Gesetzgeberische Maßnahmen, die auf eine bestimmte Gestaltung des Wirtschaftssystems abzielen und auf langfristige Geltung berechnet sind, heißen Maßnahmen der *Ordnungspolitik.* Manche von ihnen sind in einigen Ländern Bestandteil der Verfassung. So gibt Art. 12 des Grundgesetzes jedem Deutschen das Recht, Beruf, Arbeitsplatz und Ausbildungsstätte frei zu wählen. Eine für die wirtschaftliche Entwicklung der Bundesrepublik seit der *Währungsreform* von 1948 zentrale ordnungspolitische Entscheidung war die Aufhebung von Bewirtschaftungsmaßnahmen und Preiskontrollen in den meisten Wirtschaftsbereichen während der Jahre 1948 bis 1950, also der Übergang zur Marktwirtschaft. Weitere derartige Entscheidungen waren das *Gesetz gegen Wettbewerbsbeschränkungen* von 1957 (BGBl. I, S. 108), das Verträge und Beschlüsse von Unternehmen zum Zweck der Wettbewerbsbeschränkung im Prinzip verbietet, und das *Außenwirtschaftsgesetz* von 1961 (BGBl. I, S. 481), nach dem grundsätzlich jeder wirtschaftliche Verkehr mit dem Ausland genehmigungsfrei ist.

**6. Gesamtwirtschaftliche Ziele.** An die Funktionsweise eines Wirtschaftssystems sind gewisse Anforderungen zu stellen. Welche Erscheinungen dabei als erwünscht oder unerwünscht angesehen werden, kann nur anhand von Zielsetzungen beurteilt werden. Solche *gesamtwirtschaftlichen Ziele* sind Sache der politischen Entscheidung und basieren ebenso wie die in Abschnitt II.5 erwähnten einzelwirtschaftlichen Ziele auf *Werturteilen.* Sie können von Land zu Land oder von politischer Partei zu Partei verschieden sein und sich im Zeitablauf ändern. Seit der Mitte des 20. Jahrhunderts dürfte jedoch in den westlichen Industrieländern weitgehende Übereinstimmung darüber herrschen, daß das wichtigste ökonomische Ziel einer Regierung die Verhinderung größerer *Arbeitslosigkeit* oder, positiv ausgedrückt, die Erhaltung eines hohen Beschäftigungsstandes (auch: der *Vollbeschäftigung*) ist. Die *Weltwirtschaftskrise* Anfang der dreißiger Jahre hat gezeigt, daß Massenarbeitslosigkeit eine soziale Katastrophe ersten Ranges ist, die das Wirtschaftssystem wie auch die politische Ordnung umstürzen kann. Als Folge jener Erfahrungen erklärte die britische Koalitionsregierung im Namen der beiden großen Parteien des Landes 1944 in einem Weißbuch[14], die Erhaltung der Vollbeschäftigung nach Kriegsende sei eines ihrer wichtigsten Ziele; die Regierung der Vereinigten Staaten wurde durch das Beschäftigungsgesetz von 1946[15] auf dieses Ziel verpflichtet; und in der Charta der Vereinten Nationen[16] wird es ebenso genannt wie im Abkommen über den Internationalen Währungsfonds[17] und im Vertrag über die Europäische Wirtschaftsgemeinschaft.[18]

Neben diesem Hauptziel werden im allgemeinen weitere Ziele verfolgt. In der Bundesrepublik hat der Gesetzgeber Bund und Länder angewiesen, ihre „wirtschafts- und finanzpolitischen Maßnahmen ... so zu treffen, daß sie im Rahmen der marktwirtschaftlichen Ordnung gleichzeitig zur Stabilität des Preisniveaus, zu einem hohen Beschäftigungsstand und außenwirtschaftlichem Gleichgewicht bei stetigem und angemessenem Wachstum beitragen".[19] Ohne daß ausdrücklich eine Rangordnung festgelegt wäre, werden damit drei weitere Ziele genannt, zu denen neben anderen noch das Ziel einer gleichmäßigeren Vermögensverteilung tritt.

7. **Die Lenkung des Wirtschaftsprozesses.** Die Erfahrung hat gezeigt, daß der sich selbst überlassene Wirtschaftsprozeß der Marktwirtschaft zu Erscheinungen führen kann, die mit den heutigen gesamtwirtschaftlichen Zielen nicht vereinbar sind. Seit dem 19. Jahrhundert, also zu einer Zeit, als sich staatliche Eingriffe in den Wirtschaftsprozeß auf ein Minimum beschränkten, beobachtet man das Phänomen der *Konjunkturschwankungen:* Viele wirtschaftliche Größen wie Produktmengen, Preise, die Zahl der Beschäftigten, der Geldbestand und andere bewegen sich im großen und ganzen parallel und nehmen dabei in manchen Jahren stärker, in anderen Jahren schwächer zu oder gehen zurück. Solche Schwankungen lassen sich auch seit dem Ende des zweiten Weltkrieges nachweisen, wenn sie auch nicht stark ausgeprägt sind, sondern sich überwiegend nur noch in einem langsameren oder schnelleren Wachstum der genannten und anderer Größen zeigen. Es ist Aufgabe der *Konjunkturtheorie,* die Ursachen solcher Schwankungen zu erforschen und zu zeigen, wie sie beseitigt oder wenigstens gedämpft werden können. Grundsätzlich besteht immer die Gefahr, daß die Entscheidungen der Wirtschaftssubjekte zu Erscheinungen führen, die mit bestimmten Zielen der jeweiligen Regierungen kollidieren. Beispiele aus der Bundesrepublik während der Zeit von 1955 bis heute sind ein zu schnelles Steigen der Preise, zu große Außenhandelsüberschüsse, eine zu ungleiche Vermögensverteilung und die Beschäftigungs- und Wachstumsrückgänge in den Jahren 1967, 1975 und 1981/82. Es

---

[14] Employment Policy. Presented by the Minister of Reconstruction to Parliament by Command of His Majesty. May 1944, London, Cmd. 6527.

[15] Employment Act of 1946. Public Law 304, 79th Congress of the United States. United States Statutes at Large, 1946, Vol. 60, Part 1. Washington, D. C., 1947, S. 23.

[16] Charta der Vereinten Nationen, 1945, Artikel 55; mit der Verpflichtung in Artikel 56, das Ziel anzustreben.

[17] Articles of Agreement of the International Monetary Fund, 1944, Art. I. Text mit deutscher Übersetzung in: *Gesetz zu dem Übereinkommen über den Internationalen Währungsfonds in der Fassung von 1976 (IWF-Gesetz)* vom 9. Januar 1978. BGBl. II, S. 13.

[18] Vertrag zur Gründung der Europäischen Wirtschaftsgemeinschaft, 1957, Art. 104.

[19] *Gesetz zur Förderung der Stabilität und des Wachstums der Wirtschaft* vom 8. Juni 1967, § 1. BGBl. I, S. 582.

ist ein politischer Grundsatzbeschluß, in solchen Fällen zu versuchen, den Wirtschaftsprozeß mit Hilfe wirtschaftspolitischer Maßnahmen insgesamt oder in bestimmten Bereichen in die gewünschten Bahnen zu lenken.

Die Möglichkeit hierzu ergibt sich aus einer Erfahrungstatsache, die so formuliert werden kann:

Satz 1.5: *Es gibt im ökonomischen Verhalten von Menschen bestimmte Regelmäßigkeiten. Sie sind beobachtbar, man kann sich bis zu einem gewissen Grade auf sie verlassen; und man kann sich ihrer bedienen, um Ziele zu erreichen.*

Diese Regelmäßigkeiten reichen von der Einhaltung eines Fahrplans durch eine Buslinie über die Tatsache, daß die verkaufte Menge eines Gutes mit steigendem Preis im allgemeinen abnimmt bis zu der Erscheinung, daß eine Münze aus dem Verkehr zu verschwinden tendiert, sobald ihr Metallwert ihren Nennwert übersteigt. Die meisten „Gesetze" in der Wirtschaftswissenschaft sind Vermutungen, *Hypothesen,* über solche Regelmäßigkeiten (vgl. auch Satz 1.3, S. 18). Man kann sich jedoch auf das Eintreten bestimmter Ereignisse im sozialen Bereich nicht entfernt mit der Sicherheit verlassen, wie etwa im Bereich der Physik auf das Eintreten vieler makrophysikalischer Phänomene. Die Gegenbeispiele liegen auf der Hand: Der Bus kann einen Unfall haben oder die Linie kann bestreikt werden; die Nachfrage nach einem Gut kann mit steigendem Preis steigen, weil die Käufer die teurere Ware für die bessere halten oder weil sie ein weiteres Steigen des Preises erwarten; und es könnte vorkommen, daß sich niemand findet, der die Münzen einschmelzt und als Metall verkauft. Das Eintreten bestimmter Ereignisse kann im sozialen Bereich daher immer nur mit mehr oder minder großer Wahrscheinlichkeit erwartet werden. Einer der bedeutendsten Mathematiker und Sozialwissenschaftler dieses Jahrhunderts, JOHN V. NEUMANN, meinte daher, die Vorhersage menschlichen Verhaltens sei nach der Vorhersage des Wetters das zweitschwierigste Problem der Menschheit. Man könnte sich zwar mit großer Sicherheit darauf verlassen, daß die offizielle Ankündigung, die Währung eines Landes werde demnächst aufgewertet werden, massive Käufe dieser Währung zur Folge haben wird (weshalb es solche Ankündigungen nicht gibt), aber die bisherigen Erfahrungen lassen keinen eindeutigen Schluß zu, ob ein hoher Zinssatz die privaten Haushalte dazu veranlaßt, mehr zu sparen. Hiermit ist nur ein Beispiel für unzählige andere gegeben. Auf der anderen Seite beruht jedoch das gesamte soziale Leben im Grunde darauf, daß man sich auf sehr viele Verhaltensweisen und Reaktionen seiner Mitmenschen im großen und ganzen verlassen kann. Könnte man das nicht, dann gäbe es kein im Sinne der bisherigen Erfahrung normales Leben, und jedes wirtschaftliche Planen wäre sinnlos.

**8. Wirtschaftspolitik.** Unter *Wirtschaftspolitik* versteht man die Gesamtheit der Maßnahmen, die von staatlichen Instanzen mit dem Ziel unternommen werden, entweder das Wirtschaftssystem festzulegen oder ökonomische Größen in bestimmter Richtung und bestimmtem Ausmaß zu beeinflussen. Ohne daß sich jede einzelne Maßnahme immer eindeutig zuordnen ließe, pflegt man den Gesamtbereich der Wirtschaftspolitik in die Gebiete der Ordnungspolitik, der *Prozeßpolitik* und der *Strukturpolitik* einzuteilen:

Bild 1.6 – *Einteilung der Wirtschaftspolitik*

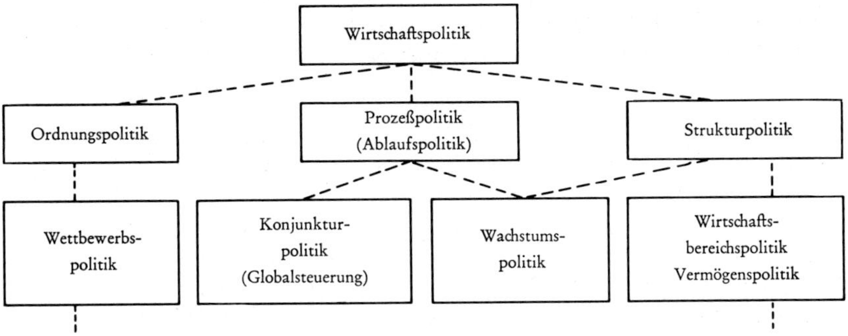


Da das Wirtschaftssystem (auch: die Wirtschaftsordnung) eines Landes durch die Gesamtheit der Regeln bestimmt wird, nach denen sich seine Bewohner ökonomisch betätigen, kann die S. 28 angesprochene Ordungspolitik auch durch die Aussage definiert werden, sie bestehe in der Aufstellung und gegebenenfalls Änderung solcher Regeln. Soweit diese durch Gesetze, Verordnungen und Rechtsprechung juristisch festgelegt sind, bilden sie die *Wirtschaftsverfassung* eines Landes.

Prozeßpolitische Maßnahmen zielen auf die Beeinflussung nicht der Regeln, sondern des Ablaufs des Wirtschaftsprozesses in seiner Gesamtheit ab. Sie lassen sich ihrerseits in Maßnahmen der Konjunkturpolitik und solche der *Wachstumspolitik* gliedern. Mit Hilfe der Konjunkturpolitik sollen globale Ziele wie die Stabilität des Preisniveaus, die Vollbeschäftigung der Erwerbspersonen oder ein Gleichgewicht in den außenwirtschaftlichen Beziehungen erreicht werden. Man nennt sie daher auch *Globalsteuerung.* Die entsprechenden Maßnahmen sind im Gegensatz zu den Maßnahmen der Ordnungspolitik auf kurz- oder mittelfristige Wirkung berechnet, entspringen der jeweiligen konjunkturellen Situation und können daher auch kurzfristig widerrufen oder von Maßnahmen mit entgegengesetzter Wirkung abgelöst werden. Wachstumspolitische Maßnahmen dienen dem Ziel des stetigen und angemessenen Wirtschaftswachstums. Sie können insoweit der Prozeßpolitik zugerechnet werden, als sie die generelle Erhöhung des volkswirtschaftlichen Güterangebots fördern. Da jedoch Wirtschaftswachstum immer mit *Strukturwandel* einhergeht, gehören wachstumspolitische Maßnahmen auch zur Strukturpolitik. Diese bezweckt Änderungen der *Wirtschaftsstruktur,* unter der ganz allgemein die Art und Weise zu verstehen ist, in der ökonomische Gesamtgrößen unterteilt sind. So beeinflussen staatliche Hilfen wie Subventionen oder steuerliche Erleichterungen für einzelne Wirtschaftsbereiche (Landwirtschaft, Bergbau) ebenso die Wirtschaftsstruktur wie Maßnahmen zur Änderung der Vermögensverteilung.

Unter anderen Gesichtspunkten ergeben sich weitere Einteilungen der Wirtschaftspolitik, so nach der Art der eingesetzten Instrumentvariablen in Geld- und Kreditpolitik, Finanzpolitik und Währungskurspolitik.[20]

[20] Gemäß dieser Einteilung wäre die häufig gebrauchte Wortbildung „Wirtschafts- und Finanzpolitik" unzulässig, da „Wirtschaftspolitik" Oberbegriff ist. Vgl. das Zitat aus dem Stabilitäts- und Wachstumsgesetz, S. 29.

In einer sehr vereinfachten Weise kann man sich das Problem des Wirtschaftspolitikers so deutlich machen. Die zu beeinflussenden Größen, etwa das Aufkommen einer Steuer, die verkaufte, produzierte oder importierte Menge eines Gutes, die Nachfrage nach Krediten oder Investitionsgütern, der Wert der Exporte oder das Vermögen der Arbeitnehmer sind das Ergebnis des Verhaltens bestimmter Gruppen von Wirtschaftssubjekten. Jede wirtschaftspolitische Maßnahme bezweckt daher, Menschen in ihrem ökonomischen Verhalten zu beeinflussen. Dies wiederum kann nur dadurch geschehen, daß die für die Wirtschaftspläne der betreffenden Gruppe relevanten Daten geändert werden. Soweit solche Daten unmittelbar im Einflußbereich des Wirtschaftspolitikers liegen, sind sie für ihn *wirtschaftspolitische Instrumentvariable*. Beispiele sind Steuer- und Zollsätze, der Währungskurs, Einkommensübertragungen und Güterkäufe des Staates. Demgegenüber sind diejenigen Variablen, die sich aus dem Wirtschaftsprozeß ergeben und deren Beeinflussung das Ziel der wirtschaftspolitischen Eingriffe ist, die *wirtschaftspolitischen Zielvariablen*. Entsprechend der S. 22 allgemein für jedes Wirtschaftssubjekt gegebenen Definition gilt also

Satz 1.6: *Wirtschaftspolitik besteht darin, Regeln für den Ablauf des Wirtschaftsprozesses festzulegen oder wirtschaftspolitischen Instrumentvariablen bestimmte Werte mit der Absicht zu geben, über die Reaktionen der davon berührten Wirtschaftssubjekte Zielvariable in bestimmter Richtung und in bestimmtem Ausmaß zu beeinflussen.*

Hierin eingeschlossen ist auch die Konstanthaltung von Zielvariablen, wie zum Beispiel des Preisniveaus von Konsumgütern oder eines hohen Beschäftigungsgrades. Dazu müssen die Reaktionsweisen der von den Datenänderungen betroffenen Wirtschaftssubjekte bekannt sein. Da man diese aber immer nur ungefähr abschätzen kann, weil Menschen ihre Verhaltensweisen ändern können, gibt es in der Wirtschaftspolitik jedes Landes immer wieder Fehlschläge. Maßnahmen bleiben ohne Wirkung, erreichen das Gegenteil dessen, was angestrebt wurde, erweisen sich als ungenügend oder haben unerwünschte Nebenwirkungen. Die Wirtschaftsgeschichte liefert hierfür unzählige Beispiele. Besonders in der Zeit zwischen den beiden Weltkriegen gab es in vielen Ländern eine Fülle verfehlter wirtschaftspolitischer Maßnahmen mit zum Teil katastrophalen Folgen. In jener Zeit vollzog sich ein Umbruch in der allgemeinen Einstellung zur Frage staatlicher Eingriffe in das Wirtschaftsleben von der grundsätzlichen Ablehnung solcher Eingriffe zur grundsätzlichen Bejahung, aber man hatte noch zu wenig Erfahrungen. Es ist daher kein Zufall, daß sich damals aus der Erkenntnis heraus, daß Fehlschläge der Wirtschaftspolitik immer auf Fehlurteile über das ökonomische Verhalten von Wirtschaftssubjekten zurückzuführen sind, ein neuer Zweig der Wirtschaftswissenschaft bildete, die *Ökonometrie*. Ihre Aufgabe ist es, auf der Grundlage ökonomischer Theorien und mit Hilfe statistischer, auf der Wahrscheinlichkeitstheorie basierender Verfahren das ökonomische Verhalten von Gruppen von Wirtschaftssubjekten zu erforschen. Hat man hierüber Vermutungen, kann man Schlüsse auf ihr zukünftiges Verhalten ziehen und erhält damit eine Grundlage für eine rationale Wirtschaftspolitik.

Ein spezielles Problem taucht schließlich auf, wenn mehrere Ziele gleichzeitig verfolgt werden. Es kommt dann vor, daß die zur Erreichung eines bestimmten Ziels eingesetzten Maßnahmen die Erreichung eines anderen Ziels oder mehrerer anderer Ziele behindern oder unmöglich machen: Es entsteht ein *Zielkonflikt* aufgrund unerwünschter Nebenwirkungen. Deren Einfluß kann verringert werden, wenn der Wirtschaftspolitiker stets die Interdependenz aller ökonomischen Größen im Auge hat (vgl. S. 8f.), über eine möglichst genaue Kenntnis ihrer Zusammenhänge verfügt und seine Maßnahmen im Rahmen einer Gesamtkonzeption trifft. Es ist eine Aufgabe der *Theorie der Wirtschaftspolitik,* die Zusammenhänge zwischen Zielen und Maßnahmen, mögliche Konflikte zwischen ihnen, Wege zu deren Beseitigung und allgemein die Durchsetzungsmöglichkeiten wirtschaftspolitischer Gesamtkonzeptionen zu untersuchen.

## IV. Aufgaben der Wirtschaftswissenschaft

**1. Einordnung und Aufgaben der Wirtschaftswissenschaft.** Untersuchungsobjekt der Wirtschaftswissenschaft sind die ökonomischen Entscheidungen und Handlungen von Wirtschaftssubjekten und damit der in Teil I dieses Kapitels in groben Zügen geschilderte Wirtschaftsprozeß. Da dieser aus beobachtbaren Erscheinungen der Realität besteht, ist die Wirtschaftswissenschaft wie die Meteorologie oder die Biologie eine *Erfahrungswissenschaft.*[21] Mit dieser Einordnung werden Ansprüche erhoben: Erstens müssen wirtschaftswissenschaftliche Aussagen im Prinzip auf ihre hinreichende Übereinstimmung mit Vorgängen der Realität überprüfbar sein; und zweitens soll die Wirtschaftswissenschaft wie alle Erfahrungswissenschaften ein Hilfsmittel zur Gestaltung und Beeinflussung eines menschlichen Lebensbereichs, eben des Bereichs „Wirtschaft", bilden.

Die wissenschaftliche Beschäftigung mit dem Wirtschaftsprozeß wie auch das wirtschaftliche Handeln selbst lassen ständig neue Fragen und Probleme entstehen. Daraus resultieren Aufgaben für Wirtschaftswissenschaftler, die sich diese selbst stellen oder von Auftraggebern gestellt bekommen. Die Aufgaben lassen sich in vier Bereiche einteilen:

(1) Die *Beschreibung,*
(2) Die *Erklärung,*
(3) Die *Prognose,*
(4) Die *Beratung bei der Beeinflussung*

wirtschaftlicher Vorgänge und Zustände (im folgenden wird der Einfachheit halber nur noch von „Vorgängen" gesprochen). Bei der Bearbeitung jeder dieser Aufgaben sind jeweils drei Betrachtungsebenen zu unterscheiden. Untersuchungsobjekte können sein

– Entscheidungen und Verhalten eines einzelnen Wirtschaftssubjekts: *Einzelwirtschaftliche Ebene;*

---

[21] Auch empirische oder *Realwissenschaft* genannt. Eine andere Gruppe bilden die *Formalwissenschaften,* die sich wie die Reine Mathematik oder die Logik mit Symbolen und den Beziehungen zwischen ihnen ohne Rücksicht darauf beschäftigen, ob den Symbolen Erscheinungen der Realität zugeordnet werden. Die Realwissenschaften pflegt man nach ihrem Gegenstand in Natur-, Geistes- und Sozialwissenschaften zu unterteilen. Eine der letztgenannten ist die Wirtschaftswissenschaft, die ihrerseits im deutschsprachigen Bereich in Volkswirtschaftslehre und Betriebswirtschaftslehre untergliedert wird.

– Ein Teil des Wirtschaftsprozesses, etwa Vorgänge im Zusammenhang mit dem Markt für ein Gut oder mit einem Wirtschaftszweig. Dabei werden jeweils mehrere, das heißt mindestens zwei, aber nicht alle Wirtschaftssubjekte einer Volkswirtschaft betrachtet: *Partial-* oder *teilwirtschaftliche Ebene;*
– Der Wirtschaftsprozeß einer Volkswirtschaft insgesamt, also das Zusammenwirken aller ihrer Wirtschaftssubjekte: *Gesamtwirtschaftliche Ebene.*

Die vier Aufgaben kann man als primär bezeichnen, weil sie sich direkt auf den Wirtschaftsprozeß beziehen. Bei ihrer Bearbeitung entsteht eine Reihe von Problemen, deren Lösung als sekundäre Aufgabe der Wirtschaftswissenschaft anzusehen ist. So sind *Methoden* zur Erfüllung der primären Aufgaben zu erarbeiten und weiterzuentwickeln, und im Zusammenhang damit ist eine *Fachsprache* zu etablieren. Angesichts mehrerer Aufgabenbereiche und unterschiedlicher Fragestellungen kann versucht werden, eine *Systematik* der Wirtschaftswissenschaft aufzustellen, die auch für den akademischen Unterricht Bedeutung hat. Einige Wirtschaftswissenschaftler machen es sich zur Aufgabe, die historische Entwicklung ihrer Wissenschaft zu erforschen; und andere untersuchen, wie man am besten Wirtschaftswissenschaft lehrt und lernt, also ihre *Didaktik.*

**2. Die Beschreibung wirtschaftlicher Vorgänge.** Der erstgenannte Aufgabenbereich bezieht sich auf den abgelaufenen Prozeß. Hieraus entstehende Fragen lauten etwa für ein Land auf gesamtwirtschaftlicher Ebene: Wie hoch waren im vergangenen Jahr das Bruttosozialprodukt (vgl. S. 8) und seine Komponenten? Wieviele Personen waren in den einzelnen Wirtschaftsbereichen erwerbstätig und wieviele waren arbeitslos? Wie entwickelten sich das Preisniveau, die Geldbestände, die Gold- und Devisenreserven der Zentralbank, die Einfuhr und Ausfuhr von Waren und Dienstleistungen? Wieviel Vermögen wurde gebildet, und wie waren Einkommen und Vermögen verteilt? Entsprechende Fragen können auf der teilwirtschaftlichen Ebene für die Absatz- und Preisentwicklung auf einzelnen Märkten; für Beschäftigung, Investitionen, Arbeitnehmereinkommen und Gewinne in Wirtschaftszweigen sowie auf einzelwirtschaftlicher Ebene in bezug auf die ökonomische Tätigkeit einzelner Unternehmen, öffentlicher und privater Haushalte gestellt werden. Die Antworten auf solche Fragen beschreiben jeweils bestimmte quantitative Aspekte des abgelaufenen Wirtschaftsprozesses. Im *Volkswirtschaftlichen Rechnungswesen* wird gezeigt, mit welchen Begriffen, Klassifikationen und Methoden dabei gearbeitet wird. Dies schließt auch die Beschreibung des S. 2 genannten Rahmens und seiner Änderungen ein. Beschreibungen für weiter zurückliegende Zeiträume fallen in das Gebiet der *Wirtschaftsgeschichte.*

Der Wirtschaftsprozeß einer modernen Volkswirtschaft ist vielseitig und kompliziert und kann unter so vielen Aspekten betrachtet werden, daß es praktisch unbegrenzt viele Möglichkeiten gibt, Vorgänge auf den drei Ebenen zu beobachten und die Ergebnisse zu registrieren. Das Sammeln, Aufbereiten und Auswerten von Beobachtungen verursacht jedoch Aufwendungen, so daß jeweils entschieden werden muß, wie die für diesen Zweck zur Verfügung stehenden knappen Mittel eingesetzt werden sollen. Entscheidungen darüber ergeben sich jedoch nicht aus dem Wirtschaftsablauf selbst. Sie werden von zwei Arten von Einflüssen bestimmt, die man als politische und als wissenschaftliche bezeichnen kann. Erst wenn Erscheinungen wie Arbeitslosigkeit, ständige Preissteigerungen, eine bestimmte Einkommensverteilung, das

Wachstum des Sozialprodukts oder die Umweltverschmutzung als soziale Probleme empfunden werden und wenn damit Fragen nach ihrem Ausmaß, ihren Ursachen, ihrer zukünftigen Entwicklung und nach Möglichkeiten zu ihrer Beeinflussung entstehen, wird man aufgrund politischer Entscheidungen Mittel zu ihrer statistischen Erfassung und damit Beschreibung bereitstellen. Dabei liegt auf der Hand, daß sich sowohl in der Auswahl dessen, was von wem beschrieben oder aber ignoriert wird, in der Formulierung von Definitionen und Klassifikationen sowie bei Entscheidungen über die Veröffentlichung von Beschreibungsergebnissen Interessen und damit Werturteile äußern. So ist in vielen Ländern noch nie eine statistische Erfassung des Vermögens ihrer Bürger, ein *Vermögenszensus,* angeordnet worden, und andere haben noch nie eine Zahlungsbilanz veröffentlicht. In der amtlichen Statistik der Bundesrepublik gibt es zwar Angaben über die Zahl der Walnußgehölze in Baumschulen und einen Index der Erzeugerpreise für eingetopfte Pelargonien[22], jedoch bis heute keine Erhebungen etwa über die Verteilung des jährlichen Vermögenszuwachses auf sozioökonomische Bevölkerungsgruppen. Die dahinter stehenden Anschauungen sind die des Gesetzgebers oder der Regierung, da das Statistische Bundesamt nur aufgrund von Gesetzen oder Rechtsverordnungen tätig werden kann.

Die zweite Art von Einflüssen macht sich bei der Frage bemerkbar, was aus der immensen Vielfalt wirtschaftlicher Vorgänge zur Bearbeitung eines bestimmten Problems jeweils herausgegriffen und registriert werden soll und was nicht; welche Wirtschaftssubjekte man zu Sektoren zusammenfaßt und welche Güterkategorien man bildet. Dies kann nicht ohne Vermutungen über Zusammenhänge zwischen einzelnen Phänomenen entschieden werden. Solche Vermutungen nennt man Hypothesen (vgl. S. 30), und Sätze von Hypothesen über bestimmte Problembereiche heißen *Theorien,* so daß gilt

Satz 1.7: *„Beobachtung ist stets Beobachtung im Licht von Theorien."*[23]

Da auch Wirtschaftsprognose und Wirtschaftsberatung nicht ohne Beschreibung auskommen und daher auf diese zurückwirken, besteht ein enger wechselseitiger Zusammenhang zwischen den Aufgabenbereichen der Wirtschaftswissenschaft. Deren oben genannte Reihenfolge bedeutet daher nicht, daß die Aufgabe der Beschreibung ohne Rücksicht auf die weiteren Aufgaben zu lösen wäre.

**3. Die Erklärung wirtschaftlicher Vorgänge.** Ein ökonomischer Vorgang, den man als kleinsten Teil, als Element des Wirtschaftsprozesses ansehen kann, besteht darin, daß eine *ökonomische Variable* zu einem Zeitpunkt oder während eines Zeitraums einen bestimmten Wert annimmt. Das können der Wert der Konsumgüterkäufe eines privaten Haushalts oder seine Ersparnis während eines Monats, die von einer Bank in einem Jahr gewährten kurzfristigen Kredite, die Zahl der abhängigen Erwerbstätigen im Baugewerbe, die Rohöleinfuhr eines Landes und unzählige andere sein. In Abschnitt II.4 wurden weitere Beispiele für solche Variable genannt. Alle ökonomischen Variablen kommen nun deswegen zustande und nehmen die gerade beobachteten Werte an, weil sie als Daten, Instrument- oder Zielvariable in der in Teil

---

[22] Stat. Jb. BRD 1983, S. 152, 486.

[23] K. R. Popper: Logik der Forschung. 7. Aufl. Tübingen 1982, S. 31.

II dieses Kapitels geschilderten Weise Gegenstand ökonomischer Entscheidungen von Wirtschaftssubjekten sind. Für den Beobachter entsprechen dabei bestimmte Werte der jeweils betrachteten Variablen bestimmten Werten anderer Variabler, weil Wirtschaftssubjekte Ziele erreichen wollen und daher auf Änderungen ihrer Daten oder Zielvariablen in annähernd konstanter und vorhersehbarer Weise reagieren (vgl. Bild 1.5, S. 22). Für den Wirtschaftswissenschaftler ist die Aufgabe der Erklärung geleistet, wenn er zeigen kann, daß der zu erklärende Wert einer Variablen aufgrund eines bestimmten Verhaltens der beteiligten Wirtschaftssubjekte auf die Werte anderer Variabler, die dementsprechend *Erklärungsvariable* heißen, zurückgeführt werden kann. Bei diesen kann es sich um andere ökonomische Variable einschließlich wirtschaftspolitischer Instrumentvariabler (Steuersätze, öffentliche Ausgaben, Diskontsatz der Zentralbank) oder um außerökonomische Variable (Lufttemperatur, Bevölkerungszahl) handeln. Die letztgenannten kann man als Daten des auf der Gesamtebene betrachteten Wirtschaftsprozesses ansehen. Erklärungen ihrer Werte wären Aufgabe anderer Wissenschaften. In vielen Fällen weicht der zu erklärende beobachtete Wert einer Variablen von ihrem Wert zu einem früheren Zeitpunkt oder während eines früheren Zeitraums ab, so daß der zu erklärende Vorgang in der Änderung der Variablen gesehen werden kann. Die S. 35 „Hypothesen" genannten Vermutungen über Zusammenhänge beziehen sich im ökonomischen Bereich also auf Zusammenhänge zwischen Variablen und sind Annahmen über Regelmäßigkeiten im ökonomischen Verhalten von Menschen. Man spricht daher auch genauer von *Verhaltenshypothesen.* So kann beispielsweise vermutet werden, daß private Haushalte durch höhere Einkommen zu höheren Konsumausgaben veranlaßt werden; daß die Senkung des Satzes der Salzsteuer deren Aufkommen senkt; daß eine Erhöhung des Benzinpreises den Benzinverbrauch verringert. Solche Zusammenhänge bestehen offenbar in großer Zahl. Ihre – wenn nicht genaue, so doch ungefähre – Kenntnis erlaubt es, wirtschaftliche Vorgänge zu erklären, wenn auch prinzipiell immer unter dem Vorbehalt des Irrtums. Ihre Erforschung kann als die wichtigste Voraussetzung für die Erfüllung der Aufgaben der Wirtschaftswissenschaft angesehen werden.

**4. Die Prognose wirtschaftlicher Vorgänge.** Der dritte Aufgabenbereich der Wirtschaftswissenschaft ist die *Prognose* (auch: *Vorhersage*) wirtschaftlicher Vorgänge. Jede wirtschaftliche Handlung ist in die Zukunft gerichtet: Sie soll zukünftige Ereignisse beeinflussen, und sie wird im Prinzip aufgrund von Wirtschaftsplänen vorgenommen, in denen der Planer auch Annahmen über das zukünftige Verhalten anderer Wirtschaftssubjekte machen muß. Wirtschaftliches Handeln erfordert daher ständig Prognosen. Ein Unternehmer, der seine Produktionskapazität vergrößert, muß eine Vorstellung davon haben, wie sich die Nachfrage nach seinen Erzeugnissen in Zukunft entwickeln wird. Ein privater Haushalt wird bei der Entscheidung, ob er einen Teil seines Vermögens in Gestalt von Bankguthaben oder von Wertpapieren mit Kursrisiko halten soll, unter anderem die erwartete Zinsentwicklung berücksichtigen. Die für den Haushalt einer Gebietskörperschaft verantwortlichen Personen müssen die Steuereingänge für das Haushaltsjahr im voraus schätzen oder schätzen lassen, wenn sie den Haushaltsplan aufstellen. Eine wirtschaftspolitische Instanz muß vor jeder ihrer Maßnahmen Vorstellungen darüber haben, wie die betroffenen Wirtschaftssubjekte reagieren und welche Wirkungen sich damit auf die Zielvariablen ergeben werden.

Prognosen sind möglich, weil es erfahrungsgemäß die genannten Regelmäßigkeiten im ökonomischen Verhalten von Menschen gibt, von denen unterstellt werden kann, daß sie auch weiterhin gelten. Konnte also in der Vergangenheit ein Ereignis mit Hilfe einer bestimmten Verhaltenshypothese erklärt werden, dann ist die Vermutung erlaubt, daß das gleiche Ereignis auch in Zukunft wieder eintreten wird, wenn die Konstellation der Erklärungsvariablen und sonstigen Bedingungen wiederkehrt und kein Anlaß zu der Annahme besteht, daß die Wirtschaftssubjekte sich in Zukunft anders verhalten werden. Dieser Denkansatz liegt auch dem Alltagsleben zugrunde – ohne gewisse Regelmäßigkeiten im menschlichen Verhalten wäre kein geordnetes soziales Leben denkbar – und er ist für die gesamte Wirtschaftswissenschaft als empirische Wissenschaft schlechthin konstituierend, da es ohne ihn weder diese Wissenschaft noch Wirtschaftspolitik geben könnte. Der Ansatz schließt allerdings nicht aus, daß Hypothesen geändert oder zusätzlich aufgestellt werden. Es wird also weder behauptet, daß jede wirtschaftswissenschaftliche Hypothese für alle Zeiten gelten soll, noch gibt es einen festen Bestand solcher Hypothesen.

Wie genau man menschliches Verhalten vorhersagen kann, hängt zum Teil davon ab, ob es sich um das Verhalten eines einzelnen Wirtschaftssubjekts, einer kleinen oder einer großen Gruppe handelt. Wie etwa ein einzelner Haushalt auf eine Datenänderung reagieren wird, kann in vielen Fällen nur mit geringer Wahrscheinlichkeit vorhergesagt werden. Erhöht sich sein Einkommen, kann er den Mehrbetrag ganz oder teilweise zum Kauf von Konsumgütern ausgeben; er kann ihn aber auch sparen. Was er tun wird, kann weder aus seinem bisherigen Verhalten noch aus sonstigen Beobachtungen mit genügender Sicherheit vorausgesagt werden. Beobachtet man jedoch eine Gruppe von Haushalten, so finden sich zwar die verschiedensten Verhaltensweisen, aber wenn die Gruppe in bezug auf die betrachteten Merkmale einigermaßen homogen ist, zeigen die meisten Haushalte ein Verhalten, das annähernd dem Durchschnitt entspricht. (Bei einer Gruppe aus Haushalten von Millionären und Hilfsarbeitern erhält man dagegen bei der Bildung von Mittelwerten viele *unechte Durchschnitte:* Kein Haushalt zeigt dann die errechneten Merkmalswerte.) Zwar wird es Haushalte geben, deren Verhalten vom Durchschnitt abweicht, aber deren Zahl wird um so kleiner sein, je weiter ihr Verhalten abweicht. Außerdem kompensieren sich die Abweichungen mindestens teilweise bei der Zusammenfassung. Die Aufgabe des Prognostikers wird also erleichtert, wenn er das Verhalten von Gruppen vorhersagen soll. Zwar muß in Wirtschaftswissenschaft und -praxis auch das Verhalten einzelner Wirtschaftssubjekte prognostiziert werden, aber der professionelle Prognostiker hat es überwiegend mit Gruppen zu tun.

Die bisherigen Erfahrungen mit wirtschaftswissenschaftlichen Prognosen sind nicht ermutigend, wenn man sie an den Erfolgen einiger Naturwissenschaften auf diesem Gebiet mißt. Jedoch lehrt schon die allgemeine Erfahrung, daß die Zukunft unsicher ist, daß die Wirkungen der eigenen Handlungen nie voll vorhersehbar und verläßliche Prognosen über menschliches Verhalten rar sind. Wirtschaftliches Handeln ist daher ein Prozeß von Versuch und Irrtum, und jedes Mehr an Sicherheit über die Zukunft verschafft Vorteile und wird hoch geschätzt. Für die Wirtschaftswissenschaft ergibt sich eine zentrale und nicht zu beseitigende Prognoseschwäche aus der Tatsache, daß man sich auf das Fortdauern beobachteter Regelmäßigkeiten im sozialen Bereich nicht mit annähernd der Sicherheit verlassen kann wie im Bereich der unbelebten Natur. Zudem sind sie schwieriger festzustellen, da die Möglichkeit zu experimentieren fast immer fehlt. Jedoch muß nochmals gesagt werden, daß jede Beschreibung, Erklärung und Prognose ökonomischer Vorgänge bedeutet, menschliches Verhalten zu beschreiben, zu erklären und zu prognostizieren. Menschen aber können ihr Verhalten in einer nach dem jeweiligen Stand der wissenschaftlichen Erkenntnis unvorhersehbaren Weise allein deswegen ändern, weil sie aus Erfahrungen lernen und durch neue Ideen und Werturteile beeinflußt werden. Sie können so jederzeit Prognosen zunichte machen, die auf der Annahme gleichbleibenden Verhaltens aufgebaut waren. Diese prinzipielle Schwierigkeit der Wirtschaftswissenschaft muß bei allen Prognoseversuchen beachtet werden.

**5. Beratung bei der Beeinflussung wirtschaftlicher Vorgänge.** Der vierte Aufgabenbereich der Wirtschaftswissenschaft ergibt sich aus der Tatsache, daß jedes Wirtschaftssubjekt Ziele erreichen und dazu sein ökonomisches Handeln entsprechend einrichten muß. Offenbar liegt es nahe, sich dabei von Fachleuten beraten zu lassen, sofern die dadurch erreichbare, in Geld bewertete Verbesserung der Zielerreichung die Aufwendungen für die Beratung übersteigt. Die Möglichkeit, den Wirtschaftsablauf wenigstens annähernd in einer jeweils gewünschten Weise zu beeinflussen, folgt dabei aus der Tatsache, daß ökonomische Variable für ein Wirtschaftssubjekt oder Gruppen von ihnen Daten, für andere aber zur gleichen Zeit Instrumentvariable sein können. So sind Steuersätze Instrumentvariable des Gesetzgebers und Daten für Unternehmen und private Haushalte; viele Preise sind Instrumentvariable von Anbietern und Daten für die Nachfrager; einige Zinssätze sind Instrumentvariable der Zentralbank und Daten für die Geschäftsbanken.

Die Einflußnahme auf den Wirtschaftsprozeß führt für alle Wirtschaftssubjekte einschließlich der wirtschaftspolitischen Instanzen sowie für beratende Wirtschaftswissenschaftler zu zwei Arten von Fragestellungen:

(1) Welche Wirkungen wird eine bestimmte Änderung
  1.1 von Daten
  1.2 von Instrumentvariablen
  voraussichtlich auf die Zielvariablen haben?
(2) Wie müssen – unter Berücksichtigung der Daten und ihrer voraussichtlichen Entwicklung – Instrumentvariable eingesetzt werden, damit die Zielvariablen die gewünschten Werte annehmen?

Zur Erläuterung dieser Unterscheidung versetze man sich in die Lage eines Wirtschaftspolitikers, der die Arbeitslosigkeit senken möchte. Er muß zunächst eine Vermutung darüber haben, wie der Wirtschaftsprozeß ablaufen und sich daher die Arbeitslosigkeit entwickeln würde, wenn er nichts täte. Viele Variable, eben seine Daten, kann er sowieso nicht beeinflussen, und er wird daher den beratenden Wirtschaftswissenschaftler gemäß Fragestellung 1.1 um eine Prognose für den Planungszeitraum unter Berücksichtigung der wahrscheinlichen Entwicklung der Daten bitten. Solche Prognosen werden beispielsweise in der Bundesrepublik regelmäßig vom *Sachverständigenrat zur Begutachtung der gesamtwirtschaftlichen Entwicklung* (vgl. unten, Anhang I.5) und gemeinsam von den fünf führenden wirtschaftswissenschaftlichen Forschungsinstituten der Bundesrepublik (vgl. unten, Anhang II) erstellt. Der Wirtschaftspolitiker muß ferner allgemein wie auch im konkreten Fall eine Vorstellung davon haben, welche Wirkungen vom Einsatz seiner Instrumentvariablen auf seine Zielvariablen und möglicherweise auf andere Variable ausgehen. Auch für diese Fragestellung gemäß 1.2 wird er die Dienste von Wirtschaftswissenschaftlern heranziehen. Von diesen her gesehen sind in den beiden bisher genannten Fällen die Daten des zu beratenden Wirtschaftssubjekts, seine Instrumentvariablen oder beide die Erklärungsvariablen (vgl. S. 36), während die Werte von Zielvariablen zu erklären und damit zu prognostizieren sind.

Bei dem unter (2) genannten Problem sind dagegen die Werte oder Bereiche von Zielvariablen vorgegeben, im Beispiel etwa eine niedrigere Arbeitslosenzahl, und es wird nach den zur Erreichung des Ziels oder der Ziele erforderlichen Werten von Instrumentvariablen gefragt. Da die Antwort auf solche Fragen die Form hat: „Wenn das und das erreicht werden soll, muß das und das getan werden", also eine Vorschrift, eine Norm angibt, bezeichnet man die Untersuchung solcher Fragen als *normative Ökonomik.* Im Rahmen dieses Ansatzes wird also die Frage nach der optimalen Handlungsweise von Wirtschaftssubjekten gestellt und – immer unter dem Irrtumsvorbehalt – beantwortet. Fragen der unter 1.1 und 1.2 genannten Art wie auch die Beschreibung und Erklärung abgelaufener Vorgänge außerhalb der Beratungsaufgabe rechnet man dagegen zur *positiven Ökonomik* (der daher nicht etwa eine „negative Ökonomik" gegenüberzustellen ist).

Wirtschaftswissenschaftler können bei beiden Fragestellungen als Berater fungieren. Sie müssen dazu die jeweilige Ausgangssituation kennen, über Hypothesen verfügen und wissen, welche Ziele angestrebt werden, welche Instrumentvariablen zur Verfügung stehen und welche Daten zu berücksichtigen sind. Adressaten wirtschaftswissenschaftlicher Beratung sind neben privaten Haushalten im Rahmen der Steuer- und Vermögensanlageberatung vor allem Unternehmen, wirtschaftspolitische Instanzen und in gewissem Sinne die Öffentlichkeit, der gegenüber die Wirkungen möglicher, vorgesehener oder vorgenommener wirtschaftspolitischer Maßnahmen diskutiert werden. Rücksichtnahme auf die Daten ist in der Wirtschaftspolitik besonders wichtig, da diese ausschlaggebend dafür sind, welche Maßnahmen „politisch möglich", durchsetzbar oder „tragbar" sind. Auch Grundlagenkritik in bezug auf Wirtschaftssysteme kann wie jede andere Kritik als Teil der Beratungsaufgabe von Wirtschaftswissenschaftlern aufgefaßt werden. Wer in einem kapitalistischen System die Vermögenskonzentration oder die Existenz von Privateigentum an Produktionsmitteln, in einem sozialistischen System die Machtkonzentration oder die zentrale Wirtschaftsplanung kritisiert, tut dies angesichts von Zielen, die er nicht oder unzureichend verwirklicht sieht. Seine Kritik kann dann als Ausgangspunkt für Maßnahmen dienen, mit denen die als Mißstände angesehenen Sachverhalte geändert werden sollen.

**6. Aufgaben des Volkswirtschaftlichen Rechnungswesens.** In diesem Buch wird zu zeigen versucht, in welcher Weise die heutige Wirtschaftswissenschaft den Ablauf des Wirtschaftsprozesses beschreibt. Dabei wird zunächst von typischen Vertretern der einzelnen Arten von Wirtschaftssubjekten ausgegangen und gezeigt, wie sich der für diese Wirtschaftssubjekte relevante Teil des Prozesses in ihren Aufzeichnungen niederschlägt. Sodann werden gleichartige Wirtschaftssubjekte zusammengefaßt und die ökonomischen Beziehungen und Transaktionen der so gebildeten Sektoren mit der Umwelt beschrieben. Schließlich bezieht man sämtliche Sektoren mit allen ihren Beziehungen und Transaktionen in die Betrachtung ein und versucht so, ein *überschaubares, konsistentes und möglichst genaues quantitatives Gesamtbild des Wirtschafts-*

*prozesses in einem Lande* zu gewinnen. Die von Jahr zu Jahr oder für kürzere Zeiträume wiederholte Beschreibung des Wirtschaftsablaufs mit diesem Ziel ist Aufgabe des *Volkswirtschaftlichen Rechnungswesens.* Dabei darf nicht vergessen werden, daß der Wirtschaftswissenschaft die oben genannten weiteren Aufgaben gestellt sind. Anzustreben ist daher, den Wirtschaftsablauf so zu beschreiben, daß das benutzte System von Begriffen und Klassifikationen möglichst auch bei der Erklärung und Prognose des Wirtschaftsablaufs herangezogen werden kann. Auch in diesem Sinne bildet das Volkswirtschaftliche Rechnungswesen den Ausgangspunkt und eine Grundlage für jede wissenschaftliche Beschäftigung mit dem Wirtschaftsprozeß und ist damit eine wichtige Aufgabe der Wirtschaftswissenschaft.

Anhang

## Allgemeine Literatur zur Volkswirtschaftslehre

*Im Anschluß an den im ersten Kapitel gegebenen ersten Einblick in einige grundlegende ökonomische Zusammenhänge und die Erläuterungen zentraler wirtschaftswissenschaftlicher Begriffe werden nachstehend in den Abschnitten 1 und 2 Titel genannt, die die gesamte Volkswirtschaftslehre behandeln und sich zum unmittelbaren Weiterstudium eignen. Abschnitt 3 nennt wichtige Sammelwerke, Reihen und Übersichtsartikel, Abschnitt 4 enthält einige Nachschlagewerke, und in Abschnitt 5 werden bibliographische Hilfsmittel genannt. In den Literaturanhängen zum zweiten bis siebenten Kapitel wird dann nur noch Literatur zu den jeweils behandelten Spezialthemen aufgeführt.*

**1. Einführungen in die Volkswirtschaftslehre.** Die nachstehenden Titel geben erste Überblicke über Gegenstand, Fragestellungen, Aufgaben und Methoden der Volkswirtschaftslehre. Sie sind für Studienanfänger und andere Interessenten gedacht und beschränken sich im wesentlichen auf verbale Darstellungen:


[1.01] E. PREISER: Nationalökonomie heute. Eine Einführung in die Volkswirtschaftslehre. 1959, 13. Aufl. München 1982. 141 S.

[1.02] K. HÄUSER: Volkswirtschaftslehre. 1967, überarbeitete Aufl. Frankfurt 1973. 310 S.

[1.03] K. BRANDT: Einführung in die Volkswirtschaftslehre. Eine Vorlesung zum Verständnis wirtschaftlicher Zusammenhänge. 1970, 3. Aufl. Freiburg 1973. 156 S.

[1.04] E. HEUSS: Grundelemente der Wirtschaftstheorie. Eine Einführung in das wirtschaftstheoretische Denken. 1970, 2. Aufl. Göttingen 1981. 243 S.

[1.05] B. GAHLEN u.a.: Volkswirtschaftslehre. Eine problemorientierte Einführung. München 1971, 14. Aufl. Tübingen 1983. 496 S.

[1.06] R. L. FREY: Wirtschaft, Staat und Wohlfahrt. Eine Einführung in die Nationalökonomie. 1975, 3. Aufl. Basel u.a. 1981. 195 S.

[1.07] H. BARTLING/F. LUZIUS: Grundzüge der Volkswirtschaftslehre. Einführung in die Wirtschaftstheorie und Wirtschaftspolitik. 1976, 4. Aufl. München 1983. XI, 278 S.

[1.08] F. GEIGANT: Die Wirtschaft. Ein Überblick über volkswirtschaftliche Grundfragen. 5. Aufl. München u.a. 1976. 219 S.

[1.09] U. BASSELER/J. HEINRICH/W. A. S. KOCH: Grundlagen und Probleme der Volkswirtschaft. Lehr- und Arbeitsbuch mit lernzielorientierten Leitfragen, grundlegenden Informationen und Arbeitsaufgaben. 1978, 5. Aufl. Köln 1981. 666 S.

[1.10] W. HENRICHSMEYER/O. GANS/I. EVERS: Einführung in die Volkswirtschaftslehre. 1978, 5. Aufl. Stuttgart 1983. 600 S.
[1.11] W. CEZANNE/J. FRANKE: Volkswirtschaftslehre. Eine Einführung. München u. a. 1983. VIII, 161 S.
[1.12] R.-D. GRASS/W. STÜTZEL: Volkswirtschaftslehre. Eine Einführung auch für Fachfremde. München 1983. XIV, 359 S.

Einige Autoren legen mehr Wert auf die Darstellung des ordnungspolitischen und institutionellen Rahmens des Wirtschaftsprozesses sowie die Vermittlung von Tatsachenkenntnissen:

[1.13] H. LAMPERT: Die Wirtschafts- und Sozialordnung der Bundesrepublik Deutschland. 1965, 7. Aufl. München u. a. 1981. 320 S.
[1.14] E. HELMSTÄDTER u. a.: Wirtschaftskunde der Bundesrepublik Deutschland. Düsseldorf u. a. 1975. 240 S.

Nützliche Einführungsschriften auf elementarem Niveau in englischer Sprache, wesentlich umfangreicher als die vorstehenden Titel, sind

[1.15] L. S. SILK: Contemporary Economics. Principles and Issues. 1970. 2. Aufl. New York u. a. 1975. XIII, 591 S.
[1.16] P. HEYNE/T. JOHNSON: Toward Economic Understanding. Chicago u. a. 1976. XIV, 816 S.
[1.17] W. J. BAUMOL/A. S. BLINDER: Economics. Principles and Policy. 1979, 2. Aufl. New York u. a. 1982. XXVII, 836 S.

**2. Lehrbücher der gesamten Volkswirtschaftslehre.** Diese Titel behandeln im Prinzip die gesamte Volkswirtschaftslehre, sind für Studienanfänger gedacht und führen soweit in das ökonomische Denkinstrumentarium ein, daß einfache Probleme gelöst werden können. Das am weitesten verbreitete, in viele Sprachen übersetzte Lehrbuch ist

[1.18] P. A. SAMUELSON: Economics. 1948, 11. Aufl. New York u. a. 1980. XXV, 861 S.
Deutsch: Volkswirtschaftslehre. Eine Einführung. 7. Aufl. Köln 1981. 2 Bde, 480 S. und 640 S. (nach der 11. amerikanischen Aufl. 1980).

Zu der amerikanischen Ausgabe gibt es eine Reihe von Hilfsschriften, so eine Sammlung ausgewählter Aufsätze, einen Studienführer, ein Handbuch für Lehrer, eine programmierte Einführung in die Grundlagen der Wirtschaftswissenschaft, sowie Schautafeln und Filme. Von ähnlichem Umfang und ebenfalls weit verbreitet sind

[1.19] C. R. McCONNELL: Economics. Principles, Problems, and Policies. 1960, 9. Aufl. New York u. a. 1984 (vorgesehen).
Deutsch: Volkswirtschaftslehre. Eine problembezogene Grundlegung, Köln 1975. 2 Bde, XVI, 1122 S. (nach der 5. amerikanischen Aufl. 1972).
[1.20] R. G. LIPSEY: An Introduction to Positive Economics. 1963, 6. Aufl. London 1983. XXV, 790 S.
Deutsch: Einführung in die positive Ökonomie. Köln 1971, 926 S. (nach der 1. englischen Aufl. 1963).

Für Anfänger sehr gut geeignet sind auch die folgenden englischsprachigen, bisher nicht übersetzten Titel

[1.21] A. A. ALCHIAN/W. R. ALLEN: University Economics. Elements of Inquiry. 1964, 3. Aufl. Belmont 1972. XXVI, 857 S.

[1.22] G. C. ARCHIBALD/R. G. LIPSEY: An Introduction to a Mathematical Treatment of Economics. 1967, 3. Aufl. London 1977. VIII, 523 S.
[1.23] R. B. MACKENZIE/G. TULLOCK: Modern Political Economy. An Introduction to Economics. New York u.a. 1978. XXX, 610 S.

LIPSEY [1.20] hat Fragen der Wirtschaftspolitik und der Finanzwissenschaft im Gegensatz zu SAMUELSON [1.18], MCCONNELL [1.19] und ALCHIAN/ALLEN [1.21] nur am Rande behandelt. Praktisch ganz auf die Behandlung der Wirtschaftstheorie beschränkt sich

[1.24] A. WOLL: Allgemeine Volkswirtschaftslehre. 1969, 7. Aufl. München 1981. XV, 632 S.

Hierzu gibt es eine Aufgabensammlung:

[1.25] A. WOLL/H. J. THIEME/D. CASSEL: Übungsbuch zur Allgemeinen Volkswirtschaftslehre, insbesondere zu Woll, Allgemeine Volkswirtschaftslehre. 1970, 5. Aufl. München 1981. XII, 499 S.

**3. Sammelwerke, Reihen und Übersichten.** Neben den genannten und vielen anderen Monographien gibt es Versuche, Übersichten über den Stand der Volkswirtschaftslehre nach dem Prinzip der Arbeitsteilung durch mehrere Autoren erstellen zu lassen. Ende der fünfziger Jahre wurden einige Nationalökonomen mit Unterstützung der Rockefeller Foundation beauftragt, Übersichtsartikel über neuere Entwicklungen auf einzelnen Gebieten der Wirtschaftstheorie zu schreiben. 13 solcher Artikel, alle mit reichhaltigen Literaturangaben, erschienen von 1959 bis 1965 im „American Economic Review" (Menasha, Wisconsin) und im „Economic Journal" (Cambridge, England). Sie sind zusammengefaßt veröffentlicht in

[1.26] Surveys of Economic Theory. Prepared for the American Economic Association and the Royal Economic Society. London u.a. 1965–1968.
Vol. I, Surveys I–IV: Money, Interest, and Welfare. XI, 222 S.
Vol. II, Surveys V–VIII: Growth and Development. XI, 271 S.
Vol. III, Surveys IX–XIII: Resource Allocation. XI, 207 S.

Die Reihe wird mit Übersichtsartikeln fortgesetzt, die seit 1969 im „Economic Journal" veröffentlicht werden. Zwei weitere Sammelbände sind bisher erschienen:

[1.27] The Royal Economic Society/The Social Science Research Council: Surveys of Applied Economics.
Vol. 1, Surveys I–IV. London u.a. 1973. 268 S.
Vol. 2, Surveys I–V. London u.a. 1977, 282 S.

Deutschsprachige Sammelwerke, die jedoch mehr Lehrbuchcharakter tragen, sind

[1.28] W. EHRLICHER/I. ESENWEIN-ROTHE/H. JÜRGENSEN/K. ROSE (Hg.): Kompendium der Volkswirtschaftslehre. 2 Bde, Göttingen 1967. Bd 1, 5. Aufl. 1975, X, 586 S. – Bd 2, 4. Aufl. 1975, VIII, 533 S.
[1.29] W. GLASTETTER u.a. (Hg.): Handwörterbuch der Volkswirtschaft. 1978, 2. Aufl. Wiesbaden 1980. XIII S., 1746 Spalten.
[1.30] D. BENDER u.a.: Vahlens Kompendium der Wirtschaftstheorie und Wirtschaftspolitik. München. Bd 1, 1980, 2. Aufl. 1984, VIII, 592 S. Bd 2, 1981, VI, 559 S.

Einen guten Überblick über den Stand der Wirtschaftswissenschaft erhält man auch beim Studium von Sammelwerken zu einzelnen Gebieten. Solche Sammlungen haben den Vorteil, daß die aufgenommenen Artikel und Lesestücke bereits einen Ausleseprozeß durch den oder die Herausgeber durchlaufen haben, und daß sie in der Regel Einführungen in das betreffende Gebiet und umfangreiche Literaturangaben enthalten. Sie sind daher Fortgeschrittenen sehr zu empfehlen. Eine deutschsprachige Reihe ist:

[1.31] G. Gäfgen (Hg.): Neue Wissenschaftliche Bibliothek. Wirtschaftswissenschaften. Bd 1 ff., 1965 ff.

Hiervon erschienen bisher rund 25 Bände, darunter solche über Preistheorie, Theorie der internationalen Wirtschaftsbeziehungen, Moderne deutsche Wirtschaftsgeschichte, Finanztheorie, Finanzpolitik, Wachstum und Entwicklung, Gegenstand und Methoden der Nationalökonomie, Grundlagen der Wirtschaftspolitik, Konsum und Nachfrage, Konjunktur- und Beschäftigungstheorie, Geldtheorie, Geld- und Bankpolitik.

1981 begann ein holländischer Verlag mit der Herausgabe einer englischsprachigen Serie „Handbook in Economics" mit dem Ziel, den gegenwärtigen Stand der Wirtschaftswissenschaft auf anspruchsvollem Niveau darzustellen. Als erstes erschien

[1.32] K. J. Arrow/M. D. Intriligator (Hg.): Handbook of Mathematical Economics. 3 Bde. Amsterdam u. a. 1981/83.

Geplante weitere Bände behandeln die Gebiete Econometrics (3 Bde), International Economics (2 Bde), Public Economics (2 Bde), Labor Economics (2 Bde), Natural Resource and Energy Economics (3 Bde), Regional and Urban Economics, Monetary Economics.

4. **Nachschlagewerke.** Beim Studium der Wirtschaftswissenschaft wird man von Anfang an auf unbekannte oder unklare Fachausdrücke, Sachverhalte, Institutionen, Rechtsvorschriften stoßen. Hier helfen Nachschlagewerke wie Fach- oder Handwörterbücher, Lexika, Enzyklopädien, die das Material nach alphabetisch geordneten Stichwörtern gliedern und so eine schnelle Information erlauben. Sie lassen sich in zwei Gruppen einteilen. Zur ersten gehören Nachschlagewerke mit relativ kurzen Erläuterungen zu jedem Stichwort, meist ohne Verfasser- und Literaturangaben:

[1.33] H. C. Recktenwald: Wörterbuch der Wirtschaft. 1954, 9. Aufl. Stuttgart 1981. XVIII, 667 S.

[1.34] R. Sellien/H. Sellien (Hg.): Gablers Wirtschaftslexikon. 1956, 11. Aufl. Wiesbaden 1983, 2 Bde.

[1.35] D. Greenwald u. a. (Hg.): The McGraw-Hill Dictionary of Modern Economics. A Handbook of Terms and Organizations. 1965, 3. Aufl. New York u. a. 1983. 656 S.

[1.36] A. Gilpin: Dictionary of Economic Terms. 1966, 4. Aufl. London 1977. 249 S.

[1.37] Herder Lexikon Wirtschaft. 1974, 5. Aufl. Freiburg u. a. 1981. 254 S.

[1.38] F. Geigant/D. Sobotka/H. M. Westphal: Lexikon der Volkswirtschaft. 1975, 4. Aufl. Landsberg 1983. 832 S.

[1.39] D. W. Pearce (Hg.): The Dictionary of Modern Economics. 1981, 2. Aufl. London u. a. 1983. 480 S.

[1.40] H. C. Recktenwald: Lexikon der Staats- und Geldwirtschaft. Ein Lehr- und Nachschlagewerk. München 1983. 759 S.

Zur zweiten Gruppe gehören Handwörterbücher und Enzyklopädien mit namentlich gezeichneten Aufsätzen und Literaturangaben zu jedem Stichwort. Sie können besonders im weiteren Verlauf des Studiums oft mit Gewinn zu Rate gezogen werden:

[1.41] Handwörterbuch der Sozialwissenschaften. Hg. von E. v. Beckerath u. a. Stuttgart u. a. 1956–1968. 12 Bde und Registerband.

[1.42] International Encyclopedia of the Social Sciences. Hg. von D. L. SILLS. New York u.a. 1968. 18 Bde.

[1.43] Handwörterbuch der Wirtschaftswissenschaft (HdWW). Zugleich Neuauflage des Handwörterbuchs der Sozialwissenschaften. Hg. von W. ALBERS u.a. Stuttgart u.a. 1977–1983. 9 Bde und Registerband.

Manche Nachschlagewerke beschränken sich auf Teilgebiete der Wirtschaftswissenschaft, auch wenn sich dieses Prinzip nicht leicht durchhalten läßt. Zum Bereich Geld, Kredit (und Währung) vgl.

[1.44] OBST/HINTNER: Geld-, Bank- und Börsenwesen. Ein Handbuch. 1900, 37. Aufl. hg. von N. KLOTEN/J. H. v. STEIN. Stuttgart 1980. XXVII, 978 S.

[1.45] Bank-Lexikon. Handwörterbuch für das Bank- und Sparkassenwesen mit Bankenverzeichnis. 1953, 9. Aufl. Wiesbaden 1983. XIII S., 2476 Spalten.

[1.46] Enzyklopädisches Lexikon für das Geld-, Banken- und Börsenwesen. Hg. von B. BENNING u.a. 2 Bde. 1957, 3. Aufl., redigiert und ergänzt von E. ACHTERBERG und K. LANZ. Frankfurt am Main 1967/68. XI, 1894 S.

[1.47] Handbuch des gesamten Kreditwesens. Gegr. von W. HOFMANN. 7. Aufl., völlig neu bearb. von H. DELORME/H. SCHLICHT. Frankfurt am Main 1965. 1152 S.

Für den Bereich Finanzwissenschaft vgl. das

[1.48] Handbuch der Finanzwissenschaft. 3. Aufl. unter Mitwirkung von N. ANDEL und H. HALLER hg. von F. NEUMARK. Tübingen 1977–1983. 4 Bde.

Zum Bereich Betriebswirtschaftslehre

[1.49] Enzyklopädie der Betriebswirtschaftslehre (EdBWL). Bd I: Handwörterbuch der Betriebswirtschaftslehre. 4. Aufl. in drei Teilbänden, hg. von E. GROCHLA/W. WITTMANN. Stuttgart 1974–1976. Folgebände dazu sind: Handwörterbuch der Organisation (1969, 2. Aufl. 1980), des Rechnungswesens (1970, 2. Aufl. 1981), der Absatzwirtschaft (1974), des Personalwesens (1975), der Finanzwirtschaft (1976), der Produktionswirtschaft (1979), der Revision (1983), der Planung (in Vorbereitung), der Öffentlichen Betriebswirtschaft (in Vorbereitung).

**5. Bibliographische und andere Hilfsmittel.** Wer Literatur zu einem bestimmten Thema sucht, kann neben Sachkatalogen von Bibliotheken vor allem Bibliographien heranziehen. Ein allgemeiner Führer zu bibliographischen Quellen aller Art ist

[1.50] K. BORCHARDT: Vademecum für den Volkswirt. Führer zu volkswirtschaftlicher Literatur, Quellen und Materialien. Stuttgart 1973. 211 S.

Eine nach Sachgebieten geordnete Bibliographie der derzeit neuesten Bibliographien ist

[1.51] E. SEUSING: Wirtschaftswissenschaftliche Bibliographien 1974–1981. Kiel 1983. XVIII, 294 S.

Die bei weitem umfassendste, vorerst jedoch abgeschlossene Fachbibliographie besteht aus den fotokopierten Katalogkarten der größten wirtschafts- und sozialwissenschaftlichen Fachbibliothek des europäischen Kontinents:

[1.52] Bibliothek des Instituts für Weltwirtschaft Kiel: Kataloge. Boston 1966–1968. 207 Bde.

Die drei wichtigsten Kataloge sind der Personenkatalog (30 Bde), der beispielsweise auch eine Auswahl von Rezensionen zu Monographien und Sammelbänden enthält, der Sachkatalog (83 Bde) und der Regionenkatalog (52 Bde). Erfaßt sind auch Zeitschriftenaufsätze und Beiträge in Sammelwerken. Weitere internationale Fachbibliographien sind

[1.53] Bibliographie der Wirtschaftswissenschaften (bis Berichtsjahr 1967: Bibliographie der Sozialwissenschaften). Internationale Dokumentation der Buch- und Zeitschriftenliteratur der Wirtschaftswissenschaften. Zusammengestellt in der Bibliothek des Instituts für Weltwirtschaft an der Universität Kiel. Göttingen 1905–1943. Neue Folge seit 1950.

[1.54] International Bibliography of Economics. Vol. I ff. UNESCO, Paris, 1955 ff. (ab Bd IX, erschienen 1962, als einer der vier Teile der International Bibliography of the Social Sciences, London u. a.).

Nur englischsprachige, nach Sachgebieten und Verfassern gegliederte Aufsätze aus derzeit 236 Zeitschriften sowie aus Sammelwerken erfaßt die Reihe

[1.55] Index of Economic Articles in Journals and Collective Volumes (bis Vol. VI, 1965: Index of Economic Journals). Homewood, Vol. I ff., 1961 ff.

Bd I enthält Aufsätze aus den Jahren 1886–1924, der derzeit neueste Band XX, erschienen 1983, aus dem Jahre 1978.

Die bisher genannten Bibliographien sind entweder wie [1.52] vorerst abgeschlossen oder erscheinen wie [1.55] mit mehrjähriger Verzögerung. Angaben über neueste Literatur finden sich vor allem in den Zugangslisten von Bibliotheken und in den Rezensionsteilen der Fachzeitschriften. Vor allem aber hilft hier

[1.56] The Journal of Economic Literature (bis 1968: The Journal of Economic Abstracts). Menasha 1963 ff.

Hervorgegangen aus dem Rezensionsteil des „American Economic Review", enthält die vierteljährlich erscheinende Zeitschrift Übersichtsartikel, Rezensionen, eine nach Sachgebieten gegliederte Liste neuer Bücher mit Kurzkommentaren, eine nach Zeitschriften und eine nach Sachgebieten gegliederte Zusammenstellung des Inhalts der in [1.55] erfaßten Fachzeitschriften sowie Zusammenfassungen ausgewählter Artikel.

Zweites Kapitel

# Vermögensrechnungen

*In diesem Kapitel wird gezeigt, wie die Bestände an Sachgütern und Kreditbeziehungen in einer Volkswirtschaft zu einem Zeitpunkt aufzunehmen sind. Ausgegangen wird von den Vermögensrechnungen einzelner Wirtschaftssubjekte. Sodann werden Sektoren gebildet und die Kreditbeziehungen zwischen ihnen untersucht, und schließlich wird eine Volksvermögensrechnung erläutert. Für alle besprochenen Arten von Vermögensrechnungen werden Beispiele aus der Bundesrepublik herangezogen. Hauptprobleme solcher Rechnungen sind die Erfassung und die Bewertung der Vermögensgegenstände.*

## I. Der Aufbau von Vermögensrechnungen

**1. Bestands-, Bestandsänderungs- und Stromgrößen.** Das Ergebnis des Wirtschaftsprozesses in einem abgelaufenen Zeitraum, etwa in der Bundesrepublik im Jahre 1982, kann unter drei Aspekten erfaßt werden, die einander ergänzen. Man kann feststellen:

- Welche Wirtschaftsobjekte sich am Beginn oder Ende des Zeitraums im Besitz welcher Wirtschaftssubjekte befanden;
- Welche Änderungen der Bestände an Wirtschaftsobjekten sich vom Beginn bis zum Ende des Zeitraums bei welchen Wirtschaftssubjekten ergeben haben;
- Welche Transaktionen während des Zeitraums zwischen welchen Wirtschaftssubjekten stattfanden.

Unter dem erstgenannten Aspekt stellt man für einzelne Wirtschaftssubjekte oder für Gruppen von ihnen, also für Sektoren, *Vermögensrechnungen* auf. Solche Rechnungen gelten für ein bestimmtes Datum, etwa den 31. Dezember 1982 als *Stichtag,* und geben an, welche Sachgüter und Forderungen zu diesem Zeitpunkt vorhanden waren und welche *Schulden* (auch: *Verbindlichkeiten*) ihnen gegenüberstanden. Will man die dabei auftretenden ganz unterschiedlichen Wirtschaftsobjekte mit einer Zahl erfassen, muß man sie in Geldeinheiten bewerten. Die in Vermögensrechnungen auftretenden Größen haben dann die Dimension „Geldeinheiten am Stichtag" und heißen *Bestandsgrößen.* Eine Zusammenstellung von Bestandsgrößen nennt man eine *Bestandsrechnung.* Die Gesamtheit solcher Rechnungen in einer Volkswirtschaft beschreibt deren *Vermögensverteilung* am Stichtag.

Die zu Beginn eines Zeitraums bei einem Wirtschaftssubjekt vorhandenen Bestände können sich in dessen Verlauf ändern, und zwar aus zwei Gründen: Weil Transaktionen mit ihnen vorgenommen werden, oder weil sie anders bewertet werden. So nimmt beispielsweise der Lagerbestand eines Einzelhändlers durch Verkäufe an seine Kunden ab und durch Einkäufe beim Großhandel zu. Die an einem Stichtag bestehenden Forderungen einer Bank aus gewährten Krediten erhöhen sich durch weitere Kreditgewährungen und sinken durch Tilgungen. Vergleicht man die Werte einer Bestandsgröße zu zwei verschiedenen Zeitpunkten, so ist die Differenz „Endbestand minus Anfangsbestand" eine *Bestandsänderungsgröße.* Sie kann positiv, gleich null oder negativ sein, und sie hat die Dimension „Geldeinheiten je Zeitraum". Wie aus den eben genannten Beispielen hervorgeht, besteht zwischen den Werten einer Bestandsgröße zu zwei Zeitpunkten und den Zu- und Abgängen während des dazwischenliegenden Zeitraums die Beziehung

$$\text{Anfangsbestand} + \text{Zugang} - \text{Abgang} = \text{Endbestand.} \tag{2.1}$$

Weitere Beispiele für diese Gleichung lassen sich dem täglichen Leben in großer Zahl entnehmen. Sie kann vor allem dazu benutzt werden, aus jeweils drei ihrer Variablen die vierte zu errechnen. So werden in der praktischen Statistik viele Bestandsgrößen wegen der hohen Aufwendungen für eine Zählung nur in größeren Zeitabständen direkt ermittelt; beispielsweise zählt man die Bevölkerung eines Landes gemäß einer Empfehlung der Vereinten Nationen alle zehn Jahre.[1] In der Zwischenzeit stellt man den jeweiligen Stand mit Hilfe der obigen Gleichung fest, bei der Bevölkerung also durch die laufende Erfassung der Zu- und Abgänge durch Geburten, Sterbefälle und Wanderungen. Bei diesem Verfahren der *Fortschreibung* schließt man demnach vom Wert einer Bestandsgröße zu Beginn eines Zeitraums und den Zu- und Abgängen während des Zeitraums auf ihren Wert am Ende des Zeitraums. Eine Zusammenstellung von Bestandsänderungsgrößen nennt man eine *Bestandsänderungsrechnung.* Der zweite Grund für Änderungen von Bestandsgrößen ist vom Aktien-, Grundstücks- und Devisenmarkt her geläufig: Der Wert vieler Wirtschaftsobjekte ändert sich ständig je nach Marktlage. Eine realitätsnahe Bestandsänderungsrechnung muß daher in bezug auf die in ihr erfaßten Objekte die Möglichkeit von *Umbewertungen* vorsehen.

Faßt man gleichartige Transaktionen zwischen zwei Sektoren zusammen, so läßt sich der damit einhergehende Übergang von Wirtschaftsobjekten als ein Strom veranschaulichen, der während des betrachteten Zeitraums zwischen den Sektoren fließt. Verkaufen Einzelhändler Konsumgüter an private Haushalte, so fließt ein *Güterstrom* vom Sektor Unternehmen an den Sektor Private Haushalte. Ihm fließen die Zahlungen der Haushalte entgegen, die man als einen *Forderungsstrom* ansehen kann (da auch Geld als eine Forderung gilt, vgl. S. 12). Solche auf bestimmte Zeitabschnitte bezogenen Größen heißen daher *Stromgrößen.* Sie haben wie Bestandsänderungsgrößen die Dimension „Geldeinheiten je Zeitraum". Ihre systematische Zusammenstellung ist eine *Stromrechnung.*

Manche Stromgrößen, etwa die von Unternehmen an Haushalte gelieferten Dienstleistungen oder die in entgegengesetzter Richtung fließenden Arbeitsleistun-

---

[1] In der Bundesrepublik gab es bisher in den Jahren 1950, 1961 und 1970 Volkszählungen. Die nächste, für 1981 vorgesehen und dann auf den 27. April 1983 terminiert, wurde vom Bundesverfassungsgericht mit einer einstweiligen Anordnung vorläufig ausgesetzt.

gen, ändern keine Bestandsgrößen, weil es weder Dienst- noch Faktorleistungsbestände geben kann. Andere, wie die in den Beispielen dieses Abschnittes genannten, ändern Bestandsgrößen. In diesen Fällen ermöglicht eine Umformung von Gleichung (2.1):

$$\text{Endbestand} - \text{Anfangsbestand} = \text{Zugang} - \text{Abgang}, \qquad (2.2)$$

aus dem Vergleich zweier Bestandsgrößen einen Schluß auf den Nettobetrag – den *Saldo* – zweier Stromgrößen zu ziehen. Entdeckt etwa ein Haushalt, der im Laufe eines Monats Geldeingänge hat, nur Konsumgüter kauft und Kredite weder aufnimmt noch tilgt, daß sein Geldbestand am Monatsende um 100 DM höher ist als am Monatsanfang, so muß er schließen, daß seine Geldeingänge um diesen Betrag höher waren als seine Konsumausgaben.

**2. Allgemeine Form einer Vermögensrechnung.** Ein Wirtschaftssubjekt stellt eine Vermögensrechnung auf, indem es seine *Vermögensobjekte* sowie alle Schulden in geordneter Weise aufschreibt. Man benutzt dazu häufig *Konten* in T-Form, in denen auf der linken Seite die Vermögensobjekte, auf der rechten die Schulden aufgeführt (gebucht) werden.[2] Alle Posten müssen in Geldeinheiten, in der Bundesrepublik also in Deutscher Mark, bewertet werden, um sie addierbar zu machen. Da es sich bei ihnen um Bestandsgrößen handelt, spricht man auch genauer von *Bestandskonten.*

Die linke Seite eines Bestandskontos heißt im *betrieblichen Rechnungswesen* seit altersher die *Soll-* oder *Debetseite,* auf der die *Aktiva* stehen; die rechte ist die *Haben-* oder *Kreditseite* und zeigt die *Passiva.* Eine Linksbuchung auf einem solchen Konto vornehmen, heißt das Konto *belasten* oder den betreffenden Posten *aktivieren;* und im folgenden werden daher alle linksseitigen Posten *Aktivposten* genannt. Entsprechend wird bei einer Rechtsbuchung das Konto *erkannt* oder der Posten *passiviert;* und alle rechtsseitigen Eintragungen heißen daher hier *Passivposten.*

Der Gesamtwert der Vermögensobjekte eines Wirtschaftssubjekts heißt sein *Bruttovermögen.* Es wird in der Regel von der Summe seiner Verbindlichkeiten abweichen. Ist das Bruttovermögen größer als die Summe der Verbindlichkeiten, so besitzt das Wirtschaftssubjekt ein positives *Nettovermögen*[3] (auch: *Reinvermögen*), das buchungstechnisch als Ausgleichsposten (auch: Saldo) auf der rechten Seite des Kontos erscheint. Übersteigt dagegen die Summe der Verbindlichkeiten das Bruttovermögen, so liegt *Überschuldung* vor, die sich als Saldo auf der linken Seite zeigt. Allgemein wird mit der Eintragung von Salden das Postulat erfüllt, daß bei jedem Konto die Summen der Posten auf beiden Seiten gleich groß sein müssen. Jedes Konto läßt sich daher auch als Gleichung schreiben. Bei einem Bestandskonto ist diese eine *Bilanzgleichung.*

Es ist üblich und zweckmäßig, sowohl die Aktiv- als auch die Passivposten in einer bestimmten Gliederung und Reihenfolge aufzuführen. Für einige Gruppen von Wirtschaftssubjekten existieren hierfür gesetzliche Vorschriften. Im Volkswirtschaftlichen Rechnungswesen teilt man Vermögensobjekte in Sachgüter, die zusammen das

---

[2] Diese Anordnung ist im kontinentalen Europa und in den meisten außereuropäischen Ländern üblich. In britischen Vermögensrechnungen stehen dagegen die Vermögensobjekte rechts, die Schulden links.

[3] Eine Nettogröße ist höchstens so groß wie die dazugehörige Bruttogröße, in der Regel ist sie kleiner. Was im einzelnen als Differenz erscheint, ist von Fall zu Fall verschieden.

*Sachvermögen* (auch: *Realvermögen*) bilden, und Forderungen ein. Die Untergliederung erfolgt bei den Vermögensobjekten häufig nach ihrem *Liquiditätsgrad,* bei den Schulden nach der Fälligkeit. Der Liquiditätsgrad eines Vermögensobjekts ist um so größer, je geringer der Zeitaufwand, die Werteinbuße und die Transaktionsaufwendungen wie Steuern und Gebühren bei seiner Umwandlung in Geld sind. Das liquideste Objekt ist Geld selbst. Weniger liquide sind zum Beispiel Effekten, da ihr Verkauf im Regelfall nur an Börsentagen erfolgen kann und Aufwendungen in Gestalt von Maklergebühren, Bankprovision und Börsenumsatzsteuer erfordert. Einen sehr geringen Liquiditätsgrad haben Grundstücke, bei denen der Eigentumsübergang erst bei einer Eintragung ins Grundbuch wirksam und in der Regel wesentlich höher besteuert wird als bei Effekten.

3. **Das Bewertungsproblem.** Schon bei dem Versuch, eine Vermögensrechnung für einen privaten Haushalt aufzustellen, zeigt sich, daß die größte dabei auftretende Schwierigkeit in der Bewertung der einzelnen Vermögensobjekte liegt. Beispielsweise erhebt sich bei einem Grundstück die Frage, ob es mit dem seinerzeitigen Anschaffungspreis, eventuell zuzüglich der damit verbundenen Aufwendungen wie Grunderwerbsteuer und Notargebühren, oder mit dem am Stichtag der Vermögensrechnung erzielbaren Verkaufspreis, dies vielleicht abzüglich der zu erwartenden Verkaufsaufwendungen, in die Rechnung eingestellt werden soll. Bei einem Personenkraftwagen stehen entsprechend der Kaufpreis mit oder ohne Überführungsgebühr, der potentielle Verkaufspreis auf dem Gebrauchtwagenmarkt sowie der Preis eines Neuwagens zur Wahl. Ähnliches gilt für nicht laufend hergestellte oder nicht reproduzierbare Güter wie Kunstwerke. Mehrere Bewertungsmöglichkeiten gibt es auch bei Gegenständen des beweglichen und unbeweglichen Sachvermögens, soweit es sich bei ihnen um laufend produzierte Güter handelt.

Der Leser mache sich zunächst von der Vorstellung frei, es gäbe für irgendein Gut oder eine Forderung so etwas wie einen „inneren", „wahren" oder „eigentlichen" Wert oder Preis, der diesem Vermögensobjekt unabhängig von seiner Bewertung durch Menschen innewohnen würde. Jedes Wirtschaftsobjekt hat den Wert, den Menschen ihm beilegen, und die Höhe der Bewertung richtet sich ganz nach ihrem jeweiligen Zweck, den Umständen und den Interessen der Beteiligten. Einige wichtige Bewertungsmöglichkeiten bei der Aufstellung von Vermögensrechnungen sind:

(a) *Bewertung zum Nominalwert* (auch: *Nennwert*). Dies ist das einfachste Bewertungsprinzip, das aber nur für eine eng umgrenzte Klasse von Vermögensobjekten in Frage kommt, in der Hauptsache für Bargeld, Guthaben bei Kreditinstituten und einige Arten verbriefter Forderungen.

(b) *Bewertung zum Anschaffungswert.* Hierunter ist der Kaufpreis des Objekts zuzüglich aller Nebenausgaben wie Provisionen, Steuern, Gebühren zu verstehen, die bei der Anschaffungstransaktion angefallen sind. Diese Bewertung kommt für langfristige verbriefte Forderungen wie Effekten und für solche Sachgüter in Frage, die wie unbebaute Grundstücke keiner Abnutzung unterliegen. Eine Variante dieses Prinzips ist die *Bewertung zu Herstellungskosten,* wenn das Vermögensobjekt im Unternehmen des Eigentümers produziert wurde.

(c) *Bewertung zum Anschaffungswert* oder *zu Herstellungskosten abzüglich Abschreibungen.* Dieses Bewertungsprinzip kommt bei produzierten dauerhaften Sachgütern in Frage. Es beruht auf der Überlegung, daß sich der Wert dieser Güter dadurch ständig verringert, daß sie während ihrer Lebensdauer Nutzungen abgeben. Diese können bei einem Kraftwagen etwa nach der Zahl der gefahrenen Kilometer, bei einem Fernsehgerät nach der Zahl der Betriebsstunden gemessen werden. Man kann nun beim Kauf eines solchen Gutes eine Schätzung der insgesamt in ihm steckenden Nutzungen, also seiner technischen Lebensdauer, vornehmen und zum Kaufpreis so in Beziehung setzen, daß man rechnerisch einen Preis für die Einheit der Nutzung erhält. Schätzt man etwa die technische Lebensdauer eines Kraftwagens mit einem Kaufpreis von 20 000 DM auf 100 000 Fahrtkilometer, so beträgt der rechnerische Preis für die Einheit der Nutzung 0,20 DM/km. Ist das Fahrzeug am Stichtag der Vermögensrechnung 20 000 km gelaufen, so muß der Wert der bis dahin verbrauchten Nutzungen vom Kaufpreis abgesetzt werden, so daß es mit 16 000 DM in die Rechnung aufzunehmen wäre. Der in Geld bewertete Verzehr an Nutzungen eines dauerhaften Sachgutes heißt *Abschreibung* oder genauer *nutzungsbedingte* (auch: *kalkulatorische*) *Abschreibung*. Die Bewertung zum Anschaffungswert oder zu Herstellungskosten abzüglich Abschreibungen ist vor allem bei dauerhaften Produktionsmitteln wie Gebäuden, Maschinen und maschinellen Anlagen gebräuchlich, wobei gegebenenfalls Nebenausgaben für Transport, Versicherung, Installierung zu berücksichtigen sind. In der Bundesrepublik ist dieses Bewertungsprinzip Aktiengesellschaften bei Gegenständen des Anlagevermögens gemäß § 153 des *Aktiengesetzes* vom 6. 9. 1965 (BGBl. I, S. 1089) vorgeschrieben.

(d) *Bewertung zum Marktwert.* Die meisten Sachgüter und Forderungen haben am Stichtag einer Vermögensrechnung einen positiven *Marktwert* (auch *Tageswert, Veräußerungswert, Verkehrswert* oder *gemeiner Wert* genannt), mit dem sie in die Rechnung aufgenommen werden können. Diese Bewertung kommt vor allem für börsengängige Wertpapiere in Betracht, wobei das den Grundsätzen kaufmännischer Vorsicht entsprechende und für Unternehmen auch handelsrechtlich vorgeschriebene *Niederstwertprinzip* gilt: Weichen Anschaffungswert und Börsenkurs am Stichtag voneinander ab, so ist das Wertpapier mit dem niedrigeren der beiden Werte in die Vermögensrechnung aufzunehmen.

(e) *Bewertung zum Wiederbeschaffungswert.* Wird ein dauerhaftes Sachgut, etwa eine Maschine, während ihrer gesamten Lebensdauer zum Anschaffungswert abzüglich Abschreibungen bewertet und werden in Höhe der jeweiligen Abschreibung je Periode Rücklagen gebildet, so wird deren Gesamtbetrag beim Ausscheiden der Maschine aus dem Produktionsprozeß zu ihrer Wiederbeschaffung nicht ausreichen, wenn ihr Preis inzwischen gestiegen ist. Würde also eine Unternehmung in einer Zeit allgemein steigender Preise nur die Gegenwerte der Abschreibungen vom Anschaffungswert zum Kauf neuer Maschinen einsetzen, so müßte ihr Bestand an dauerhaften Produktionsmitteln kleiner werden. Zwar richtet sich eine Unternehmung bei der Entscheidung über die Ersatzbeschaffung von Maschinen nicht nach den früher oder gleichzeitig vorgenommenen Abschreibungen, aber dieses Problem spielt sowohl bei der Preispolitik der Unternehmen als auch bei steuerlichen Überlegungen eine wichtige Rolle. Der naheliegende Ausweg, Abschreibungen vom Wiederbeschaffungswert zu berechnen und entsprechende Rücklagen zu bilden, ist für Unternehmen in der Bundesrepublik gesetzlich nicht zulässig, da das gesamte deutsche Handels- und Steuerrecht auf dem *Nominalwertprinzip* beruht. Dieses Prinzip besagt: „Mark ist gleich Mark" unabhängig davon, ob sich die *Kaufkraft* der Geldeinheit infolge von Preissteigerungen oder -senkungen geändert hat. Die Bewertung zum Wiederbeschaffungswert hat dennoch erhebliche praktische Bedeutung, und zwar bei der Versicherung von Sachgütern gegen Diebstahl, Brand oder sonstige Zerstörung.

(f) *Bewertung zu konstanten Preisen.* Der Zeitvergleich von Vermögensbeständen wird erschwert, wenn sich die Marktpreise der Objekte von Stichtag zu Stichtag geändert haben. Will man wissen, wieweit Bestandsänderungen allein auf Zu- und Abgänge von Vermögensobjekten zurückzuführen sind, bewertet man diese rechnerisch mit den Preisen eines einzigen, beliebig wählbaren Stichtages.

(g) *Bewertung zum Ertragswert.* Dieses sehr wichtige Bewertungsprinzip wird bei Forderungen, dauerhaften Sachgütern und Vermögenskomplexen wie Unternehmen angewendet, die laufend Erträge in Geld erbringen. Wer etwa vor der Frage steht, ein Mietshaus zu kaufen, wird zunächst schätzen müssen, wie hoch die jährlichen Nettoerträge (Brutto-Mieterträge abzüglich Steuern sowie laufender Aufwendungen für Instandhaltung und anderes) sind. Der Ertragswert des Hauses ist dann die Summe aller zukünftigen Nettoerträge, die jedoch nicht mit ihren vollen Beträgen addiert werden dürfen: Je später Erträge anfallen, um so kleiner ist der Betrag, mit dem sie heute zum Ertragswert addiert werden müssen. Dazu muß man sich klarmachen, daß 100 DM, die man heute zu bekommen hat, mehr wert sind als 100 DM, die man in einem Jahr zu bekommen hat. Das liegt daran, daß es einen *Zins* gibt: 100 DM, heute erhalten und zu 8 v.H. angelegt, wachsen in einem Jahr auf 108 DM. Entsprechend sind 100 DM, die in einem Jahr zahlbar sind, bei einem Zinssatz von 8 v.H. heute 92,59 DM wert, da dieser Betrag innerhalb eines Jahres bei achtprozentiger Anlage gerade auf 100 DM anwächst. Sind 100 DM in zwei Jahren zahlbar, dann haben sie bei 8 v.H. *Zinseszins* heute einen *Gegenwartswert* (auch: *Barwert*) von 85,73 DM, und so weiter.

Der potentielle Käufer des Mietshauses wird also den Ertragswert des Hauses dadurch ermitteln, daß er unter Verwendung des Zinssatzes, mit dem er den aufzuwendenden Kaufpreis mindestens verzinst haben möchte (*Kalkulationszinssatz*), die Gegenwartswerte aller zukünftigen Nettoerträge berechnet und diese dann addiert. Da die Berechnung des Gegenwartswertes einer zukünftigen Zahlung *diskontieren* (auch: *abzinsen*) heißt, ergibt sich die folgende

Def. 2.1: *Der Ertragswert eines Vermögensobjekts ist die Summe seiner mit einem Kalkulationszinssatz auf einen Stichtag diskontierten Nettoerträge.*

In dem genannten Beispiel ist der so berechnete Ertragswert der Preis, den der potentielle Käufer höchstens für das Haus bieten wird.

Die Ertragswertberechnung geschieht in der Praxis mit Hilfe einiger Formeln, die wie folgt hergeleitet werden können. Ein gegebener Betrag $K_0$ („Anfangskapital") wächst bei jährlicher Verzinsung mit dem Zinssatz $i$ innerhalb eines Jahres auf den Betrag $K_1$ an:

$$K_0\,(1+i)=K_1 \tag{2.3}$$

$$100\,(1+0{,}08)=108.$$

Wird $K_1$ sofort wieder zu gleichen Bedingungen angelegt, erhält man nach einem weiteren Jahr

$$K_1\,(1+i)=K_0\,(1+i)^2=K_2 \tag{2.4}$$

$$108\,(1+0{,}08)=100\,(1+0{,}08)^2=116{,}64$$

und allgemein nach $n$ Jahren

$$K_0\,(1+i)^n = K_n. \tag{2.5}$$

Gleichung (2.5) ist der Ausgangspunkt für die Ertragswertberechnung. Aus ihr folgt, daß man den Gegenwartswert $K_0$ des Betrages $K_n$ mittels Division durch $(1+i)^n$ erhält:

$$K_0 = \frac{K_n}{(1+i)^n}.$$

Setzt man $K_n = e_n$ und nimmt an, dies sei der zu erwartende Nettoertrag eines Vermögensobjekts im Jahre $n$, so erhält man den Ertragswert $E$ des Objekts mit der Lebensdauer von $n$ Jahren gemäß der obigen Definition, wenn $i$ der Kalkulationszinssatz ist, zu

$$E = \frac{e_1}{1+i} + \frac{e_2}{(1+i)^2} + \ldots + \frac{e_n}{(1+i)^n}. \tag{2.6}$$

Dies ist die Grundformel der Ertragswertberechnung, mathematisch eine Gleichung n-ten Grades. In dem einfachen Fall konstanter Nettoerträge $e_1 = e_2 = \ldots = e_n = e$, der beispielsweise bei festverzinslichen Wertpapieren vorliegt, reduziert sie sich auf

$$E = e\,\frac{(1+i)^n - 1}{i\,(1+i)^n}. \tag{2.7}$$

Hierin heißt der Bruch, mit dem $e$ zu multiplizieren ist, der *Barwertfaktor* (auch: *Abzinsungsfaktor*). Wächst $n$ über alle Grenzen, so wird der Barwertfaktor zum reziproken Wert des Kalkulationszinssatzes:

$$E = e\,\frac{1}{i}. \tag{2.8}$$

Nach dieser Gleichung, die näherungsweise auch für hohe $n$ gilt, etwa für $n \geqq 30$, erhält man den Ertragswert $E$ unter den genannten Voraussetzungen durch Multiplikation des konstanten Nettoertrages $e$ mit einem Vervielfältiger, der nur noch von der Höhe des Zinssatzes abhängt und beispielsweise beim Zinssatz von 5 v. H. gleich 20, beim Zinssatz von 8 v. H. gleich 12,5 ist. Nach § 13 Abs. 2 des *Bewertungsgesetzes* in der Fassung vom 26. September 1974 (BGBl. I, S. 2370) sind immerwährende Nutzungen oder Leistungen (=Nettoerträge) für steuerliche Zwecke mit dem Achtzehnfachen ihres Jahreswertes zu bewerten. Das entspricht gemäß Gleichung (2.8) einem Zinssatz von 5,6 v. H.

Die Ertragswertberechnung ist auch deshalb wichtig, weil man mit ihrer Hilfe mehrere zu verschiedenen Zeitpunkten fällige Zahlungen miteinander vergleichbar machen kann. Sie ermöglicht ferner, eine Reihe wiederkehrender Zahlungen in eine einzige umzuwandeln (*Kapitalisierung* einer Rente) und umgekehrt (*Verrentung* einer Kapitalsumme). Jede Ertragswertberechnung enthält jedoch ein starkes subjektives Element, da sie Annahmen über zukünftige Größen enthalten muß, die immer unsicher sind.

## II. Vermögensrechnungen einzelner Wirtschaftssubjekte

**1. Die Vermögensrechnung eines privaten Haushalts.** Die nachstehend in Konto 2.1 wiedergegebene Vermögensrechnung für einen privaten Haushalt ist fiktiv, enthält aber eine Reihe von Vermögensobjekten und Schulden, die bei vielen Haushalten anzutreffen sind. Die Vermögensobjekte sind im großen und ganzen nach dem Liquiditätsgrad geordnet und zu Marktpreisen bewertet.

Konto 2.1: Privater Haushalt X
Vermögensrechnung zum 31. Dezember 1982

| Aktiva | DM | Passiva | DM |
|---|---|---|---|
| 1. Kasse (Bargeld) | 238 | 1. Hypothekenschulden | 80 000 |
| *Guthaben bei Geschäftsbanken:* | | 2. Arbeitgeberdarlehen | 6 500 |
| 2. Sichtguthaben | 80 | 3. Teilzahlungskredit | 1 200 |
| 3. Sparguthaben | 5 700 | 4. Reinvermögen (Saldo) | 217 453 |
| *Wertpapiere:* | | | |
| 4. Obligationen (Kurswert) | 10 645 | | |
| 5. Aktien (Kurswert) | 6 690 | | |
| *Bewegliches Sachvermögen:* | | | |
| 6. Personenkraftwagen | 5 000 | | |
| 7. Bücher | 6 000 | | |
| 8. Wohnungseinrichtung | 25 000 | | |
| 9. Nichtdauerhafte Konsumgüter | 800 | | |
| *Unbewegliches Sachvermögen:* | | | |
| 10. Einfamilienhaus mit Grundstück | 220 000 | | |
| 11. Wochenendhaus mit Grundstück | 25 000 | | |
| Summe der Aktiva | 305 153 | Summe der Passiva | 305 153 |

**2. Die Vermögensrechnung eines Produktionsunternehmens.** Vermögensrechnungen von Unternehmen heißen *Bilanzen.* Konto 2.2 zeigt die Bilanz eines großen deutschen Industrieunternehmens. Sie ist nach dem allgemein für Aktiengesellschaften in § 151 des Aktiengesetzes vorgeschriebenen Schema gegliedert. Die Aufteilung in *Anlage-* und *Umlaufvermögen* stellt auf die Frist ab, innerhalb derer die betreffenden Vermögensobjekte im Zuge der ökonomischen Aktivität der Unternehmung liquidiert werden oder „sich umschlagen", das heißt wieder zu Geld werden. Die meisten der in einem Produktionsunternehmen zu einem Zeitpunkt vorhandenen Sachgüter sind dazu bestimmt, im Produktionsprozeß eingesetzt, dadurch in Fertigerzeugnisse umgewandelt und schließlich verkauft zu werden. Gleichzeitig werden laufend neue Produktionsmittel gekauft und eingesetzt. Da der Prozeß kontinuierlich abläuft, zeigt ein Querschnitt durch die Vermögensobjekte zu einem bestimmten Zeitpunkt in Gestalt einer Bilanz seine verschiedenen Stadien. Die dauerhaften Produktionsmittel des Anlagevermögens (Aktivposten 1 bis 3) geben mehrere Rechnungsperioden (Jahre) hindurch Nutzungen an den Produktionsprozeß ab, bis der in ihnen steckende

Konto 2.2: Volkswagenwerk Aktiengesellschaft, Wolfsburg
Bilanz zum 31. Dezember 1982
Mill. DM

| Aktiva | | Passiva | |
|---|---|---|---|
| *Anlagevermögen* | | 1. Grundkapital | 1 200 |
| A. Sachanlagen | | *Offene Rücklagen* | |
| 1. Grundstücke, Gebäude | 1 560 | 2.1 Gesetzliche Rücklage | 843 |
| 2. Maschinen und maschinelle Anlagen | 523 | 2.2 Rücklage für eigene Aktien | 21 |
| 3. Betriebs- und Geschäftsausstattung | 939 | 2.3 Andere (freie) Rücklagen | 1 855 |
| 4. Anlagen im Bau | 289 | *Sonderposten mit Rücklagenanteil* | |
| 5. Anzahlungen auf Anlagen | 47 | 3.1 Rücklage gemäß § 52 Abs. 5 Einkommensteuergesetz | 173 |
| B. Finanzanlagen | | 3.2 Rücklage für Investitionen in Entwicklungsländern | 138 |
| 6. Beteiligungen und andere Wertpapiere | 1 825 | 3.3 Rücklage gemäß Auslandsinvestitionsgesetz | 101 |
| 7. Ausleihungen | 137 | 3.4 Rücklage gemäß § 6b Einkommensteuergesetz | 1 |
| *Umlaufvermögen* | | 4. Pauschalwertberichtigung zu Forderungen | 4 |
| A. Vorräte | | *Rückstellungen* | |
| 8. Roh-, Hilfs- und Betriebsstoffe | 469 | 5.1 Pensionsrückstellungen | 2 954 |
| 9. Unfertige Erzeugnisse | 810 | 5.2 Andere Rückstellungen | 3 161 |
| 10. Fertige Erzeugnisse, Waren | 584 | *Verbindlichkeiten mit Laufzeiten von vier Jahren und mehr* | |
| B. Andere Gegenstände des Umlaufvermögens | | 6.1 Anleihen | 150 |
| 11. Geleistete Anzahlungen | 5 | 6.2 gegenüber Kreditinstituten | 25 |
| 12. Forderungen aus Lieferungen und Leistungen | 405 | 6.3 Sonstige | 0 |
| 13. Wechsel | 8 | *Andere Verbindlichkeiten* | |
| 14. Kassenbestand und Postscheckguthaben | 1 | 7.1 Aus Lieferungen und Leistungen | 1 122 |
| 15. Guthaben bei Kreditinstituten | 1 164 | 7.2 gegenüber Kreditinstituten | 142 |
| 16. Wertpapiere | 1 156 | 7.3 Erhaltene Anzahlungen | 25 |
| 17. Forderungen an verbundene Unternehmen | 2 533 | 7.4 gegenüber verbundenen Unternehmen | 138 |
| 18. Sonstige Vermögensgegenstände | 504 | 7.5 Sonstige | 870 |
| 19. Rechnungsabgrenzungsposten | 0 | 8. Rechnungsabgrenzungsposten | 0 |
| | | 9. Bilanzgewinn | 38 |
| | 12 960 | | 12 960 |

Quelle: Volkswagenwerk AG Wolfsburg: Bericht über das Geschäftsjahr 1982. Wolfsburg 1983. Durch Zusammenfassungen sowie Textänderungen und -kürzungen vereinfacht.

Vorrat an diesen erschöpft ist und sie sich damit über die Abschreibungen rechnerisch aufgezehrt haben. Im Bau befindliche Anlagen (Aktivposten 4) wandeln sich in fertige Anlagen um und gehen dann denselben Weg. Dieser Prozeß geht lediglich langsamer vor sich als der Umschlag des Umlaufvermögens. Roh-, Hilfs- und Betriebsstoffe (Aktivposten 8) gehen unmittelbar in die Endprodukte ein, von denen es an jedem Stichtag unfertige und fertige gibt (Aktivposten 9 und 10). Der Verkauf der Produkte führt zu Forderungen aufgrund von Lieferungen und Leistungen (Aktivposten 12), die auch durch Wechsel verbrieft sein können (Aktivposten 13). Schließlich wandeln sich die Forderungen in Bargeld und Bankguthaben um (Aktivposten 14 und 15), aus denen Anzahlungen zum Kauf neuer Produktionsmittel geleistet werden (Aktivposten 5 und 11).

Jede größere Unternehmung verfügt daneben über Aktiva, die nichts mit ihrer Produktionstätigkeit zu tun haben oder sich aus ihrer rechtlichen Konstruktion ergeben, wie hier etwa die Aktivposten 6, 7, 16 und 17.

Die Passivseite jeder Bilanz zeigt an, in welcher Form am Bilanzstichtag Ansprüche auf das Bruttovermögen bestehen. Das *Grundkapital* (Passivposten 1) gibt bei einer Aktiengesellschaft den Gesamtbetrag des zum Nennwert bewerteten *Aktienkapitals* an. *Rücklagen* (Passivposten 2.1 bis 2.3) sind nichtausgeschüttete Gewinne früherer Rechnungsperioden, *Rückstellungen* (Passivposten 5.1 und 5.2) werden für Schulden gebildet, die am Bilanzstichtag wohl der Art, nicht aber der Höhe oder Fälligkeit nach feststehen.

Es können hier nicht alle Posten in dieser und den folgenden Vermögensrechnungen eingehend erörtert werden. Die Wiedergabe echter Bilanzen an dieser Stelle anstatt solcher mit fiktiven Zahlen hat jedoch den Vorteil, von vornherein einen Einblick in die tatsächliche Vermögensstruktur bestimmter Wirtschaftssubjekte zu vermitteln und darüber hinaus auf die Vielfalt des Wirtschaftsgeschehens aufmerksam zu machen.

**3. Die Vermögensrechnung einer Geschäftsbank.** Banken gehören zu den Unternehmen, unterscheiden sich aber in ihrer Tätigkeit so wesentlich von Industrieunternehmen, daß sie gesondert betrachtet werden müssen. Die Bezeichnung *Geschäftsbank* (auch: *Kreditinstitut*) dient als Oberbegriff für alle Banken außer der Zentralbank, umfaßt also auch Sparkassen, Genossenschafts- und Hypothekenbanken. Die Haupttätigkeit einer Bank besteht darin, Kredite zu nehmen und zu gewähren, was sich in ihrer Bilanz in charakteristischer Weise niederschlägt. Außerdem besorgt sie den Zahlungsverkehr ihrer Kunden und produziert weitere Dienstleistungen.

Das folgende Konto 2.3 gibt die Bilanz der nach der Bilanzsumme zur Zeit größten deutschen Geschäftsbank wieder. Den größten Einzelposten des Bruttovermögens bilden die Forderungen an Kunden, auch *Debitoren* genannt (Aktivposten 10), bei denen es sich um nichtverbriefte Forderungen an Nichtbanken aufgrund kurz- und langfristiger Kredite handelt. Die Bank verfügt ferner über Forderungen, die durch unterschiedliche Dokumente verbrieft sind (Aktivposten 4, 5, 7 bis 9). Die Kreditinstitute der Bundesrepublik sind nach § 16 des *Gesetzes über die Deutsche Bundesbank* verpflichtet, einen Teil ihrer Aktiva in Gestalt von Guthaben bei der Bundesbank zu halten (*Mindestreserven,* Aktivposten 2), wenn diese es verlangt. Sie geben und nehmen ferner untereinander Kredite (Aktivposten 6, Passivposten 1). *Ausgleichs- und Deckungsforderungen* (Aktivposten 11) sind eine Folge des zweiten Weltkrieges. Die Aktiva der

Konto 2.3: Deutsche Bank Aktiengesellschaft, Frankfurt/Main

Jahresbilanz zum 31. Dezember 1982

| Aktiva | Mill. DM | Passiva | Mill. DM |
|---|---|---|---|
| 1. Kassenbestand | 440 | 1. Verbindlichkeiten gegenüber Kreditinstituten | 37 395 |
| 2. Guthaben bei der Deutschen Bundesbank | 4974 | 2. Verbindlichkeiten aus dem Bankgeschäft gegenüber anderen Gläubigern | |
| 3. Postscheckguthaben | 41 | 2.1 täglich fällig (=Sichteinlagen) | 15 352 |
| 4. Schecks und andere fällige Papiere | 724 | 2.2 mit vereinbarter Laufzeit oder Kündigungsfrist (=Termineinlagen) | 26 614 |
| 5. Wechsel | 1 993 | 2.3 Spareinlagen | 21 114 |
| 6. Forderungen an Kreditinstitute | 34 608 | 3. Schuldverschreibungen | 2 659 |
| 7. Schatzwechsel und unverzinsliche Schatzanweisungen | 1 144 | 4. Eigene Akzepte und Solawechsel im Umlauf | 1 395 |
| 8. Anleihen und Schuldverschreibungen | 7 709 | 5. Durchlaufende Kredite (nur Treuhandgeschäfte) | 212 |
| 9. Sonstige Wertpapiere | 2 327 | 6. Rückstellungen | 3 618 |
| 10. Forderungen an Kunden mit Laufzeiten von | | 7. Sonstige Verbindlichkeiten | 88 |
| 10.1 unter vier Jahren | 34 654 | 8. Rechnungsabgrenzungsposten | 1 313 |
| 10.2 vier Jahren oder länger | 21 917 | 9. Sonderposten mit Rücklageanteil | 64 |
| 11. Ausgleichs- und Deckungsforderungen | 257 | 10. Grundkapital | 1 356 |
| 12. Durchlaufende Kredite (nur Treuhandgeschäfte) | 212 | 11. Offene Rücklagen | 4 018 |
| 13. Beteiligungen | 2 048 | 12. Bilanzgewinn | 298 |
| 14. Grundstücke und Gebäude | 765 | | |
| 15. Betriebs- und Geschäftsausstattung | 308 | | |
| 16. Sonstige Vermögensgegenstände | 1 364 | | |
| 17. Rechnungsabgrenzungsposten | 10 | | |
| | 115 497 | | 115 497 |

Quelle: Deutsche Bank AG: Geschäftsbericht für das Jahr 1982. Durch Zusammenfassungen sowie Textänderungen und -kürzungen vereinfacht.

deutschen Banken bestanden bei Kriegsende als Folge der Kriegsfinanzierung zu einem großen Teil aus Forderungen gegen das Deutsche Reich[4], die nach dem Zusammenbruch wertlos waren. Ihre Verbindlichkeiten in Gestalt von Kundenguthaben wurden dagegen bei der Währungsreform 1948 mit bestimmten Prozentsätzen auf DM umgestellt. Zum Ausgleich teilte man ihnen Forderungen gegen den Bund und die Länder zu, die niedrig verzinslich und nicht handelbar sind. Auch Versicherungsunternehmen und Bausparkassen wurden so behandelt.

Den überwiegenden Teil der Passiva bilden *Sichteinlagen, Termineinlagen* und *Spareinlagen* der Kunden der Bank, die von diesen aus gesehen gewährte Kredite oder *Guthaben* darstellen. Generell gilt, daß den Hauptanteil auf beiden Seiten der Bankbilanz

[4] Die Verschuldung des Deutschen Reiches gegenüber Inländern belief sich bei Kriegsende auf etwa 390 Mrd. RM, deren Gläubiger in Höhe von 290 Mrd. RM inländische Banken einschließlich der Deutschen Reichsbank waren. Vgl. H. JECHT: Finanzwirtschaft, öffentliche. (III) Finanzwirtschaft der Bundesrepublik Deutschland (Bund und Länder). Handwörterbuch der Sozialwissenschaften [1.41], 3. Bd, S. 689.

die gewährten und genommenen Kredite ausmachen, während das Sachvermögen unbedeutend ist. Ein Vergleich dieser Bilanz mit Konto 2.2 zeigt, wie sich der Unterschied in der Tätigkeit von Industrieunternehmen und Geschäftsbank in der Zusammensetzung der Aktiva und Passiva niederschlägt. Man kann also allein aufgrund ihrer Struktur erkennen, ob eine Bilanz von einem Industrieunternehmen oder einer Geschäftsbank stammt. Hilfsmittel hierzu sind *Kennzahlen,* das sind Verhältniszahlen, in denen einzelne Bilanzgrößen zueinander in Beziehung gesetzt werden. Eine solche Kennzahl ist etwa der *Schuldenquotient* als Verhältnis der Schulden zum Bruttovermögen. Er betrug Ende 1982 bei der Volkswagenwerk AG 0,19, bei der Deutschen Bank AG 0,91.

**4. Die Vermögensrechnung einer Zentralbank.** Eine Bank mit besonderen Aufgaben, deren es in jeder Volkswirtschaft nur eine gibt, ist die *Zentralbank.* Sie ist die Bank der Geschäftsbanken und unterscheidet sich von diesen vor allem dadurch, daß sie das alleinige Recht zur Ausgabe von Banknoten als gesetzliches Zahlungsmittel besitzt, das *Banknotenmonopol.* Außerdem hat sie wichtige wirtschaftspolitische Aufgaben, verwaltet in der Regel die Währungsreserven des Landes und besorgt den Zahlungsverkehr des zentralen Staatshaushalts. Die Zentralbank der Bundesrepublik Deutschland ist die *Deutsche Bundesbank.* Ihre Bilanz zum 31. Dezember 1982 ist in Konto 2.4 wiedergegeben.

Die Sonderstellung einer Zentralbank ist anhand eines Vergleichs der Bilanz der Bundesbank mit der Geschäftsbankbilanz 2.3 (S. 56) leicht zu erkennen. Die Bank hält Gold (Aktivposten 1) und besorgt die Geschäfte der Bundesrepublik mit internationalen Institutionen wie dem Internationalen Währungsfonds (IWF) und dem *Europäischen Fonds für währungspolitische Zusammenarbeit* (EFWZ). Der IWF teilt seit 1970 den Währungsbehörden seiner Mitgliedsländer als eine Art Weltgeld *Sonderziehungsrechte* zu, die jede Zentralbank zwecks Beschaffung von Devisen bei anderen Zentralbanken in Zahlung geben kann. Sie werden im Aktivposten 2 gebucht und, da ihrer Zuteilung keine Gegenleistung gegenübersteht, zwecks Bilanzausgleich im Passivposten 8 gegengebucht. In den 1979 gegründeten EFWZ brachte die Bundesbank (vorläufig) 20 v. H. ihres Gold- und Dollarbestandes ein und erwarb somit Forderungen gegen den Fonds (Aktivposten 3). Da dieser jedoch solche Aktiva zu Marktpreisen und damit höher als die Bundesbank bewertet, wurde zum Ausgleich Passivposten 7 erforderlich.

Die Aktivposten 1 und 4 verdienen hier besondere Beachtung, weil sich an ihnen die Bewertungsproblematik jeder Vermögensrechnung besonders kraß zeigt.[5] Die Bundesbank bewertet ihren Goldbestand von 95,18 Mill. Unzen (1 Unze=31,1035 g, Bestand daher rund 2960 t) mit Anschaffungswerten, im Durchschnitt mit knapp 144 DM je Unze. Grundlage hierfür ist ein Goldpreis von 42,22 US-$/Unze und ein Dollarkurs von 1,73 DM/US-$. Beide Preise hatten am Stichtag nur noch historische Bedeutung. Die Unze Gold wurde am Londoner Goldmarkt im Monatsdurchschnitt Dezember 1982 mit 444,50 US-$ gehandelt, der Frankfurter Devisenkurs betrug 2,4185 DM/US-$ (Kassa-Mittelkurs). Zu diesen Preisen hätten der Goldpreis 1075 DM/Unze und der Wert des Goldbestandes rund 102 Mrd. DM betragen. (Die

[5] Quellen für die folgenden Angaben: Der Auslandsvermögensstatus ... [5.24], S. 32, 38; Statistische Beihefte ... [5.35], S. 10, IMF [5.16], Vol. 36 No. 5, Mai 1983, S. 40, 58.

Konto 2.4: Deutsche Bundesbank

Bilanz zum 31. Dezember 1982

Mill. DM

| Aktiva | |
|---|---|
| 1. Gold | 13 688 |
| 2. Reserveposition im Internationalen Währungsfonds und Sonderziehungsrechte | 12 219 |
| 3. Forderungen an den Europäischen Fonds für währungspolitische Zusammenarbeit | 40 618 |
| 4. Guthaben bei ausländischen Banken und Geldmarktanlagen im Ausland | 38 956 |
| 5.+7. Sorten, Auslandswechsel | 7 075 |
| 6. Kredite und sonstige Forderungen an das Ausland | 2 456 |
| 8. Inlandswechsel | 46 689 |
| 9. Im Offenmarktgeschäft angekaufte Wertpapiere | 9 103 |
| 10. Lombardforderungen | 12 031 |
| 11. Kassenkredite an Bund, Lastenausgleichsfonds, Länder | 1 395 |
| 12. Schatzwechsel und unverzinsliche Schatzanweisungen des Bundes und der Länder | – |
| 13. Ausgleichsforderungen | 8 684 |
| 14. Kredite an Bundesbahn, Bundespost | – |
| 15. Wertpapiere | 5 409 |
| 16. Deutsche Scheidemünzen | 1 084 |
| 17. Postscheckguthaben | 150 |
| 18. Grundstücke und Gebäude | 1 267 |
| 19. Betriebs- und Geschäftsausstattung | 108 |
| 20.+21. Schwebende Verrechnungen, sonstige Vermögensgegenstände | 6 382 |
| 22. Rechnungsabgrenzungsposten | 36 |
| | 207 350 |

| Passiva | |
|---|---|
| 1. Banknotenumlauf | 88 575 |
| 2. Einlagen von Kreditinstituten | 51 875 |
| 3. Einlagen von öffentlichen Haushalten | |
| 3.1 Bund | 724 |
| 3.2 Lastenausgleichsfonds und ERP-Sondervermögen | 162 |
| 3.3 Länder | 330 |
| 3.4 Andere öffentliche Einleger | 42 |
| 4. Einlagen von anderen inländischen Einlegern | 3 515 |
| 5. Verbindlichkeiten aus abgegebenen Mobilisierungs- und Liquiditätspapieren | 4 652 |
| 6. Verbindlichkeiten aus dem Auslandsgeschäft | 12 035 |
| 7. Gegenposten im Zusammenhang mit der Bewertung der in den Europäischen Fonds für währungspolitische Zusammenarbeit vorläufig eingebrachten Gold- und Dollarreserven | 21 022 |
| 8. Ausgleichsposten für zugeteilte Sonderziehungsrechte | 3 174 |
| 9. Rückstellungen | 4 306 |
| 10. Sonstige Verbindlichkeiten | 186 |
| 11. Rechnungsabgrenzungsposten | 676 |
| 12. Grundkapital | 290 |
| 13. Rücklagen | 4 480 |
| 14. Bilanzgewinn | 11 307 |
| | 207 350 |

Quelle: Bbk-Geschäftsbericht 1982, S. 142 f. Durch Weglassung von Unterteilungen und Textkürzungen vereinfacht. Die Numerierung der Posten ist die der Quelle.

Zentralbanken mehrerer anderer Länder passen dagegen die Bewertung ihres Goldes laufend an dessen Marktpreis an.) Entsprechend verfährt die Bundesbank bei Posten 4. Die Bewertung der hier gebuchten 22,5 Mrd. US-$ zu dem eben genannten Marktwert anstatt mit dem Kurs 1,73 DM/US-$ hätte einen Gegenwert von 54,5 Mrd. DM ergeben. Die Bundesbank begründet ihre Bewertungspraxis gemäß dem Niederstwertprinzip (vgl. S. 50) mit § 26 Abs. 2 des Gesetzes über die Deutsche Bundesbank, nach dem für die Wertansätze in ihrer Jahresbilanz die Vorschriften des Aktiengesetzes sinngemäß gelten.

Die Bundesbank gewährt ferner Geschäftsbanken durch Ankauf von Wechseln und Wertpapieren (Aktivposten 8 und 9) sowie durch Beleihung (*Lombardierung*) bei ihr hinterlegter Wertpapiere (Aktivposten 10) Kredite. Im Passivposten 2 zeigt sich die im vorigen Abschnitt erwähnte Vorschrift, daß Kreditinstitute gesetzlich verpflichtet sind, Guthaben in bestimmter Höhe bei der Zentralbank zu halten. Die Tätigkeit der Bundesbank als Bank des Bundes, seiner *Sondervermögen* (vgl. den nächsten Abschnitt) und der Länder erkennt man an der Gewährung unverbriefter (Aktivposten 11 und 14) und verbriefter Kredite (Aktivposten 12, am Stichtag nicht zutreffend) sowie an den Passivposten 3.1 bis 3.3. Ferner läßt Passivposten 5 erkennen, daß die Bank vom Bund übernommene Schatzwechsel und Schatzanweisungen als *Mobilisierungs-* und *Liquiditätspapiere* verkauft, womit sie die Liquidität der Kreditinstitute beeinflussen will. Schließlich ist der *Banknotenumlauf* (Passivposten 1) derjenige Posten, in dem sich die Bilanz einer Zentralbank am deutlichsten von der einer Geschäftsbank unterscheidet. Im übrigen entsprechen die Ausgleichsforderungen (Aktivposten 13) dem gleichnamigen Posten in Konto 2.3 (S. 56); die Bundesbank tätigt Geschäfte mit Ausländern (Aktivposten 5 bis 7, Passivposten 6); wie bei jeder anderen Bank ist ihr Sachvermögen (Aktivposten 18 und 19) klein gegenüber der Bilanzsumme; und sie erwirtschaftet in der Regel einen Gewinn (Passivposten 14).

Die Deutsche Bundesbank stellt jährlich zum Stichtag des 31. Dezember eine Bilanz auf und veröffentlicht sie in ihrem Geschäftsbericht, der sich auf das abgelaufene Kalenderjahr als Geschäftsjahr bezieht und Anfang Mai des jeweils folgenden Jahres erscheint. In diesem Bericht werden auch die einzelnen Bilanzposten erläutert. Daneben ist die Bank nach § 28 des Gesetzes über die Deutsche Bundesbank verpflichtet, nach dem Stand vom 7., 15., 23. und Letzten jeden Monats, den *Ausweisstichtagen*, einen *Ausweis* (auch: *Wochenausweis*) zu veröffentlichen, der mit wenigen Ausnahmen die gleichen Angaben wie die Bilanz enthält und in den *Monatsberichten* der Bank veröffentlicht wird. Die Deutsche Bundesbank ist demnach dasjenige Wirtschaftssubjekt in der Bundesrepublik, das am häufigsten Vermögensrechnungen aufstellt und publiziert.

**5. Die Vermögensrechnung eines öffentlichen Haushalts.** Ein Beispiel für die Vermögensrechnung eines öffentlichen Haushalts bietet das nachstehende Konto 2.5, in dem die wichtigsten Vermögensobjekte und Schulden des Bundes zusammengestellt sind. Die Rechnung ist in zweierlei Hinsicht unvollständig und unterscheidet sich insofern von den privatwirtschaftlichen Rechenwerken der Konten 2.2 (S. 54) und 2.3 (S. 56): Sie enthält weder die Kassenbestände noch die im Eigentum des Bundes stehenden beweglichen Sachgüter; und wichtige Aktivposten sind nicht bewertet. So verzichtet der Bund seit dem Haushaltsjahr 1979 mit dem Argument auf die jährliche Neubewertung seines unbeweglichen Sachvermögens (Aktivposten 1), daß dies angesichts sich ständig ändernder Grundstücks- und Baupreise einen unvertretbar hohen Verwaltungsaufwand erfordern würde.

Zu den Bundesanstalten und -einrichtungen des Aktivpostens 2 gehört eine Vielzahl von Institutionen, die einzelnen Bundesministerien unterstehen und keine eigenen Vermögensrechnungen aufstellen. Sie reichen vom Bundesarchiv in Koblenz und dem Bundesgesundheitsamt in Berlin bis zum Statistischen Bundesamt in Wiesbaden und dem Deutschen Wetterdienst in Offenbach. Bei den Wirtschaftsbetrieben (Aktivposten 3.1) handelt es sich um acht nach kaufmännischen Grundsätzen geführte

Konto 2.5: Bund

Teil-Vermögensrechnung zum 31. Dezember 1982

Aktiva — Mill. DM — Passiva

**Aktiva**

| | Mill. DM |
|---|---|
| 1. *Liegenschaftsvermögen* | |
| 1.1 Grundstücke, Gebäude und Betriebsanlagen | . |
| 1.2 Bundesautobahnen, -straßen, -kanäle | . |
| 2. *Bundesanstalten und -einrichtungen* | 9 |
| 3. *Betriebsvermögen* | |
| 3.1 Wirtschaftsbetriebe | 414 |
| 3.2 Kapitalbeteiligungen an | |
| a) Unternehmen des öffentlichen Rechts | 994 |
| b) sonstigen Unternehmen | 8 156 |
| 4. *Allgemeines Kapital- und Sachvermögen* | |
| 4.1 Anteile an internationalen Einrichtungen | 6 279 |
| 4.2 Darlehen | 42 454 |
| 4.3 Wertpapiere | 2 939 |
| 4.4 Sonstige Geldforderungen | 26 191 |
| 5. *Sondervermögen* | |
| 5.1 ERP-Sondervermögen | 8 241 |
| 5.2 Ausgleichsfonds | – 712 |
| 5.3 Deutsche Bundesbahn | 21 881 |
| 5.4 Deutsche Bundespost | 34 118 |
| 5.5 Sonstige Sondervermögen | 742 |
| 6. *Treuhandvermögen* | 5 247 |
| Summe der bewerteten Aktiva | 156 953 |

**Passiva**

| | Mill. DM |
|---|---|
| *Finanzkredite* | |
| 1. Schuldtitel an Ruhrkohle AG und Saarbergwerke AG | 547 |
| 2. Kreditmarktmittel | |
| 2.1 Bundesanleihen | 57 340 |
| 2.2 Bundesobligationen | 35 566 |
| 2.3 Bundesschatzbriefe | 13 508 |
| 2.4 Kassenobligationen | 8 958 |
| 2.5 Schuldbuchkredite | – |
| 2.6 Schuldscheindarlehen | 166 745 |
| 2.7 Unverzinsliche Schatzanweisungen | 10 604 |
| 2.8 Finanzierungsschätze | 4 676 |
| 3. Ausgleichsforderungen | 10 269 |
| 4. Sonstige Inlandsschulden | 663 |
| 5. Auslandsschulden | 3 |
| 6. Rückstände aus Finanzkrediten | 9 |
| *abzüglich:* | |
| 7. Bestand des Bundes an eigenen Wertpapieren | – 2 750 |
| *Kassenverstärkungskredite* | |
| 8. Buchkredit der Deutschen Bundesbank | – |
| 9. Schatzwechsel | – |
| 10. Unverzinsliche Schatzanweisungen | – |
| *Andere Schulden* | 22 |
| Summe der Schulden | 306 138 |
| Saldo | – 149 185 |
| Bilanzsumme | 156 953 |

Quelle: Zusammengestellt nach: Haushaltsrechnung . . . [2.02], S. 2074–2099; Finanzbericht [I.21], S. 231 f.

Einrichtungen ohne eigene Rechtspersönlichkeit, unter ihnen die Bundesdruckerei in Berlin, die Bundesmonopolverwaltungen für Branntwein und die Kleiderkasse der Bundeswehr. Sie bilanzieren selbständig und stehen nur mit ihrem Reinvermögen in der Vermögensrechnung des Bundes. Der Bund ist ferner an einer größeren Zahl von Unternehmen beteiligt (Aktivposten 3.2), zu denen die Kreditanstalt für Wiederaufbau und einige andere Banken, der Flughafen Frankfurt am Main, die Bundesanzeiger Verlags-GmbH, die Deutsche Lufthansa AG und die Volkswagenwerk AG gehören. Die bedeutendsten internationalen Einrichtungen, an denen der Bund beteiligt ist (Aktivposten 4.1) sind die Internationale Bank für Wiederaufbau und Entwicklung

(Weltbank), die Internationale Entwicklungsorganisation und die Europäische Investitionsbank. Die Darlehnsforderungen (Aktivposten 4.2) entstanden im Zuge finanzieller Hilfsmaßnahmen für eine Reihe unterschiedlichster Zwecke, vom Wohnungsbau bis zur Graduiertenförderung, von der Entwicklungshilfe bis zur Überbrückung von Liquiditätsschwierigkeiten der Länder (der Bundesrepublik). Sie sind zu Nominalwerten ausgewiesen, aber zum Teil niedrig verzinslich, unverzinslich oder vermutlich uneinbringlich: „Ihr innerer Wert liegt daher erheblich unter den im Vermögensnachweis angesetzten Nennbeträgen."[6]

Die Sondervermögen des Bundes führen ein eigenes Rechnungswesen und sind hier der Vollständigkeit halber mit aufgenommen. Das ERP („European Recovery Program")-Sondervermögen entstand aus den Beträgen, die die Empfänger der amerikanischen Hilfslieferungen unter dem Marshall-Plan 1948–1952 in einen besonderen Fonds, den Gegenwertfonds, zahlten. Der Ausgleichsfonds wurde nach dem zweiten Weltkrieg zur Abwicklung des Lastenausgleichs und von Ausgleichsleistungen aufgrund der Währungsreform von 1948 gebildet. Bundesbahn und Bundespost stehen hier mit den Nennwerten ihres Eigenkapitals zu Buch. Zu den sonstigen Sondervermögen gehören unter anderem Fonds zur Sicherung der Altölbeseitigung und des Steinkohleneinsatzes in der Energiewirtschaft. Treuhandvermögen bestehen unter anderem für den Bergarbeiterwohnungsbau.

Bei den Schulden wird im öffentlichen Rechnungswesen von *fundierter* und *schwebender Schuld* oder wie in Konto 2.5 von *Finanzkrediten* und *Kassenverstärkungskrediten* gesprochen, um die Einteilung in lang- und kurzfristige Verbindlichkeiten anzudeuten. Die als Passivposten 10 erfaßten unverzinslichen Schatzanweisungen[7] haben Laufzeiten bis zu achtzehn Monaten, woraus sich die Abgrenzung ergibt. Die Unterteilung des Passivpostens 2 zeigt die heutige Vielfalt der Schuldtitel, durch deren Verkauf sich der Bund Mittel verschafft. Die Ausgleichsforderungen (Passivposten 3), die hier besser „Ausgleichsverbindlichkeiten" zu nennen wären, sind die Gegenbuchung zu den entsprechenden Aktivposten der Geschäftsbanken und der Bundesbank (vgl. Konto 2.3 und Konto 2.4, S. 56, 58). Passivposten 8 zeigt gegebenenfalls die Inanspruchnahme des *Kreditplafonds*, den die Bundesbank dem Bund eingeräumt hat. Nach § 20 des Gesetzes über die Deutsche Bundesbank gewährt diese dem Bund, seinen in Konto 2.5 unter Aktivposten 5.1 bis 5.4 genannten Sondervermögen und den Ländern bei Bedarf (kurzfristige) *Kassenkredite*, die beim Bund den Höchstbetrag von

---

[6] Haushaltsrechnung ... [2.02], S. 2086.

[7] Die Bezeichnung „unverzinslich" ist insofern irreführend, als die zugrundeliegenden Kredite wie bei Wechseln durch Vorwegabzug eines Diskonts verzinst werden. Die Bundesbank setzt daher das Adjektiv gelegentlich in Anführungszeichen (Bbk-Monatsbericht Juli 1970, S. 31) oder erläutert ihren Sprachgebrauch ausführlich: „Die ... Papiere heißen deshalb Unverzinsliche Schatzanweisungen (U-Schätze), weil sie keinen nachträglich zu zahlenden Nominalzins haben. Vielmehr werden U-Schätze in der Weise verzinst, daß der Erwerber beim Kauf der Titel einen um den Diskontabschlag geringeren Betrag zahlt, als er später bei Einlösung des Papiers, die zu 100% (Nominalwert) erfolgt, zurückerhält." Pressenotiz der Deutschen Bundesbank vom 7. November 1977. In: Deutsche Bundesbank [I.17], Nr. 77 vom 9. November 1977, S. 1. Einfacher und klarer wäre, von „Diskontschatzanweisungen" zu sprechen.

sechs Milliarden DM nicht überschreiten dürfen.[8] Dieser Höchstbetrag ist der Kreditplafond. Er war am 31. Dezember 1982 nicht in Anspruch genommen und erscheint sonst als Forderung in der Bilanz der Bundesbank und als Schuld in der Vermögensrechnung des Bundes.

**6. Grundschema und Grundgleichung der Vermögensrechnung.** Nach dieser Übersicht über Vermögensrechnungen der wichtigsten Arten von Wirtschaftssubjekten anhand praktischer Beispiele ist nun zu untersuchen, welche Eigenschaften sie alle gemeinsam haben. Es war oben gesagt worden, daß Gegenstand ökonomischer Transaktionen Güter und Forderungen sind. Da Dienstleistungen im Augenblick ihrer Produktion und Faktorleistungen im Augenblick ihrer Abgabe untergehen, können in den Vermögensrechnungen aller Wirtschaftssubjekte, in denen sich ja die Ergebnisse von Transaktionen niederschlagen, nur Sachgüter, Forderungen und Schulden auftreten. Hinzu kommt in der Regel als Ausgleichsposten entweder das Reinvermögen oder die Überschuldung. Diese Erkenntnis erlaubt es, die Vermögensrechnungen aller Wirtschaftssubjekte auf ihren gemeinsamen Kern zu reduzieren.

Alle Vermögensobjekte gliedern sich in die drei Kategorien Bewegliches Sachvermögen, Unbewegliches Sachvermögen und Forderungen. Passivposten sind entweder Schulden oder Reinvermögen. Läßt man auch noch die Unterteilung des Sachvermögens fallen, so kann die Vermögensrechnung jedes nicht überschuldeten Wirtschaftssubjekts auf das Grundschema gemäß Konto 2.6 zurückgeführt werden:

Konto 2.6: Wirtschaftssubjekt X
Grundschema der Vermögensrechnung
in . . . Geldeinheiten

Aktiva | Passiva

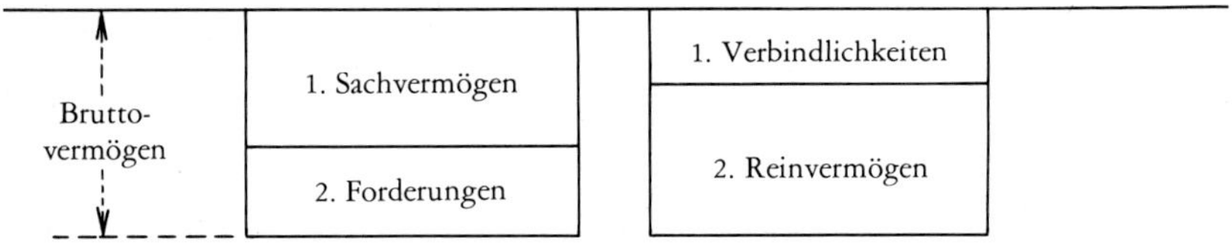


Jedes Konto läßt sich als Gleichung schreiben. Setzt man

$W$ = Vermögen (nach englisch: Wealth), das durch hochgestelltes $b$=brutto oder $n$=netto genauer bestimmt wird,
$R$ = Sach-(Real-)vermögen,
$F$ = Forderung(en),
$V$ = Verbindlichkeit(en),

dann läßt sich der in Konto 2.6 dargestellte Sachverhalt auch so schreiben:

$$R+F=V+W^n \qquad \text{oder} \qquad W^b=V+W^n. \tag{2.9}$$

Dies ist die *Grundgleichung der Vermögensrechnung.*

[8] *Gesetz zur Änderung des Gesetzes über die Deutsche Bundesbank* vom 23. November 1967. BGBl. I, S. 1157.

Zieht man die Schulden eines Wirtschaftssubjekts von seinen Forderungen ab, so erhält man sein *Geldvermögen*[9] $F^n$, auch *Nettoposition* (gegenüber der Umwelt) genannt:

$$F - V = F^n. \tag{2.10}$$

Hieraus folgt, daß das Reinvermögen eines Wirtschaftssubjekts gleich der Summe aus Sach- und Geldvermögen ist:

$$W^n = R + F^n. \tag{2.11}$$

Das Geldvermögen eines Wirtschaftssubjekts ist positiv, null oder negativ je nachdem, ob seine Forderungen seine Schulden übersteigen, ihnen gleich oder kleiner sind. Ist ein negatives Geldvermögen seinem absoluten Betrag nach größer als das Sachvermögen, so liegt Überschuldung vor. Ein positives Geldvermögen nennt man auch eine *Nettogläubigerposition,* ein negatives Geldvermögen heißt auch *Nettoschuldnerposition.* Betrachtet man nur die Forderungen und Verbindlichkeiten eines Wirtschaftssubjekts gegenüber Ausländern, so spricht man von seiner *Auslandsposition.*

## III. Die Zusammenfassung von Vermögensrechnungen

**1. Konsolidierung von Konten.** Eine Vermögensrechnung für eine Volkswirtschaft basiert auf den Vermögensrechnungen aller einzelnen Wirtschaftssubjekte. Angesichts ihrer Zahl – vgl. für die Bundesrepublik die Angaben S. 15–17 – muß man dabei Zusammenfassungen vornehmen, wenn man zu einem überschaubaren Bild gelangen will. Die Zusammenfassung von Konten gleich welcher Art nennt man ihre *Konsolidierung.* Von diesem Verfahren machen beispielsweise Großunternehmen Gebrauch, wenn sie die Bilanzen rechtlich selbständiger Tochtergesellschaften mit der Bilanz der Muttergesellschaft zu einer *Konzernbilanz* verschmelzen. Das nachstehende fiktive Zahlenbeispiel soll zeigen, wie dabei vorzugehen ist und welche Konsequenzen auftreten.

Es seien drei Haushalte A, B und C mit je einer Vermögensrechnung gegeben:

Kontensystem 2.7 – 2.9: *Vermögensrechnungen dreier privater Haushalte*

Konto 2.7: Haushalt A

Vermögensrechnung zum 31. Dezember 1982

| Aktiva | 1000 DM | | Passiva |
|---|---|---|---|
| Geldbestand | 50 | Schuld gegenüber C | 40 |
| Forderung gegen B | 10 | Reinvermögen | 300 |
| Sonstige Forderungen | 80 | | |
| Sachvermögen | 200 | | |
| | 340 | | 340 |

[9] Wie viele andere darf auch die Bezeichnung „Geldvermögen" nicht wörtlich genommen werden. Zum Geldvermögen rechnet man nicht nur Geld, sondern sämtliche Forderungen eines Wirtschaftssubjekts, außerdem ist es eine Nettogröße. Aus diesen Gründen wird hier das Symbol $F^n$ (=Nettoforderungen) benutzt.

Konto 2.8: Haushalt B

Vermögensrechnung zum 31. Dezember 1982

1000 DM

| Aktiva | | Passiva | |
|---|---|---|---|
| Geldbestand | 40 | Schuld gegenüber A | 10 |
| Forderung gegen C | 20 | Reinvermögen | 280 |
| Sonstige Forderungen | 70 | | |
| Sachvermögen | 160 | | |
| | 290 | | 290 |

Konto 2.9: Haushalt C

Vermögensrechnung zum 31. Dezember 1982

1000 DM

| Aktiva | | Passiva | |
|---|---|---|---|
| Geldbestand | 30 | Schuld gegenüber B | 20 |
| Forderung gegen A | 40 | Sonstige Schulden | 60 |
| Sachvermögen | 100 | Reinvermögen | 90 |
| | 170 | | 170 |

Haushalt A hat unter seinen Aktiva eine Forderung in Höhe von 10 gegenüber B, die bei diesem als Passivposten „Schuld" erscheint. In entsprechender Weise sind eine Forderung des B gegen C in Höhe von 20 und eine Forderung des C gegen A in Höhe von 40 gebucht. Sofern zwei oder mehr Konten in dieser oder bei Stromrechnungen in entsprechender Weise miteinander verbunden sind, indem eine Stromgröße mit Ab- und Zugang auf zwei Konten erscheint, spricht man von einem *Kontensystem.*

Es sollen nun die beiden Haushalte A und B zu einem Sektor A+B=D zusammengefaßt werden. Dabei erhält man zunächst

Konto 2.10: Haushaltssektor D (=Haushalte A und B)

Vermögensrechnung zum 31. Dezember 1982

1000 DM

| Aktiva | | Passiva | |
|---|---|---|---|
| Geldbestand | 90 | Schuld gegenüber C | 40 |
| Forderung gegen B | 10 | Schuld gegenüber A | 10 |
| Forderung gegen C | 20 | Reinvermögen | 580 |
| Sonstige Forderungen | 150 | | |
| Sachvermögen | 360 | | |
| | 630 | | 630 |

Hierin wurden gleichartige Posten wie Bestände an Geld und Sachvermögen zusammengefaßt. Dies nennt man *Aggregation.* Konto 2.10 kann darüber hinaus auf zwei weiteren Wegen vereinfacht werden. Erstens entspricht die Forderung des A gegen B in Höhe von 10 auf der Aktivseite der Schuld des B gegenüber A auf der Passivseite. Beide Eintragungen geben die zwei Seiten einer Kreditbeziehung an, die infolge der Konsolidierung sektorintern geworden ist und daher gestrichen werden kann. Dies nennt man *Aufrechnung.* Zweitens hat der Sektor D gegenüber C sowohl eine Forderung (in Höhe von 20) als auch eine Schuld (in Höhe von 40). Eine weitere Vereinfachung besteht offenbar darin, nur noch die Nettoposition von D in Höhe von –20 gegenüber C zu registrieren, wenn es auf etwaige Unterschiede zwischen den beiden Kreditbeziehungen nicht ankommt. Dies nennt man *Saldierung.* Das endgültige Konto von D sieht dann so aus:

Konto 2.11: Haushaltssektor D
Vermögensrechnung zum 31. Dezember 1982
1000 DM

| Aktiva | | Passiva | |
|---|---|---|---|
| Geldbestand | 90 | Schuld gegenüber C | 20 |
| Sonstige Forderungen | 150 | Reinvermögen | 580 |
| Sachvermögen | 360 | | |
| | 600 | | 600 |

2. **Folgen der Konsolidierung.** Aus dem Beispiel wird klar, daß jede Konsolidierung von Vermögensrechnungen zu Informationsverlusten führt. Faßt man die Vermögensrechnungen einer Gruppe von Wirtschaftssubjekten zusammen, so gehen verloren:

(1) Informationen über die Verteilung der Vermögensobjekte und Schulden auf die Wirtschaftssubjekte infolge von Aggregationen;
(2) Informationen über Kreditbeziehungen zwischen den Wirtschaftssubjekten der Gruppe infolge von Aufrechnungen;
(3) Informationen über Forderungen und Verbindlichkeiten von Wirtschaftssubjekten der Gruppe gegenüber Wirtschaftssubjekten oder Sektoren außerhalb der Gruppe infolge von Saldierungen.

Diesem Nachteil steht der Vorteil größerer Übersichtlichkeit gegenüber, die angesichts der Größe moderner Volkswirtschaften eben nur durch Konsolidierung zu erreichen ist. Wieweit man konsolidiert und damit Informationsverluste in Kauf nimmt, hängt im übrigen vom jeweiligen Erkenntnisziel ab. Sagen beispielsweise Nettopositionen zu wenig aus, kann man die (Brutto-)Forderungen und -schulden in der Rechnung beibehalten. In anderen Fällen kann es zweckmäßig sein, die sektorinternen (auch: *intrasektoralen*) Kreditbeziehungen nicht aufzurechnen. In jedem Fall besteht das Problem darin, den optimalen, dem Untersuchungszweck am besten angepaßten Konsolidierungsgrad zu finden, was in der Praxis auch eine Frage des beschaffbaren statistischen Materials sein kann.

Der durch Zusammenfassung der Haushalte A und B gebildete Sektor D (Konten 2.10 und 2.11) wird absichtlich nicht als neues „Wirtschaftssubjekt D" bezeichnet. Dies würde der Definition des Wirtschaftssubjekts als Entscheidungseinheit widersprechen. Die Bildung von Sektoren ist lediglich eine am Schreibtisch des Wirtschaftswissenschaftlers oder Wirtschaftsstatistikers ausgeführte Rechenoperation, die an der Realität nichts ändert. Sie darf nicht zur *Personifizierung* von Sektoren führen, da sie niemals bedeuten kann, daß die zusammengefaßten Wirtschaftssubjekte nun plötzlich aus einem gemeinsamen Willen heraus handeln, also zu einer Entscheidungseinheit werden. Jedoch ist die Personifizierung von Sektoren im Sprachgebrauch der Öffentlichkeit und auch der Wirtschaftswissenschaft durchaus üblich und muß als mögliche unerwünschte Folge der Bildung von Sektoren angesehen werden.

## IV. Sektorale Vermögensrechnungen

**1. Die volkswirtschaftliche Kreditverflechtung.** Liegen Vermögensrechnungen für die einzelnen Wirtschaftssubjekte vor, besteht der nächste Schritt auf dem Wege zu einer Gesamterfassung der Vermögensbestände in einer Volkswirtschaft darin, gleichartige Wirtschaftssubjekte zu Sektoren zusammenzufassen und Vermögensrechnungen für diese aufzustellen. Jede solche Rechnung zeigt das aggregierte Sachvermögen der betreffenden Wirtschaftssubjekte sowie ihre Forderungen und Verbindlichkeiten gegenüber den Wirtschaftssubjekten anderer Sektoren. Die Gesamtheit der in dieser Weise miteinander verbundenen Rechnungen nennt man eine *sektorale Vermögensrechnung* für eine Volkswirtschaft. Einer ihrer wichtigsten Zwecke ist es, die vielfältigen Kreditbeziehungen zwischen den Sektoren sichtbar zu machen. Schon die einzelwirtschaftlichen Vermögensrechnungen in den Abschnitten II.1 bis II.5 ließen erkennen, daß praktisch jedes Wirtschaftssubjekt zu einem gegebenen Zeitpunkt durch solche Beziehungen mit anderen Wirtschaftssubjekten verbunden ist. Bei den Unternehmen bilden dabei die Banken aufgrund ihrer Tätigkeit ein Extrem. Wie zum Beispiel aus der Bilanz der Deutschen Bank AG (S. 56) zu ersehen ist, bestanden am Stichtag 97,9 v.H. ihrer Aktiva aus Forderungen und 95,0 v.H. ihrer Passiva aus Schulden (wenn man Eigenkapital, Gewinn und Rücklagen nicht als Verbindlichkeit gegenüber den Aktionären ansieht). Ebenso hat jeder öffentliche Haushalt Forderungen und Schulden, und wie aus einer Erhebung des Statistischen Bundesamts hervorgeht[10], verfügten Ende 1978 von den 22 Mill. Haushalten der Bundesrepublik 91,1 v.H. über Sparguthaben, 37,3 v.H. über Bausparverträge, 26,3 v.H. über Wertpapiere und 70 v.H. über Ansprüche an Lebensversicherungsunternehmen, während anderseits 14,6 v.H. kurzfristige Verbindlichkeiten hatten. Man bezeichnet die Tatsache, daß praktisch alle Wirtschaftssubjekte eines Landes zu jedem Zeitpunkt durch unterschiedliche Kreditbeziehungen miteinander verbunden sind, wie auch die Gesamtheit der Kreditbeziehungen selbst als die *volkswirtschaftliche Kreditverflechtung.*

**2. Beziehungen zwischen Sach- und Reinvermögen.** Aus der Grundgleichung der Vermögensrechnung (2.9) S. 62 folgt, daß das Reinvermögen eines Wirtschaftssubjekts oder eines Sektors nur dann ebenso groß wie sein Sachvermögen ist, wenn sein Geldvermögen null ist, seine Forderungen also ebenso groß sind wie seine Schulden. Ein solcher Zustand tritt praktisch nie bei allen Wirtschaftssubjekten oder Sektoren einer Volkswirtschaft gleichzeitig ein. Es gibt zu jedem Zeitpunkt Wirtschaftssubjekte oder Sektoren mit einer Nettogläubigerposition und solche mit einer Nettoschuldnerposition. Bei allen diesen Wirtschaftssubjekten oder Sektoren weicht der Wert des Sachvermögens vom Reinvermögen ab, so daß gilt

---

[10] EULER [7.66], S. 253, 255, 259 f. Ohne Haushalte von Ausländern, in Anstalten und mit monatlichen Nettoeinkommen ab 20 000 DM.

Satz 2.1: *Die volkswirtschaftliche Kreditverflechtung hat zur Folge, daß die Verteilung des Reinvermögens auf die Wirtschaftssubjekte oder Sektoren von der Verteilung des Sachvermögens abweicht.*

Wer eine positive Nettoposition besitzt, hat einen größeren Anteil am gesamten Reinvermögen als am gesamten Sachvermögen. Diese Situation ist in den Konten 2.7 und 2.8 (S. 63 f.) dargestellt. Für den Nettoschuldner gilt das Umgekehrte (vgl. Konto 2.9, S. 64). Eine positive Nettoposition kann auch so gedeutet werden, daß ihr Inhaber einen Anspruch auf das Sachvermögen anderer Wirtschaftssubjekte hat, den er gegebenenfalls durch Ankauf von Sachvermögen mit entsprechender Rückführung seiner Nettoposition auf null realisieren könnte. Die Interpretation einer Unternehmensbilanz gemäß dieser Sicht besagt, daß die Verbindlichkeiten angeben, wer in welcher Höhe Anspruch auf das Bruttovermögen hat (vgl. S. 55).

Aus den Definitionen des Sach- und Reinvermögens und der Nettoposition folgen die nachstehenden Sätze für eine Volkswirtschaft. Ist sie eine *geschlossene Volkswirtschaft,* hat also keines ihrer Wirtschaftssubjekte ökonomische Beziehungen zum Ausland, gelten

Satz 2.2: *In einer geschlossenen Volkswirtschaft ist die Summe aller Nettogläubigerpositionen gleich der Summe aller Nettoschuldnerpositionen;*

und

Satz 2.3: *In einer geschlossenen Volkswirtschaft ist die Summe aller Reinvermögen gleich dem Wert des gesamten Sachvermögens.*

Im Regelfall einer *offenen Volkswirtschaft,* in der ökonomische Beziehungen zu Ausländern existieren, weicht die Summe aller Forderungen an ausländische Wirtschaftssubjekte praktisch immer von der Summe aller Auslandsschulden ab. Sachvermögen und Reinvermögen der Volkswirtschaft sind dann verschieden groß. Das gleiche gilt in diesem Fall für die beiden Summen der jeweiligen Nettopositionen mit gleichen Vorzeichen. Übersteigen die Auslandsforderungen der Wirtschaftssubjekte eines Landes ihre Auslandsschulden, so spricht man von einem *Gläubigerland,* im umgekehrten Fall von einem *Schuldnerland.*

**3. Sektorale Geldvermögensrechnung für die Bundesrepublik.** Die zur Zeit beschaffbaren statistischen Unterlagen lassen die Aufstellung sektoraler Vermögensrechnungen etwa zu jedem Jahresende in der Bundesrepublik nicht zu, da das Sachvermögen der Sektoren nicht regelmäßig erhoben wird. Jedoch veröffentlicht die Deutsche Bundesbank seit Mai 1971 jährlich Schätzungen der volkswirtschaftlichen Kreditverflechtung in der Bundesrepublik, die nachstehend in einer vereinfachten Fassung mit vier Sektorkonten nach dem Stand von Ende 1982 wiedergegeben wird.[11] Da mithin nur Forderungen und Verbindlichkeiten in dieser Rechnung erfaßt werden, ist sie eine *sektorale Geldvermögensrechnung.*

---

[11] Quelle: Zahlenübersichten ... [4.18], S. 142. Die Angaben der Bundesbank wurden durch Textänderungen und -kürzungen sowie Zusammenfassungen vereinfacht. Bei festverzinslichen Wertpapieren und Aktien wurde die Bewertung zu Kursen des Stichtages in das Kontensystem übernommen. Soweit nicht anders angegeben, entstammen auch die übrigen Angaben in diesem Abschnitt dieser Quelle.

Die vier inländischen Sektoren des Kontensystems 2.12–2.15 wurden durch Zusammenfassungen gleichartiger Wirtschaftssubjekte nach dem Muster von Bild 1.4 (S. 15) wie folgt gebildet:

(1) Sektor Private Haushalte einschließlich der privaten Organisationen ohne Erwerbszweck;
(2) Sektor Produktionsunternehmen: Alle Unternehmen mit Ausnahme der Finanzunternehmen unabhängig von Größe, Rechtsform, Eigentumsverhältnissen und Wirtschaftsbereich; einschließlich der Wohnungswirtschaft unabhängig von der Sektorzugehörigkeit der Bauherren oder Eigentümer;
(3) Sektor Öffentliche Haushalte: Gebietskörperschaften und Sozialversicherung; ohne Unternehmen in öffentlichem Besitz wie Bundesbahn und Bundespost, die zum Sektor (2) gerechnet werden;
(4) Sektor Finanzunternehmen (auch: *Finanzsektor*), zu dem in dieser Statistik die Deutsche Bundesbank, die Geschäftsbanken wie Kreditbanken, Sparkassen, Kreditgenossenschaften und Hypothekenbanken, die Postgiro- und Postsparkassenämter der Deutschen Bundespost sowie die Bausparkassen und Versicherungsunternehmen gehören. Jedoch fehlen hier Kapitalanlagegesellschaften und Wertpapiersammelbanken.

Konto 2.12 zeigt Forderungen und Verbindlichkeiten des Sektors Private Haushalte am Stichtag des 31. Dezember 1982. Die meisten Posten bedürfen keiner weiteren Erläuterung. Ein erheblicher Teil der „Sonstigen Forderungen an Inländer" besteht aus Ansprüchen von Arbeitnehmern auf betriebliche Altersversorgung, die bei den Unternehmen als Pensionsrückstellungen ausgewiesen werden (vgl. Konto 2.2 S. 54, Passivposten 5.1). Nicht erfaßt sind hier jedoch die Ansprüche der Erwerbstätigen an die Sozialversicherungshaushalte (vgl. dazu unten, 7/IV.4). Auch sonst fehlen wichtige Posten, deren Kenntnis für eine Beurteilung der Vermögenssituation der privaten Haushalte unerläßlich wäre. So werden die mit ihrem Bestand an Grundstükken, Häusern und Wohnungen verbundenen Forderungen und Schulden, insbesondere Hypotheken- und andere Darlehnsverbindlichkeiten, als Bestandteil der Aktivität

Kontensystem 2.12–2.15: *Sektorale Geldvermögensrechnung für die Bundesrepublik Deutschland zum 31. Dezember 1982*

Konto 2.12: Sektor Private Haushalte
Geldvermögensrechnung zum 31. Dezember 1982
Mrd. DM

| Aktiva | | Passiva | |
|---|---|---|---|
| 1. Forderungen gegen Banken | | 1. Verbindlichkeiten aus Bankkrediten | |
| 1.1 Bargeld und Sichtguthaben | 132 | 1.1 kurzfristig | 45 |
| 1.2 Termingelder, Sparbriefe | 210 | 1.2 längerfristig | 99 |
| 1.3 Sparguthaben | 527 | 2. Darlehen der Versicherungen | 9 |
| 2. Geldanlage bei Bausparkassen | 118 | 3. Sonstige Verbindlichkeiten gegenüber Inländern | 5 |
| 3. Geldanlage bei Versicherungen | 314 | Summe der Verbindlichkeiten | 157 |
| 4. Geldmarktpapiere | 5 | 4. Saldo = Geldvermögen | 1 602 |
| 5. Festverzinsliche Wertpapiere | 256 | | |
| 6. Aktien | 65 | | |
| 7. Sonstige Forderungen an Inländer | 132 | | |
| Summe | 1 759 | Summe | 1 759 |

„Wohnungswirtschaft" beim Sektor Produktionsunternehmen ausgewiesen. Soweit private Haushalte also Häuser und Wohnungen bauen und bewirtschaften, gelten sie als Produzenten des Gutes „Wohnungsnutzung" (das sie auch selbst verbrauchen, soweit sie ihre eigenen Häuser und Wohnungen bewohnen). Mithin ist unbekannt, welcher Teil der Ende 1982 bestehenden 702 Mrd. DM Verbindlichkeiten der Aktivität „Wohnungswirtschaft", zu der auch die entsprechenden Forderungen und Schulden der Sektoren (3) und (4) gerechnet werden, auf die privaten Haushalte entfiel. Die Bundesbank schreibt hierzu, „daß sich die Finanzierungsvorgänge in diesem Bereich zwar im ganzen relativ zuverlässig statistisch erfassen lassen, daß aber deren Aufgliederung nach den jeweiligen Bauherrn gegenwärtig noch am Mangel an Informationen scheitert".[12] Ebenfalls nicht ausgewiesen sind die (ohnehin kaum erfaßbaren) Kreditbeziehungen der privaten Haushalte untereinander sowie ihre Forderungen und Verbindlichkeiten gegenüber Ausländern.

Sieht man von diesen Mängeln und von Bewertungsproblemen (vgl. dazu unten, Abschnitt IV.5) ab, so ergibt sich als wichtigster Eindruck von der Vermögenssituation der privaten Haushalte in der Bundesrepublik, daß sie bei Ausklammerung ihrer wohnungswirtschaftlichen Aktivität

- nur wenig Schulden haben: Ihr Geldvermögen betrug 1602 Mrd. DM gleich 91 v. H. ihrer Forderungen;
- es vorziehen, ihr Vermögen überwiegend in nichtverbrieften Forderungen gegen Finanzunternehmen anzulegen. Nur 321 Mrd. DM gleich 20 v. H. der Forderungen außer Bargeld und Sichtguthaben wurden Ende 1982 in Gestalt von festverzinslichen Wertpapieren und Aktien als Direktforderungen gegen Unternehmen und öffentliche Haushalte gehalten.

Besonders der zweite Punkt verdient Beachtung, da die Verzinsung von Termingeldern, Sparbriefen, Spar- und Bausparguthaben (Aktivposten 1.2, 1.3 und 2) um Sätze schwankt, die nur rund halb so hoch sind wie etwa die Erträge aus festverzinslichen Wertpapieren. Die Unternehmen des Finanzsektors gewähren auf der Grundlage der ihnen von den Haushalten zugeflossenen Mittel ihrerseits Kredite (vgl. Konto 2.15), deren Erträge im Durchschnitt diejenigen der festverzinslichen Wertpapiere erreichen oder darüber liegen. Die ausgeprägte Präferenz der privaten Haushalte der Bundesrepublik für Vermögensanlagen im Finanzsektor ermöglicht also die Existenz eines blühenden Bank-, Bausparkassen- und Versicherungsgewerbes. Es ist Aufgabe der *Geldtheorie* zu klären, welche Vorteile diese Situation den Haushalten möglicherweise bietet.

Kennzeichen der Vermögenssituation der Produktionsunternehmen sind laut Konto 2.13, in dem jedoch Lieferantenkredite der Unternehmen untereinander nicht erfaßt sind:

- Ihre Verbindlichkeiten übersteigen weit ihre Forderungen, so daß sie ein negatives Geldvermögen (Ende 1982: –1345 Mrd. DM) aufweisen. Dies ist eine normale Si-

[12] Zahlenübersichten ... [4.18], S. 7. Immerhin läßt sich aus der Einkommens- und Verbrauchsstichprobe 1978 des Statistischen Bundesamts errechnen, daß am Ende dieses Jahres 9,6 Mill. private Haushalte mit Haus- und Grundbesitz (ohne Haushalte von Ausländern, Privathaushalte in Anstalten und Haushalte mit monatlichen Nettoeinkommen von 20 000 DM und mehr) im Zusammenhang mit dieser Vermögensart ausstehende Zins- und Tilgungsverpflichtungen von insgesamt 315 Mrd. DM hatten. Vgl. Stat. BA [7.65], S. 25.

Konto 2.13: Sektor Produktionsunternehmen
Geldvermögensrechnung zum 31. Dezember 1982

| Aktiva | Mrd. DM | Passiva | Mrd. DM |
|---|---|---|---|
| 1. Forderungen gegen Banken | | 1. Verbindlichkeiten aus Bankkrediten | |
| 1.1 Bargeld und Sichtguthaben | 209 | 1.1 kurzfristig | 280 |
| 1.2 Termingelder | 127 | 1.2 längerfristig | 882 |
| 1.3 Sparguthaben | 6 | 2. Darlehen der Bausparkassen | 132 |
| 2. Geldanlage bei Bausparkassen | 2 | 3. Darlehen der Versicherungen | 105 |
| 3. Geldanlage bei Versicherungen | 29 | 4. Verbindlichkeiten aus Wertpapieren | |
| 4. Geldmarktpapiere | 0 | 4.1 Geldmarktpapiere | 4 |
| 5. Festverzinsliche Wertpapiere | 33 | 4.2 festverzinsliche Wertpapiere | 34 |
| 6. Aktien | 190 | 4.3 Aktien | 280 |
| 7. Sonstige Forderungen | | 5. Sonstige Verbindlichkeiten | |
| 7.1 an Inländer | 5 | 5.1 gegenüber Inländern | 195 |
| 7.2 an Ausländer | 189 | 5.2 gegenüber Ausländern | 223 |
| | | Summe der Verbindlichkeiten | 2 134 |
| | | 6. Saldo = Geldvermögen | – 1345 |
| Summe | 789 | Summe | 789 |

tuation. Es wird sich bei der Erörterung von Bestandsänderungsrechnungen (unten, 4/III.5) zeigen, daß dementsprechend auch die jährliche Schuldaufnahme der Produktionsunternehmen regelmäßig größer ist als ihr Zuwachs an Forderungen;

- Hauptgläubiger sind – in Übereinstimmung mit dem, was soeben über die Anlagepräferenz der privaten Haushalte gesagt wurde – die Banken, die Ende 1982 mit 1162 Mrd. DM Gläubiger von 55 v.H. der Schulden der Produktionsunternehmen waren (wobei zu diesen auch die ausgegebenen Aktien gerechnet sind, vgl. S. 67);
- Rund ein Viertel der Forderungen wird in liquider Form als Bargeld und Sichtguthaben gehalten, die für laufende Zahlungen (als *Betriebsmittel*) gebraucht werden;
- Die Produktionsunternehmen haben, soweit sie Aktiengesellschaften sind, Aktien im Kurswert von 280 Mrd. DM ausgegeben (Passivposten 4.3), halten aber auch Aktien im Wert von rund zwei Dritteln dieses Betrages (190 Mrd. DM, Aktivposten 6). Soweit dies nicht Bank- und Versicherungs- oder Auslandsaktien sind, drückt sich in den beiden Posten ein Teil der *Kapitalverflechtung* der Produktionsunternehmen untereinander aus;
- Die internationale Kreditverflechtung der Produktionsunternehmen ist relativ hoch (vgl. unten, 5/II.3).

Die Forderungen und Schulden der öffentlichen Haushalte in Konto 2.14 sind ohne sektorinterne Kreditbeziehungen und ohne Steuerforderungen gegenüber den anderen Sektoren nachgewiesen. Zur Situation des Sektors am Stichtag ist zu bemerken:

- Die negative Nettoposition Ende 1982 von –299 Mrd. DM setzt sich aus Nettoschulden der Gebietskörperschaften von 392 Mrd. DM und Nettoforderungen der Sozialversicherungshaushalte von 94 Mrd. DM zusammen;
- Das Geldvermögen der Sozialversicherungshaushalte, das seit Ende 1949 fast kontinuierlich auf seine heutige Höhe angewachsen ist, dient diesen Haushalten als Reserve bei der Wahrnehmung ihrer Umverteilungsaufgabe (vgl. S. 16);

- Eine negative Nettoposition der Gebietskörperschaften ist international üblich. Daher war es eher ungewöhnlich, daß ihr Geldvermögen von Ende 1955 bis Ende 1970 positiv war. Die Gebietskörperschaften hatten sich jedoch 1923 im Deutschen Reich und 1948 kurz vor Gründung der Bundesrepublik mittels Währungsreformen ihrer Schulden gegenüber Inländern bis auf geringe Reste entledigt (vgl. S. 56 mitsamt der Anm. 4). Seit 1974 sind ihre Finanzierungsdefizite gegenüber früher jedoch beispiellos hoch und lassen die Verschuldung rasch anwachsen;
- Hauptposten auf beiden Seiten der Vermögensrechnung sind längerfristige Forderungen an und Verbindlichkeiten gegenüber Banken. Diese Situation ähnelt der der Produktionsunternehmen und hat die gleichen Ursachen.

Konto 2.14: Sektor Öffentliche Haushalte
Geldvermögensrechnung zum 31. Dezember 1982
Mrd. DM

| Aktiva | | Passiva | |
|---|---|---|---|
| 1. Forderungen gegen Banken | | 1. Verbindlichkeiten aus Bankkrediten | |
| 1.1 Bargeld und Sichtguthaben | 14 | 1.1 kurzfristig | 21 |
| 1.2 Termingelder | 168 | 1.2 längerfristig | 361 |
| 1.3 Sparguthaben | 5 | 2. Darlehen der Bausparkassen | 2 |
| 2. Geldanlage bei Bausparkassen | 1 | 3. Darlehen der Versicherungen | 34 |
| 3. Geldanlage bei Versicherungen | 1 | 4. Verbindlichkeiten aus Wertpapieren | |
| 4. Geldmarktpapiere | 0 | 4.1 Geldmarktpapiere | 20 |
| 5. Festverzinsliche Wertpapiere | 19 | 4.2 festverzinsliche Wertpapiere | 131 |
| 6. Aktien | 36 | 5. Sonstige Verbindlichkeiten | |
| 7. Sonstige Forderungen | | 5.1 gegenüber Inländern | 1 |
| 7.1 an Inländer | 79 | 5.2 gegenüber Ausländern | 67 |
| 7.2 an Ausländer | 13 | Summe der Verbindlichkeiten | 635 |
| | | 6. Saldo = Geldvermögen | – 299 |
| Summe | 336 | Summe | 336 |

Das Konto 2.15 des Finanzsektors bildet zum größten Teil das Spiegelbild der entsprechenden Posten in den Konten 2.12 bis 2.14. Die Tätigkeit dieses Sektors in bezug auf Kreditnahme und -gewährung zeigt sich an einem Vergleich der Aktiv- mit den Passivposten. Ein großer Teil der von den Banken genommenen Kredite, besonders Sichteinlagen und große Teile der Termin- und Spareinlagen, sind kurzfristig. Demgegenüber werden Bankkredite (Aktivposten 2) überwiegend längerfristig vergeben: Man sagt, die Banken betreiben *Fristentransformation.* Darüber hinaus gilt (nicht aus Konto 2.15 ablesbar), daß der überwiegende Teil der Passiva des Finanzsektors einschließlich der Verbindlichkeiten der Bausparkassen und Versicherungen (Passivposten 5 und 6) sehr viel kleiner gestückelt ist als seine Aktiva. Die Finanzunternehmen betreiben also auch *Kreditgrößentransformation,* indem sie kleingestückelte Kredite in großgestückelte umwandeln und dadurch Millionen von Kleinstvermögensbesitzern eine ertragbringende Anlage ihres Vermögens ermöglichen. Zwar sind auch Aktien und festverzinsliche Wertpapiere heute in der Bundesrepublik sehr klein gestükkelt, jedoch ist mit diesen Anlageformen ein Kursrisiko verbunden, das bei der Anlage in Sicht-, Termin-, Spar- und Bausparguthaben sowie Forderungen gegen Lebens-

Konto 2.15: Finanzsektor
Geldvermögensrechnung zum 31. Dezember 1982

| Aktiva | Mrd. DM | Passiva | Mrd. DM |
|---|---|---|---|
| 1. Forderungen (der Bausparkassen und Versicherungen) gegen Banken | | 1. Bargeld und Sichteinlagen | 391 |
| 1.1 Bargeld und Sichtguthaben | 7 | 2. Termineinlagen | 726 |
| 1.2 Termingelder | 95 | 3. Spareinlagen | 543 |
| 2. Bankkredite | | 4. Verbindlichkeiten | |
| 2.1 kurzfristig | 427 | 1.1 der Bausparkassen und Versicherungen aus Bankkrediten | 13 |
| 2.2 längerfristig | 1 467 | 4.2 der Banken aus Krediten der Bausparkassen | 1 |
| 3. Geldanlage (der Banken) bei Bausparkassen | 2 | 5. Bauspareinlagen | 124 |
| 4. Darlehen der Bausparkassen | 136 | 6. Verbindlichkeiten der Versicherungen | 345 |
| 5. Darlehen der Versicherungen | 150 | 7. Verbindlichkeiten aus Wertpapieren | |
| 6. Geldmarktpapiere | 20 | 7.1 Geldmarktpapiere | 5 |
| 7. Festverzinsliche Wertpapiere | 389 | 7.2 festverzinsliche Wertpapiere | 511 |
| 8. Aktien | 55 | 7.3 Aktien | 48 |
| 9. Auslandsforderungen der Deutschen Bundesbank | 87 | 8. Auslandsverbindlichkeiten der Deutschen Bundesbank | 16 |
| | | 9. Sonstige Verbindlichkeiten gegenüber Inländern | 16 |
| | | Summe der Verbindlichkeiten | 2 740 |
| | | Saldo = Geldvermögen | 93 |
| Summe | 2 833 | Summe | 2 833 |

versicherungsunternehmen fehlt. Schließlich zeigt sich an Konto 2.15 die interne Kreditverflechtung des Finanzsektors. Seinem Bestand an festverzinslichen Wertpapieren in Höhe von 389 Mrd. DM standen entsprechende Verbindlichkeiten der anderen Sektoren einschließlich des Auslands von 212 Mrd. DM gegenüber, so daß die Finanzunternehmen mindestens in Höhe der Differenz festverzinsliche Wertpapiere des eigenen Sektors hielten.

**4. Darstellung der Kreditverflechtung in einer Matrixtabelle.** Auf eine besonders einleuchtende Weise läßt sich die volkswirtschaftliche Kreditverflechtung in einer *Matrixtabelle* zeigen. Diese Art der Darstellung wird ihrem formalen Aufbau nach später in anderen Zusammenhängen noch wiederholt benutzt werden, da sie die für volkswirtschaftliche Bestands- und Stromgrößen charakteristische Interdependenz klar zum Ausdruck bringt. Tabelle 2.1 ist waagerecht in *Zeilen,* senkrecht in *Spalten* unterteilt. Man nennt sie auch eine *Tabelle mit doppeltem Eingang,* weil die obere Randzeile (auch: *Kopfzeile*) dieselben Sektoren in der gleichen Reihenfolge enthält wie die linke Randspalte (auch: *Vorspalte*). Jedes Feld der Tabelle steht in genau einer Zeile und einer Spalte. Will man ein bestimmtes Feld bezeichnen, so nennt man zuerst die Nummer der Zeile, dann die der Spalte. Jede Kreditbeziehung wird in diese Tabelle nur einmal eingetragen, und zwar so, daß der jeweils in der Vorspalte abgelesene Sek-

Tabelle 2.1 – *Die volkswirtschaftliche Kreditverflechtung in der Bundesrepublik Ende 1982*

Mrd. DM

| Gläubiger \ Schuldner | | Private Haushalte 1 | Produktionsunternehmen 2 | Öffentliche Haushalte 3 | Finanzsektor 4 | Ausland 5 | Gesamte Forderungen |
|---|---|---|---|---|---|---|---|
| Private Haushalte | 1 | – | 209 | 6 | 1534 | 10 | 1759 |
| Produktionsunternehmen | 2 | 5 | 164 | 0 | 406 | 214 | 789 |
| Öffentliche Haushalte | 3 | – | 82 | – | 242 | 13 | 336 |
| Finanzsektor | 4 | 152 | 1438 | 533 | 360 | 351 | 2833 |
| Ausland | 5 | – | 240 | 96 | 199 | – | 535 |
| Gesamte Schulden | | 157 | 2134 | 635 | 2740 | 588 | 6252 |

Quelle: Zahlenübersichten . . . [4.18], S. 142. Zuordnungen teilweise willkürlich.

tor Gläubiger des in der Kopfzeile abgelesenen Sektors ist. So enthält etwa das Feld 4.1 (gesprochen „vier-eins") die Forderungen des Finanzsektors gegen die privaten Haushalte in Höhe von 152 Mrd. DM. Im Kontensystem sind diese Forderungen als Teile der Aktivposten 2.1, 2.2 und 5 in Konto 2.15 (S. 72) und als Verbindlichkeiten in Gestalt der Passivposten 1.1, 1.2 und 2 in Konto 2.12 (S. 68) erfaßt. Die Felder der *Hauptdiagonale* 1.1, 2.2, ..., 5.5 enthalten die intrasektoralen Kreditbeziehungen. Die Zeilensummen geben die Gesamtforderungen der jeweils in der Vorspalte abgelesenen Sektoren an, die Spaltensummen die Gesamtschulden der jeweiligen Sektoren der Kopfzeile. Die Summe der Zeilensummen (6252 Mrd. DM) muß gleich der Summe der Spaltensummen sein. Denkt man sich die quadratische Tabelle entlang der Hauptdiagonale gefaltet und die linke untere Hälfte auf die rechte obere geklappt, dann fallen jeweils die Forderungen eines Sektors A der Vorspalte gegenüber einem Sektor B der Kopfzeile auf die Verbindlichkeiten von A gegenüber B. Beispielsweise fällt Feld 4.1 auf Feld 1.4, 5.2 fällt auf 2.5, und so weiter. Saldiert man die entsprechenden Beträge, erhält man die Nettopositionen zwischen je zwei Sektoren. So ergibt sich aus den Feldern 4.1 und 1.4 eine positive Nettoposition der privaten Haushalte gegenüber dem Finanzsektor in Höhe von 1382 Mrd. DM. Saldiert man die Posten der Summenzeile mit denen der Summenspalte, erhält man die Nettopositionen der fünf Sektoren gegenüber der jeweiligen gesamten Umwelt, also ihre Geldvermögen.

Die in dem Kontensystem 2.12–2.15 und seiner Quelle enthaltenen Informationen reichen nicht aus, um die Matrixtabelle 2.1 korrekt auszufüllen. Da die Zeilen der Tabelle, abgesehen von Zusammenfassungen, gleich den Aktivseiten der Konten und ihre Spalten gleich deren Passivseiten sind, wäre dies nur möglich, wenn bei allen Forderungen angegeben wäre, gegen wen sie sich richten. Diese Bedingung ist im Kontensystem nur teilweise erfüllt. Bei den Forderungen gegen Banken ist ebenso wie bei der Geldanlage bei Bausparkassen und Versicherungen klar, wer Gläubiger und Schuldner sind. Bei den Geldmarktpapieren und bei den festverzinslichen Wertpapieren gibt es jedoch (einschließlich Ausland) vier Sektoren, die Schuldner der durch diese Papiere verbrieften Kreditbeziehungen sind, und alle fünf Sektoren halten solche Papiere. Zur korrekten Ausfüllung der Matrixtabelle wäre es also unter anderem nötig zu wissen, wie sich der Bestand der privaten Haushalte an festverzinslichen Wertpapieren in Höhe von 256 Mrd. DM auf Industrieobligationen und Anleihen der Bundesbahn und Bundespost (Schuldner: Sektor Produktionsunternehmen), Anleihen des Bundes und der Länder (Schuldner: Sektor Öffentliche Haushalte), Pfandbriefe und Kommunalobligationen (Schuldner: Finanzsektor) und ausländische Anleihen aufteilt. Da solche Angaben nicht vorliegen, wurde die Zuordnung von Gläubigern zu Schuldnern in Tabelle 2.1 in bezug auf Geldmarktpapiere, festverzinsliche Wertpapiere, Aktien und Sonstige Forderungen an Inländer willkürlich vorgenommen. Nur die Randzahlen stimmen daher mit Sicherheit mit denen des Kontensystems überein.

5. **Bewertungsprobleme sektoraler Vermögensrechnungen.** Der Versuch, sektorale Vermögensrechnungen für eine Volkswirtschaft aufzustellen, begegnet einer Reihe von Schwierigkeiten. Nur die wichtigsten können hier angedeutet werden. Zunächst gilt, daß die meisten Wirtschaftssubjekte entweder keine Vermögensrechnungen aufstellen oder sie nicht veröffentlichen, so daß auf anderes Material zurückgegriffen oder geschätzt werden muß. Sodann muß entschieden werden, welche Vermögensobjekte und Schulden in die Rechnungen aufgenommen werden sollen. In der Praxis versucht man, alles zu erfassen, was einen in Geldeinheiten ausdrückbaren Marktwert besitzt. Das schwierigste Problem liegt in der Bewertung, da man nur einheitlich bewertete Aktiva und Passiva sinnvoll zusammenfassen kann, die Wirtschaftssubjekte aber jeweils unterschiedliche Bewertungsprinzipien verwenden. Angesichts der Verwendungszwecke sektoraler Vermögensrechnungen kommt als einheitliches, auch vom Standpunkt des ökonomischen Theoretikers akzeptables Bewertungsprinzip nur die Bewertung zum Marktwert in Frage. Nur die auf dieser Basis aufgestellten Rechnungen können zutreffende Einblicke in die absolute und relative Vermögenssituation der Sektoren und, bei weiterer Unterteilung, sozial relevanter Bevölkerungsgruppen (Arbeiter, Angestellte, Beamte, freiberuflich Tätige, Landwirte) geben. Außerdem ist zu vermuten, daß sich Wirtschaftssubjekte bei Entscheidungen über ihr ökonomisches Verhalten an den Markt- und nicht an den Nominalwerten ihrer Vermögensobjekte orientieren. Gemessen an der Forderung, diese einheitlich zu Marktwerten zu erfassen, lassen die gegenwärtigen sektoralen Vermögensrechnungen jedoch noch viel zu wünschen übrig.

Die Marktwerte vieler Sachgüter lassen sich anhand von Marktbeobachtungen feststellen. Dies gilt etwa für Grundstücke, Einfamilienhäuser, Eigentumswohnungen und Kraftfahrzeuge. Auch das gesamte *Gebrauchsvermögen* der privaten Haushalte, also ihr Bestand an dauerhaften Konsumgütern wie Wohnungseinrichtungen, Elektrogeräten, Zweirädern, Wasserfahrzeugen ließe sich auf diese Weise bewerten. Für eine umfangreiche Gruppe von Aktiva läßt sich der Marktwert jedoch nicht direkt feststellen, so daß er durch andere Verfahren angenähert werden muß. Eine gebräuchliche Annäherung ist der Wiederbeschaffungswert abzüglich Abschreibungen. Man kann sich am Beispiel eines im Jahre 1954 in der Bundesrepublik errichteten Wohngebäudes klarmachen, warum hier etwa die Bewertung zum Anschaffungswert abzüglich Abschreibungen (vgl. S. 49 f.) keine vertretbare Annäherung an spätere Marktwerte ergibt. Hat das Haus etwa 1 Mill. DM gekostet, und ist es unter Zugrundelegung einer Lebensdauer von 50 Jahren linear mit 2 v. H. jährlich abgeschrieben worden – die steuerlichen Abschreibungssätze sind hier irrelevant –, so wäre sein Wert 1982 noch 440 000 DM. Der Preisindex für Wohngebäude ist von 1954 bis 1982 jedoch um den Faktor 4,76 gestiegen[13], womit sich auch die Marktwerte bereits bestehender Gebäude erhöht haben. Die beste Annäherung an den Marktwert erhält man in diesem Fall durch die Berechnung der Abschreibungen vom Wiederbeschaffungswert von 4,76 Mill. DM, wonach sich für 1982 ein Wert von 2,09 Mill. DM ergibt. Dieses Verfahren wird bei Gebäuden und dauerhaften Produktionsmitteln angewendet. Andere Bewertungsverfahren für diese werden unten in 7/II.2 erörtert.

Bei den Forderungen treten Bewertungsprobleme insoweit nicht auf, als ihr Marktwert mit dem Nennwert identisch ist (etwa bei Bargeld, Sichtguthaben, Termin- und Sparguthaben) oder nur wenig von ihm abweicht (etwa bei Wechseln und anderen diskontierten kurzfristigen Forderungen). Die festverzinslichen Wertpapiere wurden im Kontensystem 2.12–2.15 ebenso wie die Aktien mit ihren Marktkursen am Stichtag erfaßt. Hierbei zeigt sich ein spezielles Bewertungsproblem. Kreditbeziehungen sind offenbar nur dann korrekt bewertet, wenn sie vom Gläubiger und vom Schuldner mit dem gleichen Betrag gebucht werden. Nur dann sind die beiderseitigen Vermögensrechnungen miteinander vereinbar (auch: *kompatibel*). Aktiengesellschaften sind jedoch gesetzlich verpflichtet, ihr Grundkapital mit dem Nennwert in ihre Bilanzen einzustellen, während die Inhaber der Aktien diese normalerweise entweder zum Anschaffungswert oder zum jeweiligen Kurswert buchen, die beide höchst selten mit dem Nennwert übereinstimmen. Wer die Kreditverflechtung in einer Volkswirtschaft statistisch erfassen will, kann also nicht einfach die Bilanzen und sonstigen Vermögensrechnungen der Wirtschaftssubjekte unbesehen übernehmen, sondern muß die Bewertungen zuerst kompatibel machen. Dies könnte in bezug auf Aktien dadurch geschehen, daß man von dem Eigentumsanspruch der Aktionäre auf die gesamten Aktiva der Gesellschaften ausgeht und ihre durch den Aktienbesitz verkörperten Forderungen so bewertet, daß das Reinvermögen der Gesellschaften selbst gleich null wird. Rechnet man auch noch die Reinvermögen der Personengesellschaften und Einzelunternehmen den Haushalten ihrer Eigentümer zu, erhält man den der Wirklichkeit entsprechenden Sachverhalt, daß sich das gesamte Volksvermögen im Eigentum von Haushalten befindet, und zwar der privaten Haushalte einschließlich der privaten Organisationen ohne Erwerbszweck und der öffentlichen Haushalte.

## V. Gesamtwirtschaftliche Vermögensrechnung

**1. Allgemeine Form und Zwecke einer Volksvermögensrechnung.** Der höchste Konsolidierungsgrad einer Vermögensrechnung ist erreicht, wenn die Vermö-

[13] Berechnet nach: Stat. Jb. BRD 1983, S. 498.

Konto 2.16: Land A

Volksvermögensrechnung zum ...

in ... Geldeinheiten

| Aktiva | Passiva |
| --- | --- |
| 1. *Sachvermögen* | 1. *Auslandsverbindlichkeiten* |
| 1.1 Nichtreproduzierbares Sachvermögen | 1.1 Langfristige Verbindlichkeiten |
| 1.11 Boden, gegliedert nach Nutzungsarten | 1.2 Kurzfristige Verbindlichkeiten |
| 1.12 Bodenschätze | |
| 1.13 Kunstwerke, Sammlungen | 2. *Reinvermögen der Volkswirtschaft (Volksvermögen)* |
| 1.2 Reproduzierbares Sachvermögen | 2.1 Private Haushalte |
| 1.21 Produktionsapparat, gegliedert nach Wirtschaftszweigen | 2.2 Private Organisationen ohne Erwerbszweck |
| 1.211 Anlagevermögen | 2.3 Öffentliche Haushalte |
| 1.212 Lagerbestände | |
| 1.22 Haushaltsvermögen | |
| 1.221 Gebrauchsvermögen | |
| 1.222 Lagerbestände | |
| 2. *Immaterielles Vermögen* | |
| 2.1 Patente, Lizenzen | |
| 2.2 Urheber-, Markenrechte | |
| 3. *Auslandsforderungen* | |
| 3.1 Monetäre Metalle | |
| 3.2 Langfristige Forderungen | |
| 3.3 Kurzfristige Forderungen | |
| Summe | Summe |

gensrechnungen sämtlicher Wirtschaftssubjekte oder Sektoren einer Volkswirtschaft zu einem Konto zusammengefaßt werden. Alle Forderungen und Verbindlichkeiten der Inländer untereinander fallen dann infolge Aufrechnung weg, und es bleibt eine Aufstellung übrig, die dem Grundschema des Kontos 2.6 (S. 62) entspricht: Sachvermögen plus Forderungen an Ausländer ist gleich Verbindlichkeiten gegenüber Ausländern plus Reinvermögen. Eine solche *Volksvermögensrechnung* kann der Untersuchung einer Reihe von Fragestellungen [14] dienen, wenn die eben genannten vier Posten jeweils zweckentsprechend aufgegliedert werden. Konto 2.16 zeigt ein detailliertes Schema einer solchen Rechnung. Ihre Angaben lassen sich zur Untersuchung dreier Gruppen von Fragestellungen heranziehen:

- Wie setzt sich das Volksvermögen zu einem gegebenen Zeitpunkt zusammen (auch: Welche *Struktur* hat es), wie ist es im volkswirtschaftlichen Produktionsprozeß eingesetzt, und wie ist es auf die Wirtschaftssubjekte verteilt?

---

[14] Vgl. für eine Aufzählung der Zwecke von Volksvermögensrechnungen: Measuring ... [2.11], S. 15–20 und S. 167–176.

- Wie hat sich das Volksvermögen im Zeitablauf entwickelt und dabei seine Struktur geändert?
- Welche Schlüsse ergeben sich aus Struktur und Entwicklung des Volksvermögens im internationalen Vergleich?

Einige Erläuterungen, spezielle Fragestellungen und Untersuchungsziele auf teil- und gesamtwirtschaftlicher Ebene sind die folgenden.

Das Sachvermögen wird häufig danach gegliedert, ob es reproduzierbar ist oder nicht, und Hauptposten des nichtreproduzierbaren Vermögens ist Land (Aktivposten 1.11). Nutzbarer Boden ist jedoch häufig das Ergebnis von Produktionsprozessen wie Be- oder Entwässerung und erhält dann einen Teil seines Wertes durch den Einsatz von Produktionsfaktoren, unterscheidet sich insofern also nicht von reproduzierbarem Sachvermögen. In geringem Umfang wird Land auch direkt produziert, etwa durch Eindeichung und Trockenlegung.[15] Bodenschätze als Teil der *natürlichen Ressourcen* (Aktivposten 1.12) sind in der Regel nur mit aufwendigen Verfahren zu entdecken, ihr Umfang ist schwer zu schätzen, und ihr Wert hängt vom Wert des zu gewinnenden Sachgutes ab: Wenn sich der Goldpreis wie 1979 rund vervierfacht, müssen auch die Goldlagerstätten entsprechend höher bewertet werden. Mehr noch: Sogar die ökonomische Existenz von Bodenschätzen hängt von Preisen ab. Teersände und Ölschiefer sind beim Preis von rund 3 US-$ je Faß Rohöl wie zu Anfang der siebziger Jahre nicht kostendeckend verwertbar, sie sind ökonomisch keine Bodenschätze. Liegt der Preis jedoch wie 1980 bei 30 $ je Faß, dann beginnt die Gewinnung von Ölprodukten aus diesen Lagerstätten rentabel zu werden; die Volksvermögensrechnung erbringt neue Ergebnisse. Auch der technische Forschritt spielt eine Rolle: Solange die Kernspaltung weder militärisch noch zur Energieerzeugung verwertet werden konnte, waren Uranerzvorkommen praktisch wertlos. Häufig haben Volksvermögensrechner vor diesen Schwierigkeiten kapituliert und Bodenschätze nicht in ihre Rechnungen aufgenommen. Kunstwerke, Antiquitäten und dergleichen (Aktivposten 1.13) lassen sich zwar statistisch schwer erfassen und werfen ebenfalls erhebliche Bewertungsprobleme auf, gehören aber zweifellos zum Volksvermögen. In manchen Staaten unterliegen sie zum Teil Verfügungsbeschränkungen, mit denen insbesondere ihr Verkauf oder Transfer ins Ausland erschwert oder verhindert werden soll.

Der wichtigste und bisher am häufigsten untersuchte Teil des Volksvermögens ist der Produktionsapparat (Aktivposten 1.21) als größter Teil des reproduzierbaren Sachvermögens. Nähere Angaben über diesen in bezug auf die Bundesrepublik folgen unten in 7/II.2. Eine detaillierte Aufgliederung nach der Höhe des im einzelnen Unternehmen investierten Sachkapitals zeigt beispielsweise einen Aspekt der *Unternehmenskonzentration;* und eine Untersuchung der Eigentumsverhältnisse läßt erkennen, welcher Teil des Produktionsapparats sich unter direkter Kontrolle des Staates befindet oder aber in verschiedenen Formen privat genutzt wird. Lagerbestände (Aktivposten 1.212), zu denen man auch lebendes Vieh und Baumbestände rechnet, schwanken im Konjunkturablauf; ihre Kenntnis kann bei der Konjunkturdiagnose und -prognose von Nutzen sein.

---

[15] Von den 24 133,5 $km^2$ landwirtschaftlicher Nutzfläche der Niederlande am 1. Januar 1981 wurden seit 1960 etwa 820 $km^2$ gleich 3,4 v.H. durch Eindeichung und Trockenlegung gewonnen. Quelle: Mitteilung des Centraal Bureau voor de Statistiek, Voorburg, vom 20. 1. 1984.

Beim Haushaltsvermögen (Aktivposten 1.22) interessiert vor allem die Ausstattung der privaten Haushalte mit Haus- und Grundbesitz sowie mit dauerhaften Konsumgütern. Nichtdauerhafte Konsumgüter (Aktivposten 1.222) sind der Vollständigkeit halber erwähnt, jedoch relativ unbedeutend und statistisch kaum zu erfassen.

Als Aktivposten 2 treten in Konto 2.16 die in Bild 1.1 (S. 3) genannten immateriellen Vermögensobjekte auf. Wer eine technische Erfindung macht, kann diese zum *Patent* anmelden, womit er gegen Zahlung einer Gebühr das befristete Recht zu ihrer alleinigen wirtschaftlichen Verwertung erwirbt. Das Patent hat einen Wert und ist damit ein Wirtschaftsobjekt, das der Inhaber verkaufen oder gegen Zahlung laufender Entgelte nutzen lassen kann. Es ist sicher kein Sachgut; aber es ist auch keine Forderung, da ihm keine Verbindlichkeit eines anderen Wirtschaftssubjekts gegenübersteht. Ein ähnlicher Sachverhalt liegt bei Aktivposten 2.2 vor: Wer einen Film gedreht oder ein Bühnenstück geschrieben hat, besitzt ein Urheberrecht an seinem Werk, das er durch Verkauf von Aufführungsrechten verwerten kann. Das materielle Substrat des Urheberrechts, also das belichtete und entwickelte Filmmaterial und das Schreibmaschinenmanuskript, ist dabei von untergeordnetem Wert. Immaterielle Vermögensobjekte sind ökonomisch als dauerhafte Produktionsmittel anzusehen. Will man die Aufzählung der Transaktionsarten S. 13 nicht erweitern, betrachtet man sie dort am besten als Grenzfall von Sachgütern.

Auslandsforderungen und -verbindlichkeiten (Aktivposten 3 und Passivposten 1) werden unten in 5/II.3 näher untersucht. Sie lassen sich gemäß der Definition S. 63 zur Nettoauslandsposition des Landes zusammenfassen.

Eine wirtschaftspolitisch und für die Beurteilung der Wirtschaftsordnung sehr wichtige Information ist schließlich die Verteilung des Reinvermögens der Volkswirtschaft auf ihre Wirtschaftssubjekte (Passivposten 2). Konto 2.16 gibt die Vorstellung wieder, daß Unternehmen in dem Sinne nur abgeleitete Wirtschaftssubjekte sind, daß sie letztlich anderen Wirtschaftssubjekten gehören und in ihrem Interesse tätig sind (vgl. S. 15). Hierfür kommen nur Haushalte in Frage: Private Haushalte, öffentliche Haushalte (denen auch die wirtschaftspolitischen Instanzen „gehören") und die Haushalte der privaten Organisationen ohne Erwerbszweck (vgl. S. 17) einschließlich gewisser selbständiger Vermögensmassen wie Stiftungen. Nähere Angaben über die Verteilung des Reinvermögens in der Bundesrepublik folgen unten in 7/IV.4.

**2. Das Volksvermögen der Bundesrepublik.** Eine Volksvermögensrechnung mit dem Erfassungsgrad des Kontos 2.16 ist für die Bundesrepublik bisher nicht veröffentlicht worden. Konto 2.17 zeigt eine neuere Zusammenstellung der wichtigsten Posten. In dieser Rechnung fehlen zwar Bodenschätze, Kunstwerke und Sammlungen, Gebrauchsvermögen und Lagerbestände der privaten Haushalte sowie das immaterielle Vermögen, aber sie weist die beiden Hauptarten des Sachvermögens einigermaßen detailliert nach. So zeigt sie etwa, daß die Wohnbauten (Aktivposten 2.11) mit rund 30 v.H. einen recht hohen Anteil am gesamtwirtschaftlichen Produktionsapparat (Aktivposten 2) haben. Auf der Passivseite erscheint als Posten 1 der Wert des Direkteigentums von Ausländern an Unternehmen der Bundesrepublik. Dieser Betrag wird hier im Unterschied zu der Darstellung des Kontos 2.16 (S. 76) getrennt von der restlichen Auslandsposition (Konto 2.17, Aktivposten 3.1) ausgewiesen. Die weiteren Passivposten zeigen die Verteilung des Reinvermögens der Volkswirtschaft

Konto 2.17: Das Volksvermögen der Bundesrepublik Deutschland Ende 1970

| Aktiva | Mrd. DM | | Passiva | Mrd. DM | |
|---|---|---|---|---|---|
| 1. *Nichtreproduzierbares Sachvermögen* | | 789 | 1. Ausländer (Eigentum an Unternehmen) | | 154 |
| 1.1 Besiedelte Flächen | | | 2. Private Haushalte | | 1 792 |
| 1.11 Wohngrundstücke | 260 | | 2.1 Selbständige | 1 052 | |
| 1.12 Gewerbliche Grundstücke | 137 | | 2.2 Unselbständig Beschäftigte (einschließlich Nichterwerbstätige) | 740 | |
| 1.13 Bebaute Verwaltungsgrundstücke | 26 | | 3. Private Organisationen ohne Erwerbszweck | | 64 |
| 1.14 Wegeland (Straßen, Eisenbahnlinien) | 69 | | 4. Öffentliche Haushalte | | 891 |
| 1.15 Freiflächen | 29 | | 5. Bewertungsdifferenz | | 94 |
| 1.2 Unbesiedelte Flächen | | | | | |
| 1.21 Landwirtschaftliche Nutzfläche | 193 | | | | |
| 1.22 Forstflächen | 72 | | | | |
| 1.23 Moor-, Öd-, Unland | 1 | | | | |
| 1.24 Abbauflächen | 3 | | | | |
| 2. *Reproduzierbares Sachvermögen* | | 2 139 | | | |
| 2.1 Bauten | | | | | |
| 2.11 Wohnbauten | 643 | | | | |
| 2.12 Sonstige Hochbauten | 566 | | | | |
| 2.13 Öffentliche Tiefbauten | 310 | | | | |
| 2.2 Ausrüstungen | 438 | | | | |
| 2.3 Vorräte | | | | | |
| 2.31 Gewerbliche Vorräte | 163 | | | | |
| 2.32 Landwirtschaftliche Vorräte | 20 | | | | |
| 3. *Geldvermögen* | | 67 | | | |
| 3.1 Nettoauslandsposition | 67 | | | | |
| Summe | | 2 995 | Summe | | 2 995 |

Quelle: SABLOTNY [2.23], S. 28. Durch Zusammenfassungen und Textänderungen vereinfacht.

auf private, Institutions- (Passivposten 3) und öffentliche Haushalte. Danach entfielen rund zwei Drittel auf die privaten Haushalte. Die Bewertungsdifferenz entstand, weil der Wert des Anlage- und Vorratsvermögens der Unternehmen gemäß dem S. 74 f. geschilderten Verfahren geschätzt, die Ansprüche auf dieses Vermögen aber über die Kurswerte von Aktien ermittelt wurden.

Andere Untersuchungen zeigen weitere Einzelheiten zur Volksvermögensrechnung der Bundesrepublik. Das Statistische Bundesamt veröffentlicht jährlich Angaben über das Anlagevermögen (Konto 2.16, Aktivposten 1.211, vgl. unten, 7/II.2) und stellt bei seinen *Einkommens- und Verbrauchsstichproben* ebenso wie bei den laufenden *Wirtschaftsrechnungen* auch Erhebungen über die Ausstattung der privaten Haushalte mit ausgewählten langlebigen Gebrauchsgütern (Aktivposten 2.221) an.[16] Die Deutsche Bundesbank hat die Auslandsforderungen und -verbindlichkeiten von Inländern für jedes Jahresende seit 1949 geschätzt[17]; und auch das wichtige Problem der Wertänderungen vorhandenen („ruhenden") Vermögens wurde untersucht. Danach soll die Zunahme des Volksvermögens von 1951 bis 1970 um rund 2,6 Bill. DM in Höhe von 1,2 Bill. DM auf den Zuwachs von Sachvermögen und von 1,4 Bill. DM auf Wertsteigerungen zurückgehen.[18] Jedoch können alle Angaben im Rahmen von Volksvermögensrechnungen nur grobe Vorstellungen über Größenordnungen geben. So wurde beispielsweise der Wert des Grundvermögens in der Bundesrepublik für Ende 1971 auch auf etwa 500 Mrd. DM und damit trotz des späteren Zeitpunkts um rund ein Drittel niedriger als in Konto 2.17 (Aktivposten 1) geschätzt.[19] Nach der derzeit neuesten Angabe beträgt der Wert des Vermögens der Haushalte in der Bundesrepublik (ohne Ausländer) 1983: 5,4 Bill. DM.[20]

**3. Das Arbeitsvermögen.** Der Aussagegehalt einer auf der Erfassung von Sachgütern und Forderungen basierenden Volksvermögensrechnung ist begrenzt. Das Sachvermögen einer Volkswirtschaft zu einem bestimmten Zeitpunkt ist das Ergebnis eines jahrzehntelangen Produktionsprozesses. Ein nicht unerheblicher Teil der während dieser Zeit eingesetzten primären Produktionsfaktoren wurde jedoch nicht zur Produktion von Sachgütern, sondern von Dienstleistungen ganz bestimmter Art, nämlich der Ausbildung von Menschen, verwendet. Dadurch ist eine Art unsichtbaren Volksvermögens entstanden, das in der Gesamtheit jener Kenntnisse, Fertigkeiten und Verhaltensweisen der erwerbstätigen Bevölkerung besteht, die für die Durchführung und Weiterentwicklung des modernen arbeitsteiligen Produktionsprozesses unerläßlich sind. Es wird häufig als *Arbeitsvermögen* (auch: *Humankapital,* englisch: human wealth) bezeichnet. Man kann es zum immateriellen Vermögen rechnen (vgl. S. 76, Konto 2.16, Aktivposten 2 und die Erläuterung dazu, S. 78): Wie dieses ist es weder Sachgut noch Forderung, und sein Substrat, das menschliche Gehirn, ist nicht handelbar. Die quantitative Erfassung dieses Teils des Volksvermögens findet seit einigen Jahren zunehmendes Interesse. Seine praktische Bedeutung kann man sich anhand eines Vergleichs klarmachen, bei dem die Wirkungen der Wirtschaftshilfe an die kriegszerstörten Länder Europas nach dem zweiten Weltkrieg den Ergebnissen der Hilfeleistungen an Entwicklungsländer gegenübergestellt werden.

Daneben entsteht einzelwirtschaftlich immer wieder die Notwendigkeit, den kapitalisierten Wert der menschlichen Arbeitskraft zu schätzen. Gerichte müssen Schadenersatzleistungen für den Verlust der Arbeitskraft von Hausfrauen/-männern festsetzen; beim Vereinswechsel von Berufssportlern werden Ablösebeträge gezahlt, wobei der erwerbende Verein den Gegenwert des gezahlten Betrages in seiner Bilanz aktiviert und auf ihn wie auf ein dauerhaftes Produktionsmittel abschreibt; einige Staaten verlangen von Auswanderern Rückzahlung der in sie investierten Ausbildungsaufwen-

---

[16] EULER [2.27].

[17] Zahlenübersichten ... [4.18]; Deutsche Bundesbank ... [4.19]; Der Auslandsvermögensstatus ... [5.24].

[18] ENGELS/SABLOTNY/ZICKLER [2.21], S. 95 f.

[19] SCHLESINGER [2.25], S. 125.

[20] MIEGEL [7.58], S. 79.

dungen, besonders bei Akademikern. Im Rahmen von *Kosten-Nutzen-Analysen* muß beispielsweise errechnet werden, welche Art von Maßnahmen zur Erhöhung der Verkehrssicherheit am ehesten zur Rettung von Menschenleben beiträgt, wobei eine Wertangabe für diese in die Rechnung einzusetzen ist.

## Literatur und statistische Quellen zum zweiten Kapitel

### Zu Teil II:

Das erste Problem, das der Vermögensrechner lösen muß, betrifft die Definition des Vermögens. Vgl. dazu

[2.01] K.-D. SCHMIDT: Was ist Vermögen? Allgemeines Statistisches Archiv, Göttingen, 56. Bd 1972, S. 35–49.

Vermögensrechnungen privater Haushalte werden, soweit sie überhaupt existieren, nicht veröffentlicht. Praktisch kaum besser zugänglich sind die der privaten Organisationen ohne Erwerbszweck. Von bestimmten Beträgen des Reinvermögens an sind private Haushalte jedoch vermögensteuerpflichtig und müssen den Finanzämtern Vermögensaufstellungen vorlegen, die eine Materialquelle für den Vermögensstatistiker bilden. Weitere Quellen sind die Unterlagen der Versicherungsunternehmen über Sachversicherungen und die amtliche Einheitswertstatistik.

Unternehmen sind mit Ausnahme der nichtbuchführenden Landwirte und einiger anderer Gruppen zur Aufstellung jährlicher Vermögensrechnungen (Steuerbilanzen) verpflichtet. Aktiengesellschaften müssen ihre Handelsbilanzen veröffentlichen, und zwar im *Bundesanzeiger*. Viele dieser Gesellschaften publizieren diese Bilanzen darüber hinaus freiwillig, meist in gekürzter Form, in der Tages- und Wochenpresse. Über die Lehre von den Bilanzen existiert eine umfangreiche betriebswirtschaftliche Literatur.

Für Angaben über die Vermögensrechnungen der Geschäftsbanken, der Zentralbank und der sonstigen Finanzunternehmen vergleiche die entsprechenden Erläuterungen am Schluß des vierten Kapitels.

Die meisten öffentlichen Haushalte sind gesetzlich verpflichtet, ihre Bruttovermögen und ihre Schulden in regelmäßigen Abständen nachzuweisen, so der Bund durch Art. 114 des Grundgesetzes, einige Länder durch ihre Verfassungen, die Gemeinden und Gemeindeverbände durch die Gemeindeordnungen. Die Vermögensrechnung des Bundes wird in seiner Haushalts- und Vermögensrechnung und im *Finanzbericht* [I.21] veröffentlicht, die beide jährlich erscheinen. Für die Angaben im Text wurde benutzt

[2.02] Haushaltsrechnung und Vermögensrechnung des Bundes für das Haushaltsjahr 1982 (Jahresrechnung 1982). Berlin 1983. 2178 S.

Die Publikation enthält auch Angaben über die Vermögensrechnungen der Sondervermögen des Bundes, die außerdem in deren Geschäftsberichten veröffentlicht werden. Die sonstigen öffentlichen Haushalte, die nicht Gebietskörperschaften sind und gelegentlich *Nebenfisken* genannt werden, hauptsächlich die Haushalte der Sozialversicherung mit ihren vier Hauptzweigen Renten-, Kranken-, Unfall- und Arbeitslosenversicherung, veröffentlichen ebenfalls regelmäßig Vermögensrechnungen.

Eine kritische Untersuchung über Vermögensrechnungen der Gebietskörperschaften ist

[2.03] P. LEIMICH: Die Vermögensrechnung der öffentlichen Hand. Eine verwaltungswissenschaftliche Untersuchung der Grenzen einer wertmäßigen Nachweisung („Bilanz") des öffentlichen Vermögens. Köln u.a. 1968. 266 S.

## Zu Teil IV:

1. **Allgemeines.** Die statistische Erfassung der volkswirtschaftlichen Kreditverflechtung hat in den letzten Jahren zunehmendes Interesse gefunden. Übersichten über Zwecke und Probleme sektoraler Vermögensrechnungen finden sich bei

[2.04] G. S. DORRANCE: Balance Sheets in a System of Economic Accounts. IMF Fund Staff Papers, Vol. 7, 1959–60, S. 168–209.

[2.05] R. W. GOLDSMITH: The Uses of National Balance Sheets. The Review of Income and Wealth, Income and Wealth Series 12, 1966, S. 95–133,

sowie in GOLDSMITH/LIPSEY [2.07], Vol. I, S. 9–40 und REVELL [2.08], S. 5–8. Empfehlungen des Statistischen Amts der Vereinten Nationen zur Vermögensrechnung und zu ihrem Einbau in die Volkswirtschaftliche Gesamtrechnung enthält

[2.06] Department of Economic and Social Affairs, Statistical Office: Provisional International Guidelines on the National and Sectoral Balance-Sheet and Reconciliation Accounts of the System of National Accounts. (=Statistical Papers, Series M No. 60.) United Nations, New York 1977. VIII, 117 S.

2. **Ausland.** Umfangreiche sektorale und Volksvermögensrechnungen für jeweils mehrere Zeitpunkte sind:

[2.07] R. W. GOLDSMITH/R. E. LIPSEY: Studies in the National Balance Sheet of the United States (=A Study by the NBER.) 2 Vols. Princeton 1963. XXV, 433 S. und XX, 531 S.

[2.08] J. REVELL: The Wealth of the Nation. The National Balance Sheet of the United Kingdom, 1957–1961. Cambridge 1967. XIV, 484 S.

[2.09] R. W. GOLDSMITH: The National Balance Sheet of the United States, 1953–1980. Chicago u.a. 1982. XVI, 217 S.

3. **Bundesrepublik.** Schätzungen der volkswirtschaftlichen Kreditverflechtung in der Bundesrepublik liegen für alle Jahresenden seit 1949 vor, vgl. Zahlenübersichten ... [4.18] und Deutsche Bundesbank ... [4.19]. Die neuesten Angaben werden jeweils im Frühjahr in den Bbk-Monatsberichten veröffentlicht. Neben dieser sektoralen Geldvermögensrechnung existieren Statistiken für einzelne Sektoren, aus denen deren Kreditbeziehungen zu anderen Sektoren oder auch nur gegenüber ihrer gesamten Umwelt ersichtlich sind. An erster Stelle ist der Finanzsektor zu nennen, für den die umfassendste Statistik aller Sektoren geführt wird. Für Einzelheiten vgl. das vierte Kapitel. Weitere Sektoren, über deren Verschuldung regelmäßig berichtet wird, sind die öffentlichen Haushalte. Vgl. etwa

[2.10] Statistisches Bundesamt (Hg.): Fachserie 14 Finanzen und Steuern, Reihe 5: Schulden der öffentlichen Haushalte 1982. Stuttgart u.a. 1983. 66 S.

Zur Verschuldung der Landwirtschaft vgl. die Angaben der Bundesregierung in ihrem jährlichen *Agrarbericht* [I.22].

## Zu Teil V:

1. **Allgemeines.** Eine umfassende Diskussion der Probleme von Volksvermögensrechnungen mit Beispielen aus mehreren Ländern findet sich in

[2.11] Measuring the Nation's Wealth. Materials Developed by the Wealth Inventory Planning Study, The George Washington University, and Presented by the Conference on Research in Income and Wealth to the Subcommittee on Economic Statistics of the Joint Economic Committee, Congress of the United States. Washington 1964. XXXI, 835 S.

Eine Übersicht geben

[2.12] R. W. GOLDSMITH/R. J. LAMPMAN: National Wealth. In: International Encyclopedia of the Social Sciences [1.42], Vol. 11, S. 50–63.

Fragen eines Vermögenszensus behandelt

[2.13] J. W. KENDRICK: Problems of a Census of National Wealth. The Review of Income and Wealth, Income and Wealth Series 12, 1966, S. 57–69.

Eine Zusammenstellung der Ergebnisse von Volksvermögensrechnungen für insgesamt achtzehn Länder zusammen mit zwei Aufsätzen über methodische Probleme findet sich in dem Sammelband

[2.14] R. GOLDSMITH/C. SAUNDERS (Hg.): The Measurement of National Wealth. London 1959. XIV, 389 S.

Eine kurze Übersicht über den Stand von Volksvermögensschätzungen mit Literaturangaben für 53 Länder gibt

[2.15] L. NESTEROV: Current Position of National Wealth Estimation in the World. The Review of Income and Wealth, Income and Wealth Series 15, 1969, S. 271–278.

Angaben über sozialistische Länder enthält

[2.16] L. NESTEROV: National Wealth Estimation in Socialist Countries. The Review of Income and Wealth, Income and Wealth Series 18, 1972, S. 287–301.

Das in Abschnitt V.3 angesprochene Problem des Volksvermögens in Gestalt menschlicher Kenntnisse und Fähigkeiten ist zusammenfassend behandelt in

[2.17] G. S. BECKER: Human Capital. A Theoretical and Empirical Analysis, with Special Reference to Education. 1964, 2. Aufl. New York u. a. 1975. XVII, 268 S.
[2.18] B. F. KIKER (Hg.): Investment in Human Capital. Columbia 1971. XII, 608 S.
[2.19] J. W. KENDRICK: The Accounting Treatment of Human Investment and Capital. The Review of Income and Wealth, Income and Wealth Series 20, 1974, S. 439–468.

2. **Bundesrepublik.** Die ersten Versuche, das deutsche Volksvermögen zu schätzen, wurden vor dem ersten Weltkrieg unternommen. Eine Untersuchung der statistischen Möglichkeiten für eine Volksvermögensrechnung in der Bundesrepublik heute ist

[2.20] K.-D. SCHMIDT: Ergänzung der Volkswirtschaftlichen Gesamtrechnung durch Vermögensrechnungen; zur Frage der Fortentwicklung und Verbesserung des vermögensstatistischen Instrumentariums. Forschungsbericht im Auftrag des Bundesministers für Arbeit und Sozialordnung. Kiel 1971. 73 S.

Die derzeit neueste gründliche Zusammenstellung von Vermögensstatistiken zu einem Gesamtbild ist

[2.21] W. ENGELS/H. SABLOTNY/D. ZICKLER: Das Volksvermögen. Seine verteilungs- und wohlstandspolitische Bedeutung. Frankfurt u. a. 1974. 211 S.

Hierzu existieren als Materialband und als erneute Zusammenfassung

[2.22] H. SABLOTNY: Aufbau und Ermittlungsmethoden integrierter Geld- und Sachvermögensrechnungen für die Bundesrepublik Deutschland in Form von konsolidierten Bilanzen. Ohne Ort (Frankfurt am Main), ohne Jahr. 382 S.

[2.23] H. SABLOTNY: Gesamtwirtschaftliche Vermögensrechnung. Frankfurt u. a. 1977. XVII, 307 S.

Weitere neuere Schätzungen enthalten

[2.24] N. ARNDT: Das Volksvermögen in der Bundesrepublik Deutschland. Entwicklung und Verteilung seit 1950. Dissertation Köln 1971. 295 S.

[2.25] H. SCHLESINGER: Die Verteilung des Vermögens in der Bundesrepublik Deutschland – Geldvermögen, Sachvermögen –. Der langfristige Kredit, München, 24. Jg. 1973, S. 123–129.

[2.26] R. W. GOLDSMITH: The National Balance Sheet of Germany, 1850–1972. Konjunkturpolitik, Berlin, 22. Jg. 1976, S. 153–172.

Die Bestände der Haushalte der Bundesrepublik an dauerhaften Konsumgütern sind nach dem neuesten Stand erfaßt in

[2.27] M. EULER: Ausstattung privater Haushalte mit ausgewählten langlebigen Gebrauchsgütern im Januar 1983. WiSta 4/1984, S. 366–376.

Weitere Literaturangaben zum Volksvermögen in der Bundesrepublik und seiner Verteilung finden sich am Schluß des siebenten Kapitels.

Drittes Kapitel

# Der Wirtschaftskreislauf

*Zu Beginn des zweiten Kapitels wurde gesagt, daß zur Beschreibung des Wirtschaftsprozesses sowohl Bestände zu einem Zeitpunkt erfaßt als auch Transaktionen während eines Zeitraums registriert werden müssen. Das zweite Kapitel war ganz der Erfassung des Sachvermögens der Wirtschaftssubjekte und Sektoren sowie des Kreditnetzes gewidmet. Im dritten Kapitel wird der Ablauf des Wirtschaftsprozesses während eines Zeitraums analysiert. Im Mittelpunkt der Betrachtung stehen die wirtschaftlichen Aktivitäten von Unternehmen sowie öffentlichen und privaten Haushalten, die in vier Kategorien eingeteilt und anhand der jeweils charakteristischen Transaktionen beschrieben werden. Wie im zweiten Kapitel werden zunächst die Aufzeichnungen einzelner Wirtschaftssubjekte behandelt, die dann zu Sektoren zusammengefaßt werden. Ergebnis der Analyse ist die Definition einiger für Wirtschaftstheorie und -politik zentraler Größen wie Sozialprodukt, Volkseinkommen, Außenbeitrag und gesamtwirtschaftliche Vermögensbildung. Ferner werden der Kreislaufzusammenhang zwischen Investition und Ersparnis für eine geschlossene und eine offene Volkswirtschaft sowie verschiedene Darstellungsformen des Wirtschaftskreislaufs gezeigt. Teil VII behandelt das Problem der Preise als Maßeinheit für wirtschaftliche Gesamtgrößen; und im letzten Teil werden am Beispiel der Bundesrepublik die wirtschaftspolitische Bedeutung des Sozialprodukt-Konzepts, die Kritik an diesem Konzept sowie Anwendungsmöglichkeiten der Kreislaufanalyse erörtert. Das dritte Kapitel ist damit das wichtigste dieses Buches.*

## I. Elemente der Kreislaufanalyse

**1. Das Konzept des Wirtschaftskreislaufs.** Für die Registrierung und Analyse der Transaktionen in einer Volkswirtschaft hat sich die Bezeichnung *Kreislaufanalyse* eingebürgert. Zu ihrer Erläuterung ist daran zu erinnern, daß der heutige volkswirtschaftliche Produktionsprozeß durch weitgehende Arbeitsteilung gekennzeichnet ist (vgl. S. 7f.). Als Folge davon manifestiert sich der Wirtschaftsprozeß vor allem in Transaktionen zwischen Wirtschaftssubjekten. Die bildhafte, an den Blutkreislauf erinnernde Bezeichnung *Wirtschaftskreislauf* oder *volkswirtschaftlicher Kreislauf* rührt aus der Beobachtung her, daß etwa Unternehmen Konsumgüter an die privaten Haushalte liefern, welche ihrerseits Arbeitsleistungen an die Unternehmen abgeben, mit deren Hilfe die Konsumgüter hergestellt werden. Diesen beiden *Güterströmen* fließen andere Ströme entgegen: Die Haushalte leisten Ausgaben zum Kauf der Konsumgüter, die *Konsumausgaben;* von den Unternehmen fließen Einkommen wie Löhne und Gehälter an die Haushalte. Faßt man Unternehmen und Haushalte zu je einem Sektor zusammen und betrachtet nur die genannten Transaktionen, dann läßt sich dieser Sachverhalt wie in Bild 3.1 veranschaulichen. Die Bezeichnung „Wirtschaftskreislauf" deutet

Bild 3.1 – *Der Wirtschaftskreislauf zwischen Unternehmen und privaten Haushalten*

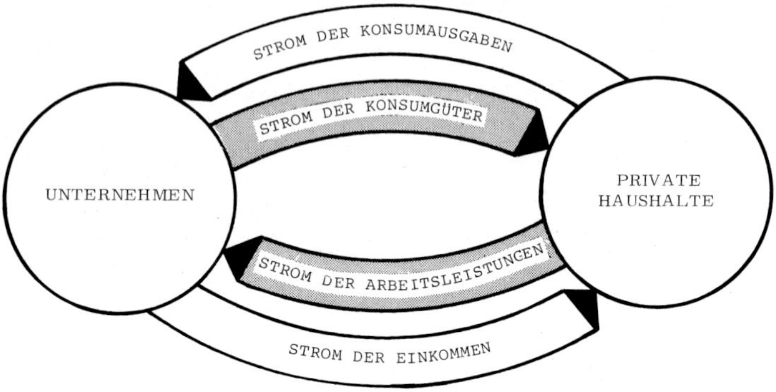


somit lediglich an, daß alle Wirtschaftssubjekte in einem ständigen Tauschverkehr miteinander stehen, die Transaktionsarten (3) und (5) – vgl. S. 13 – in der heutigen Wirtschaft also dominieren.[1] Als Berichtszeitraum für die statistische Erfassung dieses Tauschprozesses möge im folgenden das Kalenderjahr gelten, wenn nicht etwas anderes gesagt wird.

**2. Ökonomische Aktivitäten.** Bild 3.1 zeigt den Wirtschaftskreislauf in zusammengefaßter Form, bei der die ökonomische Tätigkeit einzelner Haushalte oder Unternehmen nicht sichtbar wird. Man kann den Ablauf des Wirtschaftsprozesses jedoch nur verstehen, wenn man sich klarmacht, wie er aus den Transaktionen einzelner Wirtschaftssubjekte resultiert. Eine Kreislaufanalyse muß daher in zwei Schritten vorgenommen werden: Zunächst sind die Transaktionen einzelner Wirtschaftssubjekte zu registrieren, und anschließend müssen Wirtschaftssubjekte zu Sektoren und Transaktionen zu Strömen zusammengefaßt werden, um zu einem überschaubaren Bild einer Volkswirtschaft zu gelangen.

Grundlage der Kreislaufanalyse ist die Erkenntnis, daß jedes Wirtschaftssubjekt im Prinzip vier verschiedene *ökonomische Aktivitäten* (auch: *wirtschaftliche Tätigkeiten*) ausüben kann. Es kann

(1) Sachgüter und Dienste produzieren,
(2) Einkommen empfangen und verwenden,
(3) Vermögen bilden und anlegen,
(4) Kredite nehmen und gewähren.

---

[1] Das einzige, was in der Wirtschaft wirklich „im Kreise läuft", sind Banknoten und Münzen. Die Bundesbank schätzt, daß die von ihr ausgegebenen Banknoten durchschnittlich dreimal im Jahr durch ihre Kassen „laufen". Vgl. Die Deutsche Bundesbank . . . [4.01], S. 16.

Man erfaßt die mit der Ausübung dieser Aktivitäten einhergehenden Transaktionen auf vier verschiedenen Konten, die entsprechend *Produktionskonto, Einkommenskonto, Vermögensänderungskonto* und *Kreditänderungskonto* heißen. (Bezeichnungen wie „Vermögenskonto" und „Kreditkonto" wären kürzer, könnten aber zu dem Irrtum verleiten, daß in solchen Konten Bestandsgrößen gebucht werden. Sie werden daher hier nicht verwendet.) Sieht man zunächst von Einzelheiten sowie Besonderheiten mancher Wirtschaftssubjekte ab und beschränkt sich auf die für die jeweilige Aktivität typischen Transaktionen, dann lassen sich Grundschemata dieser vier Kontenarten wie folgt aufstellen.

Die Produktionstätigkeit eines Wirtschaftssubjekts besteht darin, Sachgüter und Dienstleistungen, die von anderen Wirtschaftssubjekten außer privaten Haushalten geliefert werden und Vorleistungen heißen, unter Einsatz von Faktorleistungen in einem Produktionsprozeß zu transformieren (vgl. S. 3–7). Die damit einhergehenden Transaktionen sind Käufe von Vorleistungen, Verkäufe der fertigen Erzeugnisse und Entgelte an die Lieferanten von Faktorleistungen, so daß das *Grundschema eines Produktionskontos* so aussieht:

Konto 3.1: Grundschema eines Produktionskontos

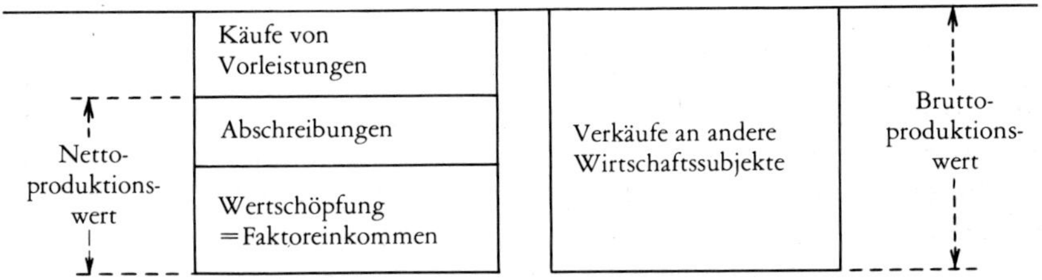


Das bewertete Produktionsergebnis heißt *Bruttoproduktionswert;* der nach Abzug der Vorleistungen verbleibende Saldo ist der *Nettoproduktionswert.* Dieser gibt an, welcher Wert den Vorleistungen durch die Produktionstätigkeit und den anschließenden Verkauf der Erzeugnisse hinzugefügt wurde. Durch eben diese Tätigkeit tritt jedoch ein Verschleiß an den dauerhaften Produktionsmitteln ein, der durch die Abschreibungen gemessen wird. Will man berücksichtigen, daß die Werterhöhung der Vorleistungen im Produktionsprozeß zum Teil durch eine nutzungsbedingte Wertminderung der dauerhaften Produktionsmittel erkauft wurde, muß man die Abschreibungen vom Nettoproduktionswert absetzen. Der entstehende Saldo heißt *Wertschöpfung.* Die Wertschöpfung mißt also das Nettoergebnis der Produktionstätigkeit unter der Annahme, daß ein Teil des Produktionsergebnisses rechnerisch dazu verwendet wurde, den Produktionsapparat konstant zu halten. Man kann sich diesen Sachverhalt an einem besonders einfachen Beispiel auch ohne Benutzung des Begriffs „Abschreibungen" klarmachen. Es sei angenommen, eine Unternehmung produziere und verkaufe solche Maschinen, aus denen auch ihr eigener Produktionsapparat besteht. Wenn sie diesen konstant halten will, muß sie den durch Verschleiß ausscheidenden Teil durch Maschinen ihrer eigenen Produktion ersetzen. Nur die darüber hinaus hergestellten Maschinen stehen zum Verkauf zur Verfügung; ihr Wert ist nach Abzug der Vorleistungen gleich der Wertschöpfung.

Die Wertschöpfung setzt sich im allgemeinen Fall aus Löhnen, Gehältern, Zinsen, Dividenden und anderen Beteiligungserträgen sowie dem Gewinn zusammen. Alle Komponenten der Wertschöpfung sind für ihre Empfänger *Einkommen.* Da diese Einkommen als Entgelte für den Einsatz von Faktorleistungen angesehen werden, nennt man sie auch *Faktoreinkommen.* Konto 3.1 zeigt, daß die Wertschöpfung auf zwei Arten ermittelt werden kann. Es gilt:

- Wertschöpfung = Bruttoproduktionswert minus Vorleistungen minus Abschreibungen; oder
- Wertschöpfung = Summe der im Produktionsprozeß entstandenen Einkommen.

In einem Einkommenskonto wird gezeigt, welches Einkommen ein Wirtschaftssubjekt erhält und wie es dieses verwendet. Für die Verwendung gibt es drei Möglichkeiten: Leistung von Transfers, Käufe von Konsumgütern und *Sparen,* das zur Bildung der Stromgröße *Ersparnis* führt.[2] Das *Grundschema eines Einkommenskontos* ist also

Konto 3.2: Grundschema eines Einkommenskontos

| | |
|---|---|
| Geleistete Transfers | Einkommen |
| Käufe von Konsumgütern | |
| Ersparnis | |

In einem Vermögensänderungskonto werden alle vermögenswirksamen Vorgänge zusammengestellt. Dazu gehört zunächst die Bildung von Ersparnis, durch die sich das Reinvermögen des sparenden Wirtschaftssubjekts erhöht. Ferner ist hier die Zu- oder Abnahme des Sachvermögens zu registrieren, und es muß berücksichtigt werden, daß sich der Produktionsapparat des Wirtschaftssubjekts durch Verschleiß verringert hat. Dies bedeutet eine Vermögensabnahme, die durch die Abschreibungen gemessen wird. Man erfaßt diese Vorgänge auf dem *Grundschema eines Vermögensänderungskontos* wie folgt:

Konto 3.3: Grundschema eines Vermögensänderungskontos

| | | | |
|---|---|---|---|
| Zugang an Sachvermögen | Bruttoinvestition | Reinvestition | Abschreibungen |
| | | Nettoinvestition | Ersparnis = Zunahme des Reinvermögens |
| | | | Finanzierungsdefizit |

[2] In der Umgangssprache bezeichnet man mit „Ersparnis" vielfach auch die Summe der Sparguthaben eines Haushalts bei einer Bank, also eine Bestandsgröße. Diesem Sprachgebrauch wird hier nicht gefolgt.

Das Konto zeigt auf der linken Seite den Zugang an Sachvermögensobjekten, die *Bruttoinvestition.* Zu ihr gehören sowohl die Käufe von dauerhaften Produktionsmitteln als auch Bestandserhöhungen an nichtdauerhaften Produktionsmitteln und eigenen Erzeugnissen. Setzt man von der Bruttoinvestition die Abschreibungen ab, erhält man eine rechnerische Größe, die *Nettoinvestition.* Sie gibt den Betrag an, um den das Sachvermögen während der Rechnungsperiode unter der Annahme zugenommen hat, daß ein Teil der Bruttoinvestition rechnerisch dazu verwendet wurde, den produktionsbedingten Verschleiß der dauerhaften Produktionsmittel auszugleichen. Dieser Teil heißt *Reinvestition* (sprich: Re-investition, auch *Ersatzinvestition* genannt). Die beiden anderen Posten auf der rechten Seite zeigen die Herkunft der Mittel, mit denen die Sachgüter erworben wurden, die zusammen die Nettoinvestition bilden. Ein Teil wurde von dem Wirtschaftssubjekt gespart, der Rest heißt *Finanzierungssaldo* und ist im vorliegenden Fall eine Netto-Kreditaufnahme und damit ein *Finanzierungsdefizit.*

Das Finanzierungsdefizit eines Wirtschaftssubjekts ist nichts anderes als die Abnahme seines Geldvermögens. Dieses wurde in Gleichung (2.10) S. 63 als Saldo aus Forderungen und Verbindlichkeiten definiert: $F^n = F - V$. Hieraus folgt aber auch, daß die Änderung des Geldvermögens gleich der Änderung der Forderungen abzüglich der Änderung der Verbindlichkeiten[3] sein muß:

$$\Delta F^n = \Delta F - \Delta V. \tag{3.1}$$

Netto-Kreditaufnahme heißt, daß die Verbindlichkeiten um den Betrag des Finanzierungsdefizits stärker zugenommen haben als die Forderungen, was eine entsprechende Abnahme des Geldvermögens bedeutet.

Konto 3.3 zeigt nicht den allgemeinen Fall, da es vorkommen kann, daß die Summe aus Abschreibungen und Ersparnis rechts den Wert der Bruttoinvestition links übertrifft. Es entsteht dann ein Finanzierungssaldo auf der linken Seite des Kontos. Er heißt *Finanzierungsüberschuß* und gibt an, um welchen Betrag die Netto-Forderungen des Wirtschaftssubjekts und damit sein Geldvermögen während der Rechnungsperiode zugenommen haben. Wenn ein Wirtschaftssubjekt kein Sachvermögen erwirbt und keinen Produktionsapparat besitzt, so daß auch keine Abschreibungen anfallen, führt eine positive Ersparnis in voller Höhe zu einem Geldvermögenszuwachs. Dies ist die für private Haushalte typische Situation.

In einem Kreditänderungskonto werden die Änderungen der Forderungen und der Verbindlichkeiten einander gegenübergestellt. Nehmen die Forderungen stärker zu als die Verbindlichkeiten, ist rechts ein Finanzierungsüberschuß zu buchen.

Konto 3.4: Grundschema eines Kreditänderungskontos

| | |
|---|---|
| Zunahme der Forderungen | Zunahme der Verbindlichkeiten |
| Finanzierungsdefizit | |

[3] Das Zeichen $\Delta$ – sprich: delta – ist ein *Operator,* der, wenn vor eine Größe gesetzt, vorschreibt: Betrachte nicht die Größe selbst, sondern deren Änderung.

Sowohl die Zunahme der Forderungen als auch die der Verbindlichkeiten sind als Nettogrößen zu interpretieren. Im allgemeinen Fall ergeben sich bei einem Wirtschaftssubjekt während eines Zeitraums sowohl Zugänge als auch Abgänge an Forderungen. Ein privater Haushalt mag beispielsweise während eines Jahres festverzinsliche Wertpapiere sowohl gekauft als auch verkauft haben, woraus sich insgesamt eine Bestandsänderung in Gestalt einer Netto-Zunahme ergeben haben kann, die wie in Konto 3.4 registriert wird. Entsprechend ist die Zunahme der Verbindlichkeiten als Brutto-Kreditaufnahme abzüglich Tilgungen zu verstehen. Konto 3.4 ist damit eine Wiedergabe der Gleichung (3.1) in Kontenform. Die Gleichung ist allerdings insofern allgemeiner, als sie auch negative Änderungen der Forderungen und/oder der Verbindlichkeiten zuläßt, was sich auf einem Konto nicht leicht darstellen läßt.

Nimmt man an, daß die Konten 3.3 und 3.4 für dasselbe Wirtschaftssubjekt und denselben Zeitraum aufgestellt wurden, dann erscheint auf beiden das gleiche Finanzierungsdefizit. Konsolidierung der Konten ergibt

Konto 3.5: Grundschema eines Finanzierungskontos

| | |
|---|---|
| Zugang an Sachvermögen =Bruttoinvestition | Abschreibungen |
| | Ersparnis =Zunahme des Reinvermögens |
| Zunahme der Forderungen | Zunahme der Verbindlichkeiten |

Ein solches Konto heißt *Finanzierungskonto,* weil es die Herkunft der Mittel zeigt, mit denen der auf der linken Seite registrierte Zugang an Vermögensobjekten finanziert wurde. Ersparnis bedeutet gemäß der eben gegebenen Definition, daß Einkommensteile für den Kauf von Sachvermögen oder Forderungen zur Verfügung stehen. Ebenso können die aus der Aufnahme von Krediten zufließenden Mittel für diesen Zweck eingesetzt werden. Aber auch Abschreibungen bedeuten Zufluß von Mitteln, mit denen Objekte des Bruttovermögens erworben werden können. Dies geht aus Konto 3.1 hervor: Die aus Verkäufen an andere Wirtschaftssubjekte zufließenden Mittel werden in Höhe der Abschreibungen weder für Käufe von Vorleistungen eingesetzt noch als Faktoreinkommen ausgeschüttet, sondern im Unternehmen zwecks Erwerb von Vermögensobjekten festgehalten. In der Regel werden mit den Abschreibungsgegenwerten neue dauerhafte Produktionsmittel als Ersatz für die verschlissenen gekauft, aber sie können auch zur Erhöhung des Geldvermögens verwendet werden.

Saldiert man in Konto 3.5 die Bruttoinvestition mit den Abschreibungen zur Nettoinvestition, so zeigt sich seine enge Verwandtschaft mit Konto 2.6 (S. 62): Während dort Bestandsgrößen zusammengestellt sind, werden hier bestandsändernde Stromgrößen (Nettoinvestition, Ersparnis, Änderungen der Forderungen und Verbindlichkeiten) registriert. Der Zusammenhang wird noch deutlicher, wenn man auch Konto 3.5 als Gleichung schreibt. Das Symbol $\Delta R^n$ möge die Nettoänderung des Sachvermögens bedeuten, die anderen Symbole wurden schon S. 62 eingeführt. Es gilt dann:

$$\Delta R^n + \Delta F = \Delta V + \Delta W^n . \qquad (3.2)$$

Diese Gleichung entspricht Gleichung (2.9) S. 62, nur daß statt der Bestände in einem Zeitpunkt ihre Änderungen während eines Zeitraums betrachtet werden. Setzt man die Nettoinvestition $=I^n$, die Ersparnis $=S$ und beachtet, daß $\Delta R^n = I^n$ und $\Delta W^n = S$ gelten muß, lassen sich Gleichung (3.2) und damit Konto 3.5 auch so schreiben:

$$I^n + \Delta F = \Delta V + S \qquad \text{oder} \qquad I^n + \Delta F - \Delta V = S. \tag{3.3}$$

Zieht man wieder die Definition des Geldvermögens heran, ergibt sich aus Gleichung (3.3) die Gleichung

$$I^n + \Delta F^n = S \tag{3.4}$$

und damit

Satz 3.1: *Bei jedem Wirtschaftssubjekt ist in jedem Zeitraum die Summe aus Nettoinvestition und Änderung des Geldvermögens gleich der Ersparnis.*

Sind alle während eines Zeitraums vorgenommenen Transaktionen auf dem entsprechenden Konto registriert, unterscheiden sich häufig die Gesamtwerte der Eintragungen auf den beiden Seiten des Kontos. Jedes Konto muß jedoch ausgeglichen sein. Wie insbesondere an den Konten 3.3 und 3.4 zu erkennen ist, gleicht man es durch Eintragung eines Saldos aus. Da nach Annahme alle Transaktionen erfaßt sind, muß dieser auf einem anderen Konto desselben Wirtschaftssubjekts gegengebucht werden und dieses damit ebenfalls ausgleichen. Die beiden Buchungen heißen *interne Buchungen.* Mit ihnen werden also keine Transaktionen, sondern jeweils zwei Aspekte von Vorgängen registriert, die sich aus Transaktionen ergeben. Will man an der Vorstellung von „Strömen" festhalten, spricht man zweckmäßigerweise von *internen Strömen.* Beispiele zeigen alle vier Grundschema-Konten: Als interne Buchungen erscheinen in 3.1 und 3.3 die Abschreibungen, in 3.2 und 3.3 die Ersparnis, in 3.3 und 3.4 Finanzierungssalden.

Interne Ströme können nur auftreten, wenn für ein Wirtschaftssubjekt zwei oder mehr Konten aufgestellt werden, „fließen" also nur innerhalb dieser Konten. Konsolidiert man alle Konten eines Wirtschaftssubjekts, so verschwinden sie. Dies läßt sich an den Konten 3.1 bis 3.4 zeigen, wenn man annimmt, sie seien alle für dasselbe Wirtschaftssubjekt und denselben Zeitraum aufgestellt. Ihre Konsolidierung ergibt

Konto 3.6: Grundschema eines Transaktionskontos

| | |
|---|---|
| Käufe von Vorleistungen | Verkäufe an andere Wirtschaftssubjekte |
| Wertschöpfung = Faktoreinkommen (an andere Wirtschaftssubjekte geleistet) | |
| Transfers (an andere Wirtschaftssubjekte geleistet) | Einkommen (von anderen Wirtschaftssubjekten empfangen) |
| Käufe von Konsumgütern | |
| Bruttoinvestition | Zunahme der Verbindlichkeiten |
| Zunahme der Forderungen | |

Da das Konto also nur noch Transaktionen zeigt, nennt man es zweckmäßigerweise das *Transaktionskonto* des Wirtschaftssubjekts.

Der mit der Konsolidierung zum Transaktionskonto verbundene Informationsverlust zeigt, welchen Sinn die Aufspaltung der ökonomischen Tätigkeit eines Wirtschaftssubjekts in einzelne Aktivitäten hat. Es werden auf diese Weise Vorgänge wie Verschleiß dauerhafter Produktionsmittel, Ersparnis und Geldvermögensbildung sowie, wie später gezeigt wird, Lagerbestandsänderungen und Nichtausschüttung von Gewinnen sichtbar, deren Kenntnis für die Analyse des Wirtschaftsprozesses unerläßlich ist.

**3. Das Grundschema der Kreislaufanalyse.** Alle mit der Ausübung der eben beschriebenen ökonomischen Aktivitäten einhergehenden Transaktionen berühren jeweils zwei Wirtschaftssubjekte. Das bedeutet, daß die einzelnen Aktivitätskonten nicht isoliert nebeneinander stehen, sondern ein Kontensystem bilden. Das einfachste derartige System, das man daher auch das *Grundschema der Kreislaufanalyse* nennen kann, ist in Tabelle 3.1 gezeigt. Es besteht aus einer Zusammenstellung der im vori-

Tabelle 3.1 – *Das Grundschema der Kreislaufanalyse*

| Ökonomische Aktivitäten | Wirtschaftssubjekte | | |
|---|---|---|---|
| | Unternehmung | Öffentlicher Haushalt | Privater Haushalt |
| | | *Produktionskonten* | |
| Produktion | 1.1 | 1.2 | 1.3 |
| | | *Einkommenskonten* | |
| Einkommensverwendung | 2.1 | 2.2 | 2.3 |
| | | *Vermögensänderungskonten* | |
| Vermögensbildung | 3.1 | 3.2 | 3.3 |
| | | *Kreditänderungskonten* | |
| Kreditnahme und -gewährung | 4.1 | 4.2 | 4.3 |

gen Abschnitt eingeführten Aktivitätskonten für drei verschiedene Arten von Wirtschaftssubjekten gemäß deren Einteilung S. 14. Die Konten des Schemas sind mithin nach zwei Gesichtspunkten gegliedert: *institutionell* nach Wirtschaftssubjekten (diese sind Institutionen im Sinne handelnder Einheiten) und *funktionell* nach Aktivitäten („Funktion" heißt hierbei soviel wie „Aufgabe", „Tätigkeit" und ist ein anderes Wort für „Aktivität"). In diesem Kontensystem läßt sich der Wirtschaftskreislauf einer fiktiven geschlossenen Volkswirtschaft analysieren, in der es nur ein Unternehmen, einen öffentlichen und einen privaten Haushalt gibt. Es läßt sich gleichermaßen für die Analyse einer wirklichen Volkswirtschaft verwenden, wenn man alle Wirtschaftssubjekte zu den drei Sektoren zusammenfaßt, für sie die Konten des Schemas aufstellt und ein Sammelkonto „Ausland" hinzufügt, das die Transaktionen von Inländern mit Ausländern aufnimmt. Im folgenden wird unter anderem gezeigt, wie man dabei Konten nach Institutionen oder nach Funktionen zusammenfaßt, um so bestimmte Gesamtgrößen sichtbar zu machen.

Der Wirtschaftskreislauf in einer modernen Volkswirtschaft ist jedoch höchst kompliziert, und zu seiner detaillierten Beschreibung müssen wesentlich umfangreichere Kontensysteme benutzt werden. Dabei können die Prinzipien der Kreislaufanalyse nicht klar zutage treten. Bei der ersten Einführung in diese ist es daher zweckmäßig, sich der Wirklichkeit stufenweise anzunähern. Aus diesem Grund wird die Kreislaufanalyse hier dreimal nacheinander mit abnehmendem Abstraktionsgrad vorgeführt. In den anschließenden Abschnitten I.4 bis I.9 werden nur die Leitgedanken gezeigt. In den Teilen II bis V dieses Kapitels werden die wichtigsten Einzelheiten hinzugefügt, so daß mit diesem mittleren Abstraktionsgrad gegen Ende des dritten Kapitels schon der Wirtschaftskreislauf der Bundesrepublik Deutschland im Jahre 1982 in mehreren vereinfachten Darstellungen gezeigt werden kann. Das sechste Kapitel führt schließlich den Wirtschaftskreislauf der Bundesrepublik mit dem – wiederum geringeren – Abstraktionsgrad vor, den die amtliche Statistik in den Industrieländern heute einhält. Dieses Verfahren macht zwar einige Wiederholungen unvermeidlich, dürfte aber eine gründliche Einarbeitung in die Materie erleichtern.

**4. Transaktionen, Ströme und Buchungen.** Zunächst ist klarzustellen, in welcher Weise die S. 13 genannten fünf Transaktionsarten in einem aus Konten bestehenden Kreislaufschema wie dem von Tabelle 3.1 (S. 92) zu registrieren sind.

Jedes bei einer Transaktion zwischen den beiden Partnern übergehende Wirtschaftsobjekt gilt als Teil eines Stroms. Bei den Transaktionsarten (1), (3) und (5) steht dem ein Strom in entgegengesetzter Richtung gegenüber. Fehlt wie bei den Transaktionsarten (2) und (4) eine Gegenleistung, so wird ein *Transferstrom* hinzugedacht. Dies liegt nicht nur im Interesse einer einheitlichen Handhabung, sondern dient auch als Informationshilfe, da diese Transaktionen für jeden Partner ebenfalls zwei Aspekte haben: Der eine erhält etwas, der andere gibt etwas hin; und der eine registriert, daß er etwas ohne Gegenleistung erhält, der andere, daß er etwas ohne Gegenleistung abgibt. Damit ist sichergestellt, daß jede der fünf Transaktionsarten je zwei Ströme entstehen läßt. Tabelle 3.2 zeigt dies und nennt die Namen der Ströme.

Tabelle 3.2 – *Arten von Transaktionen und Strömen*

| Ströme / Transaktionen | Güterströme | Forderungsströme | Transferströme |
|---|---|---|---|
| (1) Gut gegen Gut | 2 | – | – |
| (2) Gut ohne Gegenleistung | 1 | – | 1 |
| (3) Gut gegen Forderung | 1 | 1 | – |
| (4) Forderung ohne Gegenleistung | – | 1 | 1 |
| (5) Forderung gegen Forderung | – | 2 | – |

Die Ströme werden in den Konten des Kreislaufschemas wie folgt erfaßt:

- Jeder Strom ist mit Abgang und Zugang zu erfassen, oder: Zu jeder Eintragung in ein Konto gehört eine Eintragung mit dem gleichen Betrag in der entgegengesetzten Seite eines anderen Kontos. Das ist das *Prinzip der doppelten Buchung.* Statt von jeweils zwei Eintragungen spricht man auch von *Buchung* und *Gegenbuchung.*
- Jeder Eintrag in einem Konto kann unter Wechsel des Vorzeichens auf die andere Seite desselben Kontos gebracht werden. Buchung und Gegenbuchung können daher auch auf gleichen Seiten verschiedener Konten erfolgen, wenn sie mit entgegengesetzten Vorzeichen versehen werden.

Demnach gilt der

Satz 3.2: *Jede Transaktion bildet Teil zweier Ströme und wird mit vier Buchungen in den Konten eines Kreislaufsystems erfaßt.*

**5. Leistungs- und Finanztransaktionen.** Ein privater Haushalt kauft eine Waschmaschine. Der entstehende Güterstrom besteht darin, daß die Maschine aus dem Lager des Händlers (gegen Rechnung) in die Wohnung des Käufers geliefert wird. Wie ist dieser Vorgang in den Konten des Schemas 3.1 (S. 92) zu erfassen? Ein Blick auf die Grundschema-Konten 3.1 (S. 87) bis 3.4 (S. 89) zeigt, daß dafür dort kein Platz ist. An die Stelle des Güterstroms tritt in diesem System ein Strom, der rechts als Teil der Verkäufe im Produktionskonto 3.1 des Händlers, links als Teil der Konsumgüterkäufe im Einkommenskonto 3.2 des Haushalts gebucht wird. Der zweite Strom besteht darin, daß im Kreditänderungskonto 3.4 des Verkäufers links eine Zunahme der Forderungen, im gleichen Konto des Haushalts rechts eine Zunahme der Schulden erscheint.

Die allgemeine Handhabung dieses Systems beruht darauf, daß man die fünf Transaktionsarten nach ihrer Wirkung auf die Geldvermögen der Beteiligten in zwei Kategorien einteilt. Da bei den Transaktionsarten (1) und (2) nur Güter bewegt werden, kommen sie hierbei nicht in Betracht. Für die übrigen gilt:

- Der Tausch von Gütern gegen Forderungen gemäß (3) und die Übertragung von Forderungen ohne Gegenleistung gemäß (4) sind *Leistungstransaktionen:* Jede solche Transaktion ändert die Geldvermögen der Beteiligten der Höhe nach;
- Der Tausch einer Forderung gegen eine Forderung gemäß (5) ist eine *Finanztransaktion,* mit der sich die Geldvermögen der Beteiligten in der Regel der Zusammensetzung, nicht aber der Höhe nach ändern (gleiche Bewertung der beiden Forderungen vorausgesetzt).

Jede mit einer Leistungstransaktion einhergehende Änderung des Geldvermögens heißt *Einnahme,* wenn es sich um eine Zunahme, und *Ausgabe,* wenn es sich um eine Abnahme des Geldvermögens handelt.[4] So führt der Verkauf eines Gutes beim Verkäufer zu einem Forderungszugang, erhöht damit sein Geldvermögen und ist eine Einnahme. Der Käufer verzeichnet eine Ausgabe, da sich seine Schulden erhöhen, womit sein Geldvermögen abnimmt. Überträgt ein öffentlicher Haushalt einen Geldbe-

[4] In der Betriebswirtschaftslehre und im öffentlichen Rechnungswesen sind auch Definitionen von „Einnahmen" und „Ausgaben" gebräuchlich, die mit den hier allein verwendeten nicht übereinstimmen.

trag an einen privaten Haushalt, so registriert dieser eine Einnahme, jener eine Ausgabe mit den entsprechenden Folgen für die Geldvermögen der Beteiligten.

Finanztransaktionen sind beispielsweise der Kauf von Effekten, die Emission von Schuldverschreibungen, die Rückzahlung einer Schuld oder die Abhebung von einem Sparkonto. Bei ihnen werden entweder bereits bestehende Forderungen getauscht, oder es entstehen oder verschwinden Forderungen und Verbindlichkeiten gleichzeitig in gleicher Höhe. In keinem Fall führen sie zu Einnahmen oder Ausgaben. Sie berühren daher die Höhe der Geldvermögen der Beteiligten nicht, sondern ändern nur die Zusammensetzung der Forderungen und Verbindlichkeiten.

Die vorstehenden Prinzipien der Kreislaufanalyse führen damit im einzelnen zu folgender Handhabung bei der Erfassung des Wirtschaftskreislaufs im Kontensystem der Tabelle 3.1:

Transaktionsart (3). Im Beispiel der Waschmaschine entsteht wie beschrieben ein *Einnahmen-Ausgaben-Strom,* dem der ebenfalls erwähnte Forderungsstrom gegenübersteht. Man könnte auch von einem „Leistungsstrom" sprechen und damit deutlich machen, daß es sich um einen der beiden Ströme einer Leistungstransaktion handelt. Unabhängig von der Bezeichnung ist festzustellen, daß sich bei jeder solcher Transaktion zusammen mit Forderungen und Schulden auch die Geldvermögen ändern.

Wie ist zu buchen, wenn die Waschmaschine bei Lieferung bar bezahlt wird? Bewegungen von Geld in Gestalt von Bargeld oder Sichtguthaben heißen *Zahlungseingänge* und *Zahlungsausgänge.* Es ist zweckmäßig und für das Verständnis der Kreislaufanalyse grundlegend, mit Geldbewegungen verbundene Transaktionen in die zwei Transaktionen aufzuspalten, aus denen sie bestehen. Beim Verkauf gegen Barzahlung gilt: Der Verkäufer liefert ein Gut, womit er eine Forderung gegen den Käufer erwirbt; der Käufer zahlt und löst damit seine Schuld mittels einer Finanztransaktion ab. Diese wird mit allen vier Buchungen in den Krediänderungskonten erfaßt, wie gleich noch gezeigt wird. Mithin kommt es für die Zuordnung von Transaktionen zu den beiden Kategorien nicht darauf an, ob sie mit zeitlich zusammenfallenden Geldbewegungen verbunden sind. Der Verkäufer eines Gutes registriert immer eine Einnahme unabhängig davon, ob er im Augenblick der Transaktion einen Zahlungseingang oder eine verbriefte oder nichtverbriefte Forderung gegen den Käufer erhält. Es liegt daher immer eine Leistungstransaktion vor. Tilgt der Käufer seine Schuld gleich oder später in bar oder durch Überweisung, so ist dies eine Finanztransaktion, die die Geldvermögen der Beteiligten nicht mehr der Höhe, sondern nur der Zusammensetzung ihrer Forderungen und Verbindlichkeiten nach beeinflußt.

Die Trennung zwischen Leistungs- und Finanztransaktionen zeigt sich besonders deutlich bei einem Arbeitsverhältnis. Einer Unternehmung, die laufend Arbeitsleistungen privater Haushalte in ihrem Produktionsprozeß einsetzt, erwachsen dadurch ebenso laufend Ausgaben, die von der Tatsache unabhängig sind, daß sie in wöchentlichen oder monatlichen Abständen Zahlungen an die Haushalte leistet, die den Ausgaben entsprechen. Die Gehaltszahlung ist also eine Finanztransaktion: Der Gehaltsempfänger tauscht am Monatsende die aufgelaufene Forderung in Geld um. Die Leistungstransaktion fand vorher statt: Der Arbeitnehmer tauschte während des Monats kontinuierlich Arbeitsleistungen gegen die wachsende Gehaltsforderung.

Transaktionsart (4). Der Transfer von Forderungen besteht in der Praxis besonders häufig aus Geldbewegungen. Auch solche Vorgänge sind jedoch zu zerlegen, wie sich am Beispiel von Steuern deutlich machen läßt. Mit den Umsätzen eines Unternehmens während eines Monats entsteht ebenso laufend seine Umsatzsteuerschuld, die jeweils bis zum 10. Tag des folgenden Monats anzumelden und zu tilgen ist. Die Steuerzahlung ist nur noch eine Finanztransaktion, da Steuerschuld und Bankguthaben des Zahlers gleichzeitig abnehmen. Ebenso entsteht mit dem Bezug von Einkommen die Einkommensteuerschuld, die mit dem Zugang des Veranlagungsbescheides rechtlich manifest wird und durch eine Zahlung abzulösen ist. Im Kontensystem 3.1 wird der Leistungsstrom rechts als Einnahme im Einkommenskonto des öffentlichen Haushalts, links als Ausgabe im Einkommenskonto des Steuerpflichtigen erfaßt. Parallel dazu entsteht der Forderungsstrom.

Transaktionsart (5). Kauft ein Haushalt Bundesanleihen gegen bar oder zu Lasten seines Sichtguthabens von einer Bank, so erfolgen alle vier Buchungen in den Kreditänderungskonten der Transaktionspartner. Im Konto der Bank nehmen links der Wertpapierbestand ab und entweder der Kassenbestand zu oder rechts die Sichtverbindlichkeiten ab, im Konto des Haushalts erfolgt links ein Tausch Bargeld oder Sichtguthaben gegen Wertpapiere.

Transaktionsart (1). Luftverkehrsgesellschaften entlohnen ihre Angestellten zum Teil dadurch, daß sie ihnen Freiflüge gewähren: Das Gut „Arbeitsleistung" wird insoweit real gegen das Gut „Flugtransport" getauscht. Gemäß Tabelle 3.2 entstehen zwei Güterströme, die im System der Tabelle 3.1 nicht unterzubringen sind. Will man den Gütertausch dennoch registrieren, muß man ihn fiktiv in zwei Transaktionen aufspalten: Der Angestellte liefert Arbeitsleistung an das Unternehmen, aufgrund dessen ihm eine Einnahme rechts auf seinem Einkommenskonto samt der entsprechenden Forderung zuwächst, während dem Unternehmen auf seinem Produktionskonto links eine Ausgabe sowie eine Verbindlichkeit entsteht. Entsprechend umgekehrt ist die Lieferung der Transportleistung zu buchen. Im Ergebnis heben sich die beiden fiktiven Einnahmen-Ausgaben-Ströme in ihrer Wirkung auf die Geldvermögen auf, sind aber nunmehr entsprechend ihrer ökonomischen Bedeutung im Kontensystem erfaßt.

Transaktionsart (2). Ein Textilunternehmen spendet Wolldecken bei einem Erdbeben. Entsprechend der Handhabung bei (1) wären zwei Transaktionen zu unterstellen: Eine Einnahme des Unternehmens aus der Lieferung mit Entstehung einer Forderung gegen die Empfänger sowie ein gleich hoher Transferstrom innerhalb der Einkommenskonten mit dazugehörigem Forderungsstrom, der die fiktiv aus dem Einnahmestrom entstandene Forderung rückgängig macht.

Tabelle 3.2 kann an die vorstehend geschilderte Handhabung der fünf Transaktionsarten einfach dadurch angepaßt werden, daß man die zweite Spalte „Einnahmen-Ausgaben-Ströme" statt „Güterströme" überschreibt. Die Tabelle bleibt insofern gültig, als es andere Kreislaufsysteme gibt, die der Erfassung von Güterströmen gewidmet sind. Im übrigen spielen die Transaktionsarten (1) und (2) in modernen Volkswirtschaften nur eine untergeordnete Rolle und werden in der Praxis selten berücksichtigt.

In der Regel sind die Einnahmen eines Wirtschaftssubjekts während eines Zeitraums nicht gleich seinen Ausgaben. Überwiegen die Einnahmen, so liegt ein *Einnahmenüberschuß* vor, der zu einer Erhöhung des Geldvermögens führt und daher mit einem Finanzierungsüberschuß identisch ist. Ein *Ausgabenüberschuß* verringert das Geldvermögen und ist somit ein anderer Ausdruck für ein Finanzierungsdefizit. Da Änderungen von Forderungen und Verbindlichkeiten jeweils mit gleichen Beträgen zwei Wirtschaftssubjekte berühren, folgt aus dem Prinzip der doppelten Buchung

Satz 3.3: *In jedem Zeitraum steht dem Einnahmen- (oder aber: Ausgaben-)Überschuß eines Wirtschaftssubjekts oder Sektors ein gleich hoher Ausgaben- (oder aber: Einnahmen-)Überschuß bei der Gesamtheit der übrigen Wirtschaftssubjekte oder Sektoren gegenüber.*

Im Spezialfall der geschlossenen Volkswirtschaft gilt

Satz 3.4: *In einer geschlossenen Volkswirtschaft ist in jedem Zeitraum die Summe aller Einnahmenüberschüsse (auch: Finanzierungsüberschüsse) gleich der Summe aller Ausgabenüberschüsse (auch: Finanzierungsdefizite).*

Hieraus folgt

Satz 3.5: *In einer geschlossenen Volkswirtschaft ist in jedem Zeitraum die algebraische Summe aller positiven und negativen Geldvermögensänderungen gleich Null.*

Aus diesem Satz läßt sich eine weitere Erkenntnis gewinnen, die später noch auf andere Weise abgeleitet wird. Faßt man die für ein Wirtschaftssubjekt oder einen Sektor geltende Gleichung (3.4) S. 91 mit den entsprechenden Gleichungen aller anderen Wirtschaftssubjekte oder Sektoren einer geschlossenen Volkswirtschaft zusammen, so lassen sich gemäß Satz 3.5 alle $\Delta F^n$ gegeneinander aufrechnen: Es ist $\sum \Delta F^n = 0$. Daraus folgt

Satz 3.6: *In einer geschlossenen Volkswirtschaft ist in jedem Zeitraum die gesamte Nettoinvestition gleich der gesamten Ersparnis.*

Aus den Erörterungen dieses Abschnitts folgt, daß Käufe und Verkäufe von Sachgütern, Dienst- und Faktorleistungen, Empfang und Verwendung von Einkommen, Erwerb von Sachvermögen sowie Leistung und Entgegennahme von Transfers, das heißt also alle Leistungstransaktionen einschließlich der bei den Transaktionsarten (1) und (2) unterstellten, mit je zwei Buchungen auf den Produktions-, Einkommens- und Vermögensänderungskonten einerseits und mit den restlichen zwei Buchungen auf den Kreditänderungskonten anderseits zu erfassen sind. Bei vielen Kreislaufanalysen genügt es nun angesichts ihrer Zwecke, sich auf die erstgenannten zwei Buchungen zu beschränken und die damit einhergehenden Änderungen der Kreditverflechtung zu vernachlässigen. Beachtet man ferner alle Finanztransaktionen nicht, die ja mit allen vier Buchungen im Bereich der Kreditänderungskonten bleiben, dann kann man auf diese Konten verzichten. Eine so auf die Leistungssphäre beschränkte Kreislaufanalyse nennt man in Übereinstimmung mit den eben gegebenen Definitionen eine *Einnahmen-Ausgaben-Rechnung.* Dieses Kapitel ist der Wiedergabe solcher Rechnungen gewidmet. Sie werden unten in Teil III des 4. Kapitels durch die in den Kreditänderungskonten enthaltene *sektorale Kreditänderungsrechnung* ergänzt.

**6. Transaktionen in einer Volkswirtschaft mit vier Wirtschaftssubjekten.** Der erste Schritt der Kreislaufanalyse, die Erfassung von Transaktionen auf drei Kontenarten, soll zunächst an einem fiktiven Zahlenbeispiel vorgeführt werden. Folgende Annahmen mögen gelten:

- Es gibt in der betrachteten Volkswirtschaft zwei Produktionsunternehmen A und B sowie zwei private Haushalte C und D;

- Für die Unternehmen werden keine Einkommenskonten, für die Haushalte keine Produktionskonten geführt;
- Von Lagerbestandsänderungen sowie von Transaktionen mit dem Ausland und von der ökonomischen Tätigkeit öffentlicher Haushalte wird abgesehen, es wird also eine geschlossene Volkswirtschaft ohne Staat betrachtet.

Die beiden Konten für die Unternehmung A sind unten abgedruckt. Die rechte Seite des Produktionskontos 3.7 unterscheidet sich von dem Grundschema (Konto 3.1, S. 87) nur dadurch, daß die Verkäufe nach der Verwendung der Güter aufgeteilt sind. Die linke Seite weist aus, daß die Vorleistungen von Unternehmen B geliefert wurden, und daß die Wertschöpfung zu ungleichen Teilen als Einkommen den beiden Haushalten zugeflossen ist.

Gemäß Konto 3.8 ist der Produktionsapparat von A um die Käufe von Investitionsgütern gewachsen, hat sich während der Rechnungsperiode aber auch durch Verschleiß, gemessen durch die Abschreibungen, verringert. Seine Netto-Änderung ergibt sich aus der Differenz dieser beiden Größen. Posten A.9 ist die Bruttoinvestition, Posten A.9 minus Posten A.10 ergibt daher die Nettoinvestition in Höhe von 290. Da eine „Ersparnis der Unternehmung" hier noch nicht definiert ist, kann diese die Differenz zwischen ihren Investitionsgüterkäufen und ihren Abschreibungen nur durch Schuldaufnahme finanziert haben. Kreditgeber waren die beiden Haushalte. Konto 3.8 ist somit eine spezielle Fassung eines Vermögensänderungskontos nach dem Muster von Konto 3.3 (S. 88), da die Zunahme des Reinvermögens fehlt.

Kontensystem 3.7 – 3.14:
*Der Wirtschaftskreislauf in einer geschlossenen Volkswirtschaft mit vier Wirtschaftssubjekten*

Konto 3.7: Produktionsunternehmen A
Produktionskonto für das Jahr *t*

| | | | |
|---|---|---|---|
| A.1 Käufe von Vorleistungen von Unternehmen B | 200 | A.5 Verkäufe nichtdauerhafter Produktionsgüter an Unternehmen B | 50 |
| A.2 Abschreibungen | 10 | *Verkäufe von Konsumgütern:* | |
| *Einkommen:* | | A.6 an Haushalt C | 330 |
| A.3 an Haushalt C | 250 | A.7 an Haushalt D | 150 |
| A.4 an Haushalt D | 140 | A.8 Verkäufe von Investitionsgütern an Unternehmen B | 70 |

Konto 3.8: Produktionsunternehmen A
Vermögensänderungskonto für das Jahr *t*

| | | | |
|---|---|---|---|
| A.9 Käufe von Investitionsgütern von Unternehmen B | 300 | A.10 Abschreibungen | 10 |
| | | *Finanzierungsdefizit gleich Zunahme der Schulden:* | |
| | | A.11 gegenüber Haushalt C | 275 |
| | | A.12 gegenüber Haushalt D | 15 |

Die beiden Konten des Unternehmens B enthalten entsprechende Posten, die zum Teil Gegenposten zu den Eintragungen auf den Konten von A sind:

Konto 3.9: Produktionsunternehmen B
Produktionskonto für das Jahr *t*

| | | | | | |
|---|---|---|---|---|---|
| B.1 | Käufe von Vorleistungen von Unternehmen A | 50 | B.5 | Verkäufe nichtdauerhafter Produktionsgüter an Unternehmen A | 200 |
| B.2 | Abschreibungen | 20 | | *Verkäufe von Konsumgütern:* | |
| | *Einkommen:* | | B.6 | an Haushalt C | 120 |
| B.3 | an Haushalt C | 500 | B.7 | an Haushalt D | 180 |
| B.4 | an Haushalt D | 230 | B.8 | Verkäufe von Investitionsgütern an Unternehmen A | 300 |

Konto 3.10: Produktionsunternehmen B
Vermögensänderungskonto für das Jahr *t*

| | | | | | |
|---|---|---|---|---|---|
| B.9 | Käufe von Investitionsgütern von Unternehmen A | 70 | B.10 | Abschreibungen | 20 |
| | | | | *Finanzierungsdefizit gleich Zunahme der Schulden:* | |
| | | | B.11 | gegenüber Haushalt C | 25 |
| | | | B.12 | gegenüber Haushalt D | 25 |

Die folgenden Posten bezeichnen jeweils die beiden Seiten einer Transaktion und stimmen daher zahlenmäßig überein, haben jedoch unterschiedliche Bedeutung für die Beteiligten und tragen verschiedene Namen (Kauf/Verkauf): A.1 und B.5, B.1 und A.5, B.9 und A.8, A.9 und B.8. Der Eintrag „Abschreibungen" erscheint mit Posten und Gegenposten jeweils in den Konten desselben Unternehmens. Er bezeichnet somit nicht eine Transaktion (vgl. S. 91), da kein Wirtschaftssubjekt mit sich selbst ökonomische Transaktionen vornehmen kann. Die doppelte Eintragung gibt vielmehr die Tatsache wieder, daß Abschreibungen zweierlei bedeuten: Von der Aktivität „Güterproduktion" her gesehen messen sie den Verzehr von Nutzungen der dauerhaften Produktionsmittel, also den Einsatz eines Produktionsfaktors, und müssen daher auf der linken Seite des Produktionskontos erscheinen. Von der Aktivität „Vermögensbildung" her gesehen geben sie den Betrag an, um den sich die Bestandsgröße „dauerhafte Produktionsmittel" rechnerisch vermindert hat, und müssen daher rechts auf dem Vermögensänderungskonto erfaßt werden.

Auch auf den Konten 3.11 und 3.12 für den Haushalt C gibt es Gegenposten zu Eintragungen auf anderen Konten. Es entsprechen einander C.1 und A.6, C.2 und B.6, C.4 und A.3 sowie C.5 und B.3. Mit dem Einnahmenüberschuß des Haushalts in Höhe von 300 ist eine Erhöhung seines Geldvermögens in Gestalt von Forderungszuwächsen gegenüber den beiden Unternehmen einhergegangen. Es entsprechen einander C.6 und A.11 sowie C.7 und B.11.

Konto 3.11: Haushalt C
Einkommenskonto für das Jahr *t*

| | | | | | |
|---|---|---|---|---|---|
| | *Käufe von Konsumgütern:* | | | *Einkommen von:* | |
| C.1 | von Unternehmen A | 330 | C.4 | Unternehmen A | 250 |
| C.2 | von Unternehmen B | 120 | C.5 | Unternehmen B | 500 |
| C.3 | Ersparnis | 300 | | | |

Konto 3.12: Haushalt C
Vermögensänderungskonto für das Jahr *t*

| | | | | | |
|---|---|---|---|---|---|
| | *Finanzierungsüberschuß gleich Zunahme der Forderungen:* | | | | |
| C.6 | gegenüber Unternehmen A | 275 | C.8 | Ersparnis | 300 |
| C.7 | gegenüber Unternehmen B | 25 | | | |

Auch die Ersparnis muß entsprechend ihrer Doppelnatur auf zwei Konten erscheinen. Sie bedeutet einerseits Nichtverwendung von Einkommensteilen zum Konsum und wird daher als Saldo auf dem Einkommenskonto registriert, anderseits ist sie vermögenswirksam und zeigt daher eine Vermögensvermehrung auf Konto 3.12 an. Bei diesem handelt es sich um eine weitere spezielle Fassung von Konto 3.3 (S. 88): Hier sind die Bruttoinvestition und die Abschreibungen gleich null, und anstelle eines Finanzierungsdefizits liegt ein Finanzierungsüberschuß vor.

Die beiden Konten für den Haushalt D entsprechen denen des Haushalts C:

Konto 3.13: Haushalt D
Einkommenskonto für das Jahr *t*

| | | | | | |
|---|---|---|---|---|---|
| | *Käufe von Konsumgütern:* | | | *Einkommen von:* | |
| D.1 | von Unternehmen A | 150 | D.4 | Unternehmen A | 140 |
| D.2 | von Unternehmen B | 180 | D.5 | Unternehmen B | 230 |
| D.3 | Ersparnis | 40 | | | |

Konto 3.14: Haushalt D
Vermögensänderungskonto für das Jahr *t*

| | | | | | |
|---|---|---|---|---|---|
| | *Finanzierungsüberschuß gleich Zunahme der Forderungen:* | | | | |
| D.6 | gegenüber Unternehmen A | 15 | D.8 | Ersparnis | 40 |
| D.7 | gegenüber Unternehmen B | 25 | | | |

**7. Volkseinkommen und Sozialprodukt.** Der zweite Schritt der Kreislaufanalyse, die Zusammenfassung von Konten zwecks Gewinnung eines überschaubaren Bildes, hat Folgen, die den im zweiten Kapitel (S. 63–66) besprochenen Folgen der Konsolidierung von Bestandskonten entsprechen. Es kann nunmehr der Fall eintreten, daß Buchung und Gegenbuchung eines Stroms auf den beiden Seiten eines konsolidierten Kontos auftreten. Sie können dann gestrichen werden. Ferner faßt man gleichartige Posten zusammen und saldiert gegebenenfalls bestimmte Ströme.

Die Konten lassen sich prinzipiell auf zwei Arten zusammenfassen. Konsolidiert man sämtliche Aktivitätskonten eines Wirtschaftssubjekts, also die in Tabelle 3.1 (S. 92) untereinander stehenden Konten, so verschwinden die internen Buchungen und es bleiben nur Buchungen von Transaktionen übrig. So entsteht beispielsweise aus den Konten 3.7 und 3.8 das Transaktionskonto des Produktionsunternehmens A, und Entsprechendes ergibt sich bei den Wirtschaftssubjekten B bis D.

Bei der zweiten Art der Zusammenfassung konsolidiert man gleiche Aktivitätskonten verschiedener Wirtschaftssubjekte, also die in Tabelle 3.1 nebeneinander stehenden Konten. Die Konsolidierung der Produktionskonten aller Wirtschaftssubjekte einer Volkswirtschaft ergibt das *gesamtwirtschaftliche Produktionskonto.* Im Zahlenbeispiel erhält man so aus den Konten 3.7 und 3.9 ein Konto, das unter anderem auf der rechten Seite alle Verkäufe von Vorleistungen an Unternehmen, auf der linken Seite alle Käufe von Vorleistungen von Unternehmen enthält. In einer Volkswirtschaft ohne Beziehungen zum Ausland müssen diese Größen einander entsprechen und werden gestrichen. Außerdem faßt man gleichartige Transaktionen zusammen.

Die Einkommenskonten werden zum *gesamtwirtschaftlichen Einkommenskonto* zusammengefaßt. Da hier zwischen den beiden Haushalten keine Transaktionen stattgefunden haben, fällt bei der Konsolidierung nichts weg. Lediglich gleichartige Posten werden addiert.

Aus sämtlichen Vermögensänderungskonten ergibt sich das *gesamtwirtschaftliche Vermögensänderungskonto.* Im Zahlenbeispiel müssen dazu die vier Konten 3.8, 3.10, 3.12 und 3.14 vereinigt werden. Dabei zeigt sich, daß in Übereinstimmung mit Satz 3.4 (S. 97) der Summe der Finanzierungsdefizite beider Unternehmen eine gleich hohe Summe der Finanzierungsüberschüsse beider Haushalte gegenübersteht. Diese Posten können also weggelassen werden, außerdem werden wiederum gleichartige Posten zusammengefaßt.

Die Konten 3.15, 3.16 und 3.17 zeigen das Ergebnis der Konsolidierung. Sie machen deutlich, daß der Verlust von Informationen infolge der Konsolidierung dadurch kompensiert wird, daß man einige zentrale ökonomische Gesamtgrößen erhält:

Konto 3.15: Land Z
Gesamtwirtschaftliches Produktionskonto für das Jahr $t$

| | | | | | |
|---|---|---|---|---|---|
| | Abschreibungen | 30 | Verkäufe von Konsumgütern an Haushalte =Privater Konsum | 780 | Bruttosozialprodukt |
| Volkseinkommen | Summe aller Wertschöpfungen | 1120 | Verkäufe von Investitionsgütern an Unternehmen =Bruttoinvestition | 370 | |

Konto 3.16: Land Z

Gesamtwirtschaftliches Einkommenskonto für das Jahr $t$

| | | | |
|---|---|---|---|
| Käufe von Konsumgütern von Unternehmen = Privater Konsum | 780 | Volkseinkommen | 1120 |
| Ersparnis | 340 | | |

Konto 3.17: Land Z

Gesamtwirtschaftliches Vermögensänderungskonto für das Jahr $t$

| | | | |
|---|---|---|---|
| Bruttoinvestition | 370 | Abschreibungen | 30 |
| | | Ersparnis | 340 |

Die Summe aller Wertschöpfungen, also aller aus der Produktionstätigkeit entstandenen Einkommen, heißt *Volkseinkommen.* Der Wert aller Verkäufe von Konsumgütern an die Haushalte heißt *Privater Konsum* (auch: *Privater Verbrauch*). Privater Konsum und Bruttoinvestition bilden in der hier betrachteten geschlossenen Volkswirtschaft ohne Staat zusammen das *Bruttosozialprodukt.* Setzt man hiervon die Abschreibungen ab, erhält man das *Nettosozialprodukt.* Dieses ist gleich der Summe aus Privatem Konsum und Nettoinvestition und in dieser Volkswirtschaft daher ebenso groß wie das Volkseinkommen.

Es ist wichtig zu verstehen, daß das Brutto- und Nettosozialprodukt nicht etwa gleich „dem Wert aller während eines Jahres produzierten Waren und Dienstleistungen" ist. Dazu würden auch solche Güter zählen, die während der Rechnungsperiode hergestellt und im Produktionsprozeß eingesetzt wurden. Im Zahlenbeispiel wären dies die beiden Vorleistungsströme A.5/B.1 und B.5/A.1, die gesamtwirtschaftlich gesehen aus Zwischenprodukten bestehen (vgl. Bild 1.2, S. 5). Dem Begriff des Sozialprodukts liegt dagegen die in Bild 1.3 (S. 8) wiedergegebene Vorstellung zugrunde. Die Volkswirtschaft verfügt über einen Produktionsapparat, der sich aus dauerhaften Produktionsmitteln und Lagerbeständen aller Art bei den Unternehmen zusammensetzt. Mit Hilfe dieses Produktionsapparates, der Nutzung von Grundstücken und der von den Haushalten laufend abgegebenen Arbeitsleistungen werden während des Jahres Sachgüter und Dienstleistungen erzeugt. Ein Teil davon wird gleich wieder im Prozeß eingesetzt und geht dabei unter. Als Ergebnis des Prozesses können nur die Güter angesehen werden, die nicht in der gleichen Periode wieder in den Produktionsprozeß eingehen. Das sind erstens alle an private Haushalte verkauften Güter, der private Konsum, zweitens solche Güter, die im Bereich der Unternehmen bleiben und den Produktionsapparat erhalten oder vergrößern, die Investition (vom Ausland wurde hier abgesehen).

Der Sachverhalt läßt sich vielleicht noch leichter verstehen, wenn man mehrere Unternehmen betrachtet, die sich nicht wie im Kontensystem 3.7–3.14 gegenseitig beliefern, sondern in *Produktionsstufen* hintereinander angeordnet sind. Gegeben seien ein Landwirt als Getreideproduzent, eine Getreidemühle, eine Brotfabrik und ein Einzelhändler als Brotverkäufer an Konsumenten. Unter höchst vereinfachenden Annahmen wie denen, daß keine Vorleistungen von sonstigen Unternehmen benötigt werden, kein Verschleiß an den dauerhaften Produktionsmitteln eintritt und keine Lagerbestandsänderungen vorkommen, läßt sich dieses produzierende System wie in Bild 3.2 darstellen.

Wie hoch ist das Sozialprodukt in diesem System? Zählt man den Wert des Getreides, des Mehls, des Brotes und des Brotes zuzüglich der Verkaufsleistung des Einzelhändlers (weniger kompliziert: Brot zum Einzelhandelspreis) zusammen und nennt dies das Sozialprodukt, so ist klar, daß man *Doppelzählungen* vornimmt: Im Wert des Mehls „steckt" der Wert des Getreides, im Wert des Brotes „steckt" der Wert des Mehls, und so weiter. Außerdem hängt dann der Wert des Sozialprodukts vom Ausmaß der *vertikalen Unternehmenskonzentration* ab: Bei einem Zusammenschluß der Getreidemühle mit der Brotfabrik würde der Posten „Mehl" in der Darstellung von Bild 3.2 verschwinden, und das so definierte Sozialprodukt würde sinken. Aus diesen Gründen gilt als Sozialprodukt in den nichtsozialistischen Ländern nur die Summe

Bild 3.2 – *Ein vierstufiges produzierendes System*

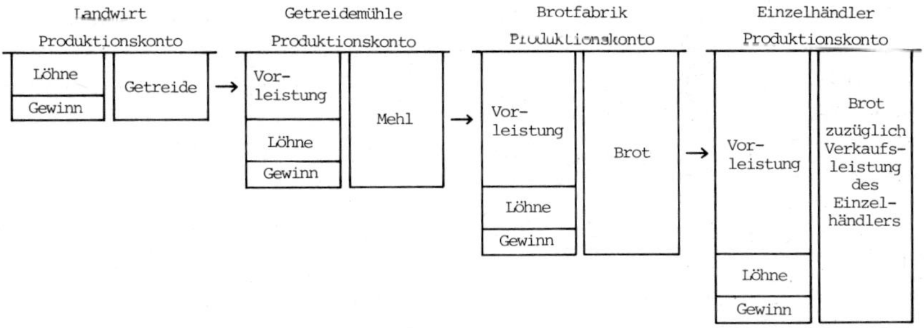


dessen, was auf jeder Stufe des Produktionsprozesses dem Wert der jeweiligen Vorleistungen hinzugefügt wird.[5] Anders ausgedrückt: Jedes Unternehmen leistet einen *Beitrag zum Sozialprodukt,* der in Bild 3.2 den jeweiligen Faktoreinkommen entspricht. Die Konsolidierung der vier Konten zeigt, daß die Summe dieser Beiträge gleich dem Wert der Güter ist, die das produzierende System hergestellt und während des betrachteten Zeitraums *nicht wieder im eigenen System eingesetzt hat.* Das ist hier nur das Brot zum Einzelhandelspreis, dessen Wert gleich der Summe der Faktoreinkommen ist.

**8. Die Gleichheit von Nettoinvestition und Ersparnis.** Saldiert man in dem gesamtwirtschaftlichen Vermögensänderungskonto 3.17 (S. 102) die Abschreibungen mit der Bruttoinvestition, dann wird der in Abschnitt I.5 (S. 94–97) abgeleitete zentrale Kreislaufzusammenhang erneut sichtbar: *In der geschlossenen Volkswirtschaft ist in jeder Periode der Wert der Nettoinvestition ex post gleich der Ersparnis.* Der Zusatz „ex

[5] Daher auch die englische und die französische Bezeichnung für Wertschöpfung: „Value added" und „valeur ajoutée". Der Wert der Vorleistungen kann wie im Beispiel des Landwirts in Bild 3.2 auch null sein.

post" bedeutet hierbei, daß dieser Zusammenhang nur bei einer rückschauenden Betrachtung gelten muß. Würde man dagegen die Investitionsentscheidungen der Unternehmen, wie sie in deren Wirtschaftsplänen auftreten, mit der geplanten Ersparnis in den Wirtschaftsplänen der Haushalte vergleichen, so würde sich in der Regel zeigen, daß die Investition *ex ante* von der Ersparnis ex ante abweicht. Es sei daher ausdrücklich darauf hingewiesen, daß der genannte Zusammenhang nur ex post gelten muß.

Die Ex-post-Gleichheit von Nettoinvestition und Ersparnis gilt für jeden volkswirtschaftlichen Kreislauf. Das läßt sich unabhängig von dem obigen Zahlenbeispiel durch folgende Überlegung zeigen. In jeder Periode entsteht das Nettosozialprodukt als Gesamtwert aller konsumierten und netto investierten Güter zusammen mit seinem monetären Äquivalent, dem Volkseinkommen. Beide sind definitionsgemäß gleich groß. Der größere Teil des Volkseinkommens wird zu Käufen von Konsumgütern bei den Unternehmen benutzt, der kleinere Teil wird gespart. Der Teil des Sozialprodukts, den die Haushalte den Unternehmen nicht abkaufen, bleibt offenbar in deren Bereich, vergrößert also den Produktionsapparat und stellt daher Nettoinvestition dar. Nicht zu Konsumgüterkäufen wurde aber der Teil des Volkseinkommens verwendet, der von den Haushalten gespart wurde. Daher muß die Ersparnis gleich der Nettoinvestition sein. Oder noch anders ausgedrückt: Da Volkseinkommen und Nettosozialprodukt gleich groß sind und von beiden ein gleich großer Teil konsumiert wird, müssen auch die nicht verbrauchten Teile beider Größen gleich groß sein.

Da jedem Konto eine Gleichung entspricht, läßt sich dieser Zusammenhang auch in Gleichungsform darstellen. Die dabei üblichen Symbole sind:

$Y^n$ = Nettosozialprodukt, Volkseinkommen
$I^n$ = Nettoinvestition
$C$ = Privater Konsum
$S$ = Ersparnis.

Aus der Gleichung

$$Y^n = C + I^n, \tag{3.5}$$

die besagt, daß das Nettosozialprodukt zu Konsum und Nettoinvestition verwendet wird, und der Gleichung

$$Y^n = C + S, \tag{3.6}$$

die besagt, daß das Volkseinkommen auf Konsum und Ersparnis aufgeteilt wird, folgt in der geschlossenen Volkswirtschaft ohne Staat die Gleichheit von Nettoinvestition und Ersparnis:

$$I^n = S. \tag{3.7}$$

**9. Zusammenhänge zwischen Bruttoinvestition, Nettoinvestition, Reinvestition und Abschreibungen.** Es wurde bisher von dem Regelfall ausgegangen, daß die Bruttoinvestition einer Unternehmung wie auch der gesamten Volkswirtschaft größer als null ist. Das muß nicht so sein. S. 5 und S. 102 wurde gesagt, daß der Produktionsapparat aus dauerhaften Produktionsmitteln und aus Lagerbeständen aller Art bei den Unternehmen besteht (vgl. auch S. 76, Konto 2.16 und die Erläuterungen dazu). Dies gilt einzel- wie gesamtwirtschaftlich. Zugänge zum Bestand an dauerhaften Produktionsmitteln heißen *Bruttoanlageinvestition,* Änderungen von Lagerbeständen sind *Lagerinvestition.* Es kommt nun vor, daß eine Unternehmung keine dauerhaften Produktionsmittel kauft oder selbst erstellt, so daß ihre Bruttoanlageinvestition gleich null ist; oder daß sie ihre Lagerbestände verkleinert, so daß ihre Lagerinvestition negativ ist. Treffen beide Vorgänge zusammen, ergibt sich eine negative Bruttoinvestition. Auch bei gesamtwirtschaftlicher Betrachtung sind entsprechende Vorgänge möglich. Die Zusammenhänge zwischen Bruttoinvestition, Nettoinvestition und Abschreibungen müssen daher noch allgemeiner dargestellt werden.

Bild 3.3 – *Brutto- und Nettoinvestition, Reinvestition und Abschreibungen*

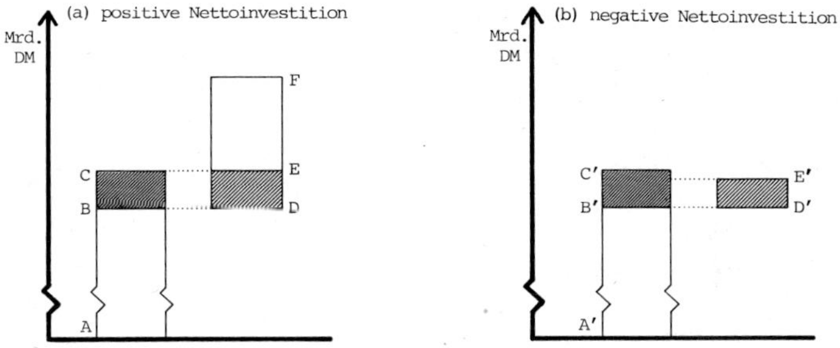


Es sei AC in Bild 3.3(a) der Produktionsapparat einer Volkswirtschaft zu Beginn einer Periode. AC ist eine Bestandsgröße mit der Dimension „DM am Stichtag". Durch den Produktionsprozeß tritt ein Verschleiß an den dauerhaften Produktionsmitteln ein, dessen monetäres Äquivalent in Höhe von BC die Abschreibungen sind. DF ist die Bruttoinvestition während des Zeitraums. Davon wird der Betrag DE rechnerisch benötigt, um den Verschleiß BC auszugleichen. Dieser Teil der Bruttoinvestition ist die Reinvestition. Was darüber hinausgeht, also EF, ist die Nettoinvestition. Da die Bruttoinvestition in diesem Beispiel größer ist als die Abschreibungen, ergibt sich eine positive Nettoinvestition und damit eine Vergrößerung des Produktionsapparats während des Zeitraums um den Betrag EF.

Ein anderer Fall liegt vor, wenn die Bruttoinvestition genau so groß ist wie der durch die Abschreibungen gemessene Verschleiß, also gleich DE gleich BC. Die gesamte Bruttoinvestition ist dann Reinvestition, die Nettoinvestition ist gleich null und und der Produktionsapparat ändert sich seiner Höhe nach nicht (was nicht ausschließt, daß er sich nach Zusammensetzung oder Qualität ändert: Neu installierte dauerhafte Produktionsmittel unterscheiden sich wegen des ständigen technischen Fortschritts häufig von den ausgeschiedenen). Gleichung (3.5) S. 104 reduziert sich dann zu

$$Y^n = C. \tag{3.8}$$

Ebenso wie die Nettoinvestition ist auch die Ersparnis gleich null, das gesamte Volkseinkommen wird für den Kauf von Konsumgütern ausgegeben. Eine solche Wirtschaft heißt *stationäre Wirtschaft.* Im Gegensatz dazu nennt man die eben beschriebene

Wirtschaft mit positiver Nettoinvestition, die in der Realität den Normalfall darstellt, eine *wachsende* oder *fortschreitende Wirtschaft.*

Ein weiterer Fall ist in Bild 3.3(b) dargestellt. Die Bruttoinvestition D'E' ist hier kleiner als die Abschreibungen B'C'. Sie stellt also voll Reinvestition dar, reicht aber nicht aus, den Verschleiß wettzumachen. Der Produktionsapparat verkleinert sich, die Nettoinvestition ist negativ.[6] Dies ist eine *schrumpfende Wirtschaft.*

Schließlich könnte es vorkommen, daß überhaupt nicht investiert wird, die Bruttoinvestition also gleich null ist. Dann ist auch die Reinvestition gleich null, die Nettoinvestition ist negativ in Höhe der Abschreibungen, und um eben diesen Betrag geht der Sachgüterbestand der Unternehmung oder der Volkswirtschaft zurück.

Es muß beachtet werden, daß die Höhe der Abschreibungen unabhängig davon ist, ob und wieviel brutto oder netto investiert wird. Wieviel abgeschrieben werden muß, hängt nur davon ab, wie stark die dauerhaften Produktionsmittel genutzt worden sind.

## II. Die Aktivitätskonten eines Produktionsunternehmens

**1. Das Produktionskonto.** Der S. 93 angedeutete mittlere Abstraktionsgrad der Kreislaufanalyse bedeutet, daß nunmehr die ökonomische Aktivität der öffentlichen Haushalte sowie die Transaktionen mit dem Ausland in die Betrachtung einzubeziehen sind. Außerdem ist die Sachvermögensbildung näher zu untersuchen.

Im allgemeinen Fall ist das Produktionskonto eines Produktionsunternehmens nach dem Muster von Konto 3.18 aufzustellen. Die Verkäufe an andere Wirtschaftssubjekte, die in der Praxis den Hauptteil des Bruttoproduktionswertes ausmachen, werden nunmehr nach Verwendungszwecken der Güter und nach Empfängern differenziert. Die Unternehmung verkauft Güter, die bei anderen Unternehmen und beim Staat als Vorleistungen eingesetzt werden (Posten 1.1 und 1.2 auf der rechten Seite von Konto 3.18) oder dort als Investitionsgüter den Produktionsapparat vergrößern (Posten 3.1 und 3.2). Ferner muß der häufig vorkommende Fall berücksichtigt werden, daß nichtdauerhafte Produktionsmittel, die ein Unternehmen A herstellt und an ein Unternehmen B verkauft, dort nicht restlos in derselben Periode im Produktionsprozeß eingesetzt werden. Soweit sie eingesetzt werden, sind sie Vorleistungen, und dieser Fall war bisher allein angenommen worden. Soweit sie nicht in derselben Periode eingesetzt werden, vergrößern sie die Lagerbestände von B und müssen daher auf dessen Vermögensänderungskonto gebucht werden. Im Produktionskonto des Lieferanten werden sie gesondert ausgewiesen (Konto 3.18, Posten 4 rechts) und zwecks Unterscheidung von den Vorleistungen *Vorprodukte* genannt. Selbstverständlich kann ein Unternehmen in der Praxis nicht wissen, zu welchen Teilen seine Lieferungen von den Empfängern noch in derselben Periode verbraucht oder über deren Ende hinaus

---

[6] Im Deutschen Reich war die Nettoinvestition in den Jahren 1931–1933 wie auch in anderen Ländern infolge der Weltwirtschaftskrise negativ. Eine solche Situation kommt sonst nur noch in Kriegszeiten vor. Vgl. E. WAGEMANN (Hg.): Konjunkturstatistisches Handbuch 1936. Berlin 1935, S. 61.

Konto 3.18: Produktionsunternehmen U
Produktionskonto für das Jahr *t*

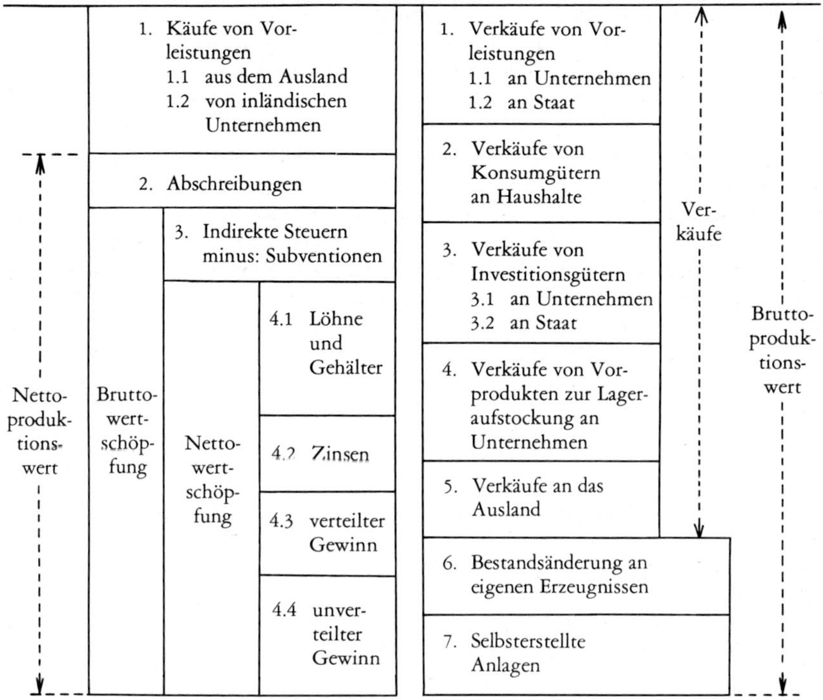


gelagert werden. Das Produktionskonto 3.18 ist jedoch auch nicht ungeändert dem betrieblichen Rechnungswesen entnommen, sondern wird aus dessen Angaben den Zwecken des Kreislaufanalytikers entsprechend zusammengestellt.

Schließlich werden Güter an die privaten Haushalte (Posten 2) und an das Ausland (Posten 5) verkauft. Es möge gelten, daß unter „Unternehmen", „Staat" und „private Haushalte" stets inländische Wirtschaftssubjekte zu verstehen sind.

Neben den verkauften Erzeugnissen gehören zwei weitere Posten zum Bruttoproduktionswert, die in der Praxis der Größenordnung nach nur eine untergeordnete Rolle spielen. Sie müssen aber erfaßt werden, da sie ebenfalls Ergebnis der Produktionstätigkeit sind. Es handelt sich erstens um die Bestandsänderung an eigenen Erzeugnissen (Halb- und Fertigfabrikate, Posten 6), die hier als positiv angenommen ist. Sie wird aufgrund der Gleichung (2.2) S. 48 als Differenz zwischen Endbestand und Anfangsbestand ermittelt und kann auch gleich null oder negativ sein. Zweitens gehören dazu die selbsterstellten Anlagen (Posten 7), also die zum eigenen Gebrauch hergestellten dauerhaften Produktionsmittel. Die Verkäufe werden zu Marktpreisen bewertet und bilden zusammen den Umsatz des Unternehmens. Posten 6 und 7 werden zu Herstellungskosten bewertet.

Auf der linken Seite des Produktionskontos sind zunächst die Käufe von Vorleistungen aus dem In- und Ausland aufgeführt (Posten 1.1 und 1.2). Der Nettoproduktionswert und die Abschreibungen sind bereits von Konto 3.1 (S. 87) her bekannt. Die Wertschöpfung muß nunmehr wegen der Einbeziehung des Staates weiter aufgegliedert werden. Dessen ökonomische Tätigkeit äußert sich unter anderem in der Erhebung von *Steuern,* die man für die Zwecke der Kreislaufanalyse in zwei Arten einteilt, die *direkten Steuern* und die *indirekten Steuern.* Auf den Produktionskonten von Unternehmen erscheinen nur indirekte Steuern. Zu ihnen gehören die Umsatzsteuer, die Verbrauchsteuern wie Mineralöl-, Tabak-, Biersteuer, Zölle und andere Einfuhrabgaben sowie einige von den Gemeinden erhobene Steuern, deren wichtigste die Gewerbesteuer ist. Gemeinsames Kennzeichen gegenüber den direkten Steuern ist, daß indirekte Steuern vor Ermittlung des einkommensteuerpflichtigen Gewinns von den Erträgen abgesetzt werden dürfen und diesen damit verringern. Den indirekten Steuern steht bei manchen Unternehmen der Empfang von *Subventionen* gegenüber. Subventionen sind regelmäßig wiederkehrende oder einmalige Begünstigungen von Unternehmen durch öffentliche Haushalte. Ihr Ziel ist im allgemeinen, den Unternehmen die Weiterexistenz in Fällen zu ermöglichen, in denen die erzielbaren Preise dies nicht zulassen würden, oder aber die Preise der von diesen Unternehmen hergestellten Güter niedrig zu halten. Die Begünstigungen können in zwei Formen auftreten:

(1) Erlaß oder Ermäßigung von Steuern oder anderen Abgaben sowie Zinsverbilligungen, also als Einnahmeverzichte öffentlicher Haushalte;
(2) Zahlungen an Unternehmen ohne ökonomische Gegenleistung, also Transferzahlungen gemäß der Transaktionsart (4).

Nur die zweite Art von Subventionen wird im Volkswirtschaftlichen Rechnungswesen erfaßt. Da Subventionen als negative indirekte Steuern aufgefaßt werden können, pflegt man sie auf dem Produktionskonto direkt von Posten 3 links abzusetzen.

Es erscheint zweckmäßig, die indirekten Steuern als Bestandteil der im Unternehmen erzielten Wertschöpfung aufzufassen, da sie in den Marktpreisen der verkauften Güter „stecken", vom Unternehmen vereinnahmt und an den Staat weitergeleitet werden. Demgemäß wird in Konto 3.18 die Differenz Nettoproduktionswert minus Abschreibungen als *Bruttowertschöpfung* bezeichnet. Setzt man von dieser den Saldo aus indirekten Steuern und Subventionen ab, erhält man die *Nettowertschöpfung.* Deren Komponenten sind die an Haushalte fließenden Einkommen wie Löhne und Gehälter, Zinsen und der (beispielsweise in Gestalt von Dividenden) *verteilte* (auch: *ausgeschüttete*) *Gewinn,* sowie der *unverteilte* (auch: *nichtausgeschüttete*) *Gewinn.*

Konto 3.18 gibt den gleichen Sachverhalt wie Bild 1.2 (S. 5) wieder, wenn man von den indirekten Steuern und Subventionen absieht und den Gewinn als Entgelt für eine Faktorleistung auffaßt. In seiner Grobstruktur entspricht es der Gleichung, die auch dem Grundschema (Konto 3.1, S. 87) zugrunde liegt: Bruttoproduktionswert minus Vorleistungen ist gleich Nettoproduktionswert. Die Berücksichtigung des Staates zwingt jetzt außerdem zur Unterteilung der Wertschöpfung gemäß der Gleichung: Bruttowertschöpfung minus Saldo aus indirekten Steuern und Subventionen ist gleich Nettowertschöpfung. Im übrigen zeigt das Konto so etwas wie den Normalfall und wäre bei Sonderfällen entsprechend anzupassen:

– Ist der Bruttoproduktionswert kleiner als die Summe der linksseitigen Posten 1 bis 3 zuzüglich 4.1 und 4.2, dann entsteht anstelle eines Gewinns ein *Verlust,* der als Saldo auf der rechten Seite des Produktionskontos erscheint;

- Sind die Lagerbestände an eigenen Erzeugnissen am Ende der Periode kleiner als am Anfang, dann wird Posten 6 rechts in Konto 3.18 negativ. Er kann dann gemäß der Regel S. 94 mit positivem Vorzeichen auf die linke Seite gebracht werden und zeigt damit den Einsatz eines Produktionsfaktors an. Die Gegenbuchung erfolgt links mit negativem Vorzeichen auf dem Vermögensänderungskonto des Unternehmens, wodurch sich die ökonomische Bedeutung des Vorgangs enthüllt: Der Produktionsapparat (der einschließlich der Lagerbestände des Unternehmens definiert ist, vgl. S. 5) wird durch Verkauf kleiner;
- Stockt das Unternehmen seine Bestände an Vorprodukten auf, so wird dies als lediglich vermögens- und nicht produktionswirksamer Vorgang nur (links) auf dem Vermögensänderungskonto gebucht. Die Verringerung dieser Bestände muß dagegen (links, positiv) auf dem Produktionskonto erfaßt werden, da sie den Einsatz dieser Vorprodukte im Produktionsprozeß bedeutet und wie in dem eben beschriebenen Fall den Produktionsapparat verkleinert. In Bild 1.2 wären beide Fälle bei den Faktorleistungen unter der (dort nicht gezeigten) Kategorie „Abbau des Produktionsapparats" zu erfassen.

**2. Das Einkommenskonto.** Als Einkommen eines Unternehmens gilt der unverteilte Gewinn, so daß sein Einkommenskonto so aussieht:

Konto 3.19: Produktionsunternehmen U
Einkommenskonto für das Jahr $t$

| | |
|---|---|
| 1. Direkte Steuern | 1. Unverteilter Gewinn |
| 2. Verfügbares Einkommen =Ersparnis | |

Der unverteilte Gewinn steht dem Unternehmen nicht in voller Höhe zur Verfügung, wenn sich der Staat ökonomisch betätigt. Ein Teil muß als Transfer in Form direkter Steuern abgeführt werden, der Saldo verbleibt als *verfügbares Einkommen* im Unternehmen. Da Unternehmen definitionsgemäß nicht konsumieren, ist ihr verfügbares Einkommen gleich ihrer Ersparnis.

**3. Das Vermögensänderungskonto.** Dieses Konto enthält alle Posten des Grundschemas 3.3 (S. 88), wobei der Sachvermögenszugang weiter unterteilt wird. Wie S. 105 angedeutet, besteht die Bruttoinvestition aus zwei Teilen:

- der *Bruttoanlageinvestition,* die sich aus den gekauften und den selbst hergestellten dauerhaften Produktionsmitteln zusammensetzt; sie wird häufig in *Bauinvestition* und *Ausrüstungsinvestition* unterteilt;
- der *Lagerinvestition,* die aus dem Nettozugang an eigenen unfertigen und fertigen Erzeugnissen und an den von anderen Unternehmen gekauften Vorprodukten besteht. Sie ist in Konto 3.20 mit ihren beiden Teilen positiv dargestellt, kann aber auch gleich null oder negativ sein.

Konto 3.20: Produktionsunternehmen U
Vermögensänderungskonto für das Jahr $t$

| | | | |
|---|---|---|---|
| Bruttoinvestition | 1. Bruttoanlageinvestition | 1.1 Käufe von Investitionsgütern | 1. Abschreibungen |
| | | 1.2 Selbsterstellte Anlagen | 2. Ersparnis |
| | 2. Lagerinvestition | 2.1 Bestandsänderung an Vorprodukten | 3. Ausgabenüberschuß = Finanzierungsdefizit |
| | | 2.2 Bestandsänderung an eigenen Erzeugnissen | |

Die übrigen Posten sind die des Grundschemas. Zu beachten ist, daß im Ausland gekaufte dauerhafte Produktionsmittel ebenfalls hier und nicht etwa auf dem Produktionskonto zu erfassen sind. Sie werden für die laufende Produktion erst wirksam, wenn sie im Produktionsprozeß eingesetzt sind und Nutzungen an diesen abgeben.

## III. Die Aktivitätskonten eines öffentlichen Haushalts

**1. Die ökonomischen Aufgaben des Staates.** Die ökonomische Tätigkeit der öffentlichen Hand läßt sich grob in die folgenden drei Kategorien einordnen (vgl. auch S. 15 f.):

(1) Die Gebietskörperschaften treten in erheblichem Umfang als Käufer von Sachgütern und Diensten bei Unternehmen auf; sie beschäftigen Arbeiter, Angestellte und Beamte und schaffen dadurch Einkommen; und sie produzieren Dienstleistungen, die unentgeltlich zur Verfügung gestellt werden. Zur Finanzierung erheben sie (in der Bundesrepublik zur Zeit rund 50) Steuern und nehmen Kredite auf;
(2) Die Sozialversicherungshaushalte erheben einerseits *Sozialbeiträge* von Erwerbspersonen und Unternehmen, anderseits leisten sie Transferzahlungen unterschiedlicher Art an private Haushalte. Sie bewirken damit in großem Umfang eine *Umverteilung* (auch: *Redistribution*) von Einkommen;
(3) Die wirtschaftspolitischen Instanzen setzen oder ändern Daten im Rahmen der Wirtschaftspolitik, zum Beispiel Steuer-, Zoll- und Mindestreservesätze, den Währungskurs oder das Ausmaß der Transferzahlungen. Zweck ist, Wirtschaftssubjekte zu einem bestimmten Verhalten zu veranlassen, um so wirtschaftspolitische Ziele zu erreichen (vgl. die Definition der Wirtschaftspolitik, S. 32).

Die unter (1) und (2) genannten Tätigkeiten werden direkt, die dritte wird indirekt im Volkswirtschaftlichen Rechnungswesen registriert. Zu beachten ist, daß Unternehmen, die sich ganz oder teilweise im Besitz der öffentlichen Hand befinden, nicht beim Staat, sondern zusammen mit den privaten Unternehmen erfaßt werden (vgl. auch die Definition des Sektors Öffentliche Haushalte in der sektoralen Vermögensrechnung, S. 68). Der Produktionsprozeß spielt sich bei ihnen nicht anders als in diesen ab, und ihre Aktivitätskonten unterscheiden sich nicht von denen privater Unternehmen. Dies gilt in der Bundesrepublik auch für solche Unternehmen, die wie Bundesbahn, Bundesbank und Bundespost ihre Beschäftigten in Beamte, Angestellte und Arbeiter einteilen und zum Teil öffentliche Aufgaben wahrnehmen.

Auch die Zusammenfassung aller öffentlichen Wirtschaftssubjekte zu einem Sektor ist lediglich eine Rechenoperation (vgl. S. 65 f.). In einer Volkswirtschaft vom Typ der Marktwirtschaft gibt es kein Wirtschaftssubjekt „Staat", das aus einem zentralen Willen heraus handelt und einheitliche Ziele verfolgt. Willensbildung, Zielsetzungen, Verhaltensweisen und Interessenlage der Tausende öffentlicher Haushalte sind im Gegenteil durchaus heterogen. Dies zeigt sich beim Streit über die Verteilung des Steueraufkommens ebenso wie bei dem Versuch, die Gebietskörperschaften zu einem einheitlichen Vorgehen in der Konjunkturpolitik zu veranlassen. Daraus ergeben sich Probleme, die später zu behandeln sind. Dennoch ist es für die Zwecke des hier allein zu erörternden Volkswirtschaftlichen Rechnungswesens notwendig, alle öffentlichen Haushalte zu einem Sektor oder zu wenigen Sektoren zusammenzufassen, da hier nur die ihnen gemeinsamen Aspekte interessieren.

In den folgenden drei Abschnitten wird gezeigt, wie die Tätigkeit eines öffentlichen Haushalts allgemein im System der Aktivitätskonten erfaßt wird, wobei an eine Gebietskörperschaft gedacht ist. Die wirtschaftspolitischen Instanzen werden nicht mehr gesondert betrachtet.

**2. Das Produktionskonto.** Die Produktionstätigkeit eines öffentlichen Haushalts besteht darin, Sachgüter und Dienstleistungen von Unternehmen zu kaufen und hieraus unter Einsatz dauerhafter Produktionsmittel und der Arbeitsleistungen unselbständig Beschäftigter Dienstleistungen zu produzieren. Auf der linken Seite seines Produktionskontos erscheinen daher Vorleistungen, Abschreibungen und die Nettowertschöpfung, da eine Pflicht zur Entrichtung indirekter Steuern im allgemeinen nicht besteht. Der entscheidende Unterschied zwischen der Produktionstätigkeit eines Unternehmens und der eines öffentlichen Haushalts liegt nun darin, daß die von einem öffentlichen Haushalt produzierten Dienstleistungen mit einigen, hier vernachlässigten Ausnahmen nicht verkauft, sondern unentgeltlich zur Verfügung gestellt werden. Beispiele wurden S. 16 genannt. Da es keine Märkte und daher auch keine Preise für diese Dienstleistungen gibt, können sie im Unterschied zu entsprechenden Posten auf den Produktionskonten von Unternehmen nicht selbständig bewertet werden. Ihr Wert wird daher hilfsweise gleich dem Gesamtbetrag der bei ihrer Herstellung angefallenen Kosten angesetzt. Anders ausgedrückt: Die unentgeltlich abgegebenen Dienstleistungen eines öffentlichen Haushalts werden nicht wie die verkauften Erzeugnisse eines Unternehmens zu Marktpreisen, sondern zu *Faktorkosten* bewertet. Zwangsläufig kann daher auf Konto 3.21 weder ein Gewinn noch ein Verlust entstehen.

Die öffentlichen Dienstleistungen werden im Interesse der privaten Haushalte und der Unternehmen produziert, müßten bei diesen also als unbezahlter privater Konsum und als unentgeltliche Vorleistungen erfaßt werden. Die Kreislaufanalytiker

Konto 3.21: Öffentlicher Haushalt St

Produktionskonto für das Jahr *t*

| | | |
|---|---|---|
| | 1. Käufe von Vorleistungen | 1. Dienstleistungen, unentgeltlich abgegeben = Eigenverbrauch |
| Nettoproduktionswert | 2. Abschreibungen | |
| | 3. Nettowertschöpfung (Löhne, Gehälter, Beamtenbesoldung) | |

Konto 3.22: Öffentlicher Haushalt St

Einkommenskonto für das Jahr *t*

| | | | |
|---|---|---|---|
| | 1. Transferzahlungen | 1.1 an Unternehmen = Subventionen | 1. Indirekte Steuern |
| | | 1.2 an private Haushalte | 2. Direkte Steuern |
| Verfügbares Einkommen | 2. Eigenverbrauch | | |
| | 3. Ersparnis | | 3. Faktoreinkommen |

Konto 3.23: Öffentlicher Haushalt St

Vermögensänderungskonto für das Jahr *t*

| | |
|---|---|
| 1. Bruttoanlageinvestition | 1. Abschreibungen |
| | 2. Ersparnis |
| | 3. Ausgabenüberschuß = Finanzierungsdefizit |

haben jedoch bisher vor der Aufgabe kapituliert zu entscheiden, welche Faktorkosten für die einzelnen Arten öffentlicher Dienstleistungen entstehen und zu welchen Teilen sie den privaten Haushalten und den Unternehmen zugute kommen. Man fingiert statt dessen, daß die öffentlichen Haushalte die von ihnen produzierten Dienstleistungen selbst verbrauchen und nennt den Saldo auf der rechten Seite von Konto 3.21 daher auch den *Eigenverbrauch* des Haushalts oder auch *Staatsverbrauch.*

**3. Das Einkommenskonto.** Den weitaus größten Teil des Einkommens eines öffentlichen Haushalts bilden Transfereinkommen in Gestalt von Steuern, die sich im allgemeinen Fall aus den beiden S. 108 genannten Kategorien direkte und indirekte Steuern zusammensetzen. Die Sozialbeiträge sind hier mit den direkten Steuern zusammengefaßt. Viele öffentliche Haushalte sind außerdem durch Wertpapierbesitz oder direkt an Unternehmen beteiligt und beziehen daher Faktoreinkommen in Gestalt von Gewinnen, Zinsen und Dividenden. Auf der linken Seite erscheinen zunächst die Transferzahlungen, die an Unternehmen und private Haushalte fließen (Konto 3.22). Der Saldo ist das verfügbare Einkommen, das zum größten Teil als zum „Kauf" der eigenen Dienstleistungen verwendet gilt. Der Rest bildet die Ersparnis. Ist die Summe aus geleisteten Transferzahlungen und Eigenverbrauch größer als die Summe des Einkommens, so liegt *Entsparen* vor, das sich als Saldo auf der rechten Seite zeigt.

**4. Das Vermögensänderungskonto.** Die Bruttoinvestition eines öffentlichen Haushalts besteht im allgemeinen nur aus dem Bau oder Kauf von Anlagegütern wie Gebäuden, Straßen, Fahrzeugen, Datenverarbeitungsanlagen und Einrichtungsgegenständen. Bis auf das Fehlen der Lagerinvestition entspricht das Vermögensänderungskonto 3.23 eines öffentlichen Haushalts also dem eines Produktionsunternehmens (Konto 3.20, S. 110).

## IV. Die Aktivitätskonten eines privaten Haushalts

**1. Das Produktionskonto.** Für die überwiegende Mehrzahl der privaten Haushalte werden keine Produktionskonten geführt. Diese Haushalte sind Lieferanten von Faktorleistungen an Unternehmen und öffentliche Haushalte als diejenigen Wirtschaftseinheiten, in denen die Produktion technisch und rechtlich-organisatorisch zusammengefaßt ist. Eine Ausnahme macht man lediglich in bezug auf Hausangestellte, Reinmachefrauen, Butler und ähnliche Erwerbstätige, die Dienstleistungen produzieren und sie gegen Entgelt an andere Haushalte verkaufen. Man könnte diese Personen wie die freiberuflich tätigen Ärzte, Rechtsanwälte, Wirtschaftsprüfer und andere dem Wirtschaftsbereich „Dienstleistungsunternehmen" und ihre Produktionskonten dem Unternehmenssektor zuordnen. Da sie jedoch keine eigenen Betriebe mit dauerhaften Produktionsmitteln haben und weder gewerbe- noch umsatzsteuerpflichtig sind, betrachtet man ihre Produktionskonten als zum Sektor Haushalte gehörig. Ein Beispiel ist:

Konto 3.24: Privater Haushalt H
Produktionskonto für das Jahr $t$

| | |
|---|---|
| 1. Löhne | 1. Verkäufe von Dienstleistungen an private Haushalte |

Der Bruttoproduktionswert ist gleich dem Wert der Dienstleistungen („Häusliche Dienste"), die ihrerseits zu den gezahlten Löhnen bewertet werden, da auf der linken Seite weder Vorleistungen noch Abschreibungen noch indirekte Steuern auftreten.

**2. Einkommensarten und Einkommenskonto.** Die im Produktionsprozeß entstehenden Einkommen fließen zum größten Teil privaten Haushalten zu. Haushalte können vier Arten von Einkommen beziehen:

(1) Ein Haushalt gibt Arbeitsleistungen an Unternehmen, öffentliche oder private Haushalte ab und erhält *Einkommen aus unselbständiger Arbeit* oder *Arbeitnehmereinkommen* (*Lohn* oder *Gehalt*);

(2) Ein Haushalt betreibt eine Unternehmung oder übt einen freien Beruf aus und erzielt *Einkommen aus Unternehmertätigkeit* (Gewinn). Hierzu wird auch das Einkommen aus der Vermietung von Wohnungen und nichtlandwirtschaftlichen Gebäuden gerechnet, da deren Eigentümer als Unternehmer des Wirtschaftsbereichs „Wohnungsvermietung" gelten (vgl. S. 68);

(3) Ein Haushalt besitzt Forderungen wie Obligationen, Sparguthaben, Aktien oder andere Beteiligungen und erhält hieraus *Einkommen aus Vermögen* (auch: *Vermögenseinkommen*) in Gestalt von Zinsen, Dividenden, Beteiligungserträgen und dergleichen;

(4) Ein Haushalt erhält Einkommen ohne ökonomische Gegenleistung. Beispiele sind Sozialrenten aller Art, Beamten- und betriebliche Pensionen, Krankengeld. Ein solches Einkommen heißt *Übertragungseinkommen* (auch: *Transfereinkommen*).

Die unter (1) und (2) genannten Einkommensarten heißen zusammen *Einkommen aus Erwerbstätigkeit* (auch: *Erwerbseinkommen*). Nur die Einkommensarten (1), (2) und (3) entstehen direkt im Produktionsprozeß und gelten daher als Faktoreinkommen.

Einem Haushalt können mehrere Arten von Einkommen zufließen, weil er entweder aus mehreren Beziehern verschiedener Einkommen besteht oder weil ein Mitglied beispielsweise unselbständig beschäftigt ist, Aktien besitzt und eine Kriegsbeschädigtenrente bezieht. Die Statistik zeigt jedoch, daß die Mehrzahl der Haushalte jeweils nur eine Haupteinkommensquelle hat, neben der andere Einkommensarten nur in geringeren Beträgen zufließen.

Unter der Annahme, daß ein Haushalt sowohl Faktor- als auch Transfereinkommen bezieht, läßt sich sein Einkommenskonto wie folgt aufstellen:

Konto 3.25: Privater Haushalt H
Einkommenskonto für das Jahr $t$

| | | | |
|---|---|---|---|
| | 1. Direkte Steuern | 1. Faktoreinkommen | Einkommen vor Steuerabzug |
| Verfügbares Einkommen | 2. Käufe von Konsumgütern | | |
| | 3. Ersparnis | 2. Transfereinkommen | |

Auf der rechten Seite steht das nach Quellen gegliederte gesamte *Einkommen vor Steuerabzug* (auch: *Bruttoeinkommen*), aus dem sich links nach Subtraktion der geleisteten Transfers in Gestalt der direkten Steuern einschließlich der Sozialbeiträge das *verfügbare Einkommen* (auch: *Einkommen nach Steuerabzug, Nettoeinkommen*) ergibt. Es wird auf die Käufe von Konsumgütern, zu denen gegebenenfalls auch die von anderen Haushalten gelieferten und auf deren Produktionskonten ausgewiesenen Dienstleistungen zählen, und die Ersparnis aufgeteilt.

Das Konto zeigt den Fall einer positiven Ersparnis. Übersteigen die Konsumausgaben zusammen mit den direkten Steuern das Einkommen während des Zeitraums, so liegt Entsparen vor, das als Saldo auf der rechten Seite erscheint. Der damit einhergehende Ausgabenüberschuß muß durch Abbau des Bruttovermögens oder Schuldaufnahme finanziert werden.

**3. Das Vermögensänderungskonto.** Dieses Konto weicht bei einem privaten Haushalt von dem Grundschema 3.3 (S. 88) insofern ab, als man in der Kreislaufanalyse die Käufe dauerhafter Konsumgüter nicht als Sachvermögensbildung betrachtet. Alle Konsumgüter gelten mit dem Übergang in einen Haushalt als aus dem Wirtschaftskreislauf ausgeschieden. (In der Volksvermögensrechnung werden die entsprechenden Bestände dagegen prinzipiell erfaßt, vgl. Konto 2.1, S. 53, Konto 2.10 S. 64; Konto 2.16, S. 76. Hier liegt ein Fall mangelnder Integration zwischen verschiedenen Zweigen des Volkswirtschaftlichen Rechnungswesens vor.) Der Grund für diese Vernachlässigung liegt vor allem in den statistischen Schwierigkeiten der Erfassung und des Ansatzes von Abschreibungen für diesen Teil des Volksvermögens. Wie schon mehrfach erwähnt, gelten private Haushalte als Bauherren von Wohngebäuden insoweit als Unternehmen, so daß auch der private Wohnungsbau in der Kreislaufanalyse nicht als Sachvermögensbildung der Haushalte, sondern des Sektors Unternehmen erscheint.

Unter Berücksichtigung dieser Konventionen, die aufgrund verbesserter Statistiken vielleicht einmal geändert werden, sieht das Vermögensänderungskonto eines privaten Haushalts bei positiver Ersparnis so aus:

Konto 3.26: Privater Haushalt H
Vermögensänderungskonto für das Jahr $t$

| | |
|---|---|
| 1. Einnahmenüberschuß = Finanzierungsüberschuß | 1. Ersparnis = Zunahme des Reinvermögens |

Die Zunahme der Forderungen kann je nach Art der Vermögensanlage unterschiedliche Formen annehmen. Der Haushalt kann Sicht-, Termin- oder Sparguthaben einrichten, Obligationen oder Investmentzertifikate kaufen, Aktien oder andere Beteiligungen erwerben oder seine Ersparnis in Form von Bargeld halten. Wie er seinen Vermögenszuwachs im einzelnen anlegt, wird jedoch erst auf dem Kreditänderungskonto nachgewiesen, das hier noch nicht betrachtet wird. In jedem Fall erhöht sich sein Reinvermögen um den Betrag der Ersparnis.

## V. Der Wirtschaftskreislauf in der offenen Volkswirtschaft mit ökonomischer Aktivität des Staates

**1. Brutto- und Nettosozialprodukt zu Marktpreisen.** Bei der nun folgenden Zusammenfassung von einzel- zu gesamtwirtschaftlichen Konten wird wie im Zahlenbeispiel der Abschnitte I.6 bis I.8 dieses Kapitels (S. 97–102) vorgegangen. Der Abstraktionsgrad ist jetzt jedoch soweit gesenkt, daß die Konten mit den Zahlen des Wirtschaftskreislaufs der Bundesrepublik Deutschland im Jahre 1982 versehen werden können.[7] Damit soll der erste Einblick in die tatsächlichen Größenordnungen gegeben werden. Aus Gründen der Platzersparnis können die Konten jedoch auch nicht annähernd maßstabsgerecht unterteilt werden.

Die Konsolidierung der Produktionskonten aller Unternehmen, privaten und öffentlichen Haushalte ergibt wieder das gesamtwirtschaftliche Produktionskonto, das nunmehr im Falle einer offenen Volkswirtschaft mit ökonomischer Aktivität des Staates wie Konto 3.27 aussieht. Die Entstehung der Posten auf diesem Konto wird klar,

Kontensystem 3.27 – 3.33: *Der Wirtschaftskreislauf in der Bundesrepublik Deutschland 1982*

Konto 3.27: Bundesrepublik Deutschland
Gesamtwirtschaftliches Produktionskonto für das Jahr 1982
Mrd. DM

| | | | | | |
|---|---|---|---|---|---|
| | 1. Abschreibungen | 200 | 1. Privater Konsum | 899 | Bruttosozialprodukt zu Marktpreisen 1599 |
| Nettosozialprodukt zu Marktpreisen 1399 | 2. Indirekte Steuern minus: Subventionen | 173 | 2. Staatlicher Konsum | 325 | |
| | 3. Volkseinkommen = Nettosozialprodukt zu Faktorkosten | 1226 | 3. Bruttoinvestition | 336 | |
| | | | 4.1 Export minus: 4.2 Import | 38 | |

wenn man von dem Produktionskonto 3.18 (S. 107) ausgeht und die Konten 3.21 (S. 112) und 3.24 (S. 114) hinzunimmt. Zunächst gilt, daß jedem Verkauf von Vorleistungen auf der rechten Seite des Produktionskontos 3.18 eines Unternehmens ein entsprechender Kauf auf dem Produktionskonto eines anderen Unternehmens oder eines öffentlichen Haushalts gegenüberstehen muß. Diese Posten müssen also insgesamt auf beiden Seiten eines gesamtwirtschaftlichen Produktionskontos gleich groß sein und verschwinden infolge Aufrechnung. Alle anderen Posten auf den Produktionskonten einer Volkswirtschaft werden nicht auf Produktionskonten gegengebucht, bleiben bei der Konsolidierung also erhalten und werden lediglich zusammen-

[7] Die Zahlenangaben in den Teilen V und VI dieses Kapitels ohne besondere Quellenangabe entstammen den Titeln Stat. BA [6.29] und [6.30]. Sie stimmen bis auf Rundungen mit denen der Quelle überein und sind vorläufig.

gefaßt. Die Verkäufe von Konsumgütern bilden zusammen den Privaten Konsum. Die Summe des Eigenverbrauchs aller öffentlichen Haushalte heißt *Staatlicher Konsum.* Die Verkäufe von Investitionsgütern und die selbsterstellten Anlagen bilden zusammen mit der gesamten Lagerbestandsänderung an Vorprodukten und eigenen Erzeugnissen die Bruttoinvestition.

Bei den Verkäufen an das Ausland, dem *Export,* und den dort getätigten Käufen, dem *Import,* ist dreierlei zu beachten:

- Wenn man, wie bisher geschehen, die Produktionskonten aller im Inland ansässigen produzierenden Einheiten aggregiert, erfaßt man diejenigen Faktoreinkommen nicht, die Inländern ohne Produktionskonto aus ihrer Beteiligung an ausländischen Produktionsprozessen zufließen.

Dabei handelt es sich in der Hauptsache um Erträge von Auslandsvermögen sowie um Einkommen der Inländer, die täglich über die Grenze ins Ausland wechseln und dort arbeiten, der *Auspendler.*

- Ein Teil der im Inland entstehenden Nettowertschöpfung fließt in Gestalt von Erwerbs- und Vermögenseinkommen Ausländern zu, weil diese an inländischen Unternehmen beteiligt oder im Inland unselbständig beschäftigt sind (*Einpendler*).
- Inländische Unternehmen kaufen nicht nur Vorleistungen, sondern auch Investitionsgüter im Ausland, und nicht alle dort erworbenen Rohstoffe und sonstigen nichtdauerhaften Produktionsmittel werden in der gleichen Periode in heimischen Produktionsprozessen eingesetzt und sind daher Vorleistungen in dieser.

Will man nun eine Volkswirtschaft als Gesamtheit aller Inländer auffassen und überdies die bisher betrachteten Transaktionen mit Ausländern vollständig nachweisen, muß man die eben genannten Vorgänge ebenfalls auf dem gesamtwirtschaftlichen Produktionskonto buchen. Es sei mithin vereinbart, daß die Summe der Verkäufe von Sachgütern und Dienstleistungen an Ausländer (Posten 5 rechts im Produktionskonto 3.18) um die Verkäufe von Faktorleistungen, also den Gegenwert der Faktoreinkommen aus dem Ausland, vermehrt wird. Das ergibt als Posten 4.1 in Konto 3.27 den *Export* (auch: die *Ausfuhr*) der Bundesrepublik. Bringt man ferner die linksseitigen Posten 1.1 aus allen Konten 3.18 (und auch aus den Konten 3.21 S. 112, soweit öffentliche Haushalte im Ausland kaufen) unter Wechsel des Vorzeichens auf die rechte Seite, aggregiert und fügt die im Ausland gekauften Faktorleistungen, also den Gegenwert der an das Ausland geleisteten Faktoreinkommen, sowie den Wert der eingeführten Investitionsgüter und Vorprodukte zur Lageraufstockung hinzu, erhält man als Posten 4.2 in Konto 3.27 den gesamten *Import* (auch: die *Einfuhr*) des Landes. Der Saldo heißt *Außenbeitrag.* Er war in der Bundesrepublik 1982 positiv, kann aber auch gleich null oder negativ sein.

Die Summe der vier Posten rechts in Konto 3.27 heißt *Bruttosozialprodukt zu Marktpreisen.* Diese Größe ist das gebräuchlichste Maß für die wirtschaftliche Tätigkeit einer Volkswirtschaft während einer Periode. Bezeichnet man sie mit dem Symbol $Y_m^b$ und schreibt für den privaten Konsum $C_H$, für den staatlichen Konsum $C_{St}$, für die Bruttoinvestition $I^b$, für den Export $Ex$ und für den Import $Im$, so erhält man die *Verwendungsgleichung für das Bruttosozialprodukt zu Marktpreisen:*

$$Y_m^b = C_H + C_{St} + I^b + Ex - Im. \tag{3.9}$$

Zu bemerken ist, daß die Buchung der Käufe ausländischer Investitionsgüter und Vorprodukte zur Lageraufstockung das Bruttosozialprodukt nicht ändert: Diese Güter erscheinen als Bestandteil der Bruttoinvestition, erhöhen aber auch den unter 4.2 abzuziehenden Betrag.

Die Posten auf der linken Seite von Konto 3.27 ergeben sich gleichfalls durch Zusammenfassung der entsprechenden Posten aller einzelnen Produktionskonten, wobei nichts aufzurechnen ist. Zieht man vom Bruttosozialprodukt zu Marktpreisen die Abschreibungen ab, erhält man das *Nettosozialprodukt zu Marktpreisen,* das mithin gleich der Summe aus privatem und staatlichem Konsum, Nettoinvestition und Außenbeitrag ist.

**2. Nettosozialprodukt zu Faktorkosten.** Wie in Konto 3.18 (S. 107) gezeigt, müssen Unternehmen vor Errechnung ihrer Gewinne und damit der Nettowertschöpfung noch den Saldo aus indirekten Steuern und Subventionen von ihrer Bruttowertschöpfung absetzen. Konto 3.27 läßt erkennen, daß sich gesamtwirtschaftlich nach Abzug dieses Saldos vom Nettosozialprodukt zu Marktpreisen das *Nettosozialprodukt zu Faktorkosten* (auch *Volkseinkommen* oder *Inländereinkommen* genannt) ergibt. Es heißt Nettosozialprodukt, weil es die Abschreibungen nicht mehr enthält. (Rechnet man diese hinzu, erhält man das *Bruttosozialprodukt zu Faktorkosten.*) Der Name soll außerdem andeuten, daß alle auf diesem Konto erfaßten Einkommen als Gegenwert für die Lieferung von Faktorleistungen an den volkswirtschaftlichen Produktionsprozeß angesehen werden. Den indirekten Steuern stehen keine solchen Lieferungen gegenüber, weshalb sie nicht als Bestandteile der Nettowertschöpfung und damit des Volkseinkommens gelten. Schließlich kann der Begriff des Nettosozialprodukts zu Faktorkosten auch wie folgt interpretiert werden. Die das Sozialprodukt eines Jahres bildende Gütergesamtheit kann zu den bei ihrem Verkauf erzielten Marktpreisen bewertet werden: Das ergibt das (Brutto- oder Netto-)Sozialprodukt zu Marktpreisen. Man kann sie aber auch mit dem bei ihrer Produktion entstandenen Gesamtbetrag an Faktoreinkommen bewerten: Das ergibt das (Brutto- oder Netto-)Sozialprodukt zu Faktorkosten. Wie im übrigen ein Blick auf Konto 3.21 (S. 112) zeigt, kann der Staatsverbrauch immer nur zu Faktorkosten bewertet werden, obwohl er gemäß Konto 3.27 einen Teil des Bruttosozialprodukts zu Marktpreisen bildet. Das gleiche gilt gemäß Konto 3.18 auch für Bestandsänderungen an eigenen Erzeugnissen und selbsterstellte Anlagen.

**3. Die Einkommenskonten.** Die mit Posten 4.4 auf der linken Seite des Produktionskontos 3.18 (S. 107) registrierte Tatsache, daß Unternehmen häufig nicht ihren gesamten Gewinn an Haushalte ausschütten, wirft ein Problem auf. Bei vielen Untersuchungen ist es wünschenswert, das an Haushalte ausgeschüttete Einkommen von dem in den Unternehmen verbleibenden statistisch zu trennen. Über Haushaltseinkommen wird aufgrund der für Haushalte typischen Daten, Ziele und Verhaltensweisen verfügt, insbesondere wird es zu mehr oder weniger großen Teilen konsumiert. Nichtausgeschüttete Gewinne können definitionsgemäß nicht zu Konsumgüterkäufen verwendet werden, und sie unterliegen den für Unternehmen typischen Entscheidungen. Bei der zahlenmäßig großen Gruppe der freiberuflich Tätigen, Einzelunternehmen und Personengesellschaften sind Haushalts- und Unternehmensbereich jedoch so eng miteinander verflochten, daß eine Trennung der Haushaltsersparnis von der Ersparnis des Unternehmens statistisch kaum möglich erscheint. Das Statistische Bundesamt, dessen Verfahren hier beschrieben wird, erfaßt daher nur die unverteilten Gewinne der *Unternehmen mit eigener Rechtspersönlichkeit* (abgekürzt: Unternehmen m. e. R.) auf den Einkommenskonten des Sektors Unternehmen. Zu diesen zählen *Kapitalgesellschaften,* vor allem Aktiengesellschaften, Kommanditgesellschaften auf Aktien und Gesellschaften mit beschränkter Haftung, ferner Genossenschaften, alle Kreditinstitute sowie einige öffentliche Unternehmen mit eigener Rechtspersönlichkeit wie die Bundesbank, die Bundespost und die Bundesbahn. Die Gewinne aller anderen Unternehmen gelten hier als voll an die Haushalte ausgeschüttet. Unter Berücksichtigung dieser Modifikation ergeben sich die sektoralen Einkommenskonten für die Bundesrepublik aus der jeweiligen Konsolidierung der Konten 3.19 (S. 109), 3.22 (S. 112) und 3.25 (S. 114) für die entsprechenden Gruppen von Wirtschaftssubjekten. Sie hatten im Jahre 1982 das folgende Aussehen:

Konto 3.28: Unternehmen m. e. R. der Bundesrepublik Deutschland
Einkommenskonto für das Jahr 1982
Mrd. DM

| | | | |
|---|---|---|---|
| 1. Direkte Steuern | 20 | 1. Unverteilte Gewinne vor Steuerabzug | 45 |
| 2. Verfügbares Einkommen = Ersparnis | 25 | | |

Die direkten Steuern der Unternehmen mit eigener Rechtspersönlichkeit (Posten 1 auf der linken Seite von Konto 3.28) bestehen zum größten Teil aus der speziellen Einkommensteuer der Kapitalgesellschaften, der *Körperschaftsteuer.*

Das Einkommen der öffentlichen Haushalte in Konto 3.29 besteht in der Hauptsache aus Steuern und Sozialbeiträgen (die hier mit den direkten Steuern zusammengefaßt sind). Der negative Betrag für die Faktoreinkommen bedeutet, daß die empfangenen Vermögenseinkommen kleiner waren als die geleisteten in Gestalt von Zinsen auf öffentliche Schulden. Die laufenden Transfers an Ausländer (hier netto als gelei-

Konto 3.29: Öffentliche Haushalte der Bundesrepublik Deutschland
Einkommenskonto für das Jahr 1982
Mrd. DM

| | | | | |
|---|---|---|---|---|
| | 1. Transfers | | 1. Indirekte Steuern minus: Subventionen | 173 |
| | 1.1 an Haushalte | 350 | | |
| | 1.2 an Ausländer | 17 | | |
| Verfügbares Einkommen 333 | 2. Staatlicher Konsum | 325 | 2. Direkte Steuern | |
| | | | 2.1 von Haushalten | 521 |
| | | | 2.2 von Unternehmen m. e. R. | 20 |
| | 3. Ersparnis | 7 | 3. Faktoreinkommen | –14 |

stete abzüglich empfangene ausgewiesen) sind vor allem Beiträge an internationale Organisationen sowie Kriegsfolge- und Entwicklungshilfeleistungen des Bundes.

Das Einkommenskonto der privaten Haushalte 3.30 zeigt, daß 1982 rund 97 v. H. des Volkseinkommens an diese ausgeschüttet wurde (wobei allerdings die unverteilten Gewinne der Unternehmen ohne eigene Rechtspersönlichkeit ebenfalls als ausgeschüttet gelten). Der Anteil der Ersparnis am verfügbaren Einkommen dieser Haushalte, ihre *durchschnittliche Sparquote,* belief sich in diesem Jahr auf 11,2 v. H. Die Netto-Transfers an Ausländer bestehen vor allem aus Überweisungen ausländischer Arbeitnehmer, die für die Zwecke der Kreislaufanalyse als Inländer der Bundesrepublik gelten, in ihre Heimatländer.

Konto 3.30: Private Haushalte der Bundesrepublik Deutschland
Einkommenskonto für das Jahr 1982
Mrd. DM

| | | | | |
|---|---|---|---|---|
| | 1. Direkte Steuern | 521 | 1. Volkseinkommen 1226<br>minus: unverteilte Gewinne 45<br>minus: Faktoreinkommen des Staates −14 | 1195 |
| | 2. Transfers an Ausländer | 12 | | |
| Verfügbares Einkommen 1012 | 3. Privater Konsum | 899 | | |
| | 4. Ersparnis | 113 | 2. Transfereinkommen | 350 |

Die Konsolidierung der Konten 3.28, 3.29 und 3.30 ergibt das gesamtwirtschaftliche Einkommenskonto 3.31 für die Bundesrepublik 1982. Auf seiner rechten Seite erscheint wieder das vollständige Volkseinkommen, dessen Trennung in unverteilte Gewinne der Unternehmen m. e. R., Faktoreinkommen des Staates und an private Haushalte ausgeschüttete Einkommen durch die Konsolidierung aufgehoben wird. Alle direkten Steuern sowie die vom Staat an die Haushalte fließenden Transfereinkommen verschwinden infolge Aufrechnung, und es bleibt das Nettosozialprodukt zu Marktpreisen übrig. Seine Aufteilung auf den gesamten (privaten und staatlichen) Konsum, die Ersparnis der drei Sektoren und die Transfers an Ausländer wird auf der linken Seite von Konto 3.31 gezeigt.

**4. Das gesamtwirtschaftliche Vermögensänderungskonto.** Bei der Zusammenfassung sämtlicher Vermögensänderungskonten fallen infolge Aufrechnung alle während des Jahres entstandenen Einnahmen- und Ausgabenüberschüsse zwischen Inländern heraus. Das gesamtwirtschaftliche Vermögensänderungskonto 3.32 enthält daher nur noch die Bruttoinvestition, die Abschreibungen und die Ersparnis sowie den Finanzierungssaldo gegenüber dem Ausland, der 1982 ein Einnahmenüberschuß war.

Konto 3.31: Bundesrepublik Deutschland
Gesamtwirtschaftliches Einkommenskonto für das Jahr 1982
Mrd. DM

| | | | |
|---|---|---|---|
| 1. Transfers an Ausländer (netto) 29 | | 1. Volkseinkommen 1226 | Netto-sozial-produkt zu Markt-preisen 1399 |
| 2. Privater Konsum 899 | | | |
| 3. Staatlicher Konsum 325 | | | |
| 4. Er-spar-nis 145 | 4.1 der Unter-nehmen m. e. R. 25 | | |
| | 4.2 des Staates 7 | | |
| | 4.3 der priva-ten Haus-halte 113 | 2. Indirekte Steuern minus: Subventionen 173 | |

Konto 3.32: Bundesrepublik Deutschland
Gesamtwirtschaftliches Vermögensänderungskonto für das Jahr 1982
Mrd. DM

| | | | | |
|---|---|---|---|---|
| Brutto-ver-mögens-bildung 345 | 1. Brutto-investi-tion 336 | 1.1. Brutto-anlage-investi-tion 329 | 1. Abschreibungen 200 | |
| | | | 2.1 der Unter-nehmen m. e. R. 25 | 2. Erspar-nis 145 |
| | | 1.2. Lager-investi-tion 7 | 2.2 des Staates 7 | |
| | 2. Zunahme der Forderungen an Ausländer 9 (=Außenbeitrag 38 minus: Netto-Transfers an Ausländer 29) | | 2.3 der privaten Haus-halte 113 | |

**5. Das Auslandskonto.** Das Prinzip der doppelten Buchung zwingt im Fall einer offenen Volkswirtschaft zur Errichtung eines Kontos, das die Gegenbuchungen zu allen Transaktionen mit Ausländern aufnimmt. Dieses Konto heißt *Auslandskonto* (auch: *Konto der übrigen Welt*) und sieht im vorliegenden Fall so aus:

Konto 3.33: Bundesrepublik Deutschland
Auslandskonto für das Jahr 1982
Mrd. DM

| | | | |
|---|---|---|---|
| 1. Export | 536 | 1. Import | 498 |
| | | 2. Transfers an Ausländer (netto) | 29 |
| | | 3. Zunahme der Forderungen an Ausländer | 9 |

Da der Wert des Exports größer war als der Wert des Imports, ergab sich ein Exportüberschuß von 38 Mrd. DM (vgl. Konto 3.27, S. 116). Der damit in gleicher Höhe einhergehende Zuwachs der Forderungen von Inländern an Ausländer verringerte sich jedoch wegen der gleichzeitigen Transfers von netto 29 Mrd. DM auf 9 Mrd. DM. Um diesen Betrag nahm die zusammengefaßte Auslandsposition aller Inländer zu.

**6. Nettoinvestition und Ersparnis in der offenen Volkswirtschaft.** Aus Konto 3.32 (S. 121) läßt sich die Zunahme des Volksvermögens nach Abzug der Abschreibungen zu 145 Mrd. DM errechnen. Sie setzt sich für die hierbei als ein Wirtschaftssubjekt betrachtete Bundesrepublik aus dem Nettozuwachs des Sachvermögens und der Zunahme des Auslands-Geldvermögens zusammen. Das Konto zeigt ferner, welche Modifikation der oben (S. 97 und S. 103 f.) abgeleitete Satz von der Gleichheit von Investition und Ersparnis erfährt, wenn eine offene Volkswirtschaft mit Staat betrachtet wird. Zunächst gilt immer, daß sich die gesamte Ersparnis als Summe der Ersparnis aller betrachteten Sektoren ergibt. Die Modifikation des Satzes kann in zwei Schritten wie folgt vorgenommen werden.

1. Schritt: Es existieren keine Transfers vom und an das Ausland, oder sie werden nicht berücksichtigt. Es gilt dann folgendes. In der Regel weicht der Wert des Exports vom Wert des Imports ab. Liegt wie 1982 in der Bundesrepublik ein Exportüberschuß vor, so bedeutet dies, daß netto Güter produziert, aber nicht während des gleichen Zeitraums an inländische Haushalte verkauft wurden. Der Exportüberschuß unterscheidet sich in dieser Hinsicht also nicht von der Nettoinvestition (vgl. S. 104). Saldiert man die Bruttoinvestition mit den Abschreibungen, so erhält man

Satz 3.7: *In der offenen Volkswirtschaft mit ökonomischer Aktivität des Staates ist in jedem Zeitraum die gesamte Ersparnis ex post gleich der Summe aus Nettoinvestition und Außenbeitrag, wenn keine Übertragungen vom und an das Ausland berücksichtigt werden.*

Der Satz läßt sich aus Konto 3.32 (S. 121) ablesen, wenn man dabei die Transfers an das Ausland gemäß der eingangs gemachten Voraussetzung nicht beachtet. Posten 2 auf der linken Seite hat dann den Wert 38 Mrd. DM, und entsprechend wird auf der rechten Seite die Ersparnis des Staates mit 24 Mrd. DM, die der privaten Haushalte mit 125 Mrd. DM angesetzt. Der Satz läßt sich ferner aus Definitionsgleichungen ableiten, wie dies in bezug auf den entsprechenden Satz für eine geschlossene Volkswirtschaft S. 104 getan wurde. Bezeichnet man das Nettosozialprodukt zu Marktpreisen mit $Y_m^n$, so gilt unter Benutzung der bereits eingeführten Symbole

$$Y_m^n = C_H + C_{St} + I^n + Ex - Im. \tag{3.10}$$

Nach Konto 3.27 linke Seite setzt sich das Nettosozialprodukt zu Marktpreisen aus dem Volkseinkommen und dem Saldo aus indirekten Steuern und Subventionen zusammen. Es erscheint in dieser Gliederung auch auf der rechten Seite von Konto 3.31, dessen linke Seite seine Aufteilung auf Konsum und Ersparnis zeigt:

$$Y_m^n = C_H + C_{St} + S. \tag{3.11}$$

Aus den Gleichungen (3.10) und (3.11) folgt

$$I^n + Ex - Im = S, \tag{3.12}$$

also Satz 3.7.

2. Schritt: In der Realität haben Transfers vom und an das Ausland heute erhebliche Bedeutung, wie für die Bundesrepublik aus dem Kontensystem 3.27–3.33 hervorgeht, und in der Regel weicht der Wert der geleisteten Transfers vom Wert der empfangenen ab. Leistet ein Inländer eine Übertragung an einen Ausländer, so verringert sich der aus der Ersparnis herrührende Geldvermögenszuwachs des Inländers um diesen Betrag. In der Gleichung $I^n + Ex - Im = S$ muß dann dem durch die Übertragung verminderten $S$ die an den Ausländer geleistete Übertragung $Z_{i \to a}$ hinzugefügt werden:

$$I^n + Ex - Im = S + Z_{i \to a} \tag{3.13}$$

Erhält ein Inländer eine Übertragung $Z_{a \to i}$ von einem Ausländer, erhöht sich entsprechend der Gesamtbestand an Forderungen von Inländern gegenüber Ausländern. Diese Übertragung wirkt also auf die Vermögensänderungsgleichung (3.12) genauso, als hätte bei Konstanz aller übrigen Größen ein zusätzlicher Güterexport stattgefunden. Die Übertragung $Z_{a \to i}$ muß demnach auf der linken Seite von Gleichung (3.13) hinzugefügt werden. Das ergibt

$$I^n + Ex - Im + Z_{a \to i} = S + Z_{i \to a} \tag{3.14}$$

oder den

Satz 3.8: *In der offenen Volkswirtschaft ist in jedem Zeitraum die gesamte Ersparnis zuzüglich der an das Ausland geleisteten Übertragungen ex post gleich der Summe aus Nettoinvestition, Außenbeitrag und der vom Ausland empfangenen Übertragungen.*

Da die von der Bundesrepublik an das Ausland geleisteten Übertragungen nicht zwangsläufig, aber de facto ständig höher sind als die empfangenen, ist es zweckmäßig, die positive Größe

$$Z_{i \to a}^n = Z_{i \to a} - Z_{a \to i} \tag{3.15}$$

mit der Bezeichnung „Netto-Übertragungen an das Ausland" zu bilden und sie in Gleichung (3.14) wie folgt einzusetzen:

$$I^n + (Ex - Im - Z_{i \to a}^n) = S. \tag{3.16}$$

Der in dieser Gleichung in Klammern gesetzte Ausdruck enthält die Einnahmen-Ausgaben-Ströme sämtlicher Leistungstransaktionen von Inländern mit Ausländern. Gemäß deren Definition (vgl. S. 94) ändern diese die Geldvermögen der Beteiligten, in Gleichung (3.16) also das Auslands-Geldvermögen der Gesamtheit der Inländer. Man nennt daher die aus den Größen in der Klammer zu berechnende Nettogröße den *Saldo der Leistungsbilanz.* Demnach erhält man als alternative Fassung zu Satz 3.8 und gleichzeitig als zweite und endgültige Modifikation des eingangs genannten Kreislaufzusammenhangs den

Satz 3.9: *In der offenen Volkswirtschaft ist in jedem Zeitraum die gesamte Ersparnis ex post gleich der Summe aus Nettoinvestition und Saldo der Leistungsbilanz.*

Dieser Satz enthält die früheren Fassungen in Gestalt der Sätze 3.6 (S. 97) und 3.7 (S. 122) als Spezialfälle.

7. **Positiver oder negativer Außenbeitrag.** Alle heute existierenden Volkswirtschaften sind offen, wenn auch die außenwirtschaftlichen Beziehungen in den einzelnen Ländern sehr unterschiedlich geregelt sind. Ökonomische Transaktionen zwischen In- und Ausländern werden für jedes Land in einer *Zahlungsbilanz* registriert, die unten im fünften Kapitel dieses Buches behandelt wird. Die zahlenmäßig bedeutendste Gruppe solcher Transaktionen sind der Export und der Import von Sachgütern, Dienst- und Faktorleistungen. In den Konten 3.27 (S. 116), 3.32 (S. 121) und 3.33 (S. 122) erscheint in Übereinstimmung mit der tatsächlichen Situation der Bundesrepublik im Jahre 1982 ein positiver Außenbeitrag. Ist der Wert des Exports zufällig gleich dem Wert des Imports, so ist der Außenbeitrag gleich null, das Bruttosozialprodukt ist gleich der Summe aus privatem und staatlichem Konsum und Bruttoinvestition, und die Nettoposition gegenüber dem Ausland ändert sich nicht, wenn von Übertragungen abgesehen wird. Ist der Import größer als der Export, so bedeutet dies nach Gleichung (3.12) S. 123, daß die Ersparnis kleiner als die Nettoinvestition ist. In der betreffenden Volkswirtschaft sind dann insgesamt mehr Güter konsumiert und investiert als produziert worden. Die der Differenz entsprechende Gütermenge wurde netto aus dem Ausland eingeführt und hat zu einer Verringerung der Netto-Auslandsposition des Landes geführt, falls keine Schenkungen stattgefunden haben.

Man durchschaut diese Zusammenhänge am besten anhand des Kontos 3.34 für die Bundesrepublik 1980, in dem diese einen negativen Außenbeitrag hatte. Der sonst in einem Betrag erfaßte Saldo $Ex - Im$ ist hierbei in seine Komponenten aufgeteilt, wobei der Export rechts, der Import links gebucht wird. Das Konto läßt dreierlei erkennen:

- Das Bruttosozialprodukt zu Marktpreisen war mit 1485,7 Mrd. DM kleiner als die gesamtwirtschaftliche Endnachfrage von 1919,4 Mrd. DM (vgl. Bild 1.3, S. 8). Das ist der Regelfall. Er tritt schon ein, wenn überhaupt importiert wird;
- Das Bruttosozialprodukt zu Marktpreisen reichte 1980 nicht aus, die heimische (im Unterschied zur gesamten) Endnachfrage von 1488,8 Mrd. DM zu befriedigen, die aus dem privaten und staatlichen Konsum und der Bruttoinvestition besteht und auch „Letzte inländische Verwendung von Gütern" genannt wird. Dieser Fall geht mit einem Importüberschuß einher, der hier 3,1 Mrd. DM betrug;

Konto 3.34: Bundesrepublik Deutschland
Gesamtwirtschaftliche Endnachfrage und Bruttosozialprodukt 1980
Mrd. DM

| | | | | | | |
|---|---|---|---|---|---|---|
| Bruttosozialprodukt zu Marktpreisen 1485,7 | Privater Konsum | 834,0 | Privater Konsum | 834,0 | | Gesamtwirtschaftliche Endnachfrage 1919,4 |
| | Staatlicher Konsum | 297,9 | Staatlicher Konsum | 297,9 | | |
| | Abschreibungen | 173,3 | Reinvestition | 173,3 | Bruttoinvestition 356,9 | |
| | Ersparnis | 180,5 | Nettoinvestition | 183,6 | | |
| | Import | 433,7 | Export | 430,6 | | |

Quelle: WiSta 9/1983, S. 657, 663, 666.

- Die durch die gestrichelten Linien in Konto 3.34 angedeutete Gegenüberstellung der Komponenten von Bruttosozialprodukt und Endnachfrage zeigt, daß im Falle eines Importüberschusses die Ersparnis um eben diesen Überschuß kleiner sein muß als die Nettoinvestition. Dies wird durch den Doppelpfeil angedeutet. Saldiert man wiederum die Bruttoinvestition mit den Abschreibungen, so gilt: Der Teil des Nettosozialprodukts, der von den privaten und öffentlichen Haushalten nicht zu Konsumnachfrage verwendet, also gespart wurde und dadurch einen Teil der Inlandsproduktion zu Investitionszwecken freisetzte, war kleiner als die tatsächlich vorgenommene Nettoinvestition. Es mußten daher netto Güter aus dem Ausland eingeführt werden, es ergab sich ein Importüberschuß. Wird Konto 3.32 (S. 121) entsprechend modifiziert, läßt sich dieser Sachverhalt auch dort ablesen.

**8. Sozialprodukt und Inlandsprodukt.** Bei der Aufstellung des gesamtwirtschaftlichen Produktionskontos 3.27 (S. 116) wurden den Summen der Verkäufe und Käufe von Sachgütern und Diensten im Ausland gemäß den einzelwirtschaftlichen Produktionskonten gewisse Korrekturposten hinzugefügt, um das Sozialprodukt der Bundesrepublik ausweisen zu können. Unterläßt man dies, erhält man eine andere Gesamtgröße, das *Inlandsprodukt* der Bundesrepublik. Der Unterschied beruht darauf, daß man eine Volkswirtschaft unter dem Gesichtspunkt der arbeitsteiligen Produktion und des daraus entstehenden Einkommens auf zwei Arten gegenüber dem Ausland abgrenzen kann:

- Gemäß dem *Inländerkonzept* umfaßt eine Volkswirtschaft die Gesamtheit der Inländer. Das von ihnen erarbeitete Gesamtprodukt heißt Sozialprodukt.
- Gemäß dem *Inlandskonzept* gehören zu einer Volkswirtschaft die innerhalb der Grenzen des Landes ansässigen produzierenden Wirtschaftseinheiten. Sie erstellen das Inlandsprodukt.

Das Sozialprodukt enthält demnach die Erwerbs- und Vermögenseinkommen der Inländer aus ihrer Abgabe von Arbeits- und anderen Faktorleistungen an ausländische

Konto 3.35: Bundesrepublik Deutschland
Der Zusammenhang zwischen Inlands- und Sozialprodukt im Jahre 1982
Mill. DM

| | | | |
|---|---|---|---|
| 1. Faktoreinkommen an das Ausland | | 1. Bruttoinlandsprodukt | 1 600 300 |
| 1.1 aus unselbständiger Arbeit | 2 870 | 2. Faktoreinkommen aus dem Ausland | |
| 1.2 aus Unternehmertätigkeit und Vermögen | 37 260 | 2.1 aus unselbständiger Arbeit | 4 810 |
| 2. Bruttosozialprodukt | 1 598 900 | 2.2 aus Unternehmertätigkeit und Vermögen | 33 920 |

Produktionsprozesse; es enthält jedoch nicht das im Inland erzeugte, aber Ausländern zufließende Faktoreinkommen. Entsprechend umgekehrt ist beim Inlandsprodukt zuzuordnen: Addiert man zu diesem die von Inländern aus dem Ausland bezogenen Einkommen aus unselbständiger Arbeit, Unternehmertätigkeit und Vermögen und subtrahiert die an das Ausland geleisteten Faktoreinkommen, erhält man das Sozialprodukt. Geht man umgekehrt vom Sozialprodukt aus, so müssen die ins Ausland geflossenen Einkommen hinzugezählt und die vom Ausland empfangenen abgezogen werden, um zum Inlandsprodukt zu gelangen. Konto 3.35 zeigt diese Zusammenhänge am Beispiel der Bundesrepublik im Jahre 1982. Innerhalb der Grenzen des Landes wurde 1982 ein Bruttoinlandsprodukt von 1 600 300 Mill. DM erzeugt. Darüber hinaus flossen Inländern aus ihrer Teilnahme an ausländischen Produktionsprozessen insgesamt 38 730 Mill. DM zu. Anderseits wurden Faktoreinkommen in Höhe von zusammen 40 130 Mill. DM an Ausländer geleistet, weil sie entweder als unselbständig Beschäftigte am Produktionsprozeß der Bundesrepublik teilnahmen, hier unternehmerisch tätig waren oder ertragbringende Forderungen gegen Inländer besaßen. Im Inland ansässige ausländische Staatsangehörige („Gastarbeiter") gelten bei diesen Überlegungen jedoch als Inländer. Posten 1.1 links in Konto 3.35 ist daher relativ klein. Da 1982 mehr Faktoreinkommen an das Ausland ab- als von dort zuflossen, war das Bruttoinlandsprodukt der Bundesrepublik in diesem Jahr höher als das Bruttosozialprodukt, und zwar um 1400 Mill. DM.

Ein gleich großer Unterschied besteht damit auch zwischen dem Inlandseinkommen (auch: Nettoinlandsprodukt zu Faktorkosten) und dem Volkseinkommen (auch: Nettosozialprodukt zu Faktorkosten). Er lautet: Inlandseinkommen plus Saldo der Faktoreinkommen zwischen In- und Ausland (berechnet als: Faktoreinkommen aus dem Ausland minus Faktoreinkommen an das Ausland) ergibt das Volkseinkommen. Ist dieser Saldo positiv, dann ist das Volkseinkommen größer als das im Inland erzeugte Einkommen. Die Volkswirtschaft erhält dann netto einen Teil des im Ausland entstehenden Einkommens.

Die Bedeutung des Konzepts „Inlandsprodukt" liegt vor allem darin, daß es die wirtschaftliche Leistung von Teilgebieten einer Volkswirtschaft zu messen erlaubt. Wollte man etwa das Sozialprodukt Hamburgs, also der Hamburger, ermitteln, würde man an der Aufgabe scheitern festzustellen, welche Faktoreinkommen Hamburgern aus nichthamburgischen Produktionsprozessen zufließen und welche Teile der in Hamburg erstellten Nettowertschöpfung Nichthamburgern zustehen. Dagegen fallen

Angaben über die Beiträge der innerhalb der Grenzen des Stadtstaates gelegenen produzierenden Einheiten zum Bruttoinlandsprodukt im Rahmen der etablierten statistischen Erhebungen an und lassen sich zum Bruttoinlandsprodukt Hamburgs addieren.

Will man bei der Kreislaufanalyse von vornherein auf Sozialprodukt und Volkseinkommen abstellen, empfiehlt es sich, wie in Konto 3.27 den Export einschließlich des Wertes der an das Ausland gelieferten Faktorleistungen, also einschließlich der Faktoreinkommen aus dem Ausland, und den Import einschließlich der Faktoreinkommen an das Ausland zu berechnen. So wird meist vorgegangen, wenn ohne nähere Erläuterung von „Export" und „Import" die Rede ist.

## VI. Andere Darstellungsformen des Wirtschaftskreislaufs

**1. Graphische Darstellung.** In den Abschnitten V.1 bis V.5 dieses Kapitels wurde der Wirtschaftskreislauf des Jahres 1982 in der Bundesrepublik in einem System von sieben Konten erfaßt. Bild 3.4 zeigt ihn in einer graphischen Darstellung. Sie bedeutet gegenüber Bild 3.1 (S. 86) eine Annäherung an die Wirklichkeit. Wiedergegeben sind sechs Konten, die hier als Rechtecke gezeichnet sind und in solchen Darstellungen häufig *Pole* genannt werden, mit den zwischen ihnen fließenden Einnahmen-Ausgaben-Strömen. Ein Vergleich des Bildes mit dem Grundschema der Kreislaufanalyse (S. 92) zeigt, daß vier der sechs Pole institutionell sind: Die drei Einkommenskonten geben die Aktivität „Empfang und Verwendung von Einkommen" (vgl. S. 86) je eines Sektors wieder, und das Ausland ist ebenfalls eine Zusammenfassung von Wirtschaftssubjekten. Die beiden restlichen Pole erfassen dagegen die Funktionen „Produktion von Sachgütern und Diensten" sowie „Vermögensbildung und -anlage" jeweils aller Inländer unabhängig von ihrer Sektorzugehörigkeit.

Die Summe der in jeden Pol einmündenden Ströme ist gleich der Summe der ihn verlassenden, und die Breite der Ströme ist ihren Werten ungefähr proportional, so daß man einen Eindruck von der relativen Bedeutung der einzelnen Transaktionsarten gewinnt. Die vier auf der rechten Seite in das gesamtwirtschaftliche Produktionskonto einmündenden Ströme abzüglich des Importstroms ergeben zusammen das Bruttosozialprodukt zu Marktpreisen. Die beiden breitesten Ströme sind die schon in Bild 3.1 dargestellten Einkommen und Konsumausgaben der privaten Haushalte. Der drittbreiteste Strom ist der Export, worin sich die Tatsache ausdrückt, daß die Bundesrepublik ein stark außenhandelsorientiertes Land ist. Die relative Breite der in das Einkommenskonto des Staates einmündenden und der es verlassenden Ströme vermittelt einen Eindruck vom Ausmaß der staatlichen ökonomischen Aktivität in der Bundesrepublik.

Die Anschaulichkeit eines Stromdiagramms verschwindet jedoch bald, wenn die Zahl der Sektoren und ökonomischen Aktivitäten erhöht wird. Schon bei einer Darstellung mit 13 Polen, wie sie der Gliederung der Tabelle 3.1 mit einem zusätzlichen Auslandskonto entspricht, würde sich der Wirtschaftskreislauf graphisch nur noch als höchst unübersichtliches Geflecht von Einnahmen-Ausgaben-, Forderungs-, Transfer- und internen Strömen darbieten. Das Informationsbedürfnis von Wirtschaftstheoretikern, politikern und -praktikern verlangt darüber hinaus nach weit detaillierteren

Bild 3.4 – *Der Wirtschaftskreislauf in der Bundesrepublik Deutschland 1982*
Einnahmen-Ausgaben-Ströme in Mrd. DM

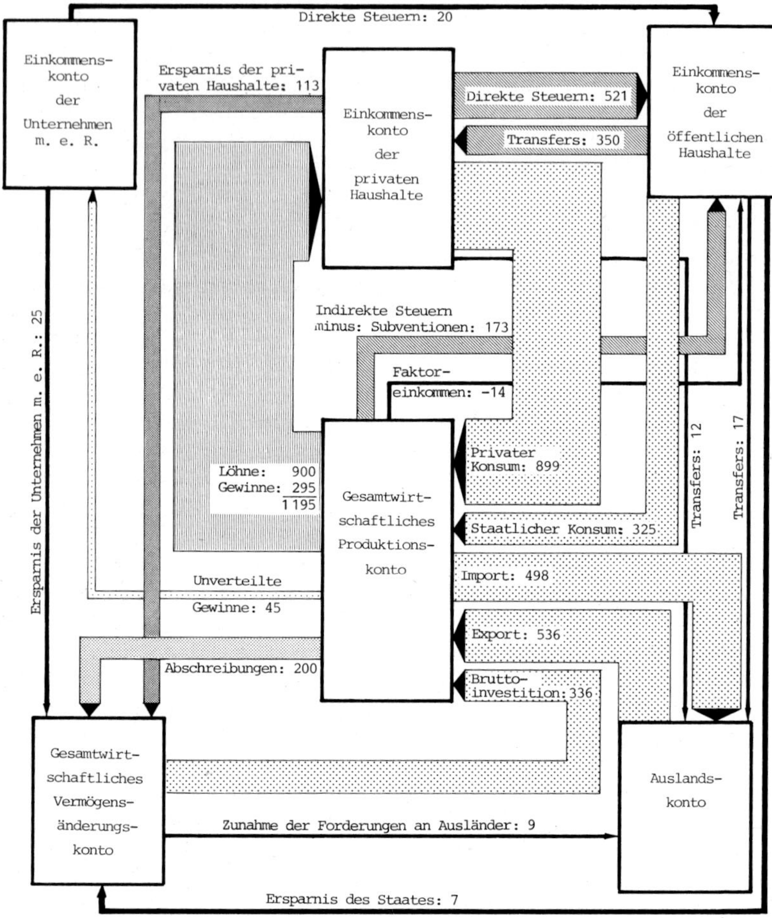


Quelle: Zusammengestellt nach den Angaben im Kontensystem 3.27–3.33, S. 116–122.

Aufzeichnungen der einzelnen Aspekte des Wirtschaftskreislaufs, als sie graphisch oder in dem System von Tabelle 3.1 möglich ist. Man kann dazu

– entweder das Kontensystem weiter aufgliedern, wie dies unten in Teil I des sechsten Kapitels gezeigt wird; oder
– die benötigten Informationen in Tabellen darbieten. Dieser zweite Weg wird im folgenden Abschnitt vorgeführt.

**2. Entstehungs-, Verwendungs- und Verteilungsrechnung.** Die folgenden Tabellen 3.3 bis 3.5 zeigen für die Bundesrepublik im Jahre 1982 die Entstehung des

Bruttoinlandsprodukts in den Wirtschaftsbereichen, die Verwendung des Bruttosozialprodukts zu den S. 117 genannten Zwecken und die Verteilung des Volkseinkommens auf Einkommensarten. Die damit gegebene Reihenfolge oder irgend eine andere sollte jedoch nicht als zeitliche Abfolge mißverstanden werden: Alle betrachteten Vorgänge finden ständig gleichzeitig statt.

Wie aus den Konten 3.18 (S. 107), 3.21 (S. 112) und 3.24 (S. 114) hervorgeht, zeigen die Produktionskonten der produzierenden Wirtschaftseinheiten auf der linken Seite die Nettoproduktionswerte als Differenz zwischen Bruttoproduktionswert und Vorleistungen. Die Nettoproduktionswerte enthalten zwar die an Ausländer geflossenen Faktoreinkommen, nicht jedoch diejenigen Einkommen, die Inländern ohne Produktionskonto aus ihren Verkäufen von Faktorleistungen an Ausländer zugeströmt sind. Die Summe der Nettoproduktionswerte aller in der Bundesrepublik gelegenen produzierenden Wirtschaftseinheiten ergibt daher gemäß der S. 125 f. eingeführten Differenzierung das Bruttoinlandsprodukt. (Es mag sprachlich unschön sein, daß die Summe der Nettoproduktionswerte das Bruttoinlandsprodukt ergibt. Dieses enthält jedoch noch die Abschreibungen – siehe Konto 3.18. Zieht man sie vom Bruttoinlandsprodukt ab, ergibt sich das Nettoinlandsprodukt.) Man erhält den ersten Einblick in die *Produktionsstruktur* einer Volkswirtschaft, wenn man alle produzierenden Einheiten nach der Art der hergestellten Güter in Wirtschaftsbereiche gliedert und feststellt, mit welchen Anteilen diese zum Produktionsergebnis des Jahres beigetragen haben. Man nennt eine solche Rechnung eine *Entstehungsrechnung* für das Bruttoinlandsprodukt. Tabelle 3.3 zeigt ihr Ergebnis für die Bundesrepublik 1982 mit einer Gliederung in 14 Wirtschaftsbereiche. Für jeden dieser Bereiche sind die Werte der Hauptposten des Produktionskontos 3.18 (S. 107) abzulesen. Zunächst ergibt Spalte (2) minus Spalte (3) die Spalte (4). Zieht man weiter die Angaben von Spalte (5) ab, erhält man die in die beiden Einkommensarten aufgeteilte Nettowertschöpfung, deren Summe das Inlandseinkommen bildet. Wie unten in Abschnitt II.6 des 6. Kapitels näher erläutert wird, bereinigt man die Summe der Nettoproduktionswerte aller Wirtschaftsbereiche noch um unterstellte Entgelte für Bankdienstleistungen und addiert die nichtabzugsfähige Umsatzsteuer und die Einfuhrabgaben. Diese sind in den von den Endverbrauchern gezahlten Marktpreisen einzeln enthalten und dürfen bei der Bewertung mit diesen daher auch insgesamt nicht fehlen. Das Ergebnis ist das Bruttoinlandsprodukt zu Marktpreisen. Die Zahlen zeigen einige für ein hochindustrialisiertes Land wie die Bundesrepublik charakteristische Relationen. Der Anteil der Land- und Forstwirtschaft am Bruttoinlandsprodukt beträgt nur 2,3 v. H., und gleichzeitig bestehen wegen der vielen Selbständigen mehr als zwei Drittel der Nettowertschöpfung aus Einkommen aus Unternehmertätigkeit und Vermögen. Dies kommt sonst nur noch bei den zusammengefaßten Bereichen Wohnungsvermietung und sonstige Dienstleistungen vor. Gut zwei Fünftel des Bruttoinlandsprodukts werden vom Warenproduzierenden Gewerbe hergestellt, während über die Hälfte auf Dienstleistungen aller Art (Bereiche 3. bis 5.) entfällt. Der *Anteil des Staates am Bruttoinlandsprodukt* beläuft sich auf 11,8 v. H. Das Verhältnis Vorleistungen zu Bruttoproduktionswert, die *Vorleistungsquote,* sagt etwas über die *Produktionstiefe* aus. Diese ist bei einem Unternehmen oder Wirtschaftszweig um so größer, je weniger auf schon von anderen Unternehmen erbrachte Produktionsgüter zurückgegriffen wird. Die Vorleistungsquote ist im Bereich der Unternehmen typischerweise beim Handel mit 86,3 v. H. am größten, da dieser die als Vorleistungen eingekauften Waren in der Regel

Tabelle 3.3 – *Die Entstehung des Bruttoinlandsprodukts der Bundesrepublik Deutschland nach Wirtschaftsbereichen 1982*
Mrd. DM

| Wirtschaftsbereich | Brutto-produktionswert | Vorleistungen | Nettoproduktionswert | Abschreibungen, Produktionssteuern [a] | Nettowertschöpfung | |
|---|---|---|---|---|---|---|
| | | | | | Löhne [b] | Gewinne [c] |
| (1) | (2) | (3) | (4) | (5) | (6) | (7) |
| 1. Land- und Forstwirtschaft, Fischerei | 74,3 | 36,9 | 37,4 | 9,8 | 7,7 | 20,0 |
| 2. Warenproduzierendes Gewerbe | | | | | | |
| 2.1 Energie- und Wasserversorgung, Bergbau | 176,0 | 117,1 | 58,9 | ... | 28,8 | ... |
| 2.2 Verarbeitendes Gewerbe | 1398,6 | 890,3 | 508,3 | ... | 340,0 | ... |
| 2.3 Baugewerbe | 190,6 | 93,5 | 97,1 | ... | 65,1 | ... |
| 3. Handel und Verkehr | | | | | | |
| 3.1 Handel | 1116,3 | 963,7 | 152,6 | ... | 90,4 | ... |
| 3.2 Verkehr, Nachrichtenübermittlung | 171,2 | 78,2 | 92,9 | ... | 59,8 | ... |
| 4. Dienstleistungsunternehmen | | | | | | |
| 4.1 Kreditinstitute | 95,1 | 23,4 | 71,7 | 6,5 | 27,1 | 38,1 |
| 4.2 Versicherungsunternehmen | 33,2 | 16,9 | 16,4 | 4,1 | 11,6 | 0,7 |
| 4.3 Wohnungsvermietung | 119,3 | 25,8 | 93,5 | 42,1 | – [d] | – [d] |
| 4.4 Sonstige Dienstleistungen | 337,2 | 126,6 | 210,6 | ... | 62,1 | ... |
| 5. Öffentliche und private Haushalte | | | | | | |
| 5.1 Gebietskörperschaften | 273,0 | 95,0 | 178,0 | 10,7 | 167,3 | – |
| 5.2 Sozialversicherung | 100,8 | 89,9 | 10,9 | 0,4 | 10,6 | – |
| 5.3 Private Haushalte | 1,5 | – | 1,5 | – | 1,5 | – |
| 5.4 Private Organisationen ohne Erwerbszweck | 42,2 | 12,7 | 29,5 | 3,0 | 26,5 | – |
| 6. Alle Wirtschaftsbereiche | 4129,0 | 2569,8 | 1559,3 | 257,0 | 898,3 | 404,0 |
| 7. Bereinigung von unterstellten Entgelten für Bankdienste | | +74,9 | – 74,9 | | | |
| 8. Nichtabzugsfähige Umsatzsteuer | | | +101,3 | | | |
| 9. Einfuhrabgaben | | | + 14,6 | | | |
| 10. Bruttoinlandsprodukt | | | 1600,3 | | | |

[a] Abzüglich Subventionen
[b] Einkommen aus unselbständiger Arbeit
[c] Einkommen aus Unternehmertätigkeit und Vermögen
[d] In den Einkommen des Wirtschaftsbereichs 4.4 enthalten.
Quelle: Stat. BA [6.30], Tabellen 2.1 und 2.2. Fehlende Angaben sind erst im Herbst 1984 verfügbar. Vorläufige Ergebnisse.

ohne weitere Bearbeitung weiterverkauft. Bei der Wohnungsvermietung ist die Quote mit 21,6 v. H. am kleinsten.

Tabelle 3.4 zeigt eine *Verwendungsrechnung* für das Bruttosozialprodukt zu Marktpreisen der Bundesrepublik. Aus ihr geht sowohl die Struktur der Verwendungsseite des Bruttosozialprodukts als auch der definitorische Übergang von dieser Größe zum Nettosozialprodukt zu Faktorkosten hervor, der aus Konto 3.27 (S. 116) in anderer Weise ersichtlich ist. Der gesamte Verbrauch des Jahres und die Bruttoinvestition (Posten 1 bis 3) heißen zusammen auch *letzte inländische Verwendung* (von Gütern). Fügt man die Ausfuhr hinzu, erhält man die gesamtwirtschaftliche Endnachfrage (vgl. Bild 1.3, S. 8) oder *letzte Verwendung von Gütern.* Die Tabelle zeigt außerdem den Anteil des Verteidigungsaufwandes am Bruttosozialprodukt und die S. 109 genannte Gliederung der Bruttoinvestition. Der in ihr ausgewiesene *Anteil des Staates am Bruttosozialprodukt* beträgt 20,3 v. H. und ist nach Konzept und Größenordnung etwas anderes als sein Anteil am Bruttoinlandsprodukt gemäß Tabelle 3.3 (S. 130).

Tabelle 3.4 – *Die Verwendung des Bruttosozialprodukts der Bundesrepublik Deutschland 1982*

| Verwendungsart | Mrd. DM | | in v. H. des Bruttosozialprodukts | |
|---|---|---|---|---|
| 1. Privater Verbrauch | 899,4 | | 56,3 | |
| 2. Staatsverbrauch | 325,3 | | 20,3 | |
| 2.1 für zivile Zwecke | | 280,1 | | 17,5 |
| 2.2 Verteidigungsaufwand | | 45,2 | | 2,8 |
| 3. Bruttoinvestition | 335,7 | | 21,0 | |
| 3.1 Anlageinvestition: Ausrüstung | | 125,2 | | 7,8 |
| Bauten | | 203,9 | | 12,8 |
| 3.2 Vorratsänderung | | 6,6 | | 0,4 |
| Letzte inländische Güterverwendung | 1560,5 | | 97,6 | |
| 4. Ausfuhr | 535,9 | | 33,5 | |
| Letzte Güterverwendung | 2096,4 | | 131,1 | |
| 5. *abzüglich:* Einfuhr | 497,5 | | 31,1 | |
| Bruttosozialprodukt zu Marktpreisen | 1598,9 | | 100 | |
| 6. *abzüglich:* Abschreibungen | 200,3 | | 12,5 | |
| Nettosozialprodukt zu Marktpreisen | 1398,6 | | 87,5 | |
| 7. *abzüglich:* Indirekte Steuern *minus:* Subventionen | 172,7 | | 10,8 | |
| Nettosozialprodukt zu Faktorkosten | 1225,9 | | 76,7 | |

Quelle: Stat. BA [6.30], Tabellen 2.8, 2.19. Vorläufige Ergebnisse.

Die dritte Art von Informationen bezieht sich auf die Verteilung des Volkseinkommens. In einer *Verteilungsrechnung* gemäß Tabelle 3.5 wird nachgewiesen, zu welchen Teilen das Nettosozialprodukt zu Faktorkosten aus Einkommen aus unselbständiger Arbeit einerseits und Einkommen aus Unternehmertätigkeit und Vermögen anderseits besteht (vgl. S. 114). Ferner wird für beide Einkommensarten gezeigt, welche Abzüge vom Brutto- zum Nettoeinkommen führen. Das Bruttoeinkommen aus unselbständiger Arbeit (Posten 1) wird einschließlich der Arbeitgeberbeiträge zur Sozialversicherung ausgewiesen (von denen ein gewisser Betrag unterstellt wird, vgl. dazu unten, 6/IV.4). Erstens sind vom Arbeitgeber her gesehen nur die gesamten mit dem Einsatz von Arbeitskräften einhergehenden Ausgaben relevant, und zweitens wachsen den Arbeitnehmern Ansprüche an die Sozialversicherung entsprechend sämtlicher zu ihren Gunsten vorgenommener Übertragungen zu. Demgegenüber sind die Bruttolöhne und -gehälter (Posten 1.2) diejenigen Beträge, über die die Arbeitnehmer gegebenenfalls mit den Arbeitgebern verhandeln, über die sie wöchentlich oder monatlich Rechenschaft erhalten und die als Bemessungsgrundlage für die Arbeitnehmerbeiträge zur Sozialversicherung und die Lohnsteuer (Posten 1.3) dienen. Bezieht man die Gesamtbeträge der Tabelle 3.5 auf die Zahl der 1982 durchschnittlich beschäftigt gewesenen 22,395 Mill. Arbeitnehmer[8], ergibt sich im Durchschnitt je Monat ein Bruttoeinkommen von 3350 DM, ein Bruttolohn-/Gehaltsbetrag von 2725 DM und ein Nettolohn-/Gehaltsbetrag von 1891 DM. Der Aussagewert solcher Durchschnittsbildungen wird allerdings dadurch beschränkt, daß dabei die Einkommen von Lehrlingen, Teilzeitbeschäftigten und Hilfsarbeitern mit denen von hohen Beamten, Ministern und Vorstandsmitgliedern von Kapitalgesellschaften zusammengezählt werden, die alle als Arbeitnehmer gelten.

Die Abzüge vom Bruttoeinkommen aus Unternehmertätigkeit und Vermögen umfassen in der Hauptsache Körperschaft-, Vermögen- und veranlagte Einkommensteuer. Die Posten 2.31 und 2.32 sind abzüglich der Zinsen ausgewiesen, die beide Sektoren auf die Konsumenten- beziehungsweise öffentlichen Schulden geleistet haben. Eine Berechnung des Durchschnittseinkommens aus Unternehmertätigkeit und Vermögen je selbständig Tätigen allein aufgrund der Angaben der Tabelle 3.5 ist nicht sinnvoll, da ein nennenswerter Teil dieser Einkommen Arbeitnehmerhaushalten zufließt. Mit zunehmend breiter Streuung von Kleinvermögen wachsen die diesen Haushalten zufließenden Beträge an Zinsen aus Spar- und Bausparguthaben, festverzinslichen Wertpapieren und Versicherungsverträgen, Dividenden auf Aktien, Ausschüttungen der Investmentgesellschaften und Einkommen aus Vermietung und Verpachtung. Mit der Zunahme des Grades dieser *Querverteilung,* definiert als Anteil der den Arbeitnehmern zufließenden Einkommen aus Unternehmertätigkeit und Vermögen am Gesamteinkommen dieser Art, nimmt die Zahl der Personen und erst recht der Haushalte ab, die nur eine Einkommensart beziehen und daher durch diese definiert werden können („Lohnempfängerhaushalte"). 1979 flossen den Arbeitnehmerhaushalten in der Bundesrepublik durchschnittlich 2600 DM Einkommen aus Unternehmertätigkeit und Vermögen zu, den Haushalten von Nichterwerbstätigen 3000 DM.[9]

---

[8] Stat. BA [6.30], Tabelle 2.33.

[9] SCHÜLER [7.51], S. 85. Vorläufige Ergebnisse.

Tabelle 3.5 – *Die Verteilung des Volkseinkommens in der Bundesrepublik Deutschland 1982*

| Einkommensarten und Abzüge | Mill. DM | in v. H. des Volks-einkommens |
|---|---|---|
| 1. Bruttoeinkommen aus unselbständiger Arbeit | 900 200 | 73,4 |
| 1.1 *abzüglich:* Sozialbeiträge der Arbeitgeber | | |
| tatsächlich | 123 800 | 10,1 |
| unterstellt | 44 180 | 3,6 |
| *ergibt:* | | |
| 1.2 Bruttolohn- und Gehaltssumme | 732 220 | 59,7 |
| 1.3 *abzüglich:* Sozialbeiträge der Arbeitnehmer | 102 250 | 8,3 |
| Lohnsteuer | 121 750 | 9,9 |
| *ergibt:* | | |
| 1.4 Nettolohn- und Gehaltssumme | 508 220 | 41,5 |
| 2. Bruttoeinkommen aus Unternehmertätigkeit und Vermögen | 325 740 | 26,6 |
| 2.1 *abzüglich:* Direkte Steuern und ähnliche öffentliche Abgaben | 71 350 | 5,8 |
| 2.2 *zuzüglich:* Saldo der sonstigen Übertragungen | 9 770 | 0,8 |
| *ergibt:* | | |
| 2.3 Nettoeinkommen aus Unternehmertätigkeit und Vermögen | 264 160 | 21,5 |
| *davon:* | | |
| 2.31 Entnommene Gewinne und Vermögenseinkommen der privaten Haushalte | 275 340 | 22,5 |
| 2.32 Entnommene Gewinne und Vermögenseinkommen des Staates | –14 190 | –1,2 |
| 2.33 Nichtentnommene Gewinne der Unternehmen | 3 010 | 0,2 |
| Volkseinkommen = Summe der Posten 1 und 2 | 1 225 940 | 100 |

Quelle: Stat. BA [6.30], Tabellen 2.16, 2.18. Vorläufige Ergebnisse.

3. **Matrixdarstellung.** Wie die volkswirtschaftliche Kreditverflechtung (vgl. S. 73) läßt sich auch der Wirtschaftskreislauf in einer Matrixtabelle darstellen. Die nachstehende Tabelle 3.6 zeigt dies unter Benutzung der im Kontensystem 3.27–3.33 enthaltenen Angaben. Konstruktionsprinzip der Tabelle ist es, die rechten Seiten von Konten zu Zeilen, die linken Seiten zu Spalten zu machen. Für die Anordnung der Posten innerhalb jeder Zeile und jeder Spalte ist der Ort der Gegenbuchung des betreffenden Postens maßgebend. Jede Zeilensumme ist gleich der entsprechenden Spaltensumme. Tabelle 3.6 gibt den Inhalt der gesamtwirtschaftlichen Konten für Pro-

Tabelle 3.6 – *Der Wirtschaftskreislauf in der Bundesrepublik Deutschland 1982* vierspaltige Matrixdarstellung. Mrd. DM

| Konten | | Produktion 1 | Einkommen 2 | Vermögensänderung 3 | Ausland 4 | Summe |
|---|---|---|---|---|---|---|
| Produktion | 1 | – | 1224 | 336 | 536 | 2097 |
| Einkommen | 2 | 1399 | – | | | 1399 |
| Vermögensänderung | 3 | 200 | 145 | – | | 345 |
| Ausland | 4 | 498 | 29 | 9 | – | 536 |
| Summe | | 2097 | 1399 | 345 | 536 | 4377 |

Quelle: Kontensystem 3.27–3.33, S. 116–122.

duktion, Einkommen, Vermögensänderung und Ausland für 1982 wieder. Zeile 1 zeigt in Feld 1.2 den auf dem Einkommenskonto gegenzubuchenden Teil der gesamtwirtschaftlichen Endnachfrage, also den gesamten – privaten und staatlichen – Konsum (vgl. Konto 3.27 und Konto 3.31). Feld 1.3 enthält die Bruttoinvestition (Gegenbuchung auf der linken Seite des Vermögensänderungskontos) und Feld 1.4 den Export, so daß die Summe der Zeile 1 die gesamtwirtschaftliche Endnachfrage angibt. Zeile 2 zeigt das Nettosozialprodukt zu Marktpreisen (rechte Seite von Konto 3.31), Spalte 2 seine Aufteilung auf den gesamten Konsum, die gesamte Ersparnis und die Transfers an Ausländer. Zeile 3 zeigt die Finanzierung der Bruttovermögensbildung von 345 Mrd. DM durch Abschreibungen (Feld 3.1) und Ersparnis (Feld 3.2), Spalte 3 ihre Zusammensetzung in Gestalt der Bruttoinvestition (Feld 1.3) und des Forderungszuwachses an das Ausland (Feld 4.3). Gemäß dem Hinweis S. 94 kann jeder Posten unter Wechsel des Vorzeichens auf die andere Seite seines Kontos gebracht werden. In Matrixtabellen bedeutet dies, daß der Posten in einem Feld n.k mit entgegengesetztem Vorzeichen in das Feld k.n versetzt, also an der Hauptdiagonale gespiegelt werden kann, ohne daß die Konsistenz der Tabelle verletzt wird. Bringt man beispielsweise so den Import von Feld 4.1 nach Feld 1.4, erhält man dort den Außenbeitrag von 38 Mrd. DM und damit als Summe der Zeile 1 das Bruttosozialprodukt zu Marktpreisen von 1599 Mrd. DM. Bringt man außerdem die Abschreibungen von Feld 3.1 nach Feld 1.3, ergibt sich dort die Nettoinvestition von 136 Mrd. DM und als Zeilensumme das Nettosozialprodukt zu Marktpreisen von 1399 Mrd. DM.

**4. Der Wirtschaftskreislauf in Gleichungen.** Es ist für die Zwecke der Wirtschaftstheorie unerläßlich, die Kreislaufzusammenhänge in Form von Gleichungen darzustellen. Dabei mögen die in Tabelle 3.7 enthaltenen Regeln gelten. Die in der Kreislaufanalyse bei dem bisher eingehaltenen Aggregationsgrad auftretenden Ströme werden dann in der in Tabelle 3.8 gezeigten Weise symbolisiert.

Auszugehen ist von dem Gesamtwert $N$ der während eines Jahres oder eines anderen Zeitraumes aufgetretenen gesamtwirtschaftlichen Endnachfrage. Sie setzt sich aus

Tabelle 3.7 – *Regeln für die Bezeichnung von Kreislaufströmen*

| | |
|---|---|
| *Regel 1:* | Alle Ströme werden durch große lateinische Buchstaben symbolisiert. |
| *Regel 2:* | Tiefgestellte große lateinische Buchstaben geben den Sektor an, von dem der Strom herkommt oder zu dem er fließt. Die Bezeichnungen der Sektoren sind:<br>$H$ = Private Haushalte<br>$U$ = Unternehmen<br>$St$ = Öffentliche Haushalte („Staat"). |
| *Regel 3:* | Hochgestellte kleine lateinische Buchstaben dienen zur weiteren Unterscheidung der Ströme. Es bedeuten:<br>$b$ = brutto, $n$ = netto (bei Sozialprodukt, Investition)<br>$dir$ = direkt, $ind$ = indirekt (bei Steuern)<br>$v$ = verfügbar, nach Steuerabzug (bei Einkommen). |
| *Regel 4:* | Das Symbol $Y$ wird außerdem durch tiefgestellte kleine lateinische Buchstaben näher gekennzeichnet. Dabei bedeuten:<br>$m$ = zu Marktpreisen<br>$f$ = zu Faktorkosten. |

dem privaten Konsum $C_H$, dem staatlichen Konsum $C_{St}$, der gesamten privaten und staatlichen Bruttoinvestition $I^b$ und dem Export von Sachgütern, Dienst- und Faktorleistungen $Ex$ zusammen:

$$N = C_H + C_{St} + I^b + Ex. \tag{3.17}$$

Diese Größe ist das (zum größten Teil, vgl. S. 118) zu Marktpreisen bewertete Ergebnis des Einsatzes von Vorleistungen aus dem Ausland und Faktorleistungen, die von Inländern zur Verfügung gestellt werden (vgl. Bild 1.3, S. 8).

Tabelle 3.8 – *Symbole in der Kreislaufanalyse*

| | |
|---|---|
| $A_{St}$ | = Ausgaben des Staates für Sachgüter, Dienst- und Faktorleistungen |
| $C$ | = Konsum, wobei $C_H$ = privater Konsum, $C_{St}$ = staatlicher Konsum |
| $D$ | = Abschreibungen („depreciation") |
| $G$ | = Einkommen aus Unternehmertätigkeit und Vermögen („Gewinne"); wobei $G_U$ = unverteilte Gewinne der Unternehmen, $G_H$ = an die privaten Haushalte verteilte, $G_{St}$ = an den Staat verteilte Einkommen aus Unternehmertätigkeit und Vermögen |
| $I$ | = Investition, wobei $I^b$ = Bruttoinvestition, $I^n$ = Nettoinvestition, $I_U$ = Investition der Unternehmen, $I_{St}$ = Investition des Staates |
| $L$ | = Einkommen aus unselbständiger Arbeit („Löhne", Gehälter) |
| Im | = Import von Sachgütern, Dienst- und Faktorleistungen |
| $N$ | = gesamtwirtschaftliche Endnachfrage |
| $S$ | = Ersparnis, wobei $S_H$ = Ersparnis der privaten Haushalte, $S_U$ = Ersparnis der Unternehmen, $S_{St}$ = Ersparnis des Staates |
| $T$ | = Steuern („taxes"), wobei $T_H$ = (direkte) Steuern der privaten Haushalte, $T^{ind}$ = indirekte Steuern (der Unternehmen), $T_U^{dir}$ = direkte Steuern der Unternehmen, $T^{dir}$ = gesamte direkte Steuern |
| Ex | = Export von Sachgütern, Dienst- und Faktorleistungen |
| $Y$ | = Sozialprodukt, (Volks-)Einkommen, wobei $Y_m$ = Sozialprodukt zu Marktpreisen, $Y_f$ = Sozialprodukt zu Faktorkosten, $Y_H^v$ = verfügbares Einkommen der privaten Haushalte |
| $Z$ | = Übertragungen („Zuschüsse", Transfers), wobei $Z_U$ = Subventionen (an Unternehmen), $Z_H$ = Transfers der öffentlichen an private Haushalte. |

Zieht man von $N$ den Import $Im$ ab, erhält man das Bruttosozialprodukt zu Marktpreisen $Y_m^b$:

$$Y_m^b = C_H + C_{St} + I^b + Ex - Im. \tag{3.18}$$

Die Bruttoinvestition $I^b$ wird bei manchen Untersuchungen in die der (privaten) Unternehmen $I_U^b$ und die staatliche Bruttoinvestition $I_{St}^b$ aufgespalten, und die Größen $C_{St}$ und $I_{St}^b$ werden zu dem Strom $A_{St}$=Ausgaben des Staates für Sachgüter, Dienst- und Faktorleistungen zusammengefaßt. Eine alternative Schreibweise für das Bruttosozialprodukt ist daher

$$Y_m^b = C_H + I_U^b + A_{St} + Ex - Im. \tag{3.19}$$

Den über den Ersatz des Verschleißes an dauerhaften Produktionsmitteln hinausgehenden Nettozuwachs an Sachgütern und Diensten gewinnt man aus dem Bruttosozialprodukt durch Subtraktion der Abschreibungen $D$ und erhält so aus Gleichung (3.18) das Nettosozialprodukt zur Marktpreisen $Y_m^n$:

$$Y_m^n = Y_m^b - D = C_H + C_{St} + I^n + Ex - Im. \tag{3.20}$$

In den Marktpreisen „stecken" die indirekten Steuern, da sie aus den aufgrund der Marktpreise erzielten Erlösen an den Staat abgeführt worden sind, bevor die Gewinne errechnet wurden. Anderseits wurden Subventionen gezahlt. Zieht man also vom Nettosozialprodukt zu Marktpreisen die indirekten Steuern $T^{ind}$ ab und addiert die Subventionen $Z_U$, dann bewertet man dieselbe Gütermenge zu den Kosten, die die zu ihrer Herstellung benötigten Faktorleistungen verursacht haben (wobei auch die Gewinne als Entgelt für eine Faktorleistung angesehen werden). Die entstehende Größe ist das Nettosozialprodukt zu Faktorkosten (auch: Volkseinkommen) $Y_f^n$:

$$Y_f^n = Y_m^n - T^{ind} + Z_U = C_H + C_{St} + I^n + Ex - Im - T^{ind} + Z_U. \tag{3.21}$$

Die Gleichungen (3.18), (3.20) und (3.21) können unmittelbar aus Konto 3.27 (S. 116) abgelesen werden.

Das Nettosozialprodukt zu Faktorkosten gliedert sich in die Einkommen aus unselbständiger Arbeit (Löhne und Gehälter) $L$ und die Einkommen aus Unternehmertätigkeit und Vermögen (Gewinne) $G$. Die Löhne und Gehälter fließen restlos den Haushalten zu. Die Gewinne werden zum größten Teil an die Haushalte ausgeschüttet (Strom $G_H$), zu kleineren Teilen verbleiben sie als nichtausgeschüttete Gewinne $G_U$ bei den Unternehmen oder fließen als $G_{St}$ den öffentlichen Haushalten zu. Diese „Gewinne des Staates" entstehen nicht auf seinen Produktionskonten, wie aus Konto 3.21 (S. 112) hervorgeht, sondern rühren aus Beteiligungen, Wertpapierbesitz und dergleichen her. Das Volkseinkommen verteilt sich demnach wie folgt:

$$Y_f^n = L + G_H + G_U + G_{St}. \tag{3.22}$$

Aus dem Volkseinkommen lassen sich durch Addition und Subtraktion einzelner Ströme weitere Einkommensgesamtheiten bilden, die in der gesamtwirtschaftlichen Theorie benötigt werden. Die wichtigste dieser Größen ist das verfügbare Einkommen der privaten Haushalte $Y_H^v$. In der Theorie des Volkseinkommens wird häufig von der Hypothese ausgegangen, daß diese Größe die wichtigste Erklärungsvariable für die Konsumausgaben der privaten Haushalte sei (vgl. S. 36). Man erhält das verfügbare Einkommen der privaten Haushalte, wenn man vom Volkseinkommen $Y_f^n$ dessen nicht an diese Haushalte fließenden Teile $G_U$ und $G_{St}$ abzieht, die Transferzahlungen der öffentlichen an die privaten Haushalte $Z_H$ addiert und die direkten Steuern der privaten Haushalte $T_H$ absetzt:

$$Y_H^v = Y_f^n - G_U - G_{St} + Z_H - T_H. \qquad (3.23)$$

Die eben entwickelte Hierarchie der Einkommensbegriffe ist in Bild 3.5 graphisch dargestellt.

Es bleibt noch zu zeigen, daß auch bei dieser Darstellung die Gleichheit von Investition und Ersparnis gewahrt ist. Das verfügbare Einkommen wird von den Haushalten auf Ausgaben für Konsum $C_H$ und Ersparnis $S_H$ aufgeteilt:

$$Y_H^v = C_H + S_H. \qquad (3.24)$$

Setzt man hierin das verfügbare Einkommen gemäß (3.23) ein und beachtet, daß die unverteilten Gewinne $G_U$ in die direkten Steuern der Unternehmen $T_U^{dir}$ und ihre Ersparnis $S_U$ zerfallen (vgl. Konto 3.28, S. 119), und daß man die direkten Steuern der Unternehmen $T_U^{dir}$ mit denen der Haushalte $T_H$ zu der Größe „gesamte direkte Steuern" $T^{dir}$ zusammenfassen kann, erhält man

$$Y_f^n - G_{St} + Z_H - S_U - T^{dir} = C_H + S_H. \qquad (3.25)$$

Bild 3.5 – *Der Übergang von der gesamtwirtschaftlichen Endnachfrage zum verfügbaren Einkommen der privaten Haushalte*

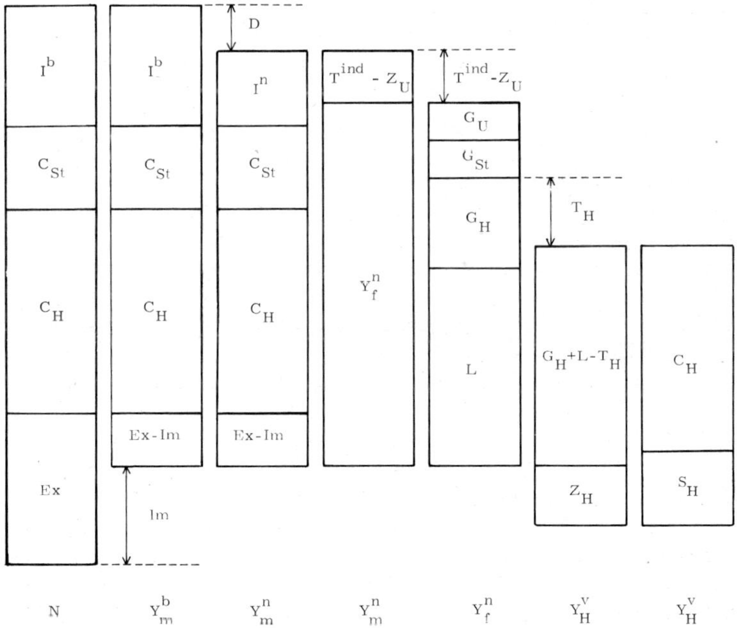

Hierin das Nettosozialprodukt zu Faktorkosten nach Gleichung (3.21) eingesetzt, die direkten mit den indirekten Steuern zu einer Summe $T$ zusammengefaßt und den privaten Konsum $C_H$ auf beiden Seiten gestrichen, ergibt

$$C_{St} + I^n + Ex - Im - T + Z_U - G_{St} + Z_H - S_U = S_H. \qquad (3.26)$$

Umgeformt erhält man hieraus

$$I^n + Ex - Im = S_H + S_U + (T + G_{St} - C_{St} - Z_U - Z_H). \qquad (3.27)$$

Hierin ist der in Klammern gesetzte Ausdruck auf der rechten Seite gleich der Differenz zwischen den laufenden Einnahmen und Ausgaben des Staates und damit gleich seiner Ersparnis $S_{St}$. Man erhält also die Gleichung:

$$I^n + Ex - Im = S_H + S_U + S_{St}. \qquad (3.28)$$

Sie entspricht der S. 122 f. aus dem gesamtwirtschaftlichen Vermögensänderungskonto 3.32 (S. 121) abgeleiteten Gleichung (3.12), wenn keine Transfers vom und an das Ausland berücksichtigt werden.

## VII. Nominale und reale Aggregate

**1. Marktpreise als Maßeinheit.** Bei der Bildung der meisten bisher erwähnten Aggregate waren ungleiche Dinge zusammenzufassen. Nur in wenigen Fällen läßt sich beispielsweise die in einem Land insgesamt hergestellte Menge eines Gutes vernünftigerweise in physischen Mengeneinheiten angeben, so bei landwirtschaftlichen Produkten wie Weizen, Baumwolle, Kartoffeln; Rohstoffen wie Steinkohle, Kalisalz oder Industrieerzeugnissen wie Zement und Stabstahl. Grundsätzliche Schwierigkeiten treten praktisch immer bei industriellen Fertiggütern auf, weil diese stark differenziert sind und das, was hier als „ein Gut" gilt, in Wirklichkeit ein Sortiment heterogener Güter ist. Schon wenn die Produktmenge an Personenkraftwagen und Kleinomnibussen in der Bundesrepublik für 1982 mit 3 504 000 Stück angegeben wird[10], werden durchaus unterschiedliche Güter zusammengezählt. Ändert sich dann der Anteil größerer und an Motorleistung stärkerer Einheiten, so wird dies von einer solchen Messung nicht erfaßt. Entsprechendes gilt für Rundfunk- und Fernsehempfangsgeräte, Schreibmaschinen, Uhren, Herrenanzüge und Damenkleider, deren Herstellung nach „Stück"; und Metallbearbeitungsmaschinen, Lokomotiven, Elektromotoren und Porzellanwaren, die nach „Tonnen" gemessen werden.

Gesamtgrößen für eine Volkswirtschaft sind mit wenigen Ausnahmen wie Geldbestand oder Sparguthaben heterogen, so daß hier Meßverfahren mit Hilfe physischer Einheiten versagen. Es muß dann eine allen Gütern gemeinsame, meßbare und additive Eigenschaft gefunden werden. Versuche, hierfür die direkt und indirekt zur Produktion aller Güter erforderliche Arbeitsleistung oder den Energieverbrauch zu verwenden, haben keine praktische Bedeutung erlangt. Statt solcher technischer Attribu-

---

[10] Diese und die folgenden Angaben aus der Rubrik „Produktion ausgewählter Erzeugnisse" in: Stat. Jb. BRD 1983, S. 192–198.

te verwendet man als die gesuchte Eigenschaft trotz aller damit verbundenen Nachteile die Marktpreise der Güter.

Nicht alle Güter haben Marktpreise, etwa dann nicht, wenn sie grundsätzlich unentgeltlich abgegeben werden. Bekanntestes Beispiel hierfür sind die meisten der von den öffentlichen Haushalten produzierten Dienstleistungen. Wie S. 111 ff. gezeigt wurde, lassen sich solche Güter jedoch mit den zu ihrer Produktion erforderlichen Aufwendungen („zu Faktorkosten") bewerten. Da die eingesetzten Produktionsfaktoren ihrerseits auf Märkten gekauft werden, bedeutet dieses Verfahren ebenfalls eine, wenn auch indirekte, Bewertung zu Marktpreisen.

**2. Preis- und Mengenindizes.** Der größte Nachteil von Marktpreisen als Maßeinheit für Güter ist die Tatsache, daß sie sich absolut (ihrem Niveau nach) und in ihren Relationen zueinander (ihrer Struktur nach) im Zeitablauf ändern. Will man etwa den Strom der Konsumgüter eines Jahres messen und mit dem gleichen Strom eines anderen Jahres vergleichen, was wegen der Heterogenität der Güter nur durch einen Vergleich ihrer Werte geschehen kann, so wird man in der Regel feststellen, daß der Wert im Vergleichsjahr sowohl von Mengen- als auch von Preisänderungen einiger oder aller Güter beeinflußt wurde. Da Wert = Preis mal Menge ist, entsteht die Frage, wie die Preis- von den Mengenänderungen zu trennen sind.

Tabelle 3.9 zeigt anhand eines Zahlenbeispiels den Ansatz zur Beantwortung dieser Frage. Ihr oberer Teil weist Mengen, Preise und Werte zweier Güter $x$ (gemessen in Kilogramm, kg) und $y$ (gemessen in Hektoliter, hl) in zwei Zeiträumen nach, dem Basisjahr 0 und dem Berichts- oder Vergleichsjahr $i$, so wie sie der Statistiker durch Befragungen von Einzelhandelsunternehmen ermittelt. Die abgesetzten Mengen haben vom Basis- zum Berichtsjahr zugenommen, und beide Preise sind gestiegen. Man mißt diese Änderungen mit Hilfe von *Meßzahlen.* Eine *Preismeßzahl* entsteht, indem man den Preis $p^i$ des Berichtsjahrs durch den Preis $p^0$ des Basisjahrs dividiert und das Ergebnis mit 100 multipliziert. Man hat so den Preis $p^0 = 100$ gesetzt und kann den Prozentsatz der Preisänderung sofort an der Preismeßzahl ablesen. Entsprechendes gilt für Mengen- und Wertmeßzahlen und für das zweite betrachtete Gut $y$.

Im unteren Teil der Tabelle ist gezeigt, wie man alternativ den Einfluß der Mengen- und der Preiskomponente auf den Wert eines Zwei-Güter-Stroms rechnerisch ausschaltet. Bei einem *Preisindex* bewertet man die Gütermengen eines Jahres sowohl mit den Preisen des Basisjahres als auch mit den Preisen des Vergleichsjahres. Der Unterschied im Gesamtwert beider Ströme ist dann allein eine Folge der Preisänderungen. Man nennt ein Gütersortiment, das zwecks Ermittlung von Preisänderungen konstant gehalten und mit Preisen unterschiedlicher Jahre bewertet wird, einen *Warenkorb.* (Da dieser auch Dienst- und Faktorleistungen enthalten kann, ist die Bezeichnung unglücklich gewählt.) Die Tabelle zeigt, daß es für die Wahl des Warenkorbes zwei Möglichkeiten gibt: Man kann die im Basisjahr 0 abgesetzten Mengen $x^0$ und $y^0$ mit den Preisen beider Jahre bewerten und erhält so einen *Laspeyres-Preisindex,* oder man bewertet entsprechend die Mengen des jeweiligen Berichtsjahrs und gelangt zu einem *Paasche-Preisindex.* Ein Laspeyres-Preisindex antwortet mithin auf die Frage:

– Welcher Betrag müßte im Berichtsjahr angesichts der Preise dieses Jahres für den Warenkorb des Basisjahres ausgegeben werden, wenn dieser im Basisjahr 100 (DM) gekostet hätte?

Tabelle 3.9 – *Preis- und Mengenänderungen und ihre Messung*

| Variable | Angaben für das Basisjahr 0 | Angaben für das Berichtsjahr $i$ | relative Änderung mal 100 | Änderungsmaß |
|---|---|---|---|---|
| Gut $x$: | | | | |
| Menge | $x^0 = 80$ kg | $x^i = 120$ kg | $\frac{120 \text{ kg}}{80 \text{ kg}} = 150{,}0$ | Mengenmeßzahl |
| Preis | $p_x^0 = 5{,}00$ DM/kg | $p_x^i = 5{,}50$ DM/kg | $\frac{5{,}50 \text{ DM/kg}}{5{,}00 \text{ DM/kg}} = 110{,}0$ | Preismeßzahl |
| Wert | $p_x^0 x^0 = 400$ DM | $p_x^i x^i = 660$ DM | $\frac{660 \text{ DM}}{400 \text{ DM}} = 165{,}0$ | Wertmeßzahl |
| Gut $y$: | | | | |
| Menge | $y^0 = 200$ hl | $y^i = 240$ hl | $\frac{240 \text{ hl}}{200 \text{ hl}} = 120{,}0$ | Mengenmeßzahl |
| Preis | $p_y^0 = 4{,}00$ DM/hl | $p_y^i = 5{,}20$ DM/hl | $\frac{5{,}20 \text{ DM/hl}}{4{,}00 \text{ DM/hl}} = 130{,}0$ | Preismeßzahl |
| Wert | $p_y^0 y^0 = 800$ DM | $p_y^i y^i = 1248$ DM | $\frac{1248 \text{ DM}}{800 \text{ DM}} = 156{,}0$ | Wertmeßzahl |

1. Preisindizes

| | | |
|---|---|---|
| 1.1 Konstante Mengen des Basisjahrs: | $\frac{p_x^i x^0 + p_y^i y^0}{p_x^0 x^0 + p_y^0 y^0} = \frac{440 \text{ DM} + 1040 \text{ DM}}{400 \text{ DM} + 800 \text{ DM}} = \frac{1480 \text{ DM}}{1200 \text{ DM}} = 123{,}3$ | Laspeyres-Preisindex [a] |
| 1.2 Konstante Mengen des Berichtsjahrs: | $\frac{p_x^i x^i + p_y^i y^i}{p_x^0 x^i + p_y^0 y^i} = \frac{660 \text{ DM} + 1248 \text{ DM}}{600 \text{ DM} + 960 \text{ DM}} = \frac{1908 \text{ DM}}{1560 \text{ DM}} = 122{,}3$ | Paasche-Preisindex [b] |

2. Mengenindizes

| | | |
|---|---|---|
| 2.1 Konstante Preise des Basisjahrs: | $\frac{p_x^0 x^i + p_y^0 y^i}{p_x^0 x^0 + p_y^0 y^0} = \frac{600 \text{ DM} + 960 \text{ DM}}{400 \text{ DM} + 800 \text{ DM}} = \frac{1560 \text{ DM}}{1200 \text{ DM}} = 130{,}0$ | Laspeyres-Mengenindex |
| 2.2 Konstante Preise des Berichtsjahrs: | $\frac{p_x^i x^i + p_y^i y^i}{p_x^i x^0 + p_y^i y^0} = \frac{660 \text{ DM} + 1248 \text{ DM}}{440 \text{ DM} + 1040 \text{ DM}} = \frac{1908 \text{ DM}}{1480 \text{ DM}} = 128{,}9$ | Paasche-Mengenindex |

[a] Etienne Laspeyres (1834 – 1913), Statistiker und Nationalökonom an der Universität Gießen, schlug als erster diese Indexformel vor.

[b] Hermann Paasche (1851 – 1922), Politiker und Nationalökonom, schlug als erster diese Indexformel vor.

Die Antwort lautet im Beispiel: 123,3 (DM). Wegen der Standardisierung auf 100 ist auch sofort ablesbar, daß die Preise im Durchschnitt um 23,3 v. H. gestiegen sind. Der Paasche-Preisindex antwortet auf die Frage:

– Welcher Betrag müßte im Berichtsjahr für den Warenkorb dieses Jahres ausgegeben werden, wenn dieser, mit den Preisen des Basisjahrs bewertet, 100 (DM) gekostet hätte?

Die Antwort lautet im Beispiel: 122,3 (DM). Die Preise sind nach diesem Index um 22,3 v. H. gestiegen.

Preisindizes werden meist nicht nur für ein Basis- und ein Berichtsjahr, sondern für eine Reihe von Jahren berechnet, wobei eines von ihnen, nicht notwendigerweise das früheste, als Basisjahr gewählt wird. Ein wesentlicher Unterschied zwischen beiden Indizes besteht nun darin, daß bei mehr als einem Berichtsjahr die Werte des Laspeyres-Preisindex untereinander vergleichbar sind, die des Paasche-Index jedoch nicht. Wenn beispielsweise der Preisindex für die Lebenshaltung aller privaten Haushalte der Bundesrepublik mit der Basis 1976=100 für 1982 mit 130,5, für 1983 mit 134,4 angegeben wird[11], so errechnet man aus (134,4:130,5) · 100=103,0 eine Preissteigerung für 1983 gegenüber 1982 um 3,0 v. H. Beim Paasche-Index ändert sich dagegen der Warenkorb jedes Jahr (wenn auch häufig nur geringfügig). Da das Gütersortiment, im Beispiel $(x^1, y^1)$, ein *Wägungsschema* für die Preise darstellt, ist ein Paasche-Preisindex ein *Index mit* (von Berichtsjahr zu Berichtsjahr) *wechselnder Wägung*. Seine Änderung von einem Berichtsjahr zum anderen ist daher das Ergebnis sowohl von Preis- als auch von Mengenänderungen. Verglichen werden darf hier also nur der Indexwert eines Berichtsjahres mit dem des Basisjahres. Angesichts dieses Nachteils und der Tatsache, daß ein Paasche-Preisindex für jedes neue Berichtsjahr nicht nur die Ermittlung der Preise, sondern auch eines neuen Warenkorbes erfordert, arbeitet man in der statistischen Praxis überwiegend mit Laspeyres-Preisindizes.

In der Tabelle meldet der Laspeyres-Preisindex einen um einen Prozentpunkt stärkeren Preisanstieg als der Paasche-Index. Woran liegt das? Im Zahlenbeispiel wurde der in der Realität häufig anzutreffende Fall angenommen, daß die Absatzmenge des Gutes $x$, dessen Preis $p_x$ weniger stark gestiegen ist als der Preis $p_y$ des Gutes $y$ (abzulesen am Vergleich der Preismeßzahlen), stärker zugenommen hat als der Absatz von $y$ (abzulesen am Vergleich der Mengenmeßzahlen). Das liegt am Verhalten der Käufer: Sie kaufen von dem stärker im Preis gestiegenen Gut relativ weniger und weichen auf relativ billiger werdende Güter aus. Da aber im Laspeyres-Preisindex das Gütersortiment des Basisjahres rechnerisch konstant gehalten wird, gibt er den Gütern, deren Preise relativ am stärksten gestiegen sind, ein gegenüber der Realität zu großes Gewicht und überzeichnet daher den Preisanstieg gegenüber dem Paasche-Index, dessen Warenkorb aus dem Berichtsjahr die tatsächlichen Reaktionen der Käufer auf die Änderungen der relativen Preise berücksichtigt. Allgemein gilt: Je neueren Datums das Wägungsschema eines Preisindex ist, um so geringer ist der von ihm gemeldete Preisanstieg. Da ein Paasche-Preisindex den Warenkorb des Berichtsjahrs und daher das jeweils neueste Wägungsschema verwendet, zeigt er in der Regel einen geringeren Preisanstieg als alle Laspeyres-Indizes. Stellt man einen Laspeyres-Preisindex auf einen

---

[11] WiSta 1/1984, S. 12*.

neueren Warenkorb um und berechnet ihn nachträglich für zurückliegende Jahre, weist der neue Index einen geringeren Preisanstieg als der alte aus. Diese Eigenart nennt man den *Laspeyres-Effekt.* Er ist Ausdruck des Nachteils von Laspeyres-Preisindizes, daß jeder Warenkorb im Laufe der Zeit veraltet. Diese Indizes müssen daher in mehrjährigen Abständen auf neue Basisjahre und damit Warenkörbe umgestellt werden. Allgemein spricht man hier vom *Indexproblem:* Wenn zwischen Güterpreisen und abgesetzten Mengen infolge des Verhaltens von Wirtschaftssubjekten Beziehungen bestehen – und allgemein wird die S. 18 genannte Beziehung vermutet –, dann hängt es von der Wahl des Basisjahres ab, welche zeitliche Entwicklung ein Preisindex meldet; oder: Die zeitliche Entwicklung einer Wertgröße läßt sich nicht eindeutig in eine Preis- und eine Mengenkomponente zerlegen.

Warenkörbe für Preisindizes werden im allgemeinen nicht willkürlich zusammengestellt. Das mit ihnen implizierte Wägungsschema soll die relative ökonomische Bedeutung der einzelnen Güter und deren Preise und damit die tatsächlichen ökonomischen Verhältnisse eines Zeitraumes widerspiegeln. Sie werden daher in der Regel durch statistische Erhebungen ermittelt. Ökonomisch bedeutsame Warenkörbe sind etwa die während eines Jahres exportierten Sachgüter und Dienste, die von gewerblichen Unternehmen im Inland abgesetzten Güter oder die von einer Arbeitnehmerfamilie einer bestimmten Einkommensklasse im Durchschnitt während eines Monats gekauften Konsumgüter.

Will man den Einfluß von Preisänderungen auf den Gesamtwert eines Güterstroms in unterschiedlichen Jahren rechnerisch ausschalten, bewertet man die Gütermengen mit den Preisen nur eines Jahres und erhält so einen *Mengenindex.* Tabelle 3.9 zeigt die beiden Möglichkeiten für diesen: Verwendet man die Preise des Basisjahres, erhält man einen *Laspeyres-Mengenindex;* nimmt man die Preise des Berichtsjahres, einen *Paasche-Mengenindex.* Eine für mehrere Zeiträume oder -punkte berechnete, aber mit den Preisen nur eines Zeitraums oder -punktes bewertete Strom- oder Bestandsgröße nennt man ein *Volumen,* eine *reale* oder *preisbereinigte* Größe. Der letztgenannte Ausdruck sollte nicht mißverstanden werden: Als Maßeinheit zur Bildung von Aggregaten bleiben Preise unentbehrlich; rechnerisch ausgeschaltet werden lediglich Änderungen ihres Niveaus und ihrer Struktur.

Welches Jahr bei einer Indexberechnung als Basisjahr dient, ist grundsätzlich gleichgültig, wenn es auch in der statistischen Praxis Kriterien für die Bevorzugung bestimmter Jahre gibt. So hat das Statistische Bundesamt die Jahre 1958 und 1962 für viele Berechnungen deshalb als Basisjahre gewählt, weil 1958 ein Jahr mit relativ wenigen Preisänderungen war und 1962 zusätzliche Erhebungen vorgenommen wurden, die bei vielen Berechnungen als Grundlage dienen konnten. Neuerdings sind auch Bestrebungen zu berücksichtigen, sich in den EG-Ländern im Interesse besserer internationaler Vergleichbarkeit auf einheitliche Basisjahre zu einigen. In der Bundesrepublik war allgemeines Basisjahr für Preisindizes zuletzt das Jahr 1976, seit 1983 werden diese auf 1980 umgestellt.

Die in Tabelle 3.9 für zwei Güter berechneten Indizes nehmen für den allgemeinen Fall von $n$ Gütern ($n > 2$) die folgenden Formen an. Man bewertet die Mengen („Quantitäten") $q_1^0, q_2^0, \ldots, q_n^0$ der $n$ Güter des Warenkorbs der Basisperiode 0 sowohl mit den Preisen $p_1^i, p_2^i, \ldots, p_n^i$ des Vergleichsjahres $i$ als auch mit den Preisen $p_1^0, p_2^0 \ldots, p_n^0$ des Basisjahres, bildet aus den beiden so erhaltenen Gesamtwerten des Warenkorbes einen Quotienten, multipliziert mit 100 und erhält den allgemeinen

$$\text{Laspeyres-Preisindex:} \quad \frac{p_1^i q_1^0 + p_2^i q_2^0 + \ldots + p_n^i q_n^0}{p_1^0 q_1^0 + p_2^0 q_2^0 + \ldots + p_n^0 q_n^0} \cdot 100 = \frac{\sum p^i q^0}{\sum p^0 q^0} \, 100. \tag{3.29}$$

(Da man immer mit 100 multipliziert, wird dies im folgenden nicht mehr erwähnt. Die mit dem Zeichen $\sum$ angeordnete Summierung bezieht sich in diesem Abschnitt immer auf die mit Preisen bewerteten Güter eines Warenkorbs.) Die Gesamtheit der Preise eines Warenkorbs nennt man auch sein *Preisniveau.* Allerdings gibt es für dieses selbst keine Zahlenangabe, sondern nur für seine durch einen Preisindex, eine *Preisniveaumeßzahl,* gemessenen Änderungen. Bei Angaben über die Entwicklung „des" Preisniveaus muß immer ausdrücklich gesagt werden oder aus dem Zusammenhang ersichtlich sein, welcher Warenkorb der Messung zugrunde liegt.

Entstammt der Warenkorb dem Vergleichsjahr $i$, erhält man den allgemeinen

$$\text{Paasche-Preisindex:} \quad \frac{\sum p^i q^i}{\sum p^0 q^i}. \tag{3.30}$$

Bei der praktischen Berechnung von Laspeyres-Preisindizes verwendet man im allgemeinen eine etwas andere Formel als (3.29). Man bildet zunächst Meßzahlen für die Preise aller zu dem betrachteten Warenkorb gehörenden Güter:

$$p_1^i/p_1^0, \quad p_2^i/p_2^0, \ldots, \quad p_n^i/p_n^0.$$

Diese Preismeßzahlen werden dann einzeln mit den Ausgaben $p^0 q^0$ für das betreffende Gut in der Basisperiode multipliziert, die (mathematischen) Produkte werden addiert, und die Summe wird durch die Gesamtsumme der Ausgaben im Basisjahr dividiert:

$$\frac{\frac{p_1^i}{p_1^0} p_1^0 q_1^0 + \frac{p_2^i}{p_2^0} p_2^0 q_2^0 + \ldots + \frac{p_n^i}{p_n^0} p_n^0 q_n^0}{p_1^0 q_1^0 + p_2^0 q_2^0 + \ldots + p_n^0 q_n^0} = \frac{\sum \frac{p^i}{p^0} p^0 q^0}{\sum p^0 q^0}. \tag{3.31}$$

Man sieht, daß die Indexformeln (3.31) und (3.29) identisch sind, da sich $p^0$ im Zähler des rechtsstehenden Bruches in (3.31) wegkürzt. In der Formel (3.31) wird jedoch deutlicher, daß nicht alle Güter mit dem gleichen Gewicht in den Index eingehen, und daß sich dementsprechend gleiche prozentuale Preisänderungen verschieden auf den Index auswirken: Eine Mieterhöhung um 10 v. H. hat eine andere ökonomische Bedeutung für einen Haushalt als eine gleich große Erhöhung des Preises für Bananen. Der Vektor

$$p_1^0 q_1^0, \quad p_2^0 q_2^0, \ldots, p_n^0 q_n^0,$$

das heißt die Verteilung der Gesamtausgaben auf die einzelnen Güter im Basisjahr, ist das Wägungsschema (auch: Gewichtssystem). Gewöhnlich setzt man dabei die Gesamtausgaben $\sum p^0 q^0$ gleich 100 oder gleich 1000 und berechnet die Einzelausgaben als Bruchteile davon.

Entsprechend berechnet man Mengenindizes, indem man Quotienten aus den mit den Preisen nur eines Jahres bewerteten Gütermengen verschiedener Jahre bildet. Verwendet man dabei die Preise des Basisjahres 0, erhält man einen

$$\text{Laspeyres-Mengenindex:} \quad \frac{\sum p^0 q^i}{\sum p^0 q^0}, \tag{3.32}$$

benutzt man die Preise des Vergleichsjahres $i$, ergibt sich ein

$$\text{Paasche-Mengenindex:} \quad \frac{\sum p^i q^i}{\sum p^i q^0}. \tag{3.33}$$

Aus den Wertmeßzahlen der Tabelle 3.9 ergibt sich durch Summierung über $n$ Güter ein Wertindex, der beispielsweise die Entwicklung des Umsatzes eines Unternehmens angibt. Man erhält einen solchen Index auch wahlweise aus der Multiplikation eines Laspeyres-Preisindex mit einem Paasche-Mengenindex oder eines Paasche-Preisindex mit einem Laspeyres-Mengenindex:

$$\text{Wertindex:} \quad \frac{\sum p^i q^0}{\sum p^0 q^0} \cdot \frac{\sum p^i q^i}{\sum p^i q^0} = \frac{\sum p^i q^i}{\sum p^0 q^i} \cdot \frac{\sum p^0 q^i}{\sum p^0 q^0} = \frac{\sum p^i q^i}{\sum p^0 q^0}.$$

Eine im Vergleichsjahr $i$ ermittelte Wertgröße $\sum p^i q^i$, etwa der Wert des privaten Konsums *in jeweiligen Preisen,* wird in der statistischen Praxis dadurch preisbereinigt oder *in konstanten Preisen* (des Basisjahres 0) ausgedrückt, daß man sie durch einen Paasche-Preisindex dividiert:

$$\sum p^i q^i : \frac{\sum p^i q^i}{\sum p^0 q^i} = \sum p^0 q^i. \tag{3.34}$$

Dies nennt man *Deflationierung* der in jeweiligen Preisen vorliegenden Wertgröße. Zum gleichen Ergebnis gelangt man, wenn man den Wert des Warenkorbes im Basisjahr $\sum p^0 q^0$ mit Laspeyres-Mengenindizes (3.32) multipliziert.

**3. Aggregate in konstanten Preisen.** Sind $q_1^i \ldots q_n^i$ die Güter eines Aggregats der Kreislaufanalyse in einem Berichtsjahr $i$, dann ist $\sum p^0 q^i$ der Wert dieses Aggregats in Preisen des Basisjahrs 0. Dabei ist im Detail eine Reihe von Problemen zu lösen. Der Eigenverbrauch etwa in der Landwirtschaft und im Wohnungsbau, Lagerbestandsänderungen an eigenen Erzeugnissen und selbsterstellte Anlagen müssen fiktiv mit konstanten Marktpreisen bewertet werden. Was bei Dienstleistungsproduzenten wie Banken, Versicherungsunternehmen, Rechtsanwälten und Wirtschaftsprüfern als Mengenkomponente anzusehen ist, bleibt schwierig zu bestimmen. Da der Staatsverbrauch und die Dienste der privaten Organisationen ohne Erwerbszweck nur zu Faktorkosten bewertbar sind, müssen diese preisbereinigt werden. Im Prinzip lassen sich jedoch so die Aggregate gemäß der Verwendungsrechnung des Sozialprodukts (vgl. Tabelle 3.4, S. 131) in Preisen eines Basisjahrs, in der Bundesrepublik zur Zeit 1976 und demnächst 1980, ausdrücken. Zum realen Sozialprodukt gelangt man, indem man die preisbereinigten Komponenten der gesamtwirtschaftlichen Endnachfrage addiert und die Importe in Preisen des Basisjahres abzieht.

Zur Ermittlung des Bruttoinlandsprodukts in konstanten Preisen gemäß der Entstehungsrechnung (vgl. Tabelle 3.3, S. 130) sind die realen Nettoproduktionswerte der Wirtschaftsbereiche zu berechnen. Da diese als Differenz zwischen Bruttoproduktionswert und Wert der Vorleistungen definiert sind, drückt man diese beiden Größen im Wege der *doppelten Deflationierung* für jeden Wirtschaftsbereich gesondert in konstanten Preisen aus, bildet die Differenzen und addiert die Ergebnisse. Dabei sind jedoch die Importe ohne Einfuhrabgaben und die Verkäufe an private Haushalte ohne die nichtabzugsfähige Umsatzsteuer nachgewiesen. Diese beiden Korrekturposten müssen mithin hinzugefügt werden, um zum Bruttoinlandsprodukt zu Marktpreisen zu gelangen (vgl. S. 130). Dies macht die Deflationierung von Steuerbeträgen erforderlich, was im Prinzip unmöglich ist, weil solche Beträge nicht wie Güterströme aus einer Preis- und einer Mengenkomponente bestehen. Da man dennoch zu einer Angabe für das reale Inlandsprodukt gelangen möchte, wird gemäß internationaler Übereinkunft so verfahren, daß die Steuersätze des Basisjahres auf die preisbereinigten Werte der besteuerten Güter in den Berichtsjahren angewendet werden. Damit erhält man Werte für die beiden Korrekturposten, die sich ergeben hätten, wenn im jeweiligen Berichtsjahr die Preise und Steuersätze des Basisjahres geherrscht hätten, und die demzufolge nur noch von der Mengenentwicklung der Gütergesamtheiten abhängen.

Das Nettosozialprodukt zu Faktorkosten gemäß der Verteilungsrechnung (vgl. Tabelle 3.5, S. 133) wird nicht deflationiert. Diese Größe enthält die Einkommen aus Unternehmertätigkeit und Vermögen und damit in Gestalt der Gewinne eine Variable, die sich ebenfalls nicht in eine Mengen- und eine Preiskomponente zerlegen läßt. Faktoreinkommen ließen sich deflationieren, auch wenn dies beim Faktor Realkapitalnutzung nicht einfach ist, und dies ist ohnehin unumgänglich, da Faktoreinkommen vom und an das Ausland in der Verwendungsrechnung berücksichtigt werden müssen (vgl. S. 117). Zwar könnte man zur Deflationierung des Volkseinkommens nach Güteräquivalenten für dieses suchen, die mit ihm in wirtschaftlichem Zusammenhang stehen – der größte Teil des Volkseinkommens wird zu Konsumgüterkäufen verwendet –, aber die direkten Steuern haben wiederum andere solche Äquivalente in Gestalt des Staatsverbrauchs, und bei der Ersparnis gibt es typischerweise kein Güteräquivalent.

**4. Implizite Preisdeflatoren.** Liegen für das Brutto- oder Nettosozialprodukt Angaben in jeweiligen und in Preisen eines Basisjahres vor, dann kann man einen *Preisindex des Sozialprodukts* für ein Jahr $i$ dadurch errechnen, daß man den Wert des Sozialprodukts des Jahres $i$ in Preisen dieses Jahres $\sum p^i q^i$ durch den Wert des Sozialprodukts des Jahres $i$ in Preisen eines Basisjahres 0, also durch $\sum p^0 q^i$, dividiert. So erhält man aus der Division des Bruttosozialprodukts 1982 in Preisen von 1982 in Höhe von 1598,9 Mrd. DM und dem Bruttosozialprodukt 1982 in Preisen von 1976 in Höhe von 1247,5 Mrd. DM die Zahl 1,282. Sie besagt, daß die Preise der Sachgüter und Dienste, die zusammen das Bruttosozialprodukt ausmachen, von 1976 bis 1982 im Durchschnitt um 28,2 v. H. gestiegen sind. Das Verfahren läßt sich auch auf Teilaggregate gemäß der Verwendungsrechnung (vgl. S. 131) anwenden und erbringt jeweils den *impliziten Preisdeflator* in Gestalt eines Paasche-Preisindex für die betreffende Gütergesamtheit. Die Angaben einer Kreislaufanalyse sind unter dem Aspekt der Preisentwicklung mithin vollständig, wenn für jedes Güteraggregat drei Zahlen vorliegen: Der Wert in jeweiligen Preisen, der Wert in Preisen eines Basisjahres und der aus beiden zu errechnende Preisdeflator. Ein Nachteil des Verfahrens besteht darin, daß es nur Vergleiche der Preisentwicklung zwischen dem Berichts- und dem Basisjahr erlaubt. Zwei gemäß Gleichung (3.34) S. 144 preisbereinigte Aggregate für verschiedene Perioden $i$ und $k$ weisen unterschiedliche Güterstrukturen auf. Dividiert man sie nach dem eben angegebenen Verfahren durcheinander, zeigt das Ergebnis den gemeinsamen Effekt der Änderungen der Preise und der Mengenstruktur.

# VIII. Anwendungen der Kreislaufanalyse

**1. Die wirtschaftspolitische Bedeutung des Sozialprodukt-Konzepts.** Die Ergebnisse empirischer Kreislaufanalysen dienen unmittelbar praktischen Zwecken. Im ersten Kapitel waren die vier wirtschaftspolitischen Hauptziele genannt worden, die in der Bundesrepublik Deutschland von den Regierungen des Bundes und der Länder kraft gesetzlichen Auftrages anzustreben sind (S. 28 f.). Bei der Definition dieser Ziele, die in der im Gesetz genannten Reihenfolge

(1) *Preisstabilität,*
(2) *Vollbeschäftigung,*
(3) *Außenwirtschaftliches Gleichgewicht,*
(4) *Stetiges und angemessenes Wirtschaftswachstum*

heißen, spielen das Bruttosozialprodukt zu Marktpreisen, seine Entwicklung und seine Komponenten eine zentrale Rolle. So wird an der jährlichen Änderung des realen Bruttosozialprodukts gemessen, inwieweit das Ziel des Wirtschaftswachstums erreicht worden ist. Dieses muß dabei ebenso wie die anderen Ziele gegenüber der Formulierung des Gesetzes quantifiziert werden. Die 1967 amtierende Bundesregierung nahm eine solche Quantifizierung erstmals in einer Projektion der Wirtschaftsentwicklung bis 1971 vor und veröffentlichte sie im *Jahreswirtschaftsbericht* 1968.[12] Danach entsprach eine Zuwachsrate des realen Bruttosozialprodukts von jährlich 4 v. H. einem angemessenen Wirtschaftswachstum. Tabelle 3.10 zeigt in Spalte (5), daß dieser Wert in elf von 23 Jahren erreicht oder überschritten wurde. In bisher vier Jahren seit ihrem Bestehen erlebte die Bundesrepublik einen Rückgang des realen Bruttosozialprodukts. Ein Überblick über alle jährlichen Wachstumsraten seit 1961 zeigt, daß das Wirtschaftswachstum während dieser Zeit nicht stetig genannt werden kann. Es muß hinzugefügt werden, daß der Auftrag des Gesetzgebers, für ein stetiges und angemessenes Wirtschaftswachstum (und für die Erreichung der anderen Ziele) zu sorgen, erst seit 1967 besteht. Jedoch wurden alle genannten Ziele auch schon davor angestrebt.

Wichtig für das Wachstumsziel ist auch die Zusammensetzung des Bruttosozialprodukts. Ein hoher Anteil der Bruttoinvestition, der 1964 und 1965 über 28 v. H. lag (jedoch 1981 bis 1983 nur 21 bis 22 v. H. erreichte), bedeutet eine relativ starke Zunahme der Erzeugungskapazität und ist damit eine der Bedingungen für hohe Wachstumsraten des Bruttosozialprodukts in der Zukunft.

Auch das Ziel der Vollbeschäftigung der abhängigen Erwerbspersonen hängt eng mit dem Wachstum des realen Bruttosozialprodukts zusammen. Je höher dieses ist, desto mehr Arbeitsleistungen werden unter sonst gleichen Umständen gebraucht. Herrscht Arbeitslosigkeit, so kann diese durch vermehrte Nachfrage nach einzelnen oder allen Komponenten des Bruttosozialprodukts verringert werden. Die Bundesre-

---

[12] Der Bundesminister für Wirtschaft: Erläuterungen zur Projektion der allgemeinen Wirtschaftsentwicklung bis zum Jahre 1971 vom 12. Mai 1967. Anlage 1 zum Jahreswirtschaftsbericht 1968 der Bundesregierung vom 25. Januar 1968. Deutscher Bundestag, Drucksache V/2511, S. 23. Das oben S. 29 in Anm. 19 zitierte Stabilitätsgesetz verpflichtet in § 2 die Bundesregierung, im Januar jeden Jahres einen solchen Bericht vorzulegen.

gierung hat dieses Ziel anhand der *Arbeitslosenquote* quantifiziert. Diese ist gleich dem Anteil der im Jahresdurchschnitt bei den Arbeitsämtern als arbeitslos registrierten Personen an der Summe aus abhängig Beschäftigten und Arbeitslosen. Vollbeschäftigung herrscht gemäß der genannten Projektion, wenn diese Quote den Wert 0,8 hat (bei normalem Winterwetter). Aus Spalte (9) der Tabelle 3.10 geht hervor, daß von einer annähernden Erreichung dieses Ziels nur bis 1973 die Rede sein konnte. Seitdem hat die Arbeitslosigkeit unter Schwankungen erheblich zugenommen.

Tabelle 3.10 – *Zielvariable der Wirtschaftspolitik in der Bundesrepublik Deutschland, 1961–1983*

| Jahr | Bruttosozialprodukt | | | | Außenbeitrag | | Preisindex des Sozialprodukts[a] | Arbeitslosenquote[b] |
|---|---|---|---|---|---|---|---|---|
| | in jeweiligen Preisen | | in Preisen von 1976 | | in jeweiligen Preisen | Anteil am Bruttosozialprodukt | | |
| | Mrd. DM | Änderung gegenüber Vorjahr v. H. | Mrd. DM | Änderung gegenüber Vorjahr v. H. | Mrd. DM | v. H. | v. H. | v. H. |
| (1) | (2) | (3) | (4) | (5) | (6) | (7) | (8) | (9) |
| 1961 | 331,4 | 9,4 | 643,1 | 4,8 | 7,1 | 2,1 | 4,3 | 0,9 |
| 1962 | 360,5 | 8,8 | 671,7 | 4,4 | 4,3 | 1,2 | 4,3 | 0,7 |
| 1963 | 382,1 | 6,0 | 692,5 | 3,1 | 5,6 | 1,5 | 2,8 | 0,9 |
| 1964 | 419,6 | 9,8 | 738,5 | 6,6 | 5,9 | 1,4 | 2,9 | 0,8 |
| 1965 | 458,2 | 9,2 | 778,7 | 5,4 | 0,3 | 0,1 | 3,5 | 0,7 |
| 1966 | 487,4 | 6,4 | 799,3 | 2,6 | 7,4 | 1,5 | 3,7 | 0,7 |
| 1967 | 493,7 | 1,3 | 798,9 | −0,1 | 17,3 | 3,5 | 1,3 | 2,1 |
| 1968 | 533,7 | 8,1 | 847,9 | 6,1 | 19,7 | 3,7 | 1,8 | 1,5 |
| 1969 | 597,8 | 12,0 | 911,6 | 7,5 | 17,6 | 2,9 | 4,3 | 0,8 |
| 1970 | 675,7 | 13,0 | 957,5 | 5,0 | 14,1 | 2,1 | 7,6 | 0,7 |
| 1971 | 751,8 | 11,3 | 988,1 | 3,2 | 14,9 | 2,0 | 7,8 | 0,8 |
| 1972 | 825,1 | 9,7 | 1029,0 | 4,1 | 17,9 | 2,2 | 5,4 | 1,1 |
| 1973 | 918,9 | 11,4 | 1075,9 | 4,6 | 28,6 | 3,1 | 6,5 | 1,2 |
| 1974 | 985,6 | 7,3 | 1080,8 | 0,5 | 43,9 | 4,5 | 6,8 | 2,5 |
| 1975 | 1028,9 | 4,4 | 1063,9 | −1,6 | 29,9 | 2,9 | 6,0 | 4,7 |
| 1976 | 1123,0 | 9,1 | 1123,0 | 5,6 | 29,0 | 2,6 | 3,4 | 4,6 |
| 1977 | 1196,3 | 6,5 | 1154,1 | 2,8 | 28,8 | 2,4 | 3,7 | 4,5 |
| 1978 | 1290,0 | 7,8 | 1194,0 | 3,5 | 37,4 | 2,9 | 4,1 | 4,3 |
| 1979 | 1395,3 | 8,2 | 1241,6 | 4,0 | 11,1 | 0,8 | 4,1 | 3,7 |
| 1980 | 1485,7 | 6,5 | 1265,5 | 1,9 | −3,1 | −0,2 | 4,4 | 3,7 |
| 1981 | 1543,7 | 3,9 | 1262,0 | −0,3 | 13,2 | 0,9 | 4,2 | 5,3 |
| 1982 | 1598,9 | 3,6 | 1247,5 | −1,1 | 38,4 | 2,4 | 4,8 | 7,6 |
| 1983 | 1671,2 | 4,5 | 1263,2 | 1,3 | 39,6 | 2,4 | 3,2 | 9,3 |

[a] Änderungen gegenüber Vorjahr.

[b] Arbeitslose in v. H. der abhängigen Erwerbspersonen. Jahresdurchschnitte.

Quelle: Stat. Jb. BRD 1983, S. 528; WiSta 1/1984, S. 9; 4/1984, S. 114*, 127*; Stat. BA [I.05], S. 206–209; Sachverständigenrat ... [I.24], S. 294; eigene Berechnungen. Ab 1981 vorläufige Ergebnisse.

Die Berechnung des Bruttosozialprodukts in jeweiligen und in konstanten Preisen erlaubt gleichzeitig ein Urteil darüber, inwieweit das Ziel der Preisstabilität erreicht wurde. Ein Vergleich der Spalten (3) und (5) der Tabelle zeigt, daß das Bruttosozialprodukt in jeweiligen Preisen in allen Jahren stärker gestiegen ist als das Bruttosozialprodukt in konstanten Preisen. Die jährlichen Änderungen des Preisindex des Sozialprodukts (vgl. S. 145) sind in Spalte (8) abgedruckt. Das Ziel der Preisstabilität wurde von der Bundesregierung in der Projektion bei einer Zunahme dieses Index um jährlich 1 v. H. als erreicht angesehen. Die Tabelle läßt erkennen, daß dies nur 1967 und 1968 annähernd der Fall war. Seit 1970 wird das Ziel eklatant nicht erreicht. Der Vergleich der Zahlen in den Spalten (5), (8) und (9) für das Jahr 1967 gibt einen Hinweis auf das, was man sich unter einem *wirtschaftspolitischen Zielkonflikt* vorzustellen hat: In diesem Jahr, in dem die Forderung nach Preisstabilität während des gesamten Zeitraums am besten erfüllt war, wurden gleichzeitig die Ziele Wirtschaftswachstum und Vollbeschäftigung weniger gut als in den Jahren davor erreicht. Noch wesentlich ungünstiger war die Situation 1975: Ein in der Bundesrepublik bis dahin in diesem Ausmaß nicht beobachteter Rückgang des realen Bruttosozialprodukts traf mit der höchsten Arbeitslosenquote seit 1955 und einer sehr hohen Preissteigerungsrate zusammen.

Schließlich basiert auch das Ziel des außenwirtschaftlichen Gleichgewichts auf dem Sozialprodukt-Konzept. Bei der genannten Quantifizierung erklärte die Bundesregierung das Ziel bei einem Anteil des Außenbeitrags am Bruttosozialprodukt von 1 v. H. als erreicht. Der damit einhergehende Netto-Forderungszuwachs gegenüber dem Ausland (vgl. S. 122) sollte in der Hauptsache zur Abdeckung der Transferverpflichtungen gegenüber Ausländern dienen. Spalte (7) in Tabelle 3.10 läßt erkennen, daß der tatsächliche Anteil meist höher als der angestrebte war.

Die erwähnten Quantifizierungen erwiesen sich bald als nicht realisierbar. In den folgenden Jahreswirtschaftsberichten sahen sich die jeweiligen Bundesregierungen gezwungen, ihre Ziele mehr den erreichbaren Werten anzupassen. Außerdem werden seit dem Jahreswirtschaftsbericht 1970 nicht mehr Punktziele in Gestalt jeweils eines Wertes der Zielvariablen, sondern Bereiche für diese genannt. Damit wurde die Tatsache anerkannt, daß es sowohl nach dem Stand der Wirtschaftswissenschaft als auch politisch nicht möglich ist, in der Bundesrepublik solche hochgesteckten Punktziele zu erreichen. Es ist auch nicht mehr von Zielen, sondern von *Projektionen* von Eckwerten im Sinne bedingter Prognosen einer für realisierbar gehaltenen Entwicklung die Rede. Für 1984 wurden angegeben[13]:

- Wachstum des realen Bruttosozialprodukts um rund zweieinhalb Prozent;
- Arbeitslosenquote von etwas unter 9 v. H.;
- Anstieg der Verbraucherpreise um rund 3 v. H.;
- Leistungsbilanzüberschuß von rund einem halben Prozent des Bruttosozialprodukts.

Die vorstehenden Erörterungen geben einen Einblick in die praktische Bedeutung des Sozialprodukt-Konzepts. Das Sozialprodukt wird außerdem für internationale und Zeitvergleiche des ökonomischen Entwicklungsstandes herangezogen, dient als

[13] Jahreswirtschaftsbericht 1984 der Bundesregierung. Bundestagsdrucksache 10/952 vom 2. 2. 1984, S. 6.

Schlüssel für die Bemessung von Beiträgen an internationale Organisationen und spielt eine zentrale Rolle in gesamtwirtschaftlichen Theorien (vgl. auch unten, sechstes Kapitel, IV.1).

**2. Das Sozialprodukt als Wohlfahrtsindikator.** Wenn stetiges Wachstum des realen Bruttosozialprodukts ein wirtschaftspolitisches Ziel ist, so steht dahinter die Vorstellung, daß mehr Güter auch mehr wirtschaftliche Wohlfahrt bedeuten (vgl. S. 2). Auch wenn man von dem Problem der Verteilung der zusätzlichen Güter absieht, ist diese Vorstellung nicht unter allen Umständen richtig. So wird beispielsweise ein Teil des Sozialprodukts dazu benutzt, Schäden aller Art zu beseitigen. Es steigt daher, wenn die Zahl der Verkehrsunfälle zunimmt, eine Sturmflut bewohntes Gebiet unter Wasser setzt oder sich der Gesundheitszustand der Bevölkerung verschlechtert. Die Mehrproduktion von Sachgütern und Diensten zur Beseitigung der Schäden täuscht dann eine Erhöhung der Wohlfahrt vor, obwohl diese vermutlich höher gewesen wäre, wenn die Verkehrsunfälle zurückgegangen, die Sturmflut nicht eingetreten und der Gesundheitszustand besser gewesen wäre.

Nun könnte man sagen, Schäden der genannten Art seien unvermeidlich. Da sie zweifellos die Wohlfahrt mindern, wird diese durch ihre Beseitigung ebenso zweifelsfrei erhöht, so daß die Gleichsetzung von mehr Sozialprodukt mit mehr Wohlfahrt richtig bleibt. Dies trifft jedoch uneingeschränkt wohl nur für Naturkatastrophen zu, die ohne menschliches Zutun entstehen. Überschwemmungen, Orkane und Erdbeben sind wie das Wetter ein Teil der natürlichen Umwelt, und die Herstellung des Sozialprodukts gehört zu den menschlichen Bemühungen, mit dieser Umwelt fertigzuwerden. Kraftverkehrsunfälle jedoch gäbe es ohne die mit dem stark wachsenden Sozialprodukt einhergehende Motorisierung nicht, und ein Teil der Krankheitsfälle kann wohl auf die mit der heutigen Produktionsweise verbundenen Belastungen von Menschen bei ihrem Einsatz im Produktionsprozeß zurückgeführt werden. Damit wird ein Teil des Sozialprodukts dazu benutzt, Schäden zu kompensieren, die nicht aufgetreten wären, wenn das Sozialprodukt nicht so hoch wäre. Eine ähnliche Situation liegt vor, wenn das Sozialprodukt steigt, weil mehr Müll beseitigt werden muß. Der Fall tritt schließlich am deutlichsten zutage, wenn durch Produktion oder Verbrauch von Gütern Umweltschäden entstehen, deren Beseitigung oder auch nur Eindämmung in den dichtbesiedelten Industrieländern heute einen wachsenden Teil des Sozialprodukts in Anspruch nimmt.

Das Sozialprodukt ist auch noch aus anderen Gründen ein ungenaues Wohlfahrtsmaß. So wird beispielsweise die Nutzung von Straßen durch private Haushalte nicht erfaßt. Anderseits rechnen staatliche Dienstleistungen auch dann zum Eigenverbrauch des Staates (vgl. S. 111, 113) und damit zum Sozialprodukt, wenn sie an Unternehmen abgegeben werden und daher Vorleistungen sind. Da sie dann auch in den von den Unternehmen produzierten Gütern „stecken", werden auf diese Weise Doppelzählungen vorgenommen (vgl. S. 103). Die Wirkungen von Luft- und Wasserverschmutzung auf das Befinden von Menschen werden vom Sozialprodukt nicht registriert, sofern sie ohne Reaktion hingenommen werden. Aufwendungen für Fahrten zum Arbeitsplatz rechnen zum Sozialprodukt, obwohl die Wohlfahrt wahrscheinlich mit der Länge solcher Fahrten abnimmt. Der absolute oder Je-Kopf-Betrag des Sozialprodukts sagt beim internationalen Vergleich nichts darüber aus, mit welchem Anteil der Erwerbstätigen an der Bevölkerung oder mit welcher wöchentlichen oder jährlichen Arbeitszeit es erstellt wird. Es wird daher seit einiger Zeit versucht, die Wohlfahrtsmessung zu verbessern. Zwei Wege wurden bisher dazu vorgeschlagen:

- Ausgehend vom Sozialprodukt wird ein Wohlfahrtsmaß konzipiert, das die Mängel des Sozialprodukts in dieser Hinsicht vermeidet;
- Der Versuch, die Wohlfahrt mit nur einer Variablen zu messen, wird aufgegeben. Statt dessen wird sie als mehrdimensionale Größe aufgefaßt, und es wird eine Reihe von *Sozialindikatoren* ermittelt, die zusammen ein Urteil über die Wohlfahrt und ihre Änderungen im Zeitablauf ermöglichen.

Bei dem erstgenannten Verfahren wird beispielsweise versucht, die Tatsache zu berücksichtigen, daß heute ein höheres reales Sozialprodukt je Kopf als früher bei geringerer Arbeitszeit erstellt wird. Man bewertet dann die Freizeit und betrachtet ihre Zunahme als Wohlfahrtssteigerung. Auch müssen unbezahlte Tätigkeiten in privaten Haushalten berücksichtigt werden, die in der konventionellen Sozialproduktsrechnung nicht als Produktion gelten (vgl. S. 6). Anderseits kann man öffentliche Ausgaben für die Instandhaltung von Straßen, das Gesundheitswesen, Polizei, Justiz und die nationale Verteidigung als Vorleistungen ansehen, da sie die Wohlfahrt der Konsumenten nur indirekt erhöhen. Bei der Konstruktion eines Wohlfahrtsmaßes (Measure of Economic Welfare, MEW) für die Vereinigten Staaten, bei dem diese und weitere Gesichtspunkte berücksichtigt wurden, ergab sich für 1965 ein MEW von 1241 Mrd. \$ gegenüber dem konventionellen Bruttosozialprodukt von 618 Mrd. \$ (beide in Preisen von 1958). Demgegenüber betrug die durchschnittliche jährliche Wachstumsrate von 1929 bis 1965 beim MEW 2,32 v. H., beim Bruttosozialprodukt 3,13 v. H.[14]

Welche Größen als Sozialindikatoren heranzuziehen sind, wenn man den zweiten Weg einschlägt, wird zur Zeit an vielen Stellen diskutiert. Prinzip ist die Erkenntnis, daß ökonomische Wohlfahrt nur ein Teil der gesamten Wohlfahrt ist und Modifikationen des Sozialprodukt-Konzepts gemäß dem erstgenannten Weg daher unbefriedigend bleiben müssen. Da menschliches Wohlbefinden eine höchst vielschichtige Angelegenheit ist, gibt es für die Definition von Sozialindikatoren vorerst keine Grenze. Gesundheits- und Ausbildungsstand der Bevölkerung, die Situation am Arbeitsplatz, der Zustand der physischen Umwelt, Kriminalität, soziale Beteiligungschancen und soziale Sicherheit, Wohnungssituation sind nur einige Beispiele von Variablen, für die zunächst Meßvorschriften festgelegt werden müssen und die dann Sozialindikatoren bilden.

**3. Anwendungen des Kreislaufprinzips.** Die Bedeutung der Kreislaufanalyse erschöpft sich nicht in der Bereitstellung eines definitorischen Rahmens für die Aufzeichnung ökonomischer Transaktionen während eines Zeitraumes. Die kreislaufanalytischen Zusammenhänge bilden auch den Ausgangspunkt für jeden Versuch, mit Hilfe gesamtwirtschaftlicher Theorien den Wirtschaftsablauf in einer Volkswirtschaft zu erklären oder vorherzusagen oder ihn mit wirtschaftspolitischen Maßnahmen zu steuern. Dabei kann man als *Kreislaufprinzip* die Tatsache bezeichnen, daß gewisse Zusammenhänge unabhängig vom Verhalten der Wirtschaftssubjekte und unabhängig

---

[14] W. D. NORDHAUS/J. TOBIN: Is Growth Obsolete? In: MOSS [3.12], S. 520.

von der Darstellungsart (Konten- oder Gleichungssystem, Stromdiagramm oder Tabellensatz) immer erfüllt sein müssen. Im folgenden wird anhand einiger gesamtwirtschaftlicher Vorgänge und Probleme gezeigt, wie sich die Beachtung dieses Prinzips auswirkt.

Es möge für ein Land Z das nachstehende gesamtwirtschaftliche Produktionskonto 3.36 gelten. Eine solche Darstellung läßt zunächst erkennen, in welchem Verhältnis die vier Komponenten *Im, D,* $T^{ind}$ und *L* der linken Seite das Kostenniveau und damit das Preisniveau der Endnachfragegüter bestimmen. Die wichtigste Komponente sind die Löhne, die zweitwichtigste der Import. Hat nun der Wirtschaftspolitiker am Anfang eines Jahres dieses Konto mit den statistischen Angaben für das gerade abgelaufene Jahr angefüllt, so muß er versuchen, die Entwicklung im laufenden Jahr vorauszuschätzen. Dabei kann er jedoch (bei dem in Konto 3.36 gewählten Aggregationsgrad) nicht alle neun Variablen $C_H$, $C_{St}$, $I^b$, *Ex*, *Im*, *D*, $T^{ind}$, *L* und *G* unabhängig voneinander vorausschätzen. Hat er Angaben über die voraussichtliche Entwicklung von acht Variablen, so ergibt sich die Entwicklung der neunten zwangsläufig aus diesen. Anders ausgedrückt: Wie immer sich die Wirtschaftssubjekte während des betrachteten Jahres verhalten mögen, welche wirtschaftspolitischen Maßnahmen auch immer ergriffen werden, und unabhängig von den Reaktionen auf diese Maßnahmen: Am Ende des Jahres muß die mit Konto 3.36 implizierte Gleichung zwischen den neun Variablen erfüllt sein. Was als Reaktion auf eine wirtschaftspolitische Maßnahme oder andere Vorgänge geschehen wird, ist damit noch immer ungewiß genug, aber es kann jedenfalls nicht a l l e s geschehen.

Im folgenden wird an einigen Rechenbeispielen gezeigt, wie das Kreislaufprinzip bei Überlegungen über gesamtwirtschaftliche Zusammenhänge zu berücksichtigen ist. Dabei wird Konto 3.36 zugrunde gelegt, dessen Zahlenangaben im großen und ganzen den Proportionen der betrachteten Variablen in der Bundesrepublik zu Beginn der achtziger Jahre entsprechen. Die gesamtwirtschaftliche Endnachfrage wurde in Konto 3.36 gleich 1000 (Mrd. DM) gesetzt, das Bruttosozialprodukt gleich 800. Das

Konto 3.36: Land Z
Gesamtwirtschaftliches Produktionskonto für das Jahr t
(Mrd. DM)

| | | | |
|---|---|---|---|
| Import | $Im=200$ | Privater Konsum<br>aus Löhnen $C_L=306$<br>aus Gewinnen $C_G=105$ | $C_H=411$ |
| Abschreibungen | $D=100$ | | |
| Indirekte Steuern | $T^{ind}=100$ | Staatlicher Konsum | $C_{St}=189$ |
| Löhne $L=400$ | Lohnsteuer $T_L=60$ | | |
| | verfügbar $L^v=340$ | Bruttoinvestition | $I^b=200$ |
| Gewinne $G=200$ | Gewinnsteuer $T_G=50$ | Export | $Ex=200$ |
| | verfügbar $G^v=150$ | | |
| | 1 000 | Gesamtwirtschaftliche Endnachfrage | $N=1000$ |

Volkseinkommen beträgt 600, der Anteil der Löhne am Volkseinkommen 66,7 v. H. Der Lohnsteuersatz beträgt 15 v. H., aus dem verfügbaren Lohneinkommen $L^v$ werden 90 v. H. gleich 306 zu Konsumausgaben verwendet. Die Gewinnsteuer beträgt 25 v. H., aus dem verfügbaren Gewinneinkommen werden 70 v. H. gleich 105 konsumiert. Der Anteil des privaten Konsums (411) am Bruttosozialprodukt beläuft sich auf 51,4 v. H., der des staatlichen Konsums auf 23,6 v. H. Abschreibungen und indirekte Steuern (abzüglich Subventionen) mögen je 10 v. H. der Endnachfrage ausmachen, der Import betrage 20 v. H. der Endnachfrage, und der Außenbeitrag sei null. Ob und wie sich diese Proportionen im Zeitlauf ändern, muß jeweils empirisch untersucht und kann beim gegenwärtigen Stand der Wirtschaftswissenschaft nur ungefähr vorausgeschätzt werden. Im folgenden sei mit Ausnahme der Einkommensverteilung von ihrer Konstanz ausgegangen. Zur Vereinfachung sei ferner angenommen, daß nur ein Gut $x$ hergestellt wird, von dem in der Ausgangssituation des Jahres $t$ 500 Mengeneinheiten (ME) zum Preis $p=2$ abgesetzt wurden, so daß die Gleichung $N=p \cdot x=1000$ gilt. Es mögen $m=200$ ME zum Preis $q=1$ importiert worden sein, so daß $Im=q \cdot m=200$ gilt; und der Arbeitseinsatz $a$ betrage 100 ME („Stunden") zum durchschnittlichen Lohnsatz $l=4$, so daß $L=a \cdot l=400$ ist. Bei den folgenden Überlegungen wird vorausgesetzt, daß jeweils nicht erwähnte Variable konstant bleiben. Von vielen Möglichkeiten können immer nur einige erörtert werden.

*(1) Zunahme der Arbeitsproduktivität.* In der Ausgangssituation $t$ werden 500 ME reales Endprodukt mit 100 ME Arbeitseinsatz hergestellt. Der Quotient $\pi=x/a=500$ ME/100 Stunden$=5$ ME/Stunde heißt *durchschnittliche Arbeitsproduktivität* (Einzelheiten siehe unten in 7/III.1). In der Regel steigt $\pi$ von Jahr zu Jahr, beispielsweise weil sich der technische Fortschritt in arbeitsparenden Maschinen verkörpert. Bleibt die Zahl der Erwerbstätigen konstant, etwa weil die Bevölkerung nicht mehr wächst, dann ist wirtschaftliches Wachstum nur noch über die Steigerung der Arbeitsproduktivität möglich. Angenommen, $x$ steige in $t+1$ bei Konstanz von $a$ um 10 v. H. auf 550. Es gibt zwei Möglichkeiten, den Produktivitätsfortschritt zu verteilen. Die eine ist, den Preis $p$ so zu senken (auf 1,82), daß der Gesamtwert der Endnachfrage konstant bleibt ($1{,}82 \cdot 550=1000$). Die andere ist, den Lohnsatz bei Konstanz von $p$ um den Satz der Produktivitätssteigerung zu erhöhen. Die Lohnsumme steigt dann auf $100 \cdot 4{,}4=440$, und wenn auch $Im$, $D$ und $T^{ind}$ um je 10 v. H. zunehmen, dann steigen auch die Gewinne um diesen Satz. In beiden Fällen nimmt der *Reallohn,* definiert als $l^r=l/p$, um 10 v. H. zu. Von den beiden Möglichkeiten kommt praktisch nur die zweitgenannte in Betracht, da ständig sinkende Preise wahrscheinlich die Investitionstätigkeit beeinträchtigen, die heimischen Güter für Ausländer ständig billiger machen und daher Anpassungen des Währungskurses erfordern und der Verzicht auf Lohnpolitik den Gewerkschaften die Existenzberechtigung nimmt. Das Verfahren, den durchschnittlichen Lohnsatz im Ausmaß der erwarteten Steigerung der durchschnittlichen Arbeitsproduktivität zu erhöhen, heißt *produktivitätsorientierte Lohnpolitik.* Sie wird von den Gewerkschaften im allgemeinen abgelehnt, da sie die Verteilung des Volkseinkommens auf Löhne und Gewinne ungeändert läßt und den Gewerkschaften Betätigungsspielraum nimmt.

*(2) Lohnpolitik und Preisniveau.* In der Regel steigt der Lohnsatz schwächer oder stärker als die Arbeitsproduktivität. Entscheidend für die Reaktion der Unternehmen ist der Nettoeinfluß beider Änderungen auf ihre Kostensituation. Man mißt diesen Einfluß, indem man die Lohnsumme durch die Zahl der produzierten Mengeneinhei-

ten dividiert: $L/x$. Setzt man hierin $L = a \cdot l$ und berücksichtigt die Definition von $\pi$, erhält man

$$\text{Lohnstückkosten} = \frac{a \cdot l}{x} = \frac{400\ \text{DM}}{500\ \text{ME}} = \frac{l}{\pi} = 0{,}8\ \text{DM/ME}.$$

Hieraus folgt, daß die Lohnstückkosten konstant bleiben, wenn Lohnsatz und Arbeitsproduktivität gleich stark steigen. Steigt die Arbeitsproduktivität stärker, etwa wieder um 10 v.H., während der Lohnsatz nur um 5 v.H. zunimmt, so erhöht sich die Endnachfrage bei konstantem $p$ auf 1100, die Lohnsumme auf 420. Selbst wenn dann $Im$, $D$ und $T^{ind}$ um je 10 v.H. zunehmen, ergibt sich eine überproportionale Gewinnsteigerung um 40 gleich 20 v.H.

Steigt anderseits der Lohnsatz stärker, etwa um 20 v.H., als die Arbeitsproduktivität (+10 v.H.), so lassen sich mehrere Möglichkeiten unterscheiden. Erstens ist es denkbar, daß $p$ konstant bleibt. Soweit die um 80 gestiegene Lohnsumme zu mehr Nachfrage nach Konsumgütern führt, kann dieser Fall nur eintreten, wenn in entsprechendem Umfang andere Nachfrage ausfällt. Da die Gewinne gemäß Konto 3.36 dann um 20 zurückgehen, falls $Im + D + T^{ind}$ wieder um 40 gleich 10 v.H. zunehmen, könnte die Investition sinken. Aus gewerkschaftlicher Sicht wäre ein solches Ergebnis kurzfristig als Erfolg der Lohnpolitik zu werten, da sich der Anteil der Löhne am Volkseinkommen bei Konstanz der Preise auf 73 v.H. erhöht hat. Soweit jedoch weniger Investition auch weniger Wachstum bedeutet, liegt ein Konflikt zwischen kurz- und langfristiger gewerkschaftlicher Zielsetzung vor, da zu dieser – bisher jedenfalls – auch Wachstum gehört. Die Reihe der weiteren Möglichkeiten ist durch das Ausmaß gekennzeichnet, in dem es den Unternehmen gelingt, die gestiegenen Lohnstückkosten auf die Preise der Endnachfragegüter zu überwälzen. Das hängt wiederum weitgehend von der *Konjunktursituation* ab, die man durch den Auslastungsgrad des Produktionsapparats mißt. Ist dieser hoch, so lassen sich Preiserhöhungen auf vielen Märkten und mit höheren Sätzen eher durchsetzen als bei niedrigem Auslastungsgrad, der durch Nachfragemangel hervorgerufen wurde.

*(3) Lohnpolitik und Beschäftigung.* Unternehmen können auf Lohnsatzsteigerungen, Nachfragerückgang oder Zunahme der Arbeitsproduktivität auch noch auf eine weitere Art reagieren: Sie können die Beschäftigung verringern. Steigt etwa $\pi$ um 10 v.H. auf 5,5 ME je Stunde, so kann eine gleichbleibende Produktmenge von 500 ME nunmehr mit einem Arbeitseinsatz von 90,9 Stunden hergestellt werden. Bleibt der Lohnsatz gleich, so sinkt die Lohnsumme auf 363,64 DM, die Gewinne steigen auf 236,36 und die Lohnquote sinkt auf 60,6 v.H. Steigt der Lohnsatz ebenfalls um 10 v.H., so bleibt die Einkommensverteilung ungeändert, aber die Beschäftigung geht nach wie vor um 9,1 v.H. zurück. Wiederum ist die Konjunktursituation ausschlaggebend: Je günstiger diese von den Unternehmen eingeschätzt wird, um so weniger wird die Beschäftigung von Steigerungen der Lohnsätze oder der Arbeitsproduktivität beeinträchtigt.

*(4) Realtauschverhältnis und Einkommensverteilung.* Steigen die Exportpreise eines Landes, während die Importpreise konstant bleiben, so können je ME des Exportgutes mehr ME des Importgutes gekauft werden. Man sagt, das *Realtauschverhältnis* des Landes habe sich verbessert. Derselbe Effekt tritt ein, wenn die Importpreise bei Konstanz der Exportpreise sinken, oder wenn die Exportpreise stärker zunehmen als die Importpreise. Bei entsprechend umgekehrten Situationen verschlechtert sich das Real-

tauschverhältnis (Einzelheiten vgl. unten in 5/III.7). Steigen die Exportpreise (im Beispiel etwa um 10 v. H.), so ist *N* am Ende der Periode ebenfalls gestiegen (auf 1020). Bei ungeändertem *Im*, *D* und $T^{ind}$ bleibt ein höheres Volkseinkommen zur Verteilung übrig. Dasselbe gilt, wenn etwa die Importpreise um 10 v. H. fallen. *Im* sinkt dann bei ungeändertem *N* auf 180, und es stehen 20 mehr zur Verteilung zur Verfügung. Bei der Frage des Zusammenhangs zwischen Lohnpolitik und Änderungen des Preisniveaus ist also neben der Änderung der Arbeitsproduktivität auch die Änderung des Realtauschverhältnisses zu berücksichtigen, und zwar um so mehr, je höher der Anteil des Außenhandels am Sozialprodukt ist. Dieser Aspekt bildet daher einen Teil des Konzepts der *kostenniveauneutralen Lohnpolitik* des Sachverständigenrates.

*(5) Importierte Inflation.* Steigen wie in dem eben genannten Beispiel die Exportpreise – in der Regel deshalb, weil das Preisniveau im Ausland allgemein steigt (oder schneller steigt als das des Inlandes) –, so lohnt es für die inländischen Exporteure, mehr Güter ins Ausland statt im Inland zu verkaufen. Da auch die inländischen Importeure weniger von den teurer gewordenen Auslandsgütern einführen, geht das Güterangebot im Inland zurück. Bei gleichbleibender oder steigender Nachfrage resultiert daraus eine Tendenz zur Preissteigerung auch im Inland. Dies ist einer der Wege, auf denen sich Preissteigerungen im Ausland auf das Inland übertragen. Man spricht dann von *importierter Inflation.*

Ein zweiter Weg führt über Preissteigerungen für den Import. Steigt im Zahlenbeispiel *q* um 20 v. H. auf 1,20, so verteuert sich *Im* auf 240. Der Anspruch von Ausländern auf das heimische Sozialprodukt hat sich erhöht[15], und die Frage ist, zu wessen Lasten dies geschieht, welche Inländer also ihre Ansprüche entsprechend verringern müssen. Soll die Importpreiserhöhung keine Auswirkungen auf das Preisniveau haben, so müßten bei ungeänderten Löhnen die Gewinne um 40 zurückgehen. Die Verringerung der Ansprüche auf das Sozialprodukt, die mit der Verschlechterung des Realtauschverhältnisses einhergeht, würde dann allein die Unternehmen treffen. Diese werden jedoch versuchen, die Last nicht allein zu tragen und werden daher die Importpreiserhöhung in ihre Preise einkalkulieren. Steigt so der Preis *p*, etwa um 4 v. H. auf 2,08, so sinkt entsprechend die reale Kaufkraft der nominell gleich gebliebenen Einkommen, und der benötigte Teil des realen Sozialprodukts (19,23 ME) wird zwecks zusätzlicher Ablieferung an das Ausland freigesetzt. Die auf diesem Wege importierte Inflation hat zur Folge, daß die ursprüngliche Verschlechterung des Realtauschverhältnisses zum Teil rückgängig gemacht wird. Wären die Inlandspreise nicht gestiegen, hätte der zusätzliche ausländische Anspruch an das heimische Sozialprodukt 20 ME betragen. Folgerichtig haben daher ölexportierende Länder verlangt, der Ölpreis solle an einen Preisindex für die Exporte der Industrieländer gebunden werden.

*(6) Finanzierung zusätzlicher Staatsausgaben.* Beschließen Regierung und Gesetzgeber eines Landes, mehr Schulen, Krankenhäuser, Straßen zu bauen und mehr öffentliche Dienstleistungen sonstiger Art zur Verfügung zu stellen, dann stellt sich das Problem, wie die zusätzliche staatliche Nachfrage finanziert werden kann. Hierfür gibt es im Prinzip zwei Möglichkeiten: Aufnahme von Krediten und zusätzliche Besteue-

[15] So ergab sich 1979 als Folge der Preiserhöhungen für Rohöl „der neuerliche Zugriff auf das Sozialprodukt der ölimportierenden Länder". Bbk-Monatsbericht Juni 1979, S. 7.

rung. Wird die zusätzliche staatliche Nachfrage durch Kreditaufnahme finanziert und trifft sie auf eine unterbeschäftigte Wirtschaft, so wird sie in der Regel durch eine Erhöhung der Produktion befriedigt, wobei die Preise nicht oder nur wenig steigen. Trifft sie auf eine vollbeschäftigte Wirtschaft, so tritt sie in Konkurrenz zu anderen Nachfragern, ohne daß kurzfristig mehr produziert werden kann. Die zusätzliche Nachfrage kann dann nur zu höheren Preisen befriedigt werden, wobei sich die reale Kaufkraft aller Nachfrager verringert. Erhöht der Staat seine Nachfrage im Zahlenbeispiel um 30 v.H. auf 245,7, so steigen $N$ und $p$ um 5,67 v.H. auf 1056,7 und rund 2,11. Da damit auch das Volkseinkommen zunimmt, wird auch die Konsum- und Investitionsgüternachfrage steigen, woraus sich weitere Preissteigerungen ergeben können.

Die Alternative zu einer inflatorisch wirkenden Kreditfinanzierung zusätzlicher Staatsausgaben ist die Erhebung zusätzlicher Steuern. Werden etwa die Lohn- und Gewinnsteuersätze so erhöht, daß das Steueraufkommen um 10 v.H. steigt, so sinkt das verfügbare Einkommen der Lohn- und Gewinnempfänger um 11. Ihre Konsumgüternachfrage wird daraufhin zurückgehen, so daß Güter beziehungsweise Produktionskapazitäten freigesetzt werden, die nun der Staat in Anspruch nehmen kann. Da der Staat damit zusätzliche Leistungen produziert und unentgeltlich zur Verfügung stellt, ändert sich auf diese Weise letztlich die Zusammensetzung des Konsumgütersortiments: Der private Einfluß auf dieses nimmt ab. In welchem Ausmaß private Haushalte ihre Konsumausgaben bei einer Senkung ihres verfügbaren Einkommens einschränken, hängt unter anderem von ihrer individuellen Einkommenshöhe ab: Je höher das Einkommen, um so geringer ist vermutlich die Einschränkung. In jedem Fall ist zu erwarten, daß auch voll durch zusätzliche Steuern finanzierte zusätzliche Staatsausgaben netto eine Zunahme der Endnachfrage bewirken, da ein Teil des weggesteuerten Einkommens gespart worden wäre, vom Staat aber in Nachfrage umgewandelt wird. Man nennt diesen Effekt das *Haavelmo-Theorem*.[16] Je nach der Konjunktursituation kann also auch eine steuerfinanzierte zusätzliche Nachfrage des Staates zu Preiserhöhungen beitragen. Dies gilt erst recht, wenn indirekte Steuern erhöht werden. Diese werden nach dem Willen des Gesetzgebers in die Preise einkalkuliert, und wenn den Unternehmen die Überwälzung gelingt, wird die Senkung des Realeinkommens der Lohn- und Gewinnempfänger zugunsten des Staates voll durch Preissteigerungen bewirkt. Steigt in Konto 3.36 $T^{ind}$ um 10, so kann $C_{St}$ ebenfalls um 10 zunehmen, wobei unter sonst gleichen Umständen $p$ um 1 v.H. steigen muß. Ein weiterer Effekt läßt sich schließlich wie folgt aus Konto 3.36 ablesen. Wird allein die Gewinnsteuer $T_G$ erhöht, etwa um 20 v.H. auf 60, und erhöht der Staat entsprechend seine Nachfrage um 10 auf 199, so steigt $N$ auf 1010. Bei ungeänderter Produktmenge steigt der Preis auf 2,02. Bleiben nun die übrigen Komponenten der gesamtwirtschaftlichen Endnachfrage konstant und ändern sich auch die vier Kostenkomponenten der linken Seite von Konto 3.36 nicht, so führt das beschriebene Verhalten zu einer Erhöhung der Gewinne um genau den Betrag der Steuererhöhung auf 210, so daß der verfügbare Gewinn ungeändert bleibt. Unter den genannten Voraussetzungen ist es also nicht möglich, den Nettogewinn durch Besteuerung zu verringern. Dies nennt man das *Föhlsche Steuerparadox*.[17]

[16] Nach dem norwegischen Nationalökonomen TRYGVE HAAVELMO (geboren 1911), der es 1945 aufstellte.

[17] CARL FÖHL (1901–1973), deutscher Nationalökonom und Unternehmer, veröffentlichte es 1953.

Die vorstehenden Überlegungen mögen als Beispiele dafür gelten, in welcher Weise bei gesamtwirtschaftlichen Überlegungen vom Kreislaufprinzip auszugehen ist. Immer bilden definitorische Zusammenhänge nach Art der in Konto 3.36 dargestellten die Grundlage. Soll dann abgeschätzt werden, welche Wirkung die Änderung einer Größe voraussichtlich haben wird – sei es eine Lohnsatzsteigerung, eine Steuererhöhung oder -senkung, eine Erhöhung oder Senkung der Import- oder der Exportpreise, eine Zunahme der Arbeitsproduktivität, vermehrte oder verminderte Konsum-, Investitions- oder Staatsausgaben –, so muß die allgemeine Interdependenz (vgl. S. 8f.) durch Annahmen über Zusammenhänge zwischen den betrachteten Größen konkretisiert werden. Solche Zusammenhänge werden etwa zwischen dem verfügbaren Einkommen und den Konsumausgaben, dem Einkommen und dem Aufkommen an direkten Steuern, dem Sozialprodukt und dem Aufkommen an indirekten Steuern und dem Import, den Gewinnen und der Bruttoinvestition, dem realen Sozialprodukt und der Beschäftigung vermutet (vgl. S. 36). Man versucht auf diese Weise, den Ablauf des Wirtschaftsprozesses mit Hilfe eines vereinfachten Abbildes, eines *Modells,* nachzuvollziehen, um ihn so erklären und vorhersagen zu können. Wie dabei im einzelnen vorzugehen ist und welche Probleme dabei auftreten, ist Sache der gesamtwirtschaftlichen Theorie.

## Literatur zum dritten Kapitel

Einführungen in die Kreislaufanalyse finden sich in vielen Lehrbüchern, etwa in


[3.01] W. KRELLE: Volkswirtschaftliche Gesamtrechnung einschließlich input-output-Analyse mit Zahlen für die Bundesrepublik Deutschland. 1959, 2. Aufl. Berlin 1967. 237 S.

[3.02] R. RICHTER: Volkswirtschaftliche Gesamtrechnung – Volkswirtschaftliche Finanzierungsrechnung – Zahlungsbilanz. Ein Grundriß. 1966, 2. Aufl. Wiesbaden 1982. 100 S.

[3.03] D. BRÜMMERHOFF: Gesamtwirtschaftliches Rechnungswesen. Eine problemorientierte Einführung mit einem Kompendium wichtiger Begriffe des gesamtwirtschaftlichen Rechnungswesens. 1975, 2. Aufl. Köln 1982. 272 S.

[3.04] F. HASLINGER: Volkswirtschaftliche Gesamtrechnung. 1978, 3. Aufl. München u.a. 1984. XVI, 258 S.

[3.05] R. G. D. ALLEN: An Introduction to National Accounts Statistics. London u.a. 1980. VII, 126 S.


Eine weitergehende Untersuchung bietet neben STÜTZEL [4.03]:


[3.06] H. REICHARDT: Kreislaufaspekte in der Ökonomik. Tübingen 1967. XIV, 186 S.


Der Aufsatz


[3.07] H. RIETER: Zur Rezeption der physiokratischen Kreislaufanalogie in der Wirtschaftswissenschaft. In: H. SCHERF (Hg.): Studien zur Entwicklung der ökonomischen Theorie III. Berlin 1983, S. 55–99


enthält einen Überblick über die Entwicklung der Kreislaufidee in der Volkswirtschaftslehre. Die neuere Entwicklung mit Einschluß der empirischen Anwendungen behandelt anhand einer reichhaltigen Literaturübersicht


[3.08] G. BOMBACH: Kreislauftheorie und volkswirtschaftliche Gesamtrechnung. Jahrbuch für Sozialwissenschaft, Bd 11, 1960, S. 217–242, 331–350.

Eine Übersicht über die Möglichkeiten, einen Anteil des Staates an der wirtschaftlichen Aktivität zu definieren (von denen zwei im Text genannt sind), gibt

[3.09] E. T. BÜCH: Maßzahlen für die Anteile des Staates am gesamtwirtschaftlichen Prozeß. Mit Beispielen für die Bundesrepublik Deutschland. Bern u. a. 1976. XIII, 201 S.

Angaben über statistische Quellen zur volkswirtschaftlichen Gesamtrechnung als dem Versuch, kreislaufanalytische Kontensysteme mit empirischen Zahlen für konkrete Volkswirtschaften auszufüllen, folgen im Anschluß an das sechste Kapitel.

Einführungen in die Lehre von den Preisindizes finden sich in den meisten Lehrbüchern der Wirtschaftsstatistik, s. den Literaturanhang zum sechsten Kapitel. Vgl. außerdem

[3.10] R. G. D. ALLEN: Index Numbers in Theory and Practice. London u. a. 1975. X, 278 S.

Zu Problemen des Sozialprodukts als Wohlfahrtsindikator und anderer solcher Indikatoren vgl. neben WALSER [6.25]:

[3.11] E. B. SHELDON/W. E. MOORE (Hg.): Indicators of Social Change. Concepts and Measurements. New York 1968. X, 822 S.

[3.12] M. MOSS (Hg.): The Measurement of Economic and Social Performance. (=NBER, Studies in Income and Wealth, Vol. 38.) New York u. a. 1973. X, 605 S.

[3.13] W. ZAPF (Hg.): Soziale Indikatoren. Konzepte und Forschungsansätze. Bd I–IV, Frankfurt 1974–1976. – Bd V–X, hg. von H.-J. HOFFMANN-NOWOTNY, 1977–1983.

[3.14] C. LEIPERT: Unzulänglichkeiten des Sozialprodukts in seiner Eigenschaft als Wohlstandsmaß. Tübingen 1975. X, 300 S.

[3.15] W. ZAPF: Sozialberichterstattung: Möglichkeiten und Probleme. (=Kommission für wirtschaftlichen und sozialen Wandel, 125.) Göttingen 1976. VII, 186 S.

[3.16] Department of Economic and Social Affairs, Statistical Office: Social Indicators: Preliminary Guidelines and Illustrative Series. (=Statistical Papers, Series M No. 63.) United Nations, New York 1978. 134 S.

[3.17] C. LEIPERT: Gesellschaftliche Berichterstattung. Eine Einführung in Theorie und Praxis sozialer Indikatoren. Berlin u. a. 1978. XIV, 284 S.

[3.18] E. WILLE: Soziale Indikatoren als Ansatzpunkte wirtschaftspolitischer Zielbildung und Kontrolle – Verbesserung oder Verschleierung politischer Entscheidungsgrundlagen? ORDO, Bd 31, 1980, S. 127–150.

[3.19] D. STACHE: Zur Entwicklung von Systemen sozialer Indikatoren bei den internationalen Organisationen. WiSta 10/1981, S. 705–712.

[3.20] Organisation for Economic Co-operation and Development: The OECD List of Social Indicators. Paris 1982. 124 S.

Zusammenstellungen solcher Indikatoren für die Bundesrepublik enthalten

[3.21] E. BALLERSTEDT/W. GLATZER: Soziologischer Almanach. Handbuch gesellschaftlicher Daten und Indikatoren. 1975, 3. Aufl. Frankfurt 1979. 615 S.

[3.22] W. ZAPF (Hg.): Lebensbedingungen in der Bundesrepublik. Sozialer Wandel und Wohlfahrtsentwicklung. 1977, 2. Aufl. Frankfurt u. a. 1978. 948 S.

Viertes Kapitel

# Geld, Kredit und Finanzsektor

*Gegenstand dieses Kapitels sind die Kreditbeziehungen in einer Volkswirtschaft und die mit ihrer Entstehung, Umschichtung und Tilgung verbundenen Finanztransaktionen. Die im dritten Kapitel auf den Produktions-, Einkommens- und Vermögensänderungskonten dargestellte Kreislaufanalyse wird somit hier durch die Wiedergabe der Vorgänge auf den Kreditänderungskonten vervollständigt. Besonders berücksichtigt werden zunächst diejenigen Kreditbeziehungen, die für ihre Gläubiger Geld oder geldnahe Forderungen darstellen. Nach einer Übersicht über Geldarten in der heutigen Volkswirtschaft und ihre wichtigsten Eigenschaften werden Geldgesamtheiten und ihre statistische Erfassung diskutiert. Sodann wird gezeigt, durch welche Transaktionen Geld geschaffen und getilgt wird und auf welche Weise die Ergebnisse dieses Prozesses wie auch die Änderungen der Kreditbeziehungen in einer Volkswirtschaft während eines Zeitraums erfaßt werden. Im letzten Teil wird mit dem Finanzsektor der Bundesrepublik Deutschland die institutionelle Grundlage ihres Geld- und Kreditwesens beschrieben.*

## I. Geldarten

**1. Gesetzliche Zahlungsmittel.** Der Alltagserfahrung nach versteht man unter Geld zunächst *Banknoten* und *Münzen.* Die in der Bundesrepublik Deutschland ausgegebenen Banknoten tragen den Aufdruck „Deutsche Bundesbank", die Münzen die Prägung „Bundesrepublik Deutschland".[1] Banknoten sind in unbeschränkter Höhe, Münzen bis zu bestimmten Beträgen *gesetzliches Zahlungsmittel* in dem Sinne, daß jedes inländische Wirtschaftssubjekt verpflichtet ist, sie zur Tilgung von Verbindlichkeiten anzunehmen.[2] Dieses Geld erscheint in den Vermögensrechnungen aller Wirtschaftssubjekte mit Ausnahme der Zentralbank unter der Bezeichnung *Bargeld* (auch: *Kasse*). Vielfach nennt man es auch *Stückgeld.* Wie aus Konto 2.4 (S. 58) zu ersehen ist,

[1] Mit Ausnahme der vor 1950 in den Verkehr gegebenen und noch gültigen Münzen mit der Inschrift „Bank deutscher Länder". Ab 1. Juli 1950 wurde der damaligen Bank deutscher Länder im *Gesetz über die Ausprägung von Scheidemünzen* vom 8. Juli 1950 (BGBl. I, S. 323) das alleinige Recht zur Ausprägung von Münzen, das *Münzmonopol* (auch: *Münzregal*), entzogen und dem Bund übertragen. Heute ist die Deutsche Bundesbank als Nachfolgeinstitut der Bank deutscher Länder Inhaberin des Banknotenmonopols.

[2] Nach § 3 des eben genannten Gesetzes ist außer öffentlichen Stellen und der Bundespost niemand verpflichtet, auf Pfennig lautende Münzen im Betrag von mehr als DM 5,–, auf Deutsche Mark lautende Münzen im Betrag von mehr als DM 20,– je Transaktion anzunehmen.

führt die Deutsche Bundesbank auf der Aktivseite ihrer Bilanz den Posten „Deutsche Scheidemünzen", auf der Passivseite den Posten „Banknotenumlauf". Durch Banknoten werden also Kreditbeziehungen verbrieft. Gläubiger sind die Besitzer der Noten, Schuldner ist die Zentralbank. Da kein Wirtschaftssubjekt Forderungen (oder Schulden) gegen sich selbst haben kann, bucht die Zentralbank keine ihrer Banknoten unter ihren Aktiva, obwohl sie dem Nennwert nach Milliardenbeträge ihrer eigenen Noten vorrätig hält.

**2. Banknoten- und Münzumlauf.** Die Deutsche Bundesbank läßt Banknoten drucken und gibt sie, ganz überwiegend über die Geschäftsbanken, in den Verkehr. Beschädigte oder sonst unbrauchbar oder ungültig gewordene Noten nimmt sie zurück. Die Gesamtheit der in den Verkehr gegebenen abzüglich der am Stichtag zurückgenommenen sowie der in den Kassen der Bundesbank befindlichen Noten bildet den *Banknotenumlauf*, eine Bestandsgröße (was aus der Bezeichnung nicht deutlich hervorgeht). Tabelle 4.1 zeigt Stückelung, Nennwert und mittlere Lebensdauer der

Tabelle 4.1 – *Der Banknotenumlauf der Bundesrepublik Deutschland Ende 1982*

| Banknote zu | Stück Mill. | gesamter Nennwert Mill. DM | Lebensdauer Jahre | Banknote zu | Stück Mill. | gesamter Nennwert Mill. DM | Lebensdauer Jahre |
|---|---|---|---|---|---|---|---|
| 5 DM | 23,4 | 116,8 | 3,4 | 100 DM | 454,6 | 45 455,5 | 3,5 |
| 10 DM | 270,0 | 2 699,6 | 1,3 | 500 DM | 20,4 | 10 179,8 | 4,9 |
| 20 DM | 213,9 | 4 277,7 | 1,4 | 1 000 DM | 14,6 | 14 614,9 | 6,5 |
| 50 DM | 224,6 | 11 230,4 | 1,9 | Summe | 1 221,3 | 88 574,7 | 1,8 |

Quelle: Die Deutsche Bundesbank . . . [4.01], S. 16.

Ende 1982 umlaufenden Banknoten der Bundesrepublik. Ihre relativ geringe durchschnittliche Umlaufzeit erfordert erhebliche Aufwendungen für die Pflege des Bestandes. 1982 zog die Bundesbank 834,5 Mill. Stück im gesamten Nennwert von 39,6 Mrd. DM gleich 70 v. H. der Ende 1981 im Umlauf befindlichen 1200,0 Mill. Stück aus dem Verkehr und vernichtete sie in ihren Verbrennungsöfen. Die Aufwendungen für den Notendruck betrugen im selben Jahr 139,5 Mill. DM.[3]

Münzen dienen der technischen Erleichterung des Zahlungsverkehrs. Sie werden in der Bundesrepublik im Auftrag des Bundesfinanzministeriums geprägt und an die Bundesbank gegeben, die dem Bund den Nennwert gutschreibt und sie nach Bedarf in den Verkehr bringt. Von der Währungsreform im Juni 1948 bis Ende 1982 übernahm die Bundesbank so für Rechnung des Bundes Münzen im gesamten Nennwert von 10 868,4 Mill. DM und zog für 1663,9 Mill. DM nicht mehr umlauffähige oder für ungültig erklärte Münzen aus dem Verkehr.[4] Die Gesamtheit der jeweils außerhalb der Bundesbank befindlichen Münzen bildet analog zum Banknotenumlauf die Bestandsgröße *Münzumlauf*. Tabelle 4.2 zeigt Stückelung und Umfang dieser Größe.

[3] Angaben nach Bbk-Geschäftsbericht 1982, S. 126, 133, 152; zum Teil errechnet.
[4] Bbk-Geschäftsbericht 1982, S. 124.

Tabelle 4.2 – *Herstellungskosten der Bundesmünzen und Münzumlauf der Bundesrepublik Deutschland*

| Münze | Herstellungs-kosten je Stück[a] | Münzumlauf Ende 1982 | |
|---|---|---|---|
| | | Stück<br>Mill. | gesamter Nennwert Mill. DM |
| 1 Pfennig | 2,6 Pf. | 10 070 | 100,7 |
| 2 Pfennig | 3,2 Pf. | 4 340 | 86,8 |
| 5 Pfennig | 3,3 Pf. | 3 354 | 167,7 |
| 10 Pfennig | 3,9 Pf. | 5 136 | 513,6 |
| 50 Pfennig | 6,5 Pf. | 1 310 | 655,2 |
| 1 Deutsche Mark | 10,3 Pf. | 1 402 | 1 402,2 |
| 2 Deutsche Mark | 22,5 Pf. | 503 | 1 006,2 |
| 5 Deutsche Mark | 33,4 Pf. | 646 | 3 227,7 |
| 10 Deutsche Mark | . | 96 | 960,1 |
| Summe | | 26 857 | 8 120,2 |

[a] Metallpreis plus Prägekosten, ohne allgemeine Verwaltungs- und Transportkosten. Stand März 1983.

Quelle: Mitteilung des Bundesministeriums der Finanzen vom 14. 12. 1983; Bbk-Geschäftsbericht 1982, S. 152; eigene Berechnung.

In § 5 des in Anmerkung 1 genannten Gesetzes wurde 1950 als Obergrenze für die Münzprägung der Betrag von 30 DM je Kopf der Bevölkerung festgelegt. Da der Bedarf an Münzen mit steigendem Volkseinkommen jedoch ständig zunahm, wurde diese Beschränkung 1963 aufgehoben.[5] Ende 1982 betrug der Münzumlauf je Kopf 131,94 DM.[6] Zu beachten ist, daß sich zu jedem Zeitpunkt inländische Banknoten und Münzen im Ausland befinden und daher zum Bargeldbestand der, aber nicht innerhalb der Bundesrepublik Deutschland zählen.

Die Produktionskosten der meisten Münzen sind niedriger als ihr Nennwert, so daß bei der Übergabe an die Bundesbank der *Münzgewinn* des Bundes entsteht. Er belief sich 1982 auf 366,4 Mill. DM.[7] Tabelle 4.2 zeigt die Herstellungskosten der Bundesmünzen nach dem derzeit neuesten Stand.

Münzen aus Metall haben einen Materialwert, der bei Banknoten fehlt. Übersteigt der Metallwert einer Münze ihren Nennwert zuzüglich der Aufwendungen für das Einsammeln, Einschmelzen und den Metallverkauf, verschwindet sie aus dem Verkehr. Dieser Fall drohte angesichts des steigenden Silberpreises 1964/65 bei den amerikanischen Silbermünzen einzutreten, woraufhin ihr Silbergehalt aufgrund eines Gesetzes vom Juli 1965 bei einigen Münzen herabgesetzt, bei anderen abgeschafft wurde. Ähnliche Erscheinungen zeigten sich 1967/68 bei Silbermünzen der Schweiz und der Niederlande. Die britische Regierung machte 1968 und 1970 die Ausfuhr von Silber-

[5] *Gesetz zur Änderung des Gesetzes über die Ausprägung von Scheidemünzen* vom 18. 1. 1963. BGBl. I, S. 55.

[6] Münzumlauf laut Tabelle 4.2 dividiert durch die Wohnbevölkerung von 61,546 Mill. Personen, diese nach: Wista 5/1983, S. 380.

[7] Haushaltsrechnung … [2.02], S. 2006, 2014.

und Kupfermünzen in größeren Mengen genehmigungspflichtig. Schweden erließ ein Einschmelzverbot für seine Silbermünzen, was jedoch nicht hinderte, sie ins Ausland zu schaffen und dort einzuschmelzen. Die Bundesregierung stellte im Oktober 1979 die Ausgabe von bereits geprägten 8,35 Mill. Stück einer 5-DM-Gedenkmünze mit einem Silbergehalt von 7 g zurück, nachdem der Silberpreis zu dieser Zeit auf knapp 1000 DM/kg gestiegen war, und beschloß im Februar 1980, die Münze einschmelzen zu lassen.[8]

**3. Sichtguthaben.** Als Geld fungieren heute neben Noten und Münzen in der Hauptsache bestimmte nichtverbriefte Forderungen von Nichtbanken sowohl gegen die Zentralbank als auch gegen Geschäftsbanken. Sie werden als Sichtguthaben bezeichnet und von den Banken entsprechend auf den Passivseiten ihrer Bilanzen als Sichtverbindlichkeiten (auch *Sichteinlagen* oder *täglich fällige Einlagen* genannt) gebucht (vgl. Konto 2.3, S. 56). Sichtguthaben zeichnen sich dadurch aus, daß sie nicht oder nur sehr niedrig verzinst werden und daß ihr Inhaber jederzeit, also „auf Sicht", in beliebiger Höhe und in beliebiger Weise über sie verfügen kann. Insbesondere kann der Inhaber des Sichtguthabens jederzeit verlangen, daß ihm in Höhe des Guthabens Banknoten ausgehändigt werden. Ein solcher Vorgang führt zu Änderungen in der betreffenden Bankbilanz. Handelt es sich um die Zentralbank, so steigt der Notenumlauf und der Posten „Einlagen" sinkt um den gleichen Betrag, so daß sich die Zusammensetzung der Passiva bei gleichbleibender Bilanzsumme ändert. Damit hat ein *Passivtausch* stattgefunden. Handelt es sich um eine Geschäftsbank, so bedeutet die Umwandlung des Sichtguthabens in Banknoten, daß – von der Bank aus gesehen – die Sichteinlage verschwindet, gleichzeitig aber der Banknotenvorrat der Bank, also ihr Aktivposten „Kasse", kleiner wird. Ein solcher Vorgang bewirkt eine *Bilanzverkürzung.*

Umgekehrt kann jederzeit durch Einzahlung von Banknoten oder Münzen bei einer Bank ein Sichtguthaben errichtet werden, wodurch sich bei dieser eine *Bilanzverlängerung* und beim Einzahler ein *Aktivtausch* ergibt. Da Sichtguthaben bei Banken und Bargeld somit jederzeit praktisch kostenlos in beliebiger Höhe ineinander umgewandelt werden können, sind sie nahezu vollkommene Substitute und erfüllen beide die Funktionen des Geldes in der heutigen Wirtschaft.

**4. Zentralbankgeld und Giralgeld bei Geschäftsbanken.** Entsprechend der Einteilung der Banken in die Zentralbank einerseits und die Geschäftsbanken anderseits unterscheidet man in der heutigen Wirtschaft zwei Arten von Geld. Banknoten, Münzen und Sichtguthaben bei der Zentralbank heißen *Zentralbankgeld,* Sichtguthaben bei Geschäftsbanken heißen *Giralgeld* (auch: *Buchgeld*) *bei Geschäftsbanken.* Bild 4.1 stellt diese Unterscheidung graphisch dar.

Zu beachten ist, daß Sichtguthaben, die Geschäftsbanken bei Geschäftsbanken unterhalten, nicht als Geld betrachtet werden.

**5. Devisen.** Unterhalten Wirtschaftssubjekte eines Landes ökonomische Beziehungen zu Wirtschaftssubjekten anderer Länder, so kommen sie in den Besitz von ausländischem Geld. Kreditbeziehungen, die Geld darstellen, heißen *Devisen,* wenn

---

[8] Quelle: Mitteilung des Bundesministeriums der Finanzen vom 13. März 1980.

Bild 4.1 – *Geldarten in der modernen Volkswirtschaft*

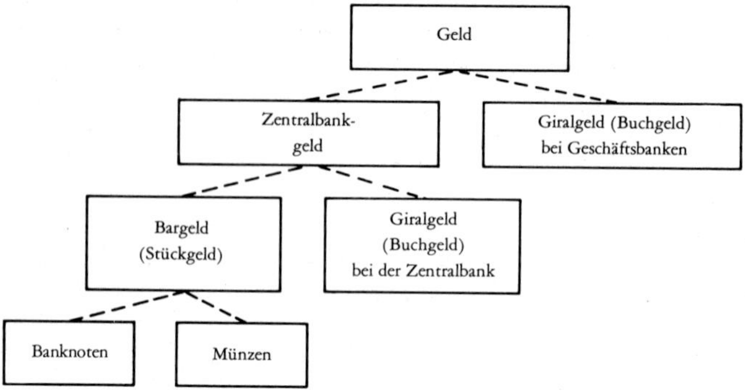


Gläubiger und Schuldner Volkswirtschaften mit verschiedenen *Währungen* angehören. Statt Devisen sagt man auch genauer *Devisenforderungen* und entsprechend *Devisenverbindlichkeiten.* Dabei kommt es nicht auf die Währung an, auf die der Betrag der Kreditbeziehung lautet. So ist etwa das Sichtguthaben einer deutschen Unternehmung bei einer englischen Bank immer eine Devisenforderung und, von der Bank aus gesehen, eine Devisenverbindlichkeit unabhängig davon, ob das Guthaben auf Deutsche Mark, Pfund Sterling oder US-Dollar lautet.

Ausländische Banknoten und Münzen im Besitz von Inländern heißen *Sorten.*

In der Statistik werden zu den Devisen nicht nur Sichtguthaben von Inländern bei ausländischen Banken und Sichteinlagen von Ausländern bei inländischen Banken, sondern auch solche Aktiva gerechnet, die bei Bedarf innerhalb kurzer Frist in Geld umgewandelt werden können oder sich von selbst umwandeln. Dazu zählen in erster Linie Wechsel und Geldmarktpapiere, aber auch kurzfristige Kredite an Ausländer (bis zu einer Laufzeit von zwölf Monaten) und Terminguthaben bei Banken.

**6. Gold.** Eine besondere Rolle als Zahlungs- und *Wertaufbewahrungsmittel* spielt seit jeher das *Gold.* Bei der *Goldumlaufswährung,* die bis zum ersten Weltkrieg in vielen Ländern bestand, war Gold in Gestalt von *Goldmünzen* gesetzliches Zahlungsmittel in unbeschränkter Höhe. Die Banknoten jener Zeit trugen den Vermerk, daß ihr Besitzer berechtigt sei, im Betrage des Nominalwertes der Note von der ausgebenden Zentralbank Gold zu verlangen.[9] Die Tatsache, daß Zentralbanken die von ihnen ausgegebenen Banknoten unter den Passiva buchen, geht auch auf diesen Sachverhalt zurück.

Heute gibt es kein Land mit Goldumlaufswährung mehr. Gold dient jedoch noch indirekt als internationales Zahlungsmittel, da Zentralbanken Salden, die im Zah-

---

[9] Die auf „Mark" lautenden Banknoten der Deutschen Reichsbank trugen vor dem ersten Weltkrieg den Aufdruck „... Mark zahlt die Reichsbankhauptkasse in Berlin ohne Legitimationsprüfung dem Einlieferer dieser Banknote". Banknoten wurden damals also nur stellvertretend für Goldmünzen ausgegeben; sie waren im Deutschen Reich bis 1909 kein gesetzliches Zahlungsmittel. Die *Goldeinlösungspflicht* wurde bei Beginn des ersten Weltkrieges aufgehoben.

lungsverkehr zwischen ihren Ländern entstehen, mit Devisen ausgleichen können, die sie durch Goldverkäufe beschaffen. Goldbestände dieser Banken rechnen daher zu den Währungsreserven und damit zu den Forderungen gegen das Ausland, beispielsweise in sektoralen Vermögensrechnungen (vgl. Konto 2.15, S. 72). Die monetären Goldreserven der Deutschen Bundesbank liegen seit 1961 zwischen 14 und 18 Mrd. DM (vgl. jedoch zum Bewertungsproblem S. 57 f.). Gold wird daneben noch in größerem Umfang für industrielle Zwecke verwendet sowie von Privaten als Wertaufbewahrungsmittel und zu Spekulationszwecken gehalten. So schätzte die Bundesbank den Bestand der privaten Haushalte der Bundesrepublik an Gold in Form von Münzen und Kleinbarren per Ende 1979 auf knapp 1000 t mit einem damaligen Marktwert von etwa 28 Mrd. DM.[10] Jedoch dürfte die statistische Untererfassung hier beträchtlich sein.

**7. Geldnahe Forderungen.** In jeder Volkswirtschaft gibt es eine Reihe von Forderungen, die von ihren Inhabern jederzeit ohne Aufwendungen in Geld umgewandelt (*monetisiert*) werden können oder dies innerhalb kurzer Frist von selbst tun. So kann man etwa in der Bundesrepublik von Spareinlagen mit gesetzlicher Kündigungsfrist innerhalb von jeweils 30 Tagen Beträge bis zu 2000,– DM ohne weiteres abheben und damit in Zentralbankgeld umwandeln. Solche Spareinlagen haben also bis zu dieser Höhe eine wichtige Eigenschaft der Sichteinlagen, wenn auch nicht durch Scheck oder Überweisung über sie verfügt werden darf. Öffentliche Haushalte legen *Kassenüberschüsse* häufig in verzinslichen Geldmarktpapieren an, die jederzeit an Banken verkauft und damit monetisiert werden können. Zu jedem Zeitpunkt gibt es schließlich einen erheblichen Bestand an Termineinlagen, deren Festlegung innerhalb kurzer Zeit abläuft oder die mit kurzer Frist gekündigt werden können und sich dadurch in Geld umwandeln. Forderungen dieser Art bezeichnet man als *geldnahe Forderungen.* Gelegentlich werden sie auch *Geldsubstitute* oder *Quasi-Geld* genannt. Der gleiche Sachverhalt liegt der S. 162 erwähnten Entscheidung zugrunde, als Devisen nicht nur Sichtguthaben zu behandeln.

Die Geldnahe einer Forderung bezeichnet den gleichen Sachverhalt wie ihr S. 49 diskutierter Liquiditätsgrad und hängt demnach von den Marktverhältnissen ab. So müssen auch diejenigen durch festverzinsliche Wertpapiere verbrieften Forderungen als geldnah angesehen werden, deren *Emittent* sich verpflichtet fühlt, ihren Kurs bei zunehmendem Angebot nicht unter ein bestimmtes *Limit* sinken zu lassen. Er muß dann *Kurspflege* in Form von *Kursstützung* treiben, das heißt, jede über die jeweilige sonstige Nachfrage hinaus angebotene Menge seiner Papiere kaufen, sobald der Kurs unter das vorgegebene Limit zu sinken droht. Ein solches Verhalten erhöht den Liquiditätsgrad dieser Papiere bis zum Status geldnaher Forderungen.

---

[10] Goldtransaktionen in der Zahlungsbilanz der Bundesrepublik. Bbk-Monatsbericht Mai 1980, S. 30.

## II. Geldgesamtheiten

**1. Die Ermittlung von Geldgesamtheiten.** Für viele gesamtwirtschaftliche Analysen ist es wichtig, den Gesamtbetrag der zu bestimmten Zeitpunkten in einer Volkswirtschaft existierenden Kreditbeziehungen zu kennen, die für ihre Gläubiger Geld darstellen. Diese Beträge lassen sich am besten durch eine geeignete Zusammenfassung der Vermögensrechnungen der Wirtschaftssubjekte ermitteln. Es wurde S. 64 gezeigt, daß bei jeder solchen Konsolidierung alle Kreditbeziehungen innerhalb des entstehenden Sektors verschwinden. Im vorliegenden Fall muß die Konsolidierung demnach so vorgenommen werden, daß alle Geld darstellenden Kreditbeziehungen erhalten bleiben. Alle privaten und öffentlichen Haushalte können dann mit allen Unternehmen, die nicht Banken sind, zu einem Sektor zusammengefaßt werden, da keine Kreditbeziehung zwischen diesen Wirtschaftssubjekten Geld sein kann. Den so gebildeten Sektor nennt man den *Nichtbankensektor.* Ihm stehen alle Geschäftsbanken und die Zentralbank gegenüber. Da auch keine Kreditbeziehung zwischen Geschäftsbanken als Geld betrachtet wird, kann man alle Geschäftsbanken zum *Geschäftsbankensektor* zusammenfassen. Demnach erscheinen alle Geld darstellenden Kreditbeziehungen an einem Stichtag in einer Volkswirtschaft auf den folgenden drei Konten, in die nur die in diesem Zusammenhang interessierenden Posten eingetragen sind:

Kontensystem 4.1 – 4.3: *Geldbestände in der Bundesrepublik Ende 1982*

Konto 4.1: Nichtbankensektor der Bundesrepublik
Teil-Vermögensrechnung zum 31. Dezember 1982
Mrd. DM

| Aktiva | | Passiva | |
|---|---|---|---|
| 1. Banknoten<br>2. Münzen | 88,6 | | |
| 3. Sichtguthaben bei Geschäftsbanken | 180,9 | | |
| 4. Sichtguthaben von Unternehmen und Privatpersonen bei der Bundesbank | 3,5 | | |
| 5. Sichtguthaben öffentlicher Haushalte bei der Bundesbank | 1,3 | | |

Konto 4.2: Geschäftsbankensektor der Bundesrepublik
Teil-Vermögensrechnung zum 31. Dezember 1982
Mrd. DM

| Aktiva | | Passiva | |
|---|---|---|---|
| 6. Banknoten<br>7. Münzen | 8,1 | 9. Sichteinlagen von Nichtbanken | 180,9 |
| 8. Sichtguthaben bei der Bundesbank | 61,0 | | |

Konto 4.3: Deutsche Bundesbank
Teil-Vermögensrechnung zum 31. Dezember 1982
Mrd. DM

| Aktiva | | Passiva | |
|---|---|---|---|
| 10. Münzen | 1,1 | 11. Banknotenumlauf | 88,6 |
| | | 12. Sichteinlagen von Geschäftsbanken | 61,0 |
| | | 13. Sichteinlagen von Unternehmen und Privatpersonen | 3,5 |
| | | 14. Sichteinlagen öffentlicher Haushalte | 1,3 |

Der besseren Übersicht halber sind die Posten in diesem Kontensystem durchlaufend numeriert. Die eingetragenen Zahlen geben die betreffenden Größen in der Bundesrepublik am Stichtag des 31. Dezember 1982 an.[11] Es ist klar, daß die Posten 3 und 9, 4 und 13, 5 und 14 sowie 8 und 12 jeweils einander entsprechen und daß die Summe der Posten 1 und 6 den Posten 11 ergeben muß. Wie sich Banknoten- und Münzumlauf einzeln auf Nichtbanken und Geschäftsbanken verteilen, ist allerdings nicht bekannt. Die Summe aus Banknotenumlauf (Posten 11) und Münzumlauf (Tabelle 4.2, S. 160) ergibt die Summe der Posten 1, 2, 6 und 7 (daß Posten 11 mit der Summe aus Posten 1 und 2 übereinstimmt, ist Zufallsergebnis der Rundung). Die Angaben betreffen nur Inländer, jedoch enthalten die Posten 1 und 2 auch die im Ausland befindlichen DM-Noten und Münzen.

Dem Netz der Kreditbeziehungen in den Konten 4.1 bis 4.3 lassen sich folgende Gesamtgrößen entnehmen, die für gesamtwirtschaftliche Analysen wichtig sind:

- Die *Barreserve der Geschäftsbanken;*
- Der *Bargeldumlauf* und die *Zentralbankgeldmenge;*
- Der *Geldbestand des Nichtbankensektors.*

**2. Die Barreserve der Geschäftsbanken.** Eine Geschäftsbank muß stets damit rechnen, daß Inhaber von Sichtguthaben Beträge an Kunden anderer Banken überweisen oder diese Guthaben ganz oder teilweise in Banknoten umtauschen wollen. Sie muß daher Zentralbank-Sichtguthaben und Banknoten bereithalten. Außerdem unterliegen die Geschäftsbanken in vielen Ländern einer *Mindestreservepflicht:* Ein Teil ihrer Aktiva muß aus Zentralbankguthaben bestehen (vgl. S. 55). Die Höhe dieser Guthaben einschließlich des Kassenbestandes, der Mindestreserve, richtet sich in der Hauptsache nach Höhe und Zusammensetzung der Einlagen von Nichtbanken sowie nach

[11] Quelle: Bbk-Monatsbericht Dezember 1983, S. 4*, 8* f., 12*; Konto 2.4, S. 58. Posten 12 im obigen Kontensystem enthält im Unterschied zu Passivposten 2 der Bundesbankbilanz (Konto 2.4, S. 58) auch die Einlagen der Postscheck- und Postsparkassenämter von 6,4 Mrd. DM (Bbk-Monatsbericht März 1983, S. 32*). Außerdem beruht er auf Angaben der Geschäftsbanken, die sich beispielsweise Schecks mit der Einreichung bei den Landeszentralbanken gutschreiben, während die Bundesbank sie erst nach vollzogener Abrechnung bucht. Die Bundesbank weist daher die Einlagen von Kreditinstituten in ihrer Bilanz in der Regel zum Teil erheblich niedriger aus als die Kreditinstitute ihre entsprechenden Guthaben.

den von der Zentralbank festgelegten *Mindestreservesätzen.* In der Bundesrepublik gibt § 16 des Gesetzes über die Deutsche Bundesbank dieser das Recht, das Halten von Mindestreserven zu verlangen. Demgemäß hatte eine Geschäftsbank mit beispielsweise 500 Mill. DM Sichteinlagen von gebietsansässigen Nichtbanken („Inländern") ab 1. 10. 1982 für die ersten 10 Mill. DM dieser Einlagen 6,4 v. H. gleich 640 000 DM, für die nächsten 90 Mill. DM 8,65 v. H. gleich 7,785 Mill. DM und für den Rest von 400 Mill. DM 10,15 v. H. gleich 40,6 Mill. DM, zusammen also 49,025 Mill. DM Mindestreserve zu halten. Jeweils niedrigere Sätze waren entsprechend auf Termin- und Spareinlagen, weitere auf Einlagen von Gebietsfremden anzuwenden.[12]

Die Bestände an Bargeld und Sichtguthaben bei der Zentralbank, die die Geschäftsbanken angesichts dieser Umstände halten, bilden ihre *Barreserve* (Posten 6, 7 und 8). Vom Standpunkt der einzelnen Bank gehören dazu auch ihre Postscheckguthaben, in keinem Falle jedoch ihre Guthaben bei anderen Geschäftsbanken.

3. **Bargeldumlauf und Zentralbankgeldmenge.** Der Bargeldumlauf setzt sich aus dem Banknotenumlauf (Posten 1 und 6 oder Posten 11) und dem Münzumlauf (Posten 2 und 7) zusammen und betrug am 31. Dezember 1982: 96,7 Mrd. DM. Die Bundesbank gibt die Höhe des Bargeldumlaufs an den vier Ausweisstichtagen des Monats (vgl. S. 59) regelmäßig in ihren Monatsberichten bekannt.

Die Zentralbankgeldmenge[13] ist nach Bild 4.1 (S. 162) gleich der Summe aus Bargeldumlauf sowie Sichtguthaben von Geschäftsbanken und Nichtbanken bei der Zentralbank. Sie läßt sich aus dem Kontensystem 4.1–4.3 als Gesamtbetrag der Posten 1, 2 und 4 bis 8 errechnen. In der Praxis ermittelt man sie als Summe der Passivposten 11 bis 14 der Zentralbankbilanz und addiert den Münzumlauf (Posten 2 und 7). Die Zentralbankgeldmenge ist eine wichtige wirtschaftspolitische Zwischenzielvariable, da sie einerseits von der Zentralbank weitgehend direkt beeinflußbar ist, andererseits die Grundlage für die Kreditgewährung der Geschäftsbanken an Nichtbanken und damit für den Geldbestand des Nichtbankensektors bildet. Jede Kreditgewährung an eine Nichtbank erhöht gleichzeitig deren Bestand an Giralgeld und die Sichteinlagen der Bank und folglich die von dieser zu haltende Mindestreserve als Bestandteil der Zentralbankgeldmenge. Über deren Steuerung kann somit indirekt das Ausmaß der Kreditgewährung beeinflußt werden. Da mithin der Geldbestand des Nichtbankensektors gemäß den Hypothesen der Geldtheorie von der Zentralbankgeldmenge abhängt, nennt man sie auch die *Geldbasis* oder *monetäre Basis.*

Die Bundesbank benutzt für die Zwecke ihrer Geldpolitik zur Zeit

Def. 4.1: *Zentralbankgeldmenge im Sinne einer von der Bundesbank steuerbaren wirtschaftspolitischen Zwischenzielvariablen ist die Summe aus Bargeldumlauf und dem Mindestreserve-Soll auf Verbindlichkeiten gegenüber Inländern, berechnet zu den konstanten Mindestreservesätzen vom Januar 1974.*

---

[12] Bbk-Monatsbericht Dezember 1983, S. 46* f.

[13] Wegen unerwünschter Anklänge an in physischen Einheiten zu messende Güter„mengen" wäre es wohl besser, allgemein von „Geldbeständen" zu sprechen. Dabei müßte man allerdings beachten, daß beispielsweise „Zentralbankgeldbestand" nicht etwa „Geldbestand der Zentralbank", sondern „Bestand (anderer Wirtschaftssubjekte) an Zentralbankgeld" bedeutet.

Mit der Verwendung konstanter Mindestreservesätze wird der Einfluß von Änderungen dieser Sätze im Rahmen der Mindestreservepolitik ausgeschaltet. Die Zentralbankguthaben von Nichtbanken bleiben unberücksichtigt. Ebenfalls seit 1974 gibt die Bundesbank jeweils am Jahresende bekannt, welche Zunahme des so definierten Zentralbankgeldbestandes sie im kommenden Jahr anstrebt oder für vertretbar hält, das *Geldmengenziel.* Bisher wurden dafür Durchschnittswerte von 8 v. H. oder Bereiche innerhalb der Grenzen von 4 v. H. und 9 v. H. genannt.[14]

**4. Der Geldbestand des Nichtbankensektors.** Der Nichtbankensektor verfügt über Geld in Gestalt von Banknoten und Münzen sowie Sichtguthaben bei Geschäftsbanken und bei der Zentralbank. Die Summe der Posten 1 bis 5 in Konto 4.1 ist sein Geldbestand an dem betreffenden Stichtag. Dieser Betrag läßt sich fast vollständig auch als Summe von Passivposten eines einzigen Sektors ermitteln, wenn man die Teil-Vermögensrechnungen des Geschäftsbankensektors (Konto 4.2) und der Zentralbank (Konto 4.3) zur Teil-Vermögensrechnung für den *Bankensektor* zusammenfaßt. Es stehen sich dann die Konten des Nichtbanken- und des Bankensektors in Gestalt der Konten 4.4 und 4.5 gegenüber.

Konto 4.4: Nichtbankensektor der Bundesrepublik
Teil-Vermögensrechnung zum 31. Dezember 1982
Mill. DM

| Aktiva | | Passiva | |
|---|---|---|---|
| 1. Banknoten<br>2. Münzen | 88 641 | | |
| 3. Sichtguthaben bei Geschäftsbanken | 180 891 | | |
| 4. Sichtguthaben von Unternehmen und Privatpersonen bei der Bundesbank | 3 515 | | |
| 5. Sichtguthaben öffentlicher Haushalte bei der Bundesbank | 1 258 | | |
| | 274 305 | | |

Konto 4.5: Bankensektor der Bundesrepublik
Teil-Vermögensrechnung zum 31. Dezember 1982
Mill. DM

| Aktiva | | Passiva | |
|---|---|---|---|
| 6.+7. Banknoten und Münzen bei den Geschäftsbanken | 8 054 | 9. Sichteinlagen von Nichtbanken bei Geschäftsbanken | 180 891 |
| 10. Münzen bei der Zentralbank | 1 084 | 11. Banknotenumlauf | 88 575 |
| | | 13. Sichteinlagen von Unternehmen und Privatpersonen bei der Bundesbank | 3 515 |
| | | 14. Sichteinlagen öffentlicher Haushalte bei der Bundesbank | 1 258 |
| | | | 274 239 |

[14] Vgl. Die Deutsche Bundesbank ... [4.01], S. 88; Bbk-Monatsbericht Februar 1984, S. 9.

Bei der Konsolidierung ist die Kreditbeziehung „Sichtguthaben der Geschäftsbanken bei der Bundesbank" (Posten 8 und 12) verschwunden. Die Konten 4.4 und 4.5 zeigen, daß sich der Geldbestand des Nichtbankensektors nunmehr auf zwei Wegen ermitteln läßt. Entweder befragt man sämtliche Wirtschaftssubjekte des Nichtbankensektors zu den Stichtagen nach ihren Beständen an Bargeld und Sichtguthaben bei Banken (Konto 4.4, Aktivposten 1 bis 5), oder man befragt die Banken nach ihren Verbindlichkeiten gegenüber Nichtbanken, die für diese Geld darstellen (Konto 4.5, Passivposten 9, 11, 13 und 14). Bei diesem zweiten Verfahren muß allerdings berücksichtigt werden, daß

- Münzen keine Kreditbeziehungen verbriefen und daher nicht als Verbindlichkeit bei einer Bank auftreten können;
- sich ein Teil des Bargeldumlaufs in den Kassen der Geschäftsbanken befindet und damit nicht zum Geldbestand zählt.

Aus dem ersten dieser Gründe differieren die beiden in den Konten 4.4 und 4.5 errechneten Gesamtbeträge. Addiert man zum Banknotenumlauf von 88 575 Mill. DM in Konto 4.5 den Münzumlauf von 8120 Mill. DM (vgl. die Angabe S. 160), dann enthält das Konto den gesamten Bargeldumlauf von 96 695 Mill. DM. Zieht man von diesem die Kassenbestände der Geschäftsbanken in Höhe von 8054 Mill. DM ab (Posten 6+7 in Konto 4.5), erhält man den Bargeldumlauf außerhalb der Geschäftsbanken, der mit 88 641 Mill. DM in Konto 4.4 ausgewiesen ist (Posten 1 und 2). Damit ist auch der Unterschied in den beiden Gesamtbeträgen klar: Die Summe der Posten 1 bis 7 ist gleich der Summe der Passivposten des Bankensektors plus Münzumlauf. Der Münzbestand der Zentralbank (Posten 10 in Konto 4.5) spielt bei diesen Betrachtungen keine Rolle und ist nur der Vollständigkeit halber aufgeführt.

Bei der praktischen Ermittlung des Geldbestandes kommt nur der zweite oben genannte Weg in Frage, also die Befragung der Banken. Angesichts der eben beschriebenen Rechnung erhält man als Grunddefinition für die statistische Ermittlung des Geldbestandes:

Def. 4.2: *Der Geldbestand des Nichtbankensektors ist gleich der Summe aus Bargeldumlauf (ohne Kassenbestände der Geschäftsbanken) und Sichtguthaben inländischer Nichtbanken bei Banken.*

**5. Andere Geldbestands-Konzepte.** Die Messung des Geldbestandes hat erhebliche Bedeutung für Wirtschaftstheorie und Wirtschaftspolitik. Wie S. 11 kurz dargetan wurde, dient Geld als allgemeines Tausch- und Wertaufbewahrungsmittel. Die unzähligen Transaktionen, die mit der Entstehung des Inlandsprodukts, der Verwendung des Sozialprodukts, der Verteilung des Volkseinkommens und den damit verbundenen Finanztransaktionen einhergehen, wären ohne Geld nicht abzuwickeln. Eine weithin akzeptierte Hypothese der Geldtheorie besagt nun, daß zwischen dem Gesamtwert der Transaktionen, die für die Erstellung und Verteilung eines Sozialprodukts in bestimmter Höhe notwendig sind, und dem zur Abwicklung dieser Transaktionen erforderlichen Geldbestand ein Zusammenhang besteht. Der Geldbestand wird bei dieser Hypothese zu einer zentralen Größe sowohl für die Erklärung und Prognose des Wirtschaftsprozesses als auch für seine Beeinflussung: Wenn es der Zentralbank gelingt, durch Einsatz ihrer wirtschaftspolitischen Instrumente den Geldbestand zu erhöhen, zu senken oder zu stabilisieren, dann kann sie bei Gültigkeit der genannten Hypothese gleichgerichtete Einflüsse auf den Gesamtwert der Transaktionen und damit auf das Sozialprodukt ausüben. Die damit angeschnittenen Fragen können an dieser Stelle nicht weiterverfolgt werden. Für die hier zu leistende Aufgabe der Beschreibung des Wirtschaftsprozesses stellt sich jedoch das Problem, als Geldbestand die Gesamtheit derjenigen Forderungen von Nichtbanken an Banken zu definieren, die tatsächlich ganz oder überwiegend der Abwicklung solcher Transaktionen dienen.

Das Problem ist nicht gelöst. Einigkeit herrscht darüber, daß die Guthaben von Geschäftsbanken bei Geschäftsbanken (im Kontensystem 4.1 bis 4.3 nicht ausgewiesen, Bestand Ende 1982 rund 417 Mrd. DM[15]) sowie die Sichtguthaben der Geschäftsbanken bei der Bundesbank (Posten 8/12 im Kontensystem) nicht als Teil des Geldbestandes betrachtet werden sollen, da sie eben nicht überwiegend zur Abwicklung solcher Transaktionen eingesetzt werden, von denen die Höhe des Sozialprodukts direkt beeinflußt wird. Unklar ist jedoch, ob

- Teile der Sichtguthaben gemäß der Grunddefinition 4.2 als nicht zum Geldbestand gehörend betrachtet werden sollen;
- weitere (geldnahe) Forderungen zum Geldbestand gerechnet werden sollen.

Beide Möglichkeiten werden bei geldtheoretischen Untersuchungen wahrgenommen. Die Deutsche Bundesbank, die den Geldbestand der Bundesrepublik regelmäßig ermittelt und bekanntgibt und dabei von „Geldvolumen" spricht[16], stellt zur Zeit Angaben gemäß dreier Definitionen M1, M2 und M3 (M von englisch: Money) wie folgt zur Verfügung:

M1 = Bargeldumlauf (ohne Kassenbestände der Kreditinstitute) und Sichtguthaben inländischer Nichtbanken bei Banken (ohne Zentralbankguthaben inländischer öffentlicher Haushalte);

M2 = M1 plus Termingelder inländischer Nichtbanken mit Befristung bis unter vier Jahren;

M3 = M2 plus Sparguthaben inländischer Nichtbanken mit gesetzlicher Kündigungsfrist.

Das Geldvolumen M1 unterscheidet sich vom Geldbestand gemäß der Grunddefinition 4.2 (S. 168) durch die Nichtberücksichtigung der Zentralbankguthaben öffentlicher Haushalte. Diese bestehen in der Bundesrepublik bei den gegenwärtigen gesetzlichen Regelungen im allgemeinen Fall aus zwei Teilen:

- den „laufenden" Einlagen (S. 58, Konto 2.4, Passivposten 3, dort nur als „Einlagen" bezeichnet);
- den Sondereinlagen, die mit der ausdrücklichen konjunkturpolitischen Zielsetzung der *Geldstillegung* gebildet werden: Der Bund oder die Länder erheben besondere Steuern oder Zuschläge zu bestehenden Steuern und legen das Aufkommen sowie sonstige Steuereinnahmen oder Geldzuflüsse aus speziellen Anleihen bei der Bundesbank ein. Solche Sondereinlagen existierten von 1969 bis 1976.

---

[15] Bbk-Monatsbericht Dezember 1983, S. 12*.

[16] Die Bezeichnung dürfte unglücklich gewählt sein, da man mit dem Begriff „Volumen" auf vielen Gebieten der Wirtschaftsstatistik die Vorstellung einer preisbereinigten Stromgröße verbindet, während die Geldmenge eine nominelle Bestandsgröße ist.

Angesichts ihrer Zielsetzung dürfen Sondereinlagen auf keinen Fall zum Geldbestand gerechnet werden. Die Bundesbank schließt aber auch die laufenden Einlagen von ihrer Definition des Geldvolumens mit der Begründung aus, daß der Staat nicht ein Wirtschaftssubjekt wie andere, sondern für den Wirtschaftsablauf insgesamt verantwortlich sei und daher seine Geldbestände jeweils mit konjunkturpolitischer Zielsetzung verwende.[17]

Hauptgläubiger der öffentlichen Zentralbankguthaben sind in der Bundesrepublik der Bund, seine beiden Sondervermögen Ausgleichsfonds und ERP-Sondervermögen sowie die Länder. Sie alle sind nach § 17 des Gesetzes über die Deutsche Bundesbank verpflichtet, ihre *flüssigen Mittel* bei der Bundesbank einzulegen; und andere öffentliche Haushalte halten freiwillig einen Teil dieser Mittel in Form von Zentralbankguthaben. Dies hat zur Folge, daß an *Steuerterminen* jeweils erhebliche Beträge aus dem Geschäftsbankensektor zur Zentralbank abfließen.

Die beiden anderen Geldbestände werden durch Addition bestimmter geldnaher Forderungen zu M1 gebildet. *Termingelder* sind Guthaben bei Geschäftsbanken, über die nicht sofort verfügt werden kann. Sie sind entweder

- *Festgelder,* die von vornherein für einen bestimmten Zeitraum festgelegt werden (üblich sind 1, 3, 6 Monate oder 1, 2 oder mehr Jahre); oder sie sind
- *Kündigungsgelder,* die auf unbestimmte Zeit gehalten werden, aber mit einer bestimmten Frist gekündigt werden können.

Zur gesetzlichen Kündigungsfrist bei Sparguthaben vgl. S. 163. Die Definitionen M2 und M3 tragen der Tatsache Rechnung, daß die genannten geldnahen Forderungen ebenfalls zu Zahlungszwecken benutzt werden können und in nicht bekanntem Umfang auch benutzt werden. Von keiner Geldbestandsrechnung wird allerdings erfaßt, daß Geschäftsbanken in großem Umfang *Kreditzusagen* vor allem an Unternehmen, aber auch an Organisationen ohne Erwerbszweck und Privatpersonen, geben. Diese Zusagen beliefen sich (ohne Zusagen von Darlehen mit festem Betrag und fester Laufzeit) in der Bundesrepublik Ende 1982 auf 455 Mrd. DM und waren zu 46,7 v.H. ausgenutzt. Soweit sie nicht ausgenutzt waren, konnte jederzeit Geld geschaffen und zu Transaktionszwecken benutzt werden. Der potentielle zusätzliche Geldbestand einschließlich der noch nicht in Anspruch genommenen Teile von Festdarlehen belief sich am Stichtag auf 326 Mrd. DM und damit auf 119 v.H. des Geldbestandes M1.[18]

**6. Die Konsolidierte Bilanz des Bankensystems.** Die Deutsche Bundesbank berechnet die Geldbestände der Bundesrepublik gemäß den Definitionen M1 bis M3 zum Ende jedes Kalendermonats und veröffentlicht die Ergebnisse im statistischen Teil ihrer Monatsberichte im Rahmen ihrer *Bankstatistischen Gesamtrechnungen.* Zu diesen gehört unter anderem die *Konsolidierte Bilanz des Bankensystems,* die hier für den Stichtag des 31. Dezember 1982 wiedergegeben ist. Sie ist aus der Konsolidierung der Vermögensrechnungen sämtlicher Banken gemäß Konto 4.5 entstanden, wobei jedoch alle Aktiva und Passiva angegeben werden, so daß es sich nicht wie bei den Konten 4.1 bis 4.5 um eine Teil-Vermögensrechnung handelt. Konto 4.6 enthält keine Kreditbeziehungen zwischen den Geschäftsbanken und der Bundesbank. Wie aller-

[17] Längerfristige ... [4.07], S. 13.
[18] Bbk-Monatsbericht Dezember 1983, S. 21*.

dings ein Blick auf Konto 4.5 und der Vergleich mit Konto 4.4 zeigen, erfaßt eine bloße konsolidierte Vermögensrechnung des Bankensektors auf der Passivseite nicht den gesamten Geldbestand, weil Münzen keine Kreditbeziehungen verbriefen und der Münzumlauf daher fehlt. Da Münzen jedoch (mit der S. 158 genannten Einschränkung) wie Banknoten gesetzliches Zahlungsmittel sind, ist es hier zweckmäßig, sie als „auf Metall gedruckte Banknoten" anzusehen und in den Passivposten 1 der Konsolidierten Bilanz auch den Bestand an Münzen bei Nichtbanken aufzunehmen. Auf

Konto 4.6: Konsolidierte Bilanz des Bankensystems der Bundesrepublik Deutschland zum 31. Dezember 1982

Aktiva — Mrd. DM — Passiva

| Aktiva | | | Passiva | |
|---|---|---|---|---|
| 1. Kredite an inländische Nichtbanken | | 1713,5 | 1. Bargeldumlauf (ohne Kassenbestände der Kreditinstitute) [b] | 88,6 |
| 1.1 Deutsche Bundesbank | 15,4 | | 2. Sichteinlagen inländischer Nichtbanken | |
| 1.2 Kreditinstitute | 1698,1 | | 2.1 Unternehmen und Privatpersonen | 171,8 |
| 2. Auslandsaktiva | | 286,0 | 2.2 Öffentliche Haushalte (ohne Zentralbankeinlagen) | 12,6 |
| 2.1 Deutsche Bundesbank | 87,0 | | 3. Termingelder inländischer Nichtbanken mit Befristung bis unter 4 Jahren | 229,2 |
| 2.2 Kreditinstitute | 199,0 | | 4. Spareinlagen inländischer Nichtbanken mit gesetzlicher Kündigungsfrist | 328,8 |
| 3. Sonstige Aktiva [a] | | 90,3 | 5. Zentralbankeinlagen inländischer öffentlicher Haushalte | 1,3 |
| | | | 6. Geldkapital inländischer Nichtbanken bei Kreditinstituten | |
| | | | 6.1 Termingelder mit Befristung von 4 Jahren und darüber | 238,4 |
| | | | 6.2 Spareinlagen mit vereinbarter Kündigungsfrist, Sparbriefe | 312,1 |
| | | | 6.3 Inhaberschuldverschreibungen, im Umlauf, netto [c] | 307,5 |
| | | | 6.4 Kapital und Rücklagen [d] | 87,5 |
| | | | 7. Auslandspassiva | |
| | | | 7.1 Deutsche Bundesbank | 18,5 |
| | | | 7.2 Kreditinstitute | 153,7 |
| | | | 8. Überschuß der Interbankverbindlichkeiten | 27,4 |
| | | | 9. Sonstige Passiva | 112,3 |
| Summe | | 2089,7 | Summe | 2089,7 |

[a] Einschließlich Gegenposten zum Münzumlauf.
[b] Einschließlich der im Ausland befindlichen DM-Noten und -Münzen.
[c] Gesamtumlauf abzüglich Bestände der Kreditinstitute.
[d] Nach Abzug der Beteiligungen an inländischen Kreditinstituten sowie eigener Aktien.

Quelle: Bbk-Monatsbericht Dezember 1983, S. 4* f. Bankensystem ohne Auslandsfilialen. Durch Zusammenfassungen vereinfacht.

diese Weise wird das gesamte im Nichtbankensektor vorhandene Bargeld sichtbar gemacht. Zum Ausgleich für die Addition wird ein gleich großer Betrag auf der Aktivseite hinzugefügt (in Aktivposten 3 enthalten). Die drei Geldbestände gemäß den Definitionen der Bundesbank sind dann aus Konto 4.6 wie folgt abzulesen:

M1 = Summe der Passivposten 1 und 2; gleich 273,0 Mrd. DM;
M2 = Summe der Passivposten 1, 2 und 3; gleich 502,2 Mrd. DM;
M3 = Summe der Passivposten 1, 2, 3 und 4; gleich 831,0 Mrd. DM.

7. **Statistische Differenzen.** Jede Übertragung theoretischer Überlegungen auf die Wirklichkeit erfordert einige Abstriche an der Strenge der Definitionen. Der Geldbestand gemäß einer der obigen Definitionen läßt sich mit dem statistisch allein praktikablen Verfahren der Bundesbank nicht genau erfassen. So berichten im Rahmen der monatlichen Bilanzstatistik, die der Konsolidierten Bilanz des Bankensystems und damit der Geldbestandsmessung zugrundeliegt, nicht alle Kreditinstitute, beispielsweise Ende 1982 nur 3301 von 4889.[19] Bei der Differenz handelt es sich ganz überwiegend um kleinere Kreditgenossenschaften mit Bilanzsummen unter 10 Mill. DM. Weiterhin befindet sich ständig ein nicht genau bekannter Teil der Banknoten und Münzen der Bundesbank in den Händen von Ausländern und gehört daher nicht zur inländischen Geldmenge.[20] Stückgeld wird auch in Sammlungen aufgenommen; und mit Sicherheit dürften die bisherigen 35 von 1952 bis 1982 ausgegebenen 5-DM-Gedenkmünzen der Bundesrepublik mit einem Gesamt-Nennwert von 959 Mill. DM sowie die anläßlich der Olympischen Spiele 1972 mit einem gesamten Nennwert von knapp 1 Mrd. DM geprägten 10-DM-Münzen dem Umlauf entzogen sein. Schließlich gilt auch zerstörtes und verlorengegangenes Stückgeld statistisch weiterhin als Teil des Geldbestandes. Es ist jedoch gerechtfertigt, diese Beträge zu vernachlässigen, da sie aller Wahrscheinlichkeit nach klein gegenüber dem statistisch erfaßbaren Geldbestand sind.

Ein weiteres Beispiel für die Ungenauigkeit jeder statistischen Erhebung bietet Konto 4.6. Der Passivposten 8: „Überschuß der Interbankverbindlichkeiten" müßte gleich null sein, da Kreditbeziehungen zwischen Banken bei der Konsolidierung gegeneinander aufgerechnet werden. Ein geringer Teil dieses Saldos von 27,4 Mrd. DM gleich 1,31 v. H. der statistischen Bilanzsumme beruht auf fehlenden Gegenbuchungen bei den nicht monatlich berichtenden Kreditinstituten sowie Fehlern bei der statistischen Abgrenzung und Zuordnung. Zum größten Teil ist er jedoch auf *schwebende Verrechnungen* im Bankensystem zurückzuführen. Der Überweisungsverkehr von Bank zu Bank erfordert Zeit, so daß ständig Kreditbeziehungen entstehen und verschwinden, deren eine Seite schon (oder nicht mehr) erfaßt ist, während die andere Seite noch nicht (oder noch) in der Bilanz des Geschäftspartners erscheint. Dies ist die Hauptursache für den „permanenten unauflösbaren Saldo der gesamten inländischen Interbankverflechtung" (Deutsche Bundesbank).[21] Außerdem enthält dieser Saldo

[19] Bbk-Monatsbericht Dezember 1983, S. 44* f.

[20] Der Ende 1982 im Ausland befindliche Bestand an DM-Noten wurde von der Bundesbank auf 2,0 Mrd. DM gleich 2,3 v. H. des Banknotenumlaufs geschätzt. Vgl. Der Auslandsvermögensstatus ... [5.24], S. 38.

[21] Vgl. S. 165, Anm. 11 sowie die Erläuterungen in: Bbk-Monatsbericht November 1959, S. 10 f.; Dezember 1970, S. 24; Oktober 1980, S. 27.

noch den Nettoeffekt aller statistischen Meßfehler. Solche Ausgleichsposten zwischen definitionsgemäß gleichen Gesamtgrößen nennt man die *statistische Diskrepanz* (auch: statistische Differenz).

## III. Änderungen von Geld- und Kreditbeständen

**1. Geldschöpfung und Geldvernichtung.** Geld ist eine Forderungsart und wird daher nicht wie ein Gut produziert und verbraucht, sondern es entsteht und verschwindet wie jede andere Kreditbeziehung. Für diese beiden Vorgänge haben sich die Bezeichnungen *Geldschöpfung* und *Geldvernichtung* (besser vielleicht: *Geldtilgung*) eingebürgert. Es muß nun untersucht werden, durch welche Transaktionen Geld geschaffen oder vernichtet wird. Da Schuldner der Kreditbeziehung „Geld" immer eine Bank ist, kann sich der Geldbestand einer Volkswirtschaft nur durch Transaktionen ändern, an denen Banken beteiligt sind. Im folgenden wird der Geldbestand gemäß der Grunddefinition 4.2 (S. 168) betrachtet. Die folgenden Transaktionen bedeuten eine Geldschöpfung:

(a) Eine Bank erwirbt eine Forderung (außer Geld) oder ein zu aktivierendes Sachgut von einem Wirtschaftssubjekt des Nichtbankensektors und bezahlt dadurch, daß sie dem Verkäufer ein Sichtguthaben einräumt. Dieser Vorgang heißt *Monetisierung eines Aktivums* und führt zu einer Bilanzverlängerung bei der Bank und zu einem Aktivtausch beim Verkäufer. Der Geldbestand erhöht sich auch, wenn die Bank bar zahlt, weil in diesem Fall der Bargeldumlauf außerhalb der Kreditinstitute zunimmt. Bei Bank und Verkäufer ergibt sich dann ein Aktivtausch.

(b) Der Inhaber einer Forderung gegen eine Bank, die kein Sichtguthaben ist, wandelt diese in ein Sichtguthaben um. Dies bedeutet Passivtausch bei der Bank und Aktivtausch beim Gläubiger.

Der zahlenmäßig wichtigste Vorgang zu (a) ist die Kreditgewährung der Banken an Wirtschaftssubjekte des Nichtbankensektors. Dies geschieht durch Ankauf von Wechseln, Obligationen oder sonstigen Wertpapieren oder durch Inanspruchnahme von *Buch-* (auch: *Kontokorrent-*)*krediten.* In diesem zuletzt genannten Fall gewährt die Bank dem Kreditnehmer das Recht, bis zu einem bestimmten Höchstbetrag jederzeit Kredit in Anspruch zu nehmen, ohne daß die entstehende Kreditbeziehung jeweils besonders verbrieft wird. Auch hier liegt die Transaktionsart (5) – Tausch einer Forderung gegen eine Forderung – vor, da die Bank in Höhe des eingeräumten Sichtguthabens eine Forderung gegen den Kreditnehmer erwirbt. Dabei werden beide Forderungen im Augenblick ihres Tausches erst geschaffen. Fall (b) liegt vor, wenn etwa ein Spar- oder Terminguthaben in ein Sichtguthaben umgewandelt wird oder eine Bank eigene Schuldverschreibungen zurückkauft.

Geldvernichtung findet statt, wenn

(a) eine Bank Vermögensobjekte an Wirtschaftssubjekte des Nichtbankensektors verkauft, oder

(b) Sichtguthaben in andere Forderungen gegen Banken umgewandelt werden.

Fall (a) liegt vor, wenn die Bank etwa Aktien, andere Beteiligungen oder Obligationen verkauft; oder wenn eine Produktionsunternehmung ihren Kontokorrentkredit ganz oder zum Teil tilgt. Im Falle (b) verkauft die Bank eigene Schuldverschreibungen, oder es werden Sichtguthaben in Spar- oder Terminguthaben umgewandelt.

Weder Geldschöpfung noch Geldvernichtung liegen vor, wenn Wirtschaftssubjekte des Nichtbankensektors Zentralbankgeld in Giralgeld der Geschäftsbanken eintauschen oder umgekehrt. Dieser Fall ist etwa dann gegeben, wenn ein Sichtguthaben durch Abheben von Banknoten aufgelöst oder durch Einzahlung von Banknoten geschaffen wird. Ebenso berühren sämtliche Zahlungsvorgänge zwischen Wirtschaftssubjekten des Nichtbankensektors nicht den Geldbestand unabhängig davon, ob sie mit Hilfe von Bargeld oder Giralgeld vorgenommen werden. Dies schließt nicht aus, daß es bei anderen Fragestellungen wichtig sein kann zu wissen, wie sich der Geldbestand innerhalb des Nichtbankensektors bewegt und wie er sich auf Zentralbank- und Geschäftsbankengeld verteilt.

**2. Allgemeine Form einer Bestandsänderungsrechnung.** Der fortwährende Prozeß der Geldschöpfung und Geldvernichtung läßt sich auf gesamtwirtschaftlicher Ebene am einfachsten mit Hilfe einer Bestandsänderungsrechnung erfassen. Wie aus Gleichung (2.1) S. 47 hervorgeht, gilt für jede Bestandsgröße $b$ und einen beliebigen Zeitraum, daß der Anfangsbestand $b^t$ plus dem Saldo aus Zu- und Abgängen $\Delta b$ während des Zeitraums gleich dem Endbestand $b^{t+1}$ ist. Die hochgestellten Indizes $t$ und $t+1$ bedeuten hierbei Zeitpunkte: $t$ bezeichnet den Beginn des betrachteten Zeitraums (oder das Ende der Vorperiode), $t+1$ sein Ende. Nun gelten für eine beliebige Vermögensrechnung mit $n$ Aktivposten $a_1 \ldots a_n$ und $m$ Passivposten $p_1 \ldots p_m$, die zu zwei Zeitpunkten $t$ und $t+1$ aufgestellt wird, die Gleichungen

$$a_1^t + a_2^t + \ldots + a_n^t = A^t \quad \text{und} \quad a_1^{t+1} + a_2^{t+1} + \ldots + a_n^{t+1} = A^{t+1}. \tag{4.1}$$

Im allgemeinen Fall sind die $a_i^t$ von den $a_i^{t+1}$ und $A^t$ von $A^{t+1}$ verschieden, weil sich die einzelnen Aktivposten und die Bilanzsumme im Zeitablauf ändern. Zieht man die linksstehende von der rechtsstehenden Gleichung ab und setzt

$$a_i^{t+1} - a_i^t = \Delta a_i \quad \text{und} \quad A^{t+1} - A^t = \Delta A,$$

erhält man

$$\Delta a_1 + \Delta a_2 + \ldots + \Delta a_n = \Delta A.$$

Die einzelnen $\Delta a_i$ können positiv, gleich null oder negativ sein. Die Gleichung besagt, daß die Änderung der Bilanzsumme einer Vermögensrechnung von einem Stichtag zum anderen gleich der algebraischen Summe der Änderungen der einzelnen Aktivposten ist. Die gleiche Überlegung gilt für die Passivposten:

$$\Delta p_1 + \Delta p_2 + \ldots + \Delta p_m = \Delta P,$$

wobei die Summe der Passivposten gleich $P$ gesetzt wurde. Da $\Delta A = \Delta P$ sein muß, erhält man

$$\Delta a_1 + \Delta a_2 + \ldots + \Delta a_n = \Delta p_1 + \Delta p_2 + \ldots + \Delta p_m. \tag{4.2}$$

Diese *Grundgleichung der Bestandsänderungsrechnung* läßt sich so wiedergeben:

Satz 4.1: *Bei jeder Vermögensrechnung muß die Summe der Änderungen der Aktivposten während eines Zeitraums gleich der Summe der Änderungen der Passivposten während desselben Zeitraums sein.*

Der Satz folgt aus der für Bestandsrechnungen geltenden Festlegung, daß die Summe der Aktivposten zu jedem Zeitpunkt gleich der Summe der Passivposten zum selben Zeitpunkt sein muß (vgl. S. 48).

**3. Geldbestandsänderungsrechnung.** Eine wichtige Anwendungsmöglichkeit für die Grundgleichung der Bestandsänderungsrechnung ergibt sich aus folgender Überlegung. Wenn in einer Vermögensrechnung gewisse Posten als „Geld" definiert sind, kann man diese Posten in Gleichung (4.2) auf der einen Seite der Gleichung belassen, alle anderen Posten dieser Seite unter Wechsel des Vorzeichens auf die andere Seite bringen und auf diese Weise feststellen, welche Transaktionen während des betrachteten Zeitraums mit Änderungen des Geldbestandes einhergegangen sind. Ähnlich, nämlich unter Beachtung des gesamtwirtschaftlichen Zusammenhangs, wurde S. 150–156 argumentiert.

Ausgangspunkt für eine solche Analyse des Geldbestandes ist eine Vermögensrechnung für den Bankensektor, in der die Bilanzen der Geschäftsbanken mit der Bilanz der Zentralbank konsolidiert sind. Eine solche Vermögensrechnung existiert für die Bundesrepublik in Gestalt der oben erwähnten Konsolidierten Bilanz des Bankensystems (Konto 4.6, S. 171). In diesem Rechenwerk schlagen sich alle Transaktionen des Nichtbankensektors mit dem Bankensektor nieder, so daß ihr Einfluß auf den Geldbestand während einer Periode aus den Veränderungen der Konsolidierten Bilanz zwischen den beiden diese Periode einschließenden Stichtagen abzulesen ist. Wenn sich etwa – in einem angenommenen, sehr einfachen Fall – zeigen sollte, daß auf der Passivseite die Sichteinlagen inländischer Nichtbanken von einem Stichtag zum anderen um 3,0 Mrd. DM gestiegen sind, während auf der Aktivseite die Kredite der Geschäftsbanken und die Auslandsaktiva um je 1,5 Mrd. DM zugenommen haben und alle anderen Aktiv- und Passivposten ungeändert geblieben sind, dann wird man schließen, daß die Änderung des Geldbestandes um 3 Mrd. DM im Zusammenhang mit dieser Kreditgewährung und dem Netto-Ankauf von Auslandsaktiva erfolgt ist. Dabei ist allerdings noch zu beachten, daß aus solchen Ex-post-Betrachtungen keine Schlüsse auf Ursache-Wirkungs-Zusammenhänge gezogen werden dürfen. Beispielsweise kann die Zentralbank die Auslandsaktiva zu dem Zweck gekauft haben, den Geldbestand zu erhöhen (dies bedeutet Geldschöpfung, vgl. S. 173); sie kann aber auch aus anderen Gründen zum Kauf dieser Aktiva gezwungen gewesen sein und den Geldbestand wider Willen erhöht haben. Die Untersuchung von Ursachen und Wirkungen erfordert Hypothesen über Zusammenhänge zwischen Variablen, mit denen in der Geldtheorie gearbeitet wird.

Die Deutsche Bundesbank veröffentlicht Geldbestandsänderungsrechnungen in ihren Monats- und Geschäftsberichten sowie als Pressenotizen (vgl. Anhang I, Titel I.17). Seit März 1978 nennt sie diese Rechnungen „Entwicklung der Geldbestände im Bilanzzusammenhang".[22] Tabelle 4.3 zeigt eine solche Rechnung für das Jahr 1982, die auf dem Vergleich der beiden Konsolidierten Bilanzen des Bankensystems gemäß Konto 4.6 (S. 171) für den 31. 12. 1981 und den 31. 12. 1982 beruht. Man könnte dazu einfach die Änderungen der Aktivposten den Änderungen der Passivposten wie in

[22] Davor hießen sie „Entwicklung und Bestimmungsgründe des Geldvolumens". Mit der Änderung der Bezeichnung sollten unzutreffende kausale Interpretationen dieser Rechnungen aufgrund des Wortes „Bestimmungsgründe" unterbunden werden.

Gleichung (4.2) S. 174 in einer Bilanz einander gegenüberstellen und sich Änderungen des Geldvolumens anhand einer Analogie aus der Mechanik vorstellen: Haben sich in Konto 4.6 irgendwelche Passivposten von 5 bis 9 ausgedehnt und sind die übrigen Posten in diesem Bereich sowie die Bilanzsumme konstant geblieben, dann wurden irgendwelche Passivposten von 1 bis 4 zusammengedrückt – das Geldvolumen M 3 ist kleiner geworden. Die Bundesbank bevorzugt jedoch eine Darstellung in Staffelform wie in Tabelle 4.3. Sie ist wie folgt zu lesen. Kreditgewährungen an inländische Nichtbanken (Posten 1) und die Zunahme der Nettoforderungen gegenüber Ausländern (Posten 2) erhöhen Aktivposten der Konsolidierten Bilanz (vgl. Konto 4.6). Dem muß gemäß Gleichung 4.2 eine insgesamt gleich große Zunahme von Passivposten dieser Bilanz gegenüberstehen. Dies sind in Tabelle 4.3 die Posten 3 bis 6, so daß deren Summe gleich der Summe der Posten 1 und 2 ist. Posten 3 bedeutet Änderungen, 1982 ausnahmslos Zunahmen, langfristiger (oder als langfristig betrachteter) Forderungen gegen Geschäftsbanken, die in Konto 4.6 als *Geldkapital* bezeichnet sind.

Tabelle 4.3 – *Geldbestandsänderungsrechnung für die Bundesrepublik Deutschland 1982*

Zunahme (+) und Abnahme (–) in Mill. DM

| | | | |
|---|---|---|---|
| 1. Kredite an inländische Nichtbanken, insgesamt | | | +104 439 |
| 1.1 Deutsche Bundesbank | | – 1 677 | |
| 1.2 Kreditinstitute | | | |
| 1.21 an Unternehmen und Privatpersonen | | +66 158 | |
| 1.22 an öffentliche Haushalte | | +39 958 | |
| 2. Netto-Forderungen gegenüber dem Ausland | | | + 4 478 |
| 2.1 Deutsche Bundesbank | | + 3 069 | |
| 2.2 Kreditinstitute | | + 1 409 | |
| 3. Geldkapitalbildung bei den Kreditinstituten aus inländischen Quellen | | | + 46 485 |
| 3.1 Termingelder mit Befristung von 4 Jahren und darüber | | + 7 216 | |
| 3.2 Spareinlagen mit vereinbarter Kündigungsfrist, Sparbriefe | | +16 208 | |
| 3.3 Inhaberschuldverschreibungen im Umlauf, netto | | +14 089 | |
| 3.4 Kapital und Rücklagen | | + 8 972 | |
| 4. Zentralbankeinlagen inländischer öffentlicher Haushalte | | | + 491 |
| 5. Sonstige Einflüsse | | | + 7 167 |
| 6. Geldvolumen M 3 | | | + 54 774 |
| 6.1 Spareinlagen inländischer Nichtbanken mit gesetzlicher Kündigungsfrist | | +30 756 | |
| 6.2 Geldvolumen M 2 | +24 018 | | |
| 6.3 Termingelder inländischer Nichtbanken mit Befristung bis unter 4 Jahren | | + 6 278 | |
| 6.4 Geldvolumen M 1 | +17 740 | | |
| 6.5 Sichteinlagen inländischer Nichtbanken (ohne Posten 4) | | +13 293 | |
| 6.6 Bargeldumlauf ohne Kassenbestände der Kreditinstitute | | + 4 447 | |

Quelle: Bbk-Monatsbericht Dezember 1983, S. 2* f.

Ihre Zunahme heißt hier entsprechend *Geldkapitalbildung.* Die Zentralbankeinlagen inländischer öffentlicher Haushalte (Posten 4) werden von der Bundesbank, wie S. 169 erwähnt, nicht als Bestandteil irgendeines ihrer Geldvolumina angesehen; und in Posten 5 sind alle sonstigen Posten der Konsolidierten Bilanz, gegebenenfalls nach Umsetzung auf die Passivseite, außer denen zusammengefaßt, die das Geldvolumen M 3 bilden. Diese Größe ist in Posten 6 erfaßt und so unterteilt, daß auch die Änderungen der beiden anderen Geldbestände sichtbar werden: Posten 6.6 und 6.5 ergeben zusammen die Änderung von M 1, Posten 6.4 und 6.3 zusammen die Änderung von M 2.

**4. Gesamtwirtschaftliche Finanzierungsrechnung.** Bei der Analyse von Geldbeständen im vorigen Abschnitt wurde nur ein Sektor, der Bankensektor, betrachtet; und die Änderungen der Geldbestände und ihrer Komponenten zwischen zwei Zeitpunkten wurden im Zusammenhang mit Transaktionen der Banken mit Nichtbanken dargestellt. Eine weitergehende Fragestellung lautet: Wie entwickeln sich im Zeitablauf sämtliche Kreditbeziehungen zwischen allen, in geeigneter Weise zu Sektoren zusammengefaßten, Wirtschaftssubjekten einer Volkswirtschaft? Bei der Kreislaufanalyse des dritten Kapitels war gesagt worden, daß es für viele Zwecke genüge, sich auf Einnahmen-Ausgaben-Rechnungen zu beschränken (vgl. S. 97). Es liegt jedoch auf der Hand, daß die mit der Produktion, der Einkommenserzielung und -verwendung sowie der Vermögensbildung und -anlage einhergehenden Transaktionen auch ständig zu Änderungen der Geldvermögen der beteiligten Wirtschaftssubjekte führen. Mit diesen Änderungen sind jeweils Entscheidungen über die Anlageformen neu gebildeten Vermögens und über die Art neu aufzunehmender Kredite zu treffen. So kann ein privater Haushalt den mit einer positiven Ersparnis einhergehenden Einnahmenüberschuß etwa zur Erhöhung seines Bargeldbestandes, zur Errichtung eines Sparguthabens oder zum Kauf festverzinslicher Wertpapiere verwenden. Ein Produktionsunternehmen kann seinen Ausgabenüberschuß durch Aufnahme von Bankkrediten oder Emission von Obligationen finanzieren. Ferner werden ständig ohne direkten Zusammenhang mit diesen Transaktionen früher getroffene Entscheidungen über die Anlage von Vermögen revidiert. Dadurch ändern sich die zu einem Zeitpunkt bestehenden Forderungen und Verbindlichkeiten eines Wirtschaftssubjekts ihrer Zusammensetzung nach. Beispiele sind: Ein privater Haushalt verkauft festverzinsliche Wertpapiere und kauft statt dessen Aktien; ein öffentlicher Haushalt legt eine Anleihe auf und löst damit einen kurzfristigen Kredit ab; ein Produktionsunternehmen emittiert Obligationen und tilgt mit dem Erlös einen Bankkredit. Alle diese Änderungen von Forderungen und Verbindlichkeiten werden in den Kreditänderungskonten der Wirtschaftssubjekte oder Sektoren registriert. In einer *sektoralen Kreditänderungsrechnung* wird versucht, diese Bewegungen innerhalb einer Volkswirtschaft für einen abgelaufenen Zeitraum statistisch zu erfassen. Dabei ist es zweckmäßig, wie bei der sektoralen Geldvermögensrechnung (S. 67–72) diejenigen Wirtschaftssubjekte zu einem eigenen Sektor zusammenzufassen, die in besonderem Maße mit der Entstehung, Änderung und Tilgung von Forderungen und Verbindlichkeiten zu tun haben. Es sind dies die Kreditinstitute (Banken) im weitesten Sinne (einschließlich Sparkassen, Hypotheken- und Teilzahlungsbanken, Kreditgenossenschaften); ferner die Versicherungsunternehmen, die Bausparkassen und die Kapitalanlagegesellschaften. Sie werden hier wie bei der sektoralen Vermögensrechnung zum Finanzsektor zusammengefaßt. Alle anderen Unternehmen bilden den Sektor Produktionsunternehmen. Weitere Sektoren sind (mindestens) die privaten Haushalte, die öffentlichen Haushalte und das Ausland. Die Kreditbeziehungen können je nach Fragestellung sowohl nach Arten (etwa Sicht-, Termin-, Sparguthaben, festverzinsliche Wertpapiere) als auch nach Gläubigern und Schuldnern (etwa Forderungen und Verbindlichkeiten der Versicherungsunternehmen, Bausparkassen) klassifiziert werden.

Wie aus dem Grundschema 3.4 eines Kreditänderungskontos (S. 89) hervorgeht, erscheint als Saldo auf ihm die positive oder negative Änderung des Geldvermögens, auch Finanzierungsüberschuß oder -defizit genannt, des Wirtschaftssubjekts oder Sektors. Die gleiche Größe zeigt sich auf dem Vermögensänderungskonto 3.3 (S. 88), und die Konsolidierung beider Konten ergibt das Finanzierungskonto 3.5 (S. 90). Stellt man solche Konten für die eben genannten Sektoren einer Volkswirtschaft auf, erhält man eine *gesamtwirtschaftliche Finanzierungsrechnung*. Sie zeigt mithin für jeden Sektor die Sachvermögensbildung, die Ersparnis sowie die Änderungen der Forderungen und Verbindlichkeiten; und es gilt für sie, daß auf gesamtwirtschaftlicher Ebene für jede Art von Kreditbeziehung die Änderung der Forderungen während eines Zeitraums gleich der Änderung der Verbindlichkeiten während derselben Zeit sein muß. Die Rechnung gibt damit Aufschlüsse über die Verteilung der Sachvermögensbildung und Ersparnis auf die Sektoren, die Anlagegewohnheiten der privaten Haushalte, das Finanzierungsverhalten der Produktionsunternehmen, die Kreditaufnahme der öffentlichen Haushalte, die Tätigkeit der Unternehmen des Finanzsektors und die Änderungen der Auslandsforderungen und -verbindlichkeiten.

**5. Die gesamtwirtschaftliche Finanzierungsrechnung der Bundesbank.** Tabelle 4.4 zeigt eine gesamtwirtschaftliche Finanzierungsrechnung für die Bundesrepublik 1982 in der Form, in der sie von der Bundesbank aufgestellt und unter der Bezeichnung „Die Vermögensbildung und ihre Finanzierung" veröffentlicht wird. Aus Platzgründen ist jedoch auch Tabelle 4.4 noch gegenüber dem Original insofern vereinfacht, als die Bundesbank die Kreditbeziehungen etwas stärker differenziert und die Sektoren wie folgt bildet:

(1) Private Haushalte einschließlich private Organisationen ohne Erwerbszweck
(2) (Produktions-)Unternehmen
  2.1 Produktionsunternehmen ohne Wohnungswirtschaft
  2.2 Wohnungswirtschaft
(3) Öffentliche Haushalte
  3.1 Gebietskörperschaften
  3.2 Sozialversicherungen
(4) Ausland
(5) Finanzielle Sektoren
  5.1 Banken
    5.11 Deutsche Bundesbank
    5.12 Kreditinstitute
  5.2 Bausparkassen
  5.3 Versicherungen.

Die Ausgliederung der Wohnungswirtschaft hat den Vorteil, diese wichtige Aktivität, deren Investitionen in spezieller Weise finanziert werden, gesondert analysieren zu können. Die Aufgliederung der öffentlichen Haushalte ist ebenfalls sinnvoll, da von den Wirtschaftssubjekten der beiden Teilsektoren ganz unterschiedliche Aufgaben wahrgenommen werden (vgl. S. 15 f.). So entfielen 1982 auf die Gebietskörperschaften 98,6 v. H. der in Zeile A der Tabelle nachgewiesenen Bruttoinvestition der öffentlichen Haushalte von 48,3 Mrd. DM.[23] Ihr Finanzierungsdefizit betrug 68,6 Mrd. DM. Die Sozialversicherungshaushalte erzielen bei ihrer Umverteilungstätigkeit dagegen in der Regel Finanzierungsüberschüsse, 1982 in Höhe von 7,1 Mrd. DM. Die Aufgliederung des Finanzsektors schließlich ist für Analysen auf dem Gebiet der Geldtheorie und -politik nützlich.

Tabelle 4.4 zeigt in den Zeilen A bis E für jeden der spaltenweise abzulesenden Sektoren mit Ausnahme des Auslandes die Posten des Vermögensänderungskontos gemäß dessen Grundschema 3.3 (S. 88). Nach diesem Schema oder nach Gleichung 3.4 (S. 91) ist die Differenz zwischen Ersparnis (hier einschließlich erhaltener abzüglich geleisteter Vermögensübertragungen, bei allen Sektoren zusammen je 75,5 Mrd. DM) und der Nettoinvestition gleich dem Finanzierungssaldo. Gesamtwirtschaftlich ist die Summe aller Finanzierungsüberschüsse in Zeile E gleich der Summe aller Finanzierungsdefizite in dieser Zeile, wie dies Satz 3.4 (S. 97) entspricht (der Satz ist auf die offene Volkswirtschaft der Bundesrepublik anwendbar, wenn das Ausland wie hier als Sektor einbezogen ist und daher ein geschlossenes Buchungssystem vorliegt, vgl. unten, 6/II.2). Die interne Konsistenz der Tabelle zeigt sich ferner daran, daß die Gleichheit von Nettoinvestition und Ersparnis gemäß Satz 3.6 (S. 97) mit den beiden Eintragungen in den Zeilen C und D der Spalte (7) nachgewiesen wird.

Die unter F erfaßten Eintragungen bilden die linke Seite der Kreditänderungskonten der Sektoren gemäß deren Grundschema (Konto 3.4, S. 89), die Posten unter G ihre rechte Seite. Die gesamte Änderung der Forderungen[24] als Summe F in Spalte (7) in Höhe von 414,8 Mrd. DM ist ebenso hoch wie die Gesamtänderung der Verbindlichkeiten (Summe G). Das muß auch für alle einzelnen Kreditbeziehungen gelten: Beispielsweise entspricht der Summe der Änderungen der Sparguthaben aller Sektoren in Höhe von 36,9 Mrd. DM (Zeile F.3) die Zunahme dieser Art von Verbindlichkeiten des Finanzsektors (genauer: nur der Kreditinstitute) in gleicher Höhe in Zeile G.3 (dort als „Spareinlagen" bezeichnet).

Denkt man sich schließlich die Zeilen C und H weg, die nur der Übersichtlichkeit halber eingefügt sind und keine zusätzlichen Informationen enthalten, dann zeigt die Tabelle für jeden inländischen Sektor die Posten des aus der Konsolidierung von Vermögensänderungs- und Kreditänderungskonto entstandenen Finanzierungskontos gemäß dessen Grundschema 3.5 (S. 90), womit auch sprachlich die Parallelität zwischen diesem Konto und Tabelle 4.4 hergestellt ist.

Die Änderungen der Forderungen und Verbindlichkeiten der Sektoren zeigen im Jahre 1982 ein für die Bundesrepublik im großen und ganzen typisches Bild. Die privaten Haushalte erzielten wie immer den mit Abstand größten Finanzierungsüberschuß aller Sektoren. Da ihnen auch in dieser Rechnung keine Sachvermögensbildung

---

[23] Diese und die folgenden Angaben nach der Quelle von Tabelle 4.4.

[24] Abweichend vom Sprachgebrauch dieses Buches setzt die Deutsche Bundesbank „Forderungen" mit „Geldvermögen" gleich. Entsprechend bezeichnet sie die Zunahme der Forderungen eines Wirtschaftssubjekts oder Sektors mit „Geldvermögensbildung". Dagegen kann sich gemäß der Definition dieses Buches Geldvermögen auch dadurch „bilden", das heißt zunehmen, daß die Verbindlichkeiten bei Konstanz der Forderungen abnehmen.

Tabelle 4.4 – *Gesamtwirtschaftliche Finanzierungsrechnung für die Bundesrepublik Deutschland 1982*
Mrd. DM

| Positionen / Sektoren | Private Haushalte | Produktions-unternehmen | Öffentliche Haushalte | Ausland | Finanzsektor | Summe |
|---|---|---|---|---|---|---|
| (1) | (2) | (3) | (4) | (5) | (6) | (7) |
| A. Bruttoinvestition | – | 278,4 | 48,3 | – | 7,3 | 334,0 |
| B. Abschreibungen | – | 186,4 | 10,8 | – | 3,3 | 200,5 |
| C. Nettoinvestition = A – B | – | 91,9 | 37,5 | – | 4,1 | 133,5 |
| D. Ersparnis einschließlich Vermögensübertragungen | 119,2 | 20,9 | –24,1 | –4,9 | 22,4 | 133,5 |
| E. Finanzierungssaldo = D – C | 119,2 | –71,0 | –61,6 | –4,9 | 18,3 | – |
| F. *Änderungen der Forderungen* | | | | | | |
| 1. Bargeld und Sichteinlagen | 7,0 | 15,8 | 1,2 | 3,0 | 0,6 | 27,6 |
| 2. Termingelder | 16,9 | 4,6 | 3,8 | –2,5 | 4,1 | 26,8 |
| 3. Sparguthaben | 36,2 | – 0,0 | 0,1 | 0,7 | – | 36,9 |
| 4. Geldanlage bei Bausparkassen und Versicherungen | 36,6 | 1,8 | 0,0 | –0,1 | 0,2 | 38,5 |
| 5. Erwerb von Geldmarktpapieren | 1,9 | 0,1 | 0,0 | 0,8 | 5,5 | 8,3 |
| 6. Erwerb festverzinslicher Wertpapiere | 17,2 | 2,9 | 0,3 | 2,2 | 61,2 | 83,8 |
| 7. Erwerb von Aktien | 0,5 | 4,9 | 0,2 | 1,5 | 2,7 | 9,9 |
| 8. Auslandsposition der Deutschen Bundesbank | – | – | – | 2,5 | 7,1 | 9,6 |
| 9. Kurzfristige Bankkredite | – | – | – | – | 12,6 | 12,6 |
| 10. Längerfristige Bankkredite | – | – | – | – | 84,8 | 84,8 |
| 11. Darlehen der Bausparkassen und Versicherungen | – | – | – | – | 18,9 | 18,9 |
| 12. Sonstige Forderungen | | | | | | |
| 12.1 an Inländer | 12,1 | – 0,0 | 0,7 | 28,8 | – | 41,6 |
| 12.2 an Ausländer | – | 14,0 | 1,6 | – | – | 15,6 |
| Summe F | 128,3 | 43,9 | 8,1 | 37,0 | 197,5 | 414,8 |

zugestanden wird, hat sich ihre Ersparnis von 119,2 Mrd. DM voll in eine Erhöhung ihres Geldvermögens umgesetzt: Die Zunahme ihrer Forderungen um 128,3 Mrd. DM (Summe F) abzüglich der Zunahme ihrer Verbindlichkeiten um 9,1 Mrd. DM (Summe G) ergibt die Zunahme ihres Geldvermögens (Zeile H = Zeile E). Die Ersparnis wurde überwiegend in Sparguthaben und bei Bausparkassen und Versicherungen angelegt (vgl. auch die Bemerkungen zu Konto 2.12, S. 69). 61 v. H. der Gesamtersparnis entfielen auf diese Anlageformen, während die Anlage in Kapitalmarktpapieren (Zeilen F.6 und F.7) nur 14 v. H. ausmachte. Dieser Anteil schwankt mit dem Ertrag dieser Papiere; so legten die Haushalte im Hochzinsjahr 1981 allein 37,3 v. H.

Tabelle 4.4 – *Fortsetzung*

| Positionen \ Sektoren | Private Haushalte | Produktions-unternehmen | Öffentliche Haushalte | Ausland | Finanzsektor | Summe |
|---|---|---|---|---|---|---|
| (1) | (2) | (3) | (4) | (5) | (6) | (7) |
| G. *Änderungen der Verbindlichkeiten* | | | | | | |
| 1. Bargeld und Sichteinlagen | – | – | – | – | 27,6 | 27,6 |
| 2. Termingelder | – | – | – | – | 26,8 | 26,8 |
| 3. Spareinlagen | – | – | – | – | 36,9 | 36,9 |
| 4. Geldanlage bei Bausparkassen und Versicherungen | – | – | – | – | 38,5 | 38,5 |
| 5. Absatz von Geldmarktpapieren | – | 0,2 | 8,9 | 0,1 | –0,8 | 8,3 |
| 6. Absatz festverzinslicher Wertpapiere | – | 3,1 | 24,9 | 11,0 | 44,8 | 83,8 |
| 7. Absatz von Aktien | – | 4,5 | – | 3,9 | 1,4 | 9,9 |
| 8. Auslandsposition der Deutschen Bundesbank | – | – | – | 7,1 | 2,5 | 9,6 |
| 9. Kurzfristige Bankkredite | 3,0 | 13,4 | – 1,3 | –3,1 | 0,6 | 12,6 |
| 10. Längerfristige Bankkredite | 4,9 | 49,9 | 23,1 | 7,0 | –0,1 | 84,8 |
| 11. Darlehen der Bausparkassen und Versicherungen | 1,2 | 14,9 | 2,5 | 0,3 | –0,1 | 18,9 |
| 12. Sonstige Verbindlichkeiten | | | | | | |
| 12.1 gegenüber Inländern | 0,0 | 11,7 | – 0,0 | 15,6 | 1,2 | 28,4 |
| 12.2 gegenüber Ausländern | – | 17,3 | 11,5 | – | – | 28,8 |
| Summe G | 9,1 | 114,9 | 69,7 | 41,9 | 179,2 | 414,8 |
| H. *Änderungen des Geldvermögens* = F–G = E | 119,2 | –71,0 | –61,6 | –4,9 | 18,3 | – |

Quelle: Zahlenübersichten ... [4.18], S. 122 f. Durch Zusammenfassungen und Textänderungen vereinfacht. Vorläufige Ergebnisse.

ihrer Geldvermögensbildung in festverzinslichen Wertpapieren an. Die Produktionsunternehmen haben wie gewöhnlich weitaus mehr netto investiert als gespart. Ihrem Finanzierungsdefizit aus der Einnahmen-Ausgaben-Rechnung von 71,0 Mrd. DM entsprach der Saldo aus der Zunahme der Forderungen um 43,9 Mrd. DM und der Zunahme der Verbindlichkeiten um 114,9 Mrd. DM. Entsprechend dem Verhalten der privaten Haushalte verschuldeten sich die Produktionsunternehmen überwiegend durch Kreditnahme beim Finanzsektor (Zeilen G.9 bis G.11). Zum Finanzierungsdefizit der öffentlichen Haushalte vgl. die Bemerkungen S. 70 f., zum Finanzierungsdefizit des Auslandes die Bemerkungen unten in 5/II.1.

**6. Probleme der Finanzierungsrechnung.** Hauptprobleme der Finanzierungsrechnung sind

- die Sektorenbildung;
- die Einteilung der Kreditbeziehungen und ihre Bewertung;
- die statistische Erfassung der Transaktionen, die in der Finanzierungsrechnung zu registrieren sind.

Bei der Sektorenbildung taucht wieder das Problem der statistischen Trennung von Haushalts- und Unternehmensbereich der Selbständigen, Einzelunternehmen und Personengesellschaften auf (vgl. S. 118f.). Die Bundesbank versucht, diese Trennung vorzunehmen. Die Wohnungswirtschaft ist kein Sektor im üblichen Sinne einer Zusammenfassung von Wirtschaftssubjekten, sondern eine Zusammenfassung der entsprechenden Aktivitäten von privaten Haushalten, gewerblichen und gemeinnützigen Wohnungsbauunternehmen und dem Wohnungsbau der Versicherungen, Produktionsunternehmen und öffentlichen Haushalte. Damit wird es erforderlich, fiktive Transaktionen zu unterstellen, und zwar Übertragungen der von den privaten Haushalten und den anderen Sektoren zum Wohnungsbau eingesetzten Mittel zur „Wohnungswirtschaft". Für Untersuchungen der Vermögensverteilung ist die gegenwärtige Sektoreneinteilung der Finanzierungsrechnung ungeeignet, da Produktions- und Finanzunternehmen als selbständige Wirtschaftseinheiten und nicht als im Eigentum der Haushalte befindlich angesehen werden (vgl. S. 78). Aber auch bei einer Beibehaltung der gegenwärtigen Sektoreneinteilung wären schon durch eine Aufspaltung des Haushaltssektors und den Nachweis, welchen nach der Einkommenshöhe geschichteten sozioökonomischen Bevölkerungsgruppen der jährliche Geldvermögenszuwachs zufällt, wertvolle vermögenspolitische Informationen zu gewinnen.

Die Kreditbeziehungen werden in der Finanzierungsrechnung zu einer relativ kleinen Zahl von Kategorien zusammengefaßt. Jedoch stehen andere Statistiken zur Verfügung, in denen sie weiter aufgeschlüsselt sind.[25] Festverzinsliche Wertpapiere werden mit ihren Nominal- oder mit Kurswerten in die Rechnung aufgenommen. Wie in der Bestandsrechnung (vgl. S. 73f.) ist auch bei dieser Bestandsänderungsrechnung nicht bei allen Kreditbeziehungen ersichtlich, wer Gläubiger und Schuldner ist, so bei den Kapitalmarktpapieren. Praktisch noch ungelöst ist das Problem, die ständig vor sich gehenden Wertänderungen bestehender Kreditbeziehungen in der Finanzierungsrechnung zu erfassen. Tatsächlich werden in dieser Rechnung Bewertungsänderungen soweit wie möglich ausgeschaltet, während sie in der Bestandsrechnung berücksichtigt werden.[26] Diese beiden Rechnungen sind in dieser Hinsicht also nicht miteinander vereinbar. Dies wirkt sich besonders stark bei den Aufwertungen der DM seit 1961 aus. Wer als Inländer eine auf Auslandswährung lautende positive Nettoauslandsposition hatte, erlitt Aufwertungsverluste, während inländische Inhaber entsprechender Schuldnerpositionen Aufwertungsgewinne erzielten. 1981 und 1982 mußten die Banken aus anderen Gründen außergewöhnlich hohe Wertberichtigungen auf ihre Forderungen vornehmen.[27] Alle diese Umbewertungen werden in der Finanzierungsrechnung nicht berücksichtigt. Eine Erfassung der Wertänderungen würde jedoch die

---

[25] Vgl. besonders die Statistischen Beihefte [I.15], Reihe 1 und 2.
[26] Zahlenübersichten ... [4.18], S. 8 f.
[27] Vgl. Bbk-Monatsbericht Mai 1983, S. 6 f.

Aussagekraft der Finanzierungsrechnung und damit ihren Nutzen für Geldtheorie und -politik erheblich erhöhen, da Wirtschaftssubjekte bei ihren Entscheidungen über Geldhaltung, Investitionen und Vermögensanlage vermutlich weniger von Nominalwerten als von Marktwerten beeinflußt werden.

Zur Erstellung der Finanzierungsrechnung wird eine größere Zahl laufender statistischer Erhebungen herangezogen, so die monatliche Banken-, Bausparkassen-, Wertpapier- und Zahlungsbilanzstatistik. Es ist jedoch ebenso wie in der Geldbestandsänderungsrechnung (S. 175–177) nicht möglich, in ihr die Geld- und anderen Forderungsströme brutto nachzuweisen, obwohl dies für Untersuchungen der Transaktionshäufigkeit („Umlaufsgeschwindigkeit") der einzelnen Forderungsarten interessant wäre. Anstelle von Strömen werden also nur deren Salden und damit Bestandsänderungen registriert. Auch bei festverzinslichen Wertpapieren wird der Absatz nur netto erfaßt, also nach Abzug der Tilgungen und nach Berücksichtigung der Eigenbestände der Emittenten. Statistische Diskrepanzen, die bei dieser Art der Ermittlung aus Wertänderungen und anderen Gründen resultieren, werden in der Rechnung nicht ausgewiesen, sondern in einzelnen Positionen versteckt. Dies ergibt sich zum Teil zwangsläufig, wenn diese Positionen als Reste errechnet werden. Beispielsweise werden die Käufe der privaten Haushalte von festverzinslichen Wertpapieren und Aktien auf diese Weise ermittelt. Alle Diskrepanzen aufgrund unterschiedlicher Wertansätze und statistischer Ermittlungsfehler bei den anderen Sektoren gehen dann kumulativ in diesen Posten ein, wobei sie sich auch zum Teil ausgleichen können.

## IV. Der Finanzsektor der Bundesrepublik Deutschland

**1. Gliederung des Finanzsektors.** In einigen der bisher beschriebenen gesamtwirtschaftlichen Rechenwerke wurden die Finanzunternehmen (vgl. die Einteilung in Bild 1.4, S. 15) zu einem eigenen Sektor, dem Finanzsektor, zusammengefaßt. Die institutionelle und rechtliche Gestaltung dieses Sektors beeinflußt den Wirtschaftsablauf. Sie muß daher bei dessen Analyse berücksichtigt werden und stellt kurzfristig ein wichtiges Datum für die Wirtschaftspolitik dar, das jedoch durch gesetzgeberische und andere Eingriffe geändert werden kann. Im folgenden wird der Finanzsektor der Bundesrepublik in seinen Grundzügen beschrieben.

Zum Finanzsektor eines Landes werden alle Wirtschaftssubjekte gezählt, deren Haupttätigkeit darin besteht, Kredite zu nehmen und zu gewähren oder als private Unternehmen die Dienstleistung „Versicherungsschutz" zu produzieren. Rechtsform, Eigentumsverhältnisse und Zielsetzungen spielen für die Zuordnung keine Rolle. Nicht berücksichtigt werden hier Finanzmakler und Pfandleiher wegen der geringen Bedeutung ihres Geschäfts. Die Sozialversicherungshaushalte gehören nicht hierher, da sie öffentliche Wirtschaftssubjekte sind und sich durch Zwangsbeiträge finanzieren. Nach der Art ihrer Tätigkeit lassen sich vier Hauptgruppen von Finanzunternehmen unterscheiden und wie in Bild 4.2 weiter aufgliedern. Die Grobeinteilung des Teilsektors „Geschäftsbanken" in fünf Untersektoren wird unten in Abschnitt IV.3 weiter differenziert.

**2. Die Deutsche Bundesbank.** Zentralbank der Bundesrepublik Deutschland ist die Deutsche Bundesbank. Sie ist eine bundesunmittelbare juristische Person des öf-

Bild 4.2 – *Der Finanzsektor der Bundesrepublik Deutschland*

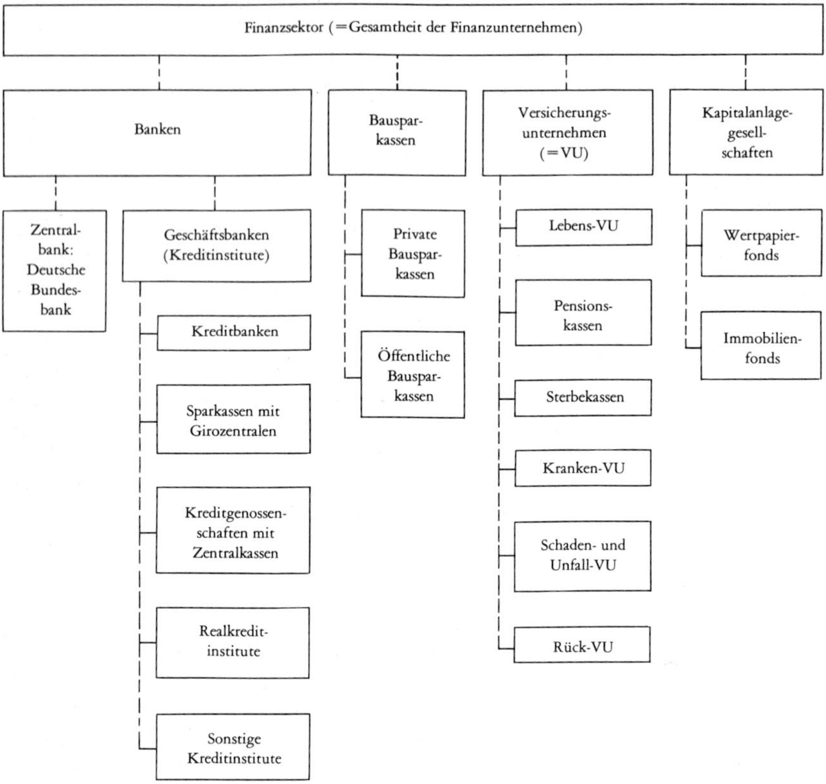


fentlichen Rechts mit dem derzeitigen Sitz Frankfurt am Main. Ihr Grundkapital von 290 Mill. DM steht dem Bund zu. Sie unterhält in jedem der elf Länder (einschließlich West-Berlin) eine Hauptverwaltung mit der Bezeichnung *Landeszentralbank* sowie 203 Zweiganstalten.[28] Die Bundesbank entstand mit Wirkung vom 1. August 1957 aus der Verschmelzung der damaligen Landeszentralbanken der Länder (einschließlich der Berliner Zentralbank) mit der 1948 gegründeten *Bank deutscher Länder.* Rechtsform, Organisation, Aufgaben und Befugnisse der Bank sowie ihr Verhältnis zur Bundesregierung sind im *Gesetz über die Deutsche Bundesbank* vom 26. Juli 1957 festgelegt.[29]

Organe der Bank sind der *Zentralbankrat,* das *Direktorium* und die *Vorstände der Landeszentralbanken* (§ 5). Der Zentralbankrat (§ 6) besteht aus dem Präsidenten und dem Vizepräsidenten der Bank, den weiteren (am 1. April 1983: vier) Mitgliedern des Direktoriums und den Präsidenten der elf Landeszentralbanken. Er bestimmt als ober-

---

[28] Stand 1. April 1983, vgl. Bbk-Geschäftsbericht 1982, S. 153 f.

[29] BGBl. I. S. 745. Paragraphenangaben in diesem Abschnitt beziehen sich auf dieses Gesetz, das bis Mitte 1983: 17mal geändert wurde.

stes Organ der Bank ihre Währungs- und Kreditpolitik, regelt Zuständigkeiten und kann den anderen Organen Weisungen erteilen. Beschlüsse faßt er mit einfacher Mehrheit. Das Direktorium (§ 7) besteht aus dem Präsidenten, dem Vizepräsidenten und bis zu acht weiteren Mitgliedern. Alle Mitglieder werden vom Bundespräsidenten auf Vorschlag der Bundesregierung bestellt, die bei ihren Vorschlägen den Zentralbankrat anzuhören hat. Die Amtszeit beträgt in der Regel acht Jahre. Das Direktorium leitet und verwaltet die Bank und führt die Beschlüsse des Zentralbankrats aus. Die Vorstände der Landeszentralbanken (§ 8) führen die Geschäfte mit dem Land und den Kreditinstituten ihrer Bereiche.

Die Bilanz der Bundesbank Ende 1982 und einige ihrer Aktivitäten sind auf S. 57–59 beschrieben. Ihre wichtigste Befugnis besteht darin, geld- und kreditpolitische Maßnahmen zu beschließen und auszuführen und so Wirtschaftspolitik zu treiben. Weitere Befugnisse sind das alleinige Recht der Ausgabe von Banknoten, die auf Deutsche Mark lauten und das einzige unbeschränkte gesetzliche Zahlungsmittel in der Bundesrepublik sind (Banknotenmonopol, § 14). Ferner darf die Bank Statistiken auf dem Gebiet des Bank- und Geldwesens bei allen Kreditinstituten anordnen und durchführen (§ 18), und sie darf im einzelnen genau bezeichnete Geschäfte mit Kreditinstituten (§ 19), öffentlichen Verwaltungen (§ 20) und jedermann (§§ 21 und 22) betreiben. Sie ist dabei ganz überwiegend als Bank des Bundes und der Geschäftsbanken tätig; ihre Geschäfte mit anderen Nichtbanken spielen keine große Rolle. Ihre Gewinne hat sie nach Dotierung und Rücklagen und einer Zuführung an den Fonds zur Tilgung von Ausgleichsforderungen (vgl. S. 55 f.) an den Bund abzuführen (§ 27). Dieser erhielt so 11,0 Mrd. DM des 1982 erzielten Gewinns von 11,3 Mrd. DM.

3. **Der Teilsektor Geschäftsbanken.** Tabelle 4.5 zeigt eine Gliederung des Teilsektors Geschäftsbanken[30] in der Bundesrepublik nach dem Stand von Ende 1982. Die Kreditbanken werden nach Geschäftsbereich und Rechtsform in vier Untergruppen eingeteilt, von denen die der Privatbankiers nach dem zusammengefaßten *Geschäftsvolumen*[31] die kleinste ist. *Großbanken* sind die Deutsche Bank AG, die Dresdner Bank AG und die Commerzbank AG mit je einem Tochterinstitut in Berlin (West). Ihr Anteil am zusammengefaßten Geschäftsvolumen aller Geschäftsbanken betrug Ende 1950 noch 19,5 v. H. und ist seitdem fast kontinuierlich gefallen.[32] Zu den unter 1.2 erfaßten Banken gehören vor allem solche, die Kredite nur an Unternehmen bestimmter Wirtschaftszweige (Branchebanken) oder an einzelne Unternehmensgruppen (Hausbanken) gewähren. Die *Girozentralen,* meist als „Landesbank-Girozentrale" firmierend, sind die regionalen Spitzeninstitute der Sparkassen, von denen es in jedem Land (außer Berlin) je eins, in Baden-Württemberg zwei gibt. Sie fungieren wie Zen-

[30] Zum Sprachgebrauch ist anzumerken, daß das *Gesetz über das Kreditwesen* (Kreditwesengesetz, KWG) vom 10. 7. 1961 (BGBl. I, S. 881) die hier als „Geschäftsbank" bezeichneten Unternehmen „Kreditinstitute" nennt, zu denen nach § 2 dieses Gesetzes jedoch weder die Deutsche Bundesbank noch die Kreditanstalt für Wiederaufbau, die Deutsche Bundespost und Unternehmen des Pfandleihgewerbes gehören.

[31] Das Geschäftsvolumen einer Bank ist gleich ihrer Bilanzsumme zuzüglich Indossamentsverbindlichkeiten aus rediskontierten Wechseln, den Kreditnehmern abgerechnete eigene Ziehungen im Umlauf sowie aus dem Wechselbestand vor Verfall zum Einzug versandte Wechsel.

[32] Deutsche Bundesbank [4.02], S. 254.

Tabelle 4.5 – *Der Finanzsektor der Bundesrepublik Deutschland: Teilsektor Geschäftsbanken*
Stand Ende 1982

| Geschäftsbankengruppe | Zahl der | | Geschäftsvolumen [b] | | Kredite an | | Sichteinlagen von | |
|---|---|---|---|---|---|---|---|---|
| | | | | | Nichtbanken | | | |
| | Banken | Bankstellen [a] | Mrd. DM | v. H. | Mrd. DM | v. H. | Mrd. DM | v. H. |
| 1. Kreditbanken | 244 | 6 198 | 601,3 | 22,2 | 374,4 | 20,9 | 67,0 | 35,2 |
| 1.1 Großbanken | 6 | 3 121 | 232,4 | 8,6 | 149,5 | 8,4 | 35,4 | 18,6 |
| 1.2 Regional- und sonstige Kreditbanken | 99 | 2 632 | 273,3 | 10,1 | 183,9 | 10,3 | 23,9 | 12,6 |
| 1.3 Zweigstellen ausländischer Banken | 58 | 105 | 57,0 | 2,1 | 18,8 | 1,1 | 1,8 | 0,9 |
| 1.4 Privatbankiers | 81 | 340 | 38,6 | 1,4 | 22,1 | 1,2 | 5,9 | 3,1 |
| 2. Girozentralen | 12 | 273 | 439,3 | 16,2 | 292,4 | 16,3 | 8,3 | 4,4 |
| 3. Sparkassen | 595 | 17 616 | 595,1 | 22,0 | 405,2 | 22,6 | 63,0 | 33,1 |
| 4. Genossenschaftliche Zentralbanken | 9 | 55 | 112,8 | 4,2 | 32,0 | 1,8 | 1,7 | 0,9 |
| 5. Kreditgenossenschaften | 3818 | 19 705 | 308,1 | 11,4 | 204,6 | 11,4 | 36,1 | 19,0 |
| 6. Realkreditinstitute | 38 | 69 | 393,0 | 14,5 | 338,8 | 18,9 | 0,8 | 0,4 |
| 6.1 Private Hypothekenbanken | 25 | 48 | 241,0 | 8,9 | 211,8 | 11,8 | 0,5 | 0,3 |
| 6.2 Öffentlich-rechtliche Grundkreditanstalten | 13 | 21 | 151,9 | 5,6 | 127,0 | 7,1 | 0,3 | 0,2 |
| 7. Teilzahlungskreditinstitute | 99 | 726 | 32,0 | 1,2 | 27,0 | 1,5 | 0,9 | 0,5 |
| 8. Kreditinstitute mit Sonderaufgaben | 16 | 92 | 184,9 | 6,8 | 93,7 | 5,2 | 1,5 | 0,8 |
| 9. Sonstige Kreditinstitute | 43 | 43 | . | . | . | . | . | . |
| 10. Postscheck- und Postsparkassenämter | 15 | × | 43,2 | 1,6 | 21,0 | 1,2 | 10,7 | 5,6 |
| Insgesamt | 4889 | 44 777 | 2709,7 | 100 | 1789,0 | 100 | 190,1 | 100 |

[a] Jeweils Kreditinstitute selbst und Zweigstellen, ohne Annahmestellen.
[b] Von der Interbankverflechtung nicht bereinigt. Nur monatlich berichtende Kreditinstitute.
Quelle: Bbk-Monatsbericht März 1983, S. 32*, 34*, 45*; eigene Berechnungen.

tralbanken der ihnen regional zugehörigen Sparkassen, indem sie deren liquide Mittel halten und den bargeldlosen Zahlungsverkehr innerhalb des Sparkassensektors abwikkeln. Sie gewähren Hypotheken-, Kommunal- und andere Kredite und emittieren Pfandbriefe und Kommunalschuldverschreibungen. Mit zu dieser Gruppe gehört auch das Spitzeninstitut der Girozentralen, die Deutsche Girozentrale-Deutsche Kommunalbank in Frankfurt am Main. Die *Sparkassen* befinden sich fast ausschließlich im Besitz von Gemeinden, sie sind mit einem Anteil von 22,0 v.H. am zusammengefaßten Geschäftsvolumen des Geschäftsbankensektors nach den Kreditbanken die größte Bankengruppe der Bundesrepublik. Von ihrer Entstehung Ende des 18.

Jahrhunderts her zunächst auf Entgegennahme auch kleinster Spareinlagen und Kreditgewährung an die „wirtschaftlich schwächeren Bevölkerungskreise"[33] ausgerichtet und mit dieser Begründung bis heute steuerlich privilegiert, haben sie sich in ihrer Geschäftstätigkeit seit dem Ende des zweiten Weltkrieges immer mehr den Kreditbanken angenähert. Die nach der Zahl der Kreditinstitute mit Abstand größte Gruppe bilden die *Kreditgenossenschaften,* die früher nach der wirtschaftlichen Tätigkeit ihrer Mitglieder in gewerbliche und ländliche gegliedert und nach ihren Begründern auch Schulze-Delitzsch- und Raiffeisen-Kreditgenossenschaften genannt wurden. Ihre Spitzeninstitute sind die *Genossenschaftlichen Zentralbanken* (früher: *Zentralkassen*), denen ihrerseits die Deutsche Genossenschaftsbank übergeordnet ist.

Die in Tabelle 4.5 unter 6. bis 10. erfaßten Institute sind mehr als die anderen auf Sonderaufgaben spezialisiert. *Realkreditinstitute* gewähren in erster Linie langfristige, durch Hypotheken gesicherte Kredite auf Grundstücke, Gebäude und Schiffe und finanzieren sich durch Ausgabe von Pfandbriefen und Kommunalobligationen, die seit Jahren rund die Hälfte ihrer Passiva ausmachen. *Teilzahlungskreditinstitute* gewähren Ratenkredite in erster Linie an private Haushalte, aber auch an kleinere Unternehmen und finanzieren damit die Anschaffung von dauerhaften Konsumgütern und Investitionsgütern. Die 16 Kreditinstitute mit Sonderaufgaben üben ihre Tätigkeit zum Teil auf eigener gesetzlicher Grundlage aus. Zu ihnen gehören die Kreditanstalt für Wiederaufbau, die Lastenausgleichsbank und die Deutsche Verkehrs-Kredit-Bank AG. Zu den Sonstigen Kreditinstituten zählen unter anderen Wertpapiersammel- und Bürgschaftsbanken. Schließlich gehört zum Geschäftsbankensektor der Bundesrepublik die bankgeschäftliche Tätigkeit der Deutschen Bundespost, die Spareinlagen entgegennimmt und mit dem Postgiro-(früher: Postscheck-)dienst ein bedeutendes Zahlungsverkehrsnetz unterhält.

Tabelle 4.5 zeigt ferner die Aufteilung eines der beiden Hauptposten des Aktivgeschäfts, der Kreditgewährung an Nichtbanken (der andere ist die Kreditgewährung an Kreditinstitute) auf die Bankengruppen. Sie entspricht in etwa der Aufteilung des Geschäftsvolumens. Lediglich der Anteil der Realkreditinstitute ist hier mit 18,9 v. H. gegenüber 14,5 v. H. Anteil am Geschäftsvolumen merklich höher. Diese Institute haben nur wenige Einlagen von Nichtbanken und eine geringe Kreditverflechtung mit anderen Banken, so daß auch ihr Anteil an den Krediten an Kreditinstitute entsprechend kleiner ist. Die letzte Spalte zeigt die Aufteilung der Sichteinlagen. Erwartungsgemäß halten die in dieser Tabelle erfaßten sechs Betreiber von Zahlungsverkehrsnetzen (das siebente wird von der Bundesbank unterhalten), nämlich die drei Großbanken, die Sparkassen, die Kreditgenossenschaften und die Deutsche Bundespost, mit zusammen 76,3 v. H. den größten Teil der Sichteinlagen. Entsprechend hoch dürfte ihr Anteil an der Abwicklung des bargeldlosen Zahlungsverkehrs in der Bundesrepublik sein.

Der Geschäftsbankensektor der Bundesrepublik ist überwiegend nicht durch eine strenge Funktionsteilung gekennzeichnet, gemäß der sich einzelne Institutsgruppen auf bestimmte Bankgeschäfte spezialisieren würden. Am Geschäftsvolumen gemessen, herrscht zu rund drei Vierteln der Typ der *Universalbank* vor, die in bezug auf den Kreis der Kreditnehmer, Kreditarten, Einlagenbeschaffung und Verkauf von Dienst-

---

[33] So zum Beispiel *Sparkassengesetz für Baden-Württemberg* vom 4. Juli 1967, zuletzt geändert durch Gesetz vom 18. 7. 1983 (Gesetzblatt, S. 379), § 6.

leistungen prinzipiell alle Geschäfte tätigt. In Tabelle 4.5 gehören die unter 1. bis 5. erfaßten Banken zu diesem Typ. Die Entwicklung zur Universalbank hat sich in den sechziger Jahren verstärkt, da beispielsweise Kreditbanken mehr Spareinlagen an sich ziehen, während anderseits Sparkassen vermehrt Kredite an Industrieunternehmen geben. Die Funktionsteilung überwiegt lediglich bei den fünf anderen Gruppen. Universalbanken können in Interessenkonflikte geraten, wenn etwa die Anlageberatung der Kunden mit der Anlage- und Beteiligungspolitik der Bank kollidiert.

Die Entwicklung des Geschäftsbankensektors in der Bundesrepublik ist seit Jahren durch den Rückgang der Zahl der Kreditinstitute gekennzeichnet. Ende 1957 betrug sie 13 359, Ende 1970 noch 8549 (ohne Postscheck- und Postsparkassenämter). Die Entwicklung beruht in erster Linie auf der Abnahme der Zahl der ländlichen Kreditgenossenschaften, von denen sich viele zu größeren Unternehmen zusammenschlossen. Hingegen nahm die Zahl der Bankstellen aller Gruppen von 1957 bis 1982 um 70 v. H. zu.[34]

Die Tätigkeit der Geschäftsbanken wird allgemein durch das Gesetz über das Kreditwesen (vgl. S. 185, Anm. 30) geregelt; für einige Gruppen und auch einzelne Kreditinstitute bestehen eigene gesetzliche Grundlagen. Alle Geschäftsbanken unterliegen gemäß § 6 KWG der Aufsicht durch das *Bundesaufsichtsamt für das Kreditwesen* mit Sitz in Berlin, das dabei mit der Deutschen Bundesbank zusammenarbeitet (§ 7 KWG).

**4. Der Teilsektor Bausparkassen.** Bausparkassen nehmen aufgrund besonderer Verträge Spareinlagen überwiegend von privaten Haushalten entgegen, die sie mit Sätzen zwischen 2,5 v. H. und 3 v. H. niedrig verzinsen, und gewähren Baudarlehen an die Bausparer, die ebenfalls einen niedrigeren Zins als den Marktzins haben, meist 4,5 v. H. bis 5 v. H. Tabelle 4.6 enthält einige Angaben über die 32 Bausparkassen der Bundesrepublik Ende 1982. Die Zahlen zeigen die weiterleitende Tätigkeit dieser Finanzunternehmen: Den größten Teil der Passiva bilden die Einlagen der Bausparergemeinschaft, und Angehörige dieses Kollektivs sind anderseits Schuldner der Baudarlehen. Die Bausparkassen bestreiten ihre Aufwendungen aus der Differenz zwischen Soll- und Habenzinsen sowie aus der Erhebung von Gebühren. Sie üben ihre Tätigkeit aufgrund des *Gesetzes über Bausparkassen* vom 16. November 1972 (BGBl. I, S. 2097; seither dreimal geändert) aus und unterliegen der Aufsicht durch das Bundesaufsichtsamt für das Kreditwesen. Infolge der massiven staatlichen Förderung des Bausparens haben die Bausparkassen in den letzten 25 Jahren stark expandiert, ihre aggregierte Bilanzsumme vervielfachte sich von 5,45 Mrd. DM Ende 1957 um den Faktor 27 auf 149,66 Mrd. DM Ende 1982. Mit dem Abbau von Förderungsmaßnahmen seit 1975 und sinkendem Wohnungsbedarf ging auch die Attraktivität des Bausparens zurück: Während die privaten Haushalte im Durchschnitt der Jahre 1960 bis 1973 noch 8,9 v. H. ihrer Brutto-Geldvermögensbildung bei Bausparkassen anlegten, sank dieser Anteil 1974 bis 1980 auf durchschnittlich 6,4 v. H. und betrug 1982 nur noch 3,8 v. H.[35]

---

[34] Deutsche Bundesbank [4.02], S. 253.

[35] Angaben nach: Deutsche Bundesbank [4.02], S. 245; Zahlenübersichten ... [4.18], S. 24 f.

Tabelle 4.6 – *Der Finanzsektor der Bundesrepublik Deutschland: Teilsektor Bausparkassen*
Stand Ende 1982

| Bezeichnung der Gruppe | Zahl der Institute | Bilanzsumme | Baudarlehen | Bauspareinlagen | Zahl der Bausparverträge |
|---|---|---|---|---|---|
| | | Mrd. DM | | | Mill. |
| 1. Private Bausparkassen | 19 | 99,7 | 89,3 | 82,4 | 15,7 |
| 2. Öffentliche Bausparkassen | 13 | 50,0 | 43,9 | 36,1 | 8,1 |
| Alle Bausparkassen | 32 | 149,7 | 133,2 | 118,6 | 23,8 |

Quelle: Bbk-Monatsbericht April 1983, S. 43*; Statistische Beihefte . . . [4.23], S. 93.

**5. Der Teilsektor Versicherungsunternehmen.** Diese Unternehmen verpflichten sich gegen Beitragszahlungen zu Geldleistungen gegenüber ihren Vertragspartnern für den Fall, daß bestimmte Ereignisse eintreten, wobei sie Einzel- in Sammelrisiken umwandeln. Je nachdem, ob diese Ereignisse wie Erreichung von Altersgrenzen und Tod beim Versicherungsnehmer mit Sicherheit oder wie Krankheit, Unfall und Sachschaden nur vielleicht eintreten, lassen sich zwei Arten des Versicherungsgeschäfts unterscheiden. Lebensversicherungen, Pensions- und Sterbekassen übernehmen Zahlungsverpflichtungen für den Fall sicher eintretender Ereignisse. Sie bauen aus den Beiträgen der Versicherungsnehmer Vermögen auf, aus dem bei Eintreten des Versicherungsfalls Zahlungen geleistet werden. Vom Versicherungsnehmer her gesehen ähnelt ihre Tätigkeit daher der einer Bank, die aufgrund eines Sparvertrages laufend Geldbeträge annimmt und die Einlage samt Zinsen später zurückzahlt. Das Versicherungsunternehmen zahlt jedoch auch bei vorzeitigem Eintreten des Versicherungsfalls und deckt somit dessen Risiko ab.

Kranken-, Unfall und Schadenversicherungen haben es mit Ereignissen zu tun, deren Eintreten beim einzelnen Versicherungsnehmer ungewiß und von diesem nicht berechenbar ist. Bei Gruppen von Versicherungsnehmern werden diese Ereignisse jedoch kalkulierbar und können daher versichert werden, und zwar um so besser, je größer die Gruppe ist. Diese Versicherungsunternehmen müssen ihre Beiträge so kalkulieren, daß unter Berücksichtigung der Vermögenserträge die laufend fälligen Leistungen erbracht, die sonstigen laufenden Aufwendungen gedeckt, Reserven für unvorhergesehene Fälle angesammelt und Gewinne erzielt werden können. Ihr Tätigkeit entspricht daher mehr einem Umlageverfahren.

Bei beiden Gruppen von Versicherungsunternehmen könnte man vermuten, daß sich im Laufe der Zeit ein Gleichgewicht zwischen Zahlungseingängen aufgrund von Beiträgen und Vermögenserträgen einerseits und Zahlungsausgängen aufgrund von Versicherungsleistungen, laufenden Geschäftsaufwendungen und Gewinnausschüttungen anderseits mit der Folge einstellt, daß der Vermögensbestand der Unternehmen im Zeitablauf annähernd konstant bleibt. Das ist jedoch aus mehreren Gründen nicht der Fall. Sofern die Bevölkerung wächst, nimmt auch die Zahl der Versicherungsnehmer zu, die zunächst überwiegend Beiträge zahlen und dadurch das Bruttovermögen des Unternehmens vergrößern. Mit wachsendem realem Sozialprodukt wachsen außerdem sowohl der Anteil der Versicherungsnehmer an der Bevölkerung als auch die Höhe der Versicherungssummen. Eine schleichende Inflation verstärkt besonders die zweitgenannte Erscheinung. Entscheidend ist schließlich die Höhe der Beiträge. Diese werden besonders bei Lebensversicherungen vielfach so kalkuliert, daß ein Teil der Einnahmen den Versicherungsnehmern über die ursprünglichen Vertragssummen hinaus gutgeschrieben wird. Dies wirkt wie Nichtausschüttung von Gewinnen und vergrößert damit das Bruttovermögen. Das Verhältnis der Versicherungsleistungen zu den Beitragseinnahmen liegt daher bei allen Versicherungszweigen erheblich unter eins, im längerfristigen Durchschnitt aller Zweige ungefähr bei 0,5.[36] Versicherungsunternehmen fungieren also wie die anderen Unternehmen des Finanzsektors als *Kapitalsammelstellen* und haben ständig einen erheblichen Anlagebedarf.

Tabelle 4.7 – *Der Finanzsektor der Bundesrepublik Deutschland: Teilsektor Versicherungsunternehmen*

| Versicherungszweig | Zahl der Unternehmen | Kapitalanlagen[a] | | Beitragseinnahmen[b] Mrd. DM |
|---|---|---|---|---|
| | | Mrd. DM | v. H. | |
| | Ende 1982 | | | Jahr 1982 |
| 1. Lebensversicherung | 114 | 216,4 | 61,6 | 33,8 |
| 2. Pensions- und Sterbekassen | 1295 | 45,8 | 13,0 | 3,8 |
| 3. Krankenversicherung | 124 | 17,8 | 5,1 | 11,9 |
| 4. Schaden- und Unfallversicherung | 1525 | 53,3 | 15,2 | 42,7 |
| 5. Rückversicherung | 32 | 17,8 | 5,1 | 21,9 |
| Insgesamt | 3090 | 351,2 | 100 | 114,1 |

[a] Nur für 761 berichtende Unternehmen.
[b] Nur für 708 berichtende Unternehmen.
Quelle: Zusammengestellt nach: Bundesaufsichtsamt für das Versicherungswesen [4.28].

Tabelle 4.7 zeigt neben der Gliederung der Versicherungsunternehmen der Bundesrepublik Kapitalanlagen und Beitragseinnahmen der größeren unter ihnen nach dem Stand von 1982. Rund drei Viertel der Kapitalanlagen entfielen auf die auf Vermögensansammlung ausgerichteten Lebensversicherungen, Pensions- und Sterbekassen. Alle berichtenden Unternehmen zusammen hielten 9,0 v. H. ihrer Kapitalanlagen in Form von Grundstücken, 15,5 v. H. entfielen auf Hypotheken, 39,9 v. H. auf Schuldscheinforderungen und Darlehen und 29,9 v. H. auf Wertpapiere und Anteile.

Die Geschäftstätigkeit der privaten Versicherungsunternehmen unterliegt staatlicher Aufsicht durch das *Bundesaufsichtsamt für das Versicherungswesen* mit Sitz in Berlin. Rechtliche Grundlage ist das *Gesetz über die Beaufsichtigung der Versicherungsunternehmen* in der Fassung vom 13. 10. 1983 (BGBl. I, S. 1262).

[36] Zahlenangaben in diesem Abschnitt nach: Bundesaufsichtsamt für das Versicherungswesen [4.28]; sowie Kapitalbildung ... [4.29].

**6. Der Teilsektor Kapitalanlagegesellschaften.** Diese Unternehmen, auch *Investmentgesellschaften* genannt, kaufen Kapitalmarktpapiere oder Grundstücke und Gebäude, die zu Sondervermögen (auch: *Fonds*) zusammengefaßt werden und entsprechend *Wertpapierfonds* oder *Immobilienfonds* heißen. Die Mittel dazu werden durch Ausgabe von *Anteilscheinen* (auch: *Investmentzertifikaten*) beschafft. Anteile an *Publikumsfonds* können von jedermann erworben werden; *Spezialfonds* werden entweder von institutionellen Kapitalanlegern (Versicherungsunternehmen, Pensionskassen, Stiftungen) gegründet, die sich damit Kosten- und Steuervorteile verschaffen wollen; oder ihre Anteile sind bestimmten Personengruppen wie Belegschaftsmitgliedern eines Unternehmens vorbehalten. *Geschlossene Immobilienfonds* werden zur Finanzierung bestimmter Bauvorhaben errichtet und sind daher auf feste Beträge beschränkt. Tabelle 4.8 enthält einige Angaben über diesen Teilsektor in der Bundesrepublik.

Tabelle 4.8 – *Der Finanzsektor der Bundesrepublik Deutschland: Teilsektor Kapitalanlagegesellschaften*

| Fondsart | Zahl der Fonds | Vermögen | | | | Mittelaufkommen Jahr 1982 |
|---|---|---|---|---|---|---|
| | | Inländische Wertpapiere | Ausländische Wertpapiere | Sonstige Vermögensobjekte | insgesamt | |
| | | Mrd. DM Ende 1982 | | | | Mrd. DM |
| Aktienfonds [a] | 73 | 6,5 | 1,1 | 0,4 | 8,0 | −0,7 |
| Rentenfonds | 41 | 13,1 | 6,2 | 1,5 | 20,8 | 1,3 |
| Spezialfonds | 553 | 18,0 | 2,6 | 1,2 | 21,9 | 3,8 |
| Wertpapierfonds insgesamt | 667 | 37,6 | 9,9 | 3,1 | 50,7 | 4,5 |
| Offene Immobilienfonds | 8 | . | . | | 5,0 | 0,3 |
| Geschlossene Immobilienfonds | 482 | . | . | . | 14,5 | . |
| Insgesamt | 1157 | 37,6 | 9,9 | 3,1 | 70,2 | 4,8 |

[a] Einschließlich gemischter Fonds, die auch Rentenwerte halten.
Quelle: Statistische Beihefte ... [I.15], Reihe 2, Dezember 1983, S. 47–49, 54.

Die Tätigkeit von Kapitalanlagegesellschaften ist typisch für die S. 71 geschilderten Funktionen: Sie gehen bei der Anlage von Mitteln professionell vor, streuen Risiken und transformieren Fristen und Kreditgrößen, bieten mit der kleinen Stückelung ihrer Anteilscheine also auch Anlagemöglichkeiten für Kleinsparer. Dies gilt vor allem für Immobilienfonds, während Wertpapiere in hinreichend kleiner Stückelung auch direkt am Kapitalmarkt erhältlich sind. Gesetzliche Grundlage ist das *Gesetz über Kapitalanlagegesellschaften* von 1957 in der Neufassung vom 14. Januar 1970 (BGBl. I, S. 128).

Die Bundesbank betrachtet die Kapitalanlagegesellschaften in ihrer gesamtwirtschaftlichen Finanzierungsrechnung (vgl. S. 178–181) nicht als eigenen Sektor, sondern rechnet ihre Nettokäufe an festverzinslichen Wertpapieren und Aktien den Erwerbern der Anteilscheine direkt zu.

## Literatur und statistische Quellen zum vierten Kapitel

### Allgemeines:

Geldarten und Geldfunktionen werden in der umfangreichen Literatur über Geldtheorie und Geldpolitik behandelt. Allgemeine Nachschlagewerke über das Geld- und Kreditwesen sind S. 44 genannt. Die Bundesbank hat den institutionellen Rahmen ihrer Geldpolitik beschrieben in:

[4.01] Die Deutsche Bundesbank. Geldpolitische Aufgaben und Instrumente. (=Sonderdrucke der Deutschen Bundesbank Nr. 7.) 2. Aufl. Frankfurt am Main 1983. 131 S.

Kommentare zur jeweiligen Kreditpolitik, methodische Erläuterungen und Statistiken über das Kreditwesen finden sich in den Monatsberichten der Bundesbank, den Statistischen Beiheften zu diesen sowie in den jährlichen Geschäftsberichten. Nähere Angaben zu diesen Publikationen enthält Anhang I.3. Eine Zusammenfassung statistischer Angaben aus 100 Jahren nebst methodischen Erläuterungen ist

[4.02] Deutsche Bundesbank (Hg.): Deutsches Geld- und Bankwesen in Zahlen 1876–1975. Frankfurt am Main 1976. 364 S.

### Zu den Teilen II und III:

Untersuchungen zu Fragen der Definition und Messung von Geldbeständen sowie über kreislaufanalytische Zusammenhänge in der Kreditwirtschaft enthalten

[4.03] W. Stützel: Volkswirtschaftliche Saldenmechanik. Ein Beitrag zur Geldtheorie. 1958, 2. Aufl. Tübingen 1978. XIII, 290 S.
[4.04] C. Köhler: Geldwirtschaft. Erster Band: Geldversorgung und Kreditpolitik. 1970, 2. Aufl. Berlin 1977. XXII, 415 S.
[4.05] D. Duwendag u. a.: Geldtheorie und Geldpolitik. Eine problemorientierte Einführung mit einem Kompendium bankstatistischer Fachbegriffe. 1974, 2. Aufl. Köln 1977. 358 S.
[4.06] R. Pohl: Geldkreislauf und Einkommenskreislauf. Eine kreislaufanalytische Interpretation der Zentralbankpolitik. Berlin 1976. 217 S.

Angaben der Bundesbank über Definition und zeitliche Entwicklung von Geldbeständen in der Bundesrepublik finden sich in

[4.07] Längerfristige Entwicklung des Geldvolumens. Bbk-Monatsbericht Juli 1971, S. 11–28.

Die Bedeutung der Zentralbankgeldmenge wird erläutert in

[4.08] Zentralbankgeldmenge und freie Liquiditätsreserven der Banken – Erläuterungen zur Liquiditätsrechnung der Bundesbank –. Bbk-Monatsbericht Juli 1974, S. 14–23.
[4.09] Zentralbankgeldbedarf der Banken und liquiditätspolitische Maßnahmen der Bundesbank. Anmerkungen zur Neugruppierung der Liquiditätsrechnung. Bbk-Monatsbericht April 1982, S. 21–26.

Seit Ende 1976 erfragt die Bundesbank auch die Kreditzusagen der Geschäftsbanken und veröffentlicht die Ergebnisse seit Mitte 1979 in ihren Monatsberichten. Vgl.

[4.10] Die Kreditzusagenstatistik der Deutschen Bundesbank. Bbk-Monatsbericht Mai 1979, S. 11–19.

[4.11] Zur längerfristigen Entwicklung der Kreditzusagen und ihrer Inanspruchnahme. Bbk-Monatsbericht Januar 1981, S. 12–19.

Die gesamtwirtschaftliche Finanzierungsrechnung ist seit den fünfziger Jahren in einer Reihe von Ländern eingeführt und ausgebaut worden. Die Ergebnisse einer 1959 gehaltenen Tagung über dieses Rechnungssystem sind in einem Sammelband abgedruckt:

[4.12] The Flow-of-Funds Approach to Social Accounting. Appraisal, Analysis, and Applications. (=NBER, Studies in Income and Wealth, Vol. 26.) Princeton 1962. X, 487 S.

Übersichten über den jeweils neuesten Stand geben

[4.13] G. S. Dorrance: Financial Accounting: Its Present State and Prospects. IMF Staff Papers, Vol. 13, 1966, S. 198–228.

[4.14] M. Zucker: Die Finanzierungsrechnung im Rahmen der Volkswirtschaftlichen Gesamtrechnung. In: Umrisse einer Wirtschaftsstatistik, hg. von A. Blind. Hamburg 1966, S. 314–335.

[4.15] R. Wagenführ/E. Stalf: Finanzierungsrechnung und Volkswirtschaftliche Gesamtrechnung – gezeigt am Beispiel der Bundesrepublik Deutschland. Statistische Hefte, 9. Jg. 1968, S. 274–295.

[4.16] J. Cohen: Copeland's Moneyflows After Twenty-Five Years: A Survey. The Journal of Economic Literature, Vol. 10, 1972, S. 1–25.

[4.17] A. D. Bain: Surveys in Applied Economics: Flow of Funds Analysis. The Economic Journal, Vol. 83, 1973, S. 1055–1093. (Eine auf den neuesten Stand gebrachte Fassung dieses Aufsatzes findet sich in The Royal Economic Society ... [1.27], Vol. 2, 1977.)

Die Bundesbank veröffentlicht die Ergebnisse ihrer gesamtwirtschaftlichen Finanzierungsrechnung, bei der auch Halbjahreszahlen mitgeteilt werden, sowie der sektoralen Geldvermögensrechnung jeweils im Frühjahr in ihren Monatsberichten und in unregelmäßigen Abständen in Sonderdrucken, zuletzt in

[4.18] Zahlenübersichten und methodische Erläuterungen zur gesamtwirtschaftlichen Finanzierungsrechnung der Deutschen Bundesbank 1960 bis 1982. (=Sonderdrucke der Deutschen Bundesbank Nr. 4.) 1975, 4. Aufl. Frankfurt am Main 1983. 142 S.

Revidierte Angaben für die Jahre 1950 bis 1959, 1961 bis 1964 und 1966 bis 1969 stellt die Bundesbank gesondert zur Verfügung:

[4.19] Deutsche Bundesbank, Hauptabteilung Volkswirtschaft: Revidierte Ergebnisse der gesamtwirtschaftlichen Finanzierungs- und Geldvermögensrechnung für die Jahre 1950 bis 1959. 59 S.; Revidierte Ergebnisse der gesamtwirtschaftlichen Finanzierungs- und Geldvermögensrechnung für die Jahre 1960 bis 1969. 41 S. Frankfurt am Main 1983.

Das Deutsche Institut für Wirtschaftsforschung veröffentlicht eine vierteljährliche Finanzierungsrechnung im Rahmen seiner vierteljährlichen Volkswirtschaftlichen Gesamtrechnung in den „Vierteljahrsheften zur Wirtschaftsforschung", vgl. Titel [II.02] in Anhang II.1. Internationale Vergleiche ermöglicht die seit 1980 in mehreren Teilen erscheinende Publikation

[4.20] OECD Financial Statistics. Part 1: Financial Statistics Monthly (erscheint 12mal jährlich); Part 2: Financial Accounts of OECD Countries (3 Bde je Jahr); Part 3: Non-Financial Enterprises Financial Statements (1 Bd jährlich); Part 4: Methodological Supplement (1 Bd jährlich). Paris 1982.

**Zu Teil IV:**

Eine Fülle von Informationen über die Deutsche Bundesbank enthält

[4.21] J. v. SPINDLER/W. BECKER/O.-E. STARKE: Die Deutsche Bundesbank. Grundzüge des Notenbankwesens und Kommentar zum Gesetz über die Deutsche Bundesbank. Für Wissenschaft und Praxis. 1957, 4. Aufl. Stuttgart u.a. 1973. XXIII, 631 S.

Ihre Bilanzposten erläutert die Bundesbank in ihren jeweiligen Geschäftsberichten. Zum Wochenausweis vgl.

[4.22] Der Wochenausweis der Deutschen Bundesbank. Bbk-Monatsbericht Januar 1969, S. 13–22.

Das Bankensystem der Bundesrepublik wird in Reihe 1 der Statistischen Beihefte (vgl. unten, Anhang I.3) statistisch durchleuchtet. Für die Angaben im Text wurde herangezogen

[4.23] Statistische Beihefte zu den Monatsberichten der Deutschen Bundesbank, Reihe 1: Bankenstatistik nach Bankengruppen. Dezember 1983 Nr. 12.

Vgl. ferner neben KÖHLER [4.04] sowie

[4.24] L. MÜLHAUPT: Einführung in die Betriebswirtschaftslehre der Banken. Struktur und Grundprobleme des Bankbetriebs und des Bankwesens in der Bundesrepublik Deutschland. 1977, 3. Aufl. Wiesbaden 1980. 306 S.

die in loser Folge erscheinenden Analysen der Bundesbank, etwa

[4.25] Die Marktstellung der Bankengruppen seit 1971. Bbk-Monatsbericht August 1978, S. 11–19, 31–50.

Zu den anderen Teilsektoren des Finanzsektors vgl.

[4.26] J. SCHMIDT: Die Bausparkassen in der Bundesrepublik Deutschland. Ein Beitrag zum Wettbewerb im Realkreditsektor. Frankfurt 1979. XI, 367 S.
[4.27] Neuere Entwicklungen im Bausparkassengeschäft. Bbk-Monatsbericht April 1983, S. 26–35.
[4.28] Bundesaufsichtsamt für das Versicherungswesen: Geschäftsbericht 1982. Berlin 1983. 97, 193* S.
[4.29] Kapitalbildung und Anlagepolitik der Versicherungsunternehmen seit 1975. Bbk-Monatsbericht April 1980, S. 11–21.

Angaben über Kapitalanlagegesellschaften enthalten die Statistischen Beihefte der Reihe 2 (vgl. unten, Anhang I.3).

Fünftes Kapitel

# Außenwirtschaftsrechnung

*In diesem Kapitel wird gezeigt, wie ökonomische Transaktionen und Kreditbeziehungen zwischen In- und Ausländern zu registrieren sind. Teil I führt in die Grundgedanken ein, erläutert die Teilbilanzen samt ihren Zusammenhängen und behandelt einige Detailprobleme. In Teil II werden die Zahlungsbilanz der Bundesrepublik Deutschland für das Jahr 1982 und ihre Auslandsposition Ende 1982 ausführlich beschrieben und kommentiert. Teil III enthält Erläuterungen zum Problem der Währungskurse und ihrer Änderungen sowie Basisinformationen über gegenwärtige internationale Währungssysteme und die internationale wirtschaftliche Verflechtung.*

## I. Die Zahlungsbilanz

**1. Das Grundschema der Zahlungsbilanz.** Jede heute existierende Volkswirtschaft ist offen: Einige oder viele ihrer Wirtschaftssubjekte, der *Inländer,* tätigen Transaktionen oder sind Gläubiger oder Schuldner von Kreditbeziehungen mit *Ausländern.* Dies wurde in vielen der bisher behandelten einzel-, teil- und gesamtwirtschaftlichen Rechenwerke auch ausdrücklich registriert. Die Informationen darüber werden übersichtlicher, wenn man die Gegenbuchungen der bei Inländern registrierten Transaktionen und Kreditbeziehungen mit Ausländern in eigenen Konten oder Tabellen zusammenfaßt. Beispiele dafür boten schon das Kontensystem 3.27–3.33 (S. 116–122) und die graphische Darstellung 3.4 (S. 128), in denen jeweils auch ein Auslandskonto auftrat. Die Prinzipien dieser *Außenwirtschaftsrechnung* werden im folgenden entwickelt.

Zunächst seien nur die während eines Zeitraums zwischen In- und Ausländern stattfindenden Transaktionen einschließlich der mit ihnen einhergehenden Änderungen von Kreditbeziehungen, aber noch nicht deren Bestände zu einem Zeitpunkt betrachtet. Die systematische Aufzeichnung und Darstellung dieser Vorgänge für jeweils bestimmte Zeiträume nennt man eine *Zahlungsbilanz.* Sie kann wie folgt als Kontensystem konstruiert werden. Gäbe es an internationalen Transaktionen nur Käufe und Verkäufe von Sachgütern gegen Devisen, dann genügten zu ihrer Erfassung die nachstehenden beiden Konten, die man das *Grundschema der Zahlungsbilanz* nennen kann. Die Gegenüberstellung des Warenexports und -imports heißt *Handelsbilanz,* die Zusammenstellung der Devisenzu- und -abgänge ist eine Kreditänderungsbilanz und damit nichts anderes als ein auf Auslandstransaktionen beschränktes Kreditänderungskonto nach dem Muster von Konto 3.4 (S. 89). Da gemäß Voraussetzung nur die Transaktionsart (3) – vgl. S. 13 – betrachtet wird, registriert man auf Konto 5.1 Einnahmen und Ausgaben, auf Konto 5.2 die dazugehörigen Änderungen von Forderungen und Verbindlichkeiten (vgl. Tabelle 3.2, S. 93). In beiden Konten werden Transaktionen unabhängig davon zusammengefaßt, welche In- und Ausländer an ihnen beteiligt sind.

Kontensystem 5.1–5.2: *Grundschema der Zahlungsbilanz*

Konto 5.1: Land Z

Handelsbilanz für das Jahr . . .

| | |
|---|---|
| Warenexport | Warenimport |
| | Saldo der Handelsbilanz |

Konto 5.2: Land Z

Kreditänderungsbilanz für das Jahr . . .

| | |
|---|---|
| Abnahme der Devisenbestände (aufgrund des Warenimports) | Zunahme der Devisenbestände (aufgrund des Warenexports) |
| Saldo der Kreditänderungsbilanz | |

In der Regel weicht der Wert des Warenexports eines Landes während eines Jahres vom Wert des Warenimports ab. Die Handelsbilanz zeigt dann einen Saldo, dem eine gleich große Nettozu- oder -abnahme der Devisenbestände von Inländern gegenübersteht, die als Saldo in der Kreditänderungsbilanz erscheint. Liegt ein Exportüberschuß vor, so hat sich die Netto-Auslandsposition des Landes, also die Differenz zwischen den Forderungen und Schulden inländischer Wirtschaftssubjekte gegenüber dem Ausland, erhöht. Man spricht dann von einer *aktiven Handelsbilanz* oder einem *Aktivsaldo der Handelsbilanz* und entsprechend im Fall eines Importüberschusses von einer *passiven Handelsbilanz.*

Es mag verwundern, daß hier von „Bilanzen" die Rede ist. Diese Bezeichnung war im zweiten Kapitel als Synonym für Vermögensrechnungen von Unternehmen und damit für Bestandsrechnungen eingeführt worden, während Konto 5.1 eine Stromrechnung und Konto 5.2 eine Bestandsänderungsrechnung ist. Der Ausdruck „Zahlungsbilanz" ist daher in der Tat unglücklich gewählt, zumal in ihr keineswegs etwa nur Zahlungen im Sinne von Geldbewegungen registriert werden. Immerhin bezeichnet „Bilanz" (vgl. auch „Balance") der sprachlichen Herkunft nach das Gleichgewicht einer Waage und damit in übertragenem Sinne die Festlegung, daß in jedem zweiseitigen wirtschaftlichen Rechenwerk die Summen der Posten beider Seiten gleich groß sein sollen. Dies gilt für alle drei der S. 46f. genannten Arten solcher Rechenwerke. Außerdem hat sich die Bezeichnung so fest eingebürgert, daß sie nicht mehr geändert werden kann.

**2. Die wichtigsten Teilbilanzen der Zahlungsbilanz.** Da es in der Realität nicht nur Käufe und Verkäufe von Sachgütern gegen Devisen gibt, werden in der Praxis des Volkswirtschaftlichen Rechnungswesens weiter unterteilte Zahlungsbilanzschemata verwendet. Ein gebräuchliches Schema ist das nachstehende, das aus sieben Konten besteht und bei Bedarf weiter unterteilt werden kann. Die Zahlenangaben sollen den ersten Eindruck von den Größenordnungen der außenwirtschaftlichen Verflechtung der Bundesrepublik Deutschland geben.[1]

Kontensystem 5.3–5.9: *Die Zahlungsbilanz der Bundesrepublik Deutschland 1982*

Konto 5.3: Handelsbilanz
Mrd. DM

| | | | |
|---|---|---|---|
| Warenexport | 420,0 | Warenimport | 355,7 |
| | | Saldo | 64,3 |

Konto 5.4: Dienstleistungsbilanz
Mrd. DM

| | | | |
|---|---|---|---|
| Einnahmen aus Dienstleistungsverkäufen | 115,2 | Ausgaben für Dienstleistungskäufe | 142,7 |
| Saldo | 27,5 | | |

Konto 5.5: Übertragungsbilanz
Mrd. DM

| | | | |
|---|---|---|---|
| Empfangene Übertragungen | 11,4 | Geleistete Übertragungen | 39,6 |
| Saldo | 28,3 | | |

Konto 5.6: Bilanz des langfristigen Kapitalverkehrs
Mrd. DM

| | | | |
|---|---|---|---|
| Langfristige Forderungen von Ausländern, netto (Zunahme: + Abnahme: –) | +13,7 | Langfristige Forderungen von Inländern, netto (Zunahme: + Abnahme: –) | +30,0 |
| Saldo | 16,3 | | |

[1] Quelle: Die Zahlungsbilanz . . . [5.23], S. 2 f., 40.

Konto 5.7: Bilanz des kurzfristigen Kapitalverkehrs
Mrd. DM

| | | | |
|---|---|---|---|
| Kurzfristige Forderungen von Ausländern, netto (Zunahme: + Abnahme: –) | +13,3 | Kurzfristige Forderungen von Inländern, netto (Zunahme: + Abnahme: –) | +1,6 |
| | | Saldo | 11,7 |

Konto 5.8: Änderung der Auslandsposition der Bundesbank
Mrd. DM

| | | | |
|---|---|---|---|
| Auslandsverbindlichkeiten (Zunahme: + Abnahme: –) | +4,0 | Gold und Auslandsforderungen (Zunahme: + Abnahme: –) | +7,0 |
| Saldo | 3,1 | | |

Konto 5.9: Nicht erfaßte Posten und statistische Ermittlungsfehler
Mrd. DM

| | | | |
|---|---|---|---|
| Saldo | 0,9 | Restposten | +0,9 |

Neben der Handelsbilanz wird eine *Dienstleistungsbilanz* aufgestellt, in der die Einnahmen aus Verkäufen und die Ausgaben für Käufe von Dienst- und Faktorleistungen (auch unsichtbarer Export und Import genannt) gebucht werden. Reist ein Inländer ins Ausland, so nimmt er Dienste ausländischer Verkehrsmittel und Hotels in Anspruch, importiert also Dienstleistungen. Der Verbrauch von Sachgütern wie Nahrungs- und Genußmittel durch Auslandsreisende wird ebenfalls in der Dienstleistungsbilanz erfaßt, da er statistisch anders nicht ermittelt werden kann. Dienstleistungsimport liegt ferner vor, wenn Inländer Waren mit ausländischen Schiffen oder Flugzeugen transportieren oder sie von ausländischen Unternehmen versichern lassen. Ebenso entspricht der Abfluß von Zinsen, Dividenden und sonstigen Kapitalerträgen dem Import der Faktorleistung „Kapitalnutzung", der gleichfalls in der Dienstleistungsbilanz gebucht wird. Weitere Posten sind Käufe und Verkäufe von Hafen- und Postdiensten, Lizenzen, Patenten und Filmen.

Die *Übertragungsbilanz* (auch *Bilanz der unentgeltlichen Leistungen* genannt) nimmt die Gegenbuchungen zu allen Güter- und Forderungsbewegungen ohne ökonomische Gegenleistung zwischen In- und Ausländern auf. Leistet die Bundesrepublik zum Beispiel Entwicklungshilfe durch unentgeltliche Lieferung von Fabrikanlagen und Maschinen, so erscheinen diese Lieferungen als Warenexport in Konto 5.3 und werden als „geleistete Übertragungen" in Konto 5.5 gegengebucht. Zahlt die Bundesrepublik Zuschüsse an den Staatshaushalt des Empfängerlandes, so kann dies zunächst in Konto 5.7 als Zunahme der kurzfristigen Forderungen von Ausländern mit der gleichen

Gegenbuchung wie eben erscheinen. Auch alle privaten unentgeltlichen Leistungen werden in Konto 5.5 gegengebucht.

Im internationalen Handel fallen wie im Binnenhandel Leistung und Gegenleistung zeitlich häufig auseinander, so daß Kreditbeziehungen entstehen. Außerdem werden unabhängig davon ständig Kreditbeziehungen zwischen In- und Ausländern begründet, geändert und getilgt. Die Kreditänderungsbilanz des Grundschemas (Konto 5.2, S. 196) wird in der Praxis in drei Teilbilanzen gegliedert:

- die *Bilanz des langfristigen Kapitalverkehrs;*
- die *Bilanz des kurzfristigen Kapitalverkehrs;*
- die Bilanz der Änderungen der Auslandsposition der zentralen Währungsbehörde.

„Kapitalverkehr" ist eine traditionelle Bezeichnung und bedeutet einfach die Entstehung, Änderung oder Tilgung von Kreditbeziehungen. Die Grenze zwischen kurz- und langfristigem Kapitalverkehr wird so gezogen, daß Forderungen und Verbindlichkeiten mit einer ursprünglich vereinbarten Laufzeit bis zu einem Jahr als kurzfristig gelten. Jedoch rechnen Käufe und Verkäufe von Geldmarktpapieren, die Gewährung und Inanspruchnahme von Zahlungszielen im Waren- und Dienstleistungsverkehr sowie Anzahlungen stets zum kurzfristigen Kapitalverkehr, auch wenn die Laufzeiten ein Jahr übersteigen; und Käufe und Verkäufe von Aktien werden immer beim langfristigen Kapitalverkehr erfaßt.

In den Konten 5.6 bis 5.8 werden demnach Änderungen der Bestände an lang- und kurzfristigen Forderungen und Verbindlichkeiten von inländischen gegenüber ausländischen Wirtschaftssubjekten gebucht. Bei der Bundesbank als zentraler Währungsbehörde der Bundesrepublik werden auch Änderungen ihres Goldbestandes berücksichtigt. Die Buchungen lassen sich in zwei Gruppen einteilen. Sie sind entweder

- Gegenbuchungen von Leistungstransaktionen (vgl. S. 94 und S. 124), deren andere Buchung in einer der Konten 5.3 bis 5.5 erscheint; oder sie sind
- Buchungen von Finanztransaktionen, mit denen sich Forderungen oder Verbindlichkeiten gegenüber Ausländern innerhalb der Konten 5.6 bis 5.8 umschichten.

Kauft etwa ein Inländer ausländische Wertpapiere, so nehmen die langfristigen Forderungen gegenüber dem Ausland zu und die Devisenbestände entweder der Geschäftsbanken oder der Zentralbank ab. Die Buchung erfolgt also rechts auf Konto 5.6 und ebenfalls rechts, aber mit negativem Vorzeichen, auf Konto 5.7 oder 5.8. Verkaufen die Geschäftsbanken Devisen aus ihren Beständen an die Zentralbank ihres eigenen Landes, so erscheint dies als Abnahme der kurzfristigen Forderungen von Inländern auf Konto 5.7 und Zunahme der Devisenbestände auf Konto 5.8.

Die Eintragungen in den Konten 5.6 und 5.7 sind ihrerseits bereits das Ergebnis von Saldierungen. So ergibt sich etwa die Netto-Zunahme der langfristigen Forderungen von Inländern in Konto 5.6 um 30,0 Mrd. DM als Saldo aus Neuanlagen in Höhe von 133,8 Mrd. DM und Liquidationen von 103,8 Mrd. DM.[2] Jede Zunahme der Netto-Auslandsforderungen von Inländern auf einem dieser Konten heißt *Kapitalexport,* jede Zunahme der Netto-Verbindlichkeiten *Kapitalimport.*

---

[2] Quelle: Die Zahlungsbilanz [5.23], S. 32–35.

Einige Zusammenfassungen von Konten des Systems 5.3–5.9 spielen eine Rolle in der ökonomischen Theorie und tragen eigene Bezeichnungen:

- Die Zusammenfassung der Handels- mit der Dienstleistungsbilanz ergibt als Saldo den Außenbeitrag (vgl. S. 117), der eine Komponente des Bruttosozialprodukts und in diesem Sinne ein Beitrag zu ihm ist;
- Die Konsolidierung der Handels-, Dienstleistungs- und Übertragungsbilanz ergibt die *Leistungsbilanz* (auch: *Bilanz der laufenden Posten*).

Wie eben geschildert, wird in dieser Bilanz die eine Seite aller Leistungstransaktionen zwischen In- und Ausländern gebucht, so daß ihr Saldo die Änderung der Netto-Auslandsposition der Gesamtheit der Inländer angibt. Verkaufen beispielsweise Inländer Sachgüter, Dienst- oder Faktorleistungen gegen Barzahlung oder Ziel an Ausländer, so wird dies mit einer Buchung in der Leistungsbilanz, mit der Gegenbuchung in einer der Teilbilanzen 5.6 bis 5.8 erfaßt. Werden Forderungen gemäß der Transaktionsart (4) – vgl. S. 13 – ohne Gegenleistung übertragen, so wird eine Forderungsabnahme in einer der Teilbilanzen 5.6 bis 5.8 mit der Gegenbuchung in der Übertragungsbilanz (die ein Teil der Leistungsbilanz ist) erfaßt. Dagegen ändert ein als Geschenk erfolgender Warenexport gemäß Transaktionsart (2) die Auslandsposition des Landes nicht, da durch ihn keine Forderungen an das Ausland entstehen. Da er mit Buchung und Gegenbuchung auf beiden Seiten der Leistungsbilanz erscheint, ändert er auch nicht den Saldo dieser Bilanz. Finanztransaktionen berühren nicht die Leistungsbilanz, sie bleiben mit Buchung und Gegenbuchung im Bereich der Teilbilanzen 5.6 bis 5.8 und haben daher auch keinen Einfluß auf die Höhe des Auslands-Geldvermögens des Inlandes.

- Gelegentlich faßt man die Leistungsbilanz mit der Bilanz des langfristigen Kapitalverkehrs zur *Grundbilanz* zusammen.

Dem liegt die Vorstellung zugrunde, daß die hierin erfaßten Transaktionen – Waren- und Dienstleistungsverkehr, Übertragungen sowie langfristiger Kapitalverkehr – durch Einflüsse bestimmt werden, die sich nicht schnell ändern, so daß in der Grundbilanz so etwas wie die langfristig charakteristische außenwirtschaftliche Situation eines Landes zum Ausdruck kommt. Der Aussagewert der Grundbilanz für diesen Zweck ist jedoch umstritten.

3. **Der Restposten.** Wenn die Zahlungsbilanz eines Landes nach Art der Buchführung eines Unternehmens aufgestellt werden könnte, in der jeder Geschäftsvorfall doppelt gebucht wird, dann müßte die Summe der linksseitigen Salden in den Teilbilanzen 5.3 bis 5.8 (S. 197 f.) gleich der Summe der rechtsseitigen sein, und die Zahlungsbilanz als Ganzes hätte keinen Saldo. Tatsächlich werden jedoch die meisten Transaktionen nur einseitig gebucht, da das statistische Material eine doppelte Buchung nicht zuläßt. Die in der Zahlungsbilanz zu erfassenden Transaktionen werden von verschiedenen Stellen auf statistisch voneinander unabhängigen Wegen erhoben, so in der Bundesrepublik vom Statistischen Bundesamt in bezug auf den Warenhandel und von der Bundesbank in bezug auf den Dienstleistungs- und Kapitalverkehr. Die bedeutendste Fehlerquelle liegt jedoch nicht in der mangelnden Einheit der Erhebungsinstanz, sondern in der grundsätzlich unvollständigen Erfassung der meisten Transaktionen. Die statistischen Meldungen der Exporteure und Importeure enthal-

ten keine Angaben über die mit den Warenaus- und -einfuhren einhergehenden Änderungen der internationalen Kreditbeziehungen. Der Warenhandel führt zu Änderungen der Auslandspositionen vornehmlich der Geschäftsbanken, die ihre Meldungen darüber ohne Zusammenhang mit den zugrundeliegenden Warenbewegungen an die Bundesbank geben. Wenn zudem die außenwirtschaftlichen Beziehungen so weitgehend liberalisiert sind wie seit langem in der Bundesrepublik, dann werden auch viele andere Transaktionen mit Ausländern nur einseitig oder gar nicht erfaßt. Alle Teilbilanzen mit Ausnahme der Teilbilanz 5.8 sind daher mit Ermittlungsfehlern behaftet, die sich bei ihrer Konsolidierung vermutlich teilweise, aber nicht restlos ausgleichen. In der Regel wird als statistische Diskrepanz netto eine Restgröße auftreten, die man als *Saldo der nicht erfaßten Posten und der statistischen Ermittlungsfehler* oder kurz als *Restposten* bezeichnet. Er betrug 1982 in der Zahlungsbilanz der Bundesrepublik 0,9 Mrd. DM (Konto 5.9).

Der Restposten wird wie alle anderen Salden von Teilbilanzen der Zahlungsbilanz rechnerisch ermittelt, und zwar als Differenz zwischen der Änderung der Auslandsposition der Bundesbank (Konto 5.8, S. 198) einerseits und dem Saldo der zusammengefaßten Leistungs- und Kapitalverkehrsbilanz anderseits. Man stelle sich vor, alle in der zuletzt genannten Bilanz registrierten Transaktionen würden, soweit sie zu Devisentransaktionen führen, über die Bundesbank abgewickelt. Sie lassen sich dann einteilen in Transaktionen $E$, die den Devisenbestand der Bundesbank erhöhen (Warenexport, Kapitalimport) und Transaktionen $A$, die ihn vermindern (Warenimport, Kapitalexport). Die Erhöhung der Devisenforderungen der Bundesbank sei mit $\Delta F$, die Zunahme ihrer Devisenverbindlichkeiten mit $\Delta V$ bezeichnet. Bei vollständiger Erfassung aller Transaktionen mit doppelter Buchung muß der Saldo der zusammengefaßten Leistungs- und Kapitalverkehrsbilanz $E - A$ gleich der Änderung der Devisenposition der Bundesbank $\Delta F - \Delta V$ sein. Es muß also gelten

$$\Delta F - \Delta V = E - A \tag{5.1}$$

oder

$$(\Delta F - \Delta V) - (E - A) = 0. \tag{5.2}$$

Soweit Gleichung (5.2) nicht erfüllt ist, mißt sie den Restposten

$$\text{Restposten} = (\Delta F - \Delta V) - (E - A). \tag{5.3}$$

Der Restposten ist gemäß Gleichung (5.3) positiv, wenn die Änderung der Auslandsposition der Bundesbank algebraisch größer ist als der Saldo der zusammengefaßten Leistungs- und Kapitalverkehrsbilanz, er ist negativ, wenn das Umgekehrte gilt. Ein positiver Saldo bedeutet zum Beispiel, daß Transaktionen, die zu einem Devisenzufluß bei der Bundesbank geführt haben, in der Leistungs- oder Kapitalverkehrsbilanz nicht mit der entsprechenden Gegenbuchung erfaßt wurden. Dies kommt besonders dann vor, wenn sich die *Zahlungsbedingungen im Außenhandel* (terms of payment) ändern. Darunter versteht man die Gesamtheit der Vereinbarungen über Zahlungsziele, Kreditfristen, Rechnungstellung und andere Modalitäten zwischen in- und ausländischen Importeuren und Exporteuren. Ändern sich diese Zahlungsbedingungen etwa dahingehend, daß ausländische Importeure ihre Devisenschulden vorfristig tilgen oder Vorauszahlungen leisten, während die heimischen Exporteure ihre Devisenforderungen schneller als sonst an die heimischen Banken verkaufen, dann steigen die Devisenbestände der Zentralbank, ohne daß gleichzeitig entsprechende Gegenbuchungen in der Kapitalverkehrsbilanz erscheinen. Es wird in solchen Fällen also Kapitalimport statistisch nicht erfaßt. Die genannten Verhaltensweisen zeigen sich besonders dann, wenn eine *Aufwertungserwartung* in bezug auf die Währung des die Zahlungsbilanz aufstellenden Landes besteht.

Der Restposten ändert sich unter sonst gleichen Umständen auch dann, wenn Produktionsunternehmen Kredite im Ausland ohne Mitwirkung oder Mithaftung von Banken aufnehmen, da solche Kreditaufnahmen statistisch schwer zu erfassen sind.

**4. Saldenzusammenhänge in der Zahlungsbilanz.** Die bisher anhand von Konten erörterten Zusammenhänge zwischen den Teilbilanzen der Zahlungsbilanz sind in Bild 5.1 graphisch wiedergegeben, wobei auch hier die Verhältnisse in der Bundesrepublik 1982 zugrundegelegt wurden. Der beträchtliche Handelsbilanzüberschuß wurde je zur knappen Hälfte von den Defiziten bei den Dienstleistungen und den Übertragungen aufgezehrt, erhöhte aber auch noch die Netto-Auslandsposition der Bundesrepublik um 8,5 Mrd. DM. Dieser allein durch Transaktionen (und nicht durch Umbewertungen bestehender Größen) entstandene Betrag mußte sich in gleicher Höhe auf dem Kreditänderungskonto der Bundesrepublik gegenüber dem Ausland zeigen. Auf ihm ist – im Vergleich zum Grundschema 3.4 (S. 89) seitenvertauscht – die Zunahme der Auslandsforderungen und -verbindlichkeiten sämtlicher Inländer dargestellt. Allerdings handelt es sich hier auf beiden Seiten um Nettogrößen. Wie der Vergleich mit dem Kontensystem 5.3–5.9 (S. 197 f.) zeigt, ist die Änderung der Auslandsposition der Bundesbank netto ausgewiesen, und die Zunahmen der anderen Auslandsforderungen und -verbindlichkeiten sind Salden aus Neuanlagen und Tilgungen.

Denkt man sich die beiden Blöcke (5) + (6) zusammen mit (7) + (8) parallel nach links unter die Blöcke (1) und (2) + (3) + (4) verschoben, dann verschwinden die gleich großen Salden (4) und (5), und es entsteht der *Saldo der zusammengefaßten Leistungs- und Kapitalverkehrsbilanz,* der mit der Änderung der Netto-Auslandsposition der Bundesbank (8) deckungsgleich ist.

Wie bei allen solchen Rechenwerken sind hier Ceteris-paribus(„unter sonst gleichen Umständen")-Schlüsse zulässig, etwa der Art: „Wenn der Handelsbilanzüberschuß zunimmt und sich die Defizite bei den Dienstleistungen und Übertragungen nicht ändern, dann muß die Netto-Auslandsposition der Bundesrepublik zunehmen." Ob dies aber durch Zunahme der Auslandsposition der Bundesbank, der anderen Auslandsforderungen oder durch Abnahme der Auslandsverbindlichkeiten geschieht, kann nur aufgrund von Theorien über die Verhaltensweisen der beteiligten Wirtschaftssubjekte vermutet werden.

Bild 5.1 zeigt eine spezielle Situation eines Landes in einem bestimmten Zeitraum. In Bild 5.2 ist in einer anderen Darstellung jeweils der Leistungsbilanzsaldo dem Saldo des gesamten Kapitalverkehrs gegenübergestellt. Differieren die beiden, dann muß sich der Ausgleich bei Vernachlässigung des Restpostens über eine Änderung der Netto-Auslandsposition der zentralen Währungsbehörde vollziehen (hier der Einfachheit halber als Änderung des Devisenbestandes bezeichnet). Das Bild zeigt alle denkbaren Situationen mit Ausnahme des Falles, in dem alle Salden gleich null sind.

Konsolidiert man die Konten 5.3–5.9, so heben sich die Salden auf – ein Effekt, der beim Grundschema (S. 196) sofort zu erkennen ist. In Bild 5.1 erhält man ihn,

Bild 5.1 – *Saldenzusammenhänge in der Zahlungsbilanz der Bundesrepublik Deutschland 1982*

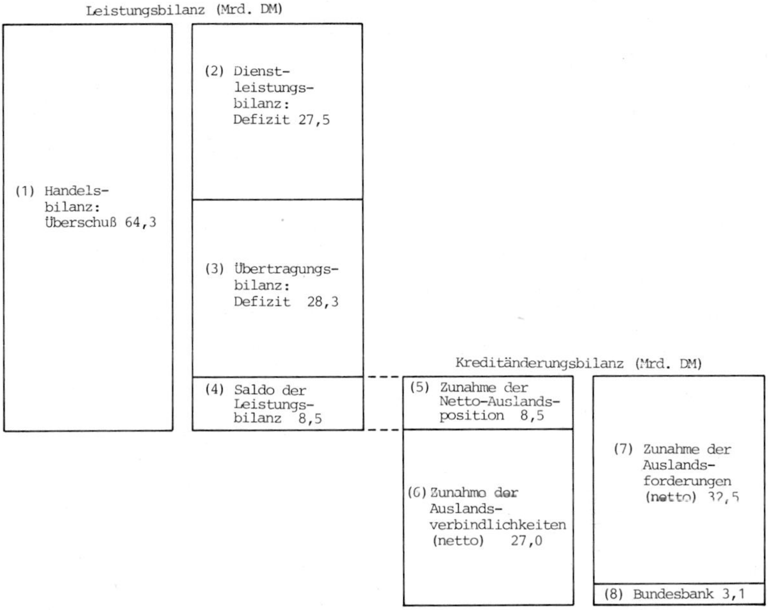


Quelle: Die Zahlungsbilanz . . . [5.23], S. 2 f., 40. Außenhandel (1) auf fob-Basis. Der Restposten ist in Posten (7) einbezogen, Posten (8) gibt die Änderung der Netto-Auslandsposition der Bundesbank einschließlich des Ausgleichspostens an.

wie eben beschrieben, durch Parallelverschiebung der gesamten Kreditänderungsbilanz nach links unter die Leistungsbilanz, wodurch die Salden (4) und (5) verschwinden. Die Zahlungsbilanz ist der Absicht nach ein System doppelter Buchung jeder Transaktion, und daher muß gelten

Satz 5.1: *Die algebraische Summe der Salden sämtlicher Teilbilanzen der Zahlungsbilanz ist gleich null. Der Saldo einer Teilbilanz (oder die algebraische Summe der Salden einer Gruppe von Teilbilanzen) ist gleich der algebraischen Summe der Salden sämtlicher sonstiger Teilbilanzen.*

Es kann daher keinen „Saldo der Zahlungsbilanz" geben, und zwar unabhängig davon, welche und wieviele Teilbilanzen man bildet. Salden können immer nur in diesen auftreten, und es ist gerade der Zweck der Aufspaltung der Zahlungsbilanz in Teilbilanzen, Salden zwischen gleichartigen Transaktionen sichtbar zu machen. Wer also in der öffentlichen Diskussion von „Zahlungsbilanzüberschuß", „Zahlungsbilanzdefizit", „aktiver" oder „passiver Zahlungsbilanz", „Aktivsaldo" oder „Passivsaldo der Zahlungsbilanz" spricht, läßt unklar, welchen Teilbilanzsaldo er meint.[3] Man sollte solche

[3] Die Bundesbank schafft Verwirrung, wenn sie von „Zahlungsbilanzdefiziten" (Bbk-Geschäftsbericht 1979, S. 48 und in früheren Geschäftsberichten), von einer „ausgeglichenen Verfassung der Zahlungsbilanz" (Bbk-Monatsbericht März 1984, S. 18) oder wie Art. 108 EWG-Vertrag (vgl. S. 29, Anm. 18) von einer „Gesamtzahlungsbilanz" (Bbk-Geschäftsbericht 1974, S. 31) spricht, als ob es eine solche noch neben der Zahlungsbilanz geben könnte.

Bild 5.2 – *Zahlungsbilanzsituationen eines Landes*

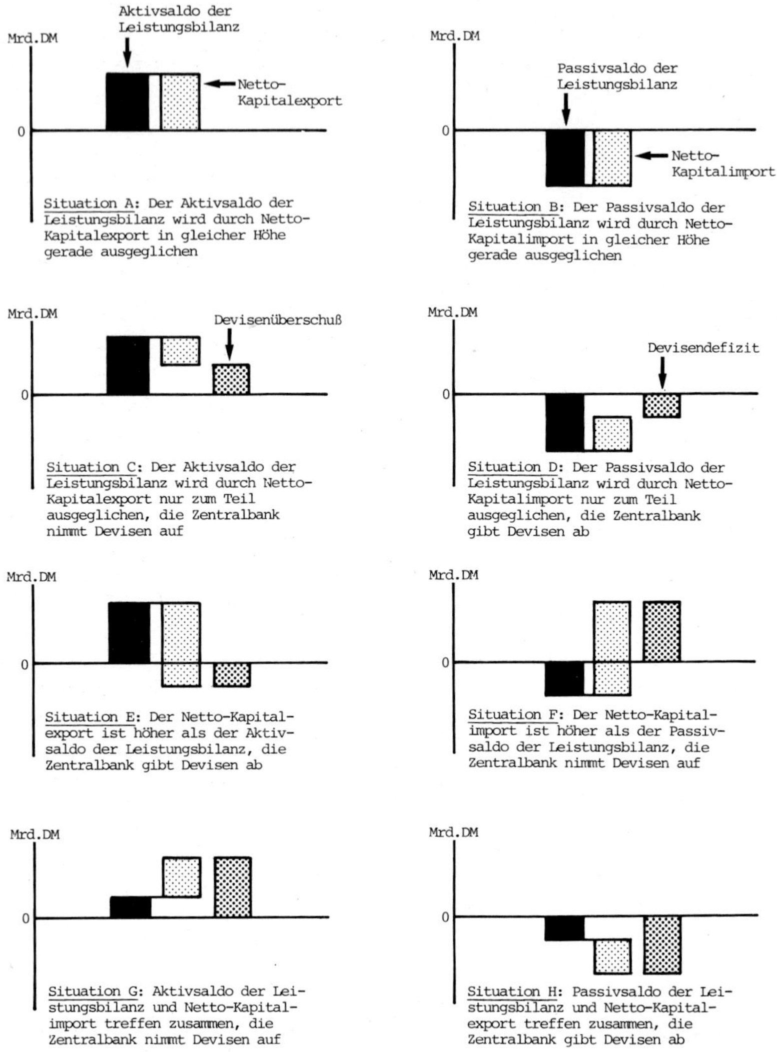


Ausdrücke vermeiden und jeweils präzise angeben, ob man vom Außenbeitrag, vom Defizit der Dienstleistungs- oder der Übertragungsbilanz, vom Saldo der Leistungsbilanz oder von der Änderung der Auslandsposition der Währungsbehörde spricht.

**5. Inländer.** Die Zahlungsbilanz eines Landes wird für die Gesamtheit seiner Inländer aufgestellt (vgl. die Unterscheidung zwischen Inlands- und Inländerkonzept S. 125). Der Begriff des Inländers muß bei seiner praktischen Anwendung genauer definiert werden, um international eine einheitliche Handhabung zu gewährleisten. Als Inländer im Sinne der Zahlungsbilanzstatistik gelten alle natürlichen Personen, Personenvereinigungen, privatrechtlichen Körperschaften und Organisationen ohne Erwerbszweck, Unternehmen einschließlich rechtlich unselbständiger Produktionsstätten und Zweigniederlassungen sowie alle öffentlichen Stellen des betreffenden Landes mit ständigem Wohnsitz, gewöhnlichem Aufenthaltsort beziehungsweise Sitz oder Ort der Leitung innerhalb der Grenzen des Erhebungsgebiets. Die Inländereigenschaft begründet eine dauernde Verbindung mit dem Territorium des Landes und geht nicht schon dadurch verloren, daß sich Personen vorübergehend von ihm entfernen. Urlaubs- und Geschäftsreisende, Saisonarbeiter und Personen, die im Ausland studieren, an Sportveranstaltungen oder Tagungen teilnehmen oder ärztlich behandelt werden, bleiben daher Inländer ihres Heimatlandes. Zum Territorium eines Landes zählen unabhängig von ihrem jeweiligen Aufenthaltsort auch Schiffe und Flugzeuge, die von Inländern betrieben werden. Ständig im Ausland lebende Staatsangehörige eines Landes gelten als Inländer derjenigen Volkswirtschaft, in der sie hauptsächlich Einkommen erzielen, konsumieren und Investitionen vornehmen, in der also der Schwerpunkt ihres ökonomischen Interesses liegt („the general center of interest", wie es beim Internationalen Währungsfonds heißt). In der Bundesrepublik wohnende ausländische Erwerbspersonen werden daher von der Bundesbank für die Zwecke der Zahlungsbilanzstatistik seit 1964 als Inländer angesehen. Die Staatsangehörigkeit spielt ebenso wie das Eigentumsverhältnis bei Betrieben und Unternehmen insoweit keine Rolle, weshalb im Außenwirtschaftsgesetz der Bundesrepublik anstelle von Inländern/Ausländern von *Gebietsansässigen* und *Gebietsfremden* gesprochen wird.

Ausländer bleiben trotz ständigen Sitzes im Inland die diplomatischen und konsularischen Vertretungen sowie die Streitkräfte ausländischer Staaten mitsamt ihrem ausländischen Personal. Auch Agenturen ausländischer Unternehmen und einpendelnde Grenzgänger gelten nicht als Inländer. Werden Unternehmen wie Luftverkehrsgesellschaften oder Reedereien von Wirtschaftssubjekten mehrerer Länder gemeinsam betrieben, dann wird ihre ökonomische Aktivität nach Maßgabe der von den jeweiligen Eigentümern gehaltenen Anteile auf die betreffenden Länder aufgeteilt.

Internationale Organisationen werden keinem bestimmten Land zugerechnet, auch nicht dem Land, in dem sie ihren Sitz haben. Sie gelten als Inländer eines fiktiven internationalen Gebietes. Transaktionen mit solchen Organisationen erscheinen daher in den Zahlungsbilanzen der Länder. Mitarbeiter solcher Organisationen gelten jedoch bei einer Aufenthaltsdauer von einem Jahr oder mehr als Inländer des Stationierungslandes.

**6. Bewertungsprobleme.** Im internationalen Handel besteht wegen der oftmals langen Transportwege ein spezielles Bewertungsproblem. Prinzipiell muß angestrebt werden, jedes Gut, das von Land A nach Land B verkauft oder transferiert wird, in der Exportstatistik von A im selben Zeitraum mit dem gleichen Wert zu erfassen wie in der Importstatistik von B. Nur dann sind die Handelsbilanzen der beiden Länder miteinander vereinbar. In Land A darf daher nicht der Preis ab dem etwa im Landesinnern gelegenen Herstellerwerk, in Land B nicht der vom Empfänger einschließlich aller unterwegs entstandenen Zu- oder Abschläge zu zahlende Preis in die Außenhandelsstatistiken aufgenommen werden. Beide Preise unterscheiden sich in der Regel mehr oder weniger stark durch Transport- und Versicherungsaufwendungen, Zölle und andere

Importabgaben, Exportsteuern oder -subventionen. Das Prinzip ist, Exporte und Importe einheitlich *fob* Zollgrenze des exportierenden Landes zu bewerten. Die Abkürzung fob bedeutet „free on board". Eine genauere Angabe wäre allerdings *fas*=free alongside ship, da die Kosten der Verladung gewöhnlich von der Reederei getragen werden. Die Bewertung fob wird auch in bezug auf Landgrenzen angewendet, sie bedeutet in jedem Fall den Preis einschließlich der Aufwendungen für Transport und Versicherung bis zur Zollgrenze des exportierenden und ab Zollgrenze des importierenden Landes. Die allseitige Beachtung dieses Bewertungsprinzips würde die Handelsbilanzen der beteiligten Länder miteinander vereinbar machen. Würde man statt dessen die tatsächlichen Vereinbarungen der Handelspartner zugrunde legen, bei den Ab-Werk-, Frei-Haus- oder noch andere Preise benutzt werden, dann ließe sich im Zeitvergleich oft nicht entscheiden, ob und in welchem Ausmaß Änderungen in der Ein- oder Ausfuhr eines Landes auf Bewertungsänderungen zurückgehen. In der Handelsbilanz der Bundesrepublik Deutschland erscheinen also der deutsche Export mit dem Wert fob deutsche Zollgrenze, der Import etwa aus den Vereinigten Staaten mit dem Wert fob amerikanische Zollgrenze. Transport- und Versicherungsausgaben werden als Dienstleistungsimport aus demjenigen Land gebucht, das diese Dienste liefert. Nach diesem Prinzip verfährt die Deutsche Bundesbank in einem Teil ihrer Zahlungsbilanzstatistik. Dagegen werden in der vom Statistischen Bundesamt erstellten Außenhandelsstatistik sämtliche ein- und ausgeführten Waren mit ihren Werten an der deutschen Zollgrenze registriert, die Ausfuhren also fob, die Einfuhren *cif*. Dies ist die Abkürzung für „cost, insurance, freight" und bedeutet, daß der Warenwert einschließlich der bis zur Grenze entstandenen Aufwendungen für Transport und Versicherung zugrundegelegt wird. Die Bundesbank übernimmt die cif-Werte der Einfuhr ebenfalls in einige ihrer Statistiken.

Das Verfahren, die gehandelten Waren einheitlich fob Zollgrenze des Exportlandes zu bewerten, zwingt dazu, in der Zahlungsbilanz nicht nur Transaktionen zwischen In- und Ausländern zu registrieren. Kauft etwa ein holländischer Importeur Waren in Süddeutschland zum Ab-Werk-Preis von 100 000 DM und beauftragt einen holländischen Spediteur mit dem Transport, so wird dieser Export in der Zahlungsbilanz der Bundesrepublik fob Zollgrenze mit 105 000 DM erfaßt, wenn der Transport von Süddeutschland bis zur Grenze 5000 DM kostet. Der deutsche Warenexport wird damit aber um 5000 DM zu hoch ausgewiesen. Zur Korrektur wird in Höhe dieses Betrages ein Dienstleistungsimport gebucht, womit jedoch eine Transaktion zwischen Ausländern in der deutschen Zahlungsbilanz erscheint, da das Äquivalent der 5000 DM von dem holländischen Importeur an den holländischen Spediteur gezahlt wird. Solche Vorgänge haben große praktische Bedeutung bei Ländern, die wie Großbritannien oder Norwegen einen großen Teil des internationalen Fracht- und Versicherungsgeschäfts besorgen. Die cif-Werte der Importe dieser Länder enthalten erhebliche Beträge, die von Importeuren an einheimische Reedereien und Versicherungsunternehmen gezahlt werden. Diese Beträge müssen durch Gegenbuchungen berichtigt werden, womit auch Transaktionen zwischen Inländern in der Zahlungsbilanz erscheinen.

Eine weitere solche Ausnahme bildet der Devisenhandel zwischen der Zentralbank und Inländern, insbesondere den Geschäftsbanken. In allen solchen Fällen handelt es sich um Buchungen, die von dem Kontensystem „Zahlungsbilanz" her gesehen intern sind, obwohl ihnen Transaktionen in der Realität zugrunde liegen.

**7. Unterstellte Transaktionen.** In der Zahlungsbilanz werden auch einige Transaktionen registriert, die in Wirklichkeit nicht oder anders stattgefunden haben. Ein solcher Fall liegt vor, wenn Ausländer Grundstücke oder anderes unbewegliches Sachvermögen erwerben. Nach den Prinzipien der Vermögensrechnung erhöhen solche Käufe das Sachvermögen des Käufers. Es würde aber zu unwillkommenen und unrealistischen Folgerungen führen, wenn man annehmen wollte, daß etwa deutsche Landkäufe in der Schweiz deren Sachvermögen vermindern und das der Bundesrepublik erhöhen. Man unterstellt daher in diesen Fällen, daß sich die Auslandsforderungen des Käufers erhöhen, registriert also eine fiktive Kreditbeziehung.

Besondere Aufmerksamkeit verdienen ferner nichtentnommene Gewinne von Tochterunternehmen ausländischer Firmen, die also mit ihrer Entstehung im Gastland investiert werden. Würde man solche Vorgänge nicht beachten, da keine Transaktionen zwischen der als Inländer geltenden Tochter- und der ausländischen Muttergesellschaft stattgefunden haben, ergäbe sich auf die Dauer eine Unterschätzung der Auslandsverschuldung des Gastlandes. Der Zahlungsbilanzstatistiker muß in solchen Fällen Transaktionen unterstellen, und zwar eine Ausschüttung des Gewinns auf dem Konto „Faktoreinkommen an das Ausland" und einen gleich großen Kapitalimport.

Eine andere Art von Unterstellungen wird notwendig, wenn eine ausländische Muttergesellschaft ihrer inländischen Tochter Rohstoffe zu so hohen, deutlich über den Weltmarktpreisen liegenden Verrechnungspreisen liefert, daß die Tochter keine oder nur noch geringe Gewinne ausweist. Es ist dann erforderlich, statt der angegebenen die Weltmarktpreise einzusetzen, die Gewinne der Tochtergesellschaft entsprechend zu berichtigen und sie als an die Muttergesellschaft abgeführt anzusehen.

In Fällen internationalen Realtausches oder bei Verkäufen zu niedrigeren als den Marktpreisen, die mithin partiell als Geschenke anzusehen sind, müssen die entsprechenden Zahlungsvorgänge hinzugefügt werden, wobei die Abwicklung auch dieser Transaktionen zu Marktpreisen zu unterstellen ist.

**8. Definition der Zahlungsbilanz.** Nach diesem Überblick über den Aufbau der Zahlungsbilanz und die Besonderheiten einiger Transaktionen läßt sie sich so definieren:

Def. 5.1: *In der Zahlungsbilanz eines Landes werden in Form eines Kontensystems oder einer Tabelle für bestimmte Zeiträume nach dem Prinzip der doppelten Buchung in mehreren Teilbilanzen und für mehrere inländische Sektoren in Landeswährung bewertet folgende Transaktionen registriert:*

*(a) Ströme von Sachgütern, Dienst- und Faktorleistungen zwischen Gebietsansässigen und dem Rest der Welt;*

*(b) Änderungen in der Höhe und Zusammensetzung der Forderungen (einschließlich der Bestände an monetärem Gold) und Verbindlichkeiten von Gebietsansässigen gegenüber dem Rest der Welt;*

*(c) Übertragungen als Gegenbuchungen zu Güterströmen oder Änderungen von Forderungen, die ohne ökonomische Gegenleistung dem Rest der Welt zur Verfügung gestellt oder von ihm empfangen werden;*

*(d) Transaktionen mit ausländischen Vermögensobjekten einschließlich Gold zwischen den betrachteten inländischen Sektoren;*

*(e) Transaktionen zwischen Inländern oder zwischen Ausländern, um eine einheitliche Bewertung der Güter an der Landesgrenze zu erreichen.*

Das Konzept der Zahlungsbilanz ist nicht an die Existenz unterschiedlicher Währungen gebunden. Zahlungsbilanzen lassen sich auch für Regionen innerhalb einheitlicher Währungsgebiete[4] sowie für Sektoren bis hin zum Extremfall des einzelnen Wirtschaftssubjekts aufstellen. Nichtökonomische Vorgänge wie die Unterzeichnung oder das Inkrafttreten von Reparations-, Wiedergutmachungs-, Militärhilfe- oder Entwicklungshilfeabkommen werden nicht in der Zahlungsbilanz erfaßt, Leistungen aufgrund solcher Verträge werden daher nicht als Schuldentilgung in der Kapitalverkehrsbilanz, sondern als unentgeltliche Leistungen in der Übertragungsbilanz gebucht. Das hat den Vorteil, daß die jährlich aufeinanderfolgenden Zahlungsbilanzen eines Landes konsistent sind, und den Nachteil, daß sie Änderungen in der Auslandsposition eines Landes nicht vollständig erfassen. Die Berechnung dieser Position für irgendeinen Zeitpunkt kann sich daher nicht ausschließlich auf eine noch so lange Zeitreihe von Zahlungsbilanzen stützen. Ein weiterer Grund dafür sind die ständig vor sich gehenden Wertänderungen bestehender Forderungen und Verbindlichkeiten aufgrund von Währungskursänderungen sowie Abschreibungen auf Forderungen bis hin zum Verzicht auf diese. Die Notwendigkeit, die unter (d) genannten Transaktionen zu erfassen, wurde S. 206 erläutert.

## II. Zahlungsbilanz und Auslandsposition der Bundesrepublik Deutschland

**1. Die Zahlungsbilanz der Bundesrepublik 1982.** Die Zahlungsbilanz der Bundesrepublik wird von der Deutschen Bundesbank erstellt und veröffentlicht. In ihr werden zunächst die Leistungs- und die Kapitalverkehrsbilanz aufgeführt, die beide weiter unterteilt sind. Sodann werden der Restposten und Ausgleichsbuchungen der Bundesbank hinzugefügt, so daß sich zum Schluß die Änderung der Auslandsposition der Bundesbank ergibt. Die Grobeinteilung sieht demnach so aus:

A. Leistungsbilanz
  1. Handelsbilanz
  2. Dienstleistungsbilanz
  3. Übertragungsbilanz

B. Kapitalverkehrsbilanz
  1. Langfristiger Kapitalverkehr
  2. Kurzfristiger Kapitalverkehr

C. Restposten

D. Ausgleichsposten zur Auslandsposition der Bundesbank

E. Änderung der Auslandsposition der Bundesbank.

---

[4] Vgl. die Zahlungsbilanz von Berlin (West) in: K. HAGEN/K. HORNSCHILD: Finanzielle Verflechtung zwischen Berlin (West) und dem Bundesgebiet. Eine Untersuchung für die Jahre 1965 bis 1980. DIW Wochenbericht, 50. Jg. 1983, S. 537–542.

Dieses Schema entspricht dem Kontensystem 5.3–5.9 (S. 197 f.), wenn man D und E zusammenfaßt. Die Teilbilanzen A, B und E werden weiter unterteilt, um möglichst viele für Wirtschaftspolitiker und -theoretiker interessante Salden sichtbar zu machen. Außerdem werden weitere Angaben außerhalb dieses Schemas in Zusatztabellen veröffentlicht. Allein bei den Dienst- und Faktorleistungen unterscheidet man rund zwei Dutzend Arten, wobei jeweils Einnahmen und Ausgaben einander gegenübergestellt werden. So entstanden beispielsweise im Reiseverkehr 1982 Ausgaben von 39,4 Mrd. DM und Einnahmen von 13,4 Mrd. DM. Als weiteres Beispiel sei die Position „Lizenzen und Patente" herausgegriffen, bei der im Jahre 1982 Einnahmen von 1361 Mill. DM Ausgaben von 2702 Mill. DM gegenüberstanden. Diese Teilbilanz war also (wie ununterbrochen seit 1950) passiv, woraus sich mit gewissen Vorbehalten Schlüsse auf den wissenschaftlichen und technischen Entwicklungsstand der Bundesrepublik im Vergleich zum Ausland ziehen lassen.[5] In der Übertragungsbilanz werden die geleisteten Übertragungen in rund ein Dutzend Arten aufgeschlüsselt. Größte Einzelposten sind hier Zahlungen an die Europäischen Gemeinschaften sowie Überweisungen der in der Bundesrepublik tätigen ausländischen Arbeitnehmer in ihre Heimatländer.

Alle Posten in Tabelle 5.1 können so verstanden werden, als entstammten sie einem Kontensystem nach Art des Systems 5.3–5.9, wobei jedoch alle auf den rechten Kontenseiten erscheinenden Angaben noch vor der Bildung von Salden unter Wechsel des Vorzeichens auf die linke Seite ihrer Konten gebracht worden sind. Dieser Kunstgriff ermöglicht es, alle Angaben in einer Spalte darzustellen. Zur besseren Übersicht sind in Tabelle 5.1 nur die dann entstehenden Salden mit einem Vorzeichen versehen worden. So ist etwa die Warenausfuhr (Zeile 3) positiv zu nehmen, da sie in Konto 5.3 von vornherein auf der linken Seite erscheint. Die Wareneinfuhr (Zeile 4) steht in Konto 5.3 rechts, ist in Tabelle 5.1 als auf die linke Seite gebracht und daher mit einem (in der Tabelle nicht abgedruckten) negativen Vorzeichen versehen zu denken. Die Differenz zwischen Aus- und Einfuhr ergibt den in Zeile 5 ausgewiesenen Warenexportüberschuß, der als Saldo ein (in diesem Falle positives) Vorzeichen trägt. Entsprechend liegen die Dinge bei den Dienst-(zuzüglich Faktor-)leistungen, nur daß hier 1982 die Ausgaben die Einnahmen überstiegen, so daß der Saldo (Zeile 9) negativ ist.

Die Eintragungen in den Zeilen 11 und 14 sind Gegenbuchungen zu Forderungsströmen, die 1982 von Ausländern an Inländer geflossen sind. Sie erscheinen auf der linken Seite des Kontos 5.5 und sind daher hier positiv zu nehmen. Übertragungen an das Ausland (Zeilen 12 und 15) sind entsprechend die Gegenbuchungen zu Forderungsströmen an Ausländer, erscheinen in Konto 5.5 rechts positiv und sind daher in der Tabelle mit negativem Vorzeichen versehen zu denken. Zeile 17 enthält den Saldo der Übertragungsbilanz, der in der Bundesrepublik 1982 (wie ununterbrochen seit 1953) passiv war: Die geleisteten Übertragungen überstiegen die empfangenen um 28,3 Mrd. DM.

Der Saldo der Leistungsbilanz erscheint mit +8553 Mill. DM in Zeile 18. Er ist die algebraische Summe der Salden der drei Teilbilanzen in den Zeilen 5, 9 und 17.

---

[5] Vgl. den Aufsatz: Entwicklung des Patent- und Lizenzverkehrs mit dem Ausland in den Jahren 1980 und 1981, Bbk-Monatsbericht Juli 1982, S. 29–42.

Tabelle 5.1 – *Die Zahlungsbilanz*[a] *der Bundesrepublik Deutschland 1982*

| Zeile | Position | Mill. DM |
|---|---|---|
| 1 | A. *Leistungsbilanz* | |
| 2 | 1. Handelsbilanz | |
| 3 | 1.1 Ausfuhr (fob) einschließlich Ergänzungen und Saldo des Transithandels | 420 047 |
| 4 | 1.2 Einfuhr (fob) einschließlich Ergänzungen | 355 744 |
| 5 | Saldo der Handelsbilanz | +64 302 |
| 6 | 2. Dienstleistungsbilanz | |
| 7 | 2.1 Einnahmen | 115 220 |
| 8 | 2.2 Ausgaben | 142 719 |
| 9 | Saldo der Dienstleistungsbilanz | – 27 499 |
| 10 | 3. Übertragungsbilanz | |
| 11 | 3.1 Privat[b]: Leistungen vom Ausland | 1 686 |
| 12 | Leistungen an das Ausland | 13 867 |
| 13 | Saldo der privaten Übertragungen | – 12 181 |
| 14 | 3.2 Öffentlich[b]: Leistungen vom Ausland | 9 665 |
| 15 | Leistungen an das Ausland | 25 734 |
| 16 | Saldo der öffentlichen Übertragungen | – 16 069 |
| 17 | Saldo der Übertragungsbilanz | – 28 250 |
| 18 | Saldo der Leistungsbilanz (=A.1+A.2+A.3) | + 8 553 |
| 19 | B. *Kapitalverkehrsbilanz* | |
| 20 | 1. Langfristiger Kapitalverkehr | |
| 21 | 1.1 Deutsche Kapitalanlagen im Ausland, netto | |
| 22 | 1.11 Privat[b] | – 25 617 |
| 23 | 1.12 Öffentlich[b] | – 4 388 |
| 24 | 1.2 Ausländische Kapitalanlagen im Inland, netto | |
| 25 | 1.21 Privat[b] | + 4 535 |
| 26 | 1.22 Öffentlich[b] | + 9 151 |
| 27 | Saldo des langfristigen Kapitalverkehrs | – 16 319 |
| 28 | 2. Kurzfristiger Kapitalverkehr | |
| 29 | 2.1 Deutsche private Kapitalanlagen im Ausland, netto | |
| 30 | 2.11 von Kreditinstituten | + 4 299 |
| 31 | 2.12 von Nichtbanken | – 6 214 |
| 32 | 2.2 Ausländische Kapitalanlagen im Inland, netto | |
| 33 | 2.21 bei Kreditinstituten | + 3 786 |
| 34 | 2.22 bei Nichtbanken | + 9 484 |
| 35 | 2.3 von öffentlichen Stellen (Saldo) | + 364 |
| 36 | Saldo des kurzfristigen Kapitalverkehrs | +11 719 |
| 37 | Saldo der Kapitalverkehrsbilanz (=B.1+B.2) | – 4 600 |
| 38 | Saldo der zusammengefaßten Leistungs- und Kapitalverkehrsbilanz | + 3 953 |
| 39 | C. *Saldo der statistisch nicht aufgliederbaren Transaktionen* | – 876 |
| 40 | D. *Ausgleichsposten zur Auslandsposition der Bundesbank* | – 411 |
| 41 | E. *Änderung der Auslandsposition der Bundesbank* | – 2 667 |

[a] Ohne Transaktionen mit der DDR.

[b] Für die Aufgliederung in „Privat" und „Öffentlich" ist die Sektorzugehörigkeit der beteiligten inländischen Stelle maßgebend.

Quelle: Die Zahlungsbilanz . . . [5.23], S. 2f.

Alle in Tabelle 5.1 folgenden Angaben sind Salden und tragen daher Vorzeichen. Der private langfristige Kapitalverkehr (Zeilen 22 und 25) wird in fünf Kategorien wie folgt gegliedert:

(1) *Direktinvestitionen.* Hierzu gehören vor allem Gründung oder Erwerb von Unternehmen, Zweigniederlassungen und Produktionsstätten sowie der Erwerb von Beteiligungen an bestehenden Unternehmen. Sie bezwecken „Anlage von Vermögen in fremden Wirtschaftsgebieten zur Schaffung dauerhafter Wirtschaftsverbindungen"[6];
(2) *Portfolioinvestitionen.* Das sind Käufe von Aktien, Investmentzertifikaten und festverzinslichen Wertpapieren, wobei bei Aktien keine Beteiligungsabsicht besteht;
(3) Kredite und Darlehen, ebenfalls ohne Beteiligungsabsicht;
(4) Privater Grundbesitz. Zur Erläuterung vgl. S. 207;
(5) Sonstige langfristige Kapitalanlagen.

Beim öffentlichen langfristigen Kapitalverkehr (Zeilen 23 und 26) handelt es sich hauptsächlich um Beteiligungen inländischer öffentlicher Stellen an internationalen Organisationen, Kredite und Darlehen an Entwicklungsländer sowie um Schuldscheindarlehen von Ausländern an inländische öffentliche Stellen. Alle Angaben in den Zeilen 22, 23, 25 und 26 sind Nettobeträge, sie ergeben sich jeweils aus Neuanlagen abzüglich Liquidationen. Da eine Netto-Zunahme der deutschen langfristigen Kapitalanlagen im Ausland in Konto 5.6 rechts mit positivem Vorzeichen gebucht wird, muß sie in Tabelle 5.1 mit negativem Vorzeichen erscheinen (Zeilen 22 und 23). Die Nettoänderung der ausländischen Kapitalanlagen im Inland (Zeilen 25 und 26) steht dagegen in Konto 5.6 links und trägt daher in der Tabelle bei einer Zunahme ein positives, bei einer Abnahme ein negatives Vorzeichen. Allgemein nennt man die Netto-Zunahme langfristiger Forderungen von Inländern gegenüber Ausländern *langfristigen Kapitalexport,* die Netto-Zunahme solcher Verbindlichkeiten *langfristigen Kapitalimport.*

In der Bilanz des kurzfristigen Kapitalverkehrs werden die Änderungen der kurzfristigen Forderungen und Verbindlichkeiten von drei inländischen Sektoren getrennt ausgewiesen. Die Kreditinstitute verringerten ihre kurzfristigen Forderungen an Ausländer um 4299 Mill. DM (Zeile 30), während ihre kurzfristigen Auslandsverbindlichkeiten um 3786 Mill. DM zunahmen (Zeile 33). Ihr kurzfristiges Auslands-Geldvermögen nahm also ab: Diesen Vorgang nennt man *kurzfristigen Kapitalimport.* Die gleiche Erscheinung zeigte sich bei den privaten Nichtbanken (Unternehmen und Privatpersonen): Sie erhöhten zwar ihre kurzfristigen Forderungen gegen Ausländer um 6214 Mill. DM (Zeile 31), gingen gleichzeitig aber zusätzliche Verbindlichkeiten von 9484 Mill. DM ein (Zeile 34). Nehmen dagegen solche Forderungen von Inländern stärker zu (oder weniger stark ab) als ihre Schulden, liegt *kurzfristiger Kapitalexport* vor.

Zeile 38 zeigt den Saldo der zusammengefaßten Leistungs- und Kapitalverkehrsbilanz, der mit 3953 Mill. DM aktiv war. Diese Angabe besagt: Soweit die ökonomischen Transaktionen von Inländern (ohne die Deutsche Bundesbank) mit Ausländern statistisch erfaßt wurden, hätten sie die Netto-Auslandsposition der Bundesbank um

---

[6] Außenwirtschaftsverordnung vom 22. 8. 1961 in der Fassung vom 3. 8. 1981 (BGBl. I, S. 853), § 55.

diesen Betrag erhöhen müssen. Es war S. 203 gesagt worden, daß die Zahlungsbilanz als Aufzeichnung der Transaktionen aller Inländer mit Ausländern keinen Saldo aufweisen kann. Da sich in Zeile 38 und damit in einer Teilbilanz ein Saldo zeigt, muß dieser durch einen gleich großen Saldo mit entgegengesetztem Vorzeichen in der restlichen Teilbilanz ausgeglichen werden. Das kann hier nur der Saldo in Gestalt der Änderung der Auslandsposition der Bundesbank sein. Die Bundesbank stellt jedoch dem eben genannten Betrag in Zeile 41 der Tabelle als tatsächliche Änderung ihrer Auslandsposition den Betrag von –2667 Mill. DM gegenüber. Die Zunahme ihres Auslands-Geldvermögens war also erheblich kleiner, als sie es laut Zeile 38 hätte sein müssen. (Die Zunahme erscheint hier wie bei entsprechenden Posten der Kapitalverkehrsbilanz mit negativem Vorzeichen: Die in Konto 5.8 rechts positiv zu buchende Zunahme der Bestände an Gold und Auslandsforderungen wurde unter Wechsel des Vorzeichens auf die linke Seite gebracht und war höher als die dort stehende Zunahme der Verbindlichkeiten.) Die Differenz zwischen den Angaben der Zeilen 38 und 41 kann zwei Gründe haben:

(1) Es lassen sich nicht alle Transaktionen mit Ausländern erfassen, und die meisten Transaktionen können nur einseitig gebucht werden;
(2) Die Auslandsposition der Bundesbank kann sich aufgrund von Vorgängen ändern, die nicht Transaktionen sind.

Der erstgenannte Grund wurde S. 200 f. erörtert. Die Bundesbank spricht von „statistisch nicht aufgliederbaren Transaktionen", weil diese wie etwa der Warenhandel nicht gleichzeitig mit gleichen Werten für Buchung und Gegenbuchung erfaßbar sind. Jedoch liegt vermutlich in nennenswertem Umfang auch Untererfassung vor. Der Nettoeffekt ergibt sich nach Höhe und Vorzeichen aus der buchhalterischen Festlegung, daß bei vollständiger Erfassung und doppelter Buchung aller Transaktionen die algebraische Summe der Angaben in den Zeilen 38 und 41 (nach Berücksichtigung des Ausgleichspostens in Zeile 40, Erläuterung folgt) null sein muß. Das Ergebnis wird unter C in Zeile 39 ausgewiesen.

Der zweite Grund ist wie folgt zu erläutern. Es gibt drei Arten von Vorgängen, die nicht Transaktionen sind, aber dennoch die Auslandsposition der Bundesbank beeinflussen:

2.1 Die Bundesbank erhält vom *Internationalen Währungsfonds*[7] (abgekürzt: IWF) *Sonderziehungsrechte* zugeteilt. Bei diesen handelt es sich um eine Art Weltgeld im Zahlungsverkehr von Zentralbanken der Mitgliedsländer des IWF untereinander. Jede Zentralbank kann sich im Rahmen von Höchstgrenzen Devisen verschaffen, indem sie einer anderen Zentralbank Sonderziehungsrechte in Zahlung gibt. Die Zuteilung erhöht die Auslandsforderungen der Bundesbank und damit ihre Auslandsposition in Zeile 41, gilt aber nicht als Übertragung gemäß Transaktionsart (4). Die Gegenbuchung erscheint daher nicht in der Übertragungsbilanz, sondern in einem speziellen Teil D der Zahlungsbilanz in Zeile 40. 1982 fand keine Zuteilung statt.

---

[7] Der Internationale Währungsfonds wurde 1944 nach Verhandlungen in dem amerikanischen Städtchen Bretton Woods gegründet und hatte Ende 1982: 146 Mitglieder. Die Bundesrepublik trat ihm 1952 bei.

2.2 Sowohl die Bilanz der Bundesbank als auch die Zahlungsbilanz der Bundesrepublik werden in Deutscher Mark geführt. Bewertet die Bundesbank ihre Bestände an Gold und auf fremde Währungen lautenden Forderungen und Verbindlichkeiten infolge einer Änderung des DM-Währungskurses neu, dann ändert sich ihre Auslandsposition. Beispielsweise stand, vereinfacht gesprochen, am 31. Dezember 1968 jeder US-Dollar in der Bilanz der Bundesbank mit 4,– DM zu Buch. Nach der Aufwertung der DM im Oktober 1969 war jeder US-Dollar nur noch mit 3,66 DM zu bewerten. Da die Gold- und Dollarbestände der Bank ihre Dollar-Verbindlichkeiten weit überstiegen, ergab sich durch die Aufwertung, die keine Transaktion ist, netto eine Abnahme der Auslandsposition. Bei einer Abwertung würde die Auslandsposition entsprechend zunehmen.

2.3 Die Bundesbank kauft und verkauft im Laufe des Jahres Devisen, hauptsächlich US-Dollars, zu unterschiedlichen Kursen. Die Änderung ihres Devisenbestandes von einem Bilanzstichtag zum nächsten wäre nur dann gemäß Gleichung (2.1) S. 47 zu errechnen, wenn die Bestandsänderungen zu ihren während des Jahres variierenden Transaktionskursen bewertet werden würden. Dem steht jedoch das Prinzip der einheitlichen Bewertung aller Devisenbeträge am Bilanzstichtag zum Bilanzkurs, das heißt gemäß dem Niederstwertprinzip (S. 50), entgegen. Gleichung (2.1) ist daher nicht anwendbar, und es entsteht eine Diskrepanz.

Insgesamt ergab sich aus den vorstehenden Gründen ein Ausgleichsposten von 411 Mill. DM.

Die interne Konsistenz der Tabelle 5.1 ist bei der hier beschriebenen Handhabung – alle in einem Kontensystem rechts zu buchenden Posten werden unter Wechsel des Vorzeichens auf die linke Seite gebracht – gewahrt: Die algebraische Summe aller Teilbilanzen, hier der Teilbilanzen A bis E, ergibt null.[8] Die Rolle des Restpostens wird vielleicht noch deutlicher, wenn man die Posten der Tabelle 5.1 unter Verzicht auf Einzelheiten wie in Tabelle 5.2 anordnet. Die Summe der Posten 1 bis 4 in Spalte (1) übersteigt die Summe der Posten 1 bis 4 in Spalte (2) um 876 Mill. DM, statt ihr gleich zu sein. Mithin entspricht der Nettoeffekt aller nicht erfaßten Posten und statistischen Ermittlungsfehler diesem Betrag, und die Summe der Salden in Spalte (3) ergibt null.

**2. Strukturen des Außenhandels der Bundesrepublik.** Zahlungsbilanzen lassen sich für kürzere Zeiträume, etwa für Vierteljahre oder für Monate, aufstellen und sind dann ein wichtiges Instrument der kurzfristigen Wirtschaftsbeobachtung. Sie können ferner nach Regionen unterteilt werden, um so einen Aspekt der Struktur der außenwirtschaftlichen Beziehungen sichtbar zu machen. Dies ist für ein so stark außenhandelsorientiertes Land wie die Bundesrepublik mit ihrer Exportquote von 43

---

[8] Die Bundesbank handhabt dies im Prinzip ebenso, vgl. Die Zahlungsbilanz ... [5.23], S. 2 f. Die konsistente Verwendung des Vorzeichens rief nach ihrer Ansicht allerdings häufig Mißverständnisse hervor, da beispielsweise eine Zunahme der Währungsreserven mit negativem Vorzeichen ausgewiesen werden mußte (vgl. Tabelle 5.1, Zeile 41, S. 210). Die Bank bezeichnet diese Zunahme daher in den für ein breites Publikum bestimmten Veröffentlichungen (Monatsberichte, Statistische Beihefte, Pressenotizen) mit einem positiven, eine Abnahme mit einem negativen Vorzeichen.

Tabelle 5.2 – *Bundesrepublik Deutschland*
*Posten der Zahlungsbilanz und Salden der Teilbilanzen 1982*
Mill. DM

| Spalte 1 | | Spalte 2 | | Spalte (3) = Spalte (1) ./. (2) |
|---|---|---|---|---|
| | | **Leistungsbilanz** | | |
| 1. Warenexport | 420 047 | 1. Warenimport | 355 744 | +64 302 |
| 2. Dienstleistungsverkäufe | 115 220 | 2. Dienstleistungskäufe | 142 719 | – 27 499 |
| 3. Empfangene Übertragungen | 11 351 | 3. Geleistete Übertragungen | 39 601 | – 28 250 |
| | | **Kreditänderungsbilanz** | | |
| 4. Änderungen der Verbindlichkeiten von Inländern gegenüber Ausländern | | 4. Änderungen der Forderungen von Inländern an Ausländer | | |
| 4.1 langfristig | +13 686 | 4.1 langfristig | +30 005 | – 16 319 |
| 4.2 kurzfristig | +14 484 | 4.2 kurzfristig | + 2 766 | +11 719 |
| 4.3 Deutsche Bundesbank | + 3 968 | 4.3 Deutsche Bundesbank [a] | + 7 046 | – 3 078 |
| | | 5. Restposten | + 876 | – 876 |
| Summe | 578 756 | Summe | 578 756 | 0 |

[a] Einschließlich Gold sowie Ausgleichsposten.
Quelle: Die Zahlungsbilanz . . . [5.23], S. 2 f., 30, 36 f., 38 f.

v. H. im Jahre 1982 besonders wichtig. Bild 5.3 zeigt, wie sich Aus- und Einfuhren von Waren 1982 auf sechs Ländergruppen und die DDR verteilten:

- Mit Abstand bedeutendste Handelspartner waren die anderen neun Mitgliedsländer der Europäischen Gemeinschaften (EG = Europäische Wirtschaftsgemeinschaft, Atomgemeinschaft und Gemeinschaft für Kohle und Stahl): Belgien, Dänemark, Frankreich, Griechenland, Großbritannien mit Nordirland, Luxemburg, Irland, Italien, Niederlande;
- Es folgten der Bedeutung nach die anderen europäischen (Nicht-Staatshandels-) Länder (Andorra, Färöer, Finnland, Gibraltar, Island, Jugoslawien, Malta, Norwegen, Österreich, Portugal, Schweden, Schweiz, Spanien, Türkei, Vatikanstadt); sowie die
- Außereuropäischen industrialisierten Länder (Australien, Japan, Kanada, Neuseeland, Republik Südafrika, Vereinigte Staaten von Amerika).

Das Handelsvolumen (Warenein- plus -ausfuhr) mit den

- 136 Entwicklungsländern[9] außerhalb Europas

[9] Siehe Länderverzeichnis in: Die Zahlungsbilanz... [5.23], S. 46 f.

war etwa ebenso groß wie das mit den

- OPEC-Ländern (OPEC=Organization of Petroleum Exporting Countries): Algerien, Ecuador, Gabun, Indonesien, Irak, Iran, Katar, Kuwait, Libyen, Nigeria, Saudi-Arabien, Venezuela, Vereinigte Arabische Emirate.

An letzter Stelle standen bei dieser Einteilung die

- Staatshandelsländer in Europa (Albanien, Bulgarien, Polen, Rumänien, Sowjetunion, Tschechoslowakei, Ungarn) und Asien (Volksrepublik China, Mongolische Volksrepublik, Nordkorea, Vietnam).

Der Außenhandelsüberschuß des Jahres 1982, der sich gemäß Bild 5.3 auf 51 Mrd. DM belief (einschließlich DDR), wurde praktisch allein im Handel mit den europäischen Ländern ohne Staatshandelsländer erzielt. Beim Warenaustausch mit den außereuropäischen Entwicklungsländern (ohne OPEC-Länder) ergab sich 1982 wie schon mehrere Jahre davor ein Defizit für die Bundesrepublik.

Bild 5.3 – *Regionale Gliederung der Handelsbilanz*[a] *der Bundesrepublik Deutschland 1982*
Güterströme in Mrd. DM

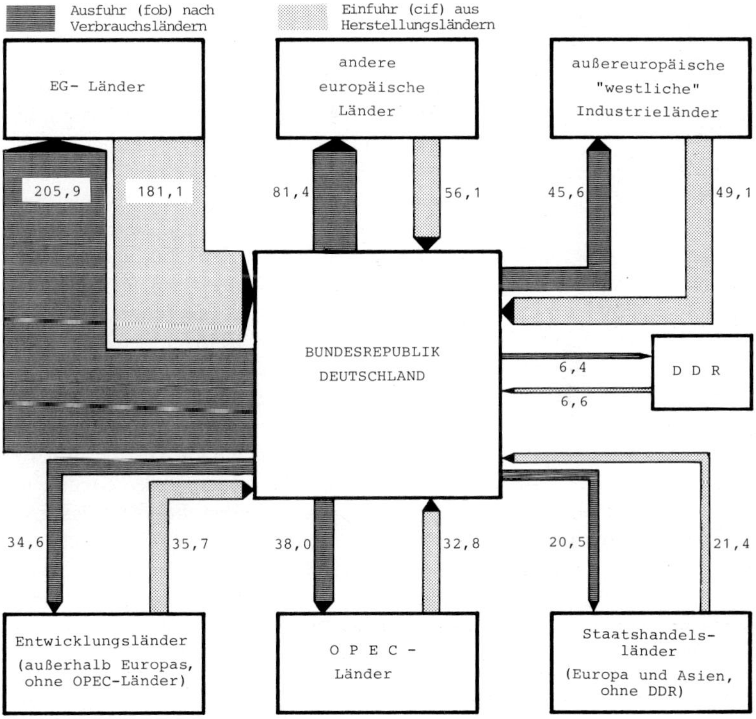


[a] Spezialhandel laut amtlicher Außenhandelsstatistik; ohne Ergänzungen zum Warenhandel und ohne Transithandel.

Quelle: Stat. Jb. BRD 1983, S. 245, 265.

Weitere Analysen des Außenhandels betreffen vor allem die Gliederung nach Gütern und Wirtschaftszweigen. Die Bundesrepublik ist ein hochindustrialisiertes Land und führt daher vor allem industrielle Fertigwaren aus – 1982 bestanden 84,1 v. H. ihrer Ausfuhr aus diesen.[10] Die wichtigsten Güter waren mit 16,9 v. H. der Gesamtausfuhr Straßenfahrzeuge, mit 15,5 v. H. Erzeugnisse des Maschinenbaus, mit 12,6 v. H. chemische Erzeugnisse und mit 9,7 v. H. elektrotechnische Erzeugnisse. Dagegen bestand die Einfuhr zu 13,2 v. H. aus Ernährungsgütern, zu 15,8 v. H. aus Rohstoffen, zu 18,5 v. H. aus Halbwaren und nur zu 51,5 v. H. aus gewerblichen Fertigwaren.

3. **Die Auslandsposition der Bundesrepublik.** Die Zahlungsbilanz als zusammengefaßte Strom- und Bestandsänderungsrechnung, in der Transaktionen während eines Zeitraums registriert werden, wird durch eine Bestandsrechnung in Gestalt einer Zusammenstellung der Forderungen und Verbindlichkeiten gegenüber Ausländern für bestimmte Zeitpunkte ergänzt. Betrachtet man die sektorale Geldvermögensrechnung für die Bundesrepublik im Kontensystem 2.12–2.15 (S. 68–72), so ist eine außenwirtschaftliche Bestandsrechnung im Prinzip nichts anderes als ein Sammelkonto für die Gegenbuchungen derjenigen Kreditbeziehungen in diesem Kontensystem, deren Gläubiger oder Schuldner Ausländer sind. In einer Volksvermögensrechnung (Konto 2.16, S. 76) werden entsprechend die Auslandsforderungen und -verbindlichkeiten in einer ihrer Teilrechnungen gesondert erfaßt.

Die Kenntnis der Auslandsaktiva und -passiva nach Art, Höhe, Laufzeiten und Gläubigern/Schuldnern ist für eine Volkswirtschaft wie die der Bundesrepublik mit ihrer starken Auslandsverflechtung besonders wichtig. Für ihre Währung besteht seit längerer Zeit eine fast uneingeschränkte *Konvertibilität:* Inländer der Bundesrepublik dürfen mit nur geringen Einschränkungen genehmigungsfrei Handels- und Kapitaltransaktionen mit Ausländern vornehmen sowie Gold, eigene und fremde Währungsbeträge in beliebiger Höhe ein- oder ausführen.[11] Diese Situation birgt jedoch Risiken, wenn etwa bestimmte Transaktionen in großem Umfang nur in einer Richtung vorgenommen werden und die Fristigkeiten von Auslandsforderungen und -verbindlichkeiten einander nicht entsprechen oder die Währungsreserven der Zentralbank zu klein sind. Als beispielsweise ausländische Gläubiger 1930/31 im Zusammenhang mit der Weltwirtschaftskrise von ihren deutschen Schuldnern die Rückzahlung erheblicher kurzfristiger Kredite verlangten, konnte weder die Reichsbank genügend Devisen für diesen Zweck abgeben, noch standen hinreichend liquide Auslandsforderungen zur Verfügung.[12] Die Krise verschärfte sich, die Rückzahlung der Kredite mußte suspendiert und die *Devisenbewirtschaftung* eingeführt werden. Bei dieser ist, grob gesprochen, jeder wirtschaftliche Verkehr mit Ausländern einschließlich Auslandsreisen genehmigungspflichtig. Vorhandene oder eingehende Beträge an Auslandswährung sind an die Devisenbewirtschaftungsbehörden abzuliefern, die ihrerseits solche Währung nur im Rahmen eines Zuteilungsverfahrens abgeben.

---

[10] Diese und die folgenden Angaben nach: Stat. Jb. BRD 1983, S. 248, 260.

[11] Vgl. die Zusammenstellung der einschlägigen Vorschriften in: IMF [5.37], S. 209–211; sowie den Hinweis in: Bbk-Geschäftsbericht 1982, S. 107.

[12] Per September 1930 wurden die deutschen Auslandsforderungen auf 11 bis 13 Mrd. RM geschätzt, die Auslandsverbindlichkeiten auf 26 bis 27 Mrd. RM. Vgl. Deutsche Bundesbank [4.02], S. 331.

Konto 5.10 zeigt die Auslandsposition der Bundesrepublik Ende 1982 in einer nach vier inländischen Sektoren gegliederten Darstellung. (Wollte man es als Konto „Ausland" des Systems 2.12–2.15 betrachten, müßten zur Wahrung der Konsistenz die Seiten vertauscht werden.) Die Unterteilung in kurz- und langfristige Forderungen und Verbindlichkeiten folgt der S. 199 erläuterten Handhabung, wonach Kredite mit Laufzeiten bis zu einem Jahr als kurzfristig gelten. Ein großer Teil der von Unternehmen (außer Kreditinstituten) gewährten und genommenen Kredite entsteht im Zusammenhang mit dem internationalen Handel. Bei diesem ist es wie im Binnenhandel üblich, bei manchen Geschäften *Anzahlungen* zu leisten und bei anderen nicht sofort bei Lieferung zu bezahlen, sondern *Zahlungsziele* in Anspruch zu nehmen. An jedem Stichtag bestehen daher solche *Handelskredite;* Unternehmen der Bundesrepublik hatten sie Ende 1982 in Höhe von 118 Mrd. DM gewährt und mit 75 Mrd. DM in Anspruch genommen. Die Differenz dürfte mit dem Handelsbilanzüberschuß der Bundesrepublik zusammenhängen (vgl. Tabelle 5.2, S. 214). Die von den drei Sektoren außer der Bundesbank gewährten und genommenen *Finanzkredite* werden dagegen ohne diesen direkten Zusammenhang mit Gütertransaktionen aus anderen Gründen geschaffen, etwa um Zinsdifferenzen auszunutzen. Die unter 2.2 und 3.2 erfaßten Beteiligungen werden in der Quelle „Direktinvestitionen" genannt (diese Bezeichnung wurde hier nicht übernommen, um Verwechslungen mit der S. 211 erläuterten Stromgröße zu vermeiden); sie zeigen die Kapitalverflechtung mit ausländischen Unternehmen. Konto 5.10 vermittelt weiterhin folgende Eindrücke von der derzeitigen Auslandsposition der Bundesrepublik, wobei eine realistischere Beurteilung allerdings die beträchtliche Unterbewertung der Gold- und US-Dollarbestände der Bundesbank (vgl. S. 57 f.) zu berücksichtigen hätte:

- Die Bundesrepublik ist – Ende 1982 in Höhe von 66 Mrd. DM – ein Gläubigerland. Wie aus Angaben anderer Quellen hervorgeht, besteht eine Nettogläubigerposition bereits seit Ende 1956 (damals 4,8 Mrd. DM).[13] Sie wuchs seitdem fast ununterbrochen an und erreichte Ende der siebziger Jahre über 100 Mrd. DM. Der Anstieg wäre allein aufgrund der Leistungsbilanzüberschüsse sehr viel stärker ausgefallen, jedoch wirkten dem die Aufwertungen der DM entgegen.
- Die kurzfristigen Auslandsforderungen von Inländern einschließlich der Bundesbank sind geringfügig höher als die kurzfristigen Schulden (bei niedriger Gold- und Dollarbewertung der Währungsreserven). Die Situation der Bundesrepublik unterscheidet sich damit grundlegend von der des Deutschen Reiches zu Beginn der Weltwirtschaftskrise. Jedoch gibt es keine Gewähr dafür, daß dies so bleibt.
- Nur noch knapp die Hälfte (44 v. H.) der Auslandsforderungen von Inländern werden vom Bankensektor der Bundesrepublik gehalten, darunter 15 v. H. von der Bundesbank. Der Anteil der Banken lag davor viele Jahre lang zwischen 50 v. H. und 60 v. H. (wiederum bei niedriger Gold- und Dollarbewertung). Der auf Leistungstransaktionen beruhende Teil der Kreditverflechtung mit dem Ausland nimmt also zu;
- Die öffentliche Hand ist mit 32 Mrd. DM netto gegenüber dem Ausland verschuldet. Dies hängt mit der rapiden Zunahme der öffentlichen Verschuldung in den letzten Jahren zusammen (vgl. S. 71) und ist eine neuere Entwicklung, da die Net-

---

[13] Zahlenübersichten ... [4.18]; Deutsche Bundesbank [4.19].

Konto 5.10: Die Auslandsposition der Bundesrepublik Deutschland Ende 1982

| Forderungen | | Mrd. DM | Verbindlichkeiten | | | Saldo |
|---|---|---|---|---|---|---|
| **1. Deutsche Bundesbank** | | | | | | |
| 1.1 Währungsreserven | | 84,5 | 1.1 Auslandsverbindlichkeiten | | 15,4 | |
| 1.2 Sonstige Auslandsaktiva | | 2,5 | 1.2 DM-Noten im Ausland | | 2,0 | +69,6 |
| **2. Kreditinstitute** | | | | | | |
| 2.1 Kurzfristige Forderungen | | 73,3 | 2.1 Kurzfristige Verbindlichkeiten | | 86,3 | |
| 2.2 Langfristige Forderungen [a] | | 100,1 | 2.2 Langfristige Verbindlichkeiten | | 82,9 | |
| Finanzkredite | 81,7 | | Finanzkredite | 68,5 | | |
| Wertpapiere | 9,9 | | Wertpapiere | 8,3 | | |
| Beteiligungen | 8,5 | | Beteiligungen | 6,1 | | + 4,1 |
| **3. Wirtschaftsunternehmen und Private** | | | | | | |
| 3.1 Kurzfristige Forderungen | | 90,4 | 3.1 Kurzfristige Verbindlichkeiten | | 135,1 | |
| Finanzkredite | 17,5 | | Finanzkredite | 62,5 | | |
| Handelskredite | 71,6 | | Handelskredite | 67,2 | | |
| Sonstige Anlagen | 1,3 | | Sonstige Anlagen | 5,4 | | |
| 3.2 Langfristige Forderungen | | 188,1 | 3.2 Langfristige Verbindlichkeiten | | 118,8 | |
| Finanzkredite | 14,9 | | Finanzkredite | 40,0 | | |
| Handelskredite | 46,0 | | Handelskredite | 8,0 | | |
| Portfolioinvestitionen | 48,8 | | Portfolioinvestitionen | 23,7 | | |
| Beteiligungen | 65,3 | | Beteiligungen | 45,6 | | |
| Grundbesitz und sonstige Anlagen | 13,2 | | Grundbesitz und sonstige Anlagen | 1,5 | | +24,6 |
| **4. Öffentliche Hand** | | | | | | |
| 4.1 Kurzfristige Forderungen | | 3,2 | 4.1 Kurzfristige Verbindlichkeiten | | 5,3 | |
| 4.2 Langfristige Forderungen | | 44,3 | 4.2 Langfristige Verbindlichkeiten | | 74,5 | |
| Finanzkredite | 38,2 | | Finanzkredite | 61,5 | | |
| Wertpapiere | – | | Wertpapiere | 13,0 | | |
| Beteiligungen und sonstige Anlagen | 6,1 | | Beteiligungen und sonstige Anlagen | 0,0 | | – 32,3 |
| | | | insgesamt | | 520,3 | |
| | | | Saldo | | 66,0 | – 66,0 |
| Summe | | 586,2 | Summe | | 586,2 | 0 |

[a] Ohne langfristige Auslandsforderungen von Kreditinstituten mit Sonderaufgaben, die unter 4.2 erfaßt sind.

Quelle: Der Auslandsvermögensstatus ... [5.24], S. 38. Durch Zusammenfassungen und Textänderungen vereinfacht.

to-Auslandsposition dieses Sektors noch Ende 1979 positiv war. Hinzu kommt, daß die in Konto 5.10 ausgewiesene Auslandsposition nicht wörtlich zu nehmen ist. Sie enthält als Aktivposten 4.2 langfristig gewährte Entwicklungshilfekredite, die nicht zu Marktbedingungen vergeben wurden und mit hohen Ausfallrisiken behaftet sind, so daß sie ein Zuschußelement enthalten und bei einer Bewertung zum Marktwert wesentlich niedriger anzusetzen wären;

- Die Deutsche Mark ist eine *internationale Reservewährung:* Ausländische Währungsbehörden halten DM-Guthaben (in den Passivposten 1.1, 2.1 und 2.2 des Kontos enthalten), und sie ist angesichts langfristiger Verbindlichkeiten gegenüber Ausländern von insgesamt 276 Mrd. DM auch eine *internationale Anlagewährung:* Ausländer haben Vermögen langfristig in DM-Werten angelegt. Entsprechend lauten über drei Viertel der gesamten Auslandsverbindlichkeiten auf Deutsche Mark.[13a]

Nicht aus Konto 5.10 ablesbar ist schließlich die Tatsache, daß bei einer regionalen Aufteilung 65 v.H. der Forderungen (ohne den hier nicht zurechenbaren Goldbestand) und 76 v.H. der Verbindlichkeiten auf die westlichen Industrieländer entfielen. Dies entspricht der relativen Bedeutung der Außenhandelsbeziehungen mit diesen Ländern (vgl. Bild 5.3, S. 215). Die Position gegenüber den OPEC-Ländern war dagegen mit 36 Mrd. DM passiv: Die massive Ölverteuerung seit 1973 wurde also zum Teil durch den Verkauf von Volksvermögen an diese Länder finanziert.

Die in Konto 5.10 enthaltenen Angaben müßten mit den entsprechenden Posten des Kontensystems 2.12–2.15 übereinstimmen. Da für diese beiden Rechenwerke jedoch unterschiedliche Erhebungsmethoden verwendet werden, gibt es Diskrepanzen. So wird der in der gesamtwirtschaftlichen Finanzierungsrechnung ebenso wie in der Zahlungsbilanz auftretende Restposten (vgl. S. 200 ff.) in der sektoralen Geldvermögensrechnung den Auslandsverbindlichkeiten der Bundesrepublik zugerechnet, während er bei einer Direkterhebung von Forderungen und Verbindlichkeiten, wie sie Konto 5.10 zugrunde liegt, nicht auftritt. Außerdem berücksichtigt die Finanzierungsrechnung die Kreditbeziehungen zur DDR, die in Konto 5.10 fehlen (öffentliche Stellen der Bundesrepublik sprechen im Verhältnis zur DDR nicht von „Ausland").

**4. Die Währungsreserven der Bundesbank.** Einen wichtigen Teil der Auslandsposition eines jeden Landes bilden seine Währungsreserven. Sie werden in der Regel von einer zentralen Behörde verwaltet und bestehen aus Zahlungsmitteln, die in anderen Ländern akzeptiert werden und die das betreffende Land entweder nicht selbst schaffen kann, wie fremde Währungen, oder die es unter Einsatz von Produktionsfaktoren herstellen muß, wie Gold und andere monetäre Metalle (falls es über entsprechende Lagerstätten verfügt). Hinzu kommen unter den heutigen Bedingungen gewisse Rückgriffsrechte auf internationale Institutionen, aufgrund derer sich Währungsbehörden in begrenztem Umfang Fremdwährungen beschaffen können.

Es liegt nahe, daß ein Land vorzugsweise solche Fremdwährungen als Bestandteil seiner Währungsreserven halten wird, die häufig nachgefragt werden. Es sind dies die Währungen solcher Länder, die einen hohen Anteil am Welthandel haben und über

---

[13a] Der Auslandsvermögensstatus ... [5.24], S. 30. Weitere Angaben in diesem Abschnitt ohne besondere Quellenangabe entstammen ebenfalls diesem Titel. Vgl. ferner: Die D-Mark als internationale Anlagewährung. Bbk-Monatsbericht Januar 1984, S. 13–20.

ein hochentwickeltes Bankwesen sowie breite Geld- und Kapitalmärkte verfügen. Solche Währungen heißen internationale Reservewährungen. Seit dem Ende des zweiten Weltkrieges ist der US-Dollar die bevorzugte internationale Reservewährung. An zweiter Stelle steht das Pfund Sterling, in dem traditionsgemäß immer noch ein Teil des Welthandels, auch zwischen dritten Ländern, abgewickelt wird. Daneben werden in kleinerem Umfang die Währungen einiger anderer westeuropäischer Industrieländer als Währungsreserven gehalten.

Tabelle 5.3 zeigt die Währungsreserven der Bundesrepublik, wie sie von der Bundesbank gehalten, gegliedert und bewertet werden. Gold bildet traditionell den ersten Posten. Zu bemerken ist, daß die Bundesbank wie jeder andere Goldhalter auf Erträge verzichtet. Zwar würde der Versuch der Bank, ihren Goldbestand kurzfristig zu verkaufen, den Goldpreis erheblich drücken, aber die Goldhaltung verursacht ihrerseits Lagerkosten, und der Marktwert des Goldbestandes Ende 1982 (vgl. S. 57) erbrächte bei einem Zinssatz von nur 4 v. H. rund 4 Mrd. DM je Jahr. Mindestens in diesem Umfang verzichten die Bundesbank, damit der Bund und letztlich die Steuerzahler der Bundesrepublik auf Erträge. Dem steht die Möglichkeit weiterer Preissteigerungen für Gold, aber vor allem das Interesse der Währungsbehörde an ihrer Liquidität gegenüber. Posten 2 enthält ganz überwiegend auf US-Dollar lautende und ertragbringend angelegte, aber kurzfristig verfügbare Forderungen. Posten 3 ergibt sich aus der Mitgliedschaft der Bundesrepublik im Internationalen Währungsfonds (vgl. S. 212, Anm. 7). Jedes Mitgliedsland hat eine Quote in diesem Fonds, die (vereinfacht) einerseits den Betrag angibt, mit dem sich das Land durch Einzahlung von Gold, international handelbaren Währungen sowie eigener Währung an ihm beteiligt; anderseits das Ausmaß begrenzt, bis zu dem das Land bei Bedarf Kredite des Fonds erhalten kann.[14] Ein Teil der Quote ist die *Reserveposition,* bis zu der jederzeit ohne Bedingungen auf den Fonds zurückgegriffen werden kann. Sie wurde durch besondere Kreditvereinbarungen noch erhöht und belief sich Ende 1982 auf 7,3 Mrd. DM.[15] Die Sonderziehungsrechte (SZR) wurden S. 212 erwähnt.

Der Europäische Fonds für währungspolitische Zusammenarbeit (EFWZ) wurde 1973 im Rahmen des *Europäischen Wechselkursverbundes* von 1972 errichtet und ist seit dem Inkrafttreten des *Europäischen Währungssystems* (EWS) am 13. März 1979 eine von dessen Institutionen. Er verwaltet vorläufig je 20 v. H. der Gold- und Dollarreserven der EG-Mitgliedsländer (vgl. S. 214) und gewährt bei Bedarf kurzfristige Devisenkredite. Die von der Bundesbank übertragenen Beträge (Posten 4), deren Bewertung durch den EFWZ mit Hilfe des Postens 5 korrigiert wird, zählen ebenfalls zu den Brutto-Währungsreserven. Abzuziehen sind von diesen die Verbindlichkeiten gegenüber dem Ausland (Posten unter B), die hauptsächlich aus Guthaben ausländischer Zentralbanken bestehen, die ihrerseits die Deutsche Mark als Währungsreserve halten. Die Differenz zwischen A und B ergibt unter C die Netto-Währungsreserven, die meist gemeint sind, wenn ohne nähere Kennzeichnung von „Währungsreserven" die Rede ist. Die längerfristigen Forderungen unter D bestehen zum größten Teil aus Krediten an ausländische Währungsbehörden und die Weltbank.

---

[14] Nach der Anfang 1983 beschlossenen Quotenerhöhung beträgt die Quote der Bundesrepublik 5,4 Mrd. SZR und damit 6 v. H. der Quotensumme von 90 Mrd. SZR. Vgl.: Zur Finanzierung des Internationalen Währungsfonds und der multilateralen Entwicklungsbanken. Bbk-Monatsbericht September 1983, S. 45–54.

[15] Angaben in diesem Abschnitt nach der Quelle von Tabelle 5.3.

Tabelle 5.3 – *Währungsreserven und Auslandsposition der Deutschen Bundesbank 1982*
Mill. DM

| Posten | Stand | | Änderung 1982 |
|---|---|---|---|
| | Ende 1981 | Ende 1982 | |
| A. Währungsreserven, brutto | | | |
| 1. Gold | 13 688 | 13 688 | – |
| 2. Devisen und Sorten | 37 272 | 38 981 | +1 709 |
| 3. Reserveposition im IMF[a] und Sonderziehungsrechte | 9 186 | 12 219 | +3 033 |
| 4. Forderungen an den EFWZ[b] | 39 940 | 40 618 | + 678 |
| 5. abzüglich: Gegenposten wegen Bewertung der EFWZ-Einlagen[b] | 23 369 | 21 022 | – 2 347 |
| insgesamt | 76 716 | 84 483 | +7 767 |
| B. Verbindlichkeiten gegenüber dem Ausland | | | |
| 1. aus dem Auslandsgeschäft | 11 419 | 15 387 | +3 968 |
| 2. gegenüber dem EFWZ[b] | – | – | – |
| insgesamt | 11 419 | 15 387 | +3 968 |
| C. Währungsreserven, netto (=A.–B.) | 65 297 | 69 096 | +3 799 |
| D. Längerfristige Kredite und sonstige Forderungen an das Ausland | 3 588 | 2 456 | – 1 132 |
| E. Netto-Auslandsposition (=C.+D.) | 68 885 | 71 552 | +2 667 |

[a] Internationaler Währungsfonds. [b] Europäischer Fonds für währungspolitische Zusammenarbeit.

Quelle: Die Zahlungsbilanz . . . [5.23], S. 40. Durch Zusammenfassungen, Textänderungen und Weglassungen gekürzt.

In der Bundesrepublik und anderswo gelten nur gewisse Auslandsaktiva der zentralen Währungsbehörde als Währungsreserven. Da aber in der Regel noch viele andere Inländer, insbesondere die Geschäftsbanken, über Devisenforderungen verfügen, taucht die Frage auf, ob diese Bestände nicht in einem weiteren Sinne ebenfalls zu den Reserven des Landes gezählt werden sollten. Die Frage wird in der Praxis danach entschieden, ob die zentrale Währungsbehörde eine genügend starke Kontrolle über die Devisenforderungen anderer Wirtschaftssubjekte besitzt. Hat etwa die Zentralbank eine gesetzliche Handhabe, die Geschäftsbanken bei Bedarf zur Ablieferung ihrer Devisen zu zwingen, dann können diese Bestände als Teil der offiziellen Währungsreserve angesehen werden. In einer *erweiterten Devisenbilanz* werden dann zusammen mit den Änderungen der Auslandsposition der Zentralbank auch die Änderungen der Devisenposition der Geschäftsbanken erfaßt und entsprechend aus dem kurzfristigen Kapitalverkehr herausgenommen. Solcherart aufgestellte Zahlungsbilanzen sind in vielen Ländern üblich.

## III. Währungskurse und internationale wirtschaftliche Verflechtung

**1. Devisenkurs und Wechselkurs.** Weil Volkswirtschaften mit unterschiedlichen Währungen nebeneinander bestehen, muß es Märkte geben, auf denen Währungen getauscht werden. Solche Märkte heißen *Devisenmärkte.* Die dabei entstehenden Preise lassen sich auf zweierlei Art schreiben und tragen daher unterschiedliche Namen. Gemäß dem Sprachgebrauch der Praxis, der hier übernommen werden soll, bezeichnet man, von einem bestimmten Land aus gesehen, den in Inlandswährung notierten Preis für die Einheit der ausländischen Währung als *Devisenkurs.* Beispielsweise betrug der Devisenkurs des US-Dollars an der Frankfurter Devisenbörse im Monatsdurchschnitt Dezember 1982: 2,4185 DM je US-Dollar.[16] Offensichtlich läßt sich aus diesem Devisenkurs errechnen, wieviel US-Dollar in dem genannten Zeitraum einer DM entsprachen. Dieser in ausländischer Währung notierte Preis für die Einheit der Inlandswährung ist der *Wechselkurs.* Der Wechselkurs der DM gegenüber dem US-Dollar im Dezember 1982 errechnet sich aus der obigen Angabe zu 0,4135 US-Dollar je DM. In der Bundesrepublik antwortet man also mit der Angabe der Devisenkurse auf die Frage: Wieviel DM erhalte (oder zahle) ich für die Einheit der Auslandswährung? Da auch alle inländischen Güterpreise so notiert werden, spricht man bei Devisenkursen auch von der *Preisnotierung* für Auslandswährungen. Entsprechend antwortet man mit der Angabe des Wechselkurses auf die Frage: Wieviel Auslandswährung erhalte (oder zahle) ich für eine DM? Die Angabe von Wechselkursen heißt *Mengennotierung* für Auslandswährungen. Es liegt auf der Hand, daß die Verwendung der Bezeichnungen „Devisenkurs" oder „Wechselkurs" davon abhängt, was für den Sprecher als Inland gilt. So ist die Angabe „2,4185 DM/Dollar" für einen Deutschen ein Devisenkurs, für einen Amerikaner ein Wechselkurs.

In den meisten Ländern, so auch in der Bundesrepublik, werden die Preise auf den Devisenmärkten als Devisenkurse notiert. Eine Ausnahme macht man in Großbritannien: Dort wird beispielsweise das Kursverhältnis zum US-Dollar mit „1,6175 \$/£" angegeben.[17]

Zwischen dem Devisenkurs $d$ und dem Wechselkurs $w$ im Verhältnis zweier Währungen zueinander besteht die Beziehung

$$d \cdot w = 1, \quad \text{im obigen Beispiel:} \quad \frac{2{,}4185\ \text{DM}}{\text{US-\$}} \cdot \frac{0{,}4135\ \text{US-\$}}{\text{DM}} = 1. \qquad (5.4)$$

Soll allgemein vom Kurs als dem Preis einer Währungseinheit in Einheiten einer anderen Währung gesprochen werden, so wird hier als Oberbegriff zu Devisen- und Wechselkurs die Bezeichnung *Währungskurs* benutzt.

**2. Aufwertung und Abwertung.** Währungskurse ändern sich ständig, und zwar von Tag zu Tag und von Stunde zu Stunde, wobei sich *Aufwertungen* und *Abwertungen* ergeben. Eine Aufwertung bedeutet dem Wortsinn nach, daß ein Objekt mehr Wert erhält, daß es teurer wird, daß sich eine Zahl erhöht. In bezug auf eine Wäh-

---

[16] Kassa-Mittelkurs. Bbk-Monatsbericht Januar 1984, S. 80*.

[17] Londoner Mittelkurs Ende 1982. Statistische Beihefte [5.35], Februar 1983, S. 27.

rung liegt demnach eine Aufwertung vor, wenn ihr Wechselkurs $w$ steigt. Beispielsweise wurde die DM mit Wirkung vom 27. Oktober 1969 gegenüber dem US-Dollar von 0,2500 \$/DM auf 0,2732 \$/DM aufgewertet. Damals existierte ein fester DM-Dollar-Kurs, der jedoch am 19. März 1973 aufgehoben wurde. Seitdem gibt es einen Marktkurs, der sich aus Angebot und Nachfrage am Devisenmarkt bildet. Gemessen an diesem Markt-Wechselkurs wertete sich die DM von 0,3525 \$/DM im April 1973[18] unter Schwankungen auf den im vorigen Abschnitt genannten Wert im Dezember 1982 auf. Gemäß Gleichung (5.4) geht die Aufwertung einer Währung, das heißt die Erhöhung ihres Wechselkurses $w$, mit einer Senkung ihres Devisenkurses $d$ einher: In dem ersten der eben genannten beiden Fälle fiel der Devisenkurs der DM von 4,00 DM/\$ auf 3,66 DM/\$, im zweiten Fall sank er von 2,8369 DM/\$ auf 2,4185 DM/\$.

Der US-Dollar ist hier wie auch im vorigen Abschnitt nur als Beispiel genannt: Bei einer isolierten Aufwertung der DM steigen ihre Wechselkurse gegenüber sämtlichen Auslandswährungen, und es fallen alle ihre Devisenkurse. Entsprechend sinken bei der Abwertung einer Währung alle ihre Wechselkurse und steigen alle ihre Devisenkurse.

Der Satz einer Auf- oder Abwertung ist wie folgt zu definieren. Ist $w$ der Wechselkurs einer Währung in der Ausgangssituation und $w'$ der neue Wechselkurs, so gibt die Änderung $w' - w$, bezogen auf den Ausgangskurs $w$, den Satz der Wechselkursänderung $\varphi$ (sprich: fi) an:

$$\text{Satz der Wechselkursänderung: } \varphi = \frac{w' - w}{w}. \qquad (5.5)$$

Bei $\varphi > 0$ handelt es sich um eine Aufwertung, bei $\varphi < 0$ um eine Abwertung der heimischen Währung. Aus den eben genannten Zahlen errechnet sich für die Aufwertung der DM vom 27. Oktober 1969 ein Satz von 9,28 v. H. Um diesen Satz wurde die DM für alle Ausländer teurer. Bei ungeänderten DM-Preisen der Sachgüter, Dienst- und Faktorleistungen in der Bundesrepublik bedeutete die Aufwertung also, daß sich auch alle Güter in der Bundesrepublik für Ausländer um diesen Satz verteuerten.

Da bei einer Aufwertung der Devisenkurs fällt, entspricht dem Aufwertungssatz $\varphi$ der heimischen Währung, gemessen an der Steigerung des Wechselkurses $w$, ein Abwertungssatz $\delta$ (sprich: delta) aller Auslandswährungen, gemessen am Fallen des Devisenkurses $d$. Es ist demnach, wenn $d'$ den neuen Devisenkurs bedeutet,

$$\text{Satz der Devisenkursänderung: } \delta = \frac{d' - d}{d}. \qquad (5.6)$$

$\delta > 0$ bedeutet eine Aufwertung, $\delta < 0$ eine Abwertung der betrachteten Auslandswährung. Der Aufwertung der DM um 9,28 v. H. entsprach damit eine Abwertung aller Auslandswährungen um 8,5 v. H. Dieser Wert ergibt sich nach Gleichung (5.6) aus den Devisenkursen $d$=4,00 DM/\$ und $d'$=3,66 DM/\$, die den oben genannten Wechselkursen $w$ und $w'$ entsprechen. Es gilt also:

Satz 5.2: *Bei der Kursänderung einer Währung ist der Aufwertungssatz (oder aber: Abwertungssatz) dieser Währung verschieden von dem damit implizierten Abwertungssatz (oder aber: Aufwertungssatz) aller Auslandswährungen.*

[18] Errechnet nach: Statistische Beihefte [5.35], Februar 1976, S. 10.

Der Zusammenhang zwischen den Sätzen $\varphi$ und $\delta$ ergibt sich durch Einsetzen von $w=1/d$ und $w'=1/d'$ gemäß Gleichung (5.4) in Gleichung (5.5) und Eliminierung von $d/d'$ gemäß Gleichung (5.6) zu

$$\varphi=\frac{-\delta}{1+\delta} \quad \text{und} \quad \delta=\frac{-\varphi}{1+\varphi}. \tag{5.7}$$

Die mit der Aufwertung der heimischen Währung einhergehende Verbilligung aller Auslandswährungen bedeutet bei ungeänderten Auslandspreisen in Auslandswährung eine Preissenkung für Auslandsgüter, gerechnet in Inlandswährung. Es sind diese Verschiebungen der relativen Preise für In- und Ausländer, von denen die Hauptwirkungen von Kursänderungen ausgehen.

3. **Der Außenwert einer Währung.** Der Wert einer Währung im eigenen Land, ihr *Binnenwert,* ergibt sich aus den inländischen Güterpreisen. Bestehen zwei oder mehr Länder mit unterschiedlichen Währungen nebeneinander, gibt es daneben in bezug auf jedes andere Land einen *Außenwert* der Währung, gemessen an ihrer Kaufkraft im Ausland. Der Außenwert hängt von den Preisen im Ausland und zusätzlich vom Währungskurs ab. Seine zeitliche Entwicklung hat um so größere Bedeutung für ein Land, je enger dessen wirtschaftliche Verflechtung mit anderen Ländern ist. Werden beispielsweise in zwei Ländern ähnliche Güter hergestellt, deren Belastung mit Transport- und Grenzübergangskosten im Vergleich zu den Ab-Werk-Preisen nicht zu hoch ist, entsteht zwischen ihren Anbietern Wettbewerb mit der Folge, daß sich die Preise aneinander angleichen: In solchen Fällen existiert ein *internationaler Preiszusammenhang.*

Der Außenwert einer Währung im Verhältnis zu einer anderen wird am einfachsten durch die zeitliche Entwicklung des Wechselkurses $w$ gemessen. Der durchschnittliche Wechselkurs $w^0$ einer Basisperiode wird gleich 100 gesetzt, und für die zukünftigen Perioden $t$ ($t=1, 2, \ldots$) werden Meßzahlen $w^t/w^0$ (vgl. S. 139) errechnet. Im Zahlenbeispiel des vorigen Abschnitts würde man den Wechselkurs 0,3525 \$/DM vom April 1973 gleich 100 setzen und aus der Division des Kurses 0,4135 \$/DM vom Dezember 1982 durch den eben genannten die Meßzahl 117, entsprechend einer Aufwertung der D-Mark um 17 v. H., ermitteln.

Bei der Berechnung der zeitlichen Entwicklung des durchschnittlichen Außenwerts gegenüber einer Gruppe von Ländern entsteht das Problem der Gewichtung. Da der Außenwert einer Währung, wie eingangs gesagt, ein anderer Ausdruck für ihre Kaufkraft in bezug auf Auslandsgüter ist, liegt es nahe, die Bedeutung einer fremden Währung relativ zur eigenen am Umfang des Außenhandels mit dem betreffenden Land zu messen. Das einfachste Verfahren ist dann die arithmetische Mittelung, so daß die Messung in drei Schritten wie folgt vorgenommen wird:

(1) Berechne für die $n$ Länder der betrachteten Gruppe $n$ Meßzahlen $m_i=w_i^t/w_i^0$ für die bilateralen Außenwerte der heimischen Währung, worin $w_i^0$ der Wechselkurs gegenüber Land $i$ in der Basisperiode 0, $w_i^t$ der Kurs in der Berichtsperiode $t$ und $i=1\ldots n$ ist.

Beispiel: Es sei $n=3$, die Länder seien die drei bedeutendsten Handelspartner der Bundesrepublik 1980, nämlich Frankreich, die Niederlande und Italien. Zu berechnen sei die gewogene Änderung des DM-Außenwerts gegenüber diesen Ländern vom Basisjahr 1980 bis 1982. Die jahresdurchschnittlichen Wechselkurse waren 1980: 2,3249 FF/DM, 1,0934 hfl/DM und 470,81 Lit/DM; 1982: 2,7031 FF/DM, 1,1001 hfl/DM und 556,793 Lit/DM.[19] Hieraus erhält man als bilaterale Außenwert-Meßzahlen 116,27, 100,61 und 118,26.

(2) Berechne die Anteile $a_i$ $(i=1\ldots n)$ der $n$ Länder am Gesamtvolumen des Außenhandels mit der Ländergruppe.

Die Außenhandelsvolumina (=Einfuhr+Ausfuhr) in bezug auf die drei Länder betrugen im Basisjahr 1980: Frankreich 83,2 Mrd. DM, Niederlande 72,4 Mrd. DM, Italien 57,0 Mrd. DM, zusammen 212,6 Mrd. DM. Die Anteile waren demnach $a_1=0{,}3913$, $a_2=0{,}3405$ und $a_3=0{,}2681$.

(3) Berechne die gewogene Änderung des Außenwerts vom Basis- zum Berichtsjahr gemäß der Formel

$$\text{Änderung des Außenwerts} = \sum a_i m_i, \qquad \text{worin} \quad i=1\ldots n, \qquad \sum a_i = 1.$$

Dies ergibt im Beispiel den *Außenwert-Index* 111,46 oder eine durchschnittliche Aufwertung der D-Mark gegenüber den drei Ländern um knapp elfeinhalb Prozent.

Die arithmetische Mittelung neigt dazu, die Änderungstendenz, bei der D-Mark bisher also die Aufwertung, mit wachsendem Abstand vom Basisjahr zu überzeichnen.[20] Die Bundesbank ging daher 1979 zu einer geometrischen Mittelung gemäß der Formel

$$\text{Änderung des Außenwerts} = \prod m_i^{a_i}, \qquad \text{worin} \quad i=1\ldots n, \qquad \sum a_i = 1,$$

über. Dieses Verfahren ergibt im Zahlenbeispiel eine durchschnittliche Aufwertung um 11,13 v. H. und damit einen angesichts des kurzen zeitlichen Abstands nur geringfügig niedrigeren Wert.

Die Bundesbank berechnet und veröffentlicht die Entwicklung des nominalen Außenwerts der D-Mark im Vergleich zum Basisjahr 1972 gegenwärtig bilateral gegenüber 15 einzelnen wichtigen Währungen und als gewogenes geometrisches Mittel gegenüber

- den Währungen der am Europäischen Währungssystem beteiligten Länder (vgl. übernächsten Abschnitt);
- den 17 Ländern, deren Währungen gegenwärtig amtlich an der Frankfurter Devisenbörse notiert werden;
- den 23 wichtigsten Handelspartnern der Bundesrepublik. Bei diesen handelt es sich um die OECD-Länder ohne Neuseeland und Island, zuzüglich Jugoslawien, Hongkong und Südafrika.

Zugrunde gelegt werden die Kassakurse, Wägungsschema ist zur Zeit das Außenhandelsvolumen im Durchschnitt der Jahre 1978 bis 1980. Auf die 23 Länder entfielen damals 77,6 v. H. des gesamten Außnhandelsvolumens der Bundesrepublik.

Wie eingangs gesagt, hängt die Kaufkraft der Währungseinheit im Ausland sowohl vom Währungskurs als auch von der dortigen Preisentwicklung ab. Der *reale*

---

[19] Angaben nach: Bbk-Monatsbericht Dezember 1983, S. 75*, 80*.

[20] Zur Berechnung ... [5.39], S. 23.

*Außenwert* (im Gegensatz zu dem bisher betrachteten nominalen) etwa der D-Mark gegenüber der italienischen Lira ist dann so zu errechnen, daß neben der nominalen Aufwertung der D-Mark auch noch die Differenz zwischen der Preissteigerung in Italien und der in der Bundesrepublik berücksichtigt wird. Die Entwicklung dieses um den Unterschied in der Zunahme der Verbraucherpreise bereinigten Außenwerts gegenüber 14 Industrieländern wird ebenfalls von der Bundesbank ermittelt und bekanntgegeben.

**4. Internationale Währungssysteme.** Eine Regierung kann gegenüber dem Kurs ihrer Währung im wesentlichen eine von zwei Haltungen einnehmen: Sie kann versuchen, ihm gegenüber einigen oder allen Auslandswährungen einen bestimmten Wert zu geben oder ihn in der Nähe eines solchen zu halten; oder sie kann ihn dem Spiel der Markteinflüsse überlassen und ihn daher frei schwanken lassen. Vor- und Nachteile beider Verfahren werden in Währungstheorie und -politik erörtert; nachstehend werden nur einige ihrer Einzelheiten beschrieben.

Das erstgenannte Verfahren bildete einen der Eckpfeiler des Abkommens über den Internationalen Währungsfonds (vgl. S. 212, Anm. 7). Nach dessen Art. IV wurde für jede Währung ein *Paritätskurs* festgelegt, der in Gramm Gold oder in US-Dollar gemäß dessen Goldparität vom 1. Juli 1944 je Währungseinheit definiert war. Hieraus ergab sich ein Netz von Wechselkursen zwischen den Währungen aller Mitgliedsländer, und jedes Land hatte dafür zu sorgen, daß sich die auf seinen Devisenmärkten tatsächlich gezahlten Kurse innerhalb von Bereichen hielten, die durch einen bestimmten Prozentsatz ober- und unterhalb des Paritätskurses definiert waren. Einen solchen zulässigen Schwankungsbereich nennt man eine *Bandbreite* und spricht von einem *bandfixierten Währungskurs.* Beispielsweise setzte die Bundesregierung am 21. Dezember 1971 einen „Leitkurs" von 3,2225 DM/$ und eine Bandbreite von ± 2,25 v. H. gleich 0,0725 DM/$ fest, so daß diese von 3,1500 DM/$ bis 3,2950 DM/$ reichte.[21] Solange nun Exporteure und Importeure, Geschäftsbanken und andere private und öffentliche Wirtschaftssubjekte aus dem In- und Ausland untereinander Devisen handeln dürfen, solange also ein freier Devisenmarkt in einem Lande besteht, kann die zentrale Währungsbehörde den tatsächlichen Kurs ihrer Währung nur dadurch innerhalb der Bandbreite halten, daß sie je nach Lage als Käufer oder Verkäufer von Devisen auftritt. Wurden etwa auf dem deutschen Devisenmarkt ständig mehr US-Dollar angeboten als nachgefragt, so mußte der Devisenkurs des Dollars fallen. Wurde dabei die Grenze von 3,15 DM/$ erreicht, so konnte die Bundesbank ein weiteres Absinken des Kurses nur dadurch verhindern, daß sie Dollars kaufte. Überwog anderseits die Nachfrage nach Dollars auf dem Devisenmarkt das Angebot, so stieg sein Devisenkurs. Erreichte er den Wert von 3,295 DM/$, so mußte die Bundesbank bei andauernder Mehrnachfrage Dollars aus ihren Beständen verkaufen, um ein weiteres Steigen zu verhindern. Jede solche Tätigkeit der Währungsbehörde heißt eine *Intervention* auf dem Devisenmarkt, die beiden Kurse, die die Bandbreite begrenzen, heißen *Interventionspunkte.*

---

[21] Bulletin des Presse- und Informationsamtes der Bundesregierung, Bonn, abgedruckt in: Deutsche Bundesbank [I.17], Nr. 106 vom 27. 12. 1971.

Das IWF-Abkommen sah die Möglichkeit von Paritätsänderungen mit festem Auf- oder Abwertungssatz in Fällen vor, in denen Angebot an und Nachfrage nach Devisen dauerhaft nur zu Kursen außerhalb der geltenden Bandbreiten ausgeglichen werden konnten. Tatsächlich nahm die Zahl der Paritätsänderungen im Laufe der Zeit zu[22], und im März 1973 wurde das System bandfixierter Kurse im Verhältnis des US-Dollars zur D-Mark und vielen anderen Währungen aufgegeben. Statt dessen herrscht nunmehr das zweitgenannte Verfahren, bei dem keine Interventionspflicht einer Währungsbehörde mehr besteht. Man spricht dann von einem *flexiblen Währungskurs* oder von „Floating". Der Kurs bildet sich frei aus dem Devisenangebot, das von Güterexporteuren, Kapitalimporteuren und Empfängern ausländischer Transferzahlungen stammt, und aus der Devisennachfrage, die von Güterimporteuren, Kapitalexporteuren und solchen Inländern ausgeübt wird, die Transferzahlungen an das Ausland in Auslandswährung zu leisten haben. Allerdings ist es auch bei frei schwankendem Kurs üblich, daß Währungsbehörden intervenieren, um beispielsweise Kurssprünge zu verhindern oder um den Kurs in der Nähe eines angestrebten Wertes zu halten. Liegt jedoch eine solche Absicht nicht vor oder läßt sie sich nicht verwirklichen, so können sich schon mittelfristig, das heißt innerhalb von einem Jahr bis zu etwa vier Jahren, bedeutende Verschiebungen in den Währungskursrelationen ergeben. So sank etwa der Devisenkurs des britischen Pfund Sterling von 7,046 DM/£ im April 1973 auf 4,080 DM/£ im April 1977, und der Kurs der italienischen Lira sank während derselben Zeit von 4,822 DM/1000 Lit auf 2,675 DM/1000 Lit, was Abwertungssätzen von 42,1 v.H. und 44,5 v.H. entspricht. Einer der Hauptgründe dafür sind unterschiedliche Raten der Preissteigerung in den beteiligten Ländern. Steigen in einem Land die Preise schneller, so verteuern sich die Exportgüter dieses Landes im Ausland, und heimische Güter werden durch billiger werdende Importgüter ersetzt. Der sinkende Export führt zu einem Rückgang des Devisenangebots, der steigende Import zu verstärkter Devisennachfrage. Beides tendiert dazu, den Devisenkurs des betrachteten Landes zu erhöhen, bedeutet also eine Tendenz zur Währungsabwertung. Hinzu kommt das Bestreben mancher Inländer, Vermögen in der Hoffnung auf eine Abwertung der eigenen Währung in Auslandswährung zu halten, was deren Kurs weiter steigert. Schließlich gehen unter den heutigen Bedingungen bedeutende Einflüsse auf die Währungskurse von internationalen Zinsdifferenzen aus. Anlagesuchende Geldbeträge strömen in Hochzinsländer, was Nachfrage nach deren Währungen bedeutet und damit zu deren Aufwertung führt.

5. **Das Europäische Währungssystem.** Ein System fester Währungskurse mit Bandbreiten kann auch regional praktiziert werden. Es war und ist eines der wichtigsten Ziele der Europäischen Gemeinschaften, durch Abschaffung der Zölle und anderer Handelshemmnisse bei grundsätzlich fixierten Währungskursrelationen den freien Handel und Wettbewerb in einem gemeinsamen Markt zu fördern. Im Zuge der entsprechenden Versuche, die EG zu einer Wirtschafts- und Währungsunion weiterzuentwickeln, wurde im April 1972 der *Europäische Wechselkursverbund* geschaffen. Er be-

---

[22] Von Anfang 1971 bis Mitte 1973 zählte die Bundesbank rund 180 Paritätsänderungen bei den Mitgliedsländern des IWF. Bbk-Monatsbericht September 1973, S. 45.

Tabelle 5.4 – *Währungseinheit und Leitkurse im Europäischen Währungssystem*

| Währung | Betrag der Währung | Leitkurs Währungseinheiten je ECU | Anteil der Währung v. H. | Leitkurs DM je 100 Währungseinheiten | |
|---|---|---|---|---|---|
| | am 13. 3. 1979 | | | | ab 21. 3. 1983 |
| (1) | (2) | (3) | (4) | (5) | (6) |
| Deutsche Mark | 0,828 | 2,51064 | 33,0 | – | – |
| Pfund Sterling | 0,0885 | 0,663247 | 13,3 | (379,1) [a] | (358,9) [a] |
| Französischer Franc | 1,15 | 5,79831 | 19,8 | 43,2995 | 32,6107 |
| Italienische Lira | 109,00 | 1148,15 | 9,5 | 0,218668 | 0,159733 |
| Holländischer Gulden | 0,286 | 2,72077 | 10,5 | 92,2767 | 88,7526 |
| Belgischer Franc | 3,66 | } 39,4582 | 9,6 | 6,36277 | 4,99288 |
| Luxemburgischer Franc | 0,14 | | | | |
| Dänische Krone | 0,217 | 7,08592 | 3,1 | 35,4313 | 27,5375 |
| Irisches Pfund | 0,00759 | 0,662638 | 1,2 | 378,886 | 308,925 |

[a] Marktkurse (Kassa-Mittelkurse) im Monatsdurchschnitt März 1979, März 1983.

Quelle: Das Europäische Währungssystem ... [5.43], S. 12, 14. Bbk-Monatsbericht April 1979, S. 77*; April 1983, S. 7, 80*.

stand in der Vereinbarung, die Bandbreiten für Kursschwankungen der Mitgliedswährungen unter sich enger zu fassen als gegenüber den Währungen von Nichtmitgliedern, insonderheit gegenüber dem US-Dollar. Das bis heute nicht erreichte Endziel war, die Bandbreiten ganz zu beseitigen und eine europäische Einheitswährung zu schaffen. Da der engere Schwankungsbereich der Mitgliedswährungen gegenüber dem US-Dollar graphisch einer in einem Tunnel kriechenden Schlange ähnelte, sprach man damals von der „Währungsschlange".

Der Europäische Wechselkursverbund blieb nach der Kursfreigabe gegenüber dem US-Dollar im März 1973 bestehen und wurde am 13. März 1979 vom *Europäischen Währungssystem* (EWS) abgelöst. Teilnehmer sind die EG-Länder, jedoch beteiligt sich Großbritannien nicht an Interventionen auf den Devisenmärkten. Angelpunkt des Systems ist die *Europäische Währungseinheit* ECU (European Currency Unit, auch wegen des Anklangs an französisch écu=Taler so genannt). Sie ist durch einen *Währungskorb* definiert, dessen Zusammensetzung in Tabelle 5.4 gezeigt ist. Die einzelnen Beträge in Spalte (2) wurden nach den Anteilen der Länder am innereuropäischen Handel, den Sozialprodukten und dem Ausmaß der Beistandsverpflichtungen festgelegt. Aus den sich danach ergebenden *Leitkursen* gegenüber der ECU in Spalte (3) errechnet sich das Gitter der zweiseitigen (bilateralen) Leitkurse jeder Mitgliedswährung gegenüber jeder anderen, die in Spalte (5) in bezug auf die DM zum Zeitpunkt der Einführung des Systems wiedergegeben sind. Außerdem ist die ECU Recheneinheit und Zahlungsmittel bei Abrechnungen innerhalb des EWS, wie sie nach Interventionen auf den Devisenmärkten notwendig sind. Zu diesen Interventionen haben sich die Zentralbanken der Mitgliedsländer in kurzfristig jeweils unbegrenzter

Höhe verpflichtet, um die Währungskurse innerhalb der Interventionspunkte von ± 2,25 v. H. der bilateralen Leitkurse (Italien: ± 6 v. H.) zu halten. Die Abrechnung wird über den Europäischen Fonds für währungspolitische Zusammenarbeit (vgl. S. 220) vorgenommen.

Die ursprünglich festgelegten Leitkurse konnten in der Folgezeit angesichts unterschiedlicher Inflationsraten und sonstiger Divergenzen in der wirtschaftlichen Entwicklung der Mitgliedsländer nicht beibehalten werden. Bis zum 21. März 1983 wurden Leitkurse insgesamt siebenmal geändert (in der Sprache der Währungsbehörden: Es wurden „Realignments" vorgenommen), so daß sich der in Spalte (6) gezeigte heutige Stand ergab. Danach war die DM gegenüber allen anderen Mitgliedswährungen aufgewertet worden.

**6. Internationale Rohstoff-Preisindizes.** Die Bundesrepublik Deutschland ist als hochentwickeltes, aber an Bodenschätzen relativ armes Land auf die ständige Einfuhr einer größeren Zahl von Rohstoffen mineralischer, pflanzlicher und tierischer Herkunft angewiesen. Viele von ihnen werden international gehandelt. Für diese *Welthandelsgüter* bilden sich *Weltmarktpreise,* von deren Änderungen bei entsprechendem Umfang der Ein- oder Ausfuhren beträchtliche Einflüsse auf die inländischen Preisniveaus der Verbraucher- wie der Erzeugerländer ausgehen. Bekanntestes Beispiel ist seit Anfang der siebziger Jahre das Rohöl, dessen Weltmarktpreis sich innerhalb von zehn Jahren vervierzehnfachte, was mit einer Verneunfachung des DM-Preises auf das Inlandspreisniveau der Bundesrepublik durchschlug[23] (vgl. auch S. 77). Das Statistische Bundesamt berichtet laufend über die Preisentwicklung von rund drei Dutzend Welthandelsgütern. Einige der derzeit gebräuchlichen Indizes, mit denen die Preisentwicklung auf den Weltrohstoffmärkten gemessen wird, sind die folgenden:

(1) *HWWA-Index.* Dieser vom HWWA-Institut für Wirtschaftsforschung (vgl. unten, Anhang II) seit 1954 veröffentlichte Index mißt gemäß der Formel von Laspeyres die Preisentwicklung von 31 Rohstoffen[24], die für die Importe der Industrieländer wichtig sind. Wägungsschema sind die Importwerte der Jahre 1974–1976 in Preisen von 1975. Basisjahr für die insgesamt 48 Preise ist das Jahr 1975, wobei deren Notierungen in US-Dollar herangezogen werden. Im Wägungsschema hat das Rohöl mit 57,7 v. H. den weitaus größten Anteil; Nahrungsrohstoffe machen 15,9 v. H., Industrierohstoffe 20,9 v. H. aus. Edelmetalle sind nicht vertreten, wohl aber – im Gegensatz zu den nachstehend genannten Indizes – Energierohstoffe. Die 31 Güter bestritten dem Wert nach drei Viertel der Rohstoffeinfuhren der westlichen Industrieländer in der Basisperiode. Der Index stieg von 1970 = 31,9 auf 225,0 im Dezember 1982[25], vor allem wegen der beiden Preisschübe für Rohöl 1973 und 1978.

(2) *Reuters Warenindex.* Dieser Index registriert auf der Basis des 18. September 1931 = 100 die in Pfund Sterling notierten Preise von 17 Waren. In seinem Wägungsschema haben Weizen mit 14 v. H., Kaffee mit 11 v. H., Baumwolle (13 v. H.), Wolle (11 v. H.) und Kupfer (9 v. H.) die relativ größte Bedeutung.

---

[23] Weltmarktpreise für arabisches Rohöl im Jahresdurchschnitt 1972: 2,36 US-$/Faß; 1982: 34,00 $/Faß. Einfuhrpreise cif Nordseehäfen 1972: 71,71 DM/t; 1982: 646,20 DM/t. Der Unterschied erklärt sich aus der Aufwertung der D-Mark gegenüber dem US-Dollar während des betrachteten Zeitraums. Stat. Jb. BRD 1975, S. 456, 668; 1983, S. 516, 714.

[24] Angaben nach Timm [5.48].

[25] Intereconomics [II.11], 19. Jg. H. 1, Januar/Februar 1984, S. 48.

(3) *Moodys Index der Stapelgüter.* Der von einem amerikanischen Privatunternehmen berechnete Index enthält 15 an amerikanischen Warenbörsen gehandelte Nahrungsmittel- und Industrierohstoffe. Basis ist der 31. 12. 1931, die in US-Dollar notierten Preise werden zu einem gewogenen arithmetischen Mittel zusammengefaßt. Wägungsschema sind (vermutlich) die Umsätze der Güter an drei amerikanischen Warenbörsen im Jahre 1931. Angesichts der kleinen Zahl von Waren ist der Moody-Index ebenso wie der Reuter-Index wenig repräsentativ.
(4) *Der NIESR-Warenpreisindex.* Der Index wird vom Londoner National Institute of Economic and Social Research berechnet und seit 1959 monatlich in dessen Zeitschrift „National Institute Economic Review" veröffentlicht. Er zeigt auf US-Dollarbasis die Preisentwicklung wichtiger von Entwicklungsländern produzierter und exportierter Rohstoffe und ist daher in erster Linie ein Indikator für Exporterlöse und Leistungsbilanzsituation dieser Länder. Basisperiode für die Preise sind die Jahre 1968–1970, wobei 66 Preise von 56 Waren arithmetisch mit Hilfe eines Wägungsschemas gemittelt werden, das aus den Exporten der betrachteten Waren in diesen Jahren abgeleitet ist.[26]

7. **Außenhandelspreise und das Realtauschverhältnis.** Wichtig ist ferner zu wissen, wie sich die Preise der Einfuhr und der Ausfuhr eines Landes entwickeln. Importe werden zum Teil als Vorleistungen in heimischen Produktionsprozessen eingesetzt, zum Teil bestehen sie aus dauerhaften Produktionsmitteln und aus Konsumgütern. Ihre Preise werden von den Verhältnissen in anderen Ländern oder auf dem Weltmarkt bestimmt und sind damit dem Einfluß wirtschaftspolitischer Maßnahmen des importierenden Landes weitgehend entzogen, bilden aber einen wichtigen Bestimmungsfaktor für das heimische Preisniveau. Auf der anderen Seite spiegeln sich das heimische Exportangebot, Nachfrage- und Wettbewerbsverhältnisse auf dem Weltmarkt in den Exportpreisen wider. Nach dem Verhältnis dieser Preise zu den im Inland erzielbaren richtet sich unter anderem der Export eines Landes.

Das Statistische Bundesamt berechnet und veröffentlicht hierzu monatlich mehrere Preisindizes[27], aus deren Kombination (in abgewandelter Form) sich eine wichtige volkswirtschaftliche Maßzahl ergibt. Der *Index der Einfuhrpreise* und der *Index der Ausfuhrpreise* werden zur Zeit auf Basis 1980 berechnet. Wägungsschemata sind die Ein- und Ausfuhrwerte der in Frage kommenden Sachgüter in diesem Jahr. Nicht erfaßt werden Dienstleistungen, der Handel mit der DDR sowie mit einigen Gütern, bei denen wie bei Schiffen und Luftfahrzeugen Preise schwierig zu bestimmen sind. Die Preise werden monatlich bei einer Anzahl repräsentativer Unternehmen, bei Welthandelsgütern anhand der internationalen Berichterstattung ermittelt. Die Einfuhrpreise werden cif, die Ausfuhrpreise fob (vgl. S. 206) vor Berücksichtigung öffentlicher Einfuhrabgaben aller Art erhoben. Soweit solche Abgaben wie die Abschöpfungen der EG preisstabilisierend wirken, hat dies zur Folge, daß die Einfuhrpreisindizes Schwankungen melden, die die Inlandsmärkte nicht erreichen. Da die Preise in DM notiert werden, wirken auch Änderungen von Währungskursen auf die Außenhandelspreisindizes ein. Einbezogen sind beim Preisindex der Einfuhr rund 5800 Preisrei-

---

[26] Vgl. National Institute Economic Review No. 63, Februar 1973, S. 88–90.
[27] Für Einzelheiten vgl. WALTER [5.49].

hen, bei der Ausfuhr 6100 Reihen. Beide Indizes werden in mehreren Gliederungen dargeboten, unter anderem

- nach den Warengruppen der Außenhandelsstatistik. Dabei wird nach Ernährungsgütern tierischen und pflanzlichen Ursprungs und Gütern der gewerblichen Wirtschaft gegliedert, die in Rohstoffe, Halb- und Fertigwaren unterteilt sind;
- nach der vorwiegenden Verwendungsart (Grundstoffe, Investitions-, Verbrauchsgüter, Zubehör und Teile);
- nach Hauptverbrauchssektoren (Güter für die Landwirtschaft, die Industrie und für den privaten Verbrauch);
- nach dem produktionswirtschaftlichen Zusammenhang. Hier wird eine Gliederung nach Industrien wie in Input-Output-Tabellen vorgenommen. Das ermöglicht es insbesondere, die Preisentwicklung einzelner Arten von Einfuhrgütern mit den Preisen der im Inland hergestellten konkurrierenden Güter zu vergleichen.

Die erwähnte volkswirtschaftliche Maßzahl ergibt sich aus folgender Überlegung. Angenommen, ein Land wie die Bundesrepublik exportiere als einziges Gut Personenkraftwagen zum Preis von 10 000,– DM frei Grenze und importiere lediglich Bananen für 0,50 DM je Kilogramm. Der Außenhandel kann dann als Tauschgeschäft aufgefaßt werden, dessen Bedingung lautet: Es wird jeweils ein Auto gegen 20 t Bananen getauscht. Man nennt den Quotienten

$$\frac{10\,000 \text{ DM/Auto}}{0{,}50 \text{ DM/kg Bananen}} = \frac{20\,000 \text{ kg Bananen}}{\text{Auto}} \tag{5.8}$$

das *Realtauschverhältnis* (auch: *Terms of Trade*). Bei dieser Maßzahl ist wie bei vielen anderen nicht der absolute Betrag, sondern ihre Entwicklung im Zeitablauf interessant. Steigt etwa der Verkaufspreis für Autos auf 11 000 DM, während der Bananenpreis unverändert bleibt, dann werden nunmehr 22 000 kg Bananen gegen ein Auto getauscht. Das Bananen-Exportland muß mehr Bananen und damit Produktionsfaktoren aufwenden, um ein Auto zu erhalten; das Auto-Exportland erhält für den gleichen Faktoreinsatz mehr realen Gegenwert.

Da in Wirklichkeit sehr viele verschiedene Waren ein- und ausgeführt werden, muß auch hier mit Indizes gearbeitet werden. Anstelle der Preisindizes benutzt man in der Praxis häufig *Indizes der Durchschnittswerte* der Aus- und Einfuhr. Der Unterschied zu Preisindizes läßt sich am Beispiel der Ware „Rohkaffee" deutlich machen. Rohkaffee wird aus mehreren lateinamerikanischen und afrikanischen Ländern in wechselnden Qualitäten und Mengen zu im Zeitablauf schwankenden Preisen in die Bundesrepublik importiert. In den Einfuhrpreisindex gehen zur Zeit drei Dutzend Preisreihen für die verschiedenen Qualitäten ein, und er beantwortet als Laspeyres-Index die Frage „Um wieviel Prozent würden sich die Ausgaben für den Kaffeeimport heute gegenüber den Ausgaben im Basisjahr geändert haben, wenn man die Mengen und Qualitäten des Basisjahres zu den heutigen Preisen einkaufen würde?" Für die Berechnung des Realtauschverhältnisses sind aber gerade die ständig wechselnden tatsächlich importierten Mengen in jedem Vergleichsjahr wichtig, so daß er als Paasche-Index konstruiert werden muß. Bei einem gewöhnlichen Paasche-Preisindex nach Formel (3.30) S. 143 wird jedoch das Wägungsschema des Vergleichsjahres auf das Basisjahr übertragen, so daß Verschiebungen innerhalb der Anteile der einzelnen Qualitäten im Zeitablauf von einem solchen Index nicht registriert werden. Dieser Nachteil wird vermieden, wenn man in den Paasche-Index anstelle der Preise $p$ Durchschnittswerte $\bar{p}$ einsetzt, die sich bei Rohkaffee dadurch errechnen, daß man den Gesamtwert der Rohkaffee-Einfuhr des betrachteten Jahres durch die eingeführte Gesamtmenge ohne Rücksicht auf deren qualitative Zusammensetzung dividiert. Das Verfahren ist zwar vom Standpunkt einer klaren Begriffsbildung bedenklich – während man sich unter einer Tonne des so errechneten „Durchschnittskaffees" noch ein Kaffeegemisch vorstellen kann, versagt die Vorstellungskraft gegenüber einem „Durchschnittsautomobil" –, erbringt aber rechnerisch den gewünschten Effekt. Der Index der Durchschnittswerte für die Einfuhr und der auf gleiche Weise gebildete Durchschnittswertindex für die Ausfuhr werden somit nach der Formel

$$\frac{\sum \bar{p}^i q^i}{\sum \bar{p}^0 q^i} \tag{5.9}$$

errechnet, worin $\bar{p}^i = \sum p^i q^i / \sum q^i$ und $\bar{p}^0 = \sum p^0 q^0 / \sum q^0$ die Durchschnittswerte in den Zeiträumen $i$ und 0 sind.

Setzt man die Indizes der Durchschnittswerte nach dem Vorbild des Quotienten (5.8) zueinander in Beziehung – wenn nur je ein homogenes Gut aus- und eingeführt wird, sind ja die Durchschnittswerte mit den Preisen identisch – erhält man das statistische Maß für das Realtauschverhältnis. Erhöht sich dieses im Zeitablauf, etwa weil die Exportpreise bei Konstanz der Importpreise zunehmen oder stärker steigen als diese, dann bedeutet dies, daß das Land bei einem gegebenen Stand des Saldos seiner zusammengefaßten Handels- und Dienstleistungsbilanz real weniger Güter zu exportieren braucht, um diesen Stand beizubehalten. Da entsprechend mehr Güter im Inland allgemein mit einem höheren Wohlfahrtsniveau gleichgesetzt werden, sagt man, das Realtauschverhältnis habe sich für das betreffende Land verbessert. Beispielsweise verbesserte sich das Realtauschverhältnis für die Gruppe der größeren Ölexportländer, wenn man seinen Wert 1975 = 100 setzt, von 33 im Jahre 1970 auf 190 im Jahre 1982.[28]

**8. Die internationale Handelsverflechtung.** Der Welthandel insgesamt läßt sich als Netz von Güterströmen sehen, die Jahr für Jahr zwischen den Ländern der Erde fließen. Auch hier ist eine Matrixtabelle das geeignete Instrument zur Darstellung dieser Verflechtung. Die Länder der Erde sind in Tabelle 5.5 in drei Gruppen und damit ähnlich wie in Bild 5.3 eingeteilt (vgl. S. 215). Einige Charakteristika des Welthandels lassen aus ihr wie folgt ablesen:

- Der Welthandel erreichte 1981 den Wert von rund zwei Billionen US-Dollar und wurde zu zwei Dritteln von den entwickelten Marktwirtschaftsländern bestritten, die der Bevölkerungszahl nach nur eine Minderheit darstellen, aber hohe Sozialprodukte je Kopf aufweisen;
- Allein ein knappes Drittel des Welthandels entfiel auf die zehn EG-Länder, die mehr als die Hälfte davon unter sich abwickelten – ein Zeichen, daß die 1957 gegründete ehemalige Europäische Wirtschaftsgemeinschaft, die jetzige EG, eines ihrer Hauptziele, einen gemeinsamen Markt zu schaffen, erreicht hat;

[28] United Nations Conference . . . [5.20], S. 58.

- Innerhalb der sozialistischen Länder besteht ebenfalls eine starke Handelsverflechtung; jedoch exportieren die Vereinigten Staaten allein mehr als alle diese Länder zusammen;
- Die OPEC-Länder errangen durch die Preiserhöhungen für ihr Produkt ab 1973 eine so starke Stellung, daß der Wert ihrer Exporte den der zahlreichen anderen Entwicklungsländer übertraf.

Statistiken solcher Art werfen jedoch erhebliche Probleme der Genauigkeit auf. Die in der letzten Spalte ausgewiesenen Gesamtexporte sind durchweg höher als die Summen der den Importländern zugeordneten Teilmengen, da nicht bei allen Exporten das Bestimmungsland festgestellt werden kann. Die Angaben sind in mancherlei Hinsicht bearbeitet: Goldtransaktionen wurden ausgeschlossen, Schätzungen für Länder und Territorien ohne offizielle Angaben hinzugefügt, Angaben auf das Kalenderjahr umgerechnet. Die Tabelle basiert auf Exportstatistiken, aber man würde eine große Überraschung erleben, stellte man sie in gleicher Gliederung aufgrund der Importstatistiken zusammen: Bei einem Vergleich würden sich erhebliche Diskrepanzen ergeben. Bis in die frühen siebziger Jahre wiesen die zusammengefaßten Leistungsbilanzen aller Länder jährliche Diskrepanzen von 2 bis 3 Mrd. US-Dollar auf, aber nach einer Zusammenstellung der Bundesbank[29] stieg die Diskrepanz 1980 auf 27 Mrd. $, 1981 auf 47 Mrd. $ gleich 2,4 v.H. des damaligen Weltexports (vgl. Tabelle 5.5) und 1982 auf 93 Mrd. $. In einer anderen Untersuchung wurden für 1980 Diskrepanzen beim Handel von 39 Mrd. $, bei den Transportleistungen von 33 Mrd. $ und bei öffentlichen Transferleistungen von 17 Mrd. $ festgestellt.[30] Generell gilt für diese Zahlen, daß sie Nettogrößen sind, hinter denen sich, in absoluten Werten gerechnet, noch weit größere Unstimmigkeiten verbergen können. Die wichtigsten Gründe für diese sind:

- In den meisten Statistiken werden Importe cif statt fob bewertet (vgl. S. 206), und die Umbewertung führt zu Ungenauigkeiten;
- Zwischen der Erfassung von Warenströmen als Exporte und als Importe liegen schon wegen des Transports und der Zollabfertigung zeitliche Verzögerungen, sofern beide wie üblich im Augenblick des Grenzübertritts und nicht zur Zeit des Eigentumsübergangs registriert werden. Ein nennenswerter Teil des Welthandels ist dann zu jedem Zeitpunkt nur einseitig registriert und wird in jeweils verschiedenen Rechnungsperioden erfaßt. Wächst der Welthandel, so wachsen auch die Diskrepanzen;
- Das vom Exporteur genannte Bestimmungsland differiert in vielen Fällen von dem endgültigen Verbleibsland, das den Import registriert;
- Exporte wie Importe können von den Handelspartnern unterschiedlich bewertet und so zur Statistik gemeldet werden, etwa um Steuern zu vermeiden, Kapitalflucht zu ermöglichen oder (bei Ölexporten) nach außen hin vertraglich vereinbarte Preise ausweisen zu können;
- Auch Zahlungsbilanzstatistiker haben Bewertungsprobleme, etwa bei Nichtmarkttransaktionen oder bei der Wahl schwankender Währungskurse;

---

[29] Bbk-Geschäftsbericht 1982, S. 57.

[30] Veil [5.12], S. 47.

Tabelle 5.5 – *Der Welthandel 1981*
Mrd. US-Dollar

| Importländer / Exportländer | Entwickelte Marktwirtschaftsländer | | | | | |
|---|---|---|---|---|---|---|
| | EG[a] | EFTA[b] | Japan | Vereinigte Staaten | Sonstige | insgesamt |
| 1. Entwickelte Marktwirtschaftsländer | | | | | | |
| EG | 310,3 | 66,9 | 7,2 | 43,0 | 34,6 | 462,0 |
| EFTA | 54,8 | 16,1 | 1,5 | 5,9 | 5,4 | 83,7 |
| Japan | 18,9 | 4,0 | – | 39,0 | 12,2 | 74,1 |
| Vereinigte Staaten | 48,6 | 7,2 | 21,3 | – | 51,9 | 129,0 |
| Sonstige | 28,9 | 4,5 | 12,6 | 54,0 | 6,1 | 106,1 |
| insgesamt | 461,5 | 98,7 | 42,6 | 141,9 | 110,2 | 854,9 |
| 2. Sozialistische Länder | | | | | | |
| in Europa | 27,0 | 9,0 | 1,4 | 1,7 | 6,4 | 45,5 |
| in Asien | 2,5 | 0,3 | 5,2 | 1,9 | 0,5 | 10,4 |
| insgesamt | 29,5 | 9,3 | 6,6 | 3,6 | 6,9 | 55,9 |
| 3. Entwicklungsländer | | | | | | |
| OPEC-Länder | 79,8 | 7,5 | 50,7 | 47,6 | 17,8 | 203,4 |
| Sonstige | 51,8 | 5,0 | 25,7 | 66,4 | 15,4 | 164,3 |
| insgesamt | 131,6 | 12,5 | 76,4 | 114,0 | 33,2 | 367,7 |
| Alle Länder | 622,6 | 120,5 | 125,6 | 259,4 | 150,3 | 1278,4 |

[a] Europäische Gemeinschaften.
[b] Europäische Freihandelszone (European Free Trade Association: Färöer, Finnland, Island, Norwegen, Österreich, Portugal, Schweden, Schweiz).
Quelle: United Nations Conference . . . [5.20], S. 72–74.

- Das Problem der Aufnahme mancher Transaktionen in die Zahlungsbilanzstatistik wie auch das der Unterstellung von Transaktionen wird unterschiedlich gelöst;
- Manche Transaktionen werden über steuergünstige Länder oder Territorien geleitet, wo sie nicht registriert werden;
- Grundsätzlich sind alle Außenwirtschaftsstatistiken lückenhaft: Einnahmen, noch dazu solche aus dem Ausland, werden schon wegen diverser Steuerpflichten weniger vollständig gemeldet als Ausgaben; es gibt Bagatellgrenzen; und illegale Transaktionen entziehen sich der Erfassung;
- Diskrepanzen in Teilbilanzen entstehen aufgrund unterschiedlicher Definitionen oder Auffassungen über die Zuordnung gewisser Transaktionsarten in den beteiligten Ländern. Schon der Fall, daß die Regierung des einen Landes Transaktionen mit privaten Wirtschaftssubjekten des anderen unternimmt, wirft dieses Problem auf;

Tabelle 5.5 – *Fortsetzung*

| Sozialistische Länder | | | Entwicklungsländer | | | Alle Länder |
|---|---|---|---|---|---|---|
| in Europa | in Asien | insgesamt | OPEC-Länder | Sonstige | insgesamt | |
| 18,9 | 2,4 | 21,3 | 53,9 | 59,4 | 113,3 | 600,9 |
| 7,8 | 0,4 | 8,2 | 6,5 | 9,8 | 16,3 | 108,3 |
| 4,0 | 5,5 | 9,5 | 22,9 | 45,5 | 68,4 | 152,0 |
| 4,3 | 3,6 | 7,9 | 20,6 | 63,1 | 83,7 | 225,8 |
| 9,5 | 1,7 | 11,2 | 8,6 | 18,5 | 27,1 | 145,7 |
| 44,5 | 13,6 | 58,1 | 112,5 | 196,3 | 308,8 | 1232,7 |
| 82,1 | 4,4 | 86,5 | 6,3 | 19,3 | 25,6 | 159,4 |
| 2,5 | . | . | 1,9 | 10,4 | 12,3 | 25,3 |
| 84,6 | . | . | 8,2 | 29,7 | 37,9 | 184,7 |
| 3,7 | 0,2 | 3,9 | 3,8 | 64,3 | 68,1 | 276,6 |
| 13,6 | 4,2 | 17,8 | 20,4 | 60,5 | 80,9 | 269,4 |
| 17,3 | 4,4 | 21,7 | 24,2 | 124,8 | 149,0 | 546,0 |
| 146,4 | 22,4 | 168,8 | 144,9 | 350,8 | 495,7 | 1963,2 |

- Manche Angaben werden als Stichproben ermittelt und enthalten die für diese charakteristischen Fehler;
- Im Ölgeschäft, aber auch in anderen Wirtschaftsbereichen sind multinationale Unternehmen tätig, deren Aktivitäten nur schwierig einzelnen Ländern zuzuordnen sind.

## Literatur und statistische Quellen zum fünften Kapitel

### Zu Teil I:

Die internationale Vereinheitlichung der Zahlungsbilanzsystematik und -statistik ist das Verdienst des Internationalen Währungsfonds (IWF). Sein grundlegendes Handbuch gibt Anweisungen für die Aufstellung der Zahlungsbilanzen der Fondsmitglieder und erläutert die zugrunde liegenden Prinzipien:

[5.01] International Monetary Fund: Balance of Payments Manual. 1948, 4. Aufl. Washington, D. C., 1977. XV, 203 S.

Um die Vereinheitlichung der Außenhandelsstatistik hat sich das Statistische Amt der Vereinten Nationen gekümmert:

[5.02] Department of International Economic and Social Affairs, Statistical Office: International Trade Statistics. Concepts and Definitions. (=Statistical Papers, Series M No. 52, Rev. 1.) United Nations, New York 1982. II, 71 S.

Die dazugehörige Systematik ist das Internationale Warenverzeichnis für den Außenhandel SITC:

[5.03] Department of Economic and Social Affairs, Statistical Office: Standard International Trade Classification, Revision 2. (=Statistical Papers, Series M No. 34/Rev. 2.) United Nations, New York 1975. VIII, 102, 15 S.

Untersuchungen über Probleme der Zahlungsbilanzstatistik sind

[5.04] W. LEDERER: The Balance on Foreign Transactions: Problems of Definition and Measurement. Princeton 1963. 76 S.

[5.05] F. MACHLUP: The Mysterious Numbers Game of Balance-of-Payments Statistics. In: International Payments, Debts, and Gold. Collected Essays by F. MACHLUP. New York 1964, S. 140–166.

[5.06] The Balance of Payments Statistics of the United States. A Review and Appraisal. (Report of the Review Committee for Balance of Payments Statistics to the Bureau of the Budget.) Washington, D. C., 1965. XIII, 194 S.

[5.07] M. J. WASSERMAN/R. M. WARE: The Balance of Payments. History, Methodology, Theory. New York 1965. XI, 481 S.

[5.08] F. SCHOLL: Die Zahlungsbilanz. In: Umrisse einer Wirtschaftsstatistik. Hg. von A. BLIND. Hamburg 1966, S. 336–358.

[5.09] J. ALVES: Progress Toward Uniformity in Balance of Payments Presentation. IMF Staff Papers, Vol. 14, 1967, S. 541–568.

[5.10] F. BOCHUD: Zahlungsbilanz und Währungsreserven. Die Konzepte der Theorie und die Praxis. Basel u. a. 1970. IX, 151 S.

Die spezielle Frage der Diskrepanzen in den Außenwirtschaftsstatistiken beim Ländervergleich behandeln

[5.11] J. S. SMITH: Asymmetries and Errors in Reported Balance of Payments Statistics. IMF Staff Papers, Vol. 14, 1967, S. 211–234.

[5.12] E. VEIL: The World Current Account Discrepancy. In: OECD, Occasional Studies, Paris 1982, S. 46–63.

[5.13] Statistical Asymmetries in Global Current Account Balances. In: IMF (Hg.): World Economic Outlook. A Survey by the Staff of the International Monetary Fund. Washington, D. C., 1983, S. 161–167.

Die statistischen Büros der großen internationalen Organisationen sammeln laufend Angaben über Außenhandel und Zahlungsbilanzen ihrer Mitglieder und veröffentlichen die Ergebnisse in Jahrbüchern, zum Teil auch monatlich. Vom Internationalen Währungsfonds erscheint:

[5.14] International Monetary Fund: Balance of Payments Statistics. Vol. 33. Yearbook, Part 1, XVIII, 652 S. Part 2, V, 139 S. Washington, D. C., 1982.

Angaben über den internationalen Handel von zur Zeit 157 Ländern enthält

[5.15] International Monetary Fund: Direction of Trade Statistics, Yearbook 1983. Washington, D. C., 1983. XV, 424 S.

Umfassende Statistiken auch über Währungskurse und -reserven, Zinssätze, Geldbestände, Preise und andere Wirtschaftszahlen von zur Zeit 134 Ländern enthält die in 12 Monatsheften, einem Jahrbuch und Ergänzungsbänden erscheinende Publikation

[5.16] International Monetary Fund: International Financial Statistics. Prepared by the Bureau of Statistics of the International Monetary Fund. Washington, D. C., 1948 ff.

Die Organisation für wirtschaftliche Zusammenarbeit und Entwicklung (Organisation for Economic Co-operation and Development, OECD) veröffentlicht:

[5.17] Organisation for Economic Co-operation and Development: Balances of Payments of OECD Countries 1960–1977. Paris 1979. 235 S.

[5.18] Organisation for Economic Co-operation and Development: Statistics of Foreign Trade. Series A: Monthly; Series B: Annual. Country Summaries, 5 Bde, 1980–1981. Series C: Tables by Commodities, 2 Bde (Imports, Exports). Paris 1983.

Die jährliche Veröffentlichung über die Zahlungsbilanzen der EG-Mitglieder war zuletzt

[5.19] Statistical Office of the European Communities: Balances of Payments. Global Data 1971–1982. Luxemburg 1984. 89 S.

Die Handels- und Entwicklungskonferenz der Vereinten Nationen (United Nations Conference on Trade and Development, UNCTAD) gibt seit 1969 zu den Tagungen der Konferenz ein Handbuch heraus, das in den dazwischen liegenden Jahren durch Supplements auf dem neuesten Stand gehalten wird:

[5.20] United Nations Conference on Trade and Development: Handbook of International Trade and Development Statistics 1983. United Nations, New York 1983. XXI, 574, A 139 S.

## Zu Teil II:

Die Zahlungsbilanz der Bundesrepublik wird seit 1949 von der Deutschen Bundesbank erstellt. Wirtschaftliche Transaktionen mit der DDR und Berlin (Ost) sind in ihr nicht enthalten. Angaben über die Ein- und Ausfuhr von Waren stellt das Statistische Bundesamt bereit, das seine Erhebungen aufgrund des *Gesetzes über die Statistik des grenzüberschreitenden Warenverkehrs* vom 1. 5. 1957 (BGBl. I, S. 413) und ergänzender Vorschriften anstellt. Die Angaben über die anderen Teilbilanzen der Zahlungsbilanz werden von der Bundesbank aufgrund des Außenwirtschaftsgesetzes (vgl. S. 28), der Außenwirtschaftsverordnung (vgl. S. 211, Anm. 6) und weiterer Vorschriften direkt erhoben. Die Ergebnisse werden monatlich im Abstand von etwas mehr als 30 Tagen nach Ablauf des Berichtsmonats als Pressenotizen in den Auszügen aus Presseartikeln (Deutsche Bundesbank [I.17]) sowie in den Bbk-Monatsberichten veröffentlicht. Detailliertere Angaben enthält das Monatsperiodikum

[5.21] Statistische Beihefte zu den Monatsberichten der Deutschen Bundesbank, Reihe 3: Zahlungsbilanzstatistik.

Diese Hefte sind die wichtigste laufende Quelle für Angaben über die Zahlungsbilanz der Bundesrepublik. Sie enthalten zur Zeit Jahresangaben ab 1977 sowie Vierteljahres- und Monatsangaben für die jeweils letzten Jahre. Längere Zeitreihen über die Entwicklung der Zahlungsbilanz veröffentlicht die Bundesbank in Beilagen zu den Statistischen Beiheften der Reihe 3, so für 1950–1975 in

[5.22] Die Zahlungsbilanz der Bundesrepublik im Jahre 1975 nach Regionen. Beilage zu „Statistische Beihefte zu den Monatsberichten der Deutschen Bundesbank", Reihe 3: Zahlungsbilanzstatistik, Nr. 7, Juli 1976. 45 S.

Die derzeit neueste dieser Beilagen ist

[5.23] Die Zahlungsbilanz der Bundesrepublik Deutschland mit dem Ausland 1970 bis 1982 sowie mit einzelnen Ländergruppen und Ländern 1979 bis 1982. Beilage zu „Statistische Beihefte zu den Monatsberichten der Deutschen Bundesbank", Reihe 3: Zahlungsbilanzstatistik, Nr. 7, Juli 1983. 47 S.

Über die Auslandsposition der Bundesrepublik berichtet die Bundesbank seit 1974 in zusammenfassenden Aufsätzen in ihren Monatsberichten, zuletzt in

[5.24] Der Auslandsvermögensstatus der Bundesrepublik Deutschland Ende 1982. Bbk-Monatsbericht August 1983, S. 30–45.

Zur Frage der Buchung und Bewertung von Währungsreserven vgl.

[5.25] J. S. SMITH/A. C. BOUTER: The Treatment of Reserves and of Reserve Creation in the Balance of Payments Accounts. IMF Staff Papers, Vol. 16, 1969, S. 202–221.

[5.26] Die Währungsreserven der Bundesbank im Spiegel des Wochenausweises. Bbk-Monatsbericht Januar 1982, S. 15–19.

Im übrigen veröffentlicht die Bundesbank laufend Detailuntersuchungen zu Fragen der außenwirtschaftlichen Situation der Bundesrepublik. Vgl. aus letzter Zeit:

[5.27] Struktur der Kapitalverflechtung der Unternehmen mit dem Ausland. Bbk-Monatsbericht Mai 1983, S. 32–45.

[5.28] Entwicklungstendenzen der regionalen Struktur des Kapitalverkehrs seit 1979. Bbk-Monatsbericht Juli 1983, S. 17–25.

[5.29] Die längerfristige Entwicklung der „unsichtbaren" Leistungstransaktionen der Bundesrepublik Deutschland mit dem Ausland. Bbk-Monatsbericht Oktober 1983, S. 21–30.

Der Außenhandel der Bundesrepublik wird vom Statistischen Bundesamt erfaßt und in der Fachserie 7 Außenhandel (vgl. Anhang I.1) in insgesamt 12 Reihen sowie in Sonderbeiträgen nachgewiesen. Verfahren und Probleme der statistischen Erfassung des Außenhandels beschreiben

[5.30] K. H. SCHLÜTER: Außenhandel und Statistik. Wegweiser durch die Außenhandelsstatistik der Bundesrepublik Deutschland. Stuttgart u. a. 1967. 135 S.

[5.31] J. JUNG: Methodische Änderungen in der Außenhandelsstatistik ab 1974. WiSta 2/1974, S. 76–82.

[5.32] J. JUNG und Mitarbeiter: Methodische Änderungen in der Außenhandelsstatistik ab 1975. WiSta 4/1975, S. 242–245.

Eine Analyse der deutschen Außenhandelssituation ist

[5.33] Zur Stellung der Bundesrepublik Deutschland im internationalen Handel. DIW Vierteljahrshefte zur Wirtschaftsforschung, Jg. 1981, S. 166–198.

Die institutionellen außenwirtschaftlichen Beziehungen der Bundesrepublik sind zusammenfassend beschrieben in

[5.34] Internationale Organisationen und Abkommen im Bereich von Währung und Wirtschaft. (=Sonderdrucke der Deutschen Bundesbank Nr. 3.) 1978, 2. Aufl. Frankfurt am Main 1981. 251 S.

**Zu Teil III:**

Angaben über Währungskurse enthalten die Bbk-Monatsberichte [I.14], die Statistischen Beihefte [5.21] sowie vor allem deren Reihe 5, von denen hier unter anderem benutzt wurde

[5.35] Statistische Beihefte zu den Monatsberichten der Deutschen Bundesbank, Reihe 5: Die Währungen der Welt. November 1983 Nr. 4. 74 S.

Darstellungen der internationalen Währungssituation und wirtschaftlichen Entwicklung enthalten die seit 1946 erscheinenden Jahresberichte des Internationalen Währungsfonds. Zur Zeit liegt vor

[5.36] International Monetary Fund: Annual Report of the Executive Board for the Financial Year Ended April 30, 1983. Washington, D. C., 1983. XIII, 229 S.

Seit 1950 veröffentlicht der IWF auch jährlich eine Übersicht über währungspolitische Regelungen, zuletzt für rund 150 Länder nach dem Stand von Ende 1982:

[5.37] International Monetary Fund: Annual Report on Exchange Arrangements and Exchange Restrictions 1983. Washington, D. C., 1983. IX, 530 S.

Eine ausgezeichnete und ebenfalls mit vielen statistischen Angaben versehene Quelle sind auch die BIZ-Jahresberichte:

[5.38] Bank für Internationalen Zahlungsausgleich: Dreiundfünfzigster Jahresbericht 1. April 1982–31. März 1983. Basel 1983. 207 S.

Die Bundesbank berechnet seit Mitte 1971 den Außenwert der D-Mark gegenüber wichtigen einzelnen Handelspartnern sowie gewogene Außenwerte gegenüber Ländergruppen. Das hierbei zur Zeit verwendete Verfahren ist beschrieben in

[5.39] Zur Berechnung des gewogenen Außenwerts der D-Mark. Bbk-Monatsbericht April 1979, S. 22–25.

Die Ergebnisse werden laufend als Pressenotizen in den Auszügen aus Presseartikeln Deutsche Bundesbank [I.17], in den Bbk-Monatsberichten [I.14] und in den Statistischen Beiheften [5.21] und [5.35] veröffentlicht.

Die Eigenschaften von Außenwert-Indizes untersuchen

[5.40] R. R. Rhomberg: Indices of Effective Exchange Rates. IMF Staff Papers, Vol. 23, 1976, S. 88–112.

[5.41] E. B. Maciejewski: "Real" Effective Exchange Rate Indices. A Re-examination of the Major Conceptual and Methodological Issues. IMF Staff Papers, Vol. 30, 1983, S. 491–541.

Zu den beiden in den siebziger Jahren in Westeuropa praktizierten regionalen Abkommen über die Bandfixierung von Währungskursen vgl.

[5.42] Der Europäische Wechselkursverbund. Bbk-Monatsbericht Januar 1976, S. 23–30.

[5.43] Das Europäische Währungssystem. Aufbau und Arbeitsweise. Bbk-Monatsbericht März 1979, S. 11–18.

Die mit der Handhabung des Europäischen Währungssystems verbundenen arithmetischen und technischen Probleme erörtern

[5.44] G. D. Baer: Some Technical Implications of Pegging Exchange Rates Against a Basket of Currencies. De Economist, Leiden, Vol. 127, 1979, S. 371–398.

[5.45] J. SALOP: The Divergence Indicator: A Technical Note. IMF Staff Papers, Vol. 28, 1981, S. 682–697.

Zur Frage der Rohstoff-Preisindizes vgl.

[5.46] K. KÖHLER: Rohstoffpreisindizes. Methodik und Aussagefähigkeit. Bremen 1976. 79 S.

Weitere Rohstoff-Preisindizes veröffentlichen das Institut für Weltwirtschaft in [II.25] und der Internationale Währungsfonds in [5.16]. Ein von den Vereinten Nationen veröffentlichter Index ist beschrieben in

[5.47] Department of International Economic and Social Affairs, Statistical Office: Methods Used in Compiling the United Nations Price Indexes for Basic Commodities in International Trade. (=Statistical Papers, Series M No. 29, Rev. 2.) United Nations, New York 1979. VI, 115 S.

Das HWWA-Institut für Wirtschaftsforschung veröffentlicht seinen Index

[5.48] H.-J. TIMM: A New HWWA Raw Material Price Index. Intereconomics, 15. Jahr 1980, S. 261–264

in [II.11]. Zu den Außenhandelsindizes des Statistischen Bundesamts vgl.

[5.49] R. WALTER: Zur Neuberechnung der Außenhandelspreisindizes auf Basis 1980. WiSta 9/1983, S. 687–694.

[5.50] J. HEIMANN: Neuberechnung des Außenhandelsvolumens und der Außenhandelsindizes auf Basis 1980. WiSta 2/1984, S. 155–170.

Berechnungen zur Frage, wie groß die Kaufkraft der DM beim Umtausch zu den jeweiligen Währungskursen in einer Vielzahl anderer Länder ist, enthalten die Monats- und Jahreshefte der Fachserie 17 Preise, Reihe 10: Internationaler Vergleich der Preise für die Lebenshaltung. Die methodischen Grundlagen des internationalen Kaufkraftvergleichs für Verbraucher und Reisende sind dargestellt in

[5.51] S. GUCKES: Internationaler Vergleich von Verbraucherpreisen. Neuberechnung von Verbrauchergeldparitäten für mittlere Arbeitnehmerhaushalte. WiSta 6/1968, S. 292–298.

[5.52] S. GUCKES: Internationaler Vergleich von Verbraucherpreisen. Zur erstmaligen Berechnung von Reisegeldparitäten. WiSta 4/1969, S. 204–207.

Fragen der internationalen Vergleichbarkeit von Außenhandelsindizes erörtern

[5.53] OECD, Department of Economics and Statistics: Measurement of Comparable Import and Export Price Indices. Methodological Aspects and Empirical Results. Paris 1980.

[5.54] Department of International Economic and Social Affairs, Statistical Office: Strategies for Price and Quantity Measurement in External Trade. A Technical Report. (=Statistical Papers, Series M No. 69.) United Nations, New York 1981. VI, 67 S.

Die internationale Handelsverflechtung ist dargestellt in

[5.55] Networks of World Trade by Areas and Commodity Classes 1955–1976. (=GATT Studies in International Trade.) General Agreement on Tariffs and Trade, Geneva 1978. III, 27 S.

Der jeweils neueste Stand ist in: United Nations Conference ... [5.20] wiedergegeben.

Eine statistische Zusammenfassung eines wichtigen Teils der internationalen Kapitalverflechtung gibt

[5.56] H. KRÄGENAU: Internationale Direktinvestitionen 1950–1973. Vergleichende Untersuchung und statistische Materialien. (=Veröffentlichungen des HWWA-Institut für Wirtschaftsforschung–Hamburg.) Hamburg 1975. 241 S.

Diese Untersuchung wurde mit inzwischen drei Ergänzungsbänden fortgeführt. Der neueste ist

[5.57] H. KRÄGENAU: Internationale Direktinvestitionen. Ergänzungsband 1982. (=Veröffentlichungen des HWWA-Institut für Wirtschaftsforschung–Hamburg.) Hamburg 1982. 376 S.

Die von einigen internationalen Organisationen praktizierten Verfahren zur Erfassung internationaler Kreditbeziehungen beschreibt

[5.58] Manual on Statistics Compiled by International Organisations on Countries' External Indebtedness. Prepared by the Monetary and Economic Department of the Bank for International Settlements. Basle 1979. IV, 109 S.

Die jeweils neuesten Angaben dazu enthält seit dem Januar-Heft 1984: IMF [5.16]. Speziell über die Verschuldung der Entwicklungsländer berichten

[5.59] Organisation for Economic Co-operation and Development: External Debt of Developing Countries: 1982 Survey. Paris 1982. VII, 121 S.

sowie die Weltbank in ihren Jahresberichten, zuletzt

[5.60] The World Bank Annual Report 1983. Washington, D. C., 1983. 240 S.

sowie in

[5.61] World Debt Tables. External Debt of Developing Countries. 1983–84 Edition. The World Bank, Washington, D. C., 1984. XXXII, 296 S.

Sechstes Kapitel

# Volkswirtschaftliche Gesamtrechnung

*In diesem Kapitel wird gezeigt, wie die Konten oder Gleichungen einer Kreislaufanalyse mit statistischen Zahlen anzufüllen sind, die sich jeweils auf ein bestimmtes Land oder Gebiet und einen konkreten Zeitraum beziehen. Das Ergebnis ist eine Volkswirtschaftliche Gesamtrechnung (im folgenden mit VGR abgekürzt), die in Teil I anhand der Angaben für die Bundesrepublik Deutschland 1982 in ihrer vereinfachten Fassung vorgeführt und kommentiert wird. Teil II erläutert eine Reihe international akzeptierter Konventionen, mit denen Einzelprobleme der Erfassung, Periodisierung und Bewertung von Transaktionen gelöst werden, darunter auch die Frage, was bei Banken und Versicherungsunternehmen als Wertschöpfung gelten soll. Eine detaillierte Darstellung der Produktionsverflechtung zwischen den produzierenden Einheiten einer Volkswirtschaft in Gestalt einer Input-Output-Tabelle folgt in Teil III. Schließlich wird in Teil IV mit der Frage nach dem Realitätsgehalt der heutigen VGR ein wichtiger Aspekt der Kritik an ihr diskutiert.*

## I. Die Volkswirtschaftliche Gesamtrechnung der Bundesrepublik Deutschland

**1. Das Kontensystem des Statistischen Bundesamtes.** Das vom Statistischen Bundesamt für die Volkswirtschaftliche Gesamtrechnung der Bundesrepublik benutzte Kontensystem stellt eine Erweiterung des Grundschemas der Kreislaufanalyse (Tabelle 3.1, S. 92) nach beiden Richtungen dar. Der Sektor Unternehmen wird in die drei Teilsektoren Produktionsunternehmen, Kreditinstitute und Versicherungsunternehmen, der Staat in die Teilsektoren Gebietskörperschaften und Sozialversicherung, der Sektor Private Haushalte in die Privaten Haushalte (im engeren Sinne) und die Privaten Organisationen ohne Erwerbszweck untergliedert (vgl. auch Bild 1.4, S. 15). Für jeden dieser sieben in sich homogeneren Teilsektoren werden der Absicht nach sieben Konten geführt, in denen demnach die vier aus dem Grundschema bekannten Hauptaktivitäten Produktion, Einkommensverwendung, Vermögensbildung und Kreditnahme und -gewährung zum Teil weiter aufgespalten werden. Die sieben Aktivitäten und die dazugehörigen Konten sind:

| *Aktivität* | *wird erfaßt auf den* |
|---|---|
| (1). Produktion von Waren und Dienstleistungen | Produktionskonten |

| | |
|---|---|
| (2) Entstehung von Erwerbs- und Vermögenseinkommen | Einkommensentstehungskonten |
| (3) Verteilung der Erwerbs- und Vermögenseinkommen | Einkommensverteilungskonten |
| (4) Umverteilung der Einkommen | Einkommensumverteilungskonten |
| (5) Verwendung der Einkommen | Einkommensverwendungskonten |
| (6) Vermögensbildung | Vermögensänderungskonten |
| (7) Änderungen der Forderungen und Verbindlichkeiten | Finanzierungskonten |

Allerdings können die Aktivitäten (3) bis (7) des Teilsektors „Private Organisationen ohne Erwerbszweck" nicht getrennt von denen der privaten Haushalte im engeren Sinne nachgewiesen werden, so daß die Aufspaltung in zwei Teilsektoren in diesem Bereich unterbleibt. Den so aufgestellten 44 Konten wird ein zusammengefaßtes *Güterkonto* vor- und ein zusammengefaßtes *Konto der übrigen Welt* nachgeschaltet. Das System ist in Tabelle 6.1 gezeigt. Eintragungen werden gemäß den S. 94 genannten Prinzipien vorgenommen.

Zur besseren Übersicht und Platzersparnis wird die Gesamtrechnung im folgenden in einem vereinfachten Kontensystem vorgeführt, das vom Statistischen Bundesamt früher allein benutzt wurde und weiterhin verwendet wird. In diesem System wird die Gliederung der Aktivitäten gemäß Tabelle 6.1 beibehalten, auf die Untergliederung der drei Sektoren jedoch verzichtet. Die Zahl der Konten reduziert sich dadurch auf 23. Die Numerierung der Konten ist die des Originals, fügt sich also nicht in die sonst in diesem Buch vorgenommene fortlaufende Numerierung. Sie richtet sich nach dem Schema in Tabelle 6.1, ist jedoch wegen der verringerten Sektorenzahl einfacher. So tragen die sieben Konten des Sektors Unternehmen die Nummern 1-1 bis 1-7; die Konten des Sektors Staat die Nummern 2-1 bis 2-7, die des Sektors Haushalte die Nummern 3-1 bis 3-7. Vor und nach jeder Eintragung oder Gruppe gleichartiger Eintragungen in einem Konto steht je eine Nummer. Die vorangestellte Nummer gibt den Ort der Buchung, die nachgestellte den Ort der Gegenbuchung an. Jede Nummer besteht aus zwei Teilen, die durch einen Punkt getrennt sind. Der erste Teil nennt das Konto, der zweite die Buchungsstelle in diesem Konto. Linksseitige Buchungen sind mit Zahlen zwischen 10 und 49, rechtsseitige mit Zahlen zwischen 50 und 99 numeriert (beide Grenzen eingeschlossen). Die Stellennumerierung erfolgt jedoch nicht fortlaufend, um Platz für Einschübe zu lassen. Bauprinzip des Kontensystems ist es, den auf den Aktivitätskonten 1 bis 6 jedes Sektors links unten entstehenden Saldo mit der Nummer 49 zu versehen und ihn rechts oben auf dem jeweils folgenden Konto desselben Sektors mit der Nummer 50 gegenzubuchen. Dort treten Posten hinzu, während links eine Aufgliederung erfolgt, und aus allen Posten ergibt sich wiederum ein Saldo mit der Nummer 49, der auf dem folgenden Konto mit der Nummer 50 gegengebucht wird, und so fort.

Die Zahlenangaben in diesem Teil I des sechsten Kapitels sind ungeändert dem Titel Statistisches Bundesamt [6.30] entnommen. Sie bedeuten Mill. DM und sind vorläufig. Bei den Verweisen auf die gesamtwirtschaftliche Finanzierungsrechnung der Bundesbank gemäß Tabelle 4.4 (S. 180f.) ist zu beachten, daß deren Angaben einen früheren Berechnungsstand wiedergeben. Der Wortlaut der Eintragungen in den Konten wurde mehrfach geringfügig geändert („Änderung" statt „Veränderung",

Tabelle 6.1 – *Das Kontensystem der Volkswirtschaftlichen Gesamtrechnung für die Bundesrepublik Deutschland*

| Sektoren | | | | | | |
|---|---|---|---|---|---|---|
| 1. Unternehmen | | | 2. Staat | | 3. Haushalte | |
| 11. Produktionsunternehmen | 12. Kreditinstitute | 13. Versicherungsunternehmen | 21. Gebietskörperschaften | 22. Sozialversicherung | 31. Private Haushalte (im engeren Sinne) | 32. Private Organisationen ohne Erwerbszweck |
| *0 Zusammengefaßtes Güterkonto* | | | | | | |
| *1 Produktionskonten* | | | | | | |
| 11-1 | 12-1 | 13-1 | 21-1 | 22-1 | 31-1 | 32-1 |
| *2 Einkommensentstehungskonten* | | | | | | |
| 11-2 | 12-2 | 13-2 | 21-2 | 22-2 | 31-2 | 32-2 |
| *3 Einkommensverteilungskonten* | | | | | | |
| 11-3 | 12-3 | 13-3 | 21-3 | 22-3 | 3-3 | |
| *4 Einkommensumverteilungskonten* | | | | | | |
| 11-4 | 12-4 | 13-4 | 21-4 | 22-4 | 3-4 | |
| *5 Einkommensverwendungskonten* | | | | | | |
| 11-5 | 12-5 | 13-5 | 21-5 | 22-5 | 3-5 | |
| *6 Vermögensänderungskonten* | | | | | | |
| 11-6 | 12-6 | 13-6 | 21-6 | 22-6 | 3-6 | |
| *7 Finanzierungskonten* | | | | | | |
| 11-7 | 12-7 | 13-7 | 21-7 | 22-7 | 3-7 | |
| *8 Zusammengefaßtes Konto der übrigen Welt* | | | | | | |

„Ausland" statt „übrige Welt"). Unterschiede im Sprachgebrauch dieses Buches und dem des Statistischen Bundesamts bestehen, zum Teil erst seit der Revision von 1977, wie folgt:

| Was sonst in diesem Buch … heißt, | heißt im nachstehenden Kontensystem und in den Erläuterungen: |
|---|---|
| Bruttoproduktionswert | Produktionswert |
| Nettoproduktionswert | Bruttowertschöpfung |
| Kreditänderungskonto | Finanzierungskonto. |

Die privaten Organisationen ohne Erwerbszweck sind mit „Priv. Org. o. E.", die Unternehmen mit eigener/ohne eigene Rechtspersönlichkeit mit „Unternehmen m./o. e. R." abgekürzt. Die Kommentierung stützt sich auf die Titel Stat. BA [6.29] und Stat. BA [6.30] sowie auf zusätzliche Auskünfte des Amtes.

2. **Die Konten 1982: Das Güterkonto.** Dieses Konto zeigt auf der linken Seite das gesamte Güteraufkommen des Jahres 1982 aus inländischer Produktion und Einfuhr, auf der rechten Seite die gesamte Güterverwendung. Die Summe aller Produktionswerte betrug 4,13 Bill. DM. Zusammen mit der Einfuhr standen 1982 Waren und Dienstleistungen im Wert von 4,59 Bill. DM zur Verfügung. (Die Einfuhr von Faktorleistungen ist hierbei nicht eingeschlossen: Das Güterkonto beruht auf dem Inlandskonzept.) Produktionswerte und Einfuhren werden im Kontensystem ohne die nichtabzugsfähige Umsatzsteuer und ohne Einfuhrabgaben nachgewiesen (vgl. Tabelle 3.3, S. 130). Da diese Steuern und Abgaben jedoch im Wert der zu Marktpreisen bewerteten Güterverwendung auf der rechten Seite enthalten sind, müssen sie links zum Ausgleich hinzugefügt werden und geben so die wichtige Information über ihre Höhe. Mehr als die Hälfte der insgesamt verfügbaren Güter wurde 1982 als Vorleistungen wieder im Produktionsprozeß eingesetzt. Der Rest stand für die gesamtwirtschaftliche Endnachfrage zur Verfügung, die sich in der bekannten Weise (vgl. Bild 1.3, S. 8, sowie S. 131) in den Konsum der privaten und öffentlichen Haushalte (Posten 0.70), die Bruttoinvestition (Posten 0.80) und die Ausfuhr von Waren und Dienstleistungen (Posten 0.90, ohne Ausfuhr von Faktorleistungen) gliedert. Die Gegenbuchungen für den Konsum finden sich auf den Einkommensverwendungskonten, für die Investition auf den Vermögensänderungskonten, für die Ein- und Ausfuhr auf dem Auslandskonto und für die Vorleistungen und Produktionswerte auf den Produktionskonten der Sektoren. Das Güterkonto gibt somit eine zusammengefaßte Übersicht über die Güterströme des Jahres, die in den folgenden Konten weiter aufgeteilt werden.

3. **Die Konten 1982: Sektor Unternehmen.** Das Produktionskonto des Sektors Unternehmen ist aus der Konsolidierung der Produktionskonten sämtlicher privater und öffentlicher Unternehmen der Bundesrepublik entstanden. Es enthält demnach die Angaben des Kontos 3.18 (S. 107), und zwar in zusammengefaßter Form. Die in jenem Konto gezeigte Aufschlüsselung ist in diesem System an anderen Stellen enthalten. Insbesondere wird der Beitrag zum Bruttoinlandsprodukt zu Marktpreisen, also die Summe der Bruttowertschöpfungen der Unternehmen, hier erst in den folgenden Konten aufgegliedert.

0 Zusammengefaßtes Güterkonto 1982

| | | | | | |
|---|---|---|---|---|---|
| 0.10 | *Produktionswerte:* | | 0.60 | *Vorleistungen:* | |
| | Unternehmen 1-1.60 | 3 711 690 | | Unternehmen 1-1.10 | 2 447 160 |
| | Staat 2-1.60 | 373 730 | | Staat 2-1.10 | 184 810 |
| | Private Haushalte | | | Priv. Org. o. E. 3-1.10 | 12 700 |
| | 3-1.61 | 1 450 | 0.70 | *Letzter Verbrauch:* | |
| | Priv. Org. o. E. 3-1.65 | 42 170 | | 0.71 Privater | |
| 0.20 | Einfuhr | | | Verbrauch 3-5.10 | |
| | von Waren und Dienst- | | | 0.711 Käufe der privaten | |
| | leistungen 8.60 | 457 410 | | Haushalte 3-5.11 | 886 730 |
| 0.30 | Nichtabzugsfähige | | | 0.715 Eigenverbrauch der | |
| | Umsatzsteuer 2-4.62 | 101 320 | | Priv. Org. o. E. 3-5.15 | 12 700 |
| 0.40 | Einfuhrabgaben 2-4.63 | 14 610 | | 0.75 Staatsverbrauch 2-5.10 | 325 330 |
| | | | 0.80 | *Bruttoinvestitionen:* | |
| | | | | 0.81 Anlageinvestitionen | |
| | | | | Unternehmen 1-6.21 | 281 770 |
| | | | | Staat 2-6.21 | 47 370 |
| | | | | 0.85 Vorratsänderungen | |
| | | | | Unternehmen 1-6.25 | 6 600 |
| | | | | Staat 2-6.25 | – |
| | | | 0.90 | Ausfuhren von Waren | |
| | | | | und Dienstleistungen 8.10 | 497 210 |
| | Gesamtes Güteraufkommen | 4 702 380 | | Gesamte Güterverwendung | 4 702 380 |

1-1 Produktionskonto der Unternehmen 1982

| | | | | | |
|---|---|---|---|---|---|
| 1-1.10 | Vorleistungen 0.60 | 2 447 160 | 1-1.60 | Produktions- | |
| 1-1.49 | Bruttowert- | | | wert 0.10 | 3 711 690 |
| | schöpfung 1-2.50 | 1 264 530 | | | |
| | Summe | 3 711 690 | | Summe | 3 711 690 |

1-2 Einkommensentstehungskonto der Unternehmen 1982

| | | | | | |
|---|---|---|---|---|---|
| 1-2.10 | Abschreibungen 1-6.70 | 186 550 | 1-2.50 | Bruttowertschöpfung | |
| 1-2.20 | Geleistete Produktions- | | | 1-1.49 | 1 264 530 |
| | steuern | | 1-2.70 | Empfangene Subventionen | |
| | an den Staat 2-4.61 | 85 600 | | vom Staat 2-4.10 | 29 140 |
| | *Saldo:* | | | | |
| 1-2.49 | Beitrag zum Nettoinlands- | | | | |
| | produkt zu Faktorkosten | | | | |
| | 1-3.50 | 1 021 520 | | | |
| | Summe | 1 293 670 | | Summe | 1 293 670 |

Der Produktionswert ist gleich dem Wert der Verkäufe von Gütern eigener Herstellung sowie von Handelsware, beides ohne nichtabzugsfähige Umsatzsteuer, zuzüglich des Wertes der Bestandsänderung an eigenen Erzeugnissen und der selbsterstellten Anlagen. Einbezogen sind auch der Eigenverbrauch von Unternehmern in deren privaten Haushalten sowie Einnahmen aus Vermietung (aber nicht aus Verpachtung und der Überlassung von Patenten, Urheberrechten und dergleichen, da solche Einnahmen als Vermögenseinkommen gelten). Die Vorleistungen werden zu tatsächlichen Marktpreisen bewertet und enthalten daher die Einfuhrabgaben und nichtabzugsfähige Umsatzsteuer. Beide Arten von Abgaben sind demgemäß in der Bruttowertschöpfung nicht enthalten. Diese ist jedoch im Kontensystem von vornherein um die unterstellten Bankdienstleistungen bereinigt: Diese sind den Vorleistungen zugeschlagen (vgl. Tabelle 3.3, S. 130).

Das nächste Konto zeigt den Übergang vom Beitrag der Unternehmen zum Bruttoinlandsprodukt zu Marktpreisen zu ihrem Beitrag zum Nettoinlandsprodukt zu Faktorkosten. Gemäß den im dritten Kapitel gegebenen Definitionen geschieht dies durch Subtraktion der Abschreibungen (wodurch sich das hier nicht gesondert ausgewiesene Nettoinlandsprodukt zu Marktpreisen ergibt) und des Saldos aus Produktionssteuern und Subventionen. Dieser ließe sich in Konto 1-2 durch Umsetzung von Posten 1-2.70 auf die linke Seite mit negativem Vorzeichen herstellen. Konsolidiert man dann Konto 1-2 mit Konto 1-1, erhält man für den Sektor Unternehmen das Produktionskonto, das in Gestalt von Konto 3.18 für ein Unternehmen aufgestellt wurde, und in dem die Posten lediglich unterteilt und zum Teil anders benannt sind.

Als Subventionen werden hier Zahlungen der inländischen öffentlichen Haushalte an Unternehmen für laufende Produktionszwecke gebucht (vgl. auch S. 108). Ihre Zielsetzung reicht von der Treibstoffverbilligung und dem Ausgleich von Verlusten landwirtschaftlicher Produzenten infolge von DM-Aufwertungen über die Zinsverbilligung und die Förderung des Steinkohleeinsatzes bei der Elektrizitätserzeugung bis zur Stützung der Magermilchverarbeitung und Frachthilfen an die Deutsche Bundesbahn für die Beförderung von Kohle, Erz und Getreide.

Die Abschreibungen (Posten 1-2.10) werden im Gegensatz zum Steuerrecht, das vom *Prinzip der nominellen Kapitalerhaltung* (Nominalwertprinzip, S. 50) ausgeht und Abschreibungen daher nur von den Anschaffungswerten zuläßt, von den Wiederbeschaffungswerten der Berichtsperiode berechnet. Die damit verbundene Bewertung auch des Produktionsapparats mit jeweiligen Preisen bedeutet, daß in dieser VGR das *Prinzip der realen Kapitalerhaltung* gilt. Das hat unmittelbare Folgen für die Ermittlung des Einkommens aus Unternehmertätigkeit und Vermögen: Dieses wird in jedem Wirtschaftsbereich und daher auch insgesamt in der in Tabelle 3.5 (S. 133) dargestellten Weise als derjenige Rest errechnet, der nach Abzug der Ausgaben für Vorleistungen, Produktionssteuern (minus Subventionen) sowie der Löhne und Gehälter vom Bruttoproduktionswert bei Erhaltung des Bestandes an Sachkapital übrigbleibt. In Zeiten steigender Preise ist daher das zu versteuernde Einkommen insgesamt höher als das Einkommen gemäß der VGR. Zur Berechnung der Abschreibungen geht das Statistische Bundesamt von den in den einzelnen Jahren investierten dauerhaften Produktionsmitteln aus, die zu konstanten Preisen bewertet werden. Sodann wird gemäß der erwarteten Nutzungsdauer von etwa 200 einzelnen Gütergruppen bei den Ausrüstungsinvestitionen linear, das heißt mit jährlich gleichbleibenden Sätzen, abgeschrieben. Die auf das jeweilige Berichtsjahr entfallenden Abschreibungsbeträge werden an-

1-3 Einkommensverteilungskonto der Unternehmen 1982

| | | | | | |
|---|---|---|---|---|---|
| 1-3.10 | *Geleistete Einkommen aus unselbständiger Arbeit:* | | 1-3.50 | Beitrag zum Nettoinlandsprodukt zu Faktorkosten 1-2.49 | 1 021 520 |
| | an private Haushalte 3-3.60 | 689 590 | 1-3.70 | *Empfangene Einkommen aus Unternehmertätigkeit und Vermögen:* | |
| | an das Ausland 8.71 | 2 850 | | vom Staat 2-3.20 | 37 600 |
| 1-3.20 | *Geleistete Einkommen aus Unternehmertätigkeit und Vermögen:* | | | von privaten Haushalten 3-3.20 | 19 660 |
| | an den Staat 2-3.70 | 28 630 | | vom Ausland 8.25 | 31 670 |
| | an private Haushalte 3-3.70 | 307 510 | | | |
| | an das Ausland 8.75 | 36 420 | | | |
| | *Saldo:* | | | | |
| 1-3.49 | Anteil am Volkseinkommen 1-4.50 | 45 450 | | | |
| | Summe | 1 110 450 | | Summe | 1 110 450 |

schließend mit den in diesem Jahr geltenden Preisen, eben den Wiederbeschaffungspreisen der einzelnen Investitionsgüterkategorien, bewertet und addiert.

Das nächste Konto 1-3 zeigt, wie der Beitrag der Unternehmen zum Nettoinlandsprodukt zu Faktorkosten einerseits durch empfangene Einkommen aus Unternehmertätigkeit und Vermögen aufgestockt wird und sich anderseits auf die beiden Einkommensarten aufteilt, wobei die Einkommen aus Unternehmertätigkeit und Vermögen zum größten Teil ausgeschüttet werden. Wichtigster Strom sind hier die an private Haushalte geleisteten Einkommen aus unselbständiger Arbeit (Hauptteil des Postens 1-3.10). Sie setzen sich aus den Bruttolöhnen und -gehältern und den Sozialbeiträgen der Arbeitgeber zusammen (vgl. Tabelle 3.5, S. 133). Empfänger sind Arbeiter, Angestellte, Beamte, Soldaten, Lehrlinge; einbezogen sind alle Arten von Zuschlägen, etwa für Akkord-, Sonntags- und Überstundenarbeit, Kinderzuschläge, Lohnfortzahlung im Krankheitsfall, Prämien aller Art, Abfindungen. Das an Ausländer geleistete Einkommen aus unselbständiger Arbeit fließt in der Hauptsache Grenzgängern (Einpendlern) zu, die in der Bundesrepublik arbeiten. Es enthält nicht die Einkommen der in der Bundesrepublik wohnenden ausländischen Arbeitnehmer, da diese als Inländer gelten (zur Abgrenzung Inländer/Ausländer vgl. S. 204 f.). Auf der rechten Seite sind unter Posten 1-3.70 die von öffentlichen Haushalten auf ihre Schulden an Unternehmen gezahlten Zinsen sowie die Zinsen auf Konsumentenschulden erfaßt. Zwei weitere wichtige Informationen sind dem Konto 1-3 wie folgt zu entnehmen:

- Da das Konto auch die empfangenen und geleisteten Erwerbs- und Vermögenseinkommen vom und an das Ausland enthält, zeigt es für den Sektor Unternehmen den Übergang vom Inlands- zum Inländereinkommen (vgl. S. 125–127);
- Posten 1-3.20 enthält auch die tatsächlich nicht an Haushalte ausgeschütteten, sondern in den Unternehmen belassenen Gewinne der privaten Unternehmen ohne eigene Rechtspersönlichkeit. Den Saldo des Kontos 1-3 bilden daher in Übereinstimmung mit den S. 118 f. gegebenen Erläuterungen die unverteilten Gewinne der Unternehmen mit eigener Rechtspersönlichkeit. Sie stellen den Anteil dieser Unter-

nehmen am Volkseinkommen dar. Die folgenden Konten 1-4 und 1-5 des Unternehmenssektors beziehen sich ebenfalls nur auf diese Unternehmen.

Die Kontengruppe 4 zeigt die Umverteilung der im Produktionsprozeß entstandenen Einkommen durch Steuern, Sozialleistungen und -beiträge sowie sonstige laufende Übertragungen. Für die Unternehmen m. e. R. ergibt sich:

1-4 Einkommensumverteilungskonto der Unternehmen m. e. R. 1982

| | | | | | |
|---|---|---|---|---|---|
| 1-4.20 | Geleistete direkte Steuern an den Staat 2-4.70 | 27 140 | 1-4.50 | Anteil am Volkseinkommen 1-3.49 | 45 450 |
| 1-4.35 | *Soziale Leistungen:* | | 1-4.80 | Empfangene Sozialbeiträge von privaten Haushalten 3-4.30 | 27 080 |
| | an private Haushalte 3-4.85 | 21 110 | 1-4.90 | *Sonstige empfangene laufende Übertragungen:* | |
| | an das Ausland 8.83 | 100 | | von Unternehmen 1-4.40 | 12 500 |
| 1-4.40 | *Sonstige geleistete laufende Übertragungen:* | | | vom Staat 2-4.40 | 3 830 |
| | an Unternehmen 1-4.90 | 12 500 | | von privaten Haushalten 3-4.40 | 32 090 |
| | an den Staat 2-4.90 | 3 020 | | vom Ausland 8.35 | 830 |
| | an private Haushalte 3-4.90 | 31 440 | | | |
| | an das Ausland 8.85 | 1 160 | | | |
| | *Saldo:* | | | | |
| 1-4.49 | Verfügbares Einkommen 1-5.50 | 25 310 | | | |
| | Summe | 121 780 | | Summe | 121 780 |

Die direkten Steuern (Posten 1-4.20) umfassen hier in der Hauptsache Körperschaftsteuer, Ergänzungsabgabe, Vermögensteuer und laufende Lastenausgleichsabgaben. Zu den sozialen Leistungen (Posten 1-4.35) gehören Betriebspensionen, Pensionen der in diesem Sektor erfaßten öffentlichen Unternehmen, Beihilfen in Krankheitsfällen sowie Leistungen von Lebensversicherungsunternehmen. Die sonstigen geleisteten laufenden Übertragungen sind im wesentlichen Zahlungen der Schadensversicherungsunternehmen sowie an den Staat entrichtete Strafen. Die empfangenen Übertragungen enthalten Beiträge an Versicherungsunternehmen sowie Leistungen ausländischer Schadensversicherer.

Die Kontengruppe 5 zeigt die Aufteilung des verfügbaren Einkommens der Sektoren auf Konsumausgaben und Ersparnis. Da Unternehmen nicht konsumieren, erhält man:

1-5 Einkommensverwendungskonto der Unternehmen m. e. R. 1982

| | | | | | |
|---|---|---|---|---|---|
| 1-5.49 | Ersparnis 1-6.50 | 25 310 | 1-5.50 | Verfügbares Einkommen 1-4.49 | 25 310 |
| | Summe | 25 310 | | Summe | 25 310 |

1-6 Vermögensänderungskonto der Unternehmen 1982

| | | | | | |
|---|---|---|---|---|---|
| 1-6.20 | *Bruttoinvestitionen:* | | 1-6.50 | Ersparnis 1-5.49 | 25 310 |
| 1-6.21 | Anlageinvestitionen 0.81 | 281 770 | 1-6.60 | Nichtentnommene Gewinne der Unternehmen o. e. R. 3-6.10 | – 22 300 |
| 1-6.25 | Vorratsänderungen 0.85 | 6 600 | 1-6.70 | Abschreibungen 1-2.10 und 3-2.10 | 189 490 |
| 1-6.30 | *Geleistete Vermögensübertragungen:* | | 1-6.80 | *Empfangene Vermögensübertragungen:* | |
| | an Unternehmen 1-6.80 | 650 | | von Unternehmen 1-6.30 | 650 |
| | an den Staat 2-6.80 | 4 910 | | vom Staat 2-6.30 | 23 360 |
| | an private Haushalte 3-6.80 | 13 160 | | von privaten Haushalten 3-6.30 | 35 800 |
| | *Saldo:* | | | | |
| 1-6.49 | Finanzierungssaldo 1-7.50 | – 54 780 | | | |
| | Summe | 252 310 | | Summe | 252 310 |

Das Vermögensänderungskonto 1-6 bezieht sich wieder auf alle Unternehmen, also nicht wie die Konten 1-4 und 1-5 nur auf die Unternehmen m. e. R. Es enthält daher auch die nichtentnommenen Gewinne der Unternehmen o. e. R. sowie einige bisher nicht erwähnte Transaktionen. Auf der linken Seite steht die gesamte Sachvermögensbildung in Gestalt der Bruttoinvestition, getrennt nach Anlage- und Lagerinvestition. Sie umfaßt alle Käufe neuer Anlagen im In- und Ausland sowie die Käufe abzüglich Verkäufe von gebrauchten Anlagen und Land. Da in Posten 1-6.21 die Bruttoinvestition der privaten Organisationen ohne Erwerbszweck enthalten ist, müssen auch deren Abschreibungen auf diesem Konto gebucht werden (Teil des Postens 1-6.70). Die vom Staat an die Unternehmen geleisteten Vermögensübertragungen (Posten 1-6.80) sind im wesentlichen Investitionszuschüsse, Hauptentschädigungen im Lastenausgleich, Betriebsmittelzuweisungen an die Bundesanstalt für landwirtschaftliche Marktordnung[1], Prämien für die Stillegung von Kohlebergwerken, Schiffen (Abwrackprämien) und Kühen (Schlachtprämien).

Die Vermögensübertragungen der privaten Haushalte an die Unternehmen unter Posten 1-6.80 sind fiktiv, also eine *unterstellte Transaktion.* Diese Art der Buchung wird durch die Entscheidung nötig, den Wohnungsbau der privaten Haushalte im Unternehmenssektor zu erfassen. Es handelt sich um die Zuteilung von Bausparguthaben, soweit sie für Bauzwecke verwendet werden, und die Tilgung von Bauspardarlehen. Da diese Transaktionen zur Finanzierung des Wohnungsbaus gehören, müssen sie auf diese Weise in Konto 1-6 erfaßt werden. Konto 1-6 entspricht bis auf die Vermögensübertragungen dem Konto 3.20 (S. 110), jedoch ist der Finanzierungssaldo, ein Defizit, hier gemäß dem S. 243 erwähnten Bauprinzip unter Wechsel des Vorzeichens auf die linke Seite gebracht worden. Die Unternehmen leisten Vermögensüber-

[1] Bis 1976: Einfuhr- und Vorratsstellen. Diese wurden 1950–51 mit dem Ziel der Importregelung und Lagerhaltung für einige wichtige Agrargüter (Getreide und Futtermittel, Zucker, Milch und Fette, Vieh und Fleisch) errichtet. Änderungen ihrer Lagerhaltung werden im Unternehmenssektor ausgewiesen und nicht im einzelnen bekanntgegeben.

tragungen unter anderem als Anliegerbeiträge zum Bau von Straßen und Versorgungsleitungen an den Staat sowie in Form von Rückstellungen bei Versicherungsunternehmen und Versorgungswerken an die privaten Haushalte.

Die Kontengruppe 7 zeigt für jeden Sektor, mit welchen Beträgen sich der jeweilige Finanzierungssaldo aus den Änderungen der Forderungen und der Verbindlichkeiten zusammensetzt. Wie S. 181 erläutert, bedeutet der negative Finanzierungssaldo bei den Unternehmen, daß ihre Verbindlichkeiten stärker zugenommen haben als ihre Forderungen. Die Änderung der Forderungen (Posten 1-7.10) ist als Nettogröße zu interpretieren, sie bedeutet Neubegründung von Forderungen während des Jahres abzüglich Abnahme bestehender Forderungen. Ebenso zeigt Posten 1-7.60 Neubegründung von Verbindlichkeiten abzüglich Tilgung. Für beide Posten sind keine Gegenbuchungen angegeben: Es wird in dieser Rechnung nicht ausgewiesen, gegenüber welchen Sektoren die neuen Forderungen und Verbindlichkeiten entstanden sind. Angaben hierüber enthält zum Teil die gesamtwirtschaftliche Finanzierungsrechnung der Deutschen Bundesbank (vgl. Tabelle 4.4, S. 180 f.). Das Konto zeigt ferner eine statistische Differenz.

1-7 Finanzierungskonto der Unternehmen 1982

| | | | | | |
|---|---|---|---|---|---|
| 1-7.10 | Änderung der Forderungen (.) | 247 740 | 1-7.50 | Finanzierungssaldo 1-6.49 | – 54 780 |
| | | | 1-7.60 | Änderung der Verbindlichkeiten (.) | 303 070 |
| | | | 1-7.99 | Statistische Differenz (.) | – 550 |
| | Summe | 247 740 | | Summe | 247 740 |

**4. Die Konten 1982: Sektor Staat.** Das Produktionskonto des Staates unterscheidet sich von dem der Unternehmen dadurch, daß die Verkäufe nur einen kleinen Teil des Bruttoproduktionswertes ausmachen, daß es mangels Sachgüterproduktion keine Lagerbestandsänderungen an eigenen Erzeugnissen gibt und daß die abgegebenen Dienstleistungen zu den entstandenen Aufwendungen bewertet sind. Wie aus der Aufschlüsselung der Bruttowertschöpfung in den folgenden Konten 2-2 und 2-3 hervorgeht, bestehen diese Aufwendungen aus den Vorleistungen, den Abschreibungen, Produktionssteuern und Einkommen aus unselbständiger Arbeit, diese einschließlich der Bezüge von Soldaten, sowie unterstellten Sozialbeiträgen für die Beamtenversorgung, diese 1982 in Höhe von 25 v. H. der Bezüge der aktiven Beamten.

2-1 Produktionskonto des Staates 1982

| | | | | | |
|---|---|---|---|---|---|
| 2-1.10 | Vorleistungen 0.60 | 184 810 | 2-1.60 | Produktionswert 0.10 | 373 730 |
| 2-1.49 | Bruttowertschöpfung 2-2.50 | 188 920 | | | |
| | Summe | 373 730 | | Summe | 373 730 |

Die Käufe von Vorleistungen (Posten 2-1.10) enthalten die Ausgaben für den laufenden Materialbedarf der Verwaltung, die Instandhaltung der öffentlichen Gebäude und der Verkehrswege, aber auch Käufe militärischer Güter einschließlich Bauten (ohne Wohnungen) unabhängig von ihrer Nutzungsdauer. Bei den Sozialversicherungshaushalten rechnen die Käufe von Medikamenten sowie von Arzt- und Krankenhausleistungen dazu, die als Sachleistungen an die Versicherten weitergegeben werden.

Das Einkommensentstehungskonto des Staates 2-2 enthält im Gegensatz zu dem entsprechenden Konto der Unternehmen keine Subventionen, wohl aber indirekte Steuern. Es sind dies in der Hauptsache Kraftfahrzeugsteuer und die von einigen öffentlichen Haushalten zu zahlende Grund- und Umsatzsteuer (Posten 2-2.20):

2-2 Einkommensentstehungskonto des Staates 1982

| | | | | | |
|---|---|---|---|---|---|
| 2-2.10 | Abschreibungen 2-6.70 | 10 820 | 2-2.50 | Bruttowertschöpfung 2-1.49 | 188 920 |
| 2-2.20 | Geleistete Produktionssteuern an den Staat 2-4.61 | 240 | | | |
| 2-2.49 | Beitrag zum Nettoinlandsprodukt zu Faktorkosten 2-3.50 | 177 860 | | | |
| | Summe | 188 920 | | Summe | 188 920 |

Im Einkommensverteilungskonto 2-3 treten zu dem Beitrag des Staates zum Nettoinlandsprodukt zu Faktorkosten die Einkommen der öffentlichen Haushalte in Gestalt von Zinsen, Dividenden und sonstigen Erträgen aus ihrem Direktbesitz von und Beteiligungen an Unternehmen, Effektenbesitz und anderem Vermögen (Posten 2-3.70). Die Gegenbuchung zu Strom 2-3.70/2-3.20 erscheint auf demselben Konto:

2-3 Einkommensverteilungskonto des Staates 1982

| | | | | | |
|---|---|---|---|---|---|
| 2-3.10 | *Geleistete Einkommen aus unselbständiger Arbeit:* | | 2-3.50 | Beitrag zum Nettoinlandsprodukt zu Faktorkosten 2-2.49 | 177 860 |
| | an private Haushalte 3-3.60 | 177 840 | 2-3.70 | *Empfangene Vermögenseinkommen:* | |
| | an das Ausland 8.71 | 20 | | von Unternehmen 1-3.20 | 28 630 |
| 2-3.20 | *Geleistete Vermögenseinkommen:* | | | vom Staat 2-3.20 | 1 030 |
| | an Unternehmen 1-3.70 | 37 600 | | vom Ausland 8.25 | 30 |
| | an den Staat 2-3.70 | 1 030 | | | |
| | an private Haushalte 3-3.70 | 4 410 | | | |
| | an das Ausland 8.75 | 840 | | | |
| | *Saldo:* | | | | |
| 2-3.49 | Anteil am Volkseinkommen 2-4.50 | – 14 190 | | | |
| | Summe | 207 550 | | Summe | 207 550 |

Öffentliche Haushalte halten auch Wertpapiere anderer öffentlicher Haushalte. Insgesamt erhielt und verteilte der Staat Vermögenseinkommen und zahlte Einkommen aus unselbständiger Arbeit in solchen Beträgen, daß sein Anteil am Volkseinkommen 1982 negativ war. Dies ist eine Folge der in den letzten Jahren erheblich gestiegenen geleisteten Vermögenseinkommen in Form von Zinsen auf öffentliche Schulden. Die VGR nimmt im übrigen auch kleine Beträge wahr: Strom 2–3.10/8.71 sind Löhne des nichtdeutschen Personals bei deutschen Auslandsvertretungen.

Das Einkommensumverteilungskonto der öffentlichen Haushalte 2-4 gibt einen Eindruck davon, welche im Verhältnis zum Sozialprodukt beachtlichen Beträge in einer modernen Volkswirtschaft ständig umverteilt werden. Die wichtigsten Leistungen an den Staat sind Steuern aller Art und die von privaten Haushalten erbrachten Sozialbeiträge. Zu den sonstigen laufenden Übertragungen in dieser Richtung zählen Verwaltungsgebühren, etwa für die Ausstellung von Pässen und Führerscheinen, Geldstrafen sowie (aus dem Ausland) Zahlungen der EG. Auf der anderen Seite leistet der Staat Transferzahlungen an private Haushalte und Subventionen an Unternehmen sowie Versicherungsbeiträge, Zuschüsse an Verbände der Wohlfahrtspflege, Kirchen, politische Parteien und Sportvereine. Die Übertragungen an das Ausland enthalten Zahlungen an die DDR, Beiträge an internationale Organisationen, Zuschüsse an Entwicklungsländer sowie laufende Wiedergutmachungsleistungen, Sozialversicherungs- und Kriegsopferrenten an Ausländer.

2-4 Einkommensumverteilungskonto des Staates 1982

| | | | | | |
|---|---|---|---|---|---|
| 2-4.10 | Geleistete Subventionen an Unternehmen 1-2.70 | 29 140 | 2-4.50 | Anteil am Volkseinkommen 2-3.49 | – 14 190 |
| 2-4.35 | *Soziale Leistungen:* | | 2-4.60 | *Empfangene indirekte Steuern:* | |
| | an private Haushalte 3-4.85 | 282 260 | 2-4.61 | Produktionssteuern | |
| | an das Ausland 8.83 | 5 330 | | von Unternehmen 1-2.20 | 85 600 |
| 2-4.40 | *Sonstige geleistete laufende Übertragungen:* | | | vom Staat 2-2.20 | 240 |
| | an Unternehmen 1-4.90 | 3 830 | | von priv. Org. o. E. 3-2.20 | 20 |
| | an priv. Org. o. E. 3-4.90 | 9 440 | 2-4.62 | Nichtabzugsfähige Umsatzsteuer 0.30 | 101 320 |
| | an das Ausland 8.85 | 19 420 | 2-4.63 | Einfuhrabgaben 0.40 | 14 610 |
| 2-4.49 | Verfügbares Einkommen 2-5.50 | 332 090 | 2-4.70 | *Empfangene direkte Steuern:* | |
| | | | | von Unternehmen 1-4.20 | 27 140 |
| | | | | von privaten Haushalten 3-4.20 | 166 430 |
| | | | | vom Ausland 8.31 | – 100 |
| | | | 2-4.80 | *Empfangene Sozialbeiträge:* | |
| | | | | von privaten Haushalten 3-4.30 | 283 170 |
| | | | | vom Ausland 8.32 | 830 |
| | | | 2-4.90 | *Sonstige empfangene laufende Übertragungen:* | |
| | | | | von Unternehmen 1-4.40 | 3 020 |
| | | | | von privaten Haushalten 3-4.40 | 6 450 |
| | | | | vom Ausland 8.35 | 6 970 |
| | Summe | 681 510 | | Summe | 681 510 |

Das Einkommensverwendungskonto des Staates 2-5 zeigt die Aufteilung seines aus Konto 2-4 übernommenen verfügbaren Einkommens auf Eigenverbrauch und Ersparnis:

2-5 Einkommensverwendungskonto des Staates 1982

| | | | | | |
|---|---|---|---|---|---|
| 2-5.10 | Staatsverbrauch 0.75 | 325 330 | 2-5.50 | Verfügbares Einkommen 2-4.49 | 332 090 |
| 2-5.49 | Ersparnis 2-6.50 | 6 760 | | | |
| | Summe | 332 090 | | Summe | 332 090 |

Das Vermögensänderungskonto des Staates 2-6 gleicht bis auf das Fehlen der nichtentnommenen Gewinne dem der Unternehmen 1-6. An beiden Konten zeigt sich, daß die Vermögensänderungskonten der Sektoren nicht nur der Ort für die Gegenbuchungen der vermögenswirksamen Transaktionen auf den anderen Konten sind, sondern daß sie auch eine Reihe wichtiger Vermögensverschiebungen zwischen den Sektoren ausweisen. Die Vermögensübertragungen der privaten Haushalte an den Staat (Posten 2-6.80) umfassen die Erbschaftsteuer; die des Staates an die privaten Haushalte (Posten 2-6.30) Kapitalentschädigungen im Rahmen der Kriegsfolgegesetzgebung, Spar- und Wohnungsbauprämien. Unter den Anlageinvestitionen (Posten 2-6.21) werden nur solche für zivile Zwecke erfaßt. Käufe militärischer Güter zählen unabhängig von deren Nutzungsdauer zu den Käufen von Vorleistungen in Strom 0.60/2-1.10. Dementsprechend beziehen sich die Abschreibungen (Posten 2-6.70) nur auf die zivilen Investitionen in Gestalt von Ausrüstungen und Gebäuden, wobei auf Land- und Wasserstraßen, Brücken und ähnliche Güter nicht abgeschrieben wird. Die Vorratsänderungen betreffen Rohöl und Kernbrennstoffe.

2-6 Vermögensänderungskonto des Staates 1982

| | | | | | |
|---|---|---|---|---|---|
| 2-6.20 | *Bruttoinvestitionen:* | | 2-6.50 | Ersparnis 2-5.49 | 6 760 |
| | 2-6.21 Anlageinvestitionen 0.81 | 47 370 | 2-6.70 | Abschreibungen 2-2.10 | 10 820 |
| | 2-6.25 Vorratsänderungen 0.85 | – | 2-6.80 | *Empfangene Vermögensübertragungen:* | |
| 2-6.30 | *Geleistete Vermögensübertragungen:* | | | von Unternehmen 1-6.30 | 4 910 |
| | an Unternehmen 1-6.80 | 23 360 | | von privaten Haushalten 3-6.30 | 1 270 |
| | an private Haushalte 3-6.80 | 6 000 | | vom Ausland 8.37 | 110 |
| | an das Ausland 8.87 | 2 310 | | | |
| | *Saldo:* | | | | |
| 2-6.49 | Finanzierungssaldo 2-7.50 | – 55 170 | | | |
| | Summe | 23 870 | | Summe | 23 870 |

Das Kreditänderungskonto des Staates 2-7 ist hier ebensowenig aufschlußreich wie das der Unternehmen 1-7:

2-7 Finanzierungskonto des Staates 1982

| | | | | | |
|---|---|---|---|---|---|
| 2-7.10 | Änderung der Forderungen (.) | 15 020 | 2-7.50 | Finanzierungssaldo 2-6.49 | – 55 170 |
| | | | 2-7.60 | Änderung der Verbindlichkeiten (.) | 69 650 |
| | | | 2-7.99 | Statistische Differenz (.) | 540 |
| | Summe | 15 020 | | Summe | 15 020 |

Auch hier wird nicht ausgewiesen, gegenüber welchen Sektoren die zusätzlichen Forderungen und Verbindlichkeiten entstanden sind. Vgl. jedoch Tabelle 4.4, S. 180 f.

**5. Die Konten 1982: Sektor Private Haushalte.** Dieser Sektor umfaßt im vereinfachten Kontensystem auch die privaten Organisationen ohne Erwerbszweck. Wie schon bei der Erläuterung des Kontos 3.24 (S. 113 f.) gesagt wurde, registriert man auf dem Produktionskonto dieses Sektors daneben nur noch die Tätigkeit der in Haushalten gegen Entgelt beschäftigten Personen:

3-1 Produktionskonto der privaten Haushalte 1982

| | | | | | |
|---|---|---|---|---|---|
| 3-1.10 | Vorleistungen der Priv. Org. o. E. 0.60 | 12 700 | 3-1.60 | *Produktionswerte:* | |
| 3-1.49 | Bruttowertschöpfung 3-2.50 | 30 920 | 3-1.61 | Private Haushalte 0.10 | 1 450 |
| | | | 3-1.65 | Priv. Org. o. E. 0.10 | 42 170 |
| | Summe | 43 620 | | Summe | 43 620 |

Da bei den privaten Haushalten keine Subventionen auftreten (die nur an Unternehmen geleistet werden) und Abschreibungen sowie Produktionssteuern der privaten Organisationen ohne Erwerbszweck verhältnismäßig gering sind, unterscheidet sich der Beitrag dieser Haushalte zum Bruttoinlandsprodukt zu Marktpreisen nur wenig von ihrem Beitrag zum Nettoinlandsprodukt zu Faktorkosten:

3-2 Einkommensentstehungskonto der privaten Haushalte 1982

| | | | | | |
|---|---|---|---|---|---|
| 3-2.10 | Abschreibungen der Priv. Org. o. E. 1-6.70 | 2 940 | 3-2.50 | Bruttowertschöpfung 3-1.49 | 30 920 |
| 3-2.20 | Geleistete Produktionssteuern der Priv. Org. o. E. an den Staat 2-4.61 | 20 | | | |
| 3-2.49 | Beitrag zum Nettoinlandsprodukt zu Faktorkosten 3-3.50 | 27 960 | | | |
| | Summe | 30 920 | | Summe | 30 920 |

Das Einkommensverteilungskonto der privaten Haushalte 3-3 zeigt auf der rechten Seite den gesamten Zustrom an Erwerbs- und Vermögenseinkommen:

3-3 Einkommensverteilungskonto der privaten Haushalte 1982

| | | | | | |
|---|---|---|---|---|---|
| 3-3.10 | Geleistete Einkommen aus unselbständiger Arbeit an private Haushalte 3-3.60 | 27 960 | 3-3.50 | Beitrag zum Nettoinlandsprodukt zu Faktorkosten 3-2.49 | 27 960 |
| 3-3.20 | Geleistete Vermögenseinkommen an Unternehmen 1-3.70 | 19 660 | 3-3.60 | *Empfangene Einkommen aus unselbständiger Arbeit:* | |
| 3-3.49 | Anteil am Volkseinkommen 3-4.50 | 1 194 680 | | von Unternehmen 1-3.10 | 689 590 |
| | | | | vom Staat 2-3.10 | 177 840 |
| | | | | von privaten Haushalten 3-3.10 | 27 960 |
| | | | | vom Ausland 8.21 | 4 810 |
| | | | 3-3.70 | *Empfangene Einkommen aus Unternehmertätigkeit und Vermögen:* | |
| | | | | von Unternehmen 1-3.20 | 307 510 |
| | | | | vom Staat 2-3.20 | 4 410 |
| | | | | vom Ausland 8.25 | 2 220 |
| | Summe | 1 242 300 | | Summe | 1 242 300 |

3-4 Einkommensumverteilungskonto der privaten Haushalte 1982

| | | | | | |
|---|---|---|---|---|---|
| 3-4.20 | Geleistete direkte Steuern an den Staat 2-4.70 | 166 430 | 3-4.50 | Anteil am Volkseinkommen 3-3.49 | 1 194 680 |
| 3-4.30 | *Geleistete Sozialbeiträge:* | | 3-4.80 | Empfangene Sozialbeiträge von privaten Haushalten 3-4.30 | 3 340 |
| | an Unternehmen 1-4.80 | 27 080 | 3-4.85 | *Empfangene soziale Leistungen:* | |
| | an den Staat 2-4.80 | 283 170 | | von Unternehmen 1-4.35 | 21 110 |
| | an private Haushalte 3-4.80 | 3 340 | | vom Staat 2-4.35 | 282 260 |
| | an das Ausland 8.82 | 220 | | von privaten Haushalten 3-4.35 | 1 960 |
| 3-4.35 | Soziale Leistungen an private Haushalte 3-4.85 | 1 960 | | vom Ausland 8.33 | 330 |
| 3-4.40 | *Sonstige geleistete laufende Übertragungen:* | | 3-4.90 | *Sonstige empfangene laufende Übertragungen:* | |
| | an Unternehmen 1-4.90 | 32 090 | | von Unternehmen 1-4.40 | 31 440 |
| | an den Staat 2-4.90 | 6 450 | | vom Staat 2-4.40 | 9 440 |
| | an das Ausland 8.85 | 12 060 | | vom Ausland 8.35 | 420 |
| 3-4.49 | Verfügbares Einkommen 3-5.50 | 1 012 180 | | | |
| | Summe | 1 544 980 | | Summe | 1 544 980 |

Der Strom 3-3.10 wird auf der rechten Seite unter 3-3.60 gegengebucht und ist somit intrasektoral, er bedeutet die Entgelte für die von Haushalten an Haushalte geleisteten Häuslichen Dienste sowie die Einkommen der bei privaten Organisationen o.E. beschäftigten Arbeitnehmer. Strom 3-3.20/1-3.70 weist die Zinsen auf Konsumentenschulden aus. Der Anteil der privaten Haushalte am Volkseinkommen in Konto 3.3 enthält ebenso wie ihr verfügbares Einkommen in Konto 3.4 auch die nichtentnommenen Gewinne der Einzelunternehmen und Personengesellschaften.

Das Einkommensumverteilungskonto 3.4 der privaten Haushalte zeigt, in welchem Umfang ihr Anteil am Volkseinkommen durch laufende Übertragungen aller Art aufgestockt und durch direkte Steuern und andere laufende Transfers vermindert wird, so daß ihr verfügbares Einkommen übrigbleibt. Hauptposten rechts sind die Leistungen der Sozialversicherungsträger, mit denen soziale Risiken wie Krankheit, Unfälle, Invalidität, Alter, Familienlasten, Mutterschaft, Arbeitslosigkeit abgedeckt werden. Zu den von Unternehmen an Haushalte geleisteten sonstigen Übertragungen zählen Leistungen der Schadensversicherer. Auf der Aufwandsseite stehen diesen die Beiträge der Haushalte an diese Unternehmen gegenüber. Übertragungen an den Staat sind Rückzahlungen von Sozialhilfe, Verwaltungsgebühren und Geldstrafen. Die Transfers vom Ausland an Haushalte (Posten 3-4.90) betreffen hauptsächlich Renten und Unterstützungszahlungen; die von Haushalten an das Ausland (Posten 3-4.40) Überweisungen ausländischer Arbeitnehmer in ihre Heimatländer. Das verfügbare Einkommen der Haushalte ist immer kleiner als ihr Anteil am Volkseinkommen, da die geleisteten Übertragungen, insbesondere wegen der direkten Steuern, die empfangenen übertreffen.

Die restlichen drei Konten des Haushaltssektors sind:

3-5 Einkommensverwendungskonto der privaten Haushalte 1982

| | | | | | |
|---|---|---|---|---|---|
| 3-5.10 | *Privater Verbrauch:* | | 3-5.50 | Verfügbares Einkommen 3-4.49 | 1 012 180 |
| 3-5.11 | Käufe der privaten Haushalte 0.711 | 886 730 | | | |
| 3-5.15 | Eigenverbrauch der Priv. Org. o. E. 0.715 | 12 700 | | | |
| | *Saldo:* | | | | |
| 3-5.49 | Ersparnis 3-6.50 | 112 750 | | | |
| | Summe | 1 012 180 | | Summe | 1 012 180 |

Der private Verbrauch in Konto 3-5 schließt neben den Löhnen des Hauspersonals auch unterstellte Käufe wie den Eigenverbrauch der Unternehmer, den Nutzungswert der von ihren Eigentümern bewohnten Wohnungen, Deputate von Arbeitnehmern sowie die Aufwendungen für Verpflegung und Bekleidung der Bundeswehr ein. In dem wichtigen Posten „Mieten" sind Umlagen für Wasserverbrauch, Schornsteinfegen, Müllabfuhr und dergleichen eingeschlossen. Verkäufe der Haushalte an andere Sektoren sind nach Möglichkeit abgesetzt.

Das Vermögensänderungskonto 3-6 zeigt in Posten 3-6.10 die Rückübertragung der unverteilten Gewinne der Unternehmen ohne eigene Rechtspersönlichkeit (einschließlich der Einlagen der Unternehmer und Gesellschaften) auf das Vermögensänderungskonto der Unternehmen 1-6. Diese Beträge wurden, wie S. 248 gesagt, in Konto 1-3 mit dem Strom 1-3.20/3-3.70 als an die Haushalte ausgeschüttet gebucht. Auf den Konten 1-4 und 1-5 erschienen daher nur die unverteilten Gewinne der Unternehmen m. e. R. Die unverteilten Gewinne der Einzelunternehmen und Personengesellschaften „stecken" daher auch in der Ersparnis der privaten Haushalte (Strom 3-5.49/3-6.50). Ihre Rückübertragung verselbständigt nunmehr wieder den Sektor Unternehmen gegenüber dem Sektor Haushalte: Alle unverteilten Gewinne erscheinen im Unternehmenssektor, in dem sie de facto immer geblieben sind. In der Praxis werden die unverteilten Gewinne 3-6.10/1-6.60 als Restgröße aus den übrigen Posten des Kontos 3-6 ermittelt, wobei der Finanzierungssaldo aus der gesamtwirtschaftlichen Finanzierungsrechnung der Bundesbank (vgl. S. 180) übernommen wird.

3-6 Vermögensänderungskonto der privaten Haushalte 1982

| | | | | | |
|---|---|---|---|---|---|
| 3-6.10 | Nichtentnommene Gewinne der Unternehmen o. e. R. 1-6.60 | – 22 300 | 3-6.50 | Ersparnis 3-5.49 | 112 750 |
| 3-6.30 | *Geleistete Vermögensübertragungen:* | | 3-6.80 | *Empfangene Vermögensübertragungen:* | |
| | an Unternehmen 1-6.80 | 35 800 | | von Unternehmen 1-6.30 | 13 160 |
| | an den Staat 2-6.80 | 1 270 | | vom Staat 2-6.30 | 6 000 |
| | an das Ausland 8.87 | 450 | | vom Ausland 8.37 | 20 |
| | *Saldo:* | | | | |
| 3-6.49 | Finanzierungssaldo 3-7.50 | 116 710 | | | |
| | Summe | 131 930 | | Summe | 131 930 |

Die einzelnen Arten der Vermögensübertragungen in Konto 3-6 sind bei den Konten der Unternehmen und des Staates erläutert. Sachinvestitionen werden in diesem Konto nicht ausgewiesen, obwohl die privaten Haushalte (im engeren Sinne) und die privaten Organisationen ohne Erwerbszweck in erheblichem Umfang in Wohn- und Verwaltungsbauten investieren. Wie mehrfach erwähnt, gelten die Haushalte im Hinblick auf diese Tätigkeit als Unternehmen. Die institutionelle Abgrenzung dieser Sektoren, die zu kennen auch konjunktur- und vermögenspolitisch sehr aufschlußreich wäre, wird insoweit durchbrochen. Anderseits gehören Wohnbauten zum Produktionsapparat der Volkswirtschaft, da mit ihnen Wohnungsnutzung und damit ein lebensnotwendiges Gut produziert wird. Anfang 1982 waren in Wohnbauten 37 v. H. des zu Wiederbeschaffungspreisen bewerteten reproduzierbaren Brutto-Sachvermögens der Bundesrepublik investiert (vgl. Tabelle 7.2, unten in 7/II.2), und die Wohnungsvermietung erbrachte in diesem Jahr 5,7 v. H. des Bruttoinlandsprodukts zu Marktpreisen (vgl. Tabelle 3.3, S. 130). Unter diesem Gesichtspunkt ist die Handhabung des Statistischen Bundesamts zweifellos angemessen.

Konto 3-6 schließt mit einem beträchtlichen Finanzierungsüberschuß. Das ist für den Sektor Haushalte die Regel. Zum Finanzierungskonto der Haushalte vgl. Tabelle 4.4 (S. 180 f.).

**6. Die Konten 1982: Das Auslandskonto.** Dieses Konto nimmt die Gegenbuchungen zu allen in den bisher beschriebenen Konten enthaltenen Auslandstransaktionen auf. Es enthält daher keine Information, die nicht schon in den anderen 22 Konten enthalten wäre und ließe sich auch durch deren Konsolidierung gewinnen. Konto 8 ist jedoch aus Gründen der Buchungspraxis notwendig und erhält seinen Informationswert aus der übersichtlichen Zusammenstellung der Auslandstransaktionen.

## 3-7 Finanzierungskonto der privaten Haushalte 1982

| | | | |
|---|---|---|---|
| 3-7.10 Änderung der Forderungen (.) | 125 760 | 3-7.50 Finanzierungssaldo 3-6.49 | 116 710 |
| | | 3-7.60 Änderung der Verbindlichkeiten (.) | 9 050 |
| Summe | 125 760 | Summe | 125 760 |

## 8 Auslandskonto 1982

| | | | |
|---|---|---|---|
| 8.10 Käufe von Waren und Dienstleistungen 0.90 | 497 210 | 8.60 Verkäufe von Waren und Dienstleistungen 0.20 | 457 410 |
| 8.20 *Geleistete Erwerbs- und Vermögenseinkommen:* | | 8.70 *Empfangene Erwerbs- und Vermögenseinkommen:* | |
| 8.21 Einkommen aus unselbständiger Arbeit an private Haushalte 3-3.60 | 4 810 | 8.71 Einkommen aus unselbständiger Arbeit | |
| 8.25 Einkommen aus Unternehmertätigkeit und Vermögen | | von Unternehmen 1-3.10 | 2 850 |
| an Unternehmen 1-3.70 | 31 670 | vom Staat 2-3.10 | 20 |
| an den Staat 2-3.70 | 30 | 8.75 Einkommen aus Unternehmertätigkeit und Vermögen | |
| an private Haushalte 3-3.70 | 2 220 | von Unternehmen 1-3.20 | 36 420 |
| 8.30 *Geleistete Übertragungen:* | | vom Staat 2-3.20 | 840 |
| 8.31 Direkte Steuern an den Staat 2-4.70 | – 100 | 8.80 *Empfangene Übertragungen:* | |
| 8.32 Sozialbeiträge an den Staat 2-4.80 | 830 | 8.82 Sozialbeiträge von privaten Haushalten 3-4.30 | 220 |
| 8.33 Soziale Leistungen an private Haushalte 3-4.85 | 330 | 8.83 Soziale Leistungen | |
| 8.35 Sonstige laufende Übertragungen | | von Unternehmen 1-4.35 | 100 |
| an Unternehmen 1-4.90 | 830 | vom Staat 2-4.35 | 5 330 |
| an den Staat 2-4.90 | 6 970 | 8.85 Sonstige laufende Übertragungen | |
| an private Haushalte 3-4.90 | 420 | von Unternehmen 1-4.40 | 1 160 |
| 8.37 Vermögensübertragungen | | vom Staat 2-4.40 | 19 420 |
| an den Staat 2-6.80 | 110 | von privaten Haushalten 3-4.40 | 12 060 |
| an private Haushalte 3-6.80 | 20 | 8.87 Vermögensübertragungen | |
| 8.40 Änderung der Forderungen (.) | 34 700 | vom Staat 2-6.30 | 2 310 |
| | | von privaten Haushalten 3-6.30 | 450 |
| | | 8.90 Änderung der Verbindlichkeiten (.) | 41 450 |
| | | 8.99 Statistische Differenz (.) | 10 |
| Aufwendungen des Auslandes | 580 050 | Summe | 580 050 |

Das Konto enthält auch die Transaktionen mit der DDR einschließlich Ostberlin und ist aus der Sicht des Auslands aufgestellt: Rechts stehen (mit Ausnahme der Posten 8.90 und 8.99) die zu Einnahmen des Auslands führenden Transaktionen, darunter die Waren- und Dienstleistungsimporte der Bundesrepublik (Posten 8.60), links Ausgaben des Auslandes verursachende Transaktionen (ohne Posten 8.40). Der Dienstleistungsexport der Bundesrepublik enthält auch die Leistungen des Transithandels, berechnet als Differenz aus dessen Verkäufen und Käufen. Der Außenbeitrag der Bundesrepublik gemäß dem Inländerkonzept ergibt sich aus der Summe der Posten 8.10 und 8.20 (gesamte Ausfuhr) abzüglich der Summe aus 8.60 und 8.70 (gesamte Einfuhr). Zieht man von Posten 8.90 den Posten 8.40 ab, erhält man den Finanzierungssaldo der Bundesrepublik gegenüber dem Ausland. Er tritt mit demselben Betrag auch in Zeile H der Tabelle 4.4 (S. 180 f.) auf (vgl. aber S. 243).

7. **Erweitertes Kontensystem und Standardtabellen.** Neben dem vorstehenden vereinfachten Kontensystem veröffentlicht das Statistische Bundesamt auch noch Konten für die Teilsektoren gemäß der Gliederung der Tabelle 6.1 (S. 244). Jedoch reichen die statistischen Unterlagen nicht aus, die Transaktionen aller Teilsektoren untereinander nachzuweisen, so daß nur Beziehungen von Teilsektoren zu den jeweiligen beiden anderen Sektoren und zum Ausland dargestellt werden. Immerhin ist es möglich, beispielsweise die Positionen des Teilsektors Gebietskörperschaften nach Bund, Ländern und Gemeinden zu unterteilen.

Die Darstellung einer VGR in einem Kontensystem hat jedoch Grenzen. Weitaus detailliertere Informationen wie Angaben über die Entwicklung der Aggregate im Zeitablauf, Halb- und Vierteljahreswerte, zahlreiche Untergliederungen sowie regionale und internationale Vergleiche lassen sich besser in Tabellen unterbringen. Das Statistische Bundesamt veröffentlicht daher im Rahmen seiner VGR zur Zeit 51 Tabellen, die die Kontensysteme ergänzen, in bezug auf Definitionen und Zahlenangaben mit diesen übereinstimmen und *Standardtabellen* heißen. Beispielsweise sind der in Tabelle 3.4 (S. 131) dargestellten, im vereinfachten Kontensystem im Güterkonto (S. 246) enthaltenen Verwendung des Sozialprodukts zwölf Standardtabellen gewidmet, in denen die Komponenten der Verwendung nach verschiedenen Gesichtspunkten gegliedert sind. Die Einkommensumverteilung über den Staat wird unter verschiedenen Aspekten ebenfalls in einem runden Dutzend Tabellen nachgewiesen. Die Wiedergabe der im Rahmen einer VGR anfallenden Informationen in diesen Tabellen ist die für die Praxis wichtigste Darstellungsform.

## II. Einzelprobleme der Volkswirtschaftlichen Gesamtrechnung

1. **Konzeptprobleme.** Jede Volkswirtschaftliche Gesamtrechnung enthält eine Reihe von Grundsatzentscheidungen definitorischer und konzeptioneller Art, die bisher mitgeteilt, aber nicht weiter in Frage gestellt wurden. Solche Entscheidungen ergeben sich jedoch nicht „aus der Natur der Sache", sie sind nicht zwingend, sondern, von der Geschichte der VGR her gesehen, das Ergebnis einer in den vierziger und fünfziger Jahren dieses Jahrhunderts geführten internationalen Diskussion und damit von Konventionen, die jeweils auch anders lauten könnten. Im folgenden werden un-

ter diesem Aspekt einige grundlegende Eigenschaften des Beschreibungsmodells erörtert, das der heutigen VGR zugrunde liegt.

Als erstes entstehen zwei grundsätzliche Fragen: Was soll in einer Volkswirtschaft als Produktionstätigkeit gelten; und welche Güter sollen als Ergebnis (Endprodukte) des Produktionsprozesses angesehen werden? In einer Marktwirtschaft (vgl. S. 23) lassen sich Güter unter dem erstgenannten Aspekt wie folgt einteilen:

(1) Güter, die über Märkte verteilt werden:

1.1 Güter privater Produzenten, die gegen Entgelt verkauft werden;
1.2 Güter öffentlicher Produzenten, die gegen Entgelt verkauft werden;
1.3 Güter, die real getauscht werden, etwa Dienstwagengestellung an leitende Angestellte, Deputatkohle an Bergarbeiter.

(2) Güter, die nicht über Märkte verteilt werden:

2.1 Güter, die von Unternehmen im eigenen Produktionsprozeß eingesetzt oder im Haushalt des Unternehmers konsumiert werden (Eigenverbrauch);
2.2 Unentgeltlich abgegebene Güter privater Produzenten;
2.3 Unentgeltlich abgegebene Güter, insbesondere Dienste, öffentlicher Produzenten zuzüglich unentgeltlicher Nutzungen öffentlichen Sachvermögens (Straßen);
2.4 In privaten Haushalten für den Eigenverbrauch (Selbstrasieren) oder unentgeltlich für andere produzierte Güter (Zubereitung von Speisen) sowie Nutzungen dauerhafter Konsumgüter.

Jede Tätigkeit, die irgendwelche dieser Güter entstehen läßt, kann als Produktion gelten, auch wenn dies angesichts der herrschenden Konventionen ungewöhnlich erscheint. So kann beispielsweise der Verbrauch von Konsumgütern in privaten Haushalten als Faktoreinsatz in einem Produktionsprozeß gesehen werden, dessen Ergebnis die an Unternehmen verkauften Arbeitsleistungen der Haushaltsmitglieder sind. Bild 1.2 (S. 5) wäre hierauf nach entsprechender Änderung der Bezeichnungen ohne weiteres anwendbar. Das Beispiel läßt erkennen, daß irgendwo durch den allgegenwärtigen Produktions- und Tauschprozeß Schnitte oder Grenzen gezogen werden müssen und durch Übereinkunft festzulegen ist, daß Güter mit dem Überschreiten dieser Grenzen als Ergebnisse oder Endprodukte des Produktionsprozesses zu betrachten sind. Diese Grenzen sind von dreierlei Art. Ein Gut gilt als Endprodukt, wenn es

- eine institutionelle Grenze überschreitet, indem es in den Bereich der privaten Haushalte übergeht. Dahinter steht die Auffassung, daß der Wirtschaftsprozeß im Interesse dieser Haushalte stattfindet und sein letzter Zweck deren Versorgung mit Gütern ist, deren Nutzung oder Verbrauch nicht mehr als Produktion gilt;
- eine räumliche Grenze überschreitet, indem es an Gebietsfremde übergeht. Mit dieser Übereinkunft wird in erster Linie anerkannt, daß die Menschheit in Nationalstaaten mit voneinander getrennten volkswirtschaftlichen Produktionsprozessen organisiert ist. Sie kann aber auch auf Gebiete innerhalb eines Staates angewandt werden, etwa wenn man das Bruttoinlandsprodukt von Städten berechnet. Wie der Ausdruck „räumliche Grenze" zu verstehen ist, wurde S. 204 f. erläutert;
- eine zeitliche Grenze überschreitet, wenn es am Ende einer Rechnungsperiode noch vorhanden ist und in die nächste übergeht. Damit wird die Notwendigkeit aner-

kannt, den Zeitablauf für Zwecke der wirtschaftlichen Rechnungslegung in Perioden einzuteilen, da Stromgrößen ohne diese nicht meßbar sind.

Demnach wären alle diejenigen Güter keine End- und daher Zwischenprodukte, die während der jeweiligen Rechnungsperiode erzeugt, aber weder an private Haushalte noch an Gebietsfremde gelangt noch am Ende der Periode vorhanden sind. In der Tat liegt diese Drei-Grenzen-Konvention der heutigen Kreislaufanalyse und der auf ihr aufbauenden Volkswirtschaftlichen Gesamtrechnung zugrunde.

Wichtig ist bei dieser Betrachtungsweise zunächst, daß es für die Definition des Endprodukts keine Rolle spielt, ob ein Gut über Märkte verteilt oder ohne Gegenleistung abgegeben wird. Tatsächlich bliebe bei einer Beschränkung auf marktgängige Güter schon wegen des heutigen Umfangs der staatlichen Aktivität ein wesentlicher Teil der Produktionstätigkeit unregistriert. Gemäß der Drei-Grenzen-Konvention gelten jedoch die unentgeltlichen Leistungen der öffentlichen Wirtschaftssubjekte und der privaten Organisationen ohne Erwerbszweck als Endprodukte, soweit sie von privaten Haushalten in Anspruch genommen werden. Der gleiche Sachverhalt liegt vor, wenn Unternehmer Produkte ihres Unternehmens im eigenen Haushalt verbrauchen, wozu auch die Nutzung von Wohnungen durch ihre Eigentümer gehört; und wenn private Haushalte Leistungen beim Bau eigener Häuser erbringen. Schließlich werden Nichtmarktvorgänge wie Lagerbestandserhöhungen an eigenen Erzeugnissen und selbsterstellte Anlagen in Unternehmen durch das Konzept der zeitlichen Grenze erfaßt.

Kritik an dem vorstehenden Konzept könnte vor allem bei der institutionellen Grenze ansetzen. Dauerhafte Konsumgüter lassen sich ohne Schwierigkeiten als Investitionsobjekte der privaten Haushalte auffassen, deren Nutzung den eigentlichen Konsum darstellt. Außerdem können viele Vorgänge in diesen Haushalten als Produktionsprozesse betrachtet werden (vgl. Posten 2.4 der Aufzählung). Der Betrieb eines Kraftfahrzeuges wäre ein solcher Prozeß, durch den erst das Konsumgut „Transportleistung" erzeugt und mit seiner Entstehung verbraucht wird. Konsumgüter solcher Art wären besonders dann als Ergebnisse des volkswirtschaftlichen Produktionsprozesses zu betrachten, wenn sie gleichzeitig auch von Unternehmen gewerbsmäßig hergestellt und über Märkte verkauft werden. Zu ihrer Bewertung stünden dann ihre Marktpreise zur Verfügung. Versuche, diese beiden Gesichtspunkte bei der statistischen Erfassung des privaten Konsums zu berücksichtigen, müssen jedoch mit einem solchen Ausmaß an subjektiven Bewertungen und Schätzungen arbeiten, daß sie bisher nicht überzeugen können.[2] Jedoch zeigt sich als wesentlicher Nachteil der bisherigen Handhabung, daß das statistisch gemessene Sozialprodukt in dem Maße zunimmt, in dem früher unentgeltlich in Haushalten ausgeübte Produktionstätigkeiten von Gewerbetreibenden übernommen und über Märkte abgewickelt werden. Die Herstellung von Nahrungsmittelkonserven, Wäschewaschen und andere Reinigungsarbeiten, die Zubereitung von Mahlzeiten sind Beispiele. Der bekannte gegenteilige Fall

---

[2] Gemäß einer Schätzung für die Vereinigten Staaten wäre das Bruttosozialprodukt zu Marktpreisen während der Jahre 1960 bis 1970 bei Berücksichtigung des Wertes der unentgeltlichen Hausarbeit der verheirateten Hausfrauen um jeweils rund 30 v. H., das Volkseinkommen um knapp 40 v. H. höher anzusetzen. M. WEINROBE: Household Production and National Production: An Improvement of the Record. The Review of Income and Wealth, Income and Wealth Series 20, 1974, S. 89–102. Für weitere solche Berechnungen vgl. LEIPERT [3.14], S. 73.

ist, daß das statistisch gemessene Sozialprodukt sinkt, wenn der Hausherr seine Köchin oder die Hausherrin ihren Gärtner heiratet: An der Tätigkeit des nunmehrigen Ehepartners mag sich nichts ändern, aber sie oder er erhält keinen Lohn im statistischen Sinne mehr und ist gemäß dieser Konvention nicht mehr im Produktionsprozeß tätig. Die gleiche „statistische" Ursache bewirkt, daß heute das Sozialprodukt von Entwicklungsländern, in denen die Arbeitsteilung zwischen Unternehmen und Haushalten noch nicht stark ausgeprägt ist, im Vergleich zu dem der hochindustrialisierten Länder zu niedrig ausgewiesen wird.

Der zweite Ansatzpunkt der Kritik betrifft die öffentlichen Wirtschaftssubjekte. Entsprechend dem Konzept der institutionellen Grenze wären nur diejenigen ihrer Leistungen als Endprodukte anzusehen, die von den privaten Haushalten konsumiert werden, während der Rest von Unternehmen, anderen öffentlichen Haushalten und privaten Organisationen ohne Erwerbszweck als Vorleistungen in Anspruch genommen wird. Wie S. 113 angedeutet, gibt es jedoch wegen der Unentgeltlichkeit der öffentlichen Dienstleistungen und Nutzungen öffentlichen Sachkapitals zu wenig Anhaltspunkte für ihre Aufteilung auf Empfängersektoren. Statistische Abgrenzungs-, Erfassungs- und Bewertungsschwierigkeiten sind hier also der Hauptgrund für die Unterstellung, daß die öffentlichen Wirtschaftssubjekte die von ihnen produzierten Dienste selbst verbrauchen, und damit für die Abweichung von der Drei-Grenzen-Konvention.

**2. Buchungssysteme.** Die Handhabung der Buchungen in einem Kontensystem wurde S. 94 behandelt. Je nach den mit der Registrierung von Transaktionen verfolgten Zwecken gibt es unterschiedliche *Buchungssysteme.* Zunächst ist zu unterscheiden zwischen einem offenen oder *einseitigen* und einem geschlossenen oder *zweiseitigen Buchungssystem.* Verkauft eine Unternehmung eine Ware an einen Kunden, so erfaßt sie in ihrem Kontensystem zwar die beiden damit verbundenen Ströme, bucht aber jeweils nur deren sie selbst berührende Seiten. Ein solches Buchungssystem registriert also alle Vorgänge doppelt, aber einseitig. Der volkswirtschaftliche Gesamtrechner ist dagegen daran interessiert, beide Seiten der Einnahmen-Ausgaben-, Forderungs- und Transferströme innerhalb der Volkswirtschaft zu erfassen. Er errichtet daher Konten für alle Sektoren und bucht jeden Strom mit zwei Eintragungen auf Konten verschiedener Sektoren. Ein solches Buchungssystem ist zweiseitig oder geschlossen. Ein einseitiges System läßt sich dadurch in ein zweiseitiges überführen, daß man alle Gegenbuchungen zu den Buchungen für ein Wirtschaftssubjekt oder einen Sektor in einem „Zusammengefaßten Konto für die Umwelt" sammelt.

Ein zweiseitiges Buchungssystem ist unvollständig, wenn es sich auf die Registrierung jeweils nur eines der beiden Ströme beschränkt, die bei jeder Transaktion entstehen. Das ist beispielsweise bei Einnahmen-Ausgaben-Rechnungen der Fall, in denen nur Einnahmen-Ausgaben- und Transferströme, nicht aber die damit einhergehenden Forderungsströme berücksichtigt werden (vgl. Tabelle 3.2, S. 93 sowie S. 97). Ein vollständiges System enthält jeweils alle vier zu einer Transaktion gehörenden Buchungen.

Zusammenfassend läßt sich also sagen: Einseitige Buchungssysteme werden vom Standpunkt eines Wirtschaftssubjekts, eines Sektors oder einer Volkswirtschaft aufgestellt. Sie enthalten kein Konto, auf dem die Transaktionen der betreffenden Wirtschaftseinheit mit ihrer Umwelt zusammengefaßt dargestellt werden. Zweiseitige Buchungssysteme entsprechen dem Interesse eines Beobachters, der die zwischen Wirtschaftseinheiten fließenden Ströme registriert und daher beide Seiten der Transaktionen aufzeichnet. Solche Systeme sind unvollständig, wenn sie sich auf die Wiedergabe nur eines der beiden zu jeder Transaktion gehörenden Ströme beschränken. Sie sind vollständig, wenn sie beide Ströme erfassen, jede Transaktion also vierfach buchen.

Beispiele für offene Buchungssysteme sind die Geschäftsbuchhaltung eines Unternehmens, das System der für einen einzelnen Sektor geführten Konten, wie etwa die Konten 1-1 bis 1-7 des Sektors Unternehmen in Abschnitt I.3 dieses Kapitels, und die Zahlungsbilanz eines Landes (vgl. fünftes Kapitel). Zweiseitige Systeme sind die Konten 3.7-3.14 des Zahlenbeispiels S. 98–100, die Volkswirtschaftliche Gesamtrechnung der Konten 3.27-3.33 S. 116–122 und die in Teil I dieses Kapitels abgedruckte Gesamtrechnung des Statistischen Bundesamts. Die heute existierenden Volkswirtschaftlichen Gesamtrechnungen sind überwiegend unvollständige zweiseitige Systeme, jedoch wird vielfach am Einbau der Forderungsströme gearbeitet.

3. **Periodisierung.** Die Notwendigkeit, den Wirtschaftsablauf jeweils für bestimmte Zeiträume zu erfassen, läßt das Problem der zeitlichen Abgrenzung, der *Periodisierung,* entstehen. Viele ökonomische Transaktionen finden nicht zu einem genau feststellbaren Zeitpunkt statt, sondern werden innerhalb eines Zeitraums abgewickelt und durchlaufen dabei verschiedene Stadien. Diese können beim Kauf eines Sachgutes etwa der Abschluß des Kaufvertrages, die Lieferung, der Eigentumsübergang, die Ausstellung oder der Eingang der Rechnung und die Bezahlung sein. Bei der veranlagten Einkommensteuer lassen sich die Entstehung des Einkommens, die Feststellung der Steuerschuld (Veranlagung), die Fälligkeit der Steuer und ihre Bezahlung unterscheiden. Sofern nicht alle Stadien einer Transaktion in die gleiche Rechnungsperiode fallen, muß entschieden werden, mit welchem Stadium sie als vollzogen angesehen werden soll. Als Konvention gilt, daß alle Transaktionen zu dem Zeitpunkt erfaßt werden, in dem eine Forderung oder Verbindlichkeit entsteht oder verschwindet. Beim Verkauf von Gütern wird also auf den Zeitpunkt abgestellt, in dem beim Verkäufer eine Einnahme, beim Käufer eine Ausgabe entsteht (vgl. S. 94). Bei Sachgütern fällt dieser Zeitpunkt häufig mit dem Eigentumsübergang zusammen, bei Transfers wie der Einkommensteuer entspricht er der Fälligkeit. In Übereinstimmung mit den Prinzipien der Kreislaufanalyse wird also in der VGR auf die mit Leistungstransaktionen einhergehenden Änderungen des Geldvermögens und nicht auf Zahlungsvorgänge abgestellt. Sofern die vorhandenen Statistiken Zahlungen nachweisen, wird in einigen Fällen versucht, entsprechend umzurechnen.

Ein etwas anderes Periodisierungsproblem entsteht, wenn Transaktionen kontinuierlich erfolgen, also auch nicht prinzipiell als zu einem bestimmten Zeitpunkt stattfindend gedacht werden können. Beispiele sind die laufende Abgabe von Arbeitsleistungen an ein Unternehmen, die Lieferung von Elektrizität, die Vermietung einer Wohnung und das Auflaufen von Zins- und Dividendenforderungen (vgl. S. 95). In diesen Fällen gilt, daß dem Arbeitnehmer, dem Elektrizitätswerk, dem Vermieter, dem Kreditgeber und dem Aktionär ebenso laufend Einnahmen erwachsen, die davon unabhängig sind, daß die Berechtigten in wöchentlichen, monatlichen oder jährlichen Abständen Zahlungseingänge erhalten, die den Einnahmen entsprechen.

Nimmt man schließlich den Fall an, daß der Mieter einer Wohnung die Miete nicht in monatlichen Abständen, sondern etwa am 1. Oktober des betrachteten Jahres für zwölf Monate im voraus zahlt, so ist lediglich ein Viertel des Betrages als Ausgabe des Mieters und Einnahme des Vermieters in der Rechnungsperiode anzusehen. Der Rest muß am Ende des Jahres als *Vorauszahlung* und dementsprechend als Forderung des Mieters und Verbindlichkeit des Vermieters gebucht werden.

In der statistischen Praxis läßt sich das Periodisierungsproblem häufig nicht in der geschilderten Weise lösen, weil dazu unverhältnismäßig kostspielige Erhebungen nötig wären. Man greift statt dessen in der Hoffnung auf Zahlungsvorgänge zurück, daß sich Fehler gegenseitig ausgleichen.

**4. Die Bewertung der Transaktionen.** Wie bei der Aufstellung von Vermögensrechnungen entstehen auch bei der Registrierung von Transaktionen Bewertungsprobleme, die jedoch im großen und ganzen nicht so schwerwiegend sind. Die Masse der Transaktionen wird über Märkte abgewickelt, kann dort beobachtet und zu den tatsächlich gezahlten Preisen bewertet werden, wobei Skonti und andere Nachlässe wie auch Preisaufschläge berücksichtigt werden. Ändern sich Preise im Laufe der Rechnungsperiode, so wird ein Durchschnittspreis errechnet.

Ernsthafte Bewertungsprobleme entstehen jedoch bei internen Strömen und bei fiktiven Transaktionen, da es für sie definitionsgemäß keine Marktpreise gibt. Bei internen Buchungen versucht man dem Problem dadurch beizukommen, daß man entweder besondere Bewertungsverfahren entwickelt, wie für die Abschreibungen (vgl. S. 247 f.), zu Faktor- gleich Herstellungskosten bewertet (Lagerbestandsänderung an eigenen Erzeugnissen und selbsterstellte Anlagen) oder daß man jeweils einen Strom je Konto als Saldo errechnet, wie die Ersparnis. Das letztgenannte Verfahren ist allerdings ein Notbehelf, da sich alle statistischen Fehler, möglicherweise kumulativ, in solchen Restposten niederschlagen. Bei fiktiven Transaktionen werden gegebenenfalls die Marktpreise entsprechender tatsächlicher Transaktionen herangezogen.

**5. Laufende versus vermögenswirksame Vorgänge.** Eine für die Berechnung der Änderungen des Volksvermögens und seiner Verteilung wichtige Unterscheidung ist die in *laufende* und *vermögenswirksame* Vorgänge. So ist bei allen Sektoren die Ersparnis als Überschuß des Einkommens über die *laufenden Ausgaben* vermögenswirksam. Real verkörpert sich die Vermögensänderung in der Nettoanlageinvestition und den Vorratsänderungen bei Unternehmen und öffentlichen Haushalten. Wie schon erwähnt, gelten dagegen die Käufe der privaten Haushalte von dauerhaften Konsumgütern nicht als vermögenswirksame Transaktionen. Die Nutzungen dieser Güter werden kaum auf Märkten umgesetzt, und ihr Konsum erhöht das Realeinkommen in statistisch nicht meßbarer Weise. Es wäre gleichwohl sehr interessant und für die Integration der Einnahmen-Ausgaben- mit der Vermögensrechnung unerläßlich, die Käufe von Gebrauchsgütern als Vermögenszuwachs auszuweisen.

Auch die Übertragungen lassen sich in *laufende Übertragungen* und *Vermögensübertragungen* einteilen. Beide finden ohne ökonomische Gegenleistung statt und gehören damit zu den Transaktionsarten (2) und (4), unterscheiden sich aber dadurch, daß eine Vermögensübertragung entweder

(a) nur für den Geber,
(b) nur für den Empfänger,
(c) für den Geber und den Empfänger

eine einmalige, im Gegensatz zu einer laufenden Übertragung also nicht ständig wiederholte Transaktion ist. Als Beispiele zu (a) gelten Erbschaft- und Schenkungsteuer; zu (b) Lotteriegewinne, Vermögensentschädigungen aufgrund des Lastenausgleichs und der Wiedergutmachung, Wohnungsbau- und Sparprämien, staatliche Investitionszuschüsse; zu (c) einmalige Vermögensabgaben, Reparationen und staatliche Prämien für die Stillegung von Unternehmen. Der Grund für die gesonderte Erfassung von Vermögensübertragungen liegt in dem Bestreben, die für das ökonomische Verhalten von Wirtschaftssubjekten maßgebenden Faktoren möglichst „rein" darzustellen. Wie S. 136 f. erwähnt, nimmt man in der ökonomischen Theorie einen Zusammenhang zwischen dem Einkommen und den Konsumausgaben der privaten Haushalte an. Ein solcher Zusammenhang besteht aber möglicherweise nur zwischen dem laufenden Einkommen und den laufenden Ausgaben. Wie die Beobachtung zeigt, wird ein einmaliger Vermögenszugang in der Regel nicht in der gleichen Periode restlos zu Konsumzwecken ausgegeben; und eine einmalige Vermögensabgabe beeinträchtigt gleicherweise den Konsum nicht sofort in voller Höhe. Würde man diese Vermögenstransfers also nicht gesondert buchen, ergäbe sich in dem betreffenden Zeitraum eine abnorm hohe positive oder negative Ersparnis, die sich aus dem üblichen Verhalten des Wirtschaftssubjekts nicht erklären ließe.

Schwierigkeiten bei der Beurteilung von Vermögensübertragungen treten auf, wenn die Transaktion für Geber und Empfänger nicht das gleiche bedeutet, also in den eben angedeuteten Fällen (a) und (b). So sind etwa Erbschaft- und Schenkungsteuer für den Staat laufende Einnahmen, für die jeweiligen Steuerzahler jedoch einmalige Transaktionen. Sofern in solchen Fällen eine Entscheidung getroffen werden muß, ob die Transaktion als Vermögensübertragung oder als laufende Übertragung gebucht werden soll, dient als Kriterium ihre Beurteilung durch die kleinere Wirtschaftseinheit. Das ist im Verhältnis Staat zu privatem Sektor regelmäßig das Unternehmen oder der private Haushalt. Dieses Kriterium ist nicht anwendbar, wenn die Übertragung von einem öffentlichen Haushalt zum anderen stattfindet, etwa bei internationalen Transaktionen. Trotzdem unterscheidet man auch hier zwischen laufenden und Vermögensübertragungen. Es wird dann die für die Analyse des heimischen Wirtschaftsprozesses wichtigere und auch leichter feststellbare Ansicht des inländischen Wirtschaftssubjekts zugrundegelegt.

**6. Banken in der VGR.** Die ökonomische Tätigkeit der Banken und der Versicherungsunternehmen unterscheidet sich von der Produktionstätigkeit der Produktionsunternehmen so weitgehend, daß ihre Einbeziehung in die VGR einige Sonderprobleme aufwirft und bei einer auch nur wenig detaillierten Betrachtung ihre Ausgliederung aus dem Sektor Unternehmen rechtfertigt.

Wie die nachstehende, zur Bilanz 2.3 (S. 56) gehörende Gewinn- und Verlustrechnung zeigt, bestehen die Erträge einer Bank überwiegend aus Zinsen (Posten 1 rechts). Wollte man diese Erträge ebenso wie die Zinserträge der Produktionsunternehmen behandeln, sie also nicht auf das Produktions-, sondern auf das Einkommenskonto der Bank übernehmen, würde die Wertschöpfung wesentlich kleiner als allein die Summe der Löhne und Gehälter ausfallen. Um auch bei den Banken in der VGR einen Gewinn ausweisen zu können, der mit dem von den Banken selbst ermittelten übereinstimmt, unterstellt man, daß der Wert der von ihnen gelieferten Dienstleistungen gleich der Differenz zwischen ihren Ertragszinsen, Kreditprovisionen und an-

Konto 6.1: Deutsche Bank Aktiengesellschaft, Frankfurt am Main
Gewinn- und Verlustrechnung für die Zeit vom 1. 1. bis 31. 12. 1982

| Aufwendungen | Mill. DM | Erträge | Mill. DM |
|---|---|---|---|
| 1. Zinsen und zinsähnliche Aufwendungen | 7 475 | 1. Zinsen und zinsähnliche Erträge aus Kredit- und Geldmarktgeschäften | 10 308 |
| 2. Provisionen und ähnliche Aufwendungen | 27 | 2. Erträge aus Wertpapieren und Beteiligungen | 966 |
| 3. Abschreibungen und Wertberichtigungen auf Forderungen und Wertpapiere | 1 108 | 3. Provisionen und andere Erträge aus Dienstleistungsgeschäften | 968 |
| 4. Gehälter und Löhne | 1 686 | 4. Erträge aus Gewinngemeinschaften und Gewinnabführungsverträgen | 11 |
| 5. Soziale Abgaben und Aufwendungen | 546 | 5. Andere Erträge einschließlich Erträge aus der Auflösung von Rückstellungen | 532 |
| 6. Sachaufwand für das Bankgeschäft | 709 | 6. Erträge aus der Auflösung von Sonderposten mit Rücklageanteil | 1 |
| 7. Abschreibungen und Wertberichtigungen auf Grundstücke, Gebäude, Betriebs- und Geschäftsausstattung | 135 | | |
| 8. Abschreibungen und Wertberichtigungen auf Beteiligungen | 2 | | |
| 9. Steuern | 757 | | |
| 10. Sonstige Aufwendungen | 40 | | |
| 11. Jahresüberschuß | 302 | | |
| | 12 786 | | 12 786 |

Quelle: Deutsche Bank AG: Geschäftsbericht für das Jahr 1982. Durch Zusammenfassungen sowie Textänderungen und -kürzungen vereinfacht.

deren Erträgen einerseits und ihren Sollzinsen anderseits zuzüglich der tatsächlich vereinnahmten Gebühren für Dienstleistungen ist. Die Dienstleistungen der Banken werden von den Wirtschaftssubjekten der anderen Sektoren in Anspruch genommen und müßten daher bei den Unternehmen und öffentlichen Haushalten als Vorleistungen, bei den privaten Haushalten als Teil des Konsums sowie als Ausfuhr von Dienstleistungen gebucht werden. Nach Versuchen in dieser Richtung wird jedoch in der VGR der Bundesrepublik seit der Revision von 1977 so verfahren, daß im Sektor Unternehmen eine fiktive Wirtschaftseinheit mit einem Produktionskonto unterstellt wird, dem die Bankdienstleistungen als Vorleistungen zufließen und das, in Abwesenheit weiterer Eintragungen, in gleicher Höhe einen negativen Nettoproduktionswert ausweist. Gesamtwirtschaftlich wird dann nach Addition der Nettoproduktionswerte sämtlicher Wirtschaftsbereiche von deren Summe der Nettoproduktionswert der fiktiven Einheit und damit der Gesamtwert der unterstellten Bankdienstleistungen pauschal abgezogen (vgl. Tabelle 3.3, S. 130).

**7. Versicherungsunternehmen in der VGR.** Bei den Versicherungsunternehmen außerhalb der (gesetzlichen) Sozialversicherungen tragen die direkt als Dienstleistungsverkäufe identifizierbaren Transaktionen noch weniger als bei den Banken zur Wertschöpfung bei. Die Versicherer nehmen Beiträge (auch: Prämien) von ihren

Kunden ein und verwenden sie zum größten Teil zu Zahlungen an diese, soweit die versicherten Ereignisse eingetreten sind. Da den Zahlungen keine unmittelbaren Gegenleistungen gegenüberstehen, gelten sie als Übertragungen. Damit entsteht die Frage, wie die Beitragseinnahmen, die *Bruttoprämien,* zu buchen sind. Das Problem wird durch die definitorische Festlegung gelöst, daß die Beitragseinnahmen mit ihrem *Risikoanteil,* das heißt in Höhe der jährlichen Leistungen an die Versicherten, als Übertragungen von diesen an die Versicherer gelten. Oder: In Höhe der Leistungen für Versicherungsfälle finden laufende Übertragungen innerhalb der Gruppe der Versicherungsnehmer statt, die sich zu deren Abwicklung der Versicherungsunternehmen bedienen. Die laufend ausgeschütteten Risikoanteile heißen auch *Nettoprämien.* Der Überschuß der Beitragseinnahmen über diese gilt als Entgelt für erbrachte Dienstleistungen der Unternehmen. Dem liegt die Festlegung zugrunde, daß die Versicherer die überschüssigen Beitragseinnahmen, abgesehen von Rückstellungen für zeitliche Schwankungen im Schadenverlauf, nicht zur eigenen Vermögensbildung benutzen. Soweit also, insbesondere bei Lebensversicherungsunternehmen, die Beiträge der Versicherungsnehmer Sparleistungen (Kapitalsammlungsanteile) enthalten, gelten diese als Kreditgewährung an die Versicherer. Der Bruttoproduktionswert des Teilsektors Versicherungsunternehmen in der VGR der Bundesrepublik errechnet sich demgemäß wie folgt (Angaben[3] für 1982, in Mill. DM):

| | |
|---|---:|
| (1) Beitragseinnahmen im Geschäftsjahr | 102 120 |
| (2) Änderung der Beitragsüberträge | – 690 |
| (3) Beitragseinnahmen, periodisiert für 1982 (Bruttoprämien) | 101 430 |
| (4) Zinsen und andere Vermögenserträge | 21 220 |
| (5) abzüglich: Leistungen (Übertragungen) an Versicherungsnehmer | 94 500 |
| (6) Dienstleistungsentgelt aus Beitragseinnahmen | 28 150 |
| (7) Sonstige Dienstleistungsentgelte | 5 090 |
| (8) Bruttoproduktionswert der Versicherungsunternehmen | 33 240 |

Die Beitragseinnahmen eines Jahres unter (1) sind zum Teil Vorauszahlungen für das jeweilige folgende Jahr, da die meisten Versicherungsverträge nicht mit dem Kalenderjahr gleichlaufen. Sie werden daher mit dem Posten (2) korrigiert, woraus sich die dem Berichtsjahr zuzurechnenden Bruttoprämien unter (3) ergeben. Hinzu treten unter (4) die Erträge des von den Versicherern verwalteten Vermögens. Die Leistungen unter (5) werden ebenso wie die Nettoprämien als Risikoanteil der Beitragseinnahmen im Kontensystem unter „Sonstige laufende Übertragungen" gebucht. Die Differenz unter (6) gilt definitorisch als Gegenleistung der Versicherten für die ihnen von den Versicherern gelieferten Dienste. Die Unternehmen erzielen außerdem noch unter (7) Entgelte, hauptsächlich für die Vermittlung von Versicherungsverträgen sowie für Wohnungsvermietung. Die Posten (6) und (7) ergeben somit zusammen den Bruttoproduktionswert des Teilsektors.

[3] Quelle: Stat. BA [6.30], Tabelle 2.6. Vorläufige Ergebnisse.

## III. Input-Output-Rechnung

**1. Produktions- und Marktverflechtung.** In der in Teil I dieses Kapitels abgedruckten Volkswirtschaftlichen Gesamtrechnung der Bundesrepublik sind die Lieferungen von Vorleistungen innerhalb der Volkswirtschaft nach drei empfangenden Sektoren aufgeschlüsselt. Aus dem Zusammengefaßten Güterkonto (S. 246) ergibt sich, daß die Unternehmen 1982 für 2447,2 Mrd. DM, die öffentlichen Haushalte für 184,8 Mrd. DM und die privaten Organisationen ohne Erwerbszweck für 12,7 Mrd. DM Vorleistungen kauften. Für manche Untersuchungen ist dieser Aggregationsgrad zu hoch. Man spaltet dann den Sektor Unternehmen auf und versucht, die Vorleistungsströme zwischen den entstehenden Teilsektoren im einzelnen zu erfassen. Dabei kann man je nach Fragestellung auf zwei Arten vorgehen:

- Man faßt produktionstechnische Einheiten, also Betriebe oder Betriebsteile, die gleiche oder möglichst ähnliche Güter herstellen und in deren Gesamtheit sämtliche Güter der betreffenden Gruppe produziert werden, unabhängig von ihrer Unternehmenszugehörigkeit zusammen und registriert die Lieferungen von Vorleistungen zwischen den so gebildeten *Produktionsbereichen.* Dies ergibt das Bild der *volkswirtschaftlichen Produktionsverflechtung,* bei der die produktionstechnischen Zusammenhänge im Vordergrund der Betrachtung stehen;
- Man faßt institutionelle Einheiten in Gestalt von Unternehmen zusammen und untersucht die Marktvorgänge, also Käufe/Verkäufe von Vorleistungen zwischen den so gebildeten Wirtschaftszweigen. Dies ergibt die *volkswirtschaftliche Marktverflechtung.*

Beide Arten der Verflechtung werden in Matrixtabellen erfaßt, die *Verflechtungs-* oder *Input-Output-Tabellen* heißen und gemäß der eben getroffenen Unterscheidung in *Produktionsverflechtungs-* und *Marktverflechtungstabellen* einzuteilen sind. Gemäß dem S. 133 erwähnten Bauprinzip solcher Tabellen wird in ihnen jede Transaktion mit nur einer Eintragung erfaßt, wobei in der Vorspalte der liefernde Produktionsbereich oder der verkaufende Wirtschaftszweig, in der Kopfzeile der empfangende Produktionsbereich oder der kaufende Wirtschaftszweig stehen. Im folgenden wird am Beispiel der Produktionsverflechtung argumentiert.

Tabelle 6.2 zeigt die Vorleistungsverflechtung zwischen drei ausgewählten Produktionsbereichen in der Bundesrepublik 1978. Zeile 1 ist zu entnehmen, daß die Elektrizitätswerke in diesem Jahr elektrische Energie im Wert von 3249 Mill. DM an die Hersteller chemischer Erzeugnisse und für 1689 Mill. DM an die Eisen- und Stahlerzeuger geliefert haben. Nach Zeile 2 hat die Chemische Industrie Güter für 710 Mill. DM an die Elektrizitätswerke und für 311 Mill. DM an die Eisen- und Stahlerzeuger geliefert. (Das sind kleine Beträge: Wichtige Abnehmer chemischer Erzeugnisse waren die Landwirtschaft mit 2995 Mill. DM, die Hersteller von Kunststofferzeugnissen mit 5813 Mill. DM und die von Textilien mit 2766 Mill. DM.) Schließlich wurden Eisen und Stahl als Vorleistungen im Wert von 425 Mill. DM an die Elektrizitätserzeugung und für 74 Mill. DM an die Chemieerzeuger geliefert. (Die größten Einsätze an Eisen und Stahl hatten die Ziehereien und Kaltwalzwerke mit 6150 Mill. DM, der Straßenfahrzeugbau mit 4028 Mill. DM, die Stahlbauer mit 3665 Mill. DM und die Maschinenbauer mit 3554 Mill. DM.) Jede Zeile zeigt die Aufteilung der Lie-

Tabelle 6.2 – *Die Vorleistungsverflechtung zwischen drei Produktionsbereichen in der Bundesrepublik Deutschland 1978*
Mill. DM

| Güteraufkommen nach Arten \ Vorleistungen an Produktionsbereiche | Spalte 1: Elektrizitätserzeugung | Spalte 2: Herstellung chemischer Erzeugnisse | Spalte 3: Herstellung von Eisen und Stahl |
|---|---|---|---|
| Zeile 1: Elektrizität | – | 3249 | 1689 |
| Zeile 2: Chemische Erzeugnisse | 710 | – | 311 |
| Zeile 3: Eisen und Stahl | 425 | 74 | – |

Quelle: Stat. BA [6.66], S. 78–80. Hieraus auch die Angaben im Text.

ferungen von Gütern des betreffenden Produktionsbereichs als Vorleistungen an die beiden anderen Bereiche, während jede Spalte angibt, welche Lieferungen der Bereich von den anderen empfangen hat. Jede Eintragung bedeutet also einen Güterstrom, der im Berichtszeitraum von dem in der Vorspalte genannten Bereich an den in der Kopfzeile genannten geflossen ist. Güterströme zwischen Produktionsstätten desselben Bereichs sind in dieser Tabelle nicht erfaßt, so daß die Felder der Hauptdiagonale freibleiben. Das muß nicht so sein. Tatsächlich beliefern sich etwa die zur Chemischen Industrie gehörenden Betriebe auch gegenseitig, so daß der entsprechende Strom (mit 35 442 Mill. DM) hier in Feld 2.2 zu registrieren wäre. In den meisten empirischen Input-Output-Tabellen werden diese *Intrasektorenströme* ebenfalls nachgewiesen.

**2. Der Aufbau einer Input-Output-Tabelle.** Tabelle 6.2 zeigt nur Ströme von Vorleistungen, also von Sachgütern und im allgemeinen Fall auch von Dienstleistungen, die im betrachteten Zeitraum in den Produktionsprozessen der empfangenden Bereiche eingesetzt wurden. Die Transaktionen der produzierenden Bereiche sind jedoch mit der Darstellung ihrer Vorleistungsverflechtung nicht vollständig erfaßt. Wie aus dem Produktionskonto 3.18 (S. 107) hervorgeht, liefern sie auch Sachgüter an andere Bereiche, die bei diesen zu Anlage- und Lagerinvestitionen werden. Außerdem liefern sie in der Regel Güter an private Haushalte, an den Staat und an Ausländer. Schließlich nehmen sie Abschreibungen vor, zahlen indirekte Steuern und erhalten Subventionen, leisten Zinsen und erzielen Gewinne; und die Versorgung der Volkswirtschaft wird durch Einfuhren gleichartiger Güter ergänzt. Fügt man die entsprechenden Angaben der Darstellung der Vorleistungsverflechtung hinzu, erhält man eine vollständige Input-Output-Tabelle, die sich demnach in der in dem Grundschema 6.3 gezeigten Weise aus drei Teilen zusammensetzt, die durch fettgedruckte Linien voneinander abgegrenzt sind: In ihrem Zentralteil stellt sie die Vorleistungsverflechtung dar; in der rechten Randmatrix zeigt sie die Verkäufe, die zusammen die gesamtwirtschaftliche Endnachfrage bilden; und in der unteren Randmatrix registriert sie die mit dem Einsatz der primären Produktionsfaktoren (vgl. Bild 1.3, S. 8) verbundenen Aufwendungen mitsamt dem Saldo aus Produktionssteuern und Subventionen. In den Zeilen (1) bis (3) wird für jeden der drei Produktionsbereiche nachgewiesen, an wen er seine Erzeugnisse geliefert hat. Jede dieser Zeilen ist also nichts anderes als eine detaillierte Fassung der rechten Seite des Produktionskontos des jeweiligen Be-

Tabelle 6.3 – *Grundschema einer Input-Output-Tabelle mit drei Produktionsbereichen*

| Güterverwendung / Güteraufkommen | | Vorleistungsverflechtung | | | Gesamtwirtschaftliche Endnachfrage | | | | | Summe der Spalten 1 – 8 |
|---|---|---|---|---|---|---|---|---|---|---|
| | | Produktionsbereich Nr. 1 | Produktionsbereich Nr. 2 | Produktionsbereich Nr. 3 | Privater Konsum | Staatlicher Konsum | Bruttoanlageinvestition | Lagerinvestition | Exporte | Bruttoproduktionswerte |
| | | (1) | (2) | (3) | (4) | (5) | (6) | (7) | (8) | (9) |
| Produktionsbereich Nr. 1 | (1) | | | | | | | | | |
| Produktionsbereich Nr. 2 | (2) | | | | | | | | | |
| Produktionsbereich Nr. 3 | (3) | | | | | | | | | |
| Abschreibungen | (4) | | | | | | | | | |
| Produktionssteuern minus Subventionen | (5) | | | | | | | | | |
| Löhne und Gehälter | (6) | | | | | | | | | |
| Sonstige Einkommen | (7) | | | | | | | | | |
| Einfuhren | (8) | | | | | | | | | |
| Summe der Zeilen 1 – 8 = Bruttoproduktionswerte | (9) | | | | | | | | | |

reichs. Entsprechend gibt jede der Spalten (1) bis (3) die linke Seite der Produktionskonten wieder. Die Zeilensummen in Spalte (9) müssen daher mit den Spaltensummen in Zeile (9) übereinstimmen. Die untere Randmatrix der Tabelle zeigt den Einsatz an primären Produktionsfaktoren in das produzierende System „Volkswirtschaft", die rechte Randmatrix das Ergebnis des volkswirtschaftlichen Produktionsprozesses. Darüber hinaus werden die produktionstechnischen Zusammenhänge innerhalb dieses Prozesses sichtbar gemacht.

3. **Input-Output-Tabelle für die Bundesrepublik Deutschland.** Tabelle 6.4 zeigt die Produktionsverflechtung zusammen mit den sonstigen Angaben in der Bun-

Tabelle 6.4 – *Input-Output-Tabelle für die Bundesrepublik Deutschland 1978*
Güterströme zu Ab-Werk-Preisen in Mrd. DM

| Güterverwendung: Zwischen- und Endprodukte / Güteraufkommen: Produktion und Einfuhr | Nachfrage nach Vorleistungen zur | | | | | | | |
|---|---|---|---|---|---|---|---|---|
| | Landwirtschaft | Energie-, Wasserwirtschaft, Bergbau | Chemie, Steine, Erden | Eisen-, Metallerzeugung, -bearbeitung | Maschinen- und Fahrzeugbau | Elektrotechnik, Feinmechanik | Holz, Papier, Leder, Textilien | Nahrungs-, Genußmittel |
| | 1 | 2 | 3 | 4 | 5 | 6 | 7 | 8 |
| 1 Landwirtschaft | 14,0 | 0,1 | 0,6 | 0,0 | 0,0 | 0,1 | 4,9 | 47,2 |
| 2 Energie, Wasser, Bergbau | 0,9 | 28,6 | 30,6 | 11,8 | 3,6 | 1,9 | 3,5 | 2,1 |
| 3 Chemie, Steine, Erden | 5,7 | 4,0 | 66,9 | 4,2 | 11,8 | 7,4 | 10,7 | 4,9 |
| 4 Eisen, Metalle, Gießerei | 0,3 | 1,5 | 3,0 | 77,1 | 34,5 | 16,3 | 0,6 | 0,1 |
| 5 Maschinen, Fahrzeuge | 1,2 | 4,5 | 4,5 | 3,2 | 53,3 | 2,4 | 1,9 | 1,3 |
| 6 Elektrotechnik, Feinmechanik | 0,4 | 1,7 | 2,5 | 1,2 | 17,6 | 19,1 | 2,0 | 1,9 |
| 7 Holz, Papier, Textilien | 0,4 | 0,5 | 4,3 | 0,5 | 2,9 | 2,5 | 37,8 | 3,1 |
| 8 Nahrungs-, Genußmittel | 5,4 | 0,1 | 1,8 | 0,1 | 0,2 | 0,1 | 0,7 | 28,9 |
| 9 Bauleistungen | 0,2 | 1,9 | 0,3 | 0,1 | 0,3 | 0,1 | 0,2 | 0,1 |
| 10 Handel, Verkehr, Post | 3,9 | 2,8 | 12,8 | 11,6 | 15,1 | 7,3 | 11,4 | 10,0 |
| 11 Übrige Marktdienste | 1,9 | 2,5 | 12,9 | 3,1 | 14,8 | 8,4 | 8,9 | 5,0 |
| 12 Nichtmarkt-Dienste | 0,4 | 0,2 | 1,2 | 0,3 | 1,1 | 0,3 | 0,4 | 0,5 |
| 13 Umsatzsteuer | – | – | – | – | – | – | – | – |
| 14 Vorleistungen = 1 bis 13 Endnachfrage = 14 bis 18 | 34,7 | 48,3 | 141,5 | 113,1 | 155,3 | 65,9 | 83,0 | 105,1 |
| *Primäre Inputs* | | | | | | | | |
| 15 Abschreibungen | 7,9 | 10,6 | 11,5 | 5,1 | 10,4 | 5,7 | 5,3 | 4,9 |
| 16 Produktionssteuern minus Subventionen | –1,3 | 2,5 | 18,2 | 0,7 | 2,7 | 1,7 | 1,4 | 14,0 |
| 17 Einkommen aus unselbständiger Arbeit | 5,4 | 21,5 | 47,2 | 26,4 | 84,9 | 55,7 | 41,6 | 20,9 |
| 18 Einkommen aus Unternehmertätigkeit und Vermögen | 19,1 | 13,3 | 7,6 | 2,5 | 13,6 | 10,7 | 10,9 | 14,2 |
| 19 Nettoproduktionswert = 15 bis 18 | 31,1 | 48,0 | 84,5 | 34,7 | 111,7 | 73,7 | 59,2 | 54,0 |
| 20 Bruttoproduktionswert = 14 + 19 | 65,8 | 96,3 | 226,0 | 147,8 | 267,0 | 139,5 | 142,2 | 159,1 |
| 21 Einfuhr | 27,6 | 30,3 | 49,1 | 19,9 | 34,0 | 28,0 | 38,3 | 21,0 |
| 22 Güteraufkommen = 20 + 21 | 93,4 | 126,6 | 275,1 | 167,7 | 301,0 | 167,5 | 180,5 | 180,1 |

Quelle: STAHMER [6.65], S. 602 f. Text geringfügig gekürzt.

Tabelle 6.4 – *Fortsetzung*

| Herstellung von Erzeugnissen des/der | | | | | Gesamtwirtschaftliche Endnachfrage | | | | | |
|---|---|---|---|---|---|---|---|---|---|---|
| Bau | Handel, Verkehr, Post | Übrige marktbestimmte Dienste | Nicht marktbestimmte Dienste | Vorleistungsnachfrage=1 bis 12 | Privater Verbrauch | Staatsverbrauch | Bruttoinvestition | Ausfuhr | Gesamte Endnachfrage=14 bis 17 | Gesamte Güterverwendung=13+18 |
| 9 | 10 | 11 | 12 | 13 | 14 | 15 | 16 | 17 | 18 | 19 |
| 0,1 | 0,3 | 5,7 | 1,7 | 74,9 | 15,1 | – | 0,7 | 2,6 | 18,5 | 93,4 |
| 0,9 | 5,7 | 6,0 | 4,2 | 99,8 | 17,9 | – | 1,8 | 7,1 | 26,8 | 126,6 |
| 27,3 | 11,9 | 9,1 | 15,9 | 179,7 | 42,6 | – | 2,8 | 50,0 | 95,4 | 275,1 |
| 6,0 | 1,3 | 0,4 | 0,3 | 141,4 | 0,2 | – | 1,7 | 24,5 | 26,4 | 167,7 |
| 5,1 | 9,3 | 2,3 | 9,5 | 98,5 | 34,8 | – | 69,1 | 98,7 | 202,5 | 301,0 |
| 5,9 | 3,7 | 6,8 | 9,0 | 71,7 | 19,5 | – | 30,6 | 45,7 | 95,8 | 167,5 |
| 6,9 | 7,5 | 12,5 | 4,6 | 83,4 | 71,9 | – | 3,3 | 21,8 | 97,1 | 180,5 |
| 0,1 | 2,0 | 19,2 | 4,8 | 63,4 | 104,5 | – | 0,6 | 11,6 | 116,7 | 180,1 |
| 10,0 | 1,4 | 7,6 | 3,9 | 26,2 | 1,8 | – | 129,7 | 6,3 | 137,8 | 164,0 |
| 9,6 | 18,9 | 13,0 | 10,8 | 127,4 | 142,9 | – | 14,4 | 27,4 | 184,6 | 312,1 |
| 5,6 | 31,9 | 90,8 | 45,4 | 231,2 | 185,6 | – | 6,4 | 11,9 | 203,9 | 435,1 |
| 0,4 | 1,2 | 5,3 | 31,6 | 42,9 | 23,5 | 252,5 | – | 0,5 | 276,5 | 319,5 |
| – | 0,3 | 3,5 | 7,2 | 11,0 | 51,2 | – | 13,5 | 0,3 | 65,0 | 76,0 |
| 78,0 | 95,5 | 182,4 | 148,7 | 1251,5 | 711,4 | 252,5 | 274,7 | 308,4 | 1547,0 | 2798,6 |
| 4,7 | 24,4 | 42,8 | 9,4 | 142,8 | | | | | | |
| 2,1 | –5,4 | 12,0 | 0,2 | 48,9 | | | | | | |
| 55,8 | 123,4 | 75,9 | 161,1 | 719,7 | | | | | | |
| 19,0 | 65,7 | 108,2 | – | 284,7 | | | | | | |
| 81,6 | 208,1 | 239,0 | 170,8 | 1196,1 | | | | | | |
| 159,6 | 303,6 | 421,3 | 319,5 | 2447,7 | | | | | | |
| 4,4 | 8,5 | 13,8 | – | 274,9 | | | | | | |
| 164,0 | 312,1 | 435,1 | 319,5 | 2722,6 | | | | | | |

desrepublik für das Jahr 1978. Sie ist gegenüber der Originaltabelle mit 58 Produktionsbereichen, in der außerdem die Bruttoinvestition in Ausrüstungen, Bauten und Vorratsänderung unterteilt ist, auf 12 Bereiche aggregiert. Die Güterströme sind zu den Preisen ab Hersteller bewertet, die Differenz zu den von den Letztkäufern gezahlten Preisen enthält Transport-, Versicherungs- und ähnliche Aufwendungen und wird als Produktionsleistung des Bereichs 10 „Handel, Verkehr, Post" angesehen. Zeile 13 zeigt die nichtabzugsfähige Umsatzsteuer vom Standpunkt der jeweiligen Güterkäufer. Sie fällt vor allem bei den Konsumenten an (Feld 13.14), die diese Steuer nach dem Willen des Gesetzgebers tragen sollen. Für die meisten Produzenten ist die Umsatzsteuer abzugsfähig, und daher bleiben die Felder 13.1 bis 13.9 leer. In den Bereichen 10 bis 12 sind jedoch auch Produzenten erfaßt, die wie einige staatliche Institutionen, private Organisationen ohne Erwerbszweck, Finanz- und manche Dienstleistungsunternehmen kein Recht zum Vorsteuerabzug haben. Die unentgeltliche Bereitstellung von Leistungen des Staates und der privaten Organisationen ohne Erwerbszweck wird auch in der Input-Output-Tabelle als Produktionstätigkeit gesehen. Der damit verbundene Einsatz an Vor- und Faktorleistungen ist in Spalte 12 erfaßt, wobei Einkommen aus Unternehmertätigkeit und Vermögen nicht entstehen (Feld 18.12, vgl. S. 111) und Einfuhren nicht auftreten können (Feld 21.12). Der zu Faktorkosten bewertete Staatsverbrauch wird in einem Betrag in Feld 12.15 nachgewiesen, der Eigenverbrauch der privaten Organisationen ohne Erwerbszweck ist Teil des privaten Konsums in Feld 12.14. In Zeile 21 ist jeweils die Einfuhr ähnlicher und damit konkurrierender Güter nachgewiesen. Zieht man die jeweilige Ausfuhr in Spalte 17 ab, ergeben sich die 1978 im Inland verfügbaren (bewerteten) Mengen.

Die Tabelle ist so zu lesen, daß 1978 beispielsweise laut Spalte 1 land- und forstwirtschaftliche Güter im Gesamtwert von 65,8 Mrd. DM im Inland hergestellt und im Wert von 27,6 Mrd. DM eingeführt wurden. Die wichtigsten Produktionsfaktoren kamen von der Chemischen Industrie (Feld 3.1, vor allem Düngemittel), von der Nahrungs- und Genußmittelindustrie (Feld 8.1, hauptsächlich Futtermittel) und vom Handel (Feld 10.1) der die Verteilung der Produkte besorgte. Zeile 1 zeigt deren Verbleib: Im Wert von 14 Mrd. DM blieben sie in der Landwirtschaft, so als Saatgut; der Löwenanteil von 47,2 Mrd. DM ging an die Nahrungs- und Genußmittelindustrie; für 15,1 Mrd. DM wurde direkt an Verbraucher geliefert und für 2,6 Mrd. DM exportiert. Die Einkommen der Landwirtschaft (Zeilen 17 und 18) bestanden wegen der Bedeutung kleiner und mittlerer Betriebe überwiegend aus Gewinnen und Vermögenseinkommen, was aus dem gleichen Grund sonst nur noch beim Bereich 11 der Fall war, zu dem unter anderem die Wohnungsvermietung und die selbständig tätigen Angehörigen der Heilberufe gehören. In Erweiterung des Grundschemas der Tabelle 6.3 sind in Zeile 14 und Spalte 13 Zwischensummen gebildet worden, so daß die unterschiedliche Bedeutung der Vorleistungsverflechtung besser abgeschätzt werden kann. Aus der Tabelle errechnet sich eine gesamtwirtschaftliche Endnachfrage von 1547,0 Mrd. DM. Setzt man hiervon die in Feld 21.13 nachgewiesene gesamte Einfuhr von 274,9 Mrd. DM ab, erhält man das Bruttoinlandsprodukt 1978 von 1272,1 Mrd. DM.

**4. Anwendungsmöglichkeiten von Verflechtungstabellen.** Eine Input-Output-Tabelle gibt einen Einblick in die Produktionsstruktur einer Volkswirtschaft, der auf andere Weise nicht zu erhalten ist und vielfältigen Zwecken dienstbar gemacht werden kann. So läßt sich ein Überblick darüber gewinnen, welche Produktionsbereiche überwiegend als Vorleistungslieferanten für andere Bereiche tätig sind (Bereiche 1, 2, 4), welche hauptsächlich Investitionsgüter liefern (Bereiche 5, 9) und welche konsumnah sind (Bereiche 7, 8, 10, 11). Die enge Verflechtung zwischen dem Kohlenbergbau und den Elektrizitäts- und Gaswerken erweist sich daran, daß 29 v. H. der Gesamtverkäufe von Vorleistungen des Produktionsbereichs 2 diesen nicht verlassen. Das Baugewerbe allein bezieht 35 v. H. seiner Vorleistungen vom Bereich „Chemie, Steine, Erden", aber auch 12 v. H. vom Bereich Handel und Verkehr.

Dividiert man die in einer Spalte stehenden Zahlen, die den Wert der Vorleistungen und primären Produktionsfaktoren angeben, die ein Bereich während des Jahres eingesetzt hat, durch seinen Bruttoproduktionswert, erhält man seine *Produktionskoeffizienten.* So hat etwa der Maschinen- und Fahrzeugbau der Bundesrepublik im Jahre 1978 je DM Bruttoproduktionswert unter anderem für 0,0135 DM Vorleistungen von Energiewirtschaft und Bergbau, für 0,1292 DM Vorleistungen von der Metallerzeugung und für 0,0566 DM Vorleistungen vom Bereich Handel und Verkehr bezogen. Man nennt diese Koeffizienten auch *Vorleistungskoeffizienten* oder *Input-Output-Koeffizienten.* Sie geben den Grad der Verflechtung der einzelnen Produktionsbereiche an und bilden insgesamt ein Maß für die Arbeitsteilung in einer Volkswirtschaft. Zwei Bereiche sind um so abhängiger voneinander, je größer ihre gegenseitigen Vorleistungskoeffizienten sind.

Die Summe aller Vorleistungskoeffizienten ergibt den *Gesamtvorleistungskoeffizient* des betreffenden Bereichs. Er betrug beim Maschinen- und Fahrzeugbau 0,5816, war bei der Eisen- und Metallerzeugung mit 0,7652 am höchsten und beim Handel und Verkehr mit 0,3146 am niedrigsten.

Weitere Produktionskoeffizienten lassen sich aus dem Wert der primären Produktionsfaktoren je Einheit des Bruttoproduktionswertes berechnen. So hat etwa die Landwirtschaft mit 0,1201 den höchsten Anteil der Abschreibungen am Bruttoproduktionswert und mit 0,0821 den niedrigsten *Lohnkoeffizienten,* der seinerseits bei den Nichtmarktbestimmten Dienstleistungen (der öffentlichen Haushalte und privaten Organisationen ohne Erwerbszweck einschließlich Häusliche Dienste) mit 0,5042 am höchsten war. Aus dem Anteil der Einfuhren am gesamten Güteraufkommen ergibt sich der *Importkoeffizient,* der mit 0,2955 bei der Landwirtschaft am höchsten und beim Bereich 12 gleich null war.

Aus der Tatsache, daß eine solche Input-Output-Tabelle die Produktionsverflechtung einer Volkswirtschaft numerisch zeigt, leiten sich ihre wichtigsten Anwendungen her. Angenommen, es werde gewünscht, beabsichtigt oder erwartet, daß die Produktion eines Bereichs, etwa des Maschinen- und Fahrzeugbaus, im nächsten Jahr um einen bestimmten Betrag steige. Dies bedeutet, daß diese Industrie mehr Vorleistungen von den anderen Bereichen kaufen muß und daß auch ihr Einsatz an primären Produktionsfaktoren steigen wird. Mehrlieferungen der anderen Bereiche an den Maschinen- und Fahrzeugbau bedeuten bei jenen aber ebenfalls Mehrverbrauch von Vorleistungen, der wiederum zu einer Erhöhung der gegenseitigen Lieferungen führen muß. Hiervon wird auch der Maschinen- und Fahrzeugbau selbst berührt, da seine Lieferungen an andere Bereiche ebenfalls zunehmen, wenn deren Produktion steigt. Was für den Maschinen- und Fahrzeugbau gesagt wurde, gilt ebenso für alle anderen Produktionsbereiche. Es gilt immer, daß eine Erhöhung der Endnachfrage nach den Erzeugnissen eines Bereichs um einen bestimmten Betrag eine Steigerung der Gesamtproduktion dieser Güter um mehr als diesen Betrag erfordert, und daß dabei auch die Gesamtproduktion aller anderen Güter steigt. Aufgabe einer *Theorie der interindustriellen Verflechtung* (die man häufig *Input-Output-Analyse* nennt) ist es, für alle Produktionsbereiche Annahmen über die Zusammenhänge zwischen dem Bruttoproduktionswert (*Ausstoß, Output*) und dem Einsatz von Produktionsfaktoren (Input) zu machen und sie empirisch zu überprüfen. Mit Hilfe einer solchen Theorie lassen sich dann Aussagen darüber gewinnen, wie sich Änderungen der Endnachfrage oder einzelner ihrer Komponenten auf die Bruttoproduktionswerte aller Produktionsbereiche die Einfuhren, die indirekten Steuern, die Löhne und die Beschäftigung von Erwerbstätigen auswirken. So wurde beispielsweise für die Bundesrepublik untersucht, welchen Einfluß eine bestimmte Ausfuhr auf die Bruttoproduktion der einzelnen Bereiche hat (Ergebnis: „Durch die Ausfuhr wurde in den Jahren 1972 bis 1975 eine Gesamtproduktion induziert, die fast doppelt so hoch war wie die Ausfuhr selbst".)[4] Untersuchungen über die Abhängigkeit der Beschäftigung von Komponenten des Bruttosozialprodukts oder von der Nachfrage nach einzelnen Gütern oder Gütergruppen zeigten, daß 1976 insgesamt 10,355 Mill. Erwerbstätige unmittelbar und mittelbar für die Herstellung von Konsumgütern tätig waren[5]; daß 1972 jeder 18. Arbeitsplatz von der Nachfrage nach Automobilen abhing[6]: daß der Bau eines Kernkraftwerks 1972 das Dreifache an Bruttoproduktion und eine Beschäftigung von 39 000 Mann-Jahren induzierte.[7] Auch wurde mit Hilfe einer Mengenrechnung ermittelt, wie hoch 1972 der exportinduzierte Import an einigen Rohstoffen war: Er lag bei Blei, Zinn, Zink, Aluminium und Kupfer zwischen 40,0 und 47,4 v. H.[8] Schließlich zeigte eine Analyse des Einflusses der Ölpreissteigerung von 1973 auf das inländische Preisniveau 1974, daß je nach einer Verteuerung der Importe von Rohöl und Mineralölprodukten um 50, 100 oder 200 v. H. Preisniveausteigerungen um 0,6, 1,2 oder 2,4 v. H. zu erwarten waren.[9]

## IV. Volkswirtschaftliche Gesamtrechnung und Realität

**1. Zwecke der VGR.** Die bisherigen Ausführungen über die Kreislaufanalyse als konzeptionelle Grundlage der VGR im dritten Kapitel, das Beispiel der VGR der Bundesrepublik in Teil I dieses Kapitels sowie die Nebenrechnungen wie Vermögensrechnung, Geldbestands- und Finanzierungsrechnung, Zahlungsbilanz und Input-Output-Rechnung haben erkennen lassen, daß es sich bei der VGR um den Versuch handelt, ein umfassendes Gesamtbild des wirtschaftlichen Geschehens zu gewinnen. Angestrebt wird eine konsistente sowie möglichst vollständige und genaue quantitative Abbildung des Wirtschaftsprozesses für gleichbleibende Zeiträume, die einer Vielzahl von Zwecken dienen und dazu einerseits hinreichend detailliert, anderseits übersicht-

[4] DIW Wochenbericht, 43. Jg. 1976, S. 218. Für neuere Angaben bis 1977 vgl. ebenda, 45. Jg. 1978, S. 395 ff.

[5] Ebenda, 46. Jg. 1979, S. 371.

[6] Ebenda, 41. Jg. 1974, S. 335.

[7] Ebenda, 43. Jg. 1976, S. 257, 259.

[8] Ebenda, 45. Jg. 1978, S. 69.

[9] Ebenda, 41. Jg. 1974, S. 16.

lich sein soll. Nachgewiesen werden Produktion und Verwendung der wirtschaftlichen Güter; Erwerbstätigkeit und Arbeitslosigkeit, Entstehung, Verteilung, Umverteilung und Verwendung der Einkommen; Bestände, Bildung und Änderung von Sach- und Geldvermögen; Gewährung und Tilgung von Krediten; Produktions- und Marktverflechtung der produzierenden Einheiten sowie Transaktionen mit Ausländern. Der Benutzer erhält mit der VGR einen sonst nicht zu erreichenden Einblick in die Vielfalt, Größenordnung und Interdependenz der Transaktionen in einer modernen Volkswirtschaft. Er mag auch schon eine Vorstellung davon gewinnen, wie schwer übersehbar vermutlich die Wirkungen von Verhaltensänderungen oder von wirtschaftspolitischen Eingriffen sind und wie schwierig es sein muß, den Wirtschaftsablauf im gesamtwirtschaftlichen Maßstab mit Hilfe von Modellen nachzubilden, deren statistische Grundlage die Angaben der VGR sind.

Die Ergebnisse der VGR sind heute in den meisten Ländern Grundlage der laufenden Wirtschaftsbeobachtung und -kommentierung durch Regierungen, Zentralbanken, Sachverständigen- und Beratergremien, Forschungsinstitute, Wirtschaftsverbände, Großunternehmen und Massenmedien. In den marktwirtschaftlichen Systemen wird die VGR zur Konjunkturdiagnose und -prognose, bei der Planung der Wirtschaftspolitik und der Staatsausgaben, für Steuervorausschätzungen und bei der Diskussion über die Lohnpolitik herangezogen. Die Erreichungsgrade gesamtwirtschaftlicher Ziele werden anhand ihrer Aggregate beurteilt (vgl. S. 146–148). In den zentral geplanten Systemen ist die VGR ein unentbehrliches Instrument für die Aufstellung, Durchführung und Vollzugskontrolle der Volkswirtschaftspläne. Volkswirtschaftliche Gesamtrechnungen sind Grundlage zeitlicher, regionaler und internationaler Volkseinkommens-, Lebensstandard-, Produktivitäts-, Konjunktur- und Wachstumsvergleiche. Ihre Ergebnisse dienen als Bemessungsgrundlage für Beiträge von Staaten zu und von Quoten und Stimmrechten in internationalen Institutionen sowie für Leistung und Empfang von Entwicklungshilfe. Sie bilden die empirische Basis für die Überprüfung ökonomischer Theorien, für gesamtwirtschaftliche Projektionen (*Nationalbudgets*) und für makroökonometrische Erklärungs-, Simulations- und Prognosemodelle. Schließlich ist die VGR wegen der Geschlossenheit des zugrundeliegenden Beschreibungsmodells auch ein wirksames Instrument zur Überprüfung von Statistiken unterschiedlicher Herkunft auf Qualität und gegenseitige Vereinbarkeit und zur Koordinierung, Weiterentwicklung und Vervollständigung des statistischen Erhebungsprogramms.

Angesichts dieser öffentlichen Bedeutung der VGR erscheint es um so nötiger, auch auf ihre Mängel und die Grenzen ihres Aussagegehalts hinzuweisen. Ansatzpunkte hierfür bieten sich wie folgt:

- Der volkswirtschaftliche Gesamtrechner ist bei der Gewinnung von Informationen über den Wirtschaftsprozeß auf die Mitarbeit von Wirtschaftssubjekten angewiesen: Er hat ein *Beobachtungsproblem;*
- Das Konzept der Kreislaufanalyse läßt sich in der Praxis nur verwirklichen, wenn angesichts der aufwendigen und daher prinzipiell beschränkten Möglichkeiten, Daten zu erheben, eine Reihe von Kompromissen geschlossen wird. Diese bestehen vorwiegend darin, die vorhandenen, aber zu anderen Zwecken als der VGR erhobenen Statistiken zu bearbeiten: Der Gesamtrechner hat in bezug auf das Konzept und die Praxis ein *Umsetzungsproblem;*

- Auch wenn Konzeptprobleme gelöst und Kompromisse geschlossen sind, bleibt die Tatsache bestehen, daß Wirtschaftssubjekte ein Interesse daran haben, sich der statistischen Beobachtung mancher ihrer Tätigkeiten zu entziehen: Neben der erfaßten ökonomischen Aktivität existiert in vermutlich wachsendem Umfang eine nicht erfaßte und unter den gegebenen Verhältnissen zum Teil auch nicht erfaßbare, die *Nebenwirtschaft;*
- Insgesamt lassen die vorstehenden Schwierigkeiten erwarten, daß permanentes Problem der VGR die *Genauigkeit* ihrer Angaben ist. Diese können daher nur mit aller Vorsicht als Informationsgrundlage für wirtschaftspolitische Eingriffe oder als Datenbasis für gesamtwirtschaftliche Modelle herangezogen werden.

**2. Das Beobachtungsproblem.** Jeder empirisch arbeitende Wissenschaftler muß Gegenstände und Vorgänge seines Wissenschaftsbereichs beobachten. Dabei läßt sich eine direkte Beobachtung ohne Mitwirkung anderer als der beobachtenden Personen von einer indirekten unterscheiden, bei der eine solche Mitwirkung erforderlich ist. Kennzeichnend für die Wirtschaftswissenschaft ist nun, daß nur wenige ökonomische Größen in diesem Sinne direkt beobachtbar sind. Man kann zwar beispielsweise Einzelhandelspreise in einem Ladengeschäft notieren und sich vergewissern, daß sie auch an der Kasse gezahlt werden, aber schon in bezug auf die abgesetzten Mengen ist der Beobachter auf die Angaben des Händlers angewiesen. Allgemein läßt sich das wirtschaftswissenschaftliche Beobachtungsproblem so formulieren: Bei praktisch allen ökonomischen Größen ist nur durch Befragung von Wirtschaftssubjekten feststellbar, welche Werte sie in einem abgelaufenen Zeitraum oder zu einem Zeitpunkt gehabt haben. Die Antworten aber können falsch sein, weil

- die Befragten keine Aufzeichnungen machen und ihr Gedächtnis unzuverlässig ist;
- Aufzeichnungen fehlerhaft sind;
- Mißverständnisse auftreten, beispielsweise in bezug auf Definitionen und Klassifikationen;
- die Befragten inkompetent, nachlässig oder unwillig sind (etwa weil sie die betreffende Statistik als überflüssig betrachten oder der Ansicht sind, die erfragten Sachverhalte gingen den Befrager nichts an);
- die Befragung den Befragten Aufwendungen verursacht, die sie möglichst klein halten wollen;
- Bewertungen vorgenommen werden müssen, die der Befrager nicht kontrollieren kann;
- die Befragten ein Interesse an falschen Beobachtungsergebnissen haben;
- die Befragung das beobachtete Subjekt und damit ihr eigenes Ergebnis beeinflußt.

Die zuletzt genannte Erscheinung, in der Mikrophysik wohlbekannt, wird inzwischen auch in Sozialwissenschaften wie der Sozialpsychologie registriert, die auf die Befragung von Menschen angewiesen sind. Generell gilt, daß sich die früher gehegte Ansicht, man könne die Einstellung von Personen zu Sachverhalten, Ereignissen, anderen Personen durch Befragung feststellen und ohne Rücksicht auf die Tatsache der Befragung aus den Antworten auf das Verhalten der Befragten schließen, als irrig erwiesen hat.

Die vorstehend aufgezählten Gründe für falsche Antworten auf Fragen statistischer Erhebungsbögen können hier nicht im einzelnen analysiert werden. Zwei Hinweise mögen genügen. Der Bearbeitungsaufwand für die Ausfüllung solcher Bögen, die etwa in der Bundesrepublik nicht nur von den Statistischen Landesämtern und städtischen statistischen Ämtern, sondern auch von Wirtschaftsverbänden, Kammern, wissenschaftlichen Institutionen und anderen Organisationen verschickt werden, kann besonders bei kleinen und mittleren Unternehmen zu einer fühlbaren Belastung werden.[10] Da der Aufwand mit der Sorgfalt wächst, mit der Angaben gemacht werden, diese anderseits aber kaum nachprüfbar sind, muß hier eine Fehlerquelle vermutet werden. Dies ist um so wahrscheinlicher, als die für Unternehmenszwecke erforderlichen und vorhandenen Angaben oft nicht den Anforderungen der Statistiker entsprechen und daher erst noch bearbeitet oder durch zusätzliche Ermittlungen ergänzt werden müssen.

Die Belastung der Befragten durch die Statistik hat in der Bundesrepublik seit einiger Zeit zu Überlegungen geführt, diese zu verringern.[11] Möglichkeiten hierzu sind:

- Abschaffung statistischer Erhebungen, deren Ergebnisse wenig genutzt werden oder kein öffentliches Interesse beanspruchen können.

Hier dürfte die Landwirtschaft ein ergiebiger Bereich sein, wo beispielsweise auch die Schling- und Kletterpflanzen in Baumschulen, die eingelegten Bruteier zur Erzeugung von Hühnerküken der Legerassen nach Ländern und die wegen Geruchs- und Geschmacksabweichungen als untauglich beanstandeten Schlachtschafe inländischer Herkunft gezählt und nachgewiesen werden.[12] Sofern solche Angaben etwa für die Produzenten von Interesse sind, wäre es sinnvoll, sie aus der amtlichen Statistik herauszunehmen und dem Markt zu überlassen, ob es lohnt, sie privat zu ermitteln.

- Anhebung von Bagatellgrenzen.
- Verkleinerung des befragten Kreises von Wirtschaftssubjekten.

Hierzu gehört beispielsweise, Kleinunternehmen aus der Berichtspflicht etwa für industriestatistische Erhebungen herauszunehmen; vor allem aber der Übergang von Voll- zu Stichprobenerhebungen.

- Verlängerung der zeitlichen Abstände, in denen Angaben erhoben werden.
- Verzicht auf Details bei den Erhebungsmerkmalen.

Unzweifelhaft besteht hier jedoch ein Abwägungsproblem zwischen den Kosten einer Statistik für alle Beteiligten und der Angemessenheit und Qualität der Maßnahmen, die aufgrund der aus ihr zu gewinnenden Erkenntnisse getroffen werden.

Der zweite Hinweis bezieht sich auf Fälle, in denen Befragte insgesamt zu nicht wahrheitsgemäßen Angaben neigen, weil sie nicht in ungünstigem Licht erscheinen wollen oder Nachteile befürchten. So stellte das Statistische Bundesamt fest, daß die

---

[10] Gemäß § 10 des *Gesetzes über die Statistik für Bundeszwecke* vom 14. März 1980 (BGBl. I, S. 289) sind Auskünfte wahrheitsgemäß, vollständig, fristgerecht sowie kosten- und portofrei zu erteilen.

[11] *Erstes Gesetz zur Änderung statistischer Rechtsvorschriften* (1. Statistikbereinigungsgesetz) vom 14. März 1980 (BGBl. I, S. 294); W. HÖRNER: Feststellung der Belastung von Unternehmen der gewerblichen Wirtschaft durch Bundesstatistiken. Ergebnisse einer Studie. WiSta 1/1982, S. 16–18.

[12] Stat. Jb. BRD 1983, S. 152, 160, 161.

bei den Einkommens- und Verbrauchsstichproben ebenso wie die im Rahmen der Wirtschaftsrechnungen befragten Haushalte ihre Ausgaben für Genußmittel immer niedriger angeben, als dies nach den Verbrauchsteuerstatistiken der Fall sein müßte.[13] Hauptfall ist hier aber, daß in allen Ländern neben der offiziell statistisch und steuerlich erfaßten Wirtschaft eine Vielzahl von Transaktionen, Einkommen, Vermögen und allgemein von wirtschaftlichen Aktivitäten existiert, die der Beobachtung entgehen und damit dem Beobachtungsproblem erhebliche praktische Bedeutung verleihen.

**3. Die Nebenwirtschaft.** Als wichtigster Aspekt des Beobachtungsproblems ist die Tatsache zu nennen, daß es in jeder Volkswirtschaft eine Vielzahl legaler, nicht ganz legaler und zweifelsfrei illegaler wirtschaftlicher Aktivitäten gibt, die nicht beobachtet werden oder werden können und daher nicht in die Berechnung wirtschaftlicher Gesamtgrößen wie Sozialprodukt, Volkseinkommen und anderer Aggregate der VGR eingehen. Als Bezeichnung für diesen Bereich wird hier das – wenigstens vorerst – wertneutrale Wort *Nebenwirtschaft* vorgeschlagen.[14] Zu ihr gehören etwa

- Private Geschenke in Gestalt von Sachgütern, Dienstleistungen oder Forderungen, insbesondere Geld;
- Transaktionen mit Gegenleistung, die entweder nicht steuerpflichtig sind und daher auch statistisch nicht erfaßt werden, oder aber der Steuerpflicht ganz oder teilweise entzogen werden;
- nebenwirtschaftliche und meist illegale Transaktionen als Folge besonderer staatlicher Eingriffe, beispielsweise in die Preisbildung oder in außenwirtschaftliche Transaktionen;
- offen kriminelle Handlungen mit wirtschaftlicher Zielsetzung.

Der Wert privater Geschenke bleibt in den weitaus meisten Fällen unterhalb steuerlicher Freigrenzen. Soweit es sich um gekaufte Sachgüter handelt, werden sie beim Privaten Konsum erfaßt; selbsthergestellte Sachgüter sowie Dienste, Unterstützungszahlungen, Mietverzichte und dergleichen bleiben unerfaßt. Die Grenze zur Illegalität wird überschritten, wenn schenkungsteuerpflichtige Übertragungen etwa unter Verwandten, Abstandszahlungen, Konventionalstrafen für Nichterfüllung von Verträgen nicht gemeldet werden.

Unter den Transaktionen mit Gegenleistung ist beispielsweise legal, nicht steuerpflichtig und statistikfrei der gesamte Handel mit (gebrauchten) Konsumgütern unter privaten Haushalten, Nachbarschaftshilfe bei Bauarbeiten, sowie der gelegentliche Verkauf von Dienstleistungen wie Hilfe bei Schularbeiten, Beaufsichtigung von

---

[13] RASCH [7.72], S. 810. Nach GÖSEKE/BEDAU [7.50], S. 28, wird so nur die Hälfte des Genußmittelverbrauchs erfaßt.

[14] Andere Bezeichnungen sind „Untergrund-", „Irreguläre", „Schwarze", „Schwarzgeld-", „Unterirdische" und „Schattenwirtschaft" oder „doppelbödige Volkswirtschaft", die sämtlich einen mehr oder weniger ausgeprägten negativen Wertgehalt haben dürften und zudem nur einen Teil dessen wiedergeben, was hier gemeint ist. „Nebenwirtschaft" („Lateralwirtschaft"?) soll auch statistikfreie legale wirtschaftliche Transaktionen umfassen, da das wissenschaftlich interessante Problem, die Erklärung und Vorhersage wirtschaftlicher Vorgänge, vermutlich nur auf der Grundlage einer das gesamte tatsächliche Verhalten der Wirtschaftssubjekte annähernd richtig wiedergebenden Beschreibung lösbar ist.

Kindern, Schreibarbeiten. Mehr oder weniger in eine Grauzone zwischen Legalität und Illegalität gehören Trinkgelder, nicht genehmigte Nebentätigkeiten, Spekulationsgewinne, Bestechungs- und Schmiergelder. Aus den Vereinigten Staaten und Schweden wird berichtet, daß sich unter dem Druck hoher Steuersätze eine teilweise Rückkehr zum Realtausch anbahnt: Der Rechtsanwalt, der Arzt, der Steuerberater tauschen ihre Leistungen gegen die des Handwerkers, des Gärtners, der Autoreparaturwerkstatt, und beide Partner nehmen die Transaktion nicht in ihre Geschäftsbücher auf. Die Arbeitsteilung geht zurück, wenn Reparaturen an Häusern, Wohnungen, dauerhaften Konsumgütern von ihren Eigentümern oder Besitzern vorgenommen werden. Zweifellos führen auch in anderen Ländern hohe Einkommen- und Umsatzsteuersätze dazu, zunehmend Transaktionen der Steuerpflicht zu entziehen. Jede Minderangabe von Einkommen und Vermögen belohnt den Steuerpflichtigen unmittelbar mit einer Senkung seiner Steuerlast, und daher besteht seit jeher ein starker Anreiz, hier alle legalen sowie illegale Möglichkeiten auszunutzen. Zu nennen sind die Schwarzarbeit von Handwerkern, Gelegenheits- und Teilzeitarbeit ohne Anmeldung zur Steuer- und Sozialversicherungspflicht, die Arbeit von Sozialrentnern mit Einkommensbeschränkungen, die illegale Beschäftigung von Ausländern. Auch die S. 207 angedeutete Verlagerung von Einkommen in Länder mit niedrigen Steuern durch international tätige Unternehmen mit Hilfe entsprechend festgesetzter Verrechnungspreise gehört hierher.

Es kann als sicher gelten, daß jede wirtschaftspolitische Maßnahme zu Ausweichreaktionen der von ihr negativ Betroffenen führt. Das kann legal und erwünscht sein, etwa wenn Konsumenten als Folge einer Heraufsetzung der Verbrauchsteuer für ein Gut auf Substitute ausweichen. Häufig erweitert sich aber die Nebenwirtschaft, etwa wenn bei einem Devisenausfuhrverbot niedrigere als die tatsächlichen Exportpreise deklariert und so Guthaben im Ausland errichtet werden.

Der bekannteste, weil seit altersher existierende Zweig der Nebenwirtschaft besteht aus Straftaten wie Betrug, Unterschlagung, Hehlerei, Schmuggel, Erpressung, Steuerhinterziehung, Subventionserschleichung, verbotener Handel mit Waren wie Rauschgiften und Waffen oder mit Dienstleistungen, Entführung mit Lösegeldforderung. Die Möglichkeiten dazu hier auch nur aufzuzählen, würde den Rahmen dieser Darstellung weit überschreiten.

In der Nebenwirtschaft werden vor allem Einkommen erzielt, aber sie dient auch der Ansammlung von Vermögensbeständen, die legal wegen ihrer Kleinheit oder illegal wegen Nichtdeklarierung unbesteuert bleiben. Solche Bestände werden vielfach in Gestalt von Gold, Edelsteinen, Antiquitäten oder anderen Sammelobjekten, Bargeld und gegebenenfalls auch im Ausland gehalten.

Die eigentlich interessante Frage ist offenbar, welchen Umfang die Nebenwirtschaft heute in den einzelnen Ländern hat und wie sich die Mindererfassung wirtschaftlicher Aktivitäten einerseits auf das Steueraufkommen, anderseits auf Aggregate der VGR und hier insbesondere auf die Angaben über das Sozialprodukt auswirkt. Über den Umfang der Steuerhinterziehung haben Steuereinnehmer wohl schon Schätzungen angestellt, solange es Steuern gibt, während die zweitgenannte Frage erst seit kurzem diskutiert wird. Der Natur des Problems entspricht es, daß wenigstens vorerst nicht mehr als gröbste Schätzungen zu erhalten sind, die zudem aufgrund geradezu verzweifelter Methoden erstellt werden müssen. So wurde in den Vereinigten Staaten von der Idee ausgegangen, daß nebenwirtschaftliche Transaktionen nicht über

Bankkonten, sondern mit Bargeld abgewickelt werden und daß zwischen dem Verhältnis des Bargeldes zu den Sichtguthaben und dem Verhältnis des nebenwirtschaftlichen zum offiziellen Sozialprodukt eine proportionale Beziehung besteht. Für 1976 und 1979 wurde mit dieser Methode ein Neben-Sozialprodukt in Höhe von rund 10 v. H. des ausgewiesenen Sozialprodukts geschätzt.[15] Andere Methoden benutzten den Abnutzungsgrad der Banknoten, um auch eine möglicherweise geänderte Transaktionshäufigkeit des Bargeldes zu berücksichtigen, sowie den Anteil der Banknoten mit hohen Nennwerten. Dabei wurde das Sozialprodukt der Vereinigten Staaten für 1976 um maximal 24 v. H., für 1978 um maximal 36 v. H. höher als das offizielle geschätzt.[16] Jedoch liegt auf der Hand, daß es viele andere Gründe für einen gestiegenen Bargeldanteil oder Abnutzungsgrad der Banknoten geben kann. Das italienische Statistische Zentralamt korrigierte 1978 die Angaben für das Sozialprodukt der Jahre 1975 bis 1978 um 10 v. H. nach oben, ohne diese Zahl näher zu begründen.[17] Auch für andere Länder sind Zahlen genannt worden, die aber offensichtlich wohlfeil zu haben sind.

Als Hauptgründe für die Existenz jenes Teils der Nebenwirtschaft, der nicht offen kriminell ist, werden einhellig die hohe Steuerbelastung und die überaus zahlreichen Beschränkungen der wirtschaftlichen Aktivität genannt, mit denen staatliche Stellen heute in den Wirtschaftsablauf eingreifen. Die offene Diskussion der öffentlichen Angelegenheiten ermöglicht es zudem jedem Steuerzahler, sich über die Ausgabenseite der öffentlichen Haushalte zu informieren und kann leicht Steuerwiderstand aufgrund der Meinung hervorrufen, daß Steuergelder verschwendet und für nicht gebilligte Zwecke ausgegeben werden, daß ungerechtfertigte Steuerprivilegien existieren oder daß zuviel Einkommen über die Sozialversicherung umverteilt wird. Somit kann die Hypothese aufgestellt werden, daß das statistisch gemessene Sozialprodukt mit wachsender Transferlast relativ kleiner zu seinem wahren Wert wird. Daneben spielt beim Wachstum der Nebenwirtschaft sicher auch die Fülle gesetzlicher Vorschriften bis hin zur bloßen Unlust, bei der legalen Abwicklung von Transaktionen zeitraubende und komplizierte Verwaltungsarbeit zu leisten, eine Rolle.

Eine Folge der Existenz der Nebenwirtschaft ist für das hier zu behandelnde Problem des Realitätsgehalts der VGR, daß ihre Angaben in unbekanntem, aber sicher nennenswertem Umfang fehlerhaft sind. Größen wie Sozialprodukt, Volkseinkommen, geleistete Arbeitsstunden und bei wachsendem Anteil der Nebenwirtschaft auch das Wirtschaftswachstum werden aus diesem Grund wahrscheinlich zu niedrig, die Arbeitslosigkeit, der Arbeitsausfall durch Streiks und die Inflationsrate zu hoch ausgewiesen.[18] Länder wie Italien, die in der politischen und Wirtschaftspublizistik auf-

---

15 Gutmann [6.78]; Tanzi [6.80], S. 36. Auch die Bundesbank weist nicht von der Hand, daß die Barzahlungen „in ‚grauen Zonen' des Wirtschaftsverkehrs, in denen Leistungen ohne Steuern und Sozialabgaben erbracht und bar abgerechnet werden", zugenommen haben. Bbk-Geschäftsbericht 1977, S. 24.

16 Feige [6.79], S. 10.

17 Tanzi [6.80], S. 34. Vgl. zu Italien jetzt auch B. Seidel: Schattenwirtschaft am Beispiel Italiens: Hindernis oder Herausforderung für die Wirtschafts- und Finanzpolitik? DIW Wochenbericht, 50. Jg. 1983, S. 178–183.

18 Nach einer Untersuchung der Wirtschaftsfakultät der Freien Universität Brüssel üben etwa 330 000 Belgier gleich 8 v. H. der erwerbstätigen Bevölkerung eine regelmäßige bezahlte Tätigkeit aus, ohne auf das erzielte Einkommen Steuern und Sozialversicherungsbeiträge zu entrichten. Zufällig sind in Belgien etwa ebensoviele Personen als arbeitslos registriert.

grund der veröffentlichten Statistiken als permanent krisengeschüttelt beurteilt werden, haben möglicherweise dank ihrer beträchtlichen Nebenwirtschaft ein blühendes Wirtschaftsleben. Da sich Wirtschaftspolitiker aber auch nur auf offizielle Angaben stützen können, besteht die Gefahr falscher oder falsch dosierter Maßnahmen.

**4. Nichterfaßte, anders erfaßte und unterstellte Transaktionen.** Die in Abschnitt II.1 geschilderte Konzeption wird in der Praxis durch eine Vielzahl von Detailentscheidungen sowohl ergänzt als auch durchbrochen. Mit ihnen werden bestimmte Transaktionen

- nicht gebucht;
- nicht so gebucht, wie sie tatsächlich stattfinden;
- gebucht, obwohl sie in Wirklichkeit nicht stattfinden.

Einige Beispiele aus der VGR der Bundesrepublik, die weitgehend internationalen Empfehlungen folgt und daher als repräsentativ für die gängige Handhabung gelten kann, mögen dies belegen. Das in der VGR als „Privater Verbrauch" bezeichnete Aggregat verdient dabei besondere Aufmerksamkeit.

Die VGR kann nicht ohne Sektorenbildungen auskommen, und im allgemeinen werden daher Transaktionen zwischen den zusammengefaßten Wirtschaftssubjekten wegen Aufrechnung (vgl. S. 101) nicht registriert. Dies ist nicht zwingend, wie Input-Output-Rechnungen zeigen, aber die innerhalb des Sektors Private Haushalte vor sich gehenden Transaktionen bleiben unerfaßt und bilden daher einen Teil der legalen Nebenwirtschaft (vgl. S. 280 f.). Auch Änderungen von Lagerbeständen bei den privaten Haushalten und den Privaten Organisationen ohne Erwerbszweck werden nicht nachgewiesen; und Realtransfers (Sachleistungen) öffentlicher an private Haushalte erscheinen lediglich bei den Vorleistungen des Staates: Die VGR erfaßt an Einkommens- und Vermögensübertragungen lediglich Geldleistungen, und hier auch nicht alle, da das Disagio bei der Ausgabe festverzinslicher Wertpapiere, das de facto ein Bestandteil des Vermögenseinkommens ist, seit 1977 nicht mehr berücksichtigt wird.

Zu der zweitgenannten Kategorie zählt beispielsweise die Buchung der Arbeitgeberanteile an den Beiträgen zur Sozialversicherung, die die Unternehmen direkt an deren Kassen überweisen. Ihre ökonomische Bedeutung wird jedoch besser erfaßt, wenn sie als Teil des Arbeitnehmereinkommens gelten. Vom Arbeitgeber her gesehen gehören sie zu den Ausgaben für die Arbeitsleistungen der unselbständig Beschäftigten; und vom Arbeitnehmer aus gesehen kommen sie ihm in Form von Ansprüchen an die Sozialversicherung zugute (vgl. S. 132). Man bucht diese Beiträge daher als Teil des an die Haushalte fließenden Arbeitnehmereinkommens und leitet sie dann als Transferzahlung dieser Haushalte an die Sozialversicherung weiter. In gleicher Weise werden die im *Quellenabzugsverfahren* gezahlten Arbeitnehmeranteile an den Sozialversicherungsbeiträgen sowie die Lohnsteuer der Arbeitnehmer behandelt. Die Verpflegung und Bekleidung der Bundeswehr wird vom Bund gekauft und zur Verfügung gestellt, in der VGR jedoch unter den Käufen der privaten Haushalte gebucht. Als „Wohnungsmieten" werden auch Ausgaben für eine Reihe ganz anderer, wenn auch mit der Nutzung von Wohnungen zusammenhängender Güter erfaßt, so für Treppenhausbeleuchtung, Wasserverbrauch, Müllabfuhr, Straßenreinigung, Pachten für Gärten. Als besonders wichtiger Fall der Andersbuchung von Transaktionen ist der bereits mehrfach erwähnte Wohnungsbau der privaten Haushalte zu nennen. Diese Haushalte sparen in großem Umfang für diesen Zweck, nehmen Kredite auf und erbringen Eigenleistungen, wofür sie in der Bundesrepublik staatliche Prämien und Steuererleichterungen in Anspruch nehmen. Ihr ökonomisches Verhalten wird sicher in nennenswertem Umfang von diesen Aktivitäten mitbestimmt. In der VGR gelten sie in dieser Hinsicht zu Recht als Unternehmer, aber dieser Komplex wirtschaftlicher Betätigung wird einschließlich der Aufwendungen für Wohnungsreparaturen nicht bei den Haushalten, sondern zusammen mit dem Wohnungsbau der Unternehmen und der öffentlichen Hand entweder als Teil der gesamten Produktionstätigkeit oder als eigener Wirtschaftszweig „Wohnungsvermietung" (Tabelle 3.3, S. 130) oder „Wohnungswirtschaft" (S. 178) ausgewiesen. Wichtige Informationen über die ökonomische Situation der privaten Haushalte gehen auf diese Weise verloren. Als Grund für diese Handhabung gilt die statistische Quellenlage (vgl. S. 69, Anm. 12). Weitere Fälle der Andersbuchung liegen bei Darlehensvermittlern und Finanzmaklern vor, die im Sektor Produktionsunternehmen erfaßt werden, während anderseits das Warengeschäft der ländlichen Kreditgenossenschaften zum Sektor Kreditinstitute zählt. Beim Staat rechnen zu den Vorleistungen auch Bauten und dauerhafte Güter für militärische Zwecke. Die Abschreibungen auf das Anlagevermögen der Privaten Organisationen ohne Erwerbszweck werden in der Kontengruppe 2 beim Sektor Private Haushalte, in der Kontengruppe 6 dagegen zusammen mit ihren Anlageinvestitionen beim Sektor Unternehmen erfaßt. Die von den Unternehmen o. e. R. erzielten Gewinne gelten in einigen Darstellungen als voll an die privaten Haushalte ausgeschüttet, obwohl sie tatsächlich zum Teil in den Unternehmen verbleiben (vgl. S. 119). Manche Aufwendungen der Arbeitgeber etwa für Kantinen, Kindergärten, Trennungsentschädigungen werden als Vorleistungen der Unternehmen und nicht als Einkommen der Arbeitnehmer gebucht.

Mit der drittgenannten Kategorie wird das Problem der unterstellten Transaktionen angeschnitten. Die immerhin mögliche Entscheidung, sich bei der Erfassung von Gütertransaktionen auf solche zu beschränken, die über Märkte abgewickelt werden (vgl. die Aufzählung S. 261), hätte einige als unwillkommen betrachtete Konsequenzen. So würde man alle Fälle nicht berücksichtigen, in denen Wirtschaftssubjekte in ihrer Eigenschaft als Konsumenten einen Teil der Güter verbrauchen, die sie in ihrer Eigenschaft als Produzenten hergestellt haben. Ein wichtiger Teil des privaten Konsums ist beispielsweise die Nutzung von Wohnungen. Wohnt eine Familie in einer Mietwohnung, so bedeutet dies die Transaktion „Kauf von Wohnungsnutzung gegen Zahlung von Miete", die so in der Gesamtrechnung erfaßt wird. Wohnt die Familie in einem Eigenheim oder in einer ihr gehörenden Wohnung, wird ebenfalls Wohnungsnutzung konsumiert, die aber nicht zu Transaktionen führt. Hätte dieselbe Familie ihr Haus vermietet, während sie selbst woanders wohnt, so wäre die Nutzung desselben Hauses wiederum mit Transaktionen verbunden. Da die Höhe des Sozialprodukts offenbar nicht von dem zufälligen Umstand abhängen sollte, inwieweit Hauseigentümer in ihren eigenen Häusern wohnen, bucht man hier eine unterstellte Transaktion: Den in eigenen Häusern oder Wohnungen wohnenden Haushalten werden fiktive Mieten als Konsumausgabe und gleichzeitig als Einkommen angerechnet.

Ein weiterer Posten dieser Art sind die Entnahmen von Unternehmern aus der eigenen Produktion zum Verbrauch im eigenen Haushalt. So kommt beispielsweise ein Teil der landwirtschaftlichen Erzeugnisse nicht auf den Markt, wo er statistisch erfaßt werden könnte, sondern bleibt beim Erzeuger und dient unmittelbar dessen privatem

Verbrauch. Auch hier müssen privater Konsum und Volkseinkommen um gleiche Beträge erhöht werden. Würde man dies unterlassen, ergäbe sich ein falsches Bild von der Versorgung der Bevölkerung mit landwirtschaftlichen Erzeugnissen und vom landwirtschaftlichen Einkommen. Soweit heute noch Einkommen zum Teil in natura geleistet werden, wie das in gewissem Umfang in der Landwirtschaft, im Kohlenbergbau und in der Verkehrswirtschaft der Fall ist, werden entsprechend Einkommen der Empfänger und Käufe bei den Unternehmen unterstellt.

Weitere unterstellte Transaktionen sind fiktive Sozialbeiträge sowohl der Beamten der Gebietskörperschaften, Sozialversicherungen, öffentlichen Unternehmen und Kirchen für ihre Alters- und Hinterbliebenenversorgung als auch der Arbeitgeber für ihre Aufwendungen und Rückstellungen für betriebliche Ruhegelder und Unterstützungen in Krankheits- und Notfällen an ihre Arbeitnehmer.

**5. Statistische Grundlagen und Genauigkeit der VGR.** Abschließend ist zu fragen, wie genau die Aggregate der VGR bei den gegebenen Definitionen, Klassifikationen und Abgrenzungen sind oder sein können. Generelle Skepsis scheint hier angebracht. Selbst bei der Zählung von Menschen treten überraschend hohe Fehler zutage, obwohl doch einige Aspekte des Beobachtungsproblems sowie das gesamte Konzeptproblem dabei keine Rolle spielen können. So wurde beispielsweise in der Bundesrepublik festgestellt, daß die Fortschreibung der Ergebnisse der Volkszählung von 1961 mit Hilfe der Statistiken über Geburten, Sterbefälle und Wanderungen (vgl. S. 47) bis 1970 zu einer Bevölkerungszahl geführt hatte, die um etwa 860 000 Personen über dem Ergebnis der Volkszählung 1970 lag.[19] Noch schwieriger sind Wohnungen zu zählen: Aufgrund einer Stichprobe wurden im April 1978 in der Bundesrepublik rund 23,4 Mill. Wohnungen ermittelt, während es gemäß den Ergebnissen der Fortschreibung am Ende dieses Jahres 24,7 Mill. hätten sein müssen.[20] Was schließlich Größen wie Einkommen und Vermögen angeht, bei denen auch Bewertungsfragen eine Rolle spielen, so muß mit noch größeren Fehlern gerechnet werden. Anläßlich der Einkommens- und Verbrauchsstichprobe 1969 ermittelte das Statistische Bundesamt, daß sich die Befragten nur rund zur Hälfte in diejenige Größenklasse des Einkommens einordneten, in die sie gemäß dem für denselben Zeitraum durch Anschreibungen im Rahmen der Wirtschaftsrechnungen festgestellten Einkommen gehörten. 37 v. H. der Haushalte schätzten ihr Einkommen zu niedrig, 11 v. H. zu hoch ein.[21] Die Tendenz zur Unterschätzung muß sich noch stärker bemerkbar machen, wenn der Gesamtrechner auf Einkommensteuerstatistiken zurückgreift.

---

[19] WiSta 1/1979, S. 13. – In den Vereinigten Staaten wurden bei der Volkszählung von 1970 etwa 5,3 Mill. Personen nicht erfaßt, wie sich später herausstellte. Als einer der Gründe wurde die Existenz von Stadtteilen angegeben, in denen die Zähler um ihre persönliche Sicherheit fürchteten.

[20] WiSta 8/1979, S. 571; 5/1980, S. 286.

[21] Zur Genauigkeit von Einkommensangaben in Interviews. Dargestellt am Beispiel der Einkommens- und Verbrauchsstichprobe 1969. WiSta 3/1973, S. 193–196. Die neueste Untersuchung dazu stammt von M. Euler: Genauigkeit von Einkommensangaben in Abhängigkeit von der Art der statistischen Erfassung. Dargestellt am Beispiel der Einkommens- und Verbrauchsstichprobe 1978. WiSta 10/1983, S. 813–818.

Die Erstellung einer VGR mit Jahres-, in einigen Ländern auch mit Halb- und Vierteljahresangaben, ist schwierig und teuer. Die VGR ist historisch gewachsen, wurde in den meisten Ländern erst nach dem zweiten Weltkrieg zur ständigen Aufgabe und wird nirgendwo aufgrund eines umfassenden, eigens auf ihre Erfordernisse zugeschnittenen statistischen Erhebungsprogramms erstellt. Da es nicht möglich erscheint, alle in Betracht kommenden Wirtschaftssubjekte auch nur jährlich nach den in der VGR zu registrierenden Sachverhalten zu befragen, muß in der Hauptsache auf *Sekundärstatistiken* zurückgegriffen werden, die primär zu Verwaltungs-, steuerlichen oder Verbandszwecken erhoben werden. Das Statistische Bundesamt hat bisher noch nicht in nachvollziehbarer Weise dargelegt, welche Statistiken es zur Berechnung der einzelnen Aggregate der VGR auf welche Art auswertet[22], jedoch dient als Quelle praktisch die gesamte Wirtschafts-, Finanz- und Bevölkerungsstatistik. Basisinformationen liefern die in mehrjährigen Abständen stattfindenden Totalerhebungen wie Volks-, Berufs-, Arbeitsstätten- und Landwirtschaftszählungen; Zensen im Produzierenden und im Verkehrsgewerbe; Handwerks-, Handels- und Gaststätten-, Gebäude- und Wohnungszählungen. Weitere Informationen entstammen den ebenfalls in mehrjährigen (im Produzierenden Gewerbe in jährlichen) Abständen vorgenommenen Kostenstrukturerhebungen sowie den Steuer-, insbesondere den Umsatzsteuerstatistiken. Basis für die jährliche, halb- und vierteljährliche Ermittlung der in der VGR wiedergegebenen Sachverhalte ist eine große Zahl jährlicher und unterjährlicher Statistiken, so die Agrar- und Ernteberichterstattung; laufende Erhebungen bei Unternehmen des Produzierenden Gewerbes; die Handwerksberichterstattung; die Großhandels-, Einzelhandels- und Gastgewerbestatistik; die Finanz- und Personalstatistik; die Produktions- und Investitionserhebung; die Bilanzstatistik; die Außenhandelsstatistik; die Sozialversicherungsstatistik; der Mikrozensus; die Beschäftigten- und Entgeltstatistik nach Unterlagen der Rentenversicherungen; die Tariflohnstatistik und sämtliche Preisstatistiken. Darüber hinaus wird auf zahlreiche statistische Angaben zurückgegriffen, die originär in Ministerien, Behörden, öffentlichen Unternehmen und Verbänden anfallen. Dazu gehören die Geschäftsberichte von Bundesbahn und Bundespost, die Zahlungsbilanz- und Bankenstatistik der Deutschen Bundesbank, die Kraftfahrzeugstatistik des Kraftfahrtbundesamtes sowie Unterlagen des Bundesamtes für gewerbliche Wirtschaft und des Bundesaufsichtsamts für das Versicherungswesen. Bei einer privaten Untersuchung wurden rund 200 regelmäßige und unregelmäßige statistische Erhebungen ermittelt, die bei der Erstellung der VGR der Bundesrepublik herangezogen werden.[23] Angesichts dieser Quellenlage sind in großem Umfang Bearbeitungen erforderlich: „Ergebnisse aus Teilerhebungen werden hochgerechnet, die Ausgangsdaten werden – soweit erforderlich – inter- und extrapoliert, Lücken im Ausgangsmaterial werden schätzungsweise ergänzt, ferner ist das Material durch mehr oder weniger umfangreiche Berechnungen auf die Konzepte, Definitionen, Abgrenzungen und Klassifizierungen der Volkswirtschaftlichen Gesamtrechnungen umzustellen."[24] Bei dieser Arbeit ist ein gewisses Maß an Willkür wohl nicht zu vermeiden. Andere Gesamtrechner würden auf der Grundlage desselben Materials und mit

---

[22] Vorbild für eine solche Darlegung könnte Maurice [6.18] sein.

[23] Rinne [6.93], S. 325–334. Structure and Sources ... [6.32] zählt S. 76–85 detailliert 81 Statistiken auf.

[24] Stat. BA [6.29], S. 61.

gleichem Kenntnisstand zu anderen Ergebnissen kommen. Probleme entstehen hieraus jedoch nicht, da es wegen des Umfangs der Arbeit in jedem Land nur eine Institution gibt, die die VGR von Grund auf erstellt und daher auch das Ermittlungsmonopol[25] für ihre Ergebnisse hat. Fehler werden jedoch nur am Rande ausgewiesen. In der Zahlungsbilanzstatistik gibt es den Restposten (vgl. S. 200 ff.), und in zwei Finanzierungskonten sowie im Auslandskonto der VGR der Bundesrepublik tauchen geringfügige „statistische Differenzen" auf (vgl. S. 251, 255, 259). Solche Posten fehlen jedoch bei so umfangreichen Rechenwerken wie der sektoralen Geldvermögensrechnung (S. 67 ff.), der gesamtwirtschaftlichen Finanzierungsrechnung (S. 178 ff.) und der Input-Output-Rechnung (S. 271 ff.). Fälle wie der in der Schweiz sind selten, wo die Kontendarstellung der VGR „wegen einer nicht mehr zu überbrückenden Diskrepanz" zwischen den Werten des Sozialprodukts gemäß der Entstehungs- (89,82 Mrd. sfr.) und der Verwendungsrechnung (87,54 Mrd. sfr.) 1971 eingestellt und erst 1976 wieder aufgenommen wurde.[26] Immerhin gibt das britische Statistische Zentralamt an[27], welche Größenordnungen es für die Fehler seiner Zahlen vermutet. Die Jahresangaben werden nach ihrer Verläßlichkeit in drei Kategorien eingeteilt: Angaben der Kategorie A haben einen Unsicherheitsbereich von bis zu ± 3 v. H., der Kategorie B von ± 3 v. H. bis ± 10 v. H., der Kategorie C von mehr als ± 10 v. H. Beispielsweise sollen die Angaben über das Einkommen aus unselbständiger Arbeit, den privaten Konsum, die Exporte und Importe, die Subventionen und das Bruttosozialprodukt in die Kategorie A gehören. In B fallen das Einkommen aus Unternehmertätigkeit, die Mieten und die Bruttoanlageinvestition, in C die Lagerinvestition und das Vermögenseinkommen vom und an das Ausland. Jedoch beruhen auch die Angaben solcher Unsicherheitsbereiche auf bloßen Vermutungen und sind durch kein objektives Verfahren erhärtet.

Der Hinweis auf die Fehlerhaftigkeit der VGR wird von ihren Produzenten mit ständigen Bemühungen um ihre Verbesserung beantwortet. Gleichzeitig haben die Gesamtrechner das Problem, daß das Interesse der wirtschaftspolitischen Instanzen und der Öffentlichkeit an ihren Ergebnissen um so größer ist, je aktueller diese sind, daß aber früh veröffentlichte Zahlen später berichtigt werden müssen. Das liegt in der Hauptsache daran, daß im Zeitablauf weitere Statistiken zugänglich werden, deren Verwertung die Genauigkeit der bereits veröffentlichten vorläufigen Angaben erhöht. Das Problem wird so gehandhabt, daß

- die wichtigsten Angaben der VGR schon kurz nach Ende des Berichtszeitraums veröffentlicht, als „vorläufig" gekennzeichnet und später mehrmals berichtigt werden;
- in Abständen von mehreren Jahren die Ergebnisse von Großzählungen eingearbeitet und in Anpassung an internationale Empfehlungen Definitionen und andere Details des Beschreibungsmodells geändert werden, was zu Revisionen sämtlicher Angaben auch für zurückliegende Jahre führt.

---

[25] „Monopol" heißt in solchen Redewendungen „alleiniger Inhaber" oder „alleiniger Anbieter", hier also „Alleinermittler" der VGR-Ergebnisse. Eine Bewertung ist mit dieser Bezeichnung hier nicht beabsichtigt.

[26] Eidgenössisches Statistisches Amt: Stand der Nationalen Buchhaltung 1970. In: Die Volkswirtschaft. Wirtschaftliche und sozialstatistische Mitteilungen. Bern, 44. Jg. 1971, S. 458.

[27] Maurice [6.18], S. 42.

Tabelle 6.5 — *Unterschiedliche Angaben des Statistischen Bundesamts über das Bruttosozialprodukt zu Marktpreisen der Bundesrepublik Deutschland 1965*

| Art der Angabe | Bruttosozialprodukt 1965 | | Quelle: Wirtschaft und Statistik Heft |
|---|---|---|---|
| | Mill. DM | Änderung gegenüber Vorjahr v. H. | |
| Erstes vorläufiges Ergebnis | 448 600 | +8,4 | Januar 1966, S. 9 |
| Erstes vorläufiges Ergebnis | 448 800 | +8,5 | September 1966, S. 524 |
| Vorläufiges Ergebnis | 449 600 | +8,7 | Januar 1967, S. 10 |
| Vorläufiges Ergebnis | 450 600 | +8,9 | September 1967, S. 499 |
| Ohne Bezeichnung | 452 700 | +9,4 | Februar 1968, S. 70 |
| Revidiertes Ergebnis | 460 400 | +9,4 | Februar 1970, S. 66 |
| Neues Ergebnis | 458 200 | +9,2 | April 1977, S. 231 |

In der Bundesrepublik werden erste vorläufige Ergebnisse für einige Eckwerte der VGR jeweils schon im Januar des darauffolgenden Jahres bekanntgegeben, etwa zwei Jahre lang mehrmals berichtigt und dann als definitiv betrachtet. Revisionen der gesamten VGR wurden bisher in den Jahren 1957, 1960, 1963, 1970, 1977 und 1982 veröffentlicht. Sie waren jeweils auch mit Konzeptänderungen verbunden und bewirkten Änderungen praktisch aller Aggregate der VGR. Tabelle 6.5 zeigt, wie eine zentrale Größe, das Bruttosozialprodukt zu Marktpreisen der Bundesrepublik des Jahres 1965, zunächst in seinen definitiven Wert hineinwuchs und dann im Zuge von Revisionen jeweils nochmals geändert wurde. Insgesamt korrigierte das Amt die Angabe vom ersten bis zum vorletzten Wert der Tabelle um 2,6 v.H. nach oben und von dort um 0,5 v.H. nach unten. Wirtschaftspolitiker müssen sich hier fragen, ob die damit zwischen 8,4 v.H. und 9,4 v.H. variierenden Änderungsraten des Bruttosozialprodukts, die in ihrer Diskussion mit soviel Aufmerksamkeit betrachtet werden (vgl. S. 146f.), diese wirklich verdienen. Für empirische Wirtschaftsforscher wäre interessant zu untersuchen, wie empfindlich die Ergebnisse ihrer Modelle gegenüber solchen Revisionen sind. Dabei ist zu berücksichtigen, daß deren Einfluß auf kleinere Aggregate sehr viel größer sein kann. Einige unter diesem Gesichtspunkt ausgewählte Beispiele zeigt Tabelle 6.6, wobei zu bemerken ist, daß alle Angaben dem jeweiligen definitiven Berichtsstand entsprechen, also nicht mehr als vorläufig bezeichnet wurden. Mit Bezeichnungsänderungen einhergehende und daher leicht zu erkennende Revisionen sind nicht aufgeführt. Die Änderungen sind zum Teil auch bei Aggregaten beträchtlich, die häufig zu theoretischen Untersuchungen herangezogen werden. Die Ursachen der Änderungen sind für den normalen Benutzer unentwirrbar aus der Einarbeitung zusätzlicher Statistiken, Definitions- und Konzeptänderungen gemischt und daher undurchschaubar.

Bei dem anderen großen Ermittlungsmonopolisten der Bundesrepublik, der Deutschen Bundesbank, zeigen sich ähnliche Probleme bei der Zahlungsbilanzstatistik. Anfang der siebziger Jahre flossen Devisen in die Bundesrepublik, „bei denen die zugrundeliegenden Transaktionen trotz weitgehender Meldepflicht nicht eindeutig fest-

Tabelle 6.6 – *Aggregate der Volkswirtschaftlichen Gesamtrechnung 1970 der Bundesrepublik Deutschland vor und nach der Revision von 1977*

| Aggregat (Strom) mit Buchungsnummer | vor der Revision[a] | nach der Revision[b] | Änderung durch die Revision | |
|---|---|---|---|---|
| | Mill. DM | | | v. H. |
| Produktionswerte der Unternehmen 0.10 | 1 677 890 | 1 682 660 | +4 770 | +0,3 |
| Produktionswerte der privaten Haushalte 0.10 | 8 300[c] | 1 100 | – 7 200 | – 86,7 |
| Bruttowertschöpfung der Unternehmen 1-1.49 | 612 570 | 587 610 | – 24 960 | – 4,1 |
| Anteil der Unternehmen m. e. R. am Volkseinkommen 1-3.49 | 23 580 | 14 530 | – 9 050 | – 38,4 |
| Vorleistungen der Unternehmen 0.60 | 1 065 320 | 1 095 050 | +29 730 | +2,8 |
| Anlageinvestitionen der Unternehmen 0.81 | 151 570 | 143 030 | – 8 540 | – 5,6 |
| Ausfuhr von Waren und Dienstleistungen 0.90 | 151 100 | 142 920 | – 8 180 | – 5,4 |
| Einkommen der Unternehmen aus Unternehmertätigkeit und Vermögen aus dem Ausland 1-3.70 | 4 970 | 7 560 | +2 590 | +52,1 |
| Ersparnis der Unternehmen m. e. R. 1-5.49 | 9 900 | 4 660 | – 5 240 | – 52,9 |
| Vermögensübertragungen der Unternehmen an private Haushalte 1-6.30 | 370 | 4 250 | +3 880 | +1048,6 |
| Zinsen auf öffentliche Schulden an private Haushalte 2-3.20 | 350 | 540 | +190 | +54,3 |
| Anteil des Staates am Volkseinkommen 2-3.49 | 4 160 | 2 030 | – 2 130 | – 51,2 |
| Verfügbares Einkommen der privaten Haushalte 3-4.49 | 442 380 | 447 730 | +5 350 | +1,2 |
| Ersparnis der privaten Haushalte 3-5.49 | 73 370 | 80 180 | +6 810 | +9,3 |
| Einkommen der privaten Haushalte aus Unternehmertätigkeit und Vermögen aus dem Ausland 3-3.70 | 500 | 30 | – 470 | – 94,0 |
| Nichtentnommene Gewinne der Unternehmen o. e. R. 3-6.10 | 15 520 | 20 720 | +5 200 | +33,5 |
| Finanzierungsüberschuß der privaten Haushalte 3-6.49 | 50 850 | 54 990 | +4 140 | +8,1 |

[a] Stat. Jb. BRD 1975, S. 498–507.

[b] Stat. BA (Hg.): Fachserie 18 Volkswirtschaftliche Gesamtrechnungen, Reihe S. 2: Revidierte Ergebnisse 1960 bis 1976. Stuttgart u. a. 1977, S. 34–53.

[c] Diese Zahl bietet sich dem Benutzer zum Vergleich mit der Angabe 1100 an. Tatsächlich dürfte jedoch nur der Betrag von 3130 mit 1100 verglichen werden. Vgl. Stat. BA (Hg.): Fachserie N Volkswirtschaftliche Gesamtrechnungen, Reihe 1: Konten und Standardtabellen 1974, S. 66, 87.

Tabelle 6.7 – *Revisionen der Zahlungsbilanzstatistik*

| Posten und Jahr | | Salden in Mill. DM | | |
|---|---|---|---|---|
| | | vor der Revision 1974 [a] | nach der Revision 1974 [b] | Berechnungs-stand 1979 [c] |
| Dienstleistungs-bilanz | 1965 | – 1 549 | – 1 049 | – 607 |
| | 1969 | – 908 | + 664 | + 1 086 |
| | 1970 | – 3 938 | – 2 326 | – 1 127 |
| | 1973 | – 8 281 | – 4 558 | – 5 016 |
| Außenbeitrag | 1965 | – 346 | + 154 | + 330 |
| Leistungsbilanz | 1965 | – 6 723 | – 6 223 | |
| | 1970 | + 2 373 | + 3 585 | + 3 183 |
| | 1973 | + 9 450 | +12 407 | +12 289 |
| Bilanz des kurzfristigen Kapitalverkehrs | 1965 | + 1 405 | + 1 005 | |
| | 1970 | +13 953 | +15 953 | +16 047 |
| | 1971 | + 829 | + 4 229 | + 4 322 |
| | 1972 | – 5 850 | – 3 654 | – 3 535 |
| | 1973 | – 7 628 | + 3 390 | + 277 |
| Restposten | 1965 | + 3 078 | + 2 798 | |
| | 1969 | + 2 731 | + 919 | + 919 |
| | 1970 | + 8 465 | + 3 308 | + 3 616 |
| | 1971 | + 7 860 | + 2 720 | + 2 853 |
| | 1972 | + 7 005 | + 1 155 | + 1 112 |
| | 1973 | +23 841 | + 2 541 | + 913 |

[a] Bbk-Monatsbericht Februar 1974, S. 70*. Angaben für 1973 als „vorläufig" bezeichnet.
[b] Bbk-Monatsbericht März 1974, S. 70*.
[c] Die Zahlungsbilanz der Bundesrepublik Deutschland 1975 bis 1978 nach Regionen. Beilage zu „Statistische Beihefte zu den Monatsberichten der Deutschen Bundesbank", Reihe 3, Zahlungsbilanzstatistik, Nr. 7, Juli 1979, S. 2 f.; Mitteilung der Deutschen Bundesbank.

gestellt werden konnten".[28] Dies wirkte sich in einem ständig größer werdenden Restposten der Zahlungsbilanz aus (vgl. S. 200 ff.), für den für 1970 bis 1972 Werte zwischen +7,0 Mrd. DM und +8,5 Mrd. DM und für 1973 schließlich der bis dahin nicht entfernt erreichte Wert von +23,8 Mrd. DM ausgewiesen wurden.[29] Neben den immer bestehenden Schwierigkeiten bei der Erfassung von Handelskrediten und Verschiebungen bei den Zahlungsfristen im Außenhandel (vgl. S. 201) war als Grund zu vermuten, daß die damaligen Vorschriften zur Abwehr von Devisenzuflüssen durch nicht gemeldete und daher illegale Kapitalverkehrstransaktionen unterlaufen wurden. Die Bundesbank revidierte daraufhin im Frühjahr 1974 die Zahlungsbilanzstatistik, wobei zusätzliche Informationen wie auch Schätzungen verarbeitet wurden. Tabelle 6.7 zeigt einige Ergebnisse der Revision. Die Unterschiede in den Angaben vor und nach der Revision sind beträchtlich, sie betragen zum Teil mehrere Milliarden DM und führen bei einigen Posten in einzelnen Jahren sogar zum Wechsel des Vorzei-

[28] Bbk-Monatsbericht März 1974, S. 19.
[29] Bbk-Monatsbericht Februar 1974, S. 70*. Die Angabe war als „vorläufig" bezeichnet.

chens, so bei der Dienstleistungsbilanz 1969, beim Außenbeitrag 1965 und besonders kraß beim kurzfristigen Kapitalverkehr 1973. Der Saldo der Leistungsbilanz, eine auch wirtschaftspolitisch wichtige Größe, wurde für 1973 um rund 3 Mrd. DM höher ausgewiesen. Wie die letzte Spalte der Tabelle zeigt, wurden inzwischen weitere Revisionen vorgenommen, die nicht mehr so große Änderungen bewirkt haben.

**6. VGR und Realität.** Die vorstehende Diskussion führt zu der Erkenntnis, daß die VGR auch in den heute industrialisierten Ländern mit hochentwickeltem statistischem Dienst, in denen in bezug auf die meisten statistischen Erhebungen kein persönliches Interesse der Befragten an bestimmten Ergebnissen besteht, weit davon entfernt ist, ein auch nur annähernd vollständiges und unverzerrtes Bild des Wirtschaftsprozesses liefern zu können. S. 276 wurde daher auch gesagt, es werde ein „möglichst vollständiges" Bild nur „angestrebt". Die wichtigsten Gründe sind zusammengefaßt die Existenz einer Nebenwirtschaft; Mängel des Beschreibungsmodells samt der Entscheidung, vielerlei Transaktionen zu unterstellen und andere nicht oder nicht so zu registrieren, wie sie stattfinden; sowie Fehler bei der Erhebung aufgrund des Beobachtungsproblems. Insgesamt führt daher die Beschreibung des Wirtschaftsprozesses zu Angaben ganz unterschiedlicher Verläßlichkeit. Denkt man sie sich in einer Skala angeordnet, so stehen an deren Beginn etwa Angaben über den Diskont- und Lombardsatz, die Aktienkurse und den Währungskurs (bei freiem Devisenmarkt), die als zuverlässig gelten können und von denen manche sogar genau sind. So können wohl kaum Zweifel daran bestehen, daß die Deutsche Bundesbank Wechsel tatsächlich zu dem von ihr genannten Diskontsatz kauft. Wesentlich weniger genau sind Größen meßbar, die sich wie Umsatz und Beschäftigung in einem Wirtschaftszweig, die in einem Zeitraum gewährten Kredite oder die Warenausfuhr eines Landes aus vielen Einzelangaben zusammensetzen und bei denen mehrere Fehlerquellen wirksam sind. Am Ende der Skala stehen Angaben über so komplexe Größen wie den Saldo der Leistungsbilanz oder das Bruttosozialprodukt zu Marktpreisen. Solche Größen werden auf eine für Außenstehende undurchsichtige und daher nicht nachvollziehbare, nur wenigen damit beschäftigten Fachleuten bekannte komplizierte Weise geschätzt. Sie sind daher nicht in dem Sinne objektiv meßbar, daß mehrere Beobachter unabhängig voneinander zu den gleichen oder auch nur annähernd gleichen Ergebnissen kommen würden. Die Benutzer der VGR gehen jedoch in der Regel gemäß dem Prinzip der Arbeitsteilung davon aus, daß sie keine Spezialisten für die Erstellung der VGR sein müssen und daß deren Angaben die für den jeweiligen Untersuchungszweck benötigten Merkmale ökonomischer Vorgänge unverzerrt wiedergeben. Wer als empirischer Wirtschaftsforscher Angaben der VGR seines Landes oder gar anderer Länder, über die er in der Regel noch weniger weiß, ungeprüft einfach anhand ihrer Benennungen in seine Modelle übernimmt, läuft tatsächlich jedoch ein erhebliches Risiko, fehlerhafte Ergebnisse zu erhalten. Ebenso gerät der Wirtschaftspolitiker in Gefahr, Zahlenwerte für Dinge zu verwenden, die mit den intendierten zum Teil nur noch entfernt übereinstimmen.

Dieser Zustand der VGR entspricht dem gegenwärtigen Stand des Geldwesens und der institutionellen Regelungen zur Abwicklung ökonomischer Transaktionen. Verbesserungen sind wahrscheinlich nur am Rande möglich, da die Einführung weiterer Erhebungen auf Widerstand stoßen und eine auch nur stichprobenweise Nachprüfung gemachter Angaben zwecks Verbesserung ihrer Qualität zu teuer werden würde.

Jedoch ist beim heutigen Stand der Datenverarbeitungstechnik schon vorstellbar, in einer Volkswirtschaft ein elektronisches Überweisungs- und Verrechnungssystem zu installieren, über das sämtliche oder doch die meisten Transaktionen abzuwickeln wären. Damit stünden laufend Informationen über die ökonomische Aktivität jedes einzelnen Wirtschaftssubjekts in bisher auch nicht annähernd erreichter Vollständigkeit und Genauigkeit zur Verfügung. Entwürfe für solche Systeme liegen vor. Jedoch wäre diese vom Standpunkt des Statistikers, Wirtschaftsforschers und Wirtschaftspolitikers vielleicht erwünschte Situation gegenüber der Frage abzuwägen, ob die mit ihr gegebene Möglichkeit, jedermanns ökonomische Aktivität lückenlos zu erfassen und damit zu überwachen, mit den bisherigen Vorstellungen über das Leben in einem liberalen Rechtsstaat zu vereinbaren wäre.

## Literatur und statistische Quellen zum sechsten Kapitel

### Allgemeines:

Die Volkswirtschaftliche Gesamtrechnung (VGR) entstand der Sache wie dem Namen nach in den dreißiger Jahren dieses Jahrhunderts, wenngleich sich Vorläufer in bezug auf die Idee des Wirtschaftskreislaufs und die statistische Schätzung des Volkseinkommens und -vermögens schon in früheren Jahrhunderten finden. Das Standardwerk zur Geschichte der VGR ist

[6.01] P. Studenski: The Income of Nations. Part One: History, Part Two: Theory and Methodology. 1958, 2. Aufl. New York 1961. XIV, 185 S. und XIV, 153 S.

Eine umfassende Bibliographie für die Zeit von 1937 bis 1960 ist

[6.02] Bibliography on Income and Wealth. Publ. by the International Association for Research in Income and Wealth. Vol. I, 1937–1947, ed. by D. Creamer, Cambridge 1952; bis Vol. VIII, 1957–1960, ed. by R. Knight, New Haven 1964.

Eine nach Sachgebieten und Ländern geordnete Zusammenstellung der wichtigsten bis Anfang 1960 erschienenen Titel findet sich in

[6.03] Volkswirtschaftliche Gesamtrechnung. (=Kieler Schrifttumskunden zu Wirtschaft und Gesellschaft. Arbeiten der Bibliothek des Instituts für Weltwirtschaft, hg. von W. Gülich, 1.) Kiel 1960. VIII, 260 S.

Ende der vierziger und in den fünfziger Jahren wurde eine lebhafte Diskussion über die theoretischen und statistischen Grundlagen, Ziele und Anwendungsmöglichkeiten der VGR geführt, die mit der Etablierung fester Buchungspraktiken durch die Statistischen Ämter jedoch abebbte. Der Stand der Diskussion Anfang bis Mitte der fünfziger Jahre ist enthalten in

[6.04] I. Ohlsson: On National Accounting. Stockholm 1953. VII, 353 S.
[6.05] A Critique of the United States Income and Product Accounts. (=NBER, Studies in Income and Wealth, Vol. 22.) Princeton 1958. IX, 589 S.
[6.06] The National Economic Accounts of the United States. Review, Appraisal, and Recommendations. (=A Report by the National Accounts Review Committee of the National Bureau of Economic Research.) Washington 1958. 202 S.

Neuere Monographien über das Gebiet sind

[6.07] G. STUVEL: Systems of Social Accounts. Oxford 1965. XIV, 270 S.
[6.08] M. YANOVSKY: Anatomy of Social Accounting Systems. London 1965. X, 237 S.
[6.09] R. J. NICHOLSON: Economic Statistics and Economic Problems. London 1969. 399 S.
[6.10] W. I. ABRAHAM: National Income and Economic Accounting. Englewood Cliffs 1969. XIV, 232 S.
[6.11] N. RUGGLES/R. RUGGLES: The Design of Economic Accounts. New York 1970. XVI, 184 S.
[6.12] J. W. KENDRICK: Economic Accounts and Their Uses. New York u. a. 1972. XI, 339 S.

Eine zusammenfassende Übersicht über den Gegenstand findet sich bei

[6.13] A. STOBBE: Art. „Volkswirtschaftliche Gesamtrechnung" in: Handwörterbuch der Wirtschaftswissenschaft [1.43], 8. Bd 1980, S. 368–405.

Verdienste um die internationale Vereinheitlichung der VGR haben das Statistische Amt der Vereinten Nationen, die Abteilung für Volkswirtschaftliche Gesamtrechnung der Organisation for European Economic Co-operation (OEEC) und das Statistische Amt der Europäischen Gemeinschaften (SAEG) erworben. Die Erstfassung des *System of National Accounts* (SNA) der Vereinten Nationen erschien 1953. 1960 und 1964 folgten revidierte Fassungen mit geringfügigen Änderungen. Die jetzt gültige Fassung ist

[6.14] Department of Economic and Social Affairs, Statistical Office of the United Nations: A System of National Accounts. (=Studies in Methods, Series F No. 2, Rev. 3.) United Nations, New York 1968. XIII, 246 S.

Die daraufhin Ende der siebziger Jahre etablierte Handhabung beschreibt

[6.15] Department of International Economic and Social Affairs, Statistical Office: National Accounting Practices in Seventy Countries. A Supplement to the Yearbook of National Accounts Statistics. 3 Bde. (=Series F No. 26.) United Nations, New York 1979.

Das erste Gesamtrechnungssystem der OEEC erschien 1950, ihr Standard-System 1952. Die Nachfolgerin der OEEC, die *Organisation for Economic Co-operation and Development* (OECD) hat auf die Weiterentwicklung des OEEC-Systems verzichtet und sich an der Arbeit an einem europäischen Gesamtrechnungssystem beteiligt, das 1968 erstmalig erschien. Die zur Zeit gültige Fassung ist

[6.16] Statistisches Amt der Europäischen Gemeinschaften: Europäisches System Volkswirtschaftlicher Gesamtrechnungen – ESVG. Luxemburg 1970. 252 S. Die 2. Aufl. liegt in englischer Sprache vor: European System of Integrated Economic Accounts – ESA. 2nd Ed. Luxemburg 1980. 230 S.

Einen Kommentar zu den beiden vorstehend genannten Systemen gibt

[6.17] G. HAMER: Grundzüge der neuen internationalen Standardsysteme Volkswirtschaftlicher Gesamtrechnungen. Allgemeines Statistisches Archiv, 53. Bd 1969, S. 125–164.

Ein Beispiel für die Darstellung der bei der Erstellung der VGR für ein Land angewandten Verfahren bietet in bezug auf Großbritannien

[6.18] R. MAURICE (Hg.): National Accounts Statistics. Sources and Methods. Central Statistical Office, London 1968. VII, 502 S.

Mehrere internationale Organisationen publizieren die Gesamtrechnungen ihrer Mitgliedsländer. Das SAEG, auch „Eurostat" genannt, veröffentlicht Angaben über die Gesamtrechnungen der zehn Mitgliedsländer zur Zeit in mehreren Reihen, zuletzt

[6.19] Statistisches Amt der Europäischen Gemeinschaften: Volkswirtschaftliche Gesamtrechnungen ESVG. Luxemburg.
- Aggregate 1960–1981. 1983. 135 S.
- Aufgegliederte Tabellen nach Wirtschaftsbereichen 1970–1981. 1983. 209 S.
- Aufgegliederte Tabellen nach Sektoren 1970–1981. 1983. L, 343 S.
- Konten und Statistiken des Staates 1970–1981. 1983. CLXXII, 279 S.
Statistical Office of the European Communities: National Accounts ESA. Input-Output Tables 1975. Luxemburg 1983. XX, 243 S.

Außerdem werden regionale Konten sowie Angaben in konstanten Preisen veröffentlicht. Die OECD gibt für ihre 24 Mitgliedsländer und Jugoslawien ein zweibändiges Jahrbuch heraus:

[6.20] OECD Department of Economics and Statistics: National Accounts. Vol. I – Main Aggregates 1952–1981. 101 S. Vol. II – Detailed Tables 1964–1981. Paris 1983. 318 S.

Das Statistische Amt der Vereinten Nationen veröffentlicht Angaben für zur Zeit rund 150 Länder und Territorien seit 1957 jährlich in zwei bis drei Bänden:

[6.21] Yearbook of National Accounts Statistics 1980. Vol. I, Part 1 – Individual Country Data; XXVI, 880 S. Part 2 – Individual Country Data; XXVI, S. 881–1696. Vol. II – International Tables; VI, 761 S. United Nations, New York 1982.

Neuere Entwicklungen der VGR in Richtung auf die Berücksichtigung der Umweltbelastung, die Einbeziehung der Bevölkerungsentwicklung (*Demographische Gesamtrechung*) und die Ausweitung zu einem umfassenden Gesamtbild des sozialen Geschehens (*Soziale Gesamtrechnung,* vgl. hierzu auch die Titel [3.11] bis [3.22]) sind beschrieben in

[6.22] H. L. FREYTAG: Statistische Probleme einer systematischen Beobachtung der Bevölkerungsbewegung – Das Konzept der Demographischen Gesamtrechnung. Allgemeines Statistisches Archiv, 53. Bd. 1969, S. 329–344.
[6.23] R. STONE: Demographic Accounting and Model-Building. OECD, Paris 1971. 125 S.
[6.24] P. BARTELMUS: Probleme der Entwicklung eines umweltstatistischen Systems. Statistische Hefte, 14. Jg. 1973, S. 123–147.
[6.25] P. WALSER: Volkswirtschaftliche Gesamtrechnung – Revision und Erweiterung. (=Kommission für wirtschaftlichen und sozialen Wandel, 63.) Göttingen 1975. 127 S.
[6.26] Department of Economic and Social Affairs, Statistical Office: Towards a System of Social and Demographic Statistics. (=Studies in Methods, Series F No. 18.) United Nations, New York 1975. XIV, 187 S.
[6.27] Department of Economic and Social Affairs, Statistical Office: The Feasibility of Welfare-Oriented Measures to Supplement the National Accounts and Balances. A Technical Report. (=Studies in Methods, Series F No. 22.) United Nations, New York 1977. V, 71 S.
[6.28] U.-P. REICH/C. STAHMER (Hg.): Gesamtwirtschaftliche Wohlfahrtsmessung und Umweltqualität. Beiträge zur Weiterentwicklung der volkswirtschaftlichen Gesamtrechnungen. Frankfurt 1983. 207 S.

## Zu Teil I:

Das jetzige Gesamtrechnungssystem des Statistischen Bundesamts wurde 1960 erstmals veröffentlicht. Die Ergebnisse der VGR erscheinen in den Heften der Fachserie 18 (vgl. unten, Anhang I.1) in Kontensystemen und Standardtabellen zusammen mit ausführlichen Erläuterungen. Im Text wurden benutzt

[6.29] Statistisches Bundesamt (Hg.): Fachserie 18 Volkswirtschaftliche Gesamtrechnungen, Reihe 1 – Konten und Standardtabellen 1982. Stuttgart u.a. 1983. 377 S.

[6.30] Statistisches Bundesamt (Hg.): Fachserie 18 Volkswirtschaftliche Gesamtrechnungen, Reihe 1 – Konten und Standardtabellen 1983 Vorbericht. Stuttgart u.a. 1984. 115 S.

Die aufgrund der Revision von 1982 geänderten Ergebnisse ab 1960 sind enthalten in

[6.31] Statistisches Bundesamt (Hg.): Fachserie 18 Volkswirtschaftliche Gesamtrechnungen, Reihe S. 5 – Revidierte Ergebnisse 1960 bis 1981. Stuttgart u.a. 1982. 422 S.

Die wichtigsten Angaben über das Sozialprodukt des jeweils abgelaufenen Jahres werden im Januar- und Februar-Heft von „Wirtschaft und Statistik" veröffentlicht, die ausführlichen Ergebnisse folgen jeweils im Herbst. Auch das Statistische Jahrbuch für die Bundesrepublik Deutschland enthält diese Zahlen. Seit 1965 veröffentlicht das Statistische Bundesamt auch wieder Halbjahresergebnisse. Ein Bericht der OECD über die VGR der Bundesrepublik ist

[6.32] Structure and Sources of National Accounts in Germany. OECD, Paris 1975. 92 S.

## Zu Teil II:

Die jeweils geltenden Vereinbarungen über die Lösung von Detailproblemen der VGR sind den internationalen Handbüchern wie dem SNA [6.14], dem ESVG [6.16], für die Bundesrepublik den Jahresbänden Stat. BA [6.29] zu entnehmen. Einige wichtige Themen, die hier nicht näher behandelt werden können, sind mit Literaturangaben in STOBBE [6.13] kurz umrissen und können anhand der folgenden Titel gründlicher studiert werden:

[6.33] H. HIPLER: Die Versicherungsunternehmen in den Volkswirtschaftlichen Gesamtrechnungen. WiSta 7/1970, S. 331–337.

[6.34] O. HAWRYLYSHYN: The Value of Household Services: A Survey of Empirical Estimates. The Review of Income and Wealth, Income and Wealth Series 22, 1976, S. 101–131.

[6.35] M. F. FOSS (Hg.): The U. S. National Income and Product Accounts: Selected Topics. (=NBER, Studies in Income and Wealth, Vol. 47.) Chicago u.a. 1983. IX, 438 S.

[6.36] G. KOPSCH: Der Staat in den Volkswirtschaftlichen Gesamtrechnungen 1960 bis 1982. WiSta 10/1983, S. 749–769.

[6.37] D. SCHÄFER/L. SCHMIDT: Abschreibungen nach verschiedenen Bewertungs- und Berechnungsmethoden. WiSta 12/1983, S. 919–931.

Zu den Problemen vierteljährlicher Gesamtrechnungen vgl.

[6.38] Quarterly National Accounts as Data for Economic Policy. A Report on Progress in OECD Countries. Prep. With the Ass. of T. P. HILL. (=OECD Economic Studies Series.) Paris 1968.

[6.39] A. H. YOUNG: Reliability of the Quarterly National Income and Product Accounts of the United States, 1947–71. The Review of Income and Wealth, Income and Wealth Series 20, 1974, S. 1–39.

[6.40] G. HAMER/M. ENGELMANN und Mitarbeiter: Vierteljahresergebnisse der Sozialproduktsberechnung ab 1968. WiSta 1/1978, S. 15–26.

[6.41] K. MÜLLER-KRUMHOLZ: Vierteljährliche volkswirtschaftliche Gesamtrechnung für die Bundesrepublik Deutschland. Methoden und Probleme. DIW Vierteljahrshefte zur Wirtschaftsforschung, 1978, S. 71–172.

Eine Übersicht über den Stand vierteljährlicher Gesamtrechnungen in 11 Ländern enthält

[6.42] Quarterly National Accounts. A Report on Sources and Methods in OECD Countries. OECD, Paris 1979. 106 S.

Die Ergebnisse werden für zur Zeit 12 Länder veröffentlicht in

[6.43] Quarterly National Accounts Bulletin. OECD, Paris 1976 ff.

Fragen der VGR in konstanten Preisen werden behandelt in

[6.44] R. STONE: Quantity and Price Indexes in National Accounts. OEEC, Paris 1956. 120 S.
[6.45] B. FRIEDMANN: Deflationierungsmethoden im Rahmen der Volkswirtschaftlichen Gesamtrechnung. Ein Versuch zur Systematisierung und Kritik. Berlin 1961. 156 S.
[6.46] T. P. HILL: The Measurement of Real Product. A Theoretical and Empirical Analysis of the Growth Rates for Different Industries and Countries. OECD, Paris 1971. 119 S.
[6.47] Department of International Economic and Social Affairs, Statistical Office: Manual on National Accounts at Constant Prices. (=Statistical Papers, Series M No. 64.) United Nations, New York 1979. VII, 104 S.

Internationale Vergleiche der Ergebnisse der VGR werden seit Jahrzehnten angestellt und erscheinen Wissenschaftlern wie Politikern interessant. Vgl.

[6.48] Problems in the International Comparison of Economic Accounts. (=NBER, Studies in Income and Wealth, Vol. 20.) Princeton 1957. X, 404 S.
[6.49] D. J. DALY (Hg.): International Comparisons of Prices and Output. (=NBER, Studies in Income and Wealth, Vol. 37.) New York 1972. X, 417 S.
[6.50] I. B. KRAVIS u.a.: A System of International Comparisons of Gross Product and Purchasing Power. (=United Nations International Comparison Project: Phase One.) Baltimore u.a. 1975. XI, 294 S.
[6.51] I. B. KRAVIS/A. HESTON/R. SUMMERS: International Comparisons of Real Product and Purchasing Power. (=United Nations International Comparison Project: Phase II.) Baltimore u.a. 1978. IX, 264 S.
[6.52] I. B. KRAVIS/A. HESTON/R. SUMMERS: World Product and Income: International Comparisons of Real Gross Product. (=United Nations International Comparison Project: Phase III.) Baltimore u.a. 1982. X, 388 S.

Ein Spezialproblem bilden internationale Vergleiche zwischen Ländern mit unterschiedlichen Wirtschaftsordnungen. Zur VGR in den sozialistischen Ländern vgl.

[6.53] Department of International Economic and Social Affairs, Statistical Office: Comparisons of the System of National Accounts and the System of Balances of the National Economy. Part One: Conceptual Relationships. New York 1977. VI, 83 S. – Part Two: Conversion of Aggregates of SNA to MPS and Vice Versa for Selected Countries. (=Studies in Methods, Series F No. 20.) XII, 121 S. United Nations, New York 1981.
[6.54] H. WILKENS: Das Sozialprodukt der Deutschen Demokratischen Republik im Vergleich mit dem der Bundesrepublik Deutschland. (=DIW Sonderheft 115.) Berlin 1976. 188 S.

**Zu Teil III:**

Lehrbücher über Input-Output-Analyse sind

[6.55] H. B. CHENERY/P. G. CLARK: Interindustry Economics. New York 1959. XV, 345 S.
[6.56] J. SCHUMANN: Input-Output-Analyse. Berlin u.a. 1968. X, 311 S.
[6.57] H.-W. HOLUB/H. SCHNABL: Input-Output-Rechnung: Input-Output-Tabellen. Eine Einführung. München u.a. 1982. X, 246 S.

Eine Bibliographie neuerer Literatur über das Gesamtgebiet, die fünfte dieser Art, ist

[6.58] Department of Economic and Social Affairs, Statistical Office: Input-Output-Bibliography, 1966–1970. (=Statistical Papers, Series M No. 55.) 3 Vols. United Nations, New York 1972.

Allgemeine statistische Probleme der Aufstellung von Input-Output-Tabellen behandeln:

[6.59] R. STÄGLIN: Input-Output-Rechnung: Aufstellung von Input-Output-Tabellen. Konzeptionelle und empirisch-statistische Probleme. (=DIW Beiträge zur Strukturforschung, H. 4.) Berlin 1968. 104 S.

[6.60] Department of Economic and Social Affairs, Statistical Office: Input-Output-Tables and Analysis. (=Studies in Methods, Series F No. 14, Rev. 1.) United Nations, New York 1973. VI, 180 S.

[6.61] R. KRENGEL (Hg.): Aufstellung und Analyse von Input-Output-Tabellen. (=Sonderhefte zum Allgemeinen Statistischen Archiv, H. 5.) Göttingen 1973. 104 S.

[6.62] J. V. SKOLKA (Hg.): Compilation of Input-Output-Tables. Proceedings of a Session of the 17th General Conference of the International Association for Research in Income and Wealth, Gouvieux, France, August 16–22, 1981. Berlin u. a. 1982. VI, 307 S.

Anwendungsmöglichkeiten von Input-Output-Tabellen sind dargestellt in

[6.63] R. PISCHNER/R. STÄGLIN/H. WESSELS: Input-Output-Rechnung für die Bundesrepublik Deutschland 1972. (=DIW Beiträge zur Strukturforschung, H. 38.) Berlin 1975. 148 S.

Die beiden derzeit neuesten Input-Output-Tabellen für die Bundesrepublik Deutschland sind veröffentlicht in

[6.64] R. STÄGLIN: Input-Output-Tabelle für die Bundesrepublik Deutschland 1976. DIW Vierteljahrshefte zur Wirtschaftsforschung, Jg. 1981, S. 5–19.

[6.65] C. STAHMER: Input-Output-Rechnung des Statistischen Bundesamtes. WiSta 8/1983, S. 601–609.

[6.66] Statistisches Bundesamt (Hg.): Fachserie 18 Volkswirtschaftliche Gesamtrechnungen, Reihe 2 – Input-Output-Tabellen 1978. Stuttgart u. a. 1983. 178 S.

Als nächste Tabelle nach der S. 272 f. für 1978 abgedruckten ist eine für 1980 vorgesehen, die Mitte 1984 veröffentlicht werden soll. Zum derzeitigen Stand der Input-Output-Rechnung in der Bundesrepublik vgl.:

[6.67] R. STÄGLIN: Zur Input-Output-Rechnung in der Bundesrepublik Deutschland. Eine Bestandsaufnahme. In: J. FROHN/R. STÄGLIN (Hg.): Empirische Wirtschaftsforschung. Konzeptionen, Verfahren und Ergebnisse. Festschrift für Rolf Krengel aus Anlaß seines 60. Geburtstages. Berlin 1980. S. 95–130.

[6.68] H. LINDNER u. a.: Möglichkeiten und Grenzen der Anwendung der für die Bundesrepublik Deutschland vorliegenden Input-Output-Tabellen. Gutachten im Auftrag des Bundesministers für Wirtschaft. Tübingen 1981. XXX, 322, 90* S.

[6.69] R. KRENGEL (Hg.): Die Weiterentwicklung der Input-Output-Rechnung in der Bundesrepublik Deutschland. (=Sonderhefte zum Allgemeinen Statistischen Archiv, H. 18.) Göttingen 1982. 142 S.

[6.70] E. HELMSTÄDTER u. a.: Die Input-Output-Analyse als Instrument der Strukturforschung. Leistungsfähigkeit und Grenzen der empirischen Anwendung der für die Bundesrepublik Deutschland vorliegenden Input-Output-Tabellen. Tübingen 1983. XXV, 177 S.

**Zu Teil IV:**

Fragen der statistischen Technik bei der Erhebung und Aufbereitung der für die Erstellung einer VGR erforderlichen Angaben, der Aufstellung von Nomenklaturen, der Heranziehung und Bearbeitung von Sekundärstatistiken und andere werden in Lehrbüchern der Wirtschaftsstatistik behandelt:


[6.71] I. ESENWEIN-ROTHE: Allgemeine Wirtschaftsstatistik – Kategorienlehre –. 1962, 2. Aufl. Wiesbaden 1969. 416 S.

[6.72] H. KUCHENBECKER: Grundzüge der Wirtschaftsstatistik. 1970, 2. Aufl. Herne u.a. 1973. 266 S.

[6.73] R. WAGENFÜHR: Wirtschafts- und Sozialstatistik, gezeigt am Beispiel der BRD. Band 1: Produktionsweise und güterwirtschaftliche Reproduktion. 584 S. Band 2: Einkommen und finanzielle Ströme. Der Gesamtprozeß und seine Effizienz. 474 S. Freiburg im Breisgau 1970 und 1973.

[6.74] P. M. VON DER LIPPE: Wirtschaftsstatistik. 1973, 2. Aufl. Stuttgart u.a. 1977. XII, 267 S.

[6.75] M. HÜTTNER: Grundzüge der Wirtschafts- und Sozialstatistik. Systematische Darstellung mit zahlreichen Beispielen und einer Aufgabensammlung. Wiesbaden 1973. 396 S.

[6.76] I. ESENWEIN-ROTHE: Die Methoden der Wirtschaftsstatistik. Göttingen 1976. 2 Bde. VIII, 356 S.

[6.77] H. ABELS: Wirtschaftsstatistik. Opladen 1976. 132 S.


Die Frage der Nebenwirtschaft wurde zunächst vorwiegend in der praxisnahen Wirtschaftspublizistik diskutiert (wenngleich das Problem der Steuerhinterziehung seit jeher auch in der Finanzwissenschaft beachtet wird):


[6.78] P. M. GUTMANN: The Subterranean Economy. Financial Analysts Journal, New York, Vol. 33 No. 6, November/December 1977, S. 26 f., 34. (Vgl. auch die Diskussionsbeiträge hierzu, Ebenda, Vol. 34 No. 6, 1978, S. 64–69.)

[6.79] E. L. FEIGE: How Big is the Irregular Economy? Challenge. The Magazine of Economic Affairs. White Plains, Vol. 22 No. 5, November/December 1979, S. 5–13. (Vgl. auch den Diskussionsbeitrag dazu von P. M. GUTMANN, Ebenda, S. 14–17.)

[6.80] V. TANZI: Underground Economy Built on Illicit Pursuits Is Growing Concern of Economic Policymakers. IMF Survey, Washington, D. C., Vol. 9 No. 3, February 4, 1980, S. 34–37.


Eine umfassende Dokumentation der öffentlichen Diskussion ist


[6.81] E. LAUSCHMANN (Hg.): Schattenwirtschaft. Dokumentation ausgewählter Beiträge in Zeitungen und Zeitschriften, zusammengestellt im Wirtschaftsarchiv an der Universität Mannheim. Kehl u.a. 1983. LII, 572 S.


Inzwischen wird das Problem auch in der Wirtschaftswissenschaft zur Kenntnis genommen:


[6.82] The Hidden Economy and the National Accounts. In: OECD Occasional Studies. Paris 1982, S. 28–45.

[6.83] C. P. SIMON/A. D. WITTE: Beating the System. The Underground Economy. Boston 1982. XVI, 304 S.

[6.84] V. TANZI (Hg.): The Underground Economy in the United States and Abroad. Lexington u.a. 1982. X, 340 S.

[6.85] G. HEDTKAMP (Hg.): Beiträge zum Problem der Schattenwirtschaft. Berlin 1983. 103 S.

[6.86] V. TANZI: The Underground Economy in the United States: Annual Estimates, 1930–1980. IMF Staff Papers, Vol. 30, 1983, S. 283–305.

[6.87] B. S. FREY/W. W. POMMEREHNE: The Hidden Economy: State and Prospects for Measurement. The Review of Income and Wealth, Income and Wealth Series 30, 1984, S. 1–23.

Die Ergebnisse einer im Herbst 1983 in Bielefeld abgehaltenen Konferenz über den Gegenstand werden voraussichtlich 1984 veröffentlicht als

[6.88] W. GAERTNER (Hg.): The Economics of the Shadow Economy. Berlin u.a.

Das klassische Werk zur Frage der Genauigkeit statistischer Beobachtungen ist

[6.89] O. MORGENSTERN: On the Accuracy of Economic Observations. 1950, 2. Aufl. Princeton 1963. XIV, 322 S.
Deutsch: Über die Genauigkeit wirtschaftlicher Beobachtungen. 1952, 2. Aufl. Wien u.a. 1965. 320 S.

Weiter sind hier zu nennen:

[6.90] R. COLE: Errors in Provisional Estimates of Gross National Product. (=NBER, Studies in Business Cycles, 21.) New York 1969. XIV, 109 S.
[6.91] I. ESENWEIN-ROTHE: Ungenauigkeiten und Fehler in wirtschaftsstatistischen Daten. Statistische Hefte, 11. Jg. 1970, S. 166–193.
[6.92] W. KRUG: Quantifizierung des systematischen Fehlers in wirtschafts- und sozialstatistischen Daten. Dargestellt an der Statistik der Erwerbstätigkeit. Berlin 1976. 108 S.

Mit der VGR der Bundesrepublik beschäftigen sich unter dem Aspekt der Genauigkeit

[6.93] H. RINNE: Das Sozialprodukt. Unzulänglichkeiten des Konzepts und Ungenauigkeiten der Schätzung. Dissertation Berlin 1967. 356 S.
[6.94] A. KANN: Der Aussagewert von Makrogrößen in der Wirtschaftsstatistik. Ein Beitrag zur Methodik der Aggregation. Wiesbaden 1968. IX, 130 S.
[6.95] G. HAMER: Genauigkeitskontrollen bei der Aufstellung Volkswirtschaftlicher Gesamtrechnungen. Allgemeines Statistisches Archiv, 54. Bd 1970, S. 76–91.

Siebentes Kapitel

# Strukturanalysen

*In den bisherigen Kapiteln wurden Wirtschaftssubjekte, Ströme und Bestände in der Regel zu großen Einheiten zusammengefaßt: Der Aggregationsgrad der Analyse war hoch. Ökonomische Variable lassen sich jedoch auch in vielfältiger Weise gliedern, zueinander in Beziehung setzen und auf Änderungen oder Konstanz ihrer Zusammensetzung im Zeitablauf untersuchen. Dazu werden in diesem Kapitel zunächst einige Grundlagen der damit angesprochenen Strukturanalyse erörtert. Die Teile II bis V zeigen dann am Beispiel der Bundesrepublik Deutschland zentrale Strukturaspekte des Wirtschaftsprozesses, nämlich Gliederungen der Bestandsfaktoren Arbeit und Sachkapital, Beziehungen zwischen ihnen und zum Ergebnis des volkswirtschaftlichen Produktionsprozesses, die Einkommens- und Vermögensverteilung sowie die wichtigsten Preisindizes als Instrumente zur Messung der volkswirtschaftlichen Preisstruktur.*

## I. Elemente der Strukturanalyse

**1. Wirtschaftsstruktur und Strukturwandel.** In den vorangegangenen Kapiteln wurde bei vielen ökonomischen Gesamtgrößen gezeigt, wie sie üblicherweise unterteilt werden. Gesichtspunkte für Gliederungen ergeben sich aus der jeweiligen Fragestellung. Sie können auf Eigenschaften von Wirtschaftsobjekten beruhen (vgl. die Einteilung des Volksvermögens, Konto 2.16, S. 76), auf davon abgeleiteten Klassifikationen produzierender Wirtschaftseinheiten (Gliederung des Bruttoinlandsprodukts nach herstellenden Wirtschaftszweigen, vgl. Tabelle 3.3, S. 130), auf der Art der Verwendung von Gütern (Sozialprodukt, Tabelle 3.4, S. 131), auf räumlich oder zeitlich bestimmten Einteilungen (regionale Verteilung des Außenhandels der Bundesrepublik, Bild 5.3, S. 215; Altersaufbau des Anlagevermögens, Tabelle 7.3, unten in II.2) oder auf numerischen Merkmalen sonstiger Art (Banknotenumlauf nach Stückelung, Tabelle 4.1, S. 159; Unternehmensgröße nach Umsatz). Immer treten damit Aspekte der *Struktur* der betreffenden Größen zutage, unter der man in dem hier allein verwendeten statistischen Sinne die Art und Weise versteht, in der ökonomische Gesamtgrößen gegliedert sind. Eine Struktur wird häufig dadurch deutlich und vergleichbar gemacht, daß man die Gesamtheit gleich 100 setzt und die Gliederung in v. H.-Teilen ausdrückt. In anderen Fällen setzt man einen Durchschnitt gleich 100 und zeigt die Abweichungen der Komponenten von diesem.

Zweck einer *Strukturanalyse* sind in der Regel Vergleiche. Interregionale und internationale Vergleiche enthüllen Strukturunterschiede, die zu Untersuchungen über ihre Ursachen und Möglichkeiten zu ihrer Beeinflussung einladen. Hauptanwendungsgebiet sind jedoch Zeitvergleiche. Betrachtet man beispielsweise global den Ablauf des Wirtschaftsprozesses in den jetzt hochindustrialisierten Ländern etwa seit der Mitte des 19. Jahrhunderts, so tritt als beherrschender Aspekt neben der immensen Zunahme des realen Sozialprodukts je Kopf der damit einhergehende Strukturwandel hervor. Dieser wird unter anderem bei der Entstehung des Inlandsprodukts deutlich. Betrug der Anteil der Land- und Forstwirtschaft und der sonstigen Urproduktion wie der Energie- und Wasserversorgung und des Bergbaus an diesem, zusammengefaßt also des *Primären Sektors,* etwa im damaligen Deutschland noch rund die Hälfte, so ist er bis 1982 in der Bundesrepublik auf 2,4 v. H. des gesamten Nettoproduktionswerts der Volkswirtschaft gesunken.[1] Der *Sekundäre Sektor,* also das Verarbeitende Gewerbe einschließlich Baugewerbe, dehnte sich zunächst stark aus und stagniert seit einiger Zeit, während der Anteil des *Tertiären Sektors,* der Produktion von Dienstleistungen aller Art, noch zunimmt. Parallel dazu änderte sich die Verteilung der Erwerbstätigen auf die Sektoren, wobei der Anteil der Selbständigen gesunken ist, und der Anteil des Staates an der wirtschaftlichen Aktivität und seine Eingriffe in diese nahmen zu. Dieser globale Strukturwandel wurde und wird von einer Fülle anderer Änderungen begleitet, und im folgenden wird als Vorbereitung zu ihrer Analyse auf einige Strukturaspekte des Wirtschaftsprozesses aufmerksam gemacht.

**2. Systematiken.** Grundlage der Strukturanalyse sind Systematische Verzeichnisse, kurz *Systematiken,* in denen Wirtschaftssubjekte, Wirtschaftsobjekte, ökonomische Sachverhalte oder Vorgänge, allgemein also die in großen Zahlen auftretenden Erscheinungen des Wirtschaftslebens, gegliedert oder *klassifiziert* werden. Die Art der Klassifizierung und die Tiefe der Gliederung hängen vom Gegenstand und vom Zweck der jeweiligen Statistik ab. Bei Gütersystematiken spielen beispielsweise, wenn eine Produktionsstatistik zu erstellen ist, Gesichtspunkte der Technik eine Rolle, bei Handelsstatistiken solche des Sortiments, im Verkehr die Transporttechnik, im Außenhandel die Zollpflichtigkeit, beim privaten Verbrauch Verwendungszwecke und Dauerhaftigkeit der Güter.

Das Statistische Bundesamt gruppiert seine Systematiken in

- Unternehmens- und Betriebssystematiken, so die Systematik der Wirtschaftszweige in mehreren Fassungen und (für Input-Output-Rechnungen, vgl. S. 269 ff.) die der Produktionsbereiche;
- Systematiken der öffentlichen Finanzwirtschaft und der privaten Haushalte, in denen unter anderem die staatlichen Haushalte nach Aufgabenbereichen und die Einnahmen und Ausgaben der privaten Haushalte klassifiziert sind;
- Gütersystematiken, so für Wirtschaftsbereiche wie die Land- und Forstwirtschaft, die Bauwirtschaft, den Binnen- und den Außenhandel, den privaten Verbrauch;
- Personensystematiken, so für Berufe sowie für Krankheiten, Verletzungen und Todesursachen;
- Sonstige Systematiken, unter ihnen beispielsweise Regionalsystematiken wie das Verzeichnis der Gemeinden und Verwaltungsbezirke der Bundesrepublik und das Länderverzeichnis für die Außenhandelsstatistik.

---

[1] W. G. Hoffmann/F. Grumbach/H. Hesse: Das Wachstum der deutschen Wirtschaft seit der Mitte des 19. Jahrhunderts. Berlin u. a. 1965, S. 33; Stat. BA [6.29], S. 174.

Besonders wichtig ist hierbei die Systematik der Wirtschaftszweige, da sie Strukturanalysen in vielen Bereichen des Volkswirtschaftlichen Rechnungswesens zugrunde liegt. In ihrer Fassung für Volkwirtschaftliche Gesamtrechnungen gliedert man die Hersteller von Sachgütern und Dienstleistungen wie folgt[2]:

1. Unternehmen
   1.1 Land- und Forstwirtschaft, Tierhaltung und Fischerei
   1.2 Warenproduzierendes Gewerbe
   1.3 Handel und Verkehr
   1.4 Dienstleistungsunternehmen
2. Staat
   2.1 Gebietskörperschaften
   2.2 Sozialversicherung
3. Private Haushalte und Organisationen ohne Erwerbszweck
   3.1 Private Haushalte
   3.2 Private Organisationen ohne Erwerbszweck.

Von dieser Grundgliederung aus wird je nach Fragestellung weiter unterteilt, so das Warenproduzierende Gewerbe in drei Unterabteilungen (Energie- und Wasserversorgung, Bergbau; Verarbeitendes Gewerbe; Baugewerbe) und 36 Wirtschaftszweige.

Hauptproblem bei der Anwendung solcher Klassifikationen ist die Einordnung von Wirtschaftseinheiten, die wie viele Produktionsunternehmen mehrere Arten von Erzeugnissen herstellen und bei tiefer Gliederung daher in unterschiedliche Rubriken fallen. Das Problem wird im allgemeinen so gelöst, daß nach dem Schwerpunkt der wirtschaftlichen Tätigkeit eingeordnet wird. Weitere Probleme sind die internationale Vereinheitlichung solcher Systematiken zwecks Erleichterung von Ländervergleichen und ihre Anpassung an den ständigen wirtschaftlichen Wandel.

**3. Kennzahlen.** Viele ökonomisch wichtige Sachverhalte lassen sich durch die Angabe von Kennzahlen[3] charakterisieren, mit denen Gesamt- oder Teilgrößen zueinander in Beziehung gesetzt werden. Die generelle Undurchsichtigkeit und Kompliziertheit des Wirtschaftsprozesses wird wenigstens an einer Stelle aufgehoben, wenn im Zeitablauf variierende Größen, die aufgrund des Verhaltens der beteiligten Wirtschaftssubjekte in irgend einer Weise zusammengehören, in dieser Weise zu einer Zahl zusammengefaßt werden. Diese wird in vielen Fällen weniger stark schwanken als jede ihrer Komponenten oder sogar annähernd stabil sein; in anderen Fällen wird sie sich im Zeitablauf in bestimmter Richtung ändern und so einen Strukturwandel messen. Kennzahlen machen Aspekte der Wirtschaftsstruktur und damit Informationen sichtbar, die zuvor unerkannt im statistischen Ausgangsmaterial steckten. In vielen Fällen sind sie ein Hilfsmittel zur Gestaltung des Wirtschaftsprozesses, wenn bestimmte ihrer Werte oder Bereiche als einzel- oder gesamtwirtschaftliche Ziele („Sollwerte") gelten (vgl. S. 22). Manche Kennzahlen machen Vergleiche erst möglich: Das Bruttosozialprodukt der Vereinigten Staaten ist mit dem der Schweiz sinnvoll nur über die Kennzahl „Bruttosozialprodukt je Kopf der Bevölkerung" vergleichbar.

---

[2] Vgl. Stat. BA [6.29], S. 364–367.

[3] Häufig wird von „Kennziffern" gesprochen, jedoch ist „Ziffer" ein Zahlzeichen.

Kennzahlen sind Strukturkoeffizienten und lassen sich in zwei Gruppen einteilen:

- Eine *Quote* (auch: *Gliederungszahl*) gibt den Anteil einer Teilgröße an der dazugehörigen Gesamtgröße an. Sie wird häufig als Prozentzahl genannt. Die beiden aufeinander bezogenen Variablen sind gleichartig, aber ungleichrangig;
- Eine *Beziehungszahl* (auch: *Verhältniszahl*) nennt das Verhältnis zweier Variabler, von denen keine einen Teil der anderen bildet. Die Variablen sind ungleichartig, aber gleichrangig.

Beispiele für die erstgenannte Art sind die gesamtwirtschaftliche Investitionsquote (S. 146), die Sparquote (S. 120), die Exportquote (S. 213) sowie die in 3/VI.2 genannten Staatsanteile (S. 129, 131); für die zweite Art das Verhältnis der Steuern oder Sozialleistungen zum Bruttosozialprodukt sowie alle Fälle, in denen wirtschaftliche Variable auf den Kopf der Bevölkerung, der Erwerbstätigen oder andere ihrer Teilmengen bezogen werden.

Kennzahlen sind in der Praxis besonders im betrieblichen und Unternehmensrechnungswesen entwickelt worden. Häufig werden einzelne Bilanzposten zueinander oder zur Bilanzsumme in Beziehung gesetzt und für Zeit-, Betriebs- und Unternehmensvergleiche herangezogen. Einige wichtige volkswirtschaftliche Kennzahlen werden unten in den Teilen II und III behandelt.

**4. Die Messung des Produktionsergebnisses.** Grundlegend für empirische Strukturanalysen des Produktionsprozesses ist die Messung des Produktionsergebnisses. Für ein ökonomisch hochentwickeltes Land wie die Bundesrepublik ist es zudem wichtig, die Entwicklung insbesondere der Industrieproduktion mit möglichst geringer Verzögerung zu messen, um beispielsweise Änderungen der Konjunktursituation rasch erkennen zu können. Da das Produktionsergebnis, in Zusammensetzungen wie „Produktionsindex" auch kurz „Produktion" genannt, auf der teil- und erst recht auf der gesamtwirtschaftlichen Ebene ein Aggregat ist, entsteht hierbei eine Reihe von Problemen. So ist zunächst festzulegen, ob man den Bruttoproduktionswert (vgl. Konto 3.18, S. 107) oder den Nettoproduktionswert, beide in der Regel zu konstanten Preisen berechnet, als Ergebnis der betrachteten Gesamtheit von Produktionsprozessen betrachten will. Ist die Erhebungseinheit, an die sich der Statistiker mit seinen Fragebögen wendet, das Unternehmen, so zeigt sich in den meisten Fällen, daß ein breites Sortiment zum Teil unterschiedlichster Güter hergestellt wird. Deren Zahl kann, etwa bei Großunternehmen der Chemischen Industrie, in die Zehntausende gehen. Da sich das Unternehmen laufend an seine Absatzmöglichkeiten anpassen muß, ändert sich auch die Zusammensetzung solcher Produktsortimente ständig. Will man also die Produktionstätigkeit in tieferer Gliederung erfassen, muß man kleinere Berichtseinheiten wählen, die einheitliche oder möglichst ähnliche Güter herstellen. Diese Einheiten heißen beim Statistischen Bundesamt, dessen Verfahren hier beschrieben wird, *fachliche Unternehmensteile.* Diese sind „Teil eines Unternehmens, der eine homogene, über die Art der Güter nach der SYPRO definierte Tätigkeit ausübt".[4]

---

[4] BALD/HERBEL [7.14], S. 932. SYPRO steht für „Systematik der Wirtschaftszweige, Fassung für die Statistik im Produzierenden Gewerbe".

Das zugrunde liegende „Systematische Güterverzeichnis für Statistiken im Produzierenden Gewerbe" ist gegliedert in[5]:

36 zweistellige Gütergruppen (Beispiel: 31 – Stahlbauerzeugnisse und Schienenfahrzeuge);

248 dreistellige Güterzweige (311 – Stahl- und Leichtmetallkonstruktionen);

1032 vierstellige Güterklassen (3111 – Hochbaukonstruktionen aus Stahl und Leichtmetall);

5706 sechsstellige Güterarten (311112 – Skelettkonstruktionen ohne Dach und Außenwände).

Die Güterklassen („Viersteller") gelten für die Zwecke des Produktionsindex auf der Basis fachlicher Unternehmensteile als hinreichend homogen, so daß sie dessen Einheiten bilden. Fügt man anderseits Meßwerte gleich welcher Art der fachlichen Unternehmensteile so zusammen, wie diese tatsächlich die jeweiligen Unternehmen bilden, erhält man entsprechend Unternehmensmeßwerte, in denen sich die institutionelle Gliederung des Produktionsapparates widerspiegelt.

Das Statistische Bundesamt berechnet und veröffentlicht seit Ende 1983 als wichtigste Produktionsindizes je einen *Index der Nettoproduktion für das Produzierende Gewerbe* für Unternehmen und für fachliche Unternehmensteile sowie je einen *Index der Bruttoproduktion* für Investitionsgüter und für Verbrauchsgüter, alle mit dem Basisjahr 1980. Außerdem ist ein *vierteljährlicher Produktionsindex* vorgesehen, der sowohl mit dem konstanten Wägungsschema eines Basisjahres als auch mit jährlich aktualisierter Wägung berechnet werden soll.

Ein Nettoproduktionsindex wird im Prinzip wie folgt konstruiert. Zunächst wird für jeden Wirtschaftszweig der Nettoproduktionswert als Differenz zwischen Bruttoproduktionswert und Vorleistungen für das Basisjahr und für das Vergleichsjahr errechnet, wobei Preisänderungen der Erzeugnisse und Vorleistungen durch Bewertung mit den Preisen des Basisjahres ausgeschaltet werden. Aus der so ermittelten preisbereinigten Nettoproduktion der Wirtschaftszweige für je zwei Zeiträume bildet man Meßzahlen, aus denen mit Hilfe der Anteile der Wirtschaftszweige am gesamten Nettoproduktionswert des Produzierenden Gewerbes im Basisjahr als Wägungsschema der Index berechnet wird. Hauptproblem ist hierbei jedoch, daß die Nettoproduktionswerte nur im Rahmen von Kostenstrukturerhebungen zu ermitteln sind, die nicht öfter als jährlich veranstaltet werden können. Da der Produktionsindex monatlich zur Verfügung stehen soll, unterstellt man daher hilfsweise, daß zwischen der zeitlichen Entwicklung der preisbereinigten Nettoproduktionswerte in den einzelnen Wirtschaftszweigen und gewissen anderen Variablen, die monatlich verfügbar sind, eine konstante Beziehung besteht. Als solche Variable gelten Produktmengen, preisbereinigte Werte von Produktmengen, der Umsatz und in einigen Fällen die geleisteten Arbeiterstunden. Mit diesen Ersatzgrößen werden die Nettoproduktionswerte fortgeschrieben und ergeben so den Index. Es liegt auf der Hand, daß sich die genannte Unterstellung im Laufe der Zeit immer mehr von der Realität entfernt. Alle fünf oder sechs Jahre muß der Index daher auf ein neues Basisjahr umgestellt werden, um die während dieser Zeit eingetretenen Strukturänderungen zu berücksichtigen.

Tabelle 7.1 zeigt Wägungsschemata sowie Art und Zahl der Fortschreibungsreihen des Index der Nettoproduktion für das Produzierende Gewerbe auf der Basis

[5] POTKOWIK/HETMEIER [7.11], S. 788 f.

Tabelle 7.1 – *Wägungsschemata und Fortschreibungsreihen des Nettoproduktionsindex zur Basis 1980*

| Wirtschaftsbereich | Wägungsschema | | Zahl der Fortschreibungsreihen | | | |
|---|---|---|---|---|---|---|
| | Netto-produktions-wert zu Marktpreisen | Census Value Added | Produkt-mengen | Werte von Produkt-mengen | Umsatz | Gelei-stete Arbei-ter-stunden |
| | v. H. | | | | | |
| 1. Elektrizitäts- und Gasversorgung | 6,08 | 5,21 | 2 | – | – | – |
| 2. Bergbau | 2,31 | 3,12 | 11 | – | – | – |
| 3. Verarbeitendes Gewerbe | | | | | | |
| 3.1 Grundstoff- und Produktions-gütergewerbe | 21,89 | 23,10 | 207 | 52 | 4 | – |
| 3.2 Investitionsgüter produzierendes Gewerbe | 37,01 | 37,57 | 31 | 523 | 7 | 3 |
| 3.3 Verbrauchsgüter produzierendes Gewerbe | 12,97 | 13,34 | 50 | 85 | 11 | – |
| 3.4 Nahrungs- und Genußmittel-gewerbe | 9,48 | 8,55 | 55 | 4 | 6 | – |
| 4. Bauhauptgewerbe | 10,26 | 9,11 | – | – | – | 2 |
| Produzierendes Gewerbe insgesamt | 100 | 100 | 356 | 664 | 28 | 5 |

Quelle: BALD/HERBEL [7.14], S. 936.

fachlicher Unternehmensteile. Die „Zensus-Wertschöpfung", ein Begriff der internationalen Industriestatistik, unterscheidet sich vom Nettoproduktionswert geringfügig dadurch, daß sie die Kosten für von anderen Unternehmen bezogene „Sonstige industrielle und handwerkliche Dienstleistungen" nicht enthält. Insgesamt erlaubt das Verfahren, den Produktionsindex monatlich zu berechnen und mit einer Verzögerung von 5–6 Wochen mit vorläufigen, nach weiteren vier Wochen mit berichtigten Werten zu veröffentlichen.

Der Bruttoproduktionsindex für Investitionsgüter zeigt die zeitliche Entwicklung der Herstellung solcher Güter, die hauptsächlich von Unternehmen und vom Staat zu Ausrüstungsinvestitionen verwendet werden; der Bruttoproduktionsindex für Verbrauchsgüter registriert überwiegend an private Haushalte gelieferte Erzeugnisse. Nahrungs- und Genußmittel sind in ihm nicht enthalten, weil bei vielen dieser Produkte nicht zu entscheiden ist, ob und inwieweit sie verbrauchsfertig sind und ob sie unbearbeitet wie Obst und Gemüse direkt an Verbraucher oder als Vorleistung an die Verarbeitungsindustrie oder das Gaststättengewerbe gehen. Einige Güter wie Straßenfahrzeuge werden in beiden Indizes erfaßt, da sie beiden Verwendungszwecken dienen (vgl. auch S. 2). Damit wird ein Nachteil von Indizes beseitigt, die institutionell aufgebaut sind und beispielsweise bestimmte fachliche Unternehmensteile zur „Investitionsgüterindustrie" zusammenfassen, die aber tatsächlich in großem Umfang Konsumgüter wie Fahrzeuge und elektrotechnische Erzeugnisse herstellt. Wägungsschemata der Indizes sind Bruttoproduktionswerte der entsprechenden Gütergruppen des Basisjahres 1980. Beide Indizes geben allerdings als reine Produktionsindizes keine Auskunft über die inländische Investitions- oder Verbrauchsgüternachfrage, da ein Teil der erfaßten Güter auch ins Ausland verkauft wird.

## II. Struktur der Bestandsfaktoren

**1. Erwerbstätigkeit in der Bundesrepublik Deutschland.** Wichtigster Bestimmungsfaktor für die Höhe und Zusammensetzung des in einer Volkswirtschaft erzeugten Inlandsprodukts sind die in ihr lebenden Erwerbstätigen nach Zahl, Ausbildungsgrad und Qualifikation, Arbeitsdisziplin und Leistungsmotivation. Äußere Faktoren wie Klima, natürliche Ressourcen, Bevölkerungsdichte spielen ebenfalls eine Rolle, jedoch ist beispielsweise die Existenz von Bodenschätzen keine notwendige Bedingung für ein hohes Pro-Kopf-Einkommen, wie die Schweiz zeigt. Analysen der Struktur der Erwerbstätigkeit sind daher eine Voraussetzung für Untersuchungen der Produktionskapazität, der Ursachen von wirtschaftlicher Entwicklung und Unterentwicklung, von Einkommen und ihrer Verteilung.

Eine wichtige Kennzahl ist zunächst die *Erwerbsquote* als Anteil der Erwerbspersonen an der Wohnbevölkerung (die auch ständig im Inland wohnende Ausländer außer Angehörigen fremdstaatlicher Vertretungen und Streitkräfte einschließt). Erwerbspersonen sind gemäß dem Inländerkonzept (vgl. S. 125) Personen mit Wohnsitz im Inland, die eine auf Einkommenserzielung gerichtete Tätigkeit ausüben oder suchen. Die Erwerbsquote betrug in der Bundesrepublik im April 1982 bei Männern 59,1 v. H., bei Frauen 33,9 v. H., insgesamt 46,0 v. H.[6]

Die Erwerbspersonen gliedern sich gemäß ihrer Definition in *Erwerbstätige* und *Erwerbslose.* Bild 7.1 zeigt diese Aufgliederung sowie daneben noch eine weitere Einteilung der Erwerbstätigen in *Selbständige* (hauptsächlich leitend tätige Eigentümer oder Pächter von Betrieben sowie Freiberufler), die mit den *mithelfenden Familienangehörigen* häufig zusammengefaßt werden; und *Abhängige* (auch: *Arbeitnehmer*) wie Arbeiter, Angestellte und Beamte. Der Anteil der Arbeitnehmer an den Erwerbstätigen ist die *Arbeitnehmerquote.* Sie lag im April 1982 bei 88,3 v. H. Setzt man die Erwerbslosen zu den abhängigen Erwerbspersonen in Beziehung, erhält man als weitere wichtige Kennzahl die Erwerbslosenquote (vgl. S. 147). Sie lag im April 1982 bei 6,2 v. H. (Männer 5,4 v. H., Frauen 7,5 v. H., Ausländer 11 v. H.). Bemerkenswert ist, daß das von 26,8 Mill. Erwerbstätigen erzeugte Sozialprodukt für diese selbst und zusätzlich für die Bedürfnisse von 33,3 Mill. Nichterwerbspersonen und Erwerbslosen ausreichen mußte. Das bedeutet eine massive Umverteilung der im volkswirtschaftlichen

---

[6] Angaben in diesem Abschnitt nach der Quelle von Bild 7.1.

Bild 7.1 – *Erwerbstätigkeit in der Bundesrepublik Deutschland im April 1982*
Mill. Personen

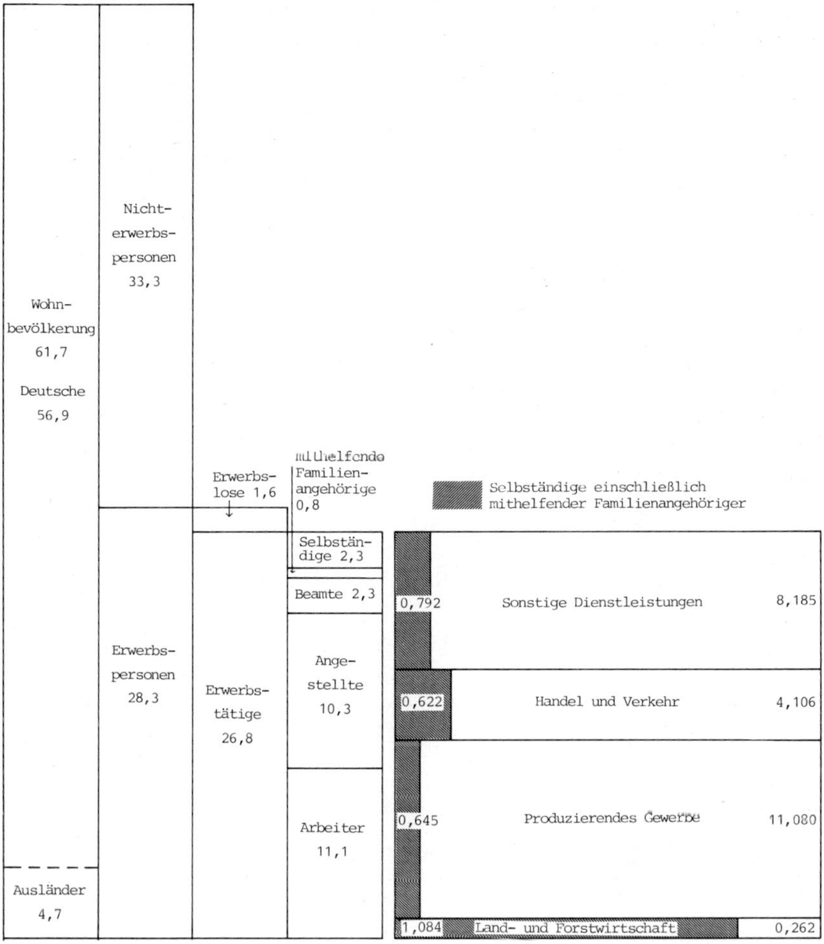


Quelle: H.-H. STEIGER: Erwerbstätigkeit im April 1982. Ergebnis des Mikrozensus. WiSta 3/1983, S. 211, 216 f.

Produktionsprozeß entstehenden Primäreinkommen, die auf zwei Wegen, privat und staatlich, erfolgt.

Die private Umverteilung findet innerhalb der privaten Haushalte statt, in denen erwerbstätige Mitglieder die nichterwerbstätigen wie Kinder, Ehegatten, Verwandte mit ernähren oder sonstigen Personen freiwillige Unterstützungsleistungen gewähren. Im April 1982 lebten rund 24 Mill. Personen in dieser Weise wirtschaftlich abhängig überwiegend vom Einkommen ihrer Angehörigen. Die staatliche Umverteilung geschieht über die zwangsweise Erhebung von Sozialbeiträgen und deren Ausschüttung in Gestalt von Sozialleistungen vielerlei Art (vgl. S. 16).

Schließlich zeigt das Bild die Aufteilung der Erwerbstätigen auf zusammengefaßte Wirtschaftsbereiche, wie sie für eine hochindustrialisierte Volkswirtschaft typisch ist. Der Anteil der Land- und Forstwirtschaft ist klein (und die Zahl der Selbständigen übersteigt die der Abhängigen), und der Anteil der bei der Erstellung von Dienstleistungen aller Art einschließlich Handel und Verkehr Beschäftigten ist größer als der des Produzierenden Gewerbes. Dies hängt mit dem hohen Grad der Arbeitsteilung zusammen: Im Gegensatz zur Landwirtschaft, deren Produktionsstätten über das ganze Land verteilt sind, ist die industrielle Fertigung jeweils auf relativ wenige Standorte konzentriert und benötigt zur Verteilung ihrer Produkte daher in erheblich größerem Umfang Transport-, Handels- und Versicherungsleistungen. Hinzu kommt eine gewisse Sättigung des Bedarfs an Sachgütern und eine entsprechende Ausdehnung der Nachfrage nach Dienstleistungen.

**2. Sach- und Anlagevermögen in der Bundesrepublik.** Neben den Arbeitsleistungen sind es vor allem die Nutzungen des Sachkapitals nach Art und Umfang, die den Entwicklungsstand und die Produktionskapazität einer Volkswirtschaft bestimmen. Das Sachkapital der Bundesrepublik ist nach dem derzeit neuesten Stand unter Verwendung unterschiedlicher Bewertungsprinzipien und damit Fragestellungen in Tabelle 7.2 erfaßt. Grundstücke, militärisch genutzte Güter sowie Gebrauchsgüter im Bereich der privaten Haushalte (und damit auch deren gesamter Kraftfahrzeugbestand) sind in ihr nicht enthalten. Der Produktionsapparat ist in der schon erwähnten

Tabelle 7.2 – *Reproduzierbares Sachvermögen in der Bundesrepublik Anfang 1982*
Mrd. DM

| Vermögensart | zu Wiederbeschaffungspreisen | | zu Anschaffungspreisen | | zu Preisen von 1976 | |
|---|---|---|---|---|---|---|
| | brutto | netto[a] | brutto | netto[a] | brutto | netto[a] |
| (1) | (2) | (3) | (4) | (5) | (6) | (7) |
| 1. Ausrüstungen | 1524,8 | 831,1 | 1164,9 | 688,1 | 1269,6 | 691,9 |
| 2. Bauten | | | | | | |
| 2.1 Wohnungen | 2972,0 | 2163,1 | 1322,5 | 1085,2 | 2087,0 | 1519,0 |
| 2.2 Öffentlicher Tiefbau | 835,7 | – | 459,7 | – | 610,7 | – |
| 2.3 Andere Bauten | 2302,4 | 1574,7 | 1185,7 | 914,0 | 1681,5 | 1149,8 |
| Anlagevermögen | 7634,8 | 4568,9 | 4132,9 | 2687,3 | 5648,9 | 3360,7 |
| 3. Vorratsbestände | 421,3 | 421,3 | 421,3 | 421,3 | 360,8 | 360,8 |
| Sachvermögen | 8056,1 | 4990,2 | 4554,2 | 3108,6 | 6009,7 | 3721,5 |

[a] Ohne öffentlichen Tiefbau.
Quelle: Stat. BA [6.29], S. 316. Vorläufige Ergebnisse.

Weise (vgl. S. 79) zunächst in das Anlagevermögen als Gesamtheit der am Stichtag vorhandenen dauerhaften Produktionsmittel und die Lagerbestände eingeteilt, die aus Vorprodukten, unfertigen und Fertigerzeugnissen sowie Handelsware bei den Unternehmen und aus den staatlichen Vorräten an Mineralöl und Kernbrennstoffen bestehen. Die Vorräte im Bereich der Landwirtschaft, hauptsächlich Vieh und pflanzliche Erzeugnisse, sind zu Jahresanfangswerten, die der gewerblichen Wirtschaft zu Buchwerten und die des Staates zu Jahresdurchschnittspreisen nachgewiesen. Das Anlagevermögen ist seinerseits in Ausrüstungen (Maschinen, maschinelle Anlagen, Fahrzeuge, Werkzeuge) und Bauten eingeteilt.

Will man nun wissen, welche Beträge aufzuwenden gewesen wären, um das so abgegrenzte Sachvermögen zu den Anfang 1982 in der Bundesrepublik herrschenden Preisen zu beschaffen – vgl. Bewertungsprinzip (e), S. 50 –, erhält man die Angaben in Spalte (2). Beim Konzept des Netto-Sachvermögens wird, soweit es sich um Anlagegüter außer den zum öffentlichen Tiefbau gehörenden Land- und Wasserstraßen, Brücken, Kanalisationsanlagen und dergleichen handelt, die Tatsache berücksichtigt, daß die betreffenden Ausrüstungen und Bauten zu verschiedenen Zeitpunkten in Betrieb genommen wurden und unterschiedlich lange Lebensdauer haben. Der jährliche Verzehr an Nutzungen wird durch die kalkulatorischen Abschreibungen gemessen (vgl. S. 49 f.). Zieht man also vom Wert der am Stichtag vorhandenen Güter des Brutto-Anlagevermögens die seit ihrer jeweiligen Inbetriebnahme aufgelaufenen Abschreibungen ab, erhält man das Netto-Anlagevermögen zu Wiederbeschaffungspreisen in Spalte (3). Nicht abgeschrieben wird auf die Lagerbestände, weil die betreffenden Sachgüter zum kurzfristigen Einsatz in der Produktion oder zum Verkauf bestimmt sind; und bei den öffentlichen Tiefbauten wird gemäß einer internationalen Konvention angenommen, daß ihr Wert durch ständige Reparaturen konstant gehalten wird. Man könnte sie daher auch mit ihrem Bruttowert aus Spalte (2) in Spalte (3) übernehmen.

In Spalte (4) sind die Sachvermögensobjekte gemäß Bewertungsprinzip (b) S. 49 mit ihren jeweiligen historischen Anschaffungswerten erfaßt, in Spalte (5) sind die Abschreibungen entsprechend der Lebensdauer gemäß Bewertungsprinzip (c) S. 49 f. abgezogen. Soweit zum Anlagevermögen am Stichtag noch Güter aus der Zeit vor 1950 gehörten, wurden die Anschaffungspreise dieses Jahres zugrunde gelegt. Die Vorräte konnten allerdings mangels hinreichender Informationen über die Anschaffungszeitpunkte nicht gesondert zu Anschaffungspreisen bewertet werden und wurden daher mit ihren Werten aus Spalte (2) übernommen. In die Werte der Spalten (4) und (5) gehen Preise ein, die zu allen Zeiten seit 1950 geherrscht haben. Das macht Zeitvergleiche der Entwicklung des realen Sachvermögens unmöglich. Dieses wird daher in den Spalten (6) und (7) auch zu einheitlichen Preisen von 1976 bewertet nachgewiesen, vgl. Bewertungsprinzip (f), S. 51.

Tabelle 7.3 zeigt weitere Aspekte der Struktur des Produktionsapparats der Bundesrepublik, beschränkt auf das Anlagevermögen. Die Spalten (2) und (3) weisen aus, wie sich das Anlagevermögen Anfang 1980 auf die Wirtschaftsbereiche verteilte. Bei der gewählten Klassifikation entfiel der weitaus größte Teil auf die Wohnungswirtschaft. Den nächstgrößten Anteil bildete mit rund einem Sechstel das Verarbeitende Gewerbe, die „Industrie" im engeren Sinne, und je gut 7 v. H. entfielen auf die Bereiche Verkehr (einschließlich Nachrichtenübermittlung), Sonstige Dienstleistungen und Staat. Spalte (4) zeigt die Anteile der Bauten am Anlagevermögen, die von dem

Tabelle 7.3 – *Bereichsgliederung und Altersaufbau des Anlagevermögens in der Bundesrepublik Deutschland Anfang 1980*
in Preisen von 1976

| Wirtschaftsbereiche | Brutto-Anlagevermögen | | | Alter in Jahren | | | Durchschnittsalter |
|---|---|---|---|---|---|---|---|
| | Mrd. DM | v. H. | Anteil der Bauten v. H. | bis 5 | über 5 bis 20 | über 20 | |
| | | | | v. H. | | | Jahre |
| (1) | (2) | (3) | (4) | (5) | (6) | (7) | (8) |
| 1. Land- und Forstwirtschaft, Fischerei | 207,1 | 4,4 | 53,7 | 19,9 | 43,1 | 36,9 | 30,8 |
| 2. Energie- und Wasserversorgung | 242,5 | 5,1 | 58,7 | 27,8 | 53,1 | 19,1 | 13,3 |
| 3. Bergbau | 36,2 | 0,8 | 40,6 | 28,1 | 51,7 | 20,2 | 13,8 |
| 4. Verarbeitendes Gewerbe | 773,0 | 16,4 | 38,8 | 27,2 | 57,1 | 15,6 | 11,5 |
| 5. Baugewerbe | 57,7 | 1,2 | 34,6 | 36,1 | 56,6 | 7,2 | 8,9 |
| 6. Handel | 200,8 | 4,3 | 62,5 | 29,5 | 51,4 | 19,1 | 14,2 |
| 7. Verkehr | 352,2 | 7,5 | 51,0 | 27,6 | 54,5 | 17,9 | 13,0 |
| 8. Kreditinstitute, Versicherungsunternehmen | 81,6 | 1,7 | 80,8 | 26,7 | 49,2 | 24,1 | 16,5 |
| 9. Wohnungsvermietung | 1961,4 | 41,6 | 100,0 | 15,9 | 46,2 | 37,9 | 24,3 |
| 10. Sonstige Dienstleistungen | 338,9 | 7,2 | 63,1 | 40,8 | 46,2 | 13,0 | 11,0 |
| 11. Staat[a] | 361,8 | 7,7 | 85,4 | 21,1 | 48,0 | 30,9 | 22,1 |
| Alle Wirtschaftsbereiche[b] | 4711,1 | 100 | 74,9 | 22,8 | 49,6 | 27,6 | 19,1 |

[a] Ohne öffentlichen Tiefbau.
[b] Einschließlich Private Organisationen ohne Erwerbszweck.
Quelle: Stat. BA [6.29], S. 321 f.; STAHMER [7.32], S. 288; eigene Berechnungen.

Extremwert der Wohnungswirtschaft bis unter 40 v. H. beim Verarbeitenden Gewerbe und beim Baugewerbe reichten. Insgesamt bestanden und bestehen drei Viertel des Anlagevermögens der Bundesrepublik aus Bauten, wobei der öffentliche Tiefbau noch nicht berücksichtigt ist.

Schließlich weisen die Spalten (5) bis (8) Altersverteilung und Durchschnittsalter des Anlagevermögens aus. Die Werte werden maßgeblich davon bestimmt, welchen Anteil die Bauten mit ihrer gegenüber Ausrüstungsgütern langen Lebensdauer am Gesamtwert der jeweiligen dauerhaften Produktionsmittel haben. Entsprechend ist das Durchschnittsalter in der Wohnungswirtschaft, in der es keine Ausrüstungen gibt, sowie beim Staat und bei den Kreditinstituten und Versicherungsunternehmen relativ hoch. Einen Sonderfall bildet die Landwirtschaft, deren Bauten mit durchschnittlich 50 Jahren mehr als doppelt so alt sind als die der übrigen Bereiche. In den Angaben über die Altersstruktur zeigen sich ferner die zeitliche Verteilung der Investitionstätigkeit sowie Einflüsse der technischen Eigenarten der einzelnen Produktionsmittel. Bei Zeitvergleich ist (nicht aus der Tabelle ersichtlich) eine Senkung des Durchschnittsalters des gesamten Anlagevermögens seit 1960 von 26,2 auf 19,2 Jahre Anfang 1983 festzustellen.[7]

Die Messung des Anlagevermögens einer Volkswirtschaft wirft erhebliche statistische Probleme auf. Es ist praktisch nicht möglich, die Unternehmen, die öffentlichen Haushalte und die privaten Haushalte in ihrer Eigenschaft als Haus- und Wohnungseigentümer Jahr für Jahr nach Bestand, Zusammensetzung und Altersaufbau ihres Anlagevermögens zu befragen. Statt dessen geht man von den aus der Volkswirtschaftlichen Gesamtrechnung bekannten jährlichen Sachvermögenszugängen aus, bewertet sie je nach Fragestellung mit ihren jeweiligen Anschaffungs-, den Wiederbeschaffungs- oder den Preisen eines Basisjahres und berechnet dann das Anlagevermögen an einem Stichtag als Summe der jährlichen Zugänge bis zum Stichtag abzüglich der bis dahin erfolgten Abgänge. Für jeden folgenden Stichtag wird der Bestand dann gemäß Gleichung (2.1) S. 47 fortgeschrieben: Beim Brutto-Anlagevermögen werden Zugänge addiert und Abgänge subtrahiert, beim Netto-Anlagevermögen werden Zugänge addiert und Abschreibungen abgezogen, bei der Bewertung zu Wiederbeschaffungspreisen wird außerdem die Wertänderung des jeweiligen Anfangsbestandes berücksichtigt. Diese *Kumulierungsmethode* (auch: Methode der *laufenden Inventarisierung,* englisch: Perpetual inventory method) erfordert in der Hauptsache zwei Arten von Informationen: Man muß über lange Zeitreihen der Investitionstätigkeit verfügen, und man muß eine Hypothese darüber haben, nach welcher Zeit die in einem Jahr $t$ investierten Anlagen, Maschinen, Gebäude aus dem Produktionsprozeß ausscheiden. Man könnte dazu die Investitionsgüter nach ihrer durchschnittlichen wirtschaflichen Nutzungsdauer in eine Anzahl von Kategorien einteilen und annehmen, daß die Kategorie $i$ nach Ablauf ihrer Nutzungsdauer $n_i$, also nach Ablauf des Jahres $t+n_i$, mit einem Schlag außer Betrieb gesetzt wird. Diese Annahme ist einfach, aber unrealistisch. Auch neue Maschinen gehen zu Bruch oder werden durch Brand oder andere Schadensfälle zerstört, während andere weit über die durchschnittliche Nutzungsdauer ihrer Kategorie hinaus in Betrieb gehalten werden. Straßenfahrzeuge sind hierzu ein besonders einleuchtendes Beispiel. Es ist daher wirklichkeitsnäher anzunehmen, daß die dauerhaften Produktionsmittel jeder Kategorie zunächst langsam, dann schneller „abbröckeln", und daß der größte Teil von ihnen mit dem Ablauf der durchschnittlichen Nutzungsdauer ausscheidet, während einige länger überleben. Man nennt eine Funktion, die das Ausscheiden der Investitionsgüter eines Jahrgangs aus dem Produktionsprozeß in Abhängigkeit vom Zeitablauf beschreibt, eine *Abgangsfunktion.* Bild 7.2 (a) zeigt, wie die Abgänge um eine angenommene durchschnittliche Nutzungsdauer von 10 und 20 Jahren streuen. Teil (b) weist die jeweilig noch vorhandenen Bestände der untersuchten Investitionsjahrgänge in Abhängigkeit vom Zeitablauf aus. Diese Funktionen heißen *Überlebensfunktionen.* Bei den angenommenen Verläufen ist der Investitionsjahrgang jeweils nach Ablauf der doppelten durchschnittlichen Nutzungsdauer aus dem Produktionsapparat ausgeschieden.

---

[7] Angaben in diesem Abschnitt ohne Herkunftsangabe entstammen den Quellen der Tabellen 7.2 und 7.3.

Bild 7.2 – *Abgangs- und Überlebensfunktionen von Investitionsjahrgängen unterschiedlicher Nutzungsdauer*

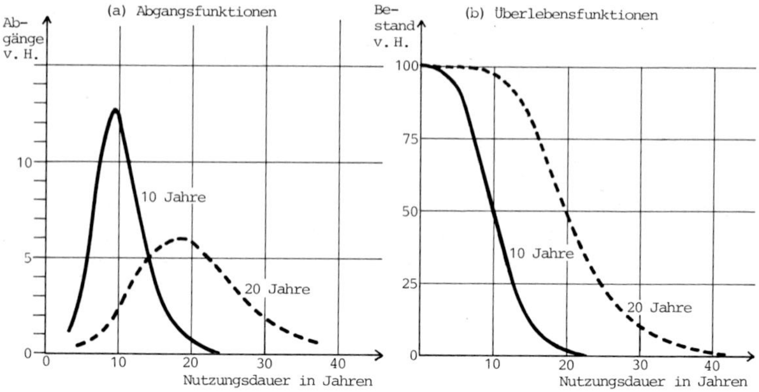


Quelle: LÜTZEL [7.30], S. 596.

Angaben über das Anlagevermögen einer Volkswirtschaft sind für eine Reihe von Fragestellungen erforderlich. Eine der wichtigsten betrifft die Schätzung der *Produktionskapazität:* Wie hoch ist das mit dem jeweiligen Produktionsapparat maximal herstellbare Sozialprodukt? Dazu muß man eine gesamtwirtschaftliche *Produktionsfunktion* schätzen, die den Zusammenhang zwischen dem Einsatz an Produktionsfaktoren und der Ausbringung an Endprodukten erfaßt. Einige wichtige dabei auftretende Maßzahlen werden unten in den Abschnitten III.4 und III.5 erörtert. Die Kenntnis der Ausstattung der Wirtschaftszweige mit dauerhaften Produktionsmitteln zusammen mit Schätzungen über deren Lebensdauer und der zu erwartenden Entwicklung der Nachfrage nach den jeweiligen Erzeugnissen ermöglicht ferner Aussagen über die zukünftige Nachfrage nach Investitionsgütern. Auch Analysen der volkswirtschaftlichen Produktionsverflechtung (vgl. S. 269) werden durch die Kenntnis der Struktur des Produktionsapparates erleichtert.

## III. Volkswirtschaftliche Strukturkoeffizienten

**1. Die durchschnittliche Arbeitsproduktivität.** Im ersten Kapitel war angedeutet worden, daß zwischen dem Ergebnis eines Produktionsprozesses und den Mengen der eingesetzten Produktionsfaktoren Beziehungen bestehen. Einige dieser Beziehungen sind statistisch meßbar, die bekannteste ist die *durchschnittliche Arbeitsproduktivität.* Bezeichnet man das Ergebnis eines einzelnen Produktionsprozesses oder eines Systems von Produktionsprozessen mit $x$, die eingesetzte Arbeitsleistung – wie immer gemessen – mit $a$ und das durchschnittliche Produktionsergebnis je Einheit der Arbeitsleistung mit $\pi$ (vgl. S. 152), so gilt

$$\text{durchschnittliche Arbeitsproduktivität:}\quad \pi = \frac{x}{a} = \frac{\text{Produktionsergebnis}}{\text{Arbeitsleistung}}\,. \qquad (7.1)$$

Der reziproke Wert $\lambda$ (sprich: lambda) $=1/\pi$ dieses Quotienten zeigt, wieviel Arbeitsleistung je Produktmengeneinheit im Produktionsprozeß verbraucht worden ist und heißt

$$\textit{Arbeitskoeffizient:}\ \lambda = \frac{a}{x} = \frac{\text{Arbeitsleistung}}{\text{Produktionsergebnis}}\,. \tag{7.2}$$

Beide Quotienten werden häufig für mehrere Zeiträume gebildet, damit ihre zeitliche Entwicklung verfolgt werden kann.

Wird nur ein einzelner Produktionsprozeß betrachtet, so läßt sich die durchschnittliche Arbeitsproduktivität ohne große Schwierigkeiten berechnen. Will man sie für eine Volkswirtschaft messen, so ist jeweils genau anzugeben, welche Größen zueinander in Beziehung gesetzt werden. Das Statistische Bundesamt bildet unter anderem den Quotienten *Reales Bruttoinlandsprodukt je durchschnittlich Erwerbstätigen.* 1982 belief sich diese Globalzahl, errechnet aus dem Bruttoinlandsprodukt 1982 in Preisen von 1976 in Höhe von 1 247 880 Mill. DM und 25,563 Mill. jahresdurchschnittlich Erwerbstätigen im Inland auf 48 816 DM, 1983 auf 50 152 DM.[8] Verfolgt man die zeitliche Entwicklung dieses Quotienten seit 1960, so zeigt sich, daß er bis 1982 ununterbrochen gestiegen ist, aber unregelmäßig. Die höchsten jährlichen Steigerungsraten ergaben sich 1964 mit 6,6 v. H. und 1976 mit 6,4 v. H., während die so gemessene Produktivität 1980 bis 1982 nur noch um je rund 0,8 v. H. zunahm. Insgesamt hat sie sich in diesen 22 Jahren gut verdoppelt.[9]

Tabelle 7.4 zeigt anhand eines ähnlichen Maßes (zur Bruttowertschöpfung vgl. S. 245) die Produktivitätsentwicklung in den Wirtschaftsbereichen der Bundesrepublik. Auffallend sind hier zunächst die erheblichen Unterschiede in der Bruttowertschöpfung je Erwerbstätigen, die beispielsweise Spalte (4) zeigt. Die Produktivität ist in der Land- und Forstwirtschaft in allen Jahren am niedrigsten, nahm aber anderseits in beiden Dekaden am stärksten zu, wie aus den Spalten (5) und (6) hervorgeht. Mechanisierung und Flurbereinigung haben hier mit einer beträchtlichen Abwanderung von Arbeitskräften zusammengewirkt. Die Produktivität ist ferner in den öffentlichen und quasi-öffentlichen Bereichen 5. und 6. niedrig und steigt hier auch mit Abstand am schwächsten. Am anderen Ende der Skala stehen neben dem aus Gründen der Produktionstechnik obenan befindlichen Bereich 2.1 die privaten Dienstleistungsunternehmen des Bereichs 4., zu denen Kreditinstitute, Versicherungsunternehmen, die Wohnungsvermietung und Sonstige gehören.

**2. Weitere Maße der Arbeitsproduktivität.** Die Zahlen der Tabelle 7.4 (S. 314) geben den ersten Überblick über die Entwicklung der Arbeitsproduktivität, lassen sich aber in zwei Richtungen verfeinern. Erstens bildet der Bezug auf die Zahl der Erwerbstätigen insofern nur ein grobes Maß, als es Änderungen der Arbeitszeit vernachlässigt. Verkürzungen der wöchentlichen oder jährlichen Arbeitszeit (längerer Urlaub), Schwankungen in der Zahl der Arbeitstage je Jahr (unterschiedliche Lage von Feiertagen, Schaltjahre), sonstige Ausfallzeiten (Krankheiten, Unfälle) werden dagegen automatisch berücksichtigt, wenn die Arbeitsleistung im Nenner der Gleichung (7.1) S. 312 in Stunden effektiv geleisteter Arbeitszeit gemessen wird. Zwei-

[8] Angaben nach WiSta 1/1984, S. 7.
[9] Angaben berechnet nach: Sachverständigenrat... [I. 24], S. 306.

Tabelle 7.4 – *Die durchschnittliche Arbeitsproduktivität in den Wirtschaftsbereichen der Bundesrepublik Deutschland 1960, 1970 und 1982*

| Wirtschaftsbereich | Bruttowertschöpfung in Preisen von 1976 DM je Erwerbstätigen | | | durchschnittliche jährliche Änderung in v. H. | |
|---|---|---|---|---|---|
| | 1960 | 1970 | 1982 | 1960 bis 1970 | 1970 bis 1982 |
| (1) | (2) | (3) | (4) | (5) | (6) |
| 1. Land- und Forstwirtschaft | 7 423 | 13 373 | 27 007 | +6,1 | +6,0 |
| 2. Warenproduzierendes Gewerbe | 21 742 | 34 323 | 47 808 | +4,7 | +2,8 |
| 2.1 Energie- und Wasserversorgung, Bergbau | 36 921 | 65 082 | 92 397 | +5,8 | +3,0 |
| 2.2 Verarbeitendes Gewerbe | 20 400 | 33 933 | 48 036 | +5,2 | +2,9 |
| 2.3 Baugewerbe | 22 484 | 28 715 | 35 119 | +2,5 | +1,7 |
| 3. Handel und Verkehr | 19 180 | 30 932 | 41 530 | +4,9 | +2,5 |
| 4. Dienstleistungsunternehmen | 47 771 | 61 169 | 80 627 | +2,5 | +2,3 |
| 5. Staat | 32 083 | 34 909 | 36 699 | +0,8 | +0,4 |
| 6. Private Haushalte und Private Organisationen ohne Erwerbszweck | 21 662 | 26 775 | 28 491 | +2,1 | +0,5 |
| Alle Wirtschaftsbereiche | 22 042 | 33 712 | 45 711 | +4,3 | +2,6 |

Quelle: Sachverständigenrat ... [I.24], S. 307; eigene Berechnungen. 1982 vorläufige Ergebnisse.

tens ist es wünschenswert, die Grobgliederung in Wirtschaftsbereiche weiter aufzuschlüsseln. Das Statistische Bundesamt kombiniert beide Gesichtspunkte und liefert Angaben über die Entwicklung der Arbeitsproduktivität nach Wirtschaftszweigen, wobei die Quotienten „Produktionsergebnis je Beschäftigten" und „Produktionsergebnis je Beschäftigtenstunde" gebildet werden. Da zu den Beschäftigten auch die Selbständigen einschließlich der mithelfenden Familienangehörigen zählen, deren Arbeitszeit schwierig zu schätzen ist, während anderseits zwischen dem Produktionsergebnis und der Zahl der beschäftigten Arbeiter und noch eher der geleisteten Arbeiterstunden direkte produktionstechnische Zusammenhänge zu vermuten sind, liefert das Amt auch Angaben über das Produktionsergebnis je Arbeiter und je Arbeiterstunde. Tabelle 7.5 zeigt einen Vergleich der Arbeitsproduktivität nach vier Konzepten 1982 mit 1970 in ausgewählten Wirtschaftszweigen der Bundesrepublik. Aus ihr sowie den vollständigen Angaben der Quellen für alle Wirtschaftszweige des Verarbeitenden Gewerbes ergibt sich:

– Sowohl bei den Beschäftigten als auch bei den Arbeitern allein nahm die Arbeitsproduktivität je Stunde ausnahmslos stärker zu als je Person. Dies ist eine Folge der während der Untersuchungsperiode zurückgegangenen Jahresarbeitszeit, die bei

Tabelle 7.5 – *Entwicklung der Arbeitsproduktivität nach unterschiedlichen Definitionen in ausgewählten Wirtschaftszweigen in der Bundesrepublik Deutschland, 1970 und 1982*

| Wirtschaftszweig | Produktionsergebnis [a] 1982 | | | | Änderung des Arbeitskoeffizienten [c] 1970 – 1982 v. H. |
|---|---|---|---|---|---|
| | je Beschäftigten [b] | je Beschäftigtenstunde | je Arbeiter [b] | je Arbeiterstunde | |
| | 1970 = 100 | | | | |
| Mineralölverarbeitung | 95,7 | 107,4 | 95,5 | 107,3 | + 4,5 |
| Eisenschaffende Industrie | 115,0 | 142,1 | 119,8 | 148,1 | – 13,0 |
| Chemische Industrie | 143,2 | 160,2 | 163,8 | 183,3 | – 30,2 |
| Zellstoff, Papier- und Pappeerzeugung | 210,6 | 242,2 | 221,1 | 254,8 | – 52,5 |
| Maschinenbau | 119,7 | 143,8 | 128,9 | 154,6 | – 16,5 |
| Straßenfahrzeugbau | 116,5 | 140,9 | 121,5 | 147,0 | – 14,2 |
| Herstellung von Büromaschinen, Datenverarbeitungsgeräten | 294,7 | 316,4 | 445,9 | 478,4 | – 66,1 |
| Glasherstellung | 183,7 | 207,5 | 198,1 | 224,0 | – 45,6 |
| Ledererzeugung | 174,6 | 191,3 | 182,8 | 200,5 | – 42,7 |
| Schuhherstellung | 107,7 | 114,6 | 110,9 | 118,1 | – 7,1 |
| Tabakverarbeitung | 161,6 | 173,1 | 195,7 | 210,2 | – 38,1 |
| Verarbeitendes Gewerbe | 140,1 | 161,5 | 151,3 | 174,5 | – 28,6 |
| Bergbau | 107,9 | 118,9 | 111,7 | 123,2 | – 7,3 |

[a] Gemessen mit dem Nettoproduktionsindex für das Produzierende Gewerbe auf Basis 1976.
[b] Jahresdurchschnittswerte.
[c] Beschäftigte je Einheit des Produktionsergebnisses.
Quelle: Berechnet nach: Stat BA [I.05], S. 119, 122, 125, 128; Stat. Jb. BRD 1983, S. 188 f.

den Arbeitern im Bergbau und Verarbeitenden Gewerbe von 1897 Stunden 1970 um 12,8 v. H. auf 1655 Stunden 1982 sank.[10]

- Nur bei einem Wirtschaftszweig, der Mineralölverarbeitung, nahm die Produktivität je Beschäftigten und je Arbeiter im betrachteten Zeitraum ab, stieg aber noch geringfügig je Stunde. In diesem Wirtschaftszweig mit ausnehmend hoher Ausstattung des Arbeitsplatzes mit dauerhaften Produktionsmitteln fand also praktisch kein arbeitsparender technischer Fortschritt statt;
- Die Produktivitätsfortschritte streuen stark um die in der Tabelle ausgewiesenen Durchschnittswerte für das Verarbeitende Gewerbe insgesamt. Als Prototyp eines „alten" Wirtschaftszweigs mit geringer Produktivitätszunahme wurde die Schuhherstellung in die Tabelle aufgenommen, als Beispiel eines stark wachsenden Zweiges mit weit überdurchschnittlicher Zunahme die Herstellung von Büromaschinen, Datenverarbeitungsgeräten und -einrichtungen;

[10] Berechnet nach: Stat Jb. BRD 1983, S. 174.

- Die Produktivitätszunahme je Arbeiter oder Arbeiterstunde ist (mit Ausnahme der Mineralölverarbeitung) überall stärker als die je Beschäftigten oder Beschäftigtenstunde. Dies ist eine Folge des zunehmenden Anteils verwaltender und überwachender Tätigkeiten. Außerdem ist ein „Arbeiter" institutionell als Lohnempfänger und nicht produktionstechnisch definiert, und es besteht eine Tendenz, Arbeiter zu Angestellten zu machen;
- Die letzte Spalte weist als Kehrseite der Produktivitätssteigerung aus, um welche Prozentsätze die Zahl der Arbeitsplätze je Einheit des realen Produktionsergebnisses innerhalb der betrachteten 12 Jahre abgenommen hat (mit einer Ausnahme). Im Durchschnitt des Verarbeitenden Gewerbes hat sich der Arbeitskoeffizient um gut ein Viertel verringert, gemessen am Einsatz von Arbeiterstunden je Einheit des Produktionsergebnisses sogar um 42,7 v. H.

Die Entwicklung ist einerseits die wichtigste Quelle der Wohlstandsvermehrung je Kopf der Bevölkerung während dieser Zeit gewesen. Anderseits bedeutet sie eine rapide Abschaffung von Arbeitsplätzen, aus der erhebliche soziale Probleme entstehen können, wenn sie nicht durch einen entsprechenden Anstieg der Produktmengen kompensiert wird.

Die Steigerung der Arbeitsproduktivität ist neben der Zunahme der Zahl der Erwerbstätigen die Hauptquelle des wirtschaftlichen Wachstums. Stagniert die Erwerbstätigkeit oder nimmt der Arbeitseinsatz beispielsweise aufgrund von Arbeitszeitverkürzungen ab, dann kann das Sozialprodukt real nur noch infolge zunehmender Arbeitsproduktivität wachsen. Ihre Messung ist daher für alle mit dem Wirtschaftswachstum zusammenhängenden Probleme wichtig. Jedoch kann die bloße Messung der Arbeitsproduktivität noch nichts über die Ursachen ihrer Änderungen aussagen. Das Ergebnis eines Produktionsprozesses entsteht immer aus dem Zusammenwirken aller jeweiligen Vor- und Faktorleistungen, und es kann außer durch Mehreinsatz dieser Leistungen aus den verschiedensten Gründen auch dann steigen (oder auch sinken), wenn die Zahl der Beschäftigten oder Beschäftigtenstunden konstant bleibt. So kann sich die individuelle Leistung der Erwerbstätigen durch bessere Einarbeitung oder Ausbildung, mehr Erholungszeit oder durch ein besseres Betriebsklima erhöhen. Ein wesentlicher Teil der jährlichen Arbeitsproduktivitätssteigerung ist mit Sicherheit auf die Ausstattung mit leistungsfähigeren Maschinen zurückzuführen. Andere Einflüsse sind bessere Arbeitsorganisation und Ablaufkontrolle. Eine wichtige Rolle spielt auch der Ausnutzungsgrad einer Anlage. Man stelle sich eine Unternehmung vor, die Schwierigkeiten beim Absatz ihrer Produkte hat, diese aber als vorübergehend ansieht und daher die Produktion drosselt, ohne Arbeiter zu entlassen oder zu Kurzarbeit überzugehen. Die statistische Arbeitsproduktivität würde in einer solchen Periode zurückgehen.

**3. Beschäftigungsstruktur und Arbeitsproduktivität.** Im gesamtwirtschaftlichen Maßstab gibt es neben der Produktivitätszunahme in einzelnen Wirtschaftsbereichen noch eine weitere Ursache für Arbeitsproduktivitätssteigerungen, die in der Bundesrepublik bisher einige Bedeutung gehabt hat und sich statistisch messen läßt. Der Sachverhalt ist einfach genug: Verläßt ein Arbeiter einen Bereich A und beginnt in einem Bereich B zu arbeiten, in dem die durchschnittliche Arbeitsproduktivität höher ist als in A, so muß die Arbeitsproduktivität beider Bereiche zusammengenommen steigen, obwohl sie sich weder in A noch in B, einzeln genommen, geändert hat.

Eine Volkswirtschaft bestehe aus zwei Wirtschaftsbereichen A und B, in denen im Ausgangsjahr 0 die durchschnittliche Arbeitsproduktivität $\pi$, gemessen als realer Nettoproduktionswert in DM je Arbeitsstunde h, verschieden groß ist. Im Bereich A betrage sie 20 DM/h, in B 50 DM/h. Der Arbeitseinsatz sei in beiden Bereichen je 500 Stunden. Es ergibt sich ein Bruttoinlandsprodukt von 35 000 DM:

Bereich A: Bereich B:

$$\text{Jahr } 0: \quad \frac{20\ \text{DM}}{\text{h}}\, 500\ \text{h} + \frac{50\ \text{DM}}{\text{h}}\, 500\ \text{h} = 10\,000\ \text{DM} + 25\,000\ \text{DM} = 35\,000\ \text{DM}.$$

Erster Fall: Bis zum Vergleichsjahr $i$ hat die Arbeitsproduktivität im Bereich A um 5 v. H., in B um 10 v. H. zugenommen, die Verteilung der Gesamtbeschäftigung auf die beiden Bereiche hat sich jedoch nicht geändert:

Bereich A: Bereich B:

$$\text{Jahr } i: \quad \frac{21\ \text{DM}}{\text{h}}\, 500\ \text{h} + \frac{55\ \text{DM}}{\text{h}}\, 500\ \text{h} = 10\,500\ \text{DM} + 27\,500\ \text{DM} = 38\,000\ \text{DM}.$$

Die gesamtwirtschaftliche durchschnittliche Arbeitsproduktivität hat um 8,6 v. H. zugenommen.

Zweiter Fall: Es ändert sich nur die Verteilung des Arbeitseinsatzes auf die beiden Bereiche; die Arbeitsproduktivität bleibt in beiden Bereichen konstant:

Bereich A: Bereich B:

$$\text{Jahr } i: \quad \frac{20\ \text{DM}}{\text{h}}\, 300\ \text{h} + \frac{50\ \text{DM}}{\text{h}}\, 700\ \text{h} = 6000\ \text{DM} + 35\,000\ \text{DM} = 41\,000\ \text{DM}.$$

Die Arbeitsproduktivität ist gesamtwirtschaftlich um 17,1 v. H. gestiegen, obwohl sie sich einzelwirtschaftlich in keinem Bereich geändert hat.

Dritter Fall: Beide Änderungen treten gleichzeitig ein:

Bereich A: Bereich B:

$$\text{Jahr } i: \quad \frac{21\ \text{DM}}{\text{h}}\, 300\ \text{h} + \frac{55\ \text{DM}}{\text{h}}\, 700\ \text{h} = 6300\ \text{DM} + 38\,500\ \text{DM} = 44\,800\ \text{DM}.$$

Die gesamtwirtschaftliche Produktivitätssteigerung gegenüber der Ausgangssituation beträgt 28,0 v. H.

Der zweite Fall zeigt den reinen *Struktureffekt* der bloßen Umverteilung des Arbeitseinsatzes auf die beiden Wirtschaftsbereiche. Er ist hier positiv, weil die Beschäftigung im Bereich B mit der höheren Arbeitsproduktivität zugenommen, in A abgenommen hat. Bei einer Umverteilung in entgegengesetzter Richtung kann der Effekt so stark negativ wirken, daß er sogar Produktivitätssteigerungen in beiden Bereichen überkompensiert.

Vierter Fall: Produktivitätssteigerungen und Umverteilung in Richtung auf den Bereich mit niedrigerer Arbeitsproduktivität treffen zusammen:

Bereich A: Bereich B:

$$\text{Jahr } i: \quad \frac{21\ \text{DM}}{\text{h}}\, 700\ \text{h} + \frac{55\ \text{DM}}{\text{h}}\, 300\ \text{h} = 14\,700\ \text{DM} + 16\,500\ \text{DM} = 31\,200\ \text{DM}.$$

Die Arbeitsproduktivität sinkt gegenüber dem Jahr 0 trotz ihrer Zunahme in beiden Bereichen gesamtwirtschaftlich um 10,9 v. H.

Struktureffekte können immer dann eintreten, wenn eine ökonomische Gesamtgröße in irgendeiner Weise aufgeteilt ist und sich die Aufteilung im Zeitablauf ändert. Allgemein gilt die

Def. 7.1: *Ein Struktureffekt liegt vor, wenn sich eine aus ökonomischen Gesamtgrößen gebildete Kennzahl allein dadurch ändert, daß sich die Zusammensetzung (Struktur) einer Gesamtgröße ändert.*

Da die Struktur der Gesamtgröße, hier die Beschäftigung in der betrachteten Volkswirtschaft, ein Wägungsschema für die einzelwirtschaftlichen Kennzahlen, hier für die Arbeitsproduktivitäten der Wirtschaftsbereiche, bildet, kann man auch sagen:

Satz 7.1: *Aus Gesamtgrößen gebildete Kennzahlen, die gewogene Durchschnitte der Kennzahlen von Teilgrößen sind, können sich allein aufgrund von Änderungen des Wägungsschemas ändern, mit dem die Kennzahlen der Teilgrößen zusammengefügt werden.*

Werden mehr als zwei Wirtschaftsbereiche betrachtet, dann lassen sich die beiden Einflüsse allgemein wie folgt voneinander trennen. Es seien $X^0$ und $X^i$ das Bruttoinlandsprodukt einer Volkswirtschaft im Basisjahr 0 und im Vergleichsjahr $i$, $A^0$ und $A^i$ der jeweilige gesamte Arbeitseinsatz in den beiden Jahren. Der Quotient

$$\frac{X^i/A^i}{X^0/A^0} \tag{7.3}$$

gibt dann die relative Änderung der gesamtwirtschaftlichen Arbeitsproduktivität zwischen den beiden Perioden an. Nun ist die Arbeitsproduktivität in beiden Jahren gleich dem gewogenen arithmetischen Mittel der Arbeitsproduktivitäten der $n$ Wirtschaftsbereiche der Volkswirtschaft, also etwa im Basisjahr 0:

$$\frac{X^0}{A^0}=\frac{x_1^0}{a_1^0}\cdot\frac{a_1^0}{A^0}+\frac{x_2^0}{a_2^0}\cdot\frac{a_2^0}{A^0}+\ldots+\frac{x_n^0}{a_n^0}\cdot\frac{a_n^0}{A^0}\,, \tag{7.4}$$

worin $x_1^0$ der preisbereinigte Nettoproduktionswert des Wirtschaftsbereichs 1 und $a_1^0$ sein Arbeitseinsatz im Basisjahr ist, und so weiter. Die Summe der Nettoproduktionswerte $x_1+x_2+\ldots+x_n$ ergibt das Bruttoinlandsprodukt $X$ (vgl. S. 130). Der Quotient (7.3) läßt sich also auch schreiben

$$\frac{\sum \frac{x^i}{a^i}\cdot\frac{a^i}{A^i}}{\sum \frac{x^0}{a^0}\cdot\frac{a^0}{A^0}}=\frac{\sum \pi^i\cdot\frac{a^i}{A^i}}{\sum \pi^0\cdot\frac{a^0}{A^0}}\,. \tag{7.5}$$

Die Größe $\pi$ war oben in Gleichung (7.1) S. 312 definiert worden, die Summierung läuft von 1 bis $n$. Aus dieser Formel ist ersichtlich, daß sich die gesamtwirtschaftliche Arbeitsproduktivität im Zeitablauf aus drei Gründen ändern kann. Es können sich die Arbeitsproduktivitäten der einzelnen Bereiche $\pi_1 \ldots \pi_n$ bei gleichbleibender Beschäftigungsstruktur $a_1/A \ldots a_n/A$ ändern, es kann sich bei gleichbleibenden Produktivitäten die Beschäftigungsstruktur ändern, und es können sich beide Bestimmungsfaktoren gleichzeitig ändern. Dieser zuletzt genannte Fall bildet in der Realität die Regel. Es können nun an den Index (7.5) zwei Fragen gerichtet werden.

Die erste Frage ist: Wie groß wäre die gesamte Produktivitätsänderung gewesen, wenn sich vom Basisjahr 0 bis zum Vergleichsjahr $i$ nur die Produktivität $\pi_1 \ldots \pi_n$ in den einzelnen Wirtschaftsbereichen, nicht aber die Anteile der Wirtschaftsbereiche $a_1/A \ldots a_n/A$ an der Gesamtbeschäftigung geändert hätten? Diese Frage beantwortet der Index

$$\frac{\sum \pi^i \frac{a^0}{A^0}}{\sum \pi^0 \frac{a^0}{A^0}}, \qquad (7.6)$$

in dem die Beschäftigungsstruktur des Basisjahres rechnerisch konstant gehalten wird.

Die zweite Frage lautet: Wie groß wäre die gesamte Produktivitätsänderung gewesen, wenn sich vom Basisjahr 0 bis zum Vergleichsjahr $i$ nur die Verteilung des Arbeitseinsatzes auf die Wirtschaftsbereiche, nicht jedoch die Arbeitsproduktivitäten der Bereiche geändert hätten? Die Antwort gibt der Index

$$\frac{\sum \pi^0 \frac{a^i}{A^i}}{\sum \pi^0 \frac{a^0}{A^0}}. \qquad (7.7)$$

Hier werden die Produktivitäten $\pi_1 \ldots \pi_n$ der Bereiche rechnerisch konstant gehalten, so daß allein der Einfluß der sich ändernden Beschäftigungsstruktur auf die Gesamtarbeitsproduktivität erfaßt wird.

Zur Frage der praktischen Bedeutung dieses Effekts gibt es eine Schätzung der Bundesbank, wonach in den sechziger Jahren allein die Abwanderung von landwirtschaftlich Erwerbstätigen in Wirtschaftsbereiche mit höherer Arbeitsproduktivität mit einem halben Prozentpunkt jährlich zur gesamtwirtschaftlichen Produktivitätssteigerung beigetragen hat.[11] In Zukunft dürfte sich der Struktureffekt dagegen eher negativ auswirken, da der Anteil der Dienstleistungsbereiche einschließlich des Staates mit ihrer unterdurchschnittlichen Arbeitsproduktivität stärker als die Anteile anderer Bereiche zunimmt.

4. **Kapitalproduktivität und Kapitalkoeffizient.** Ebenso wie die Arbeitsleistung kann man jeden anderen Produktionsfaktor zum Produktionsergebnis in Beziehung setzen. Besonderes Interesse verdient die Nutzung des Sachkapitals. Setzt man den Kapitaleinsatz gleich $k$, erhält man in Analogie zur Arbeitsproduktivität die Größe $\sigma$ (sprich: sigma) mit der Bezeichnung

$$\textit{durchschnittliche Kapitalproduktivität:}\ \sigma = \frac{x}{k} = \frac{\text{Produktionsergebnis}}{\text{Kapitaleinsatz}}. \qquad (7.8)$$

---

[11] Der Produktivitätsfortschritt in der Bundesrepublik und seine Bestimmungsfaktoren. Bbk Monatsbericht Januar 1980, S. 11–17.

Bei vielen Untersuchungen hat es sich als zweckmäßig erwiesen, den reziproken Wert $\varrho$ (sprich: rho) $= 1/\sigma$ dieses Quotienten zu verwenden, den

$$\textit{Kapitalkoeffizient:}\quad \varrho = \frac{k}{x} = \frac{\text{Kapitaleinsatz}}{\text{Produktionsergebnis}}. \tag{7.9}$$

Der Kapitalkoeffizient gibt an, wieviel Einheiten an Kapitaleinsatz im Durchschnitt je Produktmengeneinheit erforderlich waren (daher auch seine englische Bezeichnung „capital-output ratio"). Dabei kann man entweder den zu Beginn einer Periode vorhandenen Bestand an dauerhaften Produktionsmitteln, also das Brutto-Anlagevermögen oder den *Kapitalstock,* zum Produktionsergebnis der Periode in Beziehung setzen und erhält den *durchschnittlichen Kapitalkoeffizienten,* oder man kann den Zuwachs des Kapitalstocks mit dem Zuwachs des Produktionsergebnisses vergleichen und erhält dann den *marginalen Kapitalkoeffizienten.*

Bei der Messung des Kapitalkoeffizienten wird eine Bestandsgröße, das Brutto-Anlagevermögen, zu einer Stromgröße, dem Nettoproduktionswert, in Beziehung gesetzt. Der Anlagenbestand kann jedoch verschieden stark genutzt werden, ein Betrieb kann etwa in einer Schicht oder in zwei Schichten arbeiten. Daraus ergeben sich zwei Möglichkeiten für die Definition des Kapitalkoeffizienten: Entweder gibt er an, welche Produktmenge mit dem vorhandenen Kapitalstock maximal erstellbar ist, oder er zeigt die Relation des Kapitalstocks zu der in der Periode tatsächlich hergestellten Produktmenge. Die statistisch berechneten Kapitalkoeffizienten folgen meist der zweiten Definition. Betragen etwa der Anschaffungswert eines Miethauses ohne Grundstück 1 Mill. DM und die jährlichen Netto-Mieterträge 80 000 DM, so beträgt der statistische Kapitalkoeffizient 12,5 ohne Rücksicht darauf, ob Wohnungen während des Jahres zeitweilig nicht vermietet waren.

Setzt man das Brutto-Anlagevermögen der Bundesrepublik im Durchschnitt des Jahres 1982 von 5 109,1 Mrd. DM, errechnet als arithmetisches Mittel aus dem Brutto-Anlagevermögen Anfang 1983 von 5 180,1 Mrd. DM und Anfang 1982 von 5038,1 Mrd. DM, beide in Preisen von 1976, zum Bruttoinlandsprodukt 1982 in Preisen von 1976, das 1 247,9 Mrd. DM betrug [12], gemäß Definition (7.9) in Beziehung, erhält man als durchschnittlichen Kapitalkoeffizienten die Zahl 4,09. Sie besagt: Zur Erzeugung des (mit Preisen von 1976 bewerteten) Bruttoinlandsprodukts der Bundesrepublik von 1982 war in diesem Jahr ein Kapitalstock eingesetzt, dessen Wert (ebenfalls in Preisen von 1976) das Vierfache des Bruttoinlandsprodukts betrug. Der Kapitalkoeffizient lag in der Bundesrepublik Anfang der sechziger Jahre bei 3,2 und hat sich seitdem leicht erhöht. Für Untersuchungen, die sich nur auf einige Jahre erstrekken, kann er als praktisch konstant betrachtet werden.

Wie viele andere Globalzahlen ist der gesamtwirtschaftliche Kapitalkoeffizient ein Durchschnitt aus relativ weit streuenden Einzelwerten. Tabelle 7.6 zeigt die Kapitalkoeffizienten der Wirtschaftsbereiche der Bundesrepublik im Zeitvergleich. Sie differieren untereinander und in ihrer zeitlichen Entwicklung, wobei der Kapitalkoeffizient der Kreditinstitute und Versicherungsunternehmen von 1960 bis 1976 zurückging. Auf den Kapitalkoeffizienten des einzelnen Wirtschaftsbereichs wirken verschiedene Einflüsse in unterschiedlicher Richtung ein. Substitution von Arbeitsleistungen

---

[12] Vorläufige Angaben nach: Stat. BA [6.29], S. 16, 321.

Tabelle 7.6 – *Kapitalkoeffizienten und Kapitalintensitäten der Arbeit der Wirtschaftsbereiche in der Bundesrepublik Deutschland, 1960 und 1976*

| Wirtschaftsbereiche | Kapitalkoeffizient [a] | | Kapitalintensität der Arbeit [b] 1000 DM | |
|---|---|---|---|---|
| | 1960 | 1976 | 1960 | 1976 |
| 1. Land- und Forstwirtschaft, Fischerei | 4,4 | 5,8 | 25,9 | 80,5 |
| 2. Energie- und Wasserversorgung, Bergbau | 4,7 | 6,0 | 113,8 | 389,4 |
| 3. Verarbeitendes Gewerbe | 1,4 | 1,8 | 22,4 | 61,7 |
| 4. Baugewerbe | 0,3 | 0,8 | 6,6 | 25,9 |
| 5. Handel | 1,0 | 1,5 | 12,9 | 35,4 |
| 6. Verkehr, Nachrichtenübermittlung | 4,8 | 5,7 | 81,8 | 178,5 |
| 7. Kreditinstitute, Versicherungsunternehmen | 1,9 | 1,8 | 45,4 | 75,4 |
| 8. Sonstige Dienstleistungen | 1,1 | 2,4 | 22,6 | 81,7 |
| 9. Staat [c] | 2,5 | 2,9 | 48,4 | 64,9 |
| Alle Wirtschaftsbereiche [c, d] | 3,2 | 3,9 | 51,9 | 123,2 |

[a] Verhältnis jahresdurchschnittlicher Kapitalstock (=arithmetisches Mittel aus Brutto-Anlagevermögen am Jahresanfang und -ende) zu Nettoproduktionswert, beide in Preisen von 1970.

[b] Verhältnis jahresdurchschnittlicher Kapitalstock in Preisen von 1970 zu jahresdurchschnittlich Erwerbstätigen im Inland.

[c] Ohne öffentlichen Tiefbau.

[d] Einschließlich privater Organisationen ohne Erwerbszweck, ohne Wohnungswirtschaft.

Quelle: C. STAHMER: Reproduzierbares Anlagevermögen nach Wirtschaftsbereichen. WiSta 6/1979, S. 423, 425. 1976 vorläufige Angaben.

durch Nutzungen von Sachkapital und technische Verbesserungen der Erzeugnisse tendieren dazu, den Kapitaleinsatz je Produktmengeneinheit zu erhöhen, während organisatorische Verbesserungen des Produktionsprozesses und technischer Fortschritt bei den dauerhaften Produktionsmitteln ihn senken.

Die Angaben der Tabelle 7.6 enthalten nicht die Wohnungswirtschaft. Für diesen Bereich errechnet sich für 1976 aus dem Jahresdurchschnittswert des Wohnungsbestandes von 1240 Mrd. DM und dem Nettoproduktionswert von 43 Mrd. DM ein Kapitalkoeffizient von 28,8.

**5. Kapitalintensität der Arbeit.** Neben den Produktivitätsmaßen, bei denen das Verhältnis eines Produktionsfaktors zum Produktionsergebnis gemessen wird, läßt sich eine weitere Gruppe von Strukturkoeffizienten dadurch bilden, daß man Produktionsfaktoren zueinander in Beziehung setzt. Diese Maße heißen *Intensitäten,* das bekannteste ist als

$$\textit{Kapitalintensität der Arbeit:} \quad \varepsilon = \frac{k}{a} = \frac{\text{Kapitaleinsatz}}{\text{Arbeitseinsatz}}. \qquad (7.10)$$

definiert. Sie kann als durchschnittliche Ausstattung eines Arbeiters, eines Beschäftigten oder eines Arbeitsplatzes mit dauerhaften Produktionsmitteln interpretiert werden und ist somit ein Maß für den Mechanisierungsgrad der Produktion und damit für den Entwicklungsstand einer Volkswirtschaft. Eine ökonomisch unentwickelte Volkswirtschaft ist durch einen relativ kleinen Produktionsapparat bei relativ reichlichem Arbeitsangebot gekennzeichnet, während für eine hochindustrialisierte Volkswirtschaft das Umgekehrte gilt. Nach den Angaben der Tabelle 7.6 (S. 321) stieg das Brutto-Anlagevermögen der Bundesrepublik (ohne Wohnungswirtschaft) je Erwerbstätigen in Preisen von 1970 von rund 52 000 DM 1960 auf rund 123 000 DM 1976, also in 16 Jahren etwa auf das 2,4fache. Hinter diesen Durchschnittszahlen verbirgt sich eine höchst unterschiedliche Kapitalausstattung des Arbeitsplatzes in den einzelnen Wirtschaftsbereichen und Industriezweigen, die auf den technischen Gegebenheiten der jeweiligen Produktionsprozesse beruht. Die letzte Spalte der Tabelle zeigt diese Unterschiede für das Jahr 1976 in den Wirtschaftsbereichen. Bei einer gesonderten Betrachtung von Industriezweigen zeigt sich, daß 1976 Extremwerte von der Erdöl- und Erdgasgewinnung mit rund 756 000 DM, der Mineralölverarbeitung mit 513 000 DM und dem Eisenerzbergbau mit 412 000 DM Brutto-Anlagevermögen in Preisen von 1970 je Beschäftigten erreicht wurden.[13] Am unteren Ende dieser Rangfolge standen neben dem Baugewerbe der Tabelle 7.6 die Lederverarbeitende Industrie mit 19 800 DM und die Bekleidungsindustrie mit 22 000 DM Kapitalintensität der Arbeit.

Angaben dieser Art müssen herangezogen werden, wenn es darum geht, begrenzte Mittel so für Investitionen einzusetzen, daß ein möglichst großer Beschäftigungseffekt resultiert. Diese Überlegung spielt sowohl bei Arbeitsbeschaffungsprogrammen in Industrieländern als auch bei Entwicklungsprojekten in Entwicklungsländern eine Rolle.

Zwischen der Kapitalintensität der Arbeit $\varepsilon$, der Arbeitsproduktivität $\pi$ und dem Kapitalkoeffizienten $\varrho$ eines Produktionsprozesses oder eines Produktionssystems besteht die Beziehung

$$\varepsilon = \pi \cdot \varrho \tag{7.11}$$

oder in Worten

Satz 7.2: *In jedem Produktionsprozeß ist die Kapitalintensität der Arbeit gleich dem mathematischen Produkt aus Arbeitsproduktivität und Kapitalkoeffizient.*

## IV. Einkommens- und Vermögensverteilung

**1. Einkommensarten und Erwerbsstruktur.** In Abschnitt II.1 waren die Erwerbstätigen gemäß einem wichtigen Kriterium in Selbständige einschließlich mithelfender Familienangehöriger und abhängig Beschäftigte eingeteilt worden. Entsprechend kann man fragen, wie sich die in der Produktion entstehenden Einkommen, zu-

[13] Diese und die folgenden Angaben nach KRENGEL u. a.: Produktionsvolumen und -potential, Produktionsfaktoren der Industrie im Gebiet der Bundesrepublik Deutschland. Statistische Kennziffern, 20. Folge 1970–1977. DIW, Berlin 1978, S. 123.

sammengefaßt zum Volkseinkommen $Y_f^n$, auf Einkommen aus Unternehmertätigkeit und Vermögen einerseits und Einkommen aus abhängiger Beschäftigung anderseits, vereinfacht „Löhne" $L$ genannt, aufteilen (vgl. auch Tabelle 3.5, S. 133). Ein Maß hierfür ist die

*gesamtwirtschaftliche Lohnquote:* $$\frac{L}{Y_f^n} = \frac{\text{Einkommen aus unselbständiger Arbeit}}{\text{Volkseinkommen}}. \tag{7.12}$$

Bild 7.3 (a) zeigt ihre Entwicklung während des bisherigen Bestehens der Bundesrepublik Deutschland. Sie stieg von 58,5 v. H. 1950 unter Schwankungen auf 73,7 v. H. 1982 und lag damit etwas unter ihrem bisherigen Maximum von 74,4 v. H. im Jahre 1981. Es muß beachtet werden, daß dies nicht der Anteil der unselbständig Beschäftigten am Volkseinkommen ist. Dieser wäre der Anteil eines Sektors und nicht einer Einkommensart und enthält zusätzlich den Teil der Einkommen aus Unternehmertä-

Bild 7.3 – *Gesamtwirtschaftliche Lohnquote, Arbeitnehmerquote und bereinigte Lohnquote in der Bundesrepublik Deutschland*[a], *1950–1982*

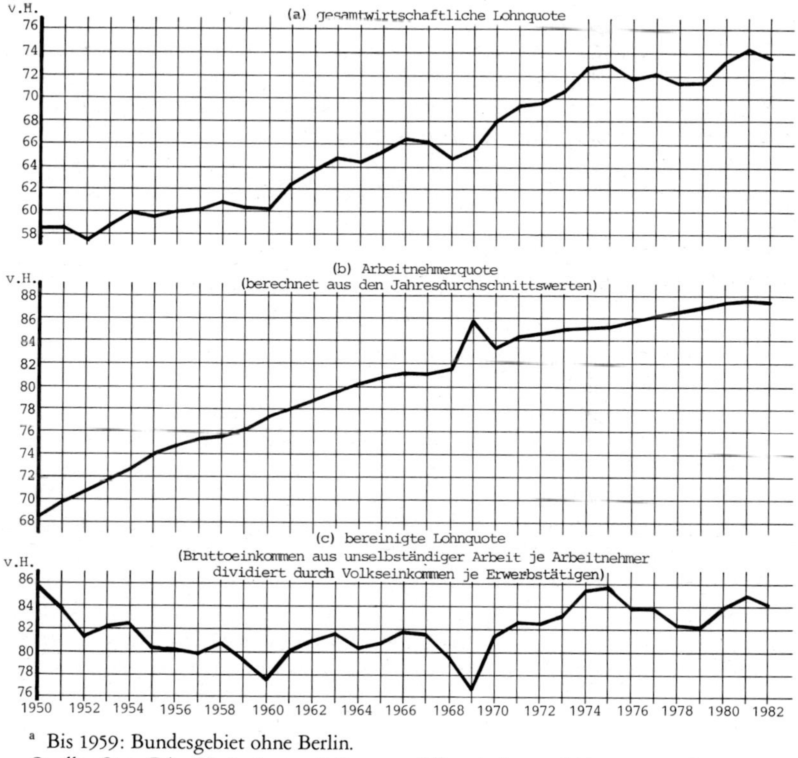


[a] Bis 1959: Bundesgebiet ohne Berlin.

Quelle: Stat. BA (Hg.): Lange Reihen zur Wirtschaftsentwicklung 1973. Stuttgart u. a. 1973, S. 30 f., 160; Stat. BA [I.05], S. 42 f.; Stat. BA [6.29], S. 195; Stat. Jb. BRD 1983, S. 98. Ab 1980 vorläufige Ergebnisse.

tigkeit und Vermögen, der Arbeitnehmern zufließt (vgl. S. 132). Die gesamtwirtschaftliche Lohnquote sagt also nur wenig über die relative Einkommensposition der Arbeitnehmer als Personengruppe aus. Sie tut dies noch weniger, wenn man berücksichtigt, daß sich während der betrachteten Zeit auch die Erwerbsstruktur beträchtlich geändert hat. Einer der Aspekte dieser Struktur ist die Arbeitnehmerquote (vgl. S. 306). Teil (b) des Bildes zeigt, daß diese fast monoton gestiegen ist und ihr Maximum mit 87,6 v. H. ebenfalls 1981 erreichte. Diese Entwicklung ist nicht auf die Bundesrepublik Deutschland beschränkt. Wie international vergleichende Untersuchungen ergeben haben[14], nimmt der Anteil der Arbeitnehmer an den Erwerbstätigen mit fortschreitender Industrialisierung zu. Hierfür gibt es vor allem zwei Ursachen. Erstens geht der Anteil der Land- und Forstwirtschaft am Inlandsprodukt stark zurück. Da in diesem Wirtschaftsbereich relativ mehr Selbständige einschließlich mithelfender Familienangehöriger tätig sind als in allen anderen Bereichen (vgl. Bild 7.1, S. 307), ergibt sich schon hieraus eine Zunahme der Arbeitnehmerquote. Zweitens verringert der in fast allen Wirtschaftsbereichen zu beobachtende Übergang zu größeren Betriebs- und Unternehmenseinheiten die Zahl der Selbständigen.

Der erste Schritt zu einer vertieften Analyse der Einkommensverteilung nach Arten ist nun, beide Strukturänderungen zugleich zu betrachten und den Einfluß der sich ändernden Arbeitnehmerquote auf die Einkommensverteilung rechnerisch auszuschalten. Teil (c) zeigt die Entwicklung der auf diese Weise *bereinigten Lohnquote,* die sich aus der Division der Lohnquote durch die Arbeitnehmerquote ergibt. Da die beiden Quoten durch $L/Y_f^n$ und $B_a/B_e$ ($B_a$=Arbeitnehmer, $B_e$=Erwerbstätige) wiedergegeben werden können, erhält man als bereinigte Lohnquote:

$$\frac{L/Y_f^n}{B_a/B_e}=\frac{L/B_a}{Y_f^n/B_e}=\frac{\text{Einkommen aus unselbständiger Arbeit je Arbeitnehmer}}{\text{Volkseinkommen je Erwerbstätigen}}.$$

Wollte man ferner den Anteil der *Einkommen aus Arbeit* am Volkseinkommen schätzen, wären noch kalkulatorische Löhne für Unternehmer, Selbständige und mithelfende Familienangehörige vom Einkommen aus Unternehmertätigkeit abzuziehen und zum Einkommen aus unselbständiger Arbeit zu addieren.

**2. Lohn- und Gehaltsstrukturen.** Der Gliederung des Inlandsprodukts in Wirtschaftsbereiche oder -zweige entspricht ein anderer Aspekt der Einkommensverteilung: Die Durchschnittslöhne und -gehälter sind je nach Wirtschaftszweig unterschiedlich hoch, es gibt eine *Lohn-*(und Gehalts-)*hierarchie.* Die Bilder 7.4 und 7.5 zeigen anhand ausgewählter Industrie- und Wirtschaftszweige die Lohn- und Gehaltsstruktur in der Bundesrepublik im Jahre 1982.

Bild 7.4 weist zwei Strukturaspekte der Bruttostundenverdienste der männlichen Industriearbeiter nach: Die Gliederung nach Industriezweigen und nach Leistungsgruppen. Die höchsten Lohnsätze wurden in der Mineralölverarbeitung gezahlt, während früher die Druckerei- und Vervielfältigungsindustrie lange Zeit die Spitzenstellung einnahm. Am unteren Ende der Skala standen wie seit jeher die konsumnahen

---

[14] E. SAMBACH: Einige Beziehungen zwischen Einkommensverteilung, Löhnen, Produktivität und Beschäftigtenstruktur sowie ihre längerfristige Entwicklung in den EWG-Ländern. Konjunkturpolitik, 11. Jg. 1965, S. 19–59.

Bild 7.4 – *Durchschnittliche Bruttostundenverdienste*[a] *männlicher Arbeiter in ausgewählten Industriezweigen der Bundesrepublik Deutschland nach Leistungsgruppen 1982*

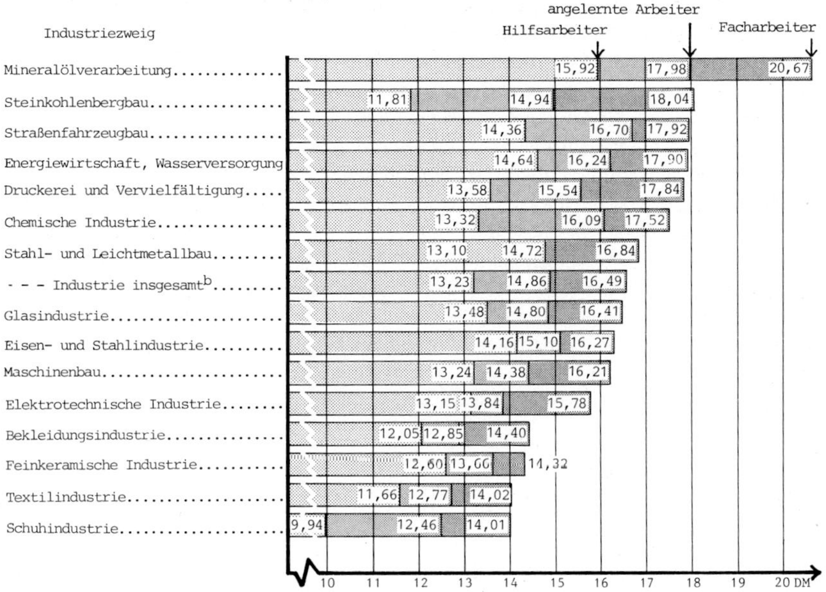


[a] Errechnet aus 4 Erhebungsmonaten (Januar, April, Juli, Oktober).
[b] Einschließlich Hoch- und Tiefbau, dieser mit Handwerk.
Quelle: Stat. Jb. BRD 1983, S. 466.

Zweige der Verbrauchsgüterindustrien mit vielen Klein- und Mittelbetrieben. Im Durchschnitt der drei Leistungsgruppen wurden in der Mineralölverarbeitung um 55 v. H. höhere Löhne gezahlt als in der Schuhindustrie. Untersuchungen über die längerfristige Entwicklung dieser Art von Lohnhierarchie zeigen, daß sie sich nur langsam wandelt. Vorstellungen von einem angemessenen Platz in ihr spielen bei Lohntarifverhandlungen eine Rolle.

Neben der eben beschriebenen *intersektoralen Lohnstruktur* gibt es mehrere *intrasektorale* solche Strukturen. Arbeiter sind in die drei Leistungsgruppen Facharbeiter, angelernte Arbeiter und Hilfsarbeiter eingeteilt, deren Bruttostundenverdienste sich deutlich unterscheiden. Obwohl die Gewerkschaften seit einigen Jahren versuchen, diese Unterschiede zu verringern, lag im Durchschnitt der gesamten Industrie der Lohn des Facharbeiters 1970 um 23,4 v. H., 1974 um 25,0 v. H., 1978 und 1982 um 24,6 v. H. über dem des Hilfsarbeiters.[15] Dazu ist zu bemerken, daß die Gewerkschaften über Tariflöhne verhandeln und abschließen, die Bruttostundenverdienste jedoch auch übertarifliche Leistungen der Arbeitgeber enthalten.

---

[15] Stat. Jb. BRD 1971, S. 458; 1975, S. 463; 1979, S. 451. Sonstige Angaben in diesem Abschnitt nach Stat. Jb. BRD 1983, S. 466 f., 473; WiSta 11/1983, S. 897–901.

Die Bruttostundenverdienste der Frauen lagen wie seit jeher in allen Industriezweigen unter denen der Männer, im Durchschnitt um rund 27 v. H. Schließlich sind die Lohnsätze auch nach den Ländern der Bundesrepublik differenziert: Gegenüber dem Bundesdurchschnitt für Männer und Frauen zusammen von 14,89 DM wurden in Hamburg mit 16,97 DM die höchsten, in Bayern mit 13,93 DM die niedrigsten Verdienste erzielt.

Eine andere Art der Einkommenshierarchie ist in Bild 7.5 bei den Angestelltengehältern dargestellt. Die Angaben sind Zwölftel der Bruttojahresverdienste und schließen daher Einkommensbestandteile ein, die nicht regelmäßig monatlich anfallen. Solche Sonderzahlungen sind dreizehnte Monatsgehälter, Urlaubsgeld, Weihnachtsgratifikationen, Jahresabschluß-, Erfolgs- und Treueprämien, Ergebnisbeteiligungen, Jubiläumszuwendungen und vermögenswirksame Leistungen. Sie machen 10 bis 12 v.H. der Gehälter aus. Die Zahlen des Bildes 7.5 spiegeln also einen anderen Aspekt der Realität als solche wider, die bei einer Erhebung der Bruttoverdienste eines beliebigen Monats zu erhalten wären und die Beträge ergeben, mit denen der Angestellte in seinem Wirtschaftsplan laufend rechnet. Aufgrund einer solchen Statistik ergab sich im Durchschnitt der Monate Januar, April, Juli und Oktober 1982 für die

Bild 7.5 – *Durchschnittliche Bruttomonatsverdienste*[a] *von Angestellten*[b] *in der Bundesrepublik Deutschland 1982*

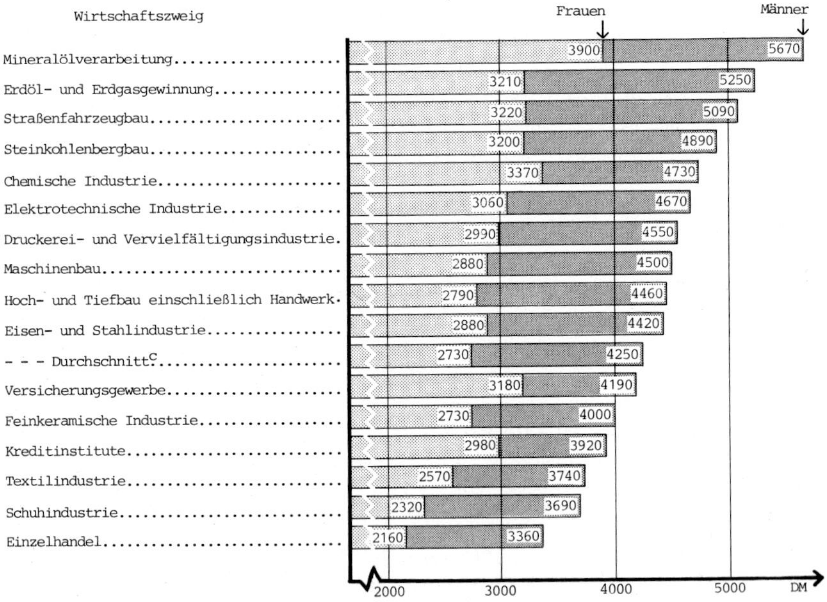


[a] Errechnet als Zwölftel der Bruttojahresverdienste, vgl. Text.
[b] Ohne Angestellte der Leistungsgruppe I mit voller Aufsichts- und Dispositionsbefugnis.
[c] Durchschnitt aus Industrie einschließlich Hoch- und Tiefbau sowie Handel, Kreditinstitute und Versicherungsgewerbe.

Quelle: Berechnet nach WiSta 11/1983, S. 816*. Angaben auf volle 10 DM gerundet.

männlichen Angestellten des Bildes 7.5 im Durchschnitt der dort betrachteten Wirtschaftszweige der Betrag von 3565 DM, für die Frauen 2430 DM.

Weitere Differenzierungen und damit strukturelle Aspekte ergeben sich bei Aufgliederungen der Angestellten in kaufmännische und technische einerseits und nach Leistungsgruppen anderseits. Angestellte werden in fünf Leistungsgruppen eingeteilt, wobei zu der Gruppe II „Angestellte mit besonderen Erfahrungen und selbständigen Leistungen in verantwortlicher Tätigkeit mit eingeschränkter Dispositionsbefugnis, die Angestellte anderer Tätigkeitsgruppen einzusetzen und verantwortlich zu unterweisen haben, ferner Angestellte mit umfassenden Kenntnissen" zählen.[16] Zur Gruppe V gehören „Angestellte in einfacher, schematischer oder mechanischer Tätigkeit, die keine Berufsausbildung erfordert." Die laufenden Bruttomonatsverdienste waren in dieser Gruppe 1982 bei Männern und Frauen rund halb so hoch wie in Gruppe II. Die Angaben des Bildes 7.5 sind Durchschnitte aus allen Leistungsgruppen außer der Gruppe I. Die Gehälter der technischen Angestellten liegen in allen Wirtschaftszweigen und Leistungsgruppen höher als die der kaufmännischen, 1982 im Durchschnitt bei Männern und Frauen um 13 v. H.

Die Verdienste der Frauen lagen bei kaufmännischen wie bei technischen Angestellten im Durchschnitt aller Wirtschaftszweige und Leistungsgruppen, gemessen sowohl an den Jahres- als auch an den Monatseinkommen, um rund ein Drittel unter denen der Männer. Dieser Sachverhalt erscheint um so bemerkenswerter, als das Argument, Frauen könnten im Gegensatz zu Männern keine schwere körperliche Arbeit verrichten, wohl bei Industriearbeitern, nicht bei aber bei kaufmännischen Angestellten zutreffen kann. Jedoch muß vor der Fehlinterpretation gewarnt werden, aus Bild 7.5 ließe sich ohne weitere Untersuchung schließen, daß Frauen für gleiche Arbeit niedriger bezahlt würden als Männer. Dies kann zutreffen, aber zweifellos ist der Unterschied zum größten Teil auf die im Durchschnitt niedrigere Qualifikation der Frauen und damit auf einen Struktureffekt zurückzuführen. Im Oktober 1982 waren nur 8 v. H. der weiblichen, aber 39 v. H. der männlichen Angestellten in die Leistungsgruppe II eingestuft. Hingegen gehörten 53 v. H. der weiblichen, aber nur 14 v. H. der männlichen Angestellten den niedrigen Leistungsgruppen IV und V an. Im öffentlichen Dienst ist eine entsprechend unterschiedliche Einstufung die einzige Ursache für das auch hier im Durchschnitt geringere Einkommen der Frauen.

Im übrigen zeigen die Zahlen, daß im allgemeinen in der Industrie mehr verdient wird als im Handel und im Dienstleistungsgewerbe. Innerhalb der Industrie wird in Energiewirtschaft und Bergbau sowie in den Investitionsgüterindustrien mehr gezahlt als in den Verbrauchsgüter-, Nahrungs- und Genußmittelindustrien.

**3. Einkommensschichtung und -umschichtung.** Faßt man Personen oder Haushalte nach der Höhe ihres Einkommens unabhängig von dessen Quelle zu Gruppen (auch: Klassen, Schichten) zusammen, erhält man einen bestimmten Aspekt der *personellen Einkommensverteilung,* die *Einkommensschichtung.* Tabelle 7.7 zeigt eine solche Schichtung der privaten Haushalte der Bundesrepublik in bezug auf das Einkommen aus Erwerbstätigkeit und Vermögen und das Einkommen nach Berücksichtigung der überwiegend durch staatliche Eingriffe bewirkten Umverteilung. Erhebungseinheiten

[16] Für Einzelheiten sowie Kennzeichen der anderen Gruppen vgl. Stat. Jb. BRD 1983, S. 463.

sind die privaten Haushalte (ohne Anstaltsbevölkerung). Vergleicht man deren Zahl 1981 (24,6 Mill. laut Tabelle 7.7) mit der Zahl von knapp 38 Mill. Einkommensbeziehern im selben Jahr[17], so wird klar, daß in vielen Haushalten Einkommen aus mehreren Quellen zusammenfließen. Die Alternative wäre, nicht Haushalte, sondern Personen als Einkommensbezieher zu betrachten und diese als Erhebungseinheit zu wählen. In diesem Fall wäre die unterste Einkommensklasse noch stärker besetzt als in der Tabelle, da man dann viele Kleinsteinkommen von Personen erfaßt, die aus Gründen wie Eintritt in das Berufsleben (Lehrlinge, Hochschulabsolventen, Wehrdienstleistende), Heirat, Krankheit oder Ausscheiden aus dem Berufsleben nicht ganzjährig beschäftigt sind.

Die Einkommen aus Erwerbstätigkeit und Vermögen (vgl. die Aufzählung der Einkommensarten S. 114) sind in der Bundesrepublik wie überall ungleichmäßig verteilt, wobei der Grad der Ungleichmäßigkeit im internationalen Vergleich nicht besonders kraß ist. Bei diesen Einkommen zeigt sich, daß 1981

- knapp 40 v. H. aller Haushalte Einkommen unter 2000 DM im Monat hatten, damit jedoch nur knapp 6 v. H. des gesamten Einkommens bezogen;
- die Haushalte mit Einkommen von 6000 DM und mehr rund 55 v. H. des Gesamteinkommens erhielten, obwohl ihr Anteil an der Zahl der Haushalte nur 22 v. H. betrug;
- 39 v. H. der Haushalte „mittlere" Einkommen von 2000 DM bis unter 6000 DM je Monat bezogen und damit fast den gleichen Anteil des Gesamteinkommens erhielten, nämlich knapp 40 v. H.

Ein wesentlich anderes Bild bietet sich, wenn man die Schichtung der Nettoeinkommen betrachtet. Die Übertragungen wurden in den Angaben der Tabelle 7.7 wie folgt berücksichtigt:

- Empfangene Übertragungen: Sozialrenten, Pensionen einschließlich freiwillig von Betrieben gezahlter, Geldleistungen der Bundesanstalt für Arbeit (Arbeitslosengeld, -hilfe), Sozialhilfe, Kinder-, Wohn- und Krankengeld, Ausbildungsbeihilfen, Kriegsfolgeleistungen, Beihilfen im öffentlichen Dienst;
- Geleistete Übertragungen: Direkte Steuern, Beiträge zur gesetzlichen Renten-, Kranken- und Arbeitslosenversicherung, Rückzahlungen von Sozialleistungen, Strafen.

Ebenfalls erfaßt wurden hier Verwaltungsgebühren, Kirchensteuern, Beiträge und Spenden an politische Parteien, Gewerkschaften und Vereine, Zinsen auf Konsumentenschulden, Beiträge an Versicherungsunternehmen und Überweisungen ausländischer Arbeitnehmer in ihre Heimatländer. Über die Einbeziehung dieser Posten an dieser Stelle könnte man streiten: Sie sind freiwillige Leistungen und zum Teil stehen ihnen Gegenleistungen gegenüber, so daß ihre Eigenschaft als Transferzahlungen dahinsteht.

Betrachtet man nun bei den Nettoeinkommen die gleichen Einkommensgruppen wie eben, dann zeigt sich:

- Der Anteil der Haushalte mit unter 2000 DM verfügbarem Einkommen je Monat beträgt nur noch 32 v. H., ihr Anteil am Gesamteinkommen steigt jedoch auf

[17] Zahlen in diesem Abschnitt ohne Herkunftsangabe nach der Quelle von Tabelle 7.7.

Tabelle 7.7 – *Die Verteilung der Erwerbs- und Vermögenseinkommen und der Nettoeinkommen nach der Einkommenshöhe in der Bundesrepublik Deutschland 1981*

| Einkommen von ... bis unter ... DM je Monat | Erwerbs- und Vermögenseinkommen vor Steuerabzug [a] | | | | Nettoeinkommen [b] | | | |
|---|---|---|---|---|---|---|---|---|
| | Haushalte | | Jahreseinkommen | | Haushalte | | Jahreseinkommen | |
| | Zahl 1 000 | v. H. | Mrd. DM | v. H. | Zahl 1 000 | v. H. | Mrd. DM | v. H. |
| 0 ... 1 000 | 6 950 | 28,3 | 18,9 | 1,7 | 1 287 | 5,2 | 13,6 | 1,4 |
| 1 000 ... 1 500 | 1 508 | 6,1 | 22,5 | 2,0 | 3 343 | 13,6 | 50,2 | 5,2 |
| 1 500 ... 2 000 | 1 096 | 4,5 | 23,0 | 2,0 | 3 172 | 12,9 | 66,6 | 6,9 |
| 2 000 ... 2 500 | 1 065 | 4,3 | 28,9 | 2,5 | 3 270 | 13,3 | 88,2 | 9,1 |
| 2 500 ... 3 000 | 1 302 | 5,3 | 43,2 | 3,8 | 3 026 | 12,3 | 99,5 | 10,3 |
| 3 000 ... 3 500 | 1 453 | 5,9 | 56,8 | 5,0 | 2 552 | 10,3 | 99,1 | 10,2 |
| 3 500 ... 4 000 | 1 411 | 5,7 | 63,5 | 5,6 | 2 014 | 8,2 | 90,2 | 9,3 |
| 4 000 ... 5 000 | 2 382 | 9,7 | 128,1 | 11,2 | 2 472 | 10,0 | 132,3 | 13,7 |
| 5 000 ... 6 000 | 2 001 | 8,1 | 131,2 | 11,5 | 1 431 | 5,8 | 93,5 | 9,7 |
| 6 000 ... 7 000 | 1 570 | 6,4 | 121,4 | 10,6 | 816 | 3,3 | 63,2 | 6,5 |
| 7 000 ... 8 000 | 1 183 | 4,8 | 105,3 | 9,2 | 463 | 1,9 | 41,7 | 4,3 |
| 8 000 ... 9 000 | 880 | 3,6 | 88,6 | 7,8 | 242 | 1,0 | 24,7 | 2,6 |
| 9 000 ... 10 000 | 641 | 2,6 | 72,0 | 6,3 | 150 | 0,6 | 17,0 | 1,8 |
| 10 000 oder mehr | 1 158 | 4,7 | 238,8 | 20,9 | 362 | 1,5 | 87,9 | 9,1 |
| Insgesamt | 24 600 | 100 | 1 142,0 | 100 | 24 600 | 100 | 967,8 | 100 |

[a] Ohne nichtentnommene Gewinne der Unternehmen ohne eigene Rechtspersönlichkeit.
[b] Erwerbs- und Vermögenseinkommen zuzüglich empfangener Übertragungen abzüglich direkter Steuern und sonstiger geleisteter Übertragungen.
Quelle: BEDAU/GÖSEKE [7.52], S. 372 f.

14 v. H. Die Zahl der Haushalte in der untersten Einkommensklasse geht drastisch zurück;

- Nur noch 8 v. H. der Haushalte beziehen Einkommen von 6000 DM und mehr, deren Anteil am Gesamteinkommen liegt noch bei 24 v. H.;
- Auf die „mittleren" Einkommen von 2000 DM bis unter 6000 DM entfallen jetzt je rund 60 v. H. der Haushalte und des verfügbaren Einkommens.

Insgesamt werden also die im Produktionsprozeß entstehenden Einkommen in dem in Bild 7.6 dargestellten und wohl mit dem Ausdruck „massiv" zu bewertenden Ausmaß in Richtung auf die unteren und mittleren Einkommen hin verschoben. Bei diesem Prozeß behalten die öffentlichen Haushalte gemäß Tabelle 7.7 die Differenz zwischen 1 142,0 Mrd. DM und 967,8 Mrd. DM gleich rund 15 v. H. des primären Einkommens ein. Da sie damit öffentliche Güter produzieren und unentgeltlich anbieten, die im Prinzip allen Haushalten gleichmäßig zur Verfügung stehen, wird das reale, am Verbrauch privater und öffentlicher Güter gemessene Einkommen hierdurch noch zusätzlich umverteilt.

Bild 7.6 – *Die Umschichtung der Erwerbs- und Vermögenseinkommen durch Übertragungen in der Bundesrepublik Deutschland 1981*

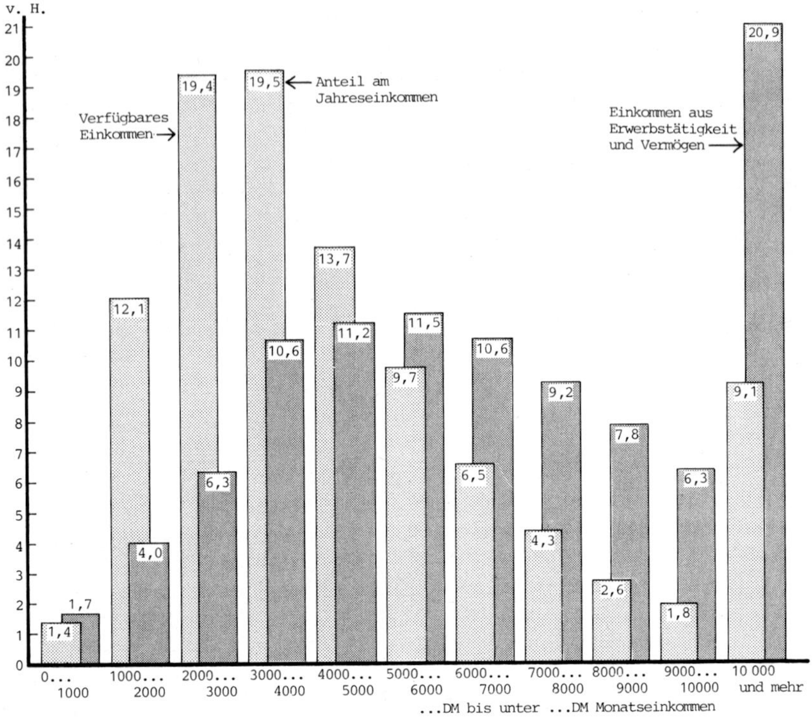


Quelle: Tabelle 7.7.

Gliedert man die Haushalte nach sozialen Gruppen, so ergeben sich weitere Einblicke in die personelle Einkommensverteilung. Tabelle 7.8 zeigt die Höhe des Monatseinkommens in der Bundesrepublik 1981 für sieben soziale Gruppen, getrennt nach Erwerbs- und Vermögenseinkommen, empfangenen und geleisteten Übertragungen und verfügbarem Einkommen. Bei den Erwerbs- und Vermögenseinkommen stehen die Selbständigen außerhalb der Land- und Forstwirtschaft mit rund 12 350 DM mit Abstand an der Spitze, wohingegen bei den übrigen Erwerbstätigengruppen keine erheblichen Unterschiede auftraten. Als bemerkenswert muß gelten, daß sich die Durchschnittseinkommen der Beamten und der Arbeiter kaum unterscheiden. Dies gilt jedoch nicht für die Nettoeinkommen, da die Beamten keine Zwangsbeiträge zu den Sozialversicherungen zu leisten haben. Die geleisteten Übertragungen waren bei den Selbständigen in Land- und Forstwirtschaft prozentual niedriger als bei allen anderen Erwerbstätigengruppen, worin sich ein Aspekt der Agrarpolitik der Bundesrepublik zeigt. Bei den übrigen Selbständigen machten sie 26,6 v. H., bei den Angestellten und Arbeitern dagegen je rund 40 v. H. der Bruttoeinkommen (Erwerbs- und Vermögenseinkommen zuzüglich empfangener Übertragungen) aus, worin sich ebenfalls die auf bestimmte Einkommenshöhen beschränkte Sozialversicherungspflicht zeigt. Wie zu erwarten, stehen sich die Empfänger öffentlicher Versorgungsleistungen (Gruppe 3.2) beim Nettoeinkommen besser als die Sozialrentner (Gruppe 3.1).

Bei der Interpretation der Zahlen von Tabelle 7.8 ist zu berücksichtigen, daß arithmetische Mittel bei Einkommensangaben die Situation der meisten Haushalte in jeder Gruppe zu günstig darstellen. Das liegt daran, daß auch in jedem Einkommensbereich die Einkommen in der Weise ungleichmäßig verteilt sind, daß die jeweils niedrigeren Einkommen wesentlich häufiger sind als die höheren. Ein grobes Beispiel zeigt dies: Haben 1000 Haushalte Monatseinkommen von je 2000 DM und 10 von 100 000 DM und faßt man sie zu einer Gruppe zusammen, dann beträgt das Durchschnittseinkommen 2970 DM und 99 v. H. der Haushalte liegen unter dem Durchschnittseinkommen, 1 v. H. darüber. Dieser Effekt zeigt sich auch beim Vergleich der Tabellen 7.7 und 7.8. Das monatliche Durchschnittseinkommen aus Erwerbstätigkeit und Vermögen aller Haushalte zusammen betrug 3869 DM, aber 54,4 v. H. von ihnen erreichten noch nicht einmal 3500 DM. Das durchschnittliche Nettoeinkommen betrug 3279 DM, aber 57,3 v. H. der Haushalte erreichte noch keine 3000 DM.

Tabelle 7.8 – *Durchschnittliches Monatseinkommen je Haushalt nach sozialen Gruppen in der Bundesrepublik Deutschland 1981*

| Haushaltsart | Zahl der Haushalte 1 000 | Erwerbs- und Vermögenseinkommen [a] | Empfangene Übertragungen | Geleistete Übertragungen | Nettoeinkommen [b] |
|---|---|---|---|---|---|
| | | DM je Haushalt, Monatsdurchschnitte | | | |
| 1. Selbständige | | | | | |
| 1.1 in der Land- und Forstwirtschaft | 430 | 4 496 | 326 | 804 | 4 017 |
| 1.2 in den übrigen Wirtschaftsbereichen | 1 535 | 12 351 | 195 | 3 341 | 9 205 |
| insgesamt | 1 965 | 10 632 | 224 | 2 786 | 8 070 |
| 2. Abhängige Erwerbspersonen | | | | | |
| 2.1 Angestellte | 5 685 | 5 748 | 401 | 2 513 | 3 636 |
| 2.2 Beamte, Richter | 1 445 | 4 988 | 255 | 1 228 | 4 016 |
| 2.3 Arbeiter | 6 390 | 4 624 | 488 | 2 021 | 3 091 |
| insgesamt | 13 520 | 5 136 | 427 | 2 143 | 3 419 |
| 3. Nichterwerbstätige | | | | | |
| 3.1 Rentner | 8 115 | 510 | 1 540 | 119 | 1 931 |
| 3.2 Versorgungsempfänger | 1 000 | 700 | 2 593 | 393 | 2 900 |
| insgesamt | 9 115 | 531 | 1 656 | 149 | 2 037 |
| Insgesamt | 24 600 | 3 869 | 866 | 1 456 | 3 279 |

[a, b] Anmerkungen siehe Tabelle 7.7.
Quelle: Berechnet nach BEDAU/GÖSEKE [7.52], S. 376–378.

4. **Vermögensverteilung.** Aus den Konten 2.16 (S. 76) oder 2.17 (S. 79) ergibt sich das Volksvermögen als Saldo, der gleich der Summe der Reinvermögen aller einzelnen Wirtschaftssubjekte oder Sektoren ist. Das Volksvermögen der Bundesrepublik hat seit der Währungsreform von 1948 erheblich zugenommen. Seit etwa dem Beginn der sechziger Jahre zeigt sich, daß die Verteilung dieses Vermögenszuwachses sehr ungleichmäßig ist: Einer Minderheit der privaten Haushalte ist der überwiegende Teil des Vermögenszuwachses zugefallen. (Hierbei wird wieder davon ausgegangen, daß sich die Unternehmen im Eigentum von privaten und öffentlichen Haushalten befinden.) Um diesen Sachverhalt wird seitdem eine wirtschaftspolitische Diskussion in der Bundesrepublik geführt, in der vor allem Methoden zur Herbeiführung einer gleichmäßigeren Vermögensverteilung erörtert werden. Im umgekehrten Verhältnis zu der Zahl der Publikationen über Vermögensbildungs- und -verteilungspläne und auch der vermögenspolitischen Maßnahmen steht jedoch zur Zeit noch die statistische Kenntnis über die Vermögensverteilung in der Bundesrepublik.

Man kann die Vermögensverteilung in einem Land auf mehrere Arten ermitteln:

(1) Direkt durch Erfassung der Bestandsgrößen an einem Stichtag, die gemäß der zugrundegelegten Definition Vermögen sind. Hierfür kommen in Frage
   1.1 Eine Totalerhebung mittels Befragung aller privaten und öffentlichen Haushalte sowie der privaten Organisationen ohne Erwerbszweck, also ein *Vermögenszensus;*
   1.2 Befragung der genannten Wirtschaftssubjekte im Rahmen einer Stichprobe;
   1.3 Heranziehung von Statistiken über Bestandsgrößen, die nicht primär zwecks Ermittlung der Vermögensverteilung erhoben wurden, also von Sekundärstatistiken. Hierfür kommen in der Bundesrepublik vor allem die Vermögensteuer- und die Einheitswertstatistik in Frage.

(2) Indirekt durch Schlüsse von Stromgrößen auf Vermögensbestände. Dies ist versucht worden
   2.1 Durch Kapitalisierung (vgl. S. 52) von Vermögenseinkommen;
   2.2 Durch Kumulierung beobachteter Werte von Stromgrößen wie Sachinvestition oder Ersparnis, die für die Investoren oder Sparer Vermögensbildung bedeuten, über längere Zeiträume.

Die unter (2) genannten Verfahren weisen erhebliche Mängel auf und können daher nur hilfsweise verwendet werden. Viele Vermögensobjekte erbringen keine oder nur geringe laufende Erträge, so daß die Kapitalisierung der vorhandenen Erträge ein lückenhaftes Bild der Vermögensverteilung ergibt. Probleme des Verfahrens 2.2 bestehen vor allem darin, daß Anfangsbestände geschätzt werden müssen, und daß sich die Zusammensetzung der betrachteten sozialen Gruppen im Zeitablauf ändert. Kumuliert man etwa die jährliche Ersparnis einer sozialen Gruppe „Arbeiter" und einer anderen Gruppe „Landwirte", so müßte berücksichtigt werden, daß etwa in der Bundesrepublik seit 1950 „Arbeiter" zunehmend zu „Angestellten" werden und daß die Zahl der Landwirte erheblich zurückgegangen ist. Das bedeutet Wechsel von Personen zwischen sozialen Gruppen und damit Änderung der Vermögensverteilung, die von dem Verfahren 2.2 nicht erfaßt werden kann. Ein weiteres Problem ist hier das der Wertänderungen am bestehenden Vermögen (vgl. S. 80).

Einen Vermögenszensus hat es in der Bundesrepublik bisher nicht gegeben. Erhebungen über die Vermögenssituation der privaten Haushalte werden vom Statistischen Bundesamt jedoch im Rahmen der Einkommens- und Verbrauchsstichproben (bisher fünfmal seit 1962/63) angestellt. Bei der vierten dieser Stichproben zeigte sich aufgrund der Befragung von rund 47 000 Haushalten beispielsweise, daß Ende 1978 von den rund 22 Mill. Haushalten, auf deren Vermögenssituation aufgrund der Anlage der Stichprobe geschlossen werden konnte, 91 v. H. über Sparguthaben von durchschnittlich 10 800 DM, 70 v. H. über Lebensversicherungsverträge, 44 v. H. über Haus- und Grundbesitz mit einem durchschnittlichen Einheitswert von 39 500 DM, 37 v. H. über Bausparverträge und 26 v. H. über Wertpapiere mit einem durchschnittlichen Kurswert von 18 100 DM verfügten.[18] Die Angaben sind einerseits nach der Höhe der einzelnen Vermögensbestände, anderseits nach dem monatlichen Einkommen der Haushalte, ihrer Zugehörigkeit zu sozialen Gruppen (Landwirte, Übrige Selbständige, Beamte, Angestellte, Arbeiter und Nichterwerbstätige) sowie nach dem Alter des Haushaltsvorstandes unterteilt. Die Stichprobe vermittelt den Eindruck, daß Kleinst- und Kleinvermögen (ohne dauerhafte Konsumgüter) in der Bundesrepublik breit gestreut sind. Sie erlaubt jedoch zunächst noch keine einigermaßen verläßlichen Aussagen über die durchschnittliche Höhe des Vermögens in den einzelnen Bevölkerungsgruppen. Dies liegt unter anderem an einer systematischen Untererfassung, da bei diesen Stichprobenerhebungen keine Auskunftspflicht besteht, die Angaben nicht nachgeprüft werden können, nicht nach allen Vermögensarten gefragt wurde und überdies Haushalte in Anstalten sowie solche mit einem monatlichen Nettoeinkommen ab 20 000 DM nicht befragt wurden. Selbst bei den Sparguthaben kommt man bei einer Hochrechnung aufgrund der Stichprobe nur auf den Gesamtbetrag von etwa 217 Mrd. DM. Dem steht für Ende 1978 die Angabe der Bundesbank über die Höhe der Sparguthaben der privaten Haushalte von 471 Mrd. DM gegenüber.[19] Es muß hinzugefügt werden, daß die Zusammenfassung kleiner und kleinster Forderungsbestände an Bargeld, Sicht- und Sparguthaben nur gesamtwirtschaftlich als Vermögen bezeichnet werden kann. Einzelwirtschaftlich erfüllen diese Beträge keine Vermögensfunktion, sondern dienen häufig nur der Liquiditätsvorsorge. Es ist daher auch nicht zu erwarten, daß ihre Inhaber die für Vermögensbesitzer typischen Werthaltungen und Verhaltensweisen zeigen.

Neben Stichprobenerhebungen hat das unter 1.3 genannte Verfahren bisher die größte Bedeutung gehabt. Die Nachteile der Heranziehung einer Sekundärstatistik wie etwa der Vermögensteuerstatistik sind im wesentlichen die folgenden. Wegen der steuerlichen Freigrenzen wird die Masse der kleineren Vermögen nicht erfaßt, obwohl diese sowohl für ihre Eigentümer als auch von vermögenspolitischen Gesichtspunkten her betrachtet erhebliche Bedeutung haben können. Nichtnatürliche Personen wie Aktiengesellschaften, Gesellschaften mit beschränkter Haftung, Genossenschaften und andere sind ebenfalls vermögensteuerpflichtig, ohne daß man ihr Vermögen ohne weiteres den privaten Haushalten zurechnen könnte. Schließlich werden manche Vermögensobjekte steuerlich mit Werten angesetzt, die nur Bruchteile der heutigen Marktwerte betragen, so der Haus- und Grundbesitz noch mit den Einheitswerten von 1964. Ein großer Teil dieses Vermögens bleibt damit unterhalb der Freigrenzen und wird statistisch nicht erfaßt.

---

[18] EULER [7.66]; M. EULER: Privates Grundvermögen Ende 1978. Ergebnis der Einkommens- und Verbrauchsstichprobe 1978. WiSta 6/1981, S. 391–399.

[19] Zahlenübersichten . . . [4.18], S. 138.

Tabelle 7.9 zeigt die Vermögensverteilung in der Bundesrepublik Ende 1973 aufgrund ihrer bisher wohl gründlichsten Untersuchung. Grundlage ist die Einkommens- und Verbrauchsstichprobe 1973 des Statistischen Bundesamts, die durch anderes Material und Schätzungen ergänzt wurde. An Bruttovermögenskategorien wurden Geldvermögen (Bargeld, Sicht-, Termin-, Spar- und Bausparguthaben, Forderungen an Lebensversicherungsunternehmen, Wertpapiere), Haus- und Grundbesitz sowie das Produktivvermögen einbezogen und Schulden (auf Immobilien und Konsumentenkredite) abgezogen. Nicht berücksichtigt wurden Ansprüche an die gesetzlichen Rentenversicherungen, das staatliche, das Arbeits- und das Gebrauchsvermögen der privaten Haushalte. Auch Kunstwerke, Edelmetalle und Sammlungen wurden nicht erfaßt. Beim Produktiv- und beim Haus- und Grundvermögen wurden Verkehrswerte zugrundegelegt. Das Ergebnis ist als erhebliche Vermögenskonzentration zu bewerten:

- Etwa 8 v. H. der Haushalte, gut 1,7 Mill., haben kein oder ein negatives Reinvermögen;
- Rund drei Viertel (14,6 Mill.) der Haushalte mit positivem Reinvermögen (19,8 Mill.) besitzen Kleinst- und Kleinvermögen unter 100 000 DM, hielten damit aber nur 18,4 v. H. des (positiven) Gesamtvermögens;
- 217 000 Vermögensmillionäre, die 1,0 v. H. aller Haushalte ausmachten, besaßen ein Viertel des Gesamtvermögens.

Alle bisher bekannten Untersuchungen der Vermögensverteilung in der Bundesrepublik erfassen nicht das gesamte Vermögen der privaten Haushalte, wenngleich die eben genannte wohl alle wesentlichen Vermögensteile berücksichtigt. Die bisherigen

Tabelle 7.9 – *Die Vermögensverteilung in der Bundesrepublik Deutschland Ende 1973*

| Vermögen von ... bis unter ... DM | Haushalte | | Vermögen [a] | | Durchschnittsvermögen je Haushalt DM |
|---|---|---|---|---|---|
| | Zahl 1 000 | v. H. | Mill. DM | v. H. | |
| unter ........ – 2 500 | 840 | 3,9 | – 10 283 | – 0,5 | – 12 200 |
| – 2 500 ........... 0 | 525 | 2,4 | – 71 | – 0,0 | – 140 |
| 0 | 359 | 1,7 | 0 | 0 | 0 |
| 0 ....... 2 500 | 1 193 | 5,5 | 1 563 | 0,1 | 1 300 |
| 2 500 ....... 5 000 | 1 122 | 5,2 | 4 244 | 0,2 | 3 800 |
| 5 000 ....... 10 000 | 2 442 | 11,3 | 17 942 | 0,8 | 7 300 |
| 10 000 ....... 20 000 | 3 135 | 14,6 | 44 742 | 2,0 | 14 300 |
| 20 000 ....... 35 000 | 2 418 | 11,2 | 63 713 | 2,9 | 26 300 |
| 35 000 ...... 100 000 | 4 328 | 20,1 | 267 886 | 12,3 | 61 900 |
| 100 000 ...... 500 000 | 4 561 | 21,2 | 952 274 | 43,6 | 209 000 |
| 500 000 ....... 1 Mill. | 401 | 1,9 | 265 933 | 12,2 | 663 000 |
| 1 Mill. ...... 2,5 Mill. | 117 | 0,5 | 235 802 | 10,8 | 2,0 Mill. |
| 2,5 Mill. und mehr | 100 | 0,5 | 342 782 | 15,7 | 3,4 Mill. |
| Insgesamt | 21 541 | 100 | 2 186 525 | 100 | 100 400 |

[a] Einzelheiten zu Definition und Erfassungsgrad siehe Text.

Quelle: MIERHEIM/WICKE [7.63], S. 56.

Untersuchungen sind aber noch aus einem prinzipiellen Grund unvollständig. Vermögen hat wie Geld für seinen Inhaber mehrere Funktionen. Eine davon ist, bei Arbeitsunfähigkeit von Vermögenserträgen leben zu können. Selbständig Tätige sind im gegenwärtigen Wirtschaftssystem gezwungen, Vermögen mit dieser Versorgungsfunktion zu bilden. Unselbständig Beschäftigte außer den Beamten sind dieser Notwendigkeit zwangsweise dadurch enthoben, daß sie zusammen mit den Arbeitgebern Beiträge zu den Sozialversicherungen leisten, von denen sie bei Arbeitsunfähigkeit Zahlungen erhalten (vgl. S. 132). Beamte haben Rechtsansprüche auf Pensionen. Gemäß dem S. 51f. geschilderten Verfahren kann nun der Gegenwartswert aller zukünftigen Zahlungen der Rentenversicherungen an die jetzt lebenden Beitragszahler und Rentenbezieher geschätzt und als deren Vermögen betrachtet werden, da diese Ansprüche zweifellos eine wichtige Vermögensfunktion erfüllen. Dieser Gegenwartswert ist bei einem Diskontierungssatz von 5,5 v.H. per Ende 1973 auf knapp 1,5 Bill. DM geschätzt worden. Da die diskontierten Versorgungsansprüche sowohl der Sozialrentenempfänger als auch der am Stichtag noch Erwerbstätigen ganz überwiegend Personen ohne nennenswertes sonstiges Vermögen oder mit Kleinvermögen zustehen, erhält man bei ihrer Einbeziehung in die Vermögensdefinition eine wesentlich gleichmäßigere Vermögensverteilung in der Bundesrepublik.[20]

Damit liegt hier der sonst nicht so klar hervortretende Fall vor, daß die Wahl einer Definition auch eine politische Entscheidung ist: Bezieht man die Ansprüche der unselbständig Beschäftigten an die Sozialversicherungen mit ihren Gegenwartswerten in die Vermögensdefinition ein, so ergibt sich ein gänzlich anderes Bild der Vermögensverteilung als ohne diese Einbeziehung. Es gibt gute Gründe, diese Ansprüche nicht einzubeziehen. Der wichtigste ist, daß beispielsweise die Rentenversicherungen nicht wie private Lebensversicherungen nach dem Prinzip arbeiten, aus den Beiträgen Vermögen aufzubauen, das – vermehrt um die Vermögenserträge und vermindert um die Verwaltungsaufwendungen – den Versicherten nach deren Ausscheiden aus dem Arbeitsleben in Form von Renten ausgezahlt wird. Statt dessen arbeitet die Sozialversicherung im wesentlichen nach dem Umlageprinzip, gemäß dem die laufenden Beitragseingänge ebenso laufend wieder ausgeschüttet werden, so daß lediglich eine Umverteilung stattfindet. Da die Vermögensverteilung in der Bundesrepublik jedoch auch zur Beurteilung ihres Wirtschaftssystems herangezogen wird, sollte man die Tatsache, daß die Sozialversicherung für die Mehrheit der Bevölkerung eine wichtige Vermögensfunktion gewährleistet, nicht ignorieren.

## V. Preisstrukturen

**1. Relative Preise.** Nimmt man zwei Güter, legt die physischen Maßeinheiten für sie fest und betrachtet ihre Preise je Mengeneinheit, dann lassen sich diese, wie S. 140 gezeigt, zu einem Preisindex zusammenfassen, mit dem die zeitliche Entwicklung des Preisniveaus beider Güter gemessen wird. Das Verhältnis der beiden Preise zueinander ist das Realtauschverhältnis der beiden Güter. Ihm entspricht eine *Preis-*

---

[20] Vgl. Hober [7.64], S. 130 für die Zahlenangabe und S. 141 für die beiden Lorenzkurven.

*struktur,* die jedoch hierbei nicht weiter beachtet wird und im Rechengang untergeht, da der (Laspeyres-)Preisindex das mit den Mengen oder der Ausgabenstruktur der Basisperiode gewogene arithmetische Mittel der Preise im jeweiligen Berichtsjahr angibt. Bei vielen Fragestellungen ist es jedoch wichtig festzustellen, wie sich die Preise für bestimmte Gütergruppen relativ zueinander entwickeln und damit andere Aspekte des Strukturwandels begleiten. Wichtige Fälle von Änderungen der Preisstruktur sind etwa:

- Im Zuge des technischen Fortschritts kommen neue Güter auf den Markt, deren zunächst hohe Preise mit wachsenden Produktmengen rasch sinken und die Güter so für zunehmend breitere Anwendungen und Käuferschichten attraktiv machen. Beispiel aus den letzten Jahren ist die Mikroelektronik mit ihren Anwendungsbereichen Datenverarbeitungs- und Steuergeräte bis hin zu neuen dauerhaften Konsumgütern. Generell gilt, daß Änderungen der intersektoralen Realtauschverhältnisse Substitutionen auslösen;
- Änderungen von Währungskursen bedeuten Verschiebungen der Preisstruktur Inland/Ausland, die sich auf die Exporte und Importe der beteiligten Länder auswirken, sofern die Währungskursänderung nicht lediglich ihrerseits die Änderungen der Preisrelationen widerspiegelt. Gleichzeitig ändert sich die Kaufkraft der betroffenen Währungen im jeweils anderen Land;
- In vielen Ländern wird wirtschaftspolitisch eingegriffen, um das Preisniveau der Erzeugnisse bestimmter Wirtschaftszweige relativ zu anderen Preisen hochzuhalten. Bekanntestes Beispiel ist die Landwirtschaft;
- Das Verhältnis der Nominaleinkommen bestimmter Bevölkerungsgruppen zu den Preisen der von ihnen hauptsächlich gekauften Konsumgüter bestimmt den Lebensstandard dieser Gruppen relativ zur übrigen Bevölkerung. Hieraus ergeben sich Realeinkommensvergleiche, die entsprechend auch international angestellt werden können;
- Aus der Entwicklung der Preise für die Erzeugnisse eines Wirtschaftszweigs relativ zur Entwicklung der Preise seiner Produktionsfaktoren, insbesondere der Löhne, bestimmt sich nach Berücksichtigung der Produktivitätsentwicklung (vgl. S. 152 f.) die Gewinnsituation für die Unternehmen des Zweiges. Bezieht man die Gewinne auf die eingesetzten Mittel, erhält man deren Rendite (vgl. S. 51 f.). Der Vergleich der Wirtschaftszweige untereinander unter diesem Aspekt ergibt die *Renditestruktur* des produzierenden Bereichs einer Volkswirtschaft. Deren längerfristige Entwicklung entscheidet darüber, welche Wirtschaftszweige expandieren, stagnieren oder schrumpfen. Dies bedingt eine entsprechende Entwicklung der relativen Investitionstätigkeit;
- Steigt der Preis eines Produktionsfaktors rascher als die übrigen Preise, werden Substitutionsprozesse mit dem Ziel in Gang gesetzt, den Einsatz des Faktors zu verringern. Generell ist dies eine seit vielen Jahrzehnten zu beobachtende Entwicklung beim Faktor „menschliche Arbeitsleistung", deren Entlohnung relativ zu den Preisen der anderen Faktoren ständig gestiegen ist. Speziell liegt ein solcher Fall seit Anfang der siebziger Jahre bei Erdöl mitsamt seinen Produkten und als Folge davon auch bei den anderen Energieträgern vor;
- Die Entwicklung der intrasektoralen Lohnstruktur in bezug auf Qualifikationsunterschiede, Geschlecht und Regionen ist ein Bestimmungsgrund für die Lage am

Arbeitsmarkt. Vereinbaren die Arbeitsmarktpartner relativ höhere Lohnsätze für niedrig qualifizierte Tätigkeiten, wird es unrentabel, die entsprechenden Arbeitsplätze zu besetzen, und diese werden abgeschafft;

- Denkt man sich die produzierenden Einheiten einer Volkswirtschaft in Stufen hintereinander angeordnet (was wegen der allgemeinen Interdependenz nicht vollständig gelingen kann, vgl. die Input-Output-Tabelle 6.4, S. 272 f.), so ist erkennbar, daß sich beispielsweise eine allgemeine Preiserhöhung bei den Importen, den Energieträgern oder wichtigen Rohstoffen schrittweise im Zeitablauf durch die Stufen des volkswirtschaftlichen Produktionsprozesses sozusagen hindurcharbeitet, bis sie zum Schluß die Preise der Konsumgüter erreicht. Die damit verbundenen Änderungen der Preisstruktur werden in einer *Theorie des intersektoralen Preiszusammenhangs* untersucht.

Im folgenden werden im Hinblick auf die vorstehenden Fragestellungen einige Preisindizes vorgestellt, wie sie in der Bundesrepublik laufend berechnet und veröffentlicht werden. 1982 war Basisjahr für diese noch 1976, ab 1983 wurden sie nach und nach auf das Basisjahr 1980 umgestellt. Gemäß einer Empfehlung der EG soll das Basisjahr alle fünf Jahre wechseln und mit einer 0 oder 5 enden[21].

**2. Preisindizes für die Lebenshaltung.** Zu den bekanntesten Preisindizes, die monatlich vom Statistischen Bundesamt berechnet und häufig in der Tagespresse erwähnt werden, gehören die *Preisindizes für die Lebenshaltung*. Jeder solche Index soll angeben, wie sich das Preisniveau für das von einem typischen privaten Haushalt laufend gekaufte typische Gütersortiment im Zeitablauf entwickelt. Schwierigkeiten bestehen hier darin, Einigkeit darüber zu erzielen, was als typischer Haushalt anzusehen ist und welches der typische Warenkorb ist.

Art und Menge der von einem Haushalt gekauften Güter werden von seinen Präferenzen, seiner Größe und Zusammensetzung, aber vor allem von der Höhe seines Einkommens beeinflußt. Je höher das Einkommen ist, um so höher sind auch die Konsumausgaben und der Anteil der qualitativ hochwertigen und teuren Konsumgüter. Demnach müßten viele Einkommensgruppen gebildet und für jede ein Preisindex für die Lebenshaltung berechnet werden. Dies würde jedoch das Bild unübersichtlich machen. Das Statistische Bundesamt berechnet zur Zeit fünf Preisindizes für die Lebenshaltung, und zwar für

(1) *Alle privaten Haushalte.*
Der Index bezieht sich auf die privaten Haushalte im Inland ohne in Anstalten lebende und ohne Ausländerhaushalte. Rechnerisch besteht der Durchschnittshaushalt aus 2,6 Personen mit monatlichen Verbrauchsausgaben im Basisjahr 1976 von 2326 DM.[22]

(2) *4-Personen-Haushalte von Angestellten und Beamten mit höherem Einkommen.*
Dies sind städtische Haushalte mit zwei Erwachsenen und zwei Kindern, von denen mindestens eines unter 15 Jahre alt ist. Die monatlichen Verbrauchsausgaben im Basisjahr 1976 betrugen 3298 DM.

---

[21] Vgl. ANGERMANN [7.71], S. 204.

[22] Zahlenangaben in diesem Abschnitt nach RASCH [7.72] und [7.73].

(3) *4-Personen-Arbeitnehmerhaushalte mit mittlerem Einkommen.*
Städtische Haushalte mit alleinverdienendem Haushaltsvorstand, bestehend aus zwei Erwachsenen und zwei Kindern, darunter mindestens eins unter 15 Jahre alt. Die monatlichen Verbrauchsausgaben im Basisjahr 1976 betrugen 2053 DM.

(4) *2-Personen-Haushalte von Renten- und Sozialhilfeempfängern.*
Haushalte mit zwei älteren Erwachsenen mit einem Einkommensbezieher, im Basisjahr 1976 monatliche Verbrauchsausgaben von 889 DM.

(5) *Die einfache Lebenshaltung eines Kindes.*
Das Wägungsschema dieses Index beruht nicht auf Beobachtungen tatsächlicher Ausgaben, sondern auf einem normativen Bedarfsschema für die Mindestlebenshaltung eines Erstkindes aufgrund des Bedarfs solcher Kinder im 1. bis 18. Lebensjahr. Das Schema stammt aus dem Jahre 1976.

Der wichtigste und in der Öffentlichkeit bekannteste dieser Indizes ist der unter (1) genannte. Ihm liegt ein Warenkorb mit 778 Indexpositionen, das heißt Arten von Sachgütern und Dienstleistungen, zugrunde, in denen jeweils eine größere Zahl einzelner Preise zusammengefaßt ist. So werden für die beiden Positionen „Urlaubsreisen im Sommer" und „Urlaubsreisen im Winter" zusammen mehr als 1000 Einzelpreise beobachtet, in die Position „Dienstleistungen der Banken" gehen 600 Preisreihen ein, und bei den Arzneimitteln werden 150 Preise ermittelt. Tabelle 7.10 zeigt in der letzten und vorletzten Spalte die Aufteilung der Gesamtausgaben 1976 von 2326 DM auf 9 Güterhauptgruppen und das darauf aufbauende Wägungsschema für die Preismeßzahlen. Danach entfielen ein gutes Viertel der Ausgaben auf Nahrungs- und Genußmittel, ein gutes Achtel auf die Wohnungsmiete und 5 v. H. auf Energieträger. Die Güterhauptgruppen sind weitgehend unterteilt, so etwa die Hauptgruppe 5 in die sieben Gruppen Möbel; Heimtexilien, Haushaltswäsche; Heiz- und Kochgeräte, Beleuchtungskörper; Haushaltsmaschinen und -geräte; Tapeten, Farben, Baustoffe, Wohnungsreparaturen u. a.; Wäscherei und Reinigung; Sonstige Waren und Dienstleistungen für die Haushaltsführung. Diese Gruppen sind ihrerseits weiter untergliedert.

Bei den anderen Indizes verteilen sich die Gewichte der Güterhauptgruppen so, daß der Anteil der Nahrungs- und Genußmittel bei den Angestellten und Beamten mit höherem Einkommen niedriger (22,85 v. H.), bei den Arbeitnehmern mit mittlerem Einkommen dagegen bei 30,27 v. H. und bei den Rentnern und Sozialhilfeempfängern bei 38,81 v. H. liegt. Es zeigt sich hier im Querschnitt durch vier Verbrauchergruppen, die sich vor allem in der Höhe der monatlichen Verbrauchsausgaben und damit des Einkommens unterscheiden, daß der Anteil der Ausgaben für Nahrungsmittel um so kleiner wird, je höher das Einkommen ist. Diese Regelmäßigkeit nennt man das *Engelsche Gesetz.*[23] Tabelle 7.10 läßt erkennen, daß es auch im Zeitablauf bei derselben Haushaltsgruppe gilt: Der Anteil betrug 1962 noch fast 40 v. H. und ging bis 1970 auf ein Drittel zurück. Die Ausgabenanteile für andere Güterkategorien nahmen entsprechend zu, so insbesondere die der Hauptgruppen 6 und 9.

Die Warenkörbe der unter (1) bis (4) genannten Preisindizes werden anhand der Ergebnisse der Einkommens- und Verbrauchsstichproben sowie aufgrund laufender

---

[23] ERNST ENGEL (1821–1896) veröffentlichte 1857 als Direktor des Königlich Sächsischen Statistischen Bureaus eine Untersuchung über das Konsumverhalten, in der er auf diese Regelmäßigkeit hinwies.

Tabelle 7.10 – *Wägungsschemata 1962, 1970 und 1976 des Preisindex für die Lebenshaltung aller privaten Haushalte der Bundesrepublik Deutschland*

| Güterhauptgruppen | v. T. der Gesamtausgaben | | | Monatliche Ausgaben 1976 |
|---|---|---|---|---|
| | 1962 | 1970 | 1976 | DM |
| 1. Nahrungs- und Genußmittel | 398,48 | 333,30 | 266,72 | 620,43 |
| 2. Kleidung, Schuhe | 119,63 | 100,79 | 87,46 | 203,44 |
| 3. Wohnungsmiete | 109,85 | 126,16 | 133,27 | 310,01 |
| 4. Elektrizität, Gas, Brennstoffe | 41,38 | 45,86 | 49,13 | 114,28 |
| 5. Übrige Waren und Dienstleistungen für die Haushaltsführung | 117,12 | 113,60 | 100,10 | 232,85 |
| 6. Waren und Dienstleistungen für Verkehrszwecke, Nachrichtenübermittlung | 77,47 | 105,37 | 147,53 | 343,19 |
| 7. Waren und Dienstleistungen für die Körper- und Gesundheitspflege | 34,26 | 40,41 | 43,16 | 100,39 |
| 8. Waren und Dienstleistungen für Bildungs- und Unterhaltungszwecke | 64,28 | 60,72 | 78,73 | 183,14 |
| 9. Persönliche Ausstattung, sonstige Waren und Dienstleistungen | 37,53 | 73,79 | 93,90 | 218,42 |
| Lebenshaltung insgesamt | 1000 | 1000 | 1000 | 2326,15 |

Quelle: WiSta 11/1979, S. 811, 797*.

*Wirtschaftsrechnungen* zusammengestellt und von Zeit zu Zeit an die tatsächliche Entwicklung angepaßt. Bei diesen Wirtschaftsrechnungen handelt es sich um Aufzeichnungen von zur Zeit rund 950 Haushalten, die im Auftrag des Statistischen Bundesamts gegen eine Entschädigung über ihre Ausgaben Buch führen.

Wer aus der Entwicklung solcher allgemeiner Preisindizes auf seine eigene ökonomische Situation schließen will, müßte den Index für die ihm an nächsten stehende Personen- und damit Einkommensgruppe betrachten. Dabei wäre aber zu berücksichtigen, daß sein persönlicher Warenkorb möglicherweise einige Gütergruppen nicht enthält. Ein Nichtraucher braucht sich um die Preisentwicklung von Tabakwaren (Gewicht im Preisindex für alle privaten Haushalte: 19,99 v. T.) nicht zu kümmern; der Inhaber einer eigenen Wohnung kann die Miete (Gewicht: 133,27 v. T.) ignorieren; wer nicht mit Öl (Gewicht: 12,54 v. T.) heizt, wird von dessen Preis nicht unmittelbar berührt; und wer kein Kraftfahrzeug (Gewicht: 115,21 v. T. zuzüglich Haftpflichtversicherung 11,58 v. T. und Kraftfahrzeugsteuer 5,37 v. T.) fährt oder keinen Garten (Gewicht: 5,40 v. T.) hat, kann die Einflüsse der damit zusammenhängenden Preise vernachlässigen. Da wohl keine zwei Haushalte identische Konsumgewohnheiten haben, gibt es für jeden Haushalt ein nur für ihn relevantes Preisniveau.

Bild 7.7 – *Preisindex für die Lebenshaltung und Teilindizes in der Bundesrepublik Deutschland*[a], *1950–1983*

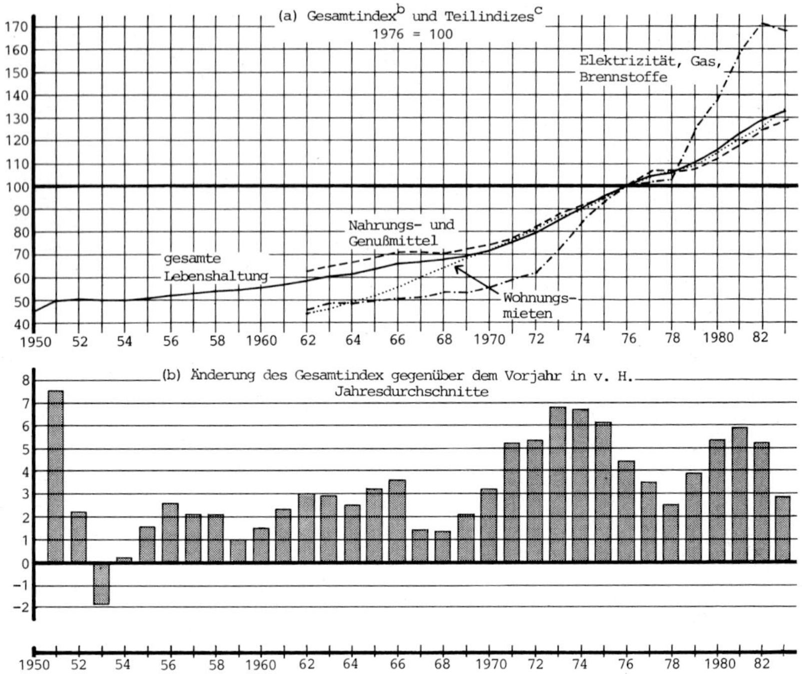


[a] Bis 1959 ohne Saarland, bis 1961 ohne Berlin (West).
[b] Gemessen am mehrfach verketteten Preisindex für die Lebenshaltung von Arbeitnehmerhaushalten mit mittlerem Einkommen.
[c] Teilindizes des Preisindex für die Lebenshaltung aller privaten Haushalte.
Quelle: Sachverständigenrat . . . [I. 24], S. 372; Stat. Jb. BRD 1983, S. 508; WiSta 1/1984, S. 12*.

Bild 7.7 zeigt im oberen Teil mit der durchgezogenen Linie die Entwicklung des Preisindex für die Lebenshaltung von 4-Personen-Arbeitnehmerhaushalten mit mittlerem Einkommen von 1950 bis 1983 (nur für diesen Index liegen Werte ab 1950 vor.) Die ebenfalls eingezeichneten drei Teilindizes des Preisindex für die Lebenshaltung aller privaten Haushalte ab 1962 lassen erkennen, daß ein Gesamtindex das Ergebnis durchaus unterschiedlicher Bewegungen seiner Teilindizes sein kann. Der Teilindex für Nahrungs- und Genußmittel verlief, auch wegen seines höheren Gewichts, annähernd wie der Gesamtindex, aber die Wohnungsmieten sind insgesamt wesentlich stärker gestiegen, und der Teilindex für Elektrizität, Gas und Brennstoffe hat sich seit 1973 wegen der starken Preissteigerungen für Mineralöl, seine Produkte und andere Energieträger von der allgemeinen Entwicklung gelöst. Im unteren Teil des Bildes sind die jährlichen Preisänderungsraten zu sehen. Danach wird das wirtschaftliche Wachstum der Bundesrepublik seit 1955 von einem ständigen Anstieg der Preise für die Lebenshaltung begleitet. Der Anstieg schwächte sich von 1957 bis 1960 etwas ab, ging erneut 1967/68 im Zuge der damaligen Rezession zurück, beschleunigte sich dann bis 1974, flachte sich abermals bis 1978 ab und nahm bis 1981 wieder zu. Insgesamt kann er als „wellenförmig" bezeichnet werden. Wenn der Preisindex für die Lebenshaltung in einem Land Jahr für Jahr zwischen etwa 2,5 v. H. und 5 v. H. steigt, spricht man von *schleichender Inflation.* Allerdings gibt es keine einheitliche Ansicht darüber, wann eine Inflation noch „schleichend" genannt werden kann und wann sie – etwa – schon „trabt" oder gar „galoppiert".

**3. Preisindex und Kaufkraft des Geldes.** Die Tatsache, daß ein Gut teurer geworden ist, kann auch durch die Aussage ausgedrückt werden, das Geld oder seine Einheit habe an Wert verloren, oder seine *Kaufkraft* habe sich verringert. Hierfür gilt

Def. 7.2: *Die Kaufkraft der Geldeinheit in bezug auf ein bestimmtes Gut ist der reziproke Wert des Preises je Mengeneinheit dieses Gutes.*

Beträgt der Preis beispielsweise in einer Ausgangssituation $p_1 = 8$ DM/kg, dann ist die Kaufkraft der Geldeinheit $1/p_1 = 0{,}125$ kg/DM, eben die Menge, die man mit einer DM kaufen kann. Steigt nun der Preis auf $p_2 = 10$ DM/kg, dann sinkt die Kaufkraft der Geldeinheit auf $1/p_2 = 0{,}1$ kg/DM. Diese Überlegungen lassen sich auf Preismeßzahlen und Preisindizes (vgl. S. 139 ff.) wie folgt anwenden. Die Preisänderung $p_2/p_1 = 1{,}25$ ergibt, wenn man den Ausgangspreis $p_1$ gleich 100 setzt, die Preismeßzahl 125. Steigt der Preis weiter auf $p_3 = 16$ DM/kg, erhält man als weitere Preismeßzahl $p_3/p_1 = 200$. Mehrere Preismeßzahlen, mit Hilfe eines gleichbleibenden Wägungsschemas zusammengefügt, ergeben einen Preisindex. Will man wissen, wie sich das betrachtete Preisniveau von einer Basisperiode $t$ zu einer Vergleichsperiode $t+i$ geändert hat, bildet man den Quotienten

$$\text{Änderung des Preisniveaus} = \frac{\text{Stand des Preisindex in der Vergleichsperiode } t+i}{\text{Stand des Preisindex in der Basisperiode } t} \tag{7.13}$$

und erhält nach Multiplikation mit 100 die prozentuale Änderung des Preisniveaus. Im Zahlenbeispiel ergibt sich für die Änderung von Periode 2 zu Periode 3 unabhängig davon, ob man mit den Preisen $p_2 = 10$ DM/kg und $p_3 = 16$ DM/kg oder den Preismeßzahlen 125 und 200 rechnet oder diese als Preisindizes auffaßt, eine Zunahme um 60 v. H.

Wie berechnet man die gleichzeitige Entwicklung der Kaufkraft? Offenbar erhält man die Änderung der Kaufkraft von Periode $t$ zu Periode $t+i$, indem man entsprechend die Kaufkraft der Geldeinheit in $t+i$ durch die Kaufkraft in $t$ dividiert. Da die beiden Kaufkraftwerte aber gleich den reziproken Werten der jeweiligen Preise oder Preisindizes sind, ist $1/p_{t+i}$ durch $1/p_t$ zu dividieren, so daß sich der Quotient

$$\text{Änderung der Kaufkraft} = \frac{\text{Stand des Preisindex in der Basisperiode } t}{\text{Stand des Preisindex in der Vergleichsperiode } t+i} \tag{7.14}$$

ergibt. Im Zahlenbeispiel erhält man aus dieser Gleichung für die Änderung von Periode 2 auf Periode 3 den Wert $125/200 = 0{,}625$, was besagt: Die Kaufkraft ist von 100 in Periode 2 auf 62,5 in Periode 3 gesunken, hat sich also um 37,5 v. H. verringert. Beim Vergleich von Periode 3 mit Periode 1 hat sich der Preis verdoppelt, die Kaufkraft halbiert.

Der in Bild 7.7 (S. 340) dargestellte Gesamtindex hatte 1950 den Wert 46,2, 1960: 55,6, 1970: 71,5 und 1983: 133,0. Hieraus ergibt sich gemäß Gleichung (7.14) folgende Entwicklung der Kaufkraft der Deutschen Mark in den Händen eines Arbeitnehmerhaushalts mit mittlerem Einkommen:

- 1983 hatte die DM noch ein Drittel der Kaufkraft von 1950;
- Von 1960 bis 1983 sank die Kaufkraft um 58 v. H.;
- Von 1970 bis 1983 hat sich die Kaufkraft knapp halbiert.

Diese Angaben sagen, für sich genommen, nur etwas über das Ausmaß der Preissteigerungen und damit der Geldentwertung in der Bundesrepublik aus. Will man wissen, wie sich in derselben Zeit das Realeinkommen der Bevölkerung entwickelt hat, muß man Angaben über die Einkommensentwicklung heranziehen und sie mit der Preisentwicklung vergleichen.

4. **Aussagegehalt von Preisindizes.** Es ist unter anderem deswegen wichtig, die Konstruktion von Preisindizes zu kennen, weil gelegentlich Anforderungen an sie gestellt werden, die sie nicht erfüllen können. Der Aussagegehalt solcher Indizes ist von ihrer Konstruktion her begrenzt, und es wäre unsinnig, ihnen ihre Grenzen als Mängel anzulasten. Da sich Kritik in der Öffentlichkeit gelegentlich gegen den Preisindex für die Lebenshaltung als den bekanntesten Preisindex richtet, mögen die Grenzen eines solchen Index an seinem Beispiel erläutert werden.

Einer der wichtigsten Nachteile ist, daß das Wägungsschema im Laufe der Zeit veraltet. So ist das Jahr 1976 bereits das fünfte Basisjahr für die Berechnung des Lebenshaltungsindex in der Nachkriegszeit; die vier anderen waren 1950, 1958, 1962 und 1970. Es ist verständlich, daß die Summe der Konsumausgaben der damals so genannten „mittleren" und „unteren Verbrauchergruppe" und das Wägungsschema von 1950 angesichts des rapiden wirtschaftlichen Aufschwungs in der Bundesrepublik etwa seit Mitte der fünfziger Jahre immer weniger den tatsächlichen Verhältnissen entsprachen. Der im Durchschnitt gekaufte Warenkorb wurde reichhaltiger und änderte seine Zusammensetzung. Im Wägungsschema von 1950 entfielen auf Nahrungsmittel bei der mittleren Verbrauchergruppe 461,3 v. T. der Verbrauchsausgaben, wobei diese insgesamt nur rund 300 DM betrugen.[24] Wegen des Engelschen Gesetzes (vgl. S. 338) begann der Anteil der Ausgaben für die Gütergruppe „Ernährung" zu sinken. Da aber der Preisindex für diese Gütergruppe in der Bundesrepublik von 1950 bis 1957 stärker stieg als die Preisindizes für alle anderen Gütergruppen mit Ausnahme der Gütergruppe „Heizung und Beleuchtung", ergab sich ein Bild der Preisentwicklung für die Lebenshaltung, das sich immer mehr von der Wirklichkeit entfernte. Dieser Nachteil wurde noch dadurch verstärkt, daß der Warenkorb von 1950 eine Reihe von Gütern nicht enthielt, die immer mehr an Bedeutung gewannen, wie Fernsehapparate, Kunststoffwaren und Personenkraftwagen, aber auch Heizöl, Bananen, Geflügel und Wein. Der Anteil mancher anderer Güter an den tatsächlichen Konsumausgaben nahm dagegen ab, wie etwa Kaffee-Ersatz, Brennholz, Kernseife und Rasierklingen. Das Statistische Bundesamt begann daher 1961 mit der Berechnung eines neuen Preisindex für die Lebenshaltung auf der Basis des Jahres 1958 mit Gesamtausgaben von 566,81 DM, in den die Ausgaben für Ernährung nur noch mit einem

---

[24] WiSta 11/1952, S. 541 *.

Gewicht von 385,35 v. T. eingingen. In diesen Index wurden viele Preisreihen neu aufgenommen, so für Brathähnchen, Mahlzeiten in Gaststätten, mehrere elektrische Haushaltsgeräte, Aktentaschen und Schallplatten. Angesichts der weiteren rapiden Steigerung des Volkseinkommens seit 1958 wurde später das Wägungsschema auf die Verhältnisse des Jahres 1962 umgestellt, in dem das Gewicht der Nahrungsmittel nur noch 349,98 v. T. ausmachte. 1970 ist es auf 282,39 v. T. gesunken.[25] Regelmäßig zeigte sich bei den Umstellungen der Laspeyres-Effekt (vgl. S. 142).

Der Preisindex für die Lebenshaltung meldet Änderungen indirekter Steuern und soll dies auch tun. Wird der Satz der Umsatzsteuer wie beispielsweise in der Bundesrepublik ab 1. Juli 1979 erhöht, heben viele Anbieter ihre Preise an. Beim monatlichen Vorjahresvergleich wird nun ein Jahr lang, vom Juli 1979 bis einschließlich Juni 1980, ein Monat mit Steuersatzerhöhung mit einem Monat ohne diese verglichen: Der Index springt auf ein höheres Niveau und zeigt damit den *Buckeleffekt.* Von Januar bis Juni 1979 lagen die Preissteigerungsraten beim Vergleich mit dem jeweiligen Vorjahresmonat zwischen 2,9 v. H. und 3,9 v. H.; im Juli 1979 sprang die Rate auf 4,6 v. H.; und am Ende des Buckels fiel sie von 6,0 v. H. (Juni 1980 gegenüber Juni 1979) auf 5,5 v. H. (Juli 1980 gegenüber Juli 1979).[25a]

Ein Preisindex kann grundsätzlich nur aufgrund eines Warenkorbes gleichbleibender Zusammensetzung berechnet werden. Tatsächlich aber gibt es nur wenige Güter, die über Jahre hinweg in unveränderter Qualität hergestellt werden. Besonders bei industriellen Fertiggütern zeigt sich der rasche technische Fortschritt nicht nur dadurch, daß ständig neue Güter auf den Markt kommen, sondern daß auch vorhandene Güter häufigen Qualitätsänderungen unterworfen werden. „Qualität" hat jedoch viele Aspekte, bei dauerhaften Konsumgüter unter anderem Lebensdauer, Bedienungskomfort, Sicherheit, Unterhaltungs- und Reparaturkosten, Aussehen, Prestigewert. Neben Qualitätsverbesserungen kommen auch Verschlechterungen vor, etwa Senkungen der Lebensdauer. Die Grenze zwischen einem „neuen" Gut und einem bestehenden, das in veränderter Qualität hergestellt wird, läßt sich im übrigen kaum bestimmen, man denke nur an Personenkraftwagen. Wird etwa ein neues Automobilmodell hergestellt und zu einem höheren Preis verkauft, dann steht der Statistiker vor einem Dilemma: Entweder betrachtet er das geänderte Automobil als neues Gut und berücksichtigt es nicht mehr in seinem Index, oder er ignoriert die Änderung und läßt den Index eine Preiserhöhung melden. Der erste Weg würde, streng befolgt, etwa den Preisindex industrieller Fertigwaren innerhalb weniger Jahre unbrauchbar machen, da viele Güter des Warenkorbes nicht mehr hergestellt werden. Er ist daher nicht gangbar. Das zweite Verfahren hat die unerwünschte Konsequenz, die Preissteigerung des betreffenden Warenkorbes zu übertreiben. In der statistischen Praxis wird so vorgegangen, daß geringe Qualitätsänderungen nicht beachtet werden, da sie sich zum Teil auch gegenseitig und im Zeitablauf ausgleichen, und daß das Dilemma von Preiserhöhungen bei gleichzeitiger Qualitätsverbesserung durch *Verkettung* von Meßzahlen beseitigt wird. Ein Beispiel möge dieses Verfahren zeigen.[26] Eine Haushaltswaschmaschine mit

[25] Die Angaben in diesem Absatz beziehen sich auf den in Bild 7.7 gezeigten Gesamtindex und schließen Getränke und Tabakwaren (gemäß alter Systematik) und Genußmittel (gemäß neuer Systematik) aus. Quelle: WiSta 1/1961, S. 55* ff.; 8/1964, S. 509*, 512*; 12/1973, S. 723* ff.

[25a] Lebenshaltung aller privaten Haushalte. WiSta 8/1979, S. 610; 9/1980, S. 643.

[26] Vgl. HORSTMANN [7.78], S. 595.

Rührwerksystem hatte im Basisjahr 1958 einen Verbraucherpreis von 584,17 DM, der bis Dezember 1961 auf 583,– DM gefallen war. Die Preismeßzahl fiel entsprechend von 1958=100 auf 99,8. Im Dezember 1961 kam eine neue Waschmaschine auf den Markt, die eine Waschtrommel enthielt und damit erheblich verbessert wurde. Ihr Preis betrug 706,– DM. Es wurde nun ein fiktiver Basispreis 1958 für diese neue Maschine unter der Annahme berechnet, daß er die gleiche Entwicklung durchgemacht hätte wie der tatsächliche Preis der alten Maschine. Der fiktive Basispreis $p_0'$ errechnet sich demnach aus der Proportion

$$584{,}17 : 583{,}– = 100 : 99{,}8 = p_0' : 706{,}–$$

und ergibt sich zu 707,42. Mit diesem Preis wird fortan gerechnet.

In der Bundesrepublik werden die Preisindizes für die Lebenshaltung wie in vielen anderen Ländern monatlich berechnet und mit einer Verzögerung von etwa zwei Wochen veröffentlicht. Die Jahreswerte des Indizes werden als arithmetische Mittel aus den 12 Monatswerten errechnet. Zieht man nun den Dezemberwert des Index für eine Beurteilung der Preisentwicklung im kommenden Jahr heran, ist auf folgendes zu achten. In der Bundesrepublik zeigte beispielsweise der Preisindex für die Lebenshaltung aller privaten Haushalte auf Basis 1976=100 im Jahre 1979 die folgende Entwicklung.[27]:

| Jan. | Febr. | März | April | Mai | Juni | Juli | Aug. | Sept. | Okt. | Nov. | Dez. |
|---|---|---|---|---|---|---|---|---|---|---|---|
| 108,3 | 108,8 | 109,3 | 109,9 | 110,2 | 110,8 | 111,5 | 111,6 | 111,9 | 112,2 | 112,6 | 113,1. |

Als Jahresdurchschnitt erhält man hieraus den Wert 110,9. Der Dezemberwert lag mit 113,1 um 2,0 v.H. über diesem Jahreswert. Das bedeutet: Selbst wenn das Preisniveau während des ganzen Jahres 1980 konstant auf dem Stand von Dezember 1979 mit dem Indexwert 113,1 bliebe, würde der Jahresindex 1980 noch eine Preissteigerung gegenüber dem Jahresdurchschnitt 1979 von 2,0 v.H. ausweisen. Man nennt den Prozentsatz, um den ein Preisindex am Ende eines Zeitraums über dem Durchschnittswert dieses Zeitraums liegt, den *Preisüberhang*. Entsprechend ließe sich bei fallendem Preisindex ein *Preisunterhang* konstatieren.

**5. Andere Preisindizes.** Die Messung des Geldwertes für die privaten Haushalte insgesamt oder Gruppen von ihnen beantwortet nur eine unter vielen Fragen. Andere Preisniveaus werden von anderen Preisindizes gemessen, von denen das Statistische Bundesamt ständig mehr als ein Dutzend berechnet und veröffentlicht. Sie lassen sich in Einkaufs- und Verkaufspreisindizes einteilen. Die Entwicklung von Einkaufspreisen wird vom Einfuhrpreisindex (S. 230f.), einem *Index der Einkaufspreise landwirtschaftlicher Betriebsmittel* und den Preisindizes für die Lebenshaltung (S. 337–341) gemessen. Ebenfalls in diese Gruppe gehört der

*(1) Index der Grundstoffpreise.*[28] Grundstoffe sind Waren landwirtschaftlicher und gewerblicher Herkunft aus dem In- und Ausland, die nicht oder wenig bearbeitet sind und als Vorleistungen im Verarbeitenden und Baugewerbe eingesetzt werden. Ihre Preisentwicklung hat daher erhebliche Bedeutung für die Kostensituation dieser Wirtschaftsbereiche und damit indirekt für die Preisentwicklung der Endnachfragegü-

[27] WiSta 1/1980, S. 56*.

[28] Einzelheiten bei TAFT [7.81].

ter. Der Index enthält 9119 Preisreihen für rund 1430 Warenarten; Wägungsschema ist der Gesamtwert der für die Verwendung im Produzierenden Gewerbe bestimmten Grundstoffe im Basisjahr 1976. Die Grundstoffe landwirtschaftlicher Herkunft wie Getreide, Schlachtvieh und Rohholz gehen mit einem Anteil von 14 v. H., solche gewerblicher Herkunft wie elektrischer Strom, Erze, Schrott, Papier und Pappe mit 86 v. H. in den Index ein. Es wird in drei Warengliederungen dargeboten: Nach dem produktionswirtschaftlichen Zusammenhang, nach dem Bearbeitungsgrad und nach dem vorwiegenden Verwendungszweck.

Die wichtigsten Verkaufspreisindizes sind neben dem Ausfuhrpreisindex (S. 230 f.) und einem *Index der Einzelhandelspreise* die folgenden drei Indizes:

*(2) Index der Erzeugerpreise landwirtschaftlicher Produkte.*[29] Er soll die Entwicklung der Verkaufspreise landwirtschaftlicher und Gartenbauprodukte im Inland messen und wird sowohl mit als auch ohne Umsatzsteuer berechnet. Der Index erstreckt sich auf 145 Warenarten, für die insgesamt 1103 Preisreihen ermittelt und mit den Verkaufserlösen 1976 gewichtet werden. So etwas geschieht nicht schematisch: Da Kartoffeln 1976 extrem teuer waren, wurde ihr Umsatzanteil als Mittel aus den Jahren 1975 bis 1977 einbezogen. Soweit einzelne Produkte saisonbedingt nicht am Markt sind, wird bei der monatlichen Berechnung des Index der jeweils letzte erfaßte Preis bis zum erneuten Auftreten der Ware am Markt fiktiv weiter verwendet. Der Index zeigt, besonders in der Gruppe der pflanzlichen Produkte, eine ausgeprägte *Saisonschwankung:* Etwa von April bis Juli jeden Jahres erreichen die Preise ihren relativ höchsten Stand und gehen dann mit dem Einsetzen der neuen Ernte zurück.

*(3) Index der Erzeugerpreise gewerblicher Produkte.*[30] Dieser Laspeyres-Index soll die durchschnittliche Entwicklung der Verkaufspreise der vom Bergbau, dem Verarbeitenden Gewerbe, der Energie- und Wasserwirtschaft sowie Teilen des Baugewerbes im Inland abgesetzten Waren messen. Einbezogen sind 15 605 Preisreihen von Erzeugnissen, die am Inlandsumsatz gemessen einige Bedeutung haben, möglichst die Preisentwicklung einer Gruppe ähnlicher Waren wiedergeben und in diesem Sinne Preisrepräsentanten sind und sich in bezug auf Eigenschaften und Verkaufsbedingungen voraussichtlich längere Zeit nicht ändern. Erhoben werden tatsächliche Verkaufs- (und nicht Listen-)preise einschließlich aller (indirekten) Steuern und gesetzlicher Preiszuschläge, jedoch ohne Umsatzsteuer. Das Wägungsschema wurde aus den Umsatzanteilen im Basisjahr 1980 abgeleitet. Ein Beispiel mag zeigen, was alles bei der Interpretation von Preisindizes zu beachten ist: Der Index meldete 1981 und 1982 gegenüber seinem Vorgänger auf Basis 1976 einen geringeren Preisanstieg für Verbrauchsgüter ohne Nahrungs- und Genußmittel hauptsächlich deshalb, weil leichtes Heizöl nicht mehr dieser Gütergruppe zugeordnet wurde.

*(4) Index der Großhandelsverkaufspreise.*[31] Die Unternehmen des Großhandels betätigen sich als Warenverteiler zwischen in- und ausländischen Herstellern und Anbietern einerseits und Weiterverarbeitern und Wiederverkäufern anderseits, zu denen in der Hauptsache das Verarbeitende Gewerbe, Einzelhändler, Hotels und Gaststätten sowie Großabnehmer wie Behörden und andere Institutionen gehören. Der Index wird aufgrund von etwa 9000 monatlichen Preismeldungen für 1555 Waren berech-

---

[29] Einzelheiten bei WEINREICH [7.80].

[30] Einzelheiten bei MINDING [7.82].

[31] Einzelheiten bei ROSTIN [7.79].

net, auf die im Basisjahr 1976 gut 96 v. H. des gesamten Großhandelsumsatzes entfielen. Wägungsschema ist die Umsatzstruktur dieses Jahres. Die Ergebnisse werden gemäß einer Gliederung nach Wirtschaftszweigen, nach dem Warenverzeichnis für die Binnenhandelsstatistik sowie nach Warengruppen im produktionswirtschaftlichen Zusammenhang veröffentlicht.

## Literatur und statistische Quellen zum siebenten Kapitel

### Zu Teil I:

Allgemeine und methodische Fragen der statistischen Erfassung ökonomischer Strukturen und ihrer Änderungen behandeln


[7.01] C. THOBEN: Strukturdiagnose in der Marktwirtschaft. (=Schriftenreihe des Rheinisch-Westfälischen Instituts für Wirtschaftsforschung Essen, N. F. H. 40.) Berlin 1977. 73 S.

[7.02] B. GÖRZIG/W. KIRNER/R. STÄGLIN: Konzeption einer Strukturberichterstattung für die Bundesrepublik Deutschland. Möglichkeiten und Grenzen der Analyse sektoraler Strukturentwicklungen. (=DIW Sonderheft 122.) Berlin 1978. 68 S.

[7.03] M. ENGELMANN und Mitarbeiter: Ergebnisse der Volkswirtschaftlichen Gesamtrechnungen für Zwecke der sektoralen Strukturberichterstattung. WiSta 10/1979, S. 715–732.


Diese Arbeiten stehen im Zusammenhang mit Forschungsaufträgen zum Thema „Analyse der strukturellen Entwicklung der deutschen Wirtschaft", die die Bundesregierung 1978 auf Empfehlung der *Kommission für wirtschaftlichen und sozialen Wandel:*


[7.04] Bundesregierung, Der Bundesminister für Arbeit und Sozialordnung (Hg.): Wirtschaftlicher und sozialer Wandel in der Bundesrepublik Deutschland. Gutachten der Kommission für wirtschaftlichen und sozialen Wandel. Göttingen 1977. VIII, 616 S. (Empfehlung: S. 135)


an die fünf unten in Anhang II genannten Institute vergab (vgl. Jahreswirtschaftsbericht 1978 der Bundesregierung, Bundestagsdrucksache 8/1471, Ziff. 38; Jahreswirtschaftsbericht 1979, Bundestagsdrucksache 8/2502, Ziff. 42). Nach Zwischenberichten 1979 wurden 1980/81 Ergebnisse vorgelegt. Eine weitere Serie von Strukturberichten erscheint 1984. Bisher liegen vor:


[7.05] Deutsches Institut für Wirtschaftsforschung: Erhöhter Handlungsbedarf im Strukturwandel. Analyse der strukturellen Entwicklung der deutschen Wirtschaft. Strukturberichterstattung 1983. (=DIW Beiträge zur Strukturforschung, H. 79.) Berlin 1984. XXIX, 229 S.

[7.06] K.-D. SCHMIDT u. a.: Im Anpassungsprozeß zurückgeworfen. Die deutsche Wirtschaft vor neuen Herausforderungen. Tübingen 1984. XX, 243 S.

[7.07] W. GERSTENBERGER: Strukturwandel unter verschlechterten Rahmenbedingungen. Strukturberichterstattung 1983. (=Schriftenreihe des Ifo-Instituts für Wirtschaftsforschung Nr. 114). Berlin u. a. 1984. 255 S.


Ergebnisse von Tagungen über Strukturwandel und Strukturberichterstattung sind


[7.08] G. BOMBACH/B. GAHLEN/A. E. OTT (Hg.): Probleme des Strukturwandels und der Strukturpolitik. Tübingen 1977. X, 575 S.

[7.09] B. GAHLEN (Hg.): Strukturberichterstattung der Wirtschaftsforschungsinstitute – Analyse und Diskussion. Tübingen 1982. XIII, 207 S.

Die in der amtlichen Statistik der Bundesrepublik verwendeten Systematiken sind in Stat. BA [I.01] aufgeführt und erläutert. Kommentare zu zwei besonders wichtigen Systematiken sind

[7.10] G. Potkowik: Revision der Systematik der Wirtschaftszweige. WiSta 7/1980, S. 437–445.

[7.11] G. Potkowik/H.-W. Hetmeier: Güterverzeichnis für Produktionsstatistiken, Ausgabe 1982. WiSta 11/1982, S. 782–792.

Über Kennzahlen gibt es vor allem betriebswirtschaftliche Literatur:

[7.12] H. H. Berschin: Kennzahlen für die betriebliche Praxis. Wiesbaden 1980. 172 S.

Grundsätzliche Probleme der im Text beschriebenen Konstruktion monatlicher Produktionsindizes sind erläutert in

[7.13] N. Herbel: Zur Neuberechnung der Produktions- und Produktivitätsindizes im Produzierenden Gewerbe auf Basis 1976. WiSta 5/1981, S. 315–328.

Die derzeit neuesten Produktionsindizes des Statistischen Bundesamts beschreiben

[7.14] C. Bald/N. Herbel: Zur Neuberechnung der Produktions- und Produktivitätsindizes im Produzierenden Gewerbe auf Basis 1980. WiSta 12/1983, S. 931–946.

## Zu Teil II:

Wichtigste Materialquelle für die Berichterstattung über Erwerbstätigkeit und Arbeitsmarkt der Bundesrepublik Deutschland ist die Vierteljahresschrift des *Instituts für Arbeitsmarkt- und Berufsforschung* der *Bundesanstalt für Arbeit:*

[7.15] K. M. Bolte u.a. (Hg.): Mitteilungen aus der Arbeitsmarkt- und Berufsforschung. Stuttgart, 1968 ff.

Laufende Zahlenangaben erscheinen in

[7.16] Statistisches Bundesamt (Hg.): Fachserie 1 – Bevölkerung und Erwerbstätigkeit, Reihe 4: Erwerbstätigkeit (mit mehreren Unterreihen und Einzelveröffentlichungen).

Spezialuntersuchungen zu Problemen der Statistik der Erwerbstätigkeit in der Bundesrepublik und in den Vereinigten Staaten sind

[7.17] G. Fürst (Hg.): Statistiken der Erwerbstätigkeit und Beschäftigung. (=Sonderhefte zum Allgemeinen Statistischen Archiv, H. 11.) Göttingen 1977. 119 S.

[7.18] National Commission on Employment and Unemployment Statistics: Counting the Labor Force. Washington, D. C., 1979. XII, 312 S.

[7.19] D. Mertens/W. Klauder (Hg.): Probleme der Messung und Vorausschätzung des Erwerbspersonenpotentials. Beiträge zum Arbeitstreffen am 17. und 18. Mai 1979 in Nürnberg. (=Beiträge zur Arbeitsmarkt- und Berufsforschung, 44.) Nürnberg 1980. VI, 236 S.

[7.20] L. Herberger/H.-L. Mayer: Überblick über die derzeitigen Statistiken des Arbeitsmarktes und der Beschäftigung. Sonderdruck des Stat. BA, Wiesbaden (=Beilage zu WiSta 1984.) S. 3–22.

Den Strukturwandel der Erwerbstätigkeit in der Bundesrepublik beschreibt

[7.21] R. Hägele: Wandlungen der industriellen Beschäftigten- und Berufsstruktur im wirtschaftlichen Wachstum. Bad Honnef 1979. IV, 414 S.

Methodenfragen der Messung des Bestandsfaktors „Sachkapital" behandeln


[7.22] F. FRANZMEYER: Die aggregative Ermittlung des industriellen Anlagevermögens. Methodik und Empirie im internationalen Vergleich. Berlin 1970. 132 S.

[7.23] M. WARD: The Measurement of Capital. The Methodology of Capital Stock Estimates in OECD Countries. OECD, Paris 1976. 148 S.

[7.24] H. LÜTZEL: Estimates of Capital Stock by Industries in the Federal Republic of Germany. The Review of Income and Wealth, Income and Wealth Series 23, 1977, S. 63–78.

[7.25] K. D. PATTERSON/K. SCHOTT (Hg.): The Measurement of Capital. Theory and Practice. London u.a. 1979. X, 290 S.

[7.26] D. USHER (Hg.): The Measurement of Capital. (=NBER, Studies in Income and Wealth, Vol. 45.) Chicago u.a. 1980. VIII, 557 S.

[7.27] Department of International Economic and Social Affairs, Statistical Office: Guidelines on Statistics of Tangible Assets. (=Statistical Papers, Series M No. 68.) United Nations, New York 1979. VI, 63 S.


Eine umfassende Studie über das Anlagevermögen der Bundesrepublik, die auch Angaben über frühere Untersuchungen und Vergleiche mit ihnen enthält, ist


[7.28] W. KIRNER: Zeitreihen für das Anlagevermögen der Wirtschaftsbereiche in der Bundesrepublik Deutschland. (=DIW Beiträge zur Strukturforschung, H. 5.) Berlin 1968. 157 S.


Zeitreihen ab 1960 enthält


[7.29] B. GÖRZIG: Das Sachvermögen in den Wirtschaftsbereichen der Bundesrepublik Deutschland. (=DIW Beiträge zur Strukturforschung, H. 71.) Berlin 1982. 101 S.


Das Statistische Bundesamt stellt Angaben über das Anlagevermögen in den Jahresbänden der Fachserie 18 Volkswirtschaftliche Gesamtrechnungen, Reihe 1 zur Verfügung, vgl. Stat. BA [6.29]. Methodische Erläuterungen dazu finden sich in


[7.30] H. LÜTZEL: Das reproduzierbare Anlagevermögen in Preisen von 1962. WiSta 10/1971, S. 593–604.

[7.31] H. LÜTZEL: Das reproduzierbare Sachvermögen zu Anschaffungs- und zu Wiederbeschaffungspreisen. WiSta 11/1972, S. 611–624.

[7.32] C. STAHMER: Altersaufbau des Anlagevermögens nach Wirtschaftsbereichen. WiSta 4/1983, S. 285–290.


Spezialuntersuchungen, auch mit tiefer gegliederten Angaben, sind


[7.33] F. STILLE: Investitionen und Anlagevermögen in den staatlichen Aufgabenbereichen. DIW Wochenbericht, 48. Jg. 1981, S. 435–440.

[7.34] J. SCHMIDT: Das Anlagevermögen in der Bundesrepublik Deutschland 1960 bis 1978. Rheinisch-Westfälisches Institut für Wirtschaftsforschung, Essen 1982. 65 S.

[7.35] E. R. BAUMGART: Zur Entwicklung der Altersstruktur des Anlagevermögens im verarbeitenden Gewerbe der Bundesrepublik Deutschland. DIW Wochenbericht, 50. Jg. 1983, S. 599–605.


Die Messung des Anlagevermögens dient unter anderem der Ermittlung der jeweiligen Produktionskapazität und ihres Ausnutzungsgrades. Vgl. dazu


[7.36] Neuberechnung des Produktionspotentials für die Bundesrepublik Deutschland. Bbk-Monatsbericht Oktober 1981, S. 32–38.

[7.37] L. J. CHRISTIANO: A Survey of Measures of Capacity Utilization. IMF Staff Papers, Vol. 28, 1981, S. 144–198.

[7.38] R. PISCHNER: Zur Neuberechnung des Produktionspotentials im Bergbau und verarbeitenden Gewerbe. DIW Vierteljahrshefte zur Wirtschaftsforschung, Jg. 1982, S. 194–219.

Fragen der Erfassung von Lagerbeständen behandeln

[7.39] M. F. FOSS/G. FROMM/I. ROTTENBERG: Measurement of Business Inventories. (=U.S. Department of Commerce, Bureau of the Census: Economic Research Report 3.) Washington, D. C., o. J. (1981). XIII, 211 S.

## Zu Teil III:

Einführungen in Probleme der Produktivitätsmessung geben

[7.40] G. E. REUSS: Produktivitätsanalyse. Ökonomische Grundlagen und statistische Methodik. Basel u. a. 1960. XI, 199 S.

[7.41] International Labour Office: Measuring Labour Productivity. (=Studies and Reports, New Series, No. 75.) Geneva 1969. 172 S.

[7.42] R. KRENGEL (Hg.): Neuere Methoden der Produktivitätsmessung. (=Sonderhefte zum Allgemeinen Statistischen Archiv, H. 4.) Göttingen 1973. 102 S.

[7.43] J. W. KENDRICK/B. N. VACCARA (Hg.): New Developments in Productivity Measurement and Analysis. (=NBER, Studies in Income and Wealth, Vol. 44.) Chicago u. a. 1980. VIII, 717 S.

Eine Übersicht über internationale Produktivitätsvergleiche nach dem Stand Anfang der siebziger Jahre enthält

[7.44] I. B. KRAVIS: A Survey of International Comparisons of Productivity. The Economic Journal, Vol. 86, 1976, S. 1–44. Wieder abgedruckt in: The Royal Economic Society . . . [1.27], Vol. 2.

Detaillierte Angaben über Struktur und Strukturkoeffizienten der Industrie der Bundesrepublik veröffentlicht das Deutsche Institut für Wirtschaftsforschung jährlich, zuletzt in

[7.45] E. BAUMGART/S. BÖHME/J. SCHINTKE: Produktionsvolumen und -potential, Produktionsfaktoren des Bergbaus und des Verarbeitenden Gewerbes in der Bundesrepublik Deutschland. Statistische Kennziffern, 25. Folge, 1971–1982. Berlin 1983. 124 Übersichten.

Das Statistische Bundesamt veröffentlicht Angaben über die Entwicklung der Arbeitsproduktivität monatlich in Fachserie 4 Produzierendes Gewerbe, Reihe 2.1 sowie jährlich in „Wirtschaft und Statistik". Ausführungen zur Methodik und Verweise auf frühere Erläuterungen dazu finden sich bei BALD/HERBEL [7.14].

Zur Analyse von Struktureffekten in der Volkswirtschaft der Bundesrepublik vgl. die unter [7.05] bis [7.07] genannten Untersuchungen der Wirtschaftsforschungsinstitute samt den vorangegangenen Berichten.

## Zu Teil IV:

Die Ergebnisse laufender Erhebungen über Lohn- und Gehaltsstrukturen in der Bundesrepublik publiziert das Statistische Bundesamt in „Wirtschaft und Statistik" sowie in mehreren Reihen und Einzelveröffentlichtungen in der Fachserie 16 Löhne und Gehälter. Eine historische Übersicht bis zur neuesten Zeit gibt

[7.46] W. GERSS: Lohnstatistik in Deutschland. Methodische, rechtliche und organisatorische Grundlagen seit der Mitte des 19. Jahrhunderts. Berlin 1977. 332 S.

Einzeluntersuchungen über die Bundesrepublik sind

[7.47] E. v. KNORRING: Lohn- und Beschäftigtenstruktur. Eine empirische Analyse für den industriellen Sektor der Bundesrepublik Deutschland im Zeitraum 1950–1974. Berlin 1978. 233 S.

[7.48] A. WEIGEND: Lohndynamik und Arbeitsmarktstruktur. Untersuchungen über die Bestimmungsfaktoren der Lohnentwicklung in der Bundesrepublik Deutschland. Frankfurt u.a. 1982. XII, 246 S.

Die Einkommensschichtung in der Bundesrepublik ist seit einigen Jahren dank der Arbeiten des Statistischen Bundesamts und des Deutschen Instituts für Wirtschaftsforschung sehr viel besser bekannt als früher. Neuere Untersuchungen sind

[7.49] A. HANSEN: Die Einkommens- und Vermögensverteilung in der Bundesrepublik Deutschland aus statistischer Sicht. In: W. ALBERS (Hg.): Öffentliche Finanzen und Verteilung I. (=Schriften des Vereins für Socialpolitik, N. F. Bd 75/I.) Berlin 1974, S. 21–94.

[7.50] G. GÖSEKE/K.-D. BEDAU: Einkommens- und Verbrauchsschichtung für die größeren Verwendungsbereiche des privaten Verbrauchs und die privaten Ersparnisse in der Bundesrepublik Deutschland 1955 bis 1974. (=DIW Beiträge zur Strukturforschung, H. 49.) Berlin 1978. 215 S.

[7.51] K. SCHÜLER: Einkommensverteilung und -verwendung nach Haushaltsgruppen. Ergebnisse der Volkswirtschaftlichen Gesamtrechnungen 1962 bis 1980. WiSta 2/1982, S. 75–91.

[7.52] K.-D. BEDAU/G. GÖSEKE: Einkommensschichtung der privaten Haushalte in der Bundesrepublik Deutschland 1981. Das Einkommen sozialer Gruppen vor und nach der Umverteilung. DIW Wochenbericht, 50. Jg. 1983, S. 367–381.

Internationale Vergleiche der personellen Einkommensverteilung finden sich bei

[7.53] F. PAUKERT: Income Distribution at Different Levels of Development: A Survey of Evidence. International Labour Review, Vol. 108, 1973, S. 97–125.

[7.54] J. CROMWELL: The Size Distribution of Income: An International Comparison. The Review of Income and Wealth, Income and Wealth Series 23, 1977, S. 291–308.

Empfehlungen der Vereinten Nationen über die Einkommensverteilungsstatistik sind

[7.55] Department of Economic and Social Affairs, Statistical Office: Provisional Guidelines on Statistics of the Distribution of Income, Consumption and Accumulation of Households. (=Studies in Methods, Series M No. 61.) United Nations, New York 1977. X, 97 S.

Untersuchungen neuesten Datums über Wohlstand, Armut und staatliche Einkommensumverteilung in der Bundesrepublik sind

[7.56] Transfer-Enquête-Kommission: Das Transfersystem in der Bundesrepublik Deutschland. Bericht der Sachverständigenkommission zur Ermittlung des Einflusses staatlicher Transfereinkommen auf das verfügbare Einkommen der privaten Haushalte. Stuttgart u.a. 1981. 300 S.

Hierzu ist eine Anzahl von Detailuntersuchungen zu einzelnen Bereichen des Transfersystems erschienen. Vgl. ferner:

[7.57] R. HAUSER/H. CREMER-SCHÄFER/U. NOUVERTNÉ: Armut, Niedrigeinkommen und Unterversorgung in der Bundesrepublik Deutschland. Bestandsaufnahme und sozialpolitische Perspektiven. Frankfurt u.a. 1981. 352 S.

[7.58] M. MIEGEL: Die verkannte Revolution (1). Einkommen und Vermögen der privaten Haushalte. Stuttgart 1983. 202 S.

[7.59] I. STOLZ: Einkommensumverteilung in der Bundesrepublik Deutschland. Eine theoretische und empirische Untersuchung. Frankfurt u.a. 1983. 348 S.

Allgemeine Probleme der Vermögensstatistik werden untersucht in (vgl. auch KENDRICK [2.13]):

[7.60] M. EULER: Probleme der Erfassung von Vermögensbeständen privater Haushalte in Einkommens- und Verbrauchsstichproben. WiSta 4/1981, S. 249–252.

[7.61] H.-J. KRUPP: Möglichkeiten der Verbesserung der Einkommens- und Vermögensstatistik. (=Kommission für wirtschaftlichen und sozialen Wandel, 50.) Göttingen 1975. IV, 209 S.

Zur Frage der Vermögensverteilung in der Bundesrepublik ist neben den Titeln [2.21] bis [2.26] als zusammenfassende Würdigung der bis etwa 1970 vorliegenden Statistiken und Pläne heranzuziehen

[7.62] H. WILLGERODT/K. BARTEL/U. SCHILLERT: Vermögen für alle. Probleme der Bildung, Verteilung und Werterhaltung des Vermögens in der Marktwirtschaft. Düsseldorf u.a. 1971. 452 S.

Die bisher gründlichste Untersuchung der Vermögensverteilung in der Bundesrepublik ist

[7.63] H. MIERHEIM/L. WICKE: Die personelle Vermögensverteilung in der Bundesrepublik Deutschland. Tübingen 1978. XXIII, 303 S.

Sie wurde durch die Einbeziehung der kapitalisierten Versorgungsansprüche ergänzt von

[7.64] R.-J. HOBER: Versorgungsvermögen in der Vermögensverteilung. Die Kapitalisierung der Versorgungsansprüche mit Vermögenscharakter und ihre Einbeziehung als Versorgungsvermögen in die personelle Vermögensverteilung der Haushalte in der Bundesrepublik Deutschland im Jahre 1973. Tübingen 1981. VII, 223 S.

Die Einkommens- und Verbrauchsstichprobe 1978 ist in bezug auf die Vermögensverteilung ausgewertet in

[7.65] Statistisches Bundesamt (Hg.): Fachserie 15 Wirtschaftsrechnungen. Einkommens- und Verbrauchsstichprobe 1978, H. 2 – Vermögensbestände und Schulden privater Haushalte. Stuttgart u.a. 1981. 334 S.

[7.66] M. EULER: Ausgewählte Vermögensbestände und Schulden privater Haushalte am Jahresende 1978 (im Original irrtümlich: „1981"). Ergebnis der Einkommens- und Verbrauchsstichprobe 1978. WiSta 4/1981, S. 252–265.

Eine kritische Bewertung der wichtigsten Schätzungen der Vermögensverteilung in der Bundesrepublik enthält

[7.67] C. C. ROBERTS/H. STIEPELMANN: Überprüfung der verschiedenen Schätzungen der Vermögensverteilung in der Bundesrepublik Deutschland. (=Schriftenreihe des Ifo-Instituts für Wirtschaftsforschung, Nr. 112.) Berlin u.a. 1983. 211 S.

**Zu Teil V:**

Internationale Empfehlungen zur Konstruktion von Preisindizes sind enthalten in (vgl. auch S. 240):

[7.68] Department of Economic and Social Affairs, Statistical Office: Guidelines on Principles of a System of Price and Quantity Statistics. (=Statistical Papers, Series M No. 59.) United Nations, New York 1977. V, 25 S.

[7.69] Department of International Economic and Social Affairs, Statistical Office: Manual on Producers' Price Indices for Industrial Goods. (=Statistical Papers, Series M No. 66.) United Nations, New York 1979. VI, 79 S.

[7.70] OECD: Consumer Price Indices. Sources and Methods and Historical Statistics. Paris 1980. 123 S.

Allgemeine Erläuterungen zu den Preisindizes in der Bundesrepublik mit dem derzeit neuesten Basisjahr gibt

[7.71] O. ANGERMANN: Zur Neuberechnung der Preisindizes auf Basis 1980. WiSta 3/1983, S. 204–206.

Die Preisindizes für die Lebenshaltung aller Haushalte und der drei Haushaltstypen sind mit ihren Wägungsschemata beschrieben in

[7.72] H. G. RASCH: Zur Neuberechnung der Preisindizes für die Lebenshaltung und des Index der Einzelhandelspreise auf Basis 1976. WiSta 11/1979, S. 808–814 und S. 797*–812*.

Zum Preisindex für die einfache Lebenshaltung eines Kindes vgl.

[7.73] H. G. RASCH: Zur Neuberechnung des Preisindex für die einfache Lebenshaltung eines Kindes auf Basis 1976. WiSta 4/1980, S. 236–238.

Laufende Angaben finden sich in jedem Heft von WiSta sowie in Fachserie 17 Reihe 7: Preise und Preisindizes für die Lebenshaltung mit einem monatlichen Eilbericht, einem Monats- und einem Jahresbericht. Eine Analyse des staatlichen Einflusses auf das Preisniveau stammt von

[7.74] H. BOTT: Der Anteil staatlich-administrierter Preise am Preisindex der Lebenshaltung – Eine empirische Untersuchung für die Periode 1950 bis 1973 –. (=Kommission für wirtschaftlichen und sozialen Wandel, 75.) Göttingen 1976. 143 S.

Aufsätze über methodische Fragen der Kaufkraftmessung, auch im internationalen Vergleich, enthält

[7.75] G. FÜRST (Hg.): Messung der Kaufkraft des Geldes. (=Sonderhefte zum Allgemeinen Statistischen Archiv, H. 10.) Göttingen 1976. 127 S.

Zur Frage der Wirkungen von Geldwertänderungen vgl. die beiden Gutachten

[7.76] Das Ausmaß der Geldentwertung seit 1950 und die weitere Entwicklung des Geldwertes. Gutachten der Deutschen Bundesbank vom 21. Juli 1965, erstattet auf Wunsch des Bundesfinanzhofs. Bbk-Monatsbericht März 1968, S. 3–19.

[7.77] Berücksichtigung der Geldentwertung bei der Besteuerung von Einkünften aus Kapitalvermögen. Gutachten der Deutschen Bundesbank vom 22. September 1977 für das Bundesverfassungsgericht. Bbk-Monatsbericht August 1979, S. 20–33.

Zum Aussagegehalt von Preisindizes vgl.

[7.78] K. HORSTMANN: Qualitätsänderungen und Preisindices. WiSta 10/1963, S. 594–599.

Die Methodik der in Abschnitt V.5 genannten Preisindizes wird nach dem derzeitigen Stand in den nachstehend genannten Aufsätzen beschrieben:

[7.79] W. ROSTIN: Index der Großhandelsverkaufspreise auf Basis 1976. WiSta 7/1979, S. 475–478 und S. 499*–502*.

[7.80] G. WEINREICH: Zur Neuberechnung der Preisindizes für die Landwirtschaft auf Basis 1976. WiSta 9/1980, S. 604–613.

[7.81] S. TAFT: Zur Neuberechnung des Index der Grundstoffpreise auf Basis 1976. WiSta 7/1982, S. 497–501.

[7.82] B. v. MINDING: Zu Neuberechnung des Index der Erzeugerpreise gewerblicher Produkte auf Basis 1980. WiSta 3/1983, S. 207–210.

Weitere Einzelheiten zur Konstruktion der Preisindizes sowie die Ergebnisse der Berechnungen sind in den in zehn Reihen erscheinenden Heften der Fachserie 17 Preise enthalten.

Anhang I

# Statistische Quellen

*Im bisherigen Text wurde bereits eine Reihe von Veröffentlichungen genannt, in denen statistische Angaben über die Volkswirtschaft der Bundesrepublik Deutschland enthalten sind. Nachstehend sind die wichtigsten Quellen mit den herausgebenden Institutionen zusammengestellt.*

1. **Statistisches Bundesamt.** Das Amt ist die zentrale amtliche Stelle für die Sammlung, Auswertung und Veröffentlichung statistischer Informationen auf allen Gebieten. Es entstand in seiner jetzigen Gestalt im Jahre 1950 und hat seinen Sitz in Wiesbaden. Seine Vorgänger waren das *Kaiserliche Statistische Amt* (1872–1918) und das *Statistische Reichsamt* (1918–1945) mit dem Sitz in Berlin. Gesetzliche Grundlagen für die Tätigkeit des Statistischen Bundesamts sind unter anderem Art. 73 Ziff. 11 des Grundgesetzes und das *Gesetz über die Statistik für Bundeszwecke* (Bundesstatistikgesetz) von 1953, jetzige Fassung vom 14. März 1980 (BGBl. I, S. 289). Die organisatorischen, methodischen und rechtlichen Grundlagen der Bundesstatistik sind zusammenfassend beschrieben in

[I.01] Statistisches Bundesamt (Hg.): Das Arbeitsgebiet der Bundesstatistik 1981. Stuttgart u.a. 1981. 501 S.

Übersichten über die Veröffentlichungen des Amtes finden sich in dem „Quellennachweis" am Schluß jedes Statistischen Jahrbuchs. Das Amt erstattet darüber hinaus seinem *Statistischen Beirat* Berichte über seine laufenden Arbeiten, neue Aufgaben und seine Beteiligung an der internationalen Statistik. Zuletzt ist erschienen

[I.02] Statistisches Bundesamt (Hg.): Die Arbeiten des Statistischen Bundesamtes 1976–1981. Stuttgart u.a. 1981. 87 S.

Wohl die bekannteste periodische Veröffentlichung des Statistischen Bundesamts ist das *Statistische Jahrbuch für die Bundesrepublik Deutschland,* das seit 1952 jährlich erscheint. Vorgänger war das *Statistische Jahrbuch für das Deutsche Reich* von 1880 bis 1942. Die derzeit neueste Ausgabe ist

[I.03] Statistisches Bundesamt (Hg.): Statistisches Jahrbuch 1983 für die Bundesrepublik Deutschland. Stuttgart u.a. 1983. 780 S.

Es ist nach Sachgebieten gegliedert und enthält außerdem Angaben über die Deutsche Demokratische Republik sowie internationale Übersichten und den eben genannten Quellennachweis. Da im Jahrbuch aus Platzgründen immer nur relativ kurze Zeitreihen abgedruckt werden können, besteht ein Bedarf nach zusammengefaßter Darstellung langer Reihen. Hierzu hat das Amt veröffentlicht (vgl. auch den entsprechenden Titel Deutsche Bundesbank [4.02]):

[I.04] Statistisches Bundesamt (Hg.): Bevölkerung und Wirtschaft 1872–1972. Herausgegeben anläßlich des 100jährigen Bestehens der zentralen amtlichen Statistik. Stuttgart u.a. 1972. 278 S.

sowie mit Angaben hauptsächlich wirtschaftsstatistischer Art

[I.05] Statistisches Bundesamt (Hg.): Lange Reihen zur Wirtschaftsentwicklung 1982. Stuttgart u.a. 1982. 227 S.

Die für Wirtschaftswissenschaftler wichtigste Publikation des Amtes ist die (vor dem Kriege von 1921–1944 erscheinende) Monatsschrift

[I.06] Statistisches Bundesamt (Hg.): Wirtschaft und Statistik. Stuttgart u.a. 1949 ff.

Sie enthält im Textteil Aufsätze der Mitarbeiter des Amtes, in denen Statistiken graphisch dargestellt und kommentiert, Methodenfragen erörtert und Forschungsergebnisse mitgeteilt werden. Der Tabellenteil führt Zahlenangaben aus allen Sachgebieten jeweils auf den neuesten Stand.

Die aktuellsten Angaben, unterteilt nach Wochen-, Monats- und Vierteljahreszahlen und vielfach mit Vergleichszahlen der entsprechenden Vorjahresperioden versehen, erscheinen wöchentlich in:

[I.07] Statistisches Bundesamt (Hg.): Statistischer Wochendienst. Stuttgart u.a. 1955 ff.

In Anlehnung an den organistorischen Aufbau des Amtes erscheinen ferner zur Zeit 19 *Fachserien,* in denen die Ergebnisse der laufenden und einmaligen Erhebungen ausführlich dargestellt werden. Ihre Nummern und Sachgebiete sind:

1 Bevölkerung und Erwerbstätigkeit
2 Unternehmen und Arbeitsstätten
3 Land- und Forstwirtschaft, Fischerei
4 Produzierendes Gewerbe
5 Bautätigkeit und Wohnungen
6 Handel, Gastgewerbe, Reiseverkehr
7 Außenhandel
8 Verkehr
9 Geld und Kredit
10 Rechtspflege
11 Bildung und Kultur
12 Gesundheitswesen
13 Sozialleistungen
14 Finanzen und Steuern
15 Wirtschaftsrechnungen
16 Löhne und Gehälter
17 Preise
18 Volkswirtschaftliche Gesamtrechnungen
19 Umweltschutz.

Jede Fachserie besteht ihrerseits aus mehreren *Reihen* mit unterschiedlicher Periodizität sowie aus Einzelveröffentlichungen anläßlich einmaliger Erhebungen oder Untersuchungen. Die ausführlichen Statistiken der Fachserien bilden das Ausgangsmaterial für die zusammenfassenden Darstellungen in „Wirtschaft und Statistik" und in den Statistischen Jahrbüchern.

Nach den Ländern der Bundesrepublik gegliederte und zum Teil bis 1950 zurückreichende Angaben aus vielen Bereichen der amtlichen Statistik bringt die jährlich erscheinende Veröffentlichung

[I.08] Statistisches Bundesamt (Hg.): Bevölkerungsstruktur und Wirtschaftskraft der Bundesländer 1982. Stuttgart u.a. 1983. 216 S.

Eine wichtige neue Aufgabe des Amtes ist der Betrieb der *Statistischen Datenbank* des Bundes gemäß § 3, Abs. 1 Ziff. 8 des Bundesstatistikgesetzes. Diese mit „STATIS-BUND" abgekürzte, seit 1977 zur Verfügung stehende Einrichtung ist beschrieben in

[I.09] M. FÜRLL/V. POLTE: Zur Datenbasis und Datendokumentation des Statistischen Informationssystems des Bundes. WiSta 5/1982, S. 347–357.

Wichtige Voraussetzung für die Benutzung dieser Datenbank ist die Kenntnis der Begriffe, zu denen sie Daten bereithält:

[I.10] Statistisches Bundesamt: Statistisches Informationssystem des Bundes (STATIS-BUND) – Definitionskatalog. Wiesbaden 1982/83. Loseblattsammlung in 3 Bden.

Allgemein ist es Aufgabe einer Datenbank, statistische Angaben verschiedenster Art zu speichern, auf Anforderung zur Verfügung zu stellen und Dienstleistungen zu ihrer Auswertung und Verarbeitung anzubieten. Vgl. dazu

[I.11] H.-J. ZINDLER (Hg.): Statistische Informationssysteme. (=Sonderhefte zum Allgemeinen Statistischen Archiv, H. 15.) Göttingen 1979. 101 S.

Die Ausgaben des Bundes für das Statistische Bundesamt beliefen sich im Rechnungsjahr 1981 auf 145 Mill. DM.[1]

**2. Statistische Landesämter.** Diese Ämter sind für den Bereich der Länder zuständig und veröffentlichen Statistische Jahrbücher, Handbücher (für jeweils mehrere Jahre) sowie (unter verschiedenen Bezeichnungen) Statistische Monatshefte. Eine gemeinschaftlich herausgegebene Reihe enthält regionale Volkswirtschaftliche Gesamtrechnungen:

[I.12] Gemeinschaftsveröffentlichung der Statistischen Landesämter: Volkswirtschaftliche Gesamtrechnungen der Länder, H. 12: Entstehung, Verteilung und Verwendung des Sozialprodukts in den Ländern der Bundesrepublik Deutschland 1970–1981. Stuttgart 1983. 215 S.

Die 11 Statistischen Landesämter wandten im Rechnungsjahr 1981 zusammen rund 332 Mill. DM für ihre Tätigkeit auf.[1] Regionale statistische Aufgaben erfüllen auch die statistischen Büros der größeren Städte der Bundesrepublik.

Über Geschichte, Aufgaben und Organisation der amtlichen Statistik in Deutschland unterrichten mehrere Artikel unter dem Obertitel „Statistik, amtliche" in Band 10 des Handwörterbuchs der Sozialwissenschaften [1.41] sowie

[I.13] H. BARTELS: Art. „Statistik, amtliche, in der Bundesrepublik Deutschland" in: Handwörterbuch der Wirtschaftswissenschaft [1.43], 7. Bd 1977, S. 224–233.

**3. Deutsche Bundesbank.** Sie ist für die Statistik des Geld- und Kreditwesens und der Außenwirtschaft (mit Ausnahme des Außenhandels) zuständig. Sie veröffentlicht die in einen Textteil und einen statistischen Teil gegliederten

[I.14] Monatsberichte der Deutschen Bundesbank. Frankfurt am Main, Januar 1949 ff. (bis 1956: Bank deutscher Länder).

---

[1] Quelle: Mitteilung des Statistischen Bundesamts.

Seit 1968/69 erscheinen dazu *Beihefte* in vier, seit 1974 in fünf Reihen, in denen detailliertere Statistiken als in den Monatsberichten sowie kurze Erläuterungen enthalten sind. Es sind dies

[I.15] Deutsche Bundesbank: Statistische Beihefte zu den Monatsberichten der Deutschen Bundesbank. Frankfurt am Main.
Reihe 1: Bankenstatistik nach Bankengruppen. September 1969 ff. (monatlich)
Reihe 2: Wertpapierstatistik. September 1968 ff. (monatlich)
Reihe 3: Zahlungsbilanzstatistik. Juni 1968 ff. (monatlich)
Reihe 4: Saisonbereinigte Wirtschaftszahlen. April 1968 ff. (monatlich)
Reihe 5: Die Währungen der Welt. Februar 1974 ff. (viermal jährlich).

Reichhaltige Zahlenangaben enthält auch jeweils der

[I.16] Geschäftsbericht der Deutschen Bundesbank für das Jahr ..., Frankfurt am Main 1948/49 ff. (bis 1956: Bank deutscher Länder),

der erstmals für die Jahre 1948 und 1949 (von der damaligen Bank deutscher Länder) und seitdem im April/Mai jeden Jahres für das jeweils abgelaufene Jahr herausgegeben wird. Die Bedeutung der Publikationen [I.14] und [I.16] für Wirtschaftswissenschaftler beschränkt sich nicht auf die in ihnen enthaltenen Statistiken. Die Monatsberichte enthalten Aufsätze zu aktuellen Einzelfragen, Erläuterungen der wirtschaftspolitischen Maßnahmen der Bundesbank und vierteljährlich Analysen der konjunkturellen Situation, die in den Geschäftsberichten für das jeweilige Jahr zusammengefaßt werden.

Aktuelle Mitteilungen gibt die Bundesbank als *Pressenotizen* bekannt. Dazu gehören Verlautbarungen über wirtschaftspolitische Maßnahmen der Bundesbank, der Wochenausweis samt Erläuterungen, Ergebnisse der monatlichen Geldbestandsrechnungen und der Zahlungsbilanzstatistik sowie Ankündigungen von Wertpapieremissionen und Ergebnisse der Wertpapier-Absatzstatistik. Die Pressenotizen werden im Bundesanzeiger und in der Sammlung

[I.17] Deutsche Bundesbank: Auszüge aus Presseartikeln. Frankfurt am Main, 1950 ff.

veröffentlicht. Diese Sammlung erscheint zur Zeit mit etwa 90 Ausgaben je Jahr und enthält auch Pressemitteilungen des Statistischen Bundesamts und in der Hauptsache ausgewählte Artikel über wirtschaftliche Tagesfragen aus der in- und ausländischen Presse.

4. **Bundesregierung.** Sie gibt mehrere periodische Veröffentlichungen mit statistischen Angaben über die Volkswirtschaft der Bundesrepublik oder einzelne ihrer Bereiche heraus. Monatlich erscheint

[I.18] Der Bundesminister für Wirtschaft: Die wirtschaftliche Lage in der Bundesrepublik Deutschland. Monatsbericht ... (folgt der Monat). Ohne Ort (Bonn).

Die Hefte enthalten kurze Kommentare zur konjunkturellen Situation sowie die wichtigsten Angaben über Produktion, Umsätze, Preise und andere Größen mit den jeweils neuesten Monatszahlen. Vor allem aber erstattet die Bundesregierung Berichte über verschiedene Bereiche des Wirtschaftslebens. Die wichtigsten sind der seit 1968 jeweils im Januar erscheinende

[I.19] Jahreswirtschaftsbericht ... (folgt das Jahr) der Bundesregierung, Bonn, zuletzt als Bundestagsdrucksache 10/952 vom 2.2.1984. In diesen Berichten hat die Bundesregierung gemäß § 2 des Stabilitätsgesetzes (vgl. S. 156, Anm. 12) eine Stellungnahme zu dem jeweiligen Jahresgutachten des Sachverständigenrates (vgl. den folgenden Abschnitt) abzugeben und ihre für das beginnende Jahr angestrebten Ziele und geplanten wirtschaftspolitischen Maßnahmen darzulegen. Nach § 12 desselben Gesetzes ist alle zwei Jahre ein *Subventionsbericht* vorzulegen, zuletzt

[I.20] Bericht der Bundesregierung über die Entwicklung der Finanzhilfen des Bundes und der Steuervergünstigungen für die Jahre 1981 bis 1984 gemäß § 12 des Gesetzes zur Förderung der Stabilität und des Wachstums der Wirtschaft (StWG) vom 8. Juni 1967 (Neunter Subventionsbericht). Bundestagsdrucksache 10/352 vom 6.9.1983. 319 S.

Jährlich erscheint ferner mit Angaben über den Haushaltsplan des Bundes für das jeweils kommende Jahr, die Finanzbeziehungen zwischen den Gebietskörperschaften und einer Fülle statistischer Angaben der *Finanzbericht,* zuletzt

[I.21] Bundesministerium der Finanzen (Hg.): Finanzbericht 1984. Die volkswirtschaftlichen Grundlagen und die wichtigsten finanzwirtschaftlichen Probleme des Bundeshaushaltsplans für das Haushaltsjahr 1984. Bonn 1983. 285 S.

Statistische Angaben über die Situation der landwirtschaftlichen Betriebe und eine Übersicht über agrarpolitische Maßnahmen enthält der *Agrarbericht,* zuletzt

[I.22] Bundesministerium für Ernährung, Landwirtschaft und Forsten (Hg.): Agrarbericht 1984. Agrar- und ernährungspolitischer Bericht der Bundesregierung. (Bonn) 1984. X, 109, 285 S.

Über Leistungen der Sozialversicherungen sowie Aufgaben und Maßnahmen der Sozialpolitik unterrichtet der *Sozialbericht,* zuletzt

[I.23] Der Bundesminister für Arbeit und Sozialordnung (Hg.): Sozialbericht 1983. Bonn 1983/1984. 134 S.

5. **Sachverständigenrat.** Eine für Wirtschaftswissenschaftler besonders wichtige periodische Veröffentlichung auf dem Gebiet der gesamtwirtschaftlichen Analyse und Vorausschau sind die Berichte des durch das *Gesetz über die Bildung eines Sachverständigenrates zur Begutachtung der gesamtwirtschaftlichen Entwicklung* vom 14. August 1963 (BGBl. I, S. 685) eingesetzten fünfköpfigen Rates. Diese bis zum 15. November jeden Jahres vorzulegenden Berichte, deren erster 1965 erschien, haben ihren Schwerpunkt nicht in der statistischen Berichterstattung, sondern geben eine Gesamtanalyse des Wirtschaftsprozesses der Bundesrepublik im jeweils abgelaufenen Jahr zusammen mit einer Vorschau auf die absehbare zukünftige Entwicklung. Zur Zeit liegt der 20. dieser Berichte vor:

[I.24] Sachverständigenrat zur Begutachtung der gesamtwirtschaftlichen Entwicklung: Ein Schritt voran. Jahresgutachten 1983/84. Stuttgart u.a. 1983. XVII, 382 S.

Der Rat hat daneben gelegentlich Sondergutachten erstattet. Ein Verzeichnis sämtlicher Gutachten enthält jeder der eben genannten Bände.

6. **Wirtschaftsforschungsinstitute** gehören ebenfalls zu den Institutionen, die statistisches Material aufgrund eigener Erhebungen veröffentlichen. Siehe Anhang II.

Anhang II

# Wirtschaftswissenschaftliche Forschungsinstitute in der Bundesrepublik und ihre Publikationen

Eine Zusammenstellung der wirtschaftswissenschaftlichen Forschungsinstitute in der Bundesrepublik findet sich in

[II.01] F. DOMAY (Hg.): Handbuch der deutschen wissenschaftlichen Akademien und Gesellschaften einschließlich zahlreicher Vereine, Forschungsinstitute und Arbeitsgemeinschaften in der Bundesrepublik Deutschland. Mit einer Bibliographie deutscher Akademie- und Gesellschaftspublikationen. 1964, 2. Aufl. Wiesbaden 1977. XVII, 1209 S.

Es können hier nur die bekanntesten Institute mit breitem Forschungsbereich zusammen mit ihren wichtigsten Publikationen aufgezählt werden. Einige Angaben beruhen auf Auskünften der Institute.

**1. Deutsches Institut für Wirtschaftsforschung,** Berlin. Gegründet 1925 unter dem Namen „Institut für Konjunkturforschung", befaßt sich das Institut heute vor allem mit Wirtschaftsbeobachtung und -forschung im nationalen und internationalen Maßstab, der Anlagevermögensrechnung und der vierteljährlichen Volkswirtschaftlichen Gesamtrechnung einschließlich gesamtwirtschaftlicher Finanzierungsrechnung für die Bundesrepublik. Besonders gepflegt wird auch die Wirtschaftsbeobachtung der sozialistischen Länder. Ergebnisse erscheinen vierteljährlich in

[II.02] Deutsches Institut für Wirtschaftsforschung: Vierteljahrshefte zur Wirtschaftsforschung, Berlin 1949 ff.

Aktuelle Berichte und Zahlenangaben enthält der *DIW-Wochenbericht:*

[II.03] Deutsches Institut für Wirtschaftsforschung: Wochenbericht. Berlin 1950 ff.

Weitere Forschungsergebnisse erscheinen in der Reihe

[II.04] Deutsches Institut für Wirtschaftsforschung: Sonderhefte. Berlin 1948 ff.

Hiervon erschien 1983 Heft 139. Eine weitere Reihe ist

[II.05] Deutsches Institut für Wirtschaftsforschung: Beiträge zur Strukturforschung, Berlin 1967 ff.,

von der 1984 Heft 79 vorliegt, vgl. DIW [7.05].

Das Institut veröffentlicht in den „Wochenberichten" regelmäßig Beurteilungen der internationalen und der westdeutschen konjunkturellen Situation. Am 31. Dezember 1983 hatte das Institut 202 Mitarbeiter, darunter 89 Wissenschaftler.

2. **HWWA-Institut für Wirtschaftsforschung-Hamburg,** Hamburg. (HWWA ist die Abkürzung für die bis 1970 geltende Bezeichnung „Hamburgisches Welt-Wirtschafts-Archiv".) Das Institut entstand aus der Zentralstelle für die wissenschaftliche Erforschung der Kolonien des 1908 in Hamburg gegründeten Kolonialinstituts. Einzelheiten über Geschichte, gegenwärtigen Aufbau, die (Ende 1979 rund 770 000 Bände umfassende) Bibliothek und die Archive enthält die Festschrift zum 50jährigen Bestehen:

[II.06] Fünfzig Jahre Hamburgisches Welt-Wirtschafts-Archiv. 20. Oktober 1958. Hamburg 1958. 99 S.

Arbeitsgebiete sind die Analyse und Prognose der in- und ausländischen Konjunkturentwicklung, Strukturuntersuchungen sowie die Erforschung der internationalen Handels- und Kapitalverflechtung zwischen westlichen Industrie-, sozialistischen und Entwicklungsländern. Vierteljährlich erscheint eine Beurteilung der konjunkturellen Lage:

[II.07] HWWA-Institut für Wirtschaftsforschung-Hamburg: Weltkonjunkturdienst. Die wirtschaftliche Lage der westlichen Welt im . . . (folgt das Vierteljahr). Hamburg.

Der aktuellen Unterrichtung über die Binnen- und Weltkonjunktur sowie die Weltrohstoffmärkte dient der 14tägliche Kurzbericht

[II.08] HWWA-Institut für Wirtschaftsforschung-Hamburg: Konjunktur von morgen. Hamburg.

Monatlich erscheint die nach 17 Sachgebieten geordnete

[II.09] Bibliographie der Wirtschaftspresse. Dokumentation ausgewählter Zeitschriftenaufsätze aus den Beständen der Bibliothek des HWWA-Instituts für Wirtschaftsforschung-Hamburg,

in der rund 3600 Fachzeitschriften ausgewertet werden.

Das Institut gibt ferner zwei Monatsschriften mit Kommentaren und wissenschaftlichen Aufsätzen zu wirtschaftlichen Tagesfragen heraus. 1984 liegt im 64. Jahrgang vor:

[II.10] Wirtschaftsdienst. Wirtschaftspolitische Monatsschrift, hg. vom HWWA-Institut für Wirtschaftsforschung-Hamburg.

Als Fachzeitschrift für Außenwirtschaft und Entwicklungspolitik erscheint in englischer Sprache

[II.11] Intereconomics. Review of International Trade and Development. Hamburg, 1967 ff.

In Zusammenarbeit mit dem Internationalen Währungsfonds und der Weltbank wird vierteljährlich die Zeitschrift

[II.12] Finanzierung & Entwicklung, Hamburg,

herausgegeben, die vornehmlich über Entwicklungsfragen und die Tätigkeit internationaler Organisationen berichtet. Die Reihe

[II.13] Veröffentlichungen des HWWA-Instituts für Wirtschaftsforschung-Hamburg

besteht aus Monographien, die sich im wesentlichen mit Fragen aus den oben genannten Forschungsgebieten befassen. Das Institut hatte Ende 1983: 260 Mitarbeiter, darunter 60 wissenschaftliche.

3. **Ifo-Institut für Wirtschaftsforschung,** München. („Ifo" ist eine Zusammenziehung von „Information" und „Forschung".) Das Institut wurde 1949 gegründet. Geschichte, Organisation und Arbeitsgebiete sind in der Schrift

[II.14] W. MARQUARDT (Hg.): Dreißig Jahre Wirtschaftsforschung im Ifo-Institut 1949–1979. Ifo-Institut für Wirtschaftsforschung e.V., München 1979. 329 S.

dargelegt. Das Institut befaßt sich mit Konjunktur-, Wachstums- und Strukturforschung sowie mit Branchenanalysen und ist vor allem durch seine Verfahren der kurzfristigen Konjunkturbeobachtung und -prognose, den Ifo-Konjunkturtest und den Ifo-Investitionstest, bekannt. Das Institut befragt monatlich zur Zeit rund 12 000 Unternehmen nach ihrer Beurteilung der jeweiligen Situation in bezug auf Geschäftslage, Produktion, Lagerbestände, Auftragseingang und Preise sowie nach ihren Plänen und Erwartungen und ermittelt aus den Antworten Tendenzen für die nächsten Monate. In entsprechender Weise werden ein- bis zweimal jährlich rund 10 000 Unternehmen nach ihren getätigten und geplanten Investitionen befragt. Die Ergebnisse werden in der Rubrik „Konjunkturperspektiven" in der Monatsschrift

[II.15] Wirtschaftskonjunktur. Monatsberichte des Ifo-Instituts für Wirtschaftsforschung München. Berlin u.a., 1949 ff.

veröffentlicht, die 1984 im 36. Jahrgang erscheint. Die Zeitschrift enthält ferner die Rubriken „Konjunkturanalysen" und „Konjunkturindikatoren" sowie die Beilagen „Zahlen zur Wirtschaftsentwicklung" und „Zahlen zur Investitionstätigkeit". Weitere Angaben zur wirtschaftlichen Lage im In- und Ausland finden sich in dem dreimal monatlich erscheinenden

[II.16] Ifo-Institut für Wirtschaftsforschung München (Hg.): Ifo-Schnelldienst. Berlin u.a., 1948 ff.

Die Publikation enthält die Rubriken „Bild der Woche", „Kommentare", „Berichte und Analysen", „Auslandskonjunktur", „Konjunktur in Bild und Zahl" und dient so der aktuellen Information. Längere Zeitreihen aus allen Bereichen des Wirtschaftsprozesses mit graphischen Darstellungen werden seit 1973 einmal jährlich veröffentlicht, zuletzt in

[II.17] Ifo-Institut für Wirtschaftsforschung: Ifo Spiegel der Wirtschaft. Struktur und Konjunktur in Bild und Zahl, 1984/85. Frankfurt u.a. 1984.

Das Institut gibt ferner die Zeitschrift

[II.18] Ifo-Studien. Zeitschrift des Ifo-Instituts für Wirtschaftsforschung. Berlin u.a., 1955 ff.

mit Aufsätzen aus der allgemeinen Wirtschaftstheorie, der Statistik und der Ökonometrie heraus. Monographien erscheinen unter anderem unter den Bezeichnungen „Schriftenreihe", „Struktur und Wachstum", „Studien zur Finanzpolitik", „Afrika-Studien" und „Ifo-Studien zur Entwicklungsforschung". Das Institut hatte Ende 1983: 215 Mitarbeiter, darunter 95 Wissenschaftler.

4. **Institut für Weltwirtschaft an der Universität Kiel,** Kiel. Das Institut wurde 1914 unter der Bezeichnung „Königliches Institut für Seeverkehr und Weltwirtschaft" gegründet und befaßt sich vor allem mit der Erforschung der internationalen Wirtschaftsbeziehungen. Es besitzt heute die mit (Ende 1983) nahezu 1,6 Mill. Bän-

den größte wirtschafts- und sozialwissenschaftliche Fachbibliothek der Bundesrepublik. Seine Geschichte ist in dem anläßlich des fünfzigjährigen Bestehens herausgegebenen Band

[II.19] Institut für Weltwirtschaft an der Universität Kiel, 1914–1964. Ohne Ort 1964,

dargelegt. Informationen über die laufende Tätigkeit enthält ein jährlicher Bericht des Präsidenten, zuletzt

[II.20] Bericht des Präsidenten über die Tätigkeit des Instituts im Jahre 1983. Institut für Weltwirtschaft an der Universität Kiel. Kiel 1984. 58 S.

Seit Anfang 1980 erscheinen außerdem in unregelmäßiger Folge „Kieler Kurzberichte aus dem Institut für Weltwirtschaft" mit den jeweils aktuellsten Informationen über Forschungsergebnisse. Diese werden seit 1949 unter anderem in der Reihe

[II.21] Kieler Studien. Institut für Weltwirtschaft an der Universität Kiel, hg. von H. GIERSCH,

veröffentlicht, von denen im Januar 1984 der 185. Band erschienen ist. Seit 1965 werden Berichte über wissenschaftliche Tagungen als Symposien- und Konferenzbände herausgegeben. Bisher liegen 18 Bände vor. Seit 1969 erscheint ferner die Reihe der

[II.22] Kieler Diskussionsbeiträge – Kiel Discussion Papers,

in der im März 1984 das 98. Heft veröffentlicht wurde. Vorträge von Gästen des Instituts bilden die Reihe

[II.23] Kieler Vorträge, gehalten im Institut für Weltwirtschaft an der Universität Kiel.

1983 erschien hier Heft 104, Neue Folge. Das Institut gibt ferner zwei periodische Veröffentlichungen heraus. Seit 1913 erscheint, zur Zeit vierteljährlich, die Zeitschrift

[II.24] Weltwirtschaftliches Archiv – Review of World Economics. Zeitschrift des Instituts für Weltwirtschaft an der Universität Kiel. Tübingen,

mit Aufsätzen vornehmlich aus dem Gesamtbereich der Außen- und Weltwirtschaft, einem Berichts- und einem Besprechungsteil. Die Zeitschrift

[II.25] Die Weltwirtschaft. Halbjahresschrift des Instituts für Weltwirtschaft an der Universität Kiel, 1953 ff.,

enthält einen Überblick über die internationale Wirtschaftsentwicklung sowie Berichte über die konjunkturelle Situation in wichtigen Ländern, wissenschaftliche Analysen und einen statistischen Anhang.

Die Bibliothek des Instituts gibt seit 1960 die Reihe

[II.26] Kieler Schrifttumskunden zu Wirtschaft und Gesellschaft. Arbeiten der Bibliothek des Instituts für Weltwirtschaft,

heraus, bei der es sich hauptsächlich um Bibliographien der Bestände der Bibliothek zu einzelnen Themenkreisen handelt. Der 1. Band ist oben unter [6.03] genannt, 1983 erschien der 23. Band. Das Institut hatte Ende 1983: 329 Mitarbeiter, darunter 77 wissenschaftliche; in Bibliothek und Archiv waren davon 163 Mitarbeiter, darunter 17 wissenschaftliche, beschäftigt.

**5. Rheinisch-Westfälisches Institut für Wirtschaftsforschung,** Essen. Hervorgegangen aus der „Abteilung Westen des Instituts für Konjunkturforschung" (vgl.

oben Nr. 1 dieses Anhangs), wurde das Institut 1943 unter dem jetzigen Namen verselbständigt. Es befaßt sich mit Diagnosen und Prognosen der konjunkturellen und strukturellen Entwicklung der Bundesrepublik und der Konjukturentwicklung in den westlichen Industrieländern. Die Ergebnisse werden in den beiden Vierteljahresschriften

[II.27] Rheinisch-Westfälisches Institut für Wirtschaftsforschung Essen: Mitteilungen. Berlin 1950 ff.

[II.28] Rheinisch-Westfälisches Institut für Wirtschaftsforschung Essen: Konjunkturberichte. Berlin 1950 ff.

sowie in „Beiheften zu den Konjunkturberichten" und in „Konjunkturbriefen" veröffentlicht. Außerdem erscheint seit 1951 eine Schriftenreihe, von der bis Ende 1983: 44 Bände veröffentlicht worden sind; und seit 1953 jährlich ein Bericht über die Konjunkturentwicklung im Handwerk. Das Institut hatte Ende 1983: 75 Mitarbeiter, darunter 38 wissenschaftliche.

6. **Arbeitsgemeinschaft.** Die genannten fünf Institute sind Mitglieder der Arbeitsgemeinschaft deutscher wirtschaftswissenschaftlicher Forschungsinstitute e.V., die 1949 gegründet wurde und ihren Sitz in Essen hat. Die fünf Institute geben zweimal jährlich eine gemeinsame Beurteilung der wirtschaftlichen Situation der Welt und der Bundesrepublik heraus und stellen dabei auch numerische Prognosen über die Entwicklung der wichtigsten volkswirtschaftlichen Kennzahlen und Gesamtgrößen für das jeweils nächste Jahr auf. Die Prognosen werden im „Wochenbericht" des Deutschen Instituts für Wirtschaftsforschung [II.3] und in der „Wirtschaftskonjunktur" des Ifo-Instituts für Wirtschaftsforschung [II.15] veröffentlicht. In der Wirtschaftspresse wird regelmäßig über sie berichtet.

Anhang III

# Definitionen und Erläuterungen von Fachausdrücken des Volkswirtschaftlichen Rechnungswesens

Im Text dieses Buches wurde in erster Linie Wert darauf gelegt, grundlegende Konzepte zu erarbeiten. Mißverständliche oder sonst zu beanstandende Fachausdrücke wurden dabei kritisiert (vgl. „unverzinsliche Schatzanweisung" S. 61, „Wirtschaftskreislauf" S. 86, „Banknotenumlauf" S. 159, „Geldmenge" S. 166, „Zahlungsbilanz" S. 196). Die folgende Zusammenstellung ergänzt den Text insofern, als Einzelheiten, auch solche der statistischen Praxis, hinzugefügt werden. Außerdem erlaubt sie einen schnellen Überblick und soll auch dazu beitragen, Irrtümer zu korrigieren. Jedoch ist das Verzeichnis nur zur ersten Orientierung gedacht. Viele Definitionen enthalten nicht alle Meß- und Einordnungsvorschriften oder sind aus anderen Gründen unvollständig, und auf Definitionsunterschiede je nach Art der Statistik wird nicht eingegangen (in Stat. BA [I.10] wird „Umsatz" auf 10 Seiten, „Unternehmen" auf 19 Seiten definiert). Bei der Benutzung ist zu beachten:

- Definitionen sind *kursiv,* Erläuterungen in Normalschrift gedruckt. Maßgebend ist der Sprachgebrauch in der Bundesrepublik Deutschland nach dem Stand von 1983, wichtige Quellen sind Stat. BA [6.29] und der Definitionskatalog der Bundes-Datenbank Stat. BA [I.10]. Bei vielen Stichwörtern sind weitere Einzelheiten diesen beiden Titeln zu entnehmen;
- Synonyme sind vielfach angegeben, ferner wird auf die Dimension hingewiesen;
- Jedes Stichwort wird im dazugehörigen Text mit seinem oder seinen Anfangsbuchstaben abgekürzt, etwa „Konsum, privater" mit „p. K.";
- Das Zeichen → verweist nur auf Stichwörter in diesem Anhang;
- Seitenzahlen verweisen auf Textstellen, in denen der Fachausdruck erarbeitet oder näher erläutert ist. Weitere Belegstellen nennt das Sachverzeichnis, das auch den Zugang über Synonyme eröffnet;
- Für die alphabetische Einordnung gilt die Vorbemerkung zum Sachverzeichnis (unten). Mit „Brutto-" oder „Netto-" beginnende Wörter suche man unter dem Stammwort, beispielsweise „Bruttoinvestition" unter „Investition".

**Abschreibung** = *Monetäres Äquivalent der Wertminderung dauerhafter Produktionsmittel infolge des Verschleißes bei ihrem Einsatz im Produktionsprozeß und infolge wirtschaftlichen Veraltens.* Daneben gibt es noch **Substanzabschreibung** = *Monetäres Äquivalent der Substanzverringerung infolge der Ausbeutung von Lagerstätten,* etwa bei Gas- und Ölquellen, Bergwerken, Steinbrüchen, Kiesgruben. Einzelwirtschaftlich unterscheidet man je nach dem Bewertungszweck und den gesetzlichen Vorschriften handelsrechtliche, steuerrechtliche und kalkulatorische (nutzungsbedingte) A.en. Die zuletzt genannten entsprechen der obigen Definition. In der → VGR werden A.en linear von den Wiederbeschaffungswerten der jeweiligen Produktionsmittel in der Berichtsperiode berechnet. Das vorzeitige Ausscheiden von Produktionsmitteln aufgrund von Schadensfällen wird berücksichtigt. Für Land- und Wasserstraßen und die übrigen staatlichen Tiefbauten werden keine A.en angesetzt, da bei ihnen angenommen wird, daß ihr Wert infolge von Reparaturen erhalten bleibt. Stromgröße. S. 50, 87, 104–106, 247 f.

**Aktivum, Passivum.** In Unternehmensbilanzen werden einheitlich alle Posten (Eintragungen) auf der linken oder Aktivseite als A. (Mehrzahl: Aktiva, Aktiven), alle Posten auf der rechten Seite als P. (Mehrzahl: Passiva, Passiven) bezeichnet. Häufig wird A. synonym für „Vermögensobjekt" gebraucht, obwohl es Posten auf der linken Seite von → Vermögensrechnungen geben kann, die nicht Vermögensobjekte sind, wie Überschuldung, Jahresverlust, Verlustvortrag. Passiva sind Schulden (auch „Fremdpassiva" genannt), ferner das → Reinvermögen unter verschiedenen Bezeichnungen wie Eigenkapital, Grundkapital, Rücklagen, Gewinnvortrag, Gewinn. Weitere Passivposten sind Wertberichtigungen zu Posten der Aktivseite. In diesem Buch werden A. und P. (im Plural) nur noch als Seitenbezeichnungen von Vermögensrechnungen benutzt, ansonsten wird von Aktivposten, Passivposten und Vermögensobjekten gesprochen. Bestandsgrößen. S. 48.

**Anlageinvestition.** Zu unterscheiden sind **Brutto-Anlageinvestition** = *Käufe der → Unternehmen, → öffentlichen Haushalte und privaten → Organisationen ohne Erwerbszweck von dauerhaften Produktionsmitteln zuzüglich selbsterstellter Anlagen sowie Wohnungsbau der privaten Haushalte;* **Netto-Anlageinvestition** = *Brutto-A. abzüglich → Abschreibungen.* Ein Produktionsmittel gilt als dauerhaft, wenn seine Nutzungsdauer ein Jahr übersteigt und wenn es von Unternehmen üblicherweise aktiviert wird. Einbezogen sind Aufwendungen im Zusammenhang mit dem Kauf und der Installation von Gütern der A., etwa für Architekten und Rechtsanwälte sowie für größere Reparaturen (auch zwecks Schadenbeseitigung) und Umbauten, die den Nutzwert, die Kapazität oder die Lebensdauer der Anlagen erhöhen. Nicht dazu zählen geringwertige Sachgüter wie kleinere Werkzeuge, Reifen, Büromaterial; auch nicht Aufwendungen für die laufende Instandhaltung sowie für Forschung und Entwicklung. In der amtlichen Statistik werden auch die Käufe abzüglich Verkäufe von Land und gebrauchten Anlagen zur A. von Sektoren gezählt. Militärische Güter rechnen nicht dazu, auch wenn sie dauerhaft sind. Gliederung in **Ausrüstungsinvestition** = *Maschinen, maschinelle Anlagen, Fahrzeuge, Betriebs- und Geschäftsausstattung;* und **Bauinvestition** = *Wohn-, Verwaltungs-, landwirtschaftliche und gewerbliche Bauten, Straßen, Brücken, Dämme, Rohrleitungen, Wasserwege.* Stromgröße. S. 109.

**Anlagevermögen, reproduzierbares.** Zu unterscheiden sind **Brutto-Anlagevermögen** = *Bestand an reproduzierbaren dauerhaften Produktionsmitteln, bewertet zu Anschaffungs-, Wiederbeschaffungs- oder Preisen eines Basisjahres;* **Netto-Anlagevermögen** = *Brutto-A. abzüglich kumulierter → Abschreibungen.* Analog zur Einteilung der → Anlageinvestition gliedert sich das r. A. in Ausrüstungen und Bauten. Einzelwirtschaftlich gehören zum A. im weiteren Sinne auch Betriebsgrundstücke und Finanzanlagen (→ immaterielle Vermögensobjekte, Beteiligungen, Wertpapiere). Den Gegensatz zum A. bildet das **Umlaufvermögen.** Bestandsgröße. Synonyme: Kapitalstock; Produktionsapparat (ohne Lagerbestände). S. 54, 76, 308–312.

**Arbeitnehmerquote** = *Anteil der →abhängig Beschäftigten an den →Erwerbstätigen.* Beide Größen einschließlich der im Bundesgebiet wohnenden Ausländer. Als (abhängig) Beschäftigte gelten auch Erkrankte, Urlauber, bei der Bundeswehr Übende, Streikende und von Aussperrungen betroffene Personen; ferner Saison-, Aushilfs-, Kurzarbeiter und Teilzeitbeschäftigte. Nicht zu den Beschäftigten zählen Grundwehr- und Zivildienstleistende, Strafgefangene und ehrenamtlich Tätige. Dimensionslos. Die A. wird häufig auch als Durchschnittsgröße für Zeiträume berechnet. S. 306, 323 f.

**Arbeitslosenquote** = *Quotient aus Zahl der Arbeitslosen und Zahl der abhängigen →Erwerbspersonen.* Hierin ist (in der Bundesrepublik Deutschland) **Arbeitslose(r)** = *Person ohne dauerhaftes Arbeitsverhältnis, die beim Arbeitsamt als arbeitsuchend registriert ist.* Abhängige Erwerbspersonen sind die →abhängig Beschäftigten (auch: Arbeitnehmer) zuzüglich der Arbeitslosen. Wichtig für die Beurteilung des wirtschaftspolitischen Ziels der Vollbeschäftigung. Dimensionslos. Obwohl Bestandsgrößen zueinander in Beziehung gesetzt werden, wird die A. oft als Durchschnittsgröße für Zeiträume berechnet. S. 147.

**Arbeitsproduktivität, gesamtwirtschaftliche** = *Reales →Bruttoinlandsprodukt zu Marktpreisen je durchschnittlich →Erwerbstätigen oder je Erwerbstätigenstunde.* Wird meist als Index ausgewiesen. Für Bergbau und →Verarbeitendes Gewerbe der Bundesrepublik werden die Quotienten Produktionsergebnis je Beschäftigten, je Beschäftigtenstunde, je Arbeiter und je Arbeiterstunde berechnet. Das Produktionsergebnis wird mit dem Index der Nettoproduktion gemessen. Dimension: DM in konstanten Preisen je Einheit des Arbeitseinsatzes. Als Index dimensionslos. Synonym: Produktivität. S. 152 f., 312–319, 322.

**Arbeitsvolumen** = *Summe der während eines Zeitraums in einem Unternehmen, einem Wirtschaftszweig oder einer Volkswirtschaft geleisteten Arbeitsstunden,* meist gemessen als Zahl der Beschäftigten mal durchschnittliche Arbeitszeit. Das A. ist ein genaueres Maß für den Einsatz des Bestandsfaktors „Arbeit" als die Zahl der Beschäftigten oder →Erwerbstätigen, da es Überstunden, Kurz- und Teilzeitarbeit sowie Änderungen der wöchentlichen Arbeitszeit und der Urlaubszeit erfaßt. Auch wird das Ausmaß des Beschäftigungsrückgangs in einer Rezession oder Depression durch das A. genauer als durch die Zahl der →Arbeitslosen gemessen, da das A. auch den Übergang zu Kurzarbeit, Abbau von Überstunden, Rückgang der →Erwerbsquote, Abwanderung von Ausländern erfaßt. Stromgröße.

**Außenbeitrag** = *Saldo der zusammengefaßten →Handels- und →Dienstleistungsbilanz;* oder = *Saldo aus →Export und →Import von Sachgütern, Dienst- und Faktorleistungen.* Komponente des →Brutto- und des →Nettosozialprodukts zu Marktpreisen. Stromgröße. S. 117, 124 f., 147 f., 200.

**Bargeldumlauf** = *Gesamter Nennwert der von der Bundesbank netto in den Verkehr gegebenen Banknoten und Münzen.* Gliederung in Notenumlauf und Münzumlauf. Enthält auch in unbekanntem Umfang Noten und Münzen, die verlorengegangen sind, zerstört oder in Sammlungen aufgenommen wurden oder sich in der Hand von Ausländern befinden. Bestandsgröße. Synonyme: Bargeldbestand; Stückgeldumlauf. S. 166.

**Bestandsänderungsgröße**=*Differenz der Werte einer →Bestandsgröße zu zwei Zeitpunkten.* Wird entweder durch den Vergleich der Werte der Bestandsgröße zu den beiden Zeitpunkten oder als Saldo der Zugänge zum und Abgänge vom Anfangswert der Bestandsgröße während des von den beiden Zeitpunkten eingeschlossenen Zeitraums ermittelt. S. 47, 174.

**Bestandsänderungsrechnung**=*Zusammenstellung von →Bestandsänderungsgrößen für eine Wirtschaftseinheit, einen Sektor oder eine Volkswirtschaft.* Die Bestandsänderungen können brutto als Zugänge und Abgänge oder netto als Saldo aus Zu- und Abgängen nachgewiesen werden. Beispiele sind sektorale Kreditänderungsrechnungen und der entsprechende Teil →gesamtwirtschaftlicher Finanzierungsrechnungen, die Geldbestandsänderungsrechnung sowie die →Kapitalverkehrsbilanz im Rahmen der →Zahlungsbilanz. Synonyme (in der Betriebswirtschaftslehre): Bewegungsbilanz; Zeitraumbilanz; Veränderungsbilanz; Kapitalflußrechnung. S. 47, 174–177.

**Bestandsgröße**=*In Geldeinheiten bewertete oder in physischen Einheiten gemessene Größe, die für einen Zeitpunkt festgestellt wird, mit der Dimension „(Geld- oder Mengen-)Einheiten zum Zeitpunkt".* Der Zeitpunkt heißt häufig „Stichtag". Soweit sich eine B. während eines Tages nennenswert ändert (Kassenbestände, Bankeinlagen), muß ein Zeitpunkt innerhalb des Stichtages festgelegt werden (etwa: Ende des Geschäftstages). Synonym: Zeitpunktgröße. S. 46.

**Bestandsrechnung**=*Zusammenstellung von →Bestandsgrößen für ein →Wirtschaftssubjekt, einen →Sektor oder eine Volkswirtschaft.* Beispiele sind einzelwirtschaftliche, sektorale und gesamtwirtschaftliche →Vermögensrechnungen, der Nachweis der Vermögensverteilung, die Messung des →Produktionsapparats, die konsolidierte Bilanz des Bankensystems. S. 46.

**Bewertung**=*Zuordnung eines Geldbetrages zu einem →Wirtschaftsobjekt.* Meist geschieht dies zu dem Zweck, das Objekt in eine →Vermögensrechnung, ein anderes Rechenwerk oder in einen Wirtschaftsplan aufzunehmen. Häufigste B.sverfahren sind die B. zum Anschaffungswert, zum Anschaffungswert oder zu Herstellungskosten abzüglich →Abschreibung, zum Marktwert, zum Wiederbeschaffungswert, zum Ertragswert. S. 49–52.

**Bilanz des kurzfristigen Kapitalverkehrs**=*Zusammenstellung der Änderungen kurzfristiger Forderungen und Verbindlichkeiten gegenüber Ausländern während eines Zeitraums.* Als kurzfristig gelten Kreditbeziehungen mit ursprünglich vereinbarten Laufzeiten bis zu einem Jahr. Ebenfalls hier erfaßt werden sämtliche Zielgewährungen und Anzahlungen im Waren- und Dienstleistungsverkehr, da sich deren langfristiger Anteil statistisch nicht ermitteln läßt. Gliederung nach inländischen Kreditinstituten, Unternehmen und Privatpersonen, öffentlichen Stellen; sowie nach Ländern und Ländergruppen. Änderungen der Auslandsforderungen und -verbindlichkeiten der Deutschen Bundesbank werden nicht in der B. d. k. K., sondern gesondert ausgewiesen, →Währungsreserve. Teilbilanz der →Kapitalverkehrsbilanz und damit der →Zahlungsbilanz. Bestandsänderungsrechnung. Synonyme: Bilanz der kurzfristigen Kapitalbewegungen; kurzfristige Kapitalverkehrsbilanz. S. 198 f., 211.

**Bilanz des langfristigen Kapitalverkehrs** = *Zusammenstellung der Änderungen langfristiger Forderungen und Verbindlichkeiten gegenüber Ausländern während eines Zeitraums.* Als langfristig gelten Kreditbeziehungen mit ursprünglich vereinbarten Laufzeiten von über einem Jahr. Gliederung in Direktinvestitionen, Portfolioinvestitionen, Kredite und Darlehen, Grundbesitz, Sonstiger langfristiger Kapitalverkehr; sowie nach Ländern und Ländergruppen. Teilbilanz der → Kapitalverkehrsbilanz und damit der → Zahlungsbilanz. Bestandsänderungsrechnung. Synonyme: Bilanz der langfristigen Kapitalbewegungen; langfristige Kapitalverkehrsbilanz. S. 197, 199, 211.

**Brutto-, Netto-** = *Der Bruttowert einer Variablen nimmt nach Abzug eines Teils ihren Nettowert an.* Was im einzelnen abgezogen wird, ist unterschiedlich. In diesem Buch sind es unter anderem beim → Anlagevermögen, bei der → Investition, beim → Inlandsprodukt und beim → Sozialprodukt die → Abschreibungen; beim → Produktionswert die → Vorleistungen; beim → Einkommen die → direkten Steuern; bei → Forderungen und → Vermögen die Verbindlichkeiten; bei der → Wertschöpfung der Saldo aus → indirekten Steuern und → Subventionen. Der N.wert einer Variablen kann gleich null oder negativ sein. In anderen Zusammenhängen spricht man auch von einer **Nettogröße** = *Saldo aus Zu- und Abgängen einer Größe während eines Zeitraums.*

**Devisen** = *Geldbetrag in ausländischer Währung einschließlich Bargeld (Sorten).* Gegenüber dieser Definition im weiteren Sinne sind im engeren Sinne D. = *Anspruch auf Zahlung eines Geldbetrages in ausländischer Währung im Ausland.* Der Anspruch kann wie bei Sichtguthaben bei Banken unverbrieft oder durch Scheck, Wechsel, Akkreditiv, andere kurzfristige Wertpapiere verbrieft sein. Gegenstand des D.handels der Banken sind jedoch nur Bankguthaben in Auslandswährungen, wobei D. häufig anhand des Ortes benannt werden, an dem sie verfügbar sind: „Auszahlung New York". Je nach Sichtweise sind **Devisenforderungen** und **Devisenverbindlichkeiten** zu unterscheiden, wobei Gläubiger und Schuldner in der Regel Volkswirtschaften mit unterschiedlichen Währungen angehören. Synonym: Fremdwährung(sbetrag). S. 161 f.

**Devisenbilanz** = *Zusammenstellung der Änderungen der von der zentralen Währungsbehörde eines Landes gehaltenen → Währungsreserven einschließlich ihrer Auslandsverbindlichkeiten.* Der Saldo der D. gibt beispielsweise in der Bundesrepublik die Änderung der Netto-Auslandsposition der Deutschen Bundesbank an. In manchen Ländern gilt als **erweiterte D.** = *Zusammenstellung der Änderungen der → Währungsreserven einschließlich der → Devisenforderungen und -verbindlichkeiten der Geschäftsbanken.* Die D. ist in der Bundesrepublik selbständige Teilbilanz der → Zahlungsbilanz, in anderen Ländern wird sie als Teil der → Kapitalverkehrsbilanz geführt. Die Bezeichnung ist mißverständlich und wird in diesem Buch nicht benutzt. Bestandsänderungsrechnung. Synonym: Bilanz der Gold- und Devisenbewegungen (bei der zentralen Währungsbehörde). S. 221.

**Dienstleistungsbilanz** = *Zusammenstellung der Käufe und Verkäufe von Dienst- und Faktorleistungen zwischen → In- und Ausländern.* Gliederung in Reiseverkehr, Transportleistungen, Versicherungsleistungen, Kapitalerträge, Regierungsleistungen und Übrige Dienstleistungen. Teilbilanz der → Leistungsbilanz und damit der → Zahlungsbilanz. Sind die Verkäufe an Ausländer größer als die Käufe der Inländer bei Ausländern, so ist die D. aktiv, im entgegengesetzten Fall ist sie passiv. Stromrechnung. S. 197 f., 209.

**Eigenverbrauch** (bei → öffentlichen Haushalten und → Organisationen ohne Erwerbszweck) = *Unentgeltlich abgegebene Dienstleistungen, bewertet zu den bei ihrer Produktion angefallenen Aufwendungen;* oder = → *Bruttoproduktionswert abzüglich Verkäufe und selbsterstellte Anlagen.* Die Bezeichnung wird verständlich, wenn man die produzierende Institution als Gesamtheit der Empfänger ihrer Dienste auffaßt. Bei → privaten Haushalten gilt E. = *Gegen Entgelt an private Haushalte abgegebene Dienstleistungen der häuslichen Bediensteten.* **E. der Unternehmer** = *Im Unternehmen hergestellte und im privaten Haushalt des Unternehmers verbrauchte Erzeugnisse.* Stromgrößen. S. 112 f., 261.

**Einkommen** = *Ständige Einnahmen oder Güterempfänge eines Wirtschaftssubjekts, und zwar als Gegenleistung für die Abgabe von Faktorleistungen an den Produktionsprozeß (Faktoreinkommen), als Differenz zwischen Erlösen und Aufwendungen aus einem Produktionsprozeß (Gewinn), oder ohne Gegenleistung aufgrund rechtlicher Ansprüche oder freiwilliger Zuwendung (→ Übertragungseinkommen);* oder (von der Verwendungsseite) = *Summe aus Konsum- und geleisteten Transferausgaben zuzüglich Wert der Änderung des → Vermögens.* Ein negatives Gewinneinkommen heißt auch Verlust. Änderungen des Wertes von Vermögensobjekten gelten im allgemeinen nicht als E., es sei denn, die Wertänderung beruhe auf Änderungen von Eigenschaften der Objekte. Unter dem Gesichtspunkt der Kaufkraft wird unterschieden zwischen **Nominaleinkommen** = *In Geldeinheiten gemessenes Einkommen;* und **Realeinkommen** = *Nominaleinkommen, dividiert durch einen Preisindex.* Im Steuerrecht der Bundesrepublik ist E. = *Gesamtbetrag der Einkünfte abzüglich Sonderausgaben und außergewöhnlicher Belastungen.* Die Einkünfte werden ihrerseits nach sieben Quellen unterschieden (aus Land- und Forstwirtschaft, Gewerbebetrieb, selbständiger Arbeit, nichtselbständiger Arbeit, Kapitalvermögen, Vermietung und Verpachtung, sonstige), aus ihrer Summe ergibt sich nach Abzug gewisser Beträge ihr „Gesamtbetrag" (Einkommensteuergesetz 1983, BGBl. I 1984, S. 114, § 2). Stromgrößen. Weitere Angaben über einzelne E.sarten siehe unter diesen.

**Einkommen aus unselbständiger Arbeit.** Zu unterscheiden sind **Bruttoeinkommen aus unselbständiger Arbeit** = *Summe aus Bruttolöhnen und -gehältern sowie Arbeitgeberbeiträgen zur Sozialversicherung;* **Nettolohn- und Gehaltssumme** = *Bruttoeinkommen aus unselbständiger Arbeit abzüglich Summe aus Arbeitgeber- und Arbeitnehmerbeiträgen zur Sozialversicherung und Lohnsteuer.* Einbezogen sind Neben- und Zusatzleistungen aller Art an Arbeitnehmer wie Akkord-, Montage-, Nacht-, Schicht-, Feiertagszuschläge; Leistungs- und Schmutzzulagen; Familien- und Kinderzuschläge; Wohnungs-, Essen- und Fahrtkostenzuschüsse; Lohnfortzahlung im Krankheitsfall; Weihnachts- und Urlaubsgeld; zusätzliche Monatsgehälter; Gewinnbeteiligungen, Treueprämien und Abfindungen. Stromgrößen. Synonym: Arbeitnehmereinkommen. (Nicht zu verwechseln mit Einkommen der Arbeitnehmer, das auch Vermögenseinkommen enthalten kann.) S. 114, 132 f.

**Einkommen aus Unternehmertätigkeit und Vermögen.** Zu unterscheiden sind **Bruttoeinkommen aus Unternehmertätigkeit und Vermögen** = → *Einkommen der privaten und öffentlichen Haushalte, der Unternehmen und des Auslandes in Form von Zinsen, Dividenden und anderen Ausschüttungen der → Unternehmen mit eigener Rechtspersönlichkeit, nichtausgeschüttete Gewinne dieser Unternehmen sowie Gewinne der Unternehmen ohne eigene Rechtspersönlichkeit;* **Nettoeinkommen aus Unternehmertätigkeit und Vermögen** = *Bruttoeinkommen aus Unternehmertätigkeit und Vermögen abzüglich der auf diese Einkommen geleisteten → direkten Steuern.* Stromgrößen. S. 114, 132 f.

**Einkommen der privaten Haushalte, verfügbares**=*Summe der den →privaten Haushalten zugeflossenen Erwerbs-, Vermögens- und Übertragungseinkommen abzüglich der →direkten Steuern der privaten Haushalte, der Arbeitgeber- und Arbeitnehmerbeiträge zur Sozialversicherung und der sonstigen →laufenden Übertragungen der privaten Haushalte an Unternehmen, Staat und übrige Welt.* Das verfügbare Einkommen der privaten Haushalte wird sowohl mit als auch ohne Einschluß der nichtentnommenen Gewinne der Unternehmen ohne eigene Rechtspersönlichkeit nachgewiesen. Stromgröße. Synonym: Verfügbares persönliches Einkommen. S. 114, 136 f.

**Endnachfrage, gesamtwirtschaftliche**=*Summe aus privatem und staatlichem →Konsum, →Bruttoinvestition und →Export;* oder=*Wert aller Güter, die während eines Zeitraums erzeugt, aber während des gleichen Zeitraums nicht im heimischen Produktionsprozeß verbraucht wurden, einschließlich Güterimport.* Stromgröße. Synonym: Letzte Güterverwendung. S. 7 f., 131, 134, 137.

**Entstehungsrechnung**=*Gliederung des →Bruttoinlandsprodukts in die Beiträge der Wirtschaftsbereiche.* Weist auch auf die statistische Erfassungsmethode hin: Der Beitrag eines Wirtschaftsbereichs ergibt sich in der Regel durch Abzug der →Vorleistungen vom →Bruttoproduktionswert (Differenzmethode). Der Beitrag des Staates und einiger Dienstleistungsbereiche wird als Summe aus →Abschreibungen, →Produktionssteuern (minus Subventionen) und →Nettowertschöpfung der zu diesem Bereich gehörenden produzierenden Wirtschaftseinheiten ermittelt (additive Methode). S. 129 f.

**Erwerbslose(r)**=*Person, die mindestens 15 Jahre alt ist und keine Erwerbstätigkeit ausübt, aber eine solche sucht.* Diese Definition gemäß Volks- und Berufszählung 1970 und Mikrozensus weicht von dem zur Berechnung der →Arbeitslosenquote benutzten Begriff des/der →Arbeitslosen ab: Für die Einordnung als E. spielt einerseits die Registrierung als arbeitslos beim Arbeitsamt keine Rolle, anderseits gelten als arbeitslos gemeldete Personen mit geringfügiger oder aushilfsweiser Erwerbstätigkeit nicht als E. Bestandsgröße. S. 306 f.

**Erwerbsperson**=*Mindestens 15 Jahre alte Person mit ständigem Wohnsitz im Inland, die entweder →Erwerbstätiger oder →Erwerbsloser ist.* Die Gesamtheit der E.en bildet die **Erwerbsbevölkerung.** Gegensatz: **Nichterwerbsperson.** Bestandsgröße, wird auch häufig als Durchschnittsgröße für Zeiträume berechnet. S. 306 f.

**Erwerbsquote**=*Anteil der →Erwerbspersonen an der Wohnbevölkerung.* Häufig werden geschlechts- und altersgruppenspezifische E.n berechnet. Dimensionslos. S. 306.

**Erwerbstätiger**=*Person, die einer Erwerbstätigkeit oder mehreren solcher Tätigkeiten nachgeht, unabhängig von der Dauer der vertragsmäßig zu leistenden oder tatsächlich geleisteten wöchentlichen Arbeitszeit und von der Bedeutung des damit erzielten →Einkommens für ihren Lebensunterhalt.* In dieser Definition gemäß dem Inländer- oder Wohnortkonzept sind inländische Auspendler und inländisches Personal bei ausländischen diplomatischen und konsularischen Vertretungen sowie Streitkräften eingeschlossen. Entsprechend umgekehrt ist bei der Definition gemäß dem Inlands- oder Arbeitsortkonzept zuzuordnen. In der Bundesrepublik sind ständig im Bundesgebiet wohnende Ausländer in beide Konzepte eingeschlossen. Gliederung in **Selbständige**=*Personen, die einen landwirtschaftlichen, handwerklichen oder gewerblichen Betrieb als Eigentümer oder Pächter* *leiten; sowie freiberuflich Tätige, Hausgewerbetreibende und Zwischenmeister;* **mithelfende Familienangehörige**=*Personen, die in einem von einem Familienmitglied als Selbständigem geleiteten Betrieb ohne Lohn und Gehalt und ohne Entrichtung von Pflichtbeiträgen zur gesetzlichen Rentenversicherung mitarbeiten;* und **abhängig** (auch: unselbständig) **Beschäftigte**=*Beamte einschließlich Richter, Soldaten mit Zivildienstleistenden, Geistliche; Angestellte; Arbeiter einschließlich Heimarbeiter und Hausgehilfinnen; Auszubildende einschließlich Praktikanten und Volontäre.* Eingeschlossen sind auch Kurzarbeiter und Teilzeitbeschäftigte. Nicht zu den E.n zählen Personen in ihrer Eigenschaft als Grundstücks-, Haus- oder Wohnungseigentümer sowie Eigentümer von Wertpapieren und ähnlichen Vermögensobjekten. Bestandsgröße, wird auch häufig als Durchschnittsgröße für Zeiträume berechnet. S. 306–308.

**Erwerbs- und Vermögenseinkommen**= →*Einkommen aus der unmittelbaren Beteiligung am Produktionsprozeß.* Gliederung in →Einkommen aus unselbständiger Arbeit und →Einkommen aus Unternehmertätigkeit und Vermögen. Stromgröße. Synonyme: Faktoreinkommen; Leistungseinkommen. Für Vermögenseinkommen: Besitzeinkommen; fundiertes Einkommen. S. 114.

**Export**=*Übergang von Waren, Dienst- und Faktorleistungen mit oder ohne Gegenleistung von →Inländern an Ausländer.* Maßgebend für die Erfassung ist die Außenhandelsstatistik und damit der Zeitpunkt des Grenzübergangs. Dienstleistungsverkäufe werden weitgehend zum Zeitpunkt der Zahlung nachgewiesen. Beim E. von Waren wird vom →Generalhandel der Außenhandelsstatistik ausgegangen, jedoch werden unentgeltliche Lieferungen von Unternehmen wie Werbemittel, Muster, Kulanzlieferungen nicht einbezogen. Der in der Außenhandelsstatistik nicht enthaltene Leistungsverkehr mit der DDR wird hinzugesetzt. Stromgröße. Synonym: Ausfuhr. Warenexport heißt auch sichtbare Ausfuhr, Dienst- und Faktorleistungsexport unsichtbare Ausfuhr. Zu dieser rechnet auch der Saldo des Transithandels. S. 116f., 124f., 213–216.

**Exportquote**=*Ins Ausland gelieferter oder verkaufter Anteil an der Gesamtmenge oder am Gesamtwert eines Erzeugnisses, des Absatzes eines Unternehmens oder Wirtschaftszweiges oder am →Sozialprodukt eines Landes.* Meßprobleme ergeben sich vor allem, wenn die in Zähler und Nenner der E. erfaßten Variablen verschiedenen Statistiken wie Produktions- und Außenhandelsstatistik entstammen und unterschiedlich abgegrenzt sind. Die Produktionsstatistik ist nach Wirtschaftszweigen gegliedert, häufig nur eine Teilerhebung und erfaßt Güterwerte ab Werk; die Außenhandelsstatistik ist eine nach Waren gegliederte Vollerhebung und erfaßt Güter mit ihren Werten beim Grenzübergang. Diese sind im allgemeinen höher als die Werte ab Werk, so daß die E. überhöht ausgewiesen wird. Dies tritt auch ein, wenn aus Lagerbeständen exportiert wird. Dimensionslos. S. 213 f.

**Finanzierungsrechnung, gesamtwirtschaftliche**=*Statistische Erfassung der Änderungen von →Forderungen und Verbindlichkeiten von →Sektoren einer Volkswirtschaft während eines Zeitraumes.* Bestandsänderungsrechnung. Synonyme: Finanzierungsrechnung; Vermögensbildung und ihre Finanzierung; Geldstromanalyse (irreführend: Weder wird nur Geld betrachtet, noch werden Ströme registriert). S. 177–183.

**Finanzierungssaldo**=*Änderung der →Forderungen einschließlich Geld abzüglich Änderung der Verbindlichkeiten eines →Wirtschaftssubjekts, eines →Sektors oder einer Volkswirtschaft während eines Zeitraums.* Ein positiver Finanzierungssaldo heißt **Finanzierungs-**

**überschuß** (auch: Einnahmenüberschuß); ein negativer heißt **Finanzierungsdefizit** (auch: Ausgabenüberschuß). Bestandsänderungsgrößen. Synonyme: Änderung des Geldvermögens; Änderung der Nettoposition. S. 89, 96 f., 180.

**Finanzsektor** = *Zusammenfassung der Deutschen Bundesbank, der Geschäftsbanken, Bausparkassen und Versicherungsunternehmen.* So in der Statistik der Deutschen Bundesbank. Synonyme: Finanzielle Sektoren; Finanzunternehmen. S. 68, 178, 183 f.

**Forderung** = *Die Seite einer Kreditbeziehung, die für ihren Inhaber, den Gläubiger, in der Regel einen Anspruch auf Zahlung eines Geldbetrages durch den Schuldner bedeutet.* Der Forderung des Gläubigers entspricht die **Verbindlichkeit** des Schuldners. Zu den F.en zählen Ansprüche auf Geldzahlungen aufgrund von Warenlieferungen und Leistungen; Sicht-, Termin- und Sparguthaben bei Banken sowie Bargeld; durch Wechsel und Schuldverschreibungen verbriefte Ansprüche sowie die durch Aktien und auf andere Weise verkörperten Beteiligungsrechte. Nicht dazu zählen → immaterielle Vermögensobjekte sowie Ansprüche auf Warenlieferungen, die etwa durch Konnossemente, Lager- und Ladescheine verbrieft werden. Gliederung nach Laufzeit, Art der Verbriefung, Zugehörigkeit von Gläubiger oder Schuldner zu bestimmten Sektoren. Bestandsgröße. Synonyme für F.: Finanzaktivum; Finanzielles Aktivum; Geldwertes Recht; Unsichtbares Aktivum; Geldaktivum; Geldvermögenswert; Finanzieller (Vermögens-)Wert. Für V.: Schuld; Verpflichtung (so in Statistiken der Deutschen Bundesbank). S. 11 f., 163.

**Geldbestand** = *Summe aus Bargeldumlauf (ohne Kassenbestände der Geschäftsbanken) und Sichtguthaben inländischer Nichtbanken bei Banken.* Dies ist die Grunddefinition des G.es, sie sei hier als $M_0$ bezeichnet. Es kann zweckmäßig sein, gewisse → Forderungen von $M_0$ abzuziehen und andere zu addieren. Man gelangt dann beispielsweise zu den folgenden weiteren Definitionen. $M_1 = M_0$ ohne Zentralbankguthaben inländischer öffentlicher Haushalte. Dies ist das **Geldvolumen** gemäß der Definition der Deutschen Bundesbank seit Juli 1971. $M_{1a} = M_1$ plus Termingelder mit einer Befristung bis unter drei Monaten. Diese Größe galt von Januar 1969 bis Juli 1971 in der Berichterstattung der Bundesbank als Geldvolumen. $M_2 = M_1$ plus Termingelder mit einer Befristung bis unter vier Jahren. $M_3 = M_2$ plus Spareinlagen mit gesetzlicher Kündigungsfrist. Synonyme: Geldmenge. Für $M_1$: Geldvolumen im engeren Sinne. Für $M_2$: Geldvolumen im weiteren Sinne. Bestandsgrößen. S. 164–171.

**Geldexport** = *Nettozunahme der kurzfristigen Forderungen inländischer Kreditinstitute gegenüber ausländischen Kreditinstituten einschließlich ihrer Bestände an ausländischen Schatzwechseln, unverzinslichen Schatzanweisungen und als Geldanlage erworbenen Auslandswechseln;* oder = *Zunahme der Geldmarktanlagen inländischer Kreditinstitute im Ausland.* Wird in der → Bilanz des kurzfristigen Kapitalverkehrs erfaßt. Bestandsänderungsgröße.

**Geldimport** = *Abnahme der kurzfristigen Netto-Auslandsposition der inländischen Kreditinstitute.* Wird in der → Bilanz des kurzfristigen Kapitalverkehrs erfaßt. Bestandsänderungsgröße.

**Geldvermögen** = *Wert der → Forderungen abzüglich Wert der Verbindlichkeiten eines Wirtschaftssubjekts, eines → Sektors oder einer Volkswirtschaft gegenüber der jeweiligen Umwelt.* Das G. kann positiv, gleich null oder negativ sein. Abweichend hiervon nennt die Deutsche Bundesbank die Summe der Forderungen das G., den Saldo aus Forderungen und Verbindlichkeiten das „Nettogeldvermögen". Bestandsgröße. Synonyme: Nettoforderungen; Nettoposition; Netto-Finanzierungsposition; Finanzvermögen. S. 63, 179.

**Geldvermögensrechnung, sektorale**=*Statistischer Nachweis der zu einem Zeitpunkt in einer Volkswirtschaft zwischen ihren →Sektoren bestehenden →Forderungen und Verbindlichkeiten.* Synonym: Die Deutsche Bundesbank veröffentlicht s. G.en im Rahmen ihrer →gesamtwirtschaftlichen Finanzierungsrechnungen und überschreibt die entsprechenden Tabellen „Geldvermögen und Verpflichtungen nach Sektoren". Bestandsrechnung. S. 67–72.

**Generalhandel**=*Gesamtheit des →Exports von Waren aus dem Erhebungsgebiet und des →Imports von Waren in dieses, ohne Durchfuhr von Waren (Transithandel).* Der G. unterscheidet sich vom →Spezialhandel in der Behandlung des Lagerverkehrs (=Ein- und Ausfuhr ausländischer Waren auf/aus Freihafen- und Zollager) gemäß der Gleichung: Ein- und Ausfuhr im Spezialhandel=Einfuhr im G. (ohne Einfuhr auf Lager) plus Einfuhr aus Lager sowie Ausfuhr im G. (ohne Ausfuhr aus Lager). Stromgröße.

**Gesamtrechnung, volkswirtschaftliche**=*Statistisches (quantitatives) Gesamtbild des Wirtschaftsprozesses in einem Land für einen Zeitraum.* Aufstellungsprinzip ist die Zusammenfassung gleichartiger Wirtschaftssubjekte zu →Sektoren und die Erfassung der zwischen ihnen stattfindenden →ökonomischen Transaktionen sowie ihrer Bestände an →Sachvermögen, →Forderungen und Verbindlichkeiten und deren Änderungen. Teilrechnungen sind sektorale →Vermögensrechnung, Einnahmen-Ausgaben-Rechnung, →gesamtwirtschaftliche Finanzierungsrechnung, →Input-Output-Rechnung, Geldbestandsrechnung, Außenwirtschaftsrechnung. Im engeren Sinne galt v. G. früher als Bezeichnung für Einnahmen-Ausgaben-Rechnung, in der nur →Leistungstransaktionen zwischen den Sektoren und mit dem Ausland erfaßt wurden, während die weiteren Teilrechnungen noch nicht existierten oder nicht in die v. G. integriert waren. Darstellung in Kontensystemen, Tabellensätzen, Gleichungssystemen, Matrixtabellen; zu didaktischen Zwecken auch in Stromdiagrammen. Besteht aus Strom-, Bestandsänderungs- und Bestandsrechnungen. Synonyme: Ex-post-Analyse des Wirtschaftsprozesses; empirische Kreislaufanalyse; volkswirtschaftliches (auch: gesamtwirtschaftliches) Rechnungswesen; Nationale Buchhaltung. Abkürzung in diesem Buch: VGR. S. 276f.

**Gewerbe, produzierendes**=*Gesamtheit der Wirtschaftsbereiche außer der Land- und Forstwirtschaft und der Dienstleistungsbereiche.* Gliederung (in der Produktionsstatistik) in Elektrizitäts- und Gasversorgung, Bergbau, Verarbeitendes Gewerbe, Bauhauptgewerbe. Das **Verarbeitende Gewerbe** wird seinerseits unterteilt in Grundstoff- und Produktionsgütergewerbe, Investitionsgüter produzierendes Gewerbe, Verbrauchsgüter produzierendes Gewerbe, Nahrungs- und Genußmittelgewerbe. Synonym: Industrie.

**Grundbilanz**=*Zusammenfassung der →Leistungsbilanz mit der →Bilanz des langfristigen Kapitalverkehrs.* Teilbilanz der →Zahlungsbilanz. Teilweise Strom-, teilweise Bestandsänderungsrechnung. Synonym: Grundzahlungsbilanz. S. 200.

**Handelsbilanz**=*Zusammenstellung des →Exports und →Imports von Waren.* Bewertung: Der Export wird fob, der Import wird in einigen Statistiken cif, in anderen fob nachgewiesen. Teilbilanz der → Leistungsbilanz und damit der → Zahlungsbilanz. Ist der Warenexport während eines Zeitraums größer als der Warenimport, so ist die H. aktiv, im umgekehrten Fall ist sie passiv. Stromrechnung. S. 195 f., 214 f.

**Haushalt, öffentlicher.** Einteilung in **Gebietskörperschaften** = *Bund einschließlich Lastenausgleichsfonds und ERP-Sondervermögen; Länder einschließlich Stadtstaaten; Gemeinden einschließlich Gemeindeverbände und kommunale Zweckverbände samt ihren Einrichtungen wie Altersheime, Feuerwehren, Krankenhäuser, Schlachthöfe; sowie → Organisationen ohne Erwerbszweck, deren Mittel überwiegend aus öffentlichen Zuschüssen stammen;* und **Sozialversicherungshaushalte** = *Rentenversicherungen der Arbeiter und Angestellten, knappschaftliche Rentenversicherung, gesetzliche Kranken- und Unfallversicherungen, landwirtschaftliche Alterskassen, Bundesanstalt für Arbeit (Arbeitslosenversicherung), Zusatzversorgungseinrichtungen für Arbeiter und Angestellte ö. H.e und Körperschaften.* S. 15 f., 70 f., 110–113, 251–255.

**Haushalt, privater** = *Wirtschaftseinheit, die hauptsächlich als Endverbraucher von Konsumgütern, Transferzahler und Anleger von Ersparnis tätig ist und die Mittel dazu aus dem Verkauf von Arbeitsleistungen, als Transfers oder Vermögenserträge, aus selbständiger Tätigkeit oder als Gewinnentnahme bezieht.* Einteilung in **Einpersonenhaushalte,** zu denen auch Untermieter zählen, und **Mehrpersonenhaushalte** = *Gruppe zusammenlebender Personen, die in bezug auf die Einkommensverwendung überwiegend gemeinsam wirtschaften.* Haus- und Betriebspersonal, Untermieter, Kostgänger und Besucher zählen nicht zu den p. H.en, bei denen sie wohnen oder von denen sie verpflegt werden. Nicht als Mitglieder p. H.e gelten Insassen und Bewohner von **Anstalten** = *öffentliche oder private Einrichtungen mit sozialer, wirtschaftlicher oder religiöser Zweckbestimmung, in denen Insassen und/oder Personal ständig gemeinschaftlich wohnen.* Zu diesen zählen Altenheime, Kasernen, Kinderheime, Klöster, Krankenhäuser (ohne die Patienten), Strafanstalten, Wohnheime und -lager. Der → Sektor p. H.e umfaßt in der VGR im weiteren Sinne auch die privaten → Organisationen ohne Erwerbszweck. Die ökonomische Aktivität der p. H.e im engeren Sinne wird in bezug auf Grundstücke, Gebäude und Wohnungen ebenso wie die Produktions- und Investitionstätigkeit der → Selbständigen und Personengesellschaften dem Sektor → Unternehmen zugeordnet. Eine sprachlich einfachere Einteilung wäre die in Personenhaushalte (= p. H.e im engeren Sinne), Anstaltshaushalte, Institutionshaushalte (= Organisationen ohne Erwerbszweck). S. 14 f., 113–115, 255–259.

**Import** = *Übergang von Waren, Dienst- und Faktorleistungen mit oder ohne Gegenleistung von Ausländern an → Inländer.* Maßgebend für die Erfassung ist die Außenhandelsstatistik und damit der Zeitpunkt des Grenzübergangs. Dienstleistungskäufe werden weitgehend zum Zeitpunkt der Zahlung nachgewiesen. Vom → Generalhandel der Außenhandelsstatistik werden der I. auf Lager auf ausländische Rechnung sowie der I. zur aktiven Lohnveredelung abgesetzt. Nicht berücksichtigt werden ferner unentgeltliche Lieferungen wie Geschenke, Muster, Warenproben, Werbemittel. Der in der Außenhandelsstatistik nicht enthaltene I. aus der DDR wird hinzugesetzt. Bei den über See eingeführten und in der Außenhandelsstatistik cif deutsche Grenze bewerteten Waren werden die Transport- und Versicherungsaufwendungen schätzungsweise abgesetzt, um die fob-Werte an der Grenze des Exportlandes zu erhalten. Stromgröße. Synonym: Einfuhr. Warenimport heißt auch sichtbare Einfuhr, Dienst- und Faktorleistungsimport unsichtbare Einfuhr. S. 117, 124 f., 214–216.

**Inländer**=*Natürliche Personen mit ständigem Wohnsitz oder gewöhnlichem Aufenthaltsort im Inland sowie alle anderen Wirtschaftssubjekte einschließlich rechtlich unselbständiger Produktionsstätten unabhängig von Nationalität und Eigentumsverhältnissen, soweit der Schwerpunkt ihrer wirtschaftlichen Aktivität im Inland liegt.* Beispielsweise gelten als Inländer auch ausländische Arbeitnehmer, soweit sie in der Bundesrepublik wohnen; nicht als Inländer gelten die Angehörigen ausländischer Streitkräfte und diplomatischer und konsularischer Vertretungen. Ausführliche Definition in: IMF [5.01], S. 19–25. Synonyme: Gebietsansässiger; Deviseninländer. Gegensatz: **Ausländer;** Gebietsfremder; Devisenausländer. S. 204 f.

**Inlandsprodukt.** Zu unterscheiden sind **Bruttoinlandsprodukt zu Marktpreisen** =*Summe der →Nettoproduktionswerte aller inländischen produzierenden Einheiten;* oder =*Summe der im Inland entstandenen →Erwerbs- und Vermögenseinkommen, der →indirekten Steuern (abzüglich →Subventionen) und →Abschreibungen;* **Nettoinlandsprodukt zu Marktpreisen**=*Bruttoinlandsprodukt zu Marktpreisen abzüglich Abschreibungen;* oder=*Summe der →Bruttowertschöpfungen aller inländischen produzierenden Einheiten;* **Nettoinlandsprodukt zu Faktorkosten**=*Nettoinlandsprodukt zu Marktpreisen abzüglich Saldo aus indirekten Steuern und Subventionen;* oder=*Summe der →Nettowertschöpfungen aller inländischen produzierenden Einheiten;* oder=*Summe der im Inland entstandenen Erwerbs- und Vermögenseinkommen.* Die drei Erscheinungsformen des I.s sind demnach als Gesamtheit der Beiträge zu ihnen (in Gestalt der Nettoproduktionswerte, der Brutto- und der Nettowertschöpfungen) seitens der produzierenden Einheiten innerhalb der Grenzen des Landes aufzufassen. Zugrunde liegt das Inlandskonzept: Eine Volkswirtschaft umfaßt die Gesamtheit der im Inland ansässigen produzierenden Wirtschaftssubjekte. Zum I. gehören demnach die im Inland entstandenen, aber Ausländern zufließenden Erwerbs- und Vermögenseinkommen, da sie Teil der Beiträge von im Inland befindlichen Produktionsstätten zum I. sind. Nicht zum I. gehören Erwerbs- und Vermögenseinkommen, die Inländern aus dem Ausland zufließen. Stromgrößen. Synonyme: Nominales (auch: nominelles) I.; I. in jeweiligen (auch: laufenden) Preisen. Abkürzung für Bruttoinlandsprodukt: BIP. S. 125–127, 129 f.

**Inlandsprodukt, reales**=*(Brutto- oder Netto-)Inlandsprodukt in (Markt-)Preisen eines Basisjahres.* Eine Berechnung des Nettoinlandsprodukts zu Faktorkosten in Preisen eines Basisjahres wird nicht vorgenommen. Stromgröße. Synonyme: Preisbereinigtes (Brutto- oder Netto-)Inlandsprodukt; (Brutto- oder Netto-)Inlandsprodukt in konstanten Preisen. S. 144 f.

**Input-Output-Rechnung**=*Darstellung der Verflechtung zwischen den Wirtschaftszweigen einer Volkswirtschaft während eines Zeitraums in Form einer Matrixtabelle.* Erfaßt werden die Lieferungen oder Verkäufe von →Vorleistungen und Endnachfragegütern sowie die →Importe, der Einsatz von Faktorleistungen und die Zahlungen →indirekter Steuern (minus →Subventionen). Stromrechnung. Synonyme: Input-Output-Tabelle; Einsatz-Ausstoß-Tabelle; Verflechtungstabelle. S. 269–276.

**Investition**=*Kauf oder Einsatz selbst hergestellter Sachgüter zur Erhaltung, Vergrößerung oder Umgestaltung des →volkswirtschaftlichen Produktionsapparats.* Von diesem volkswirtschaftlichen I.sbegriff ist der weitere betriebswirtschaftliche zu unterscheiden, der auch dauerhafte Anlagen in →Forderungen einschließt. Volkswirtschaftlich sind zu unterscheiden **Bruttoinvestition**=*Wert des Zugangs an Sachgütern im Bereich der Un-*

*ternehmen, öffentlichen Haushalte und privaten Organisationen ohne Erwerbszweck einschließlich Wohnungsbau der privaten Haushalte;* **Nettoinvestition** = *Bruttoinvestition abzüglich der durch Abschreibungen erfaßten Wertminderungen;* **Reinvestition** = *Teil der Bruttoinvestition, der rechnerisch dem Ersatz der durch Verschleiß oder Veraltung ausgeschiedenen Teile des Produktionsapparats dient.* Gliederung der Brutto- und Nettoinvestition in → Anlageinvestition und → Lagerinvestition. Stromgrößen. Synonyme: Sachvermögensbildung; Kapitalakkumulation; Realkapitalbildung. Für Reinvestition: Ersatzinvestition. S. 88 f., 104–106.

**Investitionsquote, gesamtwirtschaftliche.** Zu unterscheiden sind **Bruttoinvestitionsquote** = *Anteil der → Bruttoinvestition am → Bruttosozialprodukt zu Marktpreisen;* und **Nettoinvestitionsquote** = *Anteil der → Nettoinvestition am → Nettosozialprodukt zu Marktpreisen.* Dimensionslos. S. 146.

**Kapital** = *Zur Erzielung von → Einkommen eingesetztes oder einsetzbares → Vermögen.* K. tritt in drei Formen auf: **Geldkapital** = *In produzierenden Einheiten angelegte langfristige Forderungen,* unterteilt in Beteiligungskapital (durch Aktien oder andere Beteiligungsrechte verbrieft) und geliehenes K. (durch festverzinsliche Wertpapiere verbrieft); **Sachkapital** = *Im Produktionsprozeß eingesetzte dauerhafte und nichtdauerhafte Produktionsmittel einschließlich Boden und der Bestände an Halb- und Fertigwaren.* Nicht zum K. gehören demnach Geld- und Konsumgüterbestände → privater Haushalte. Im weiteren Sinne ist eine Form des K.s auch **Humankapital** = *Gesamtheit der im Produktionsprozeß verwertbaren Kenntnisse und Fähigkeiten von Menschen.* Geld- und Sachkapital wechseln im Produktionsprozeß ständig ihre Form. Bei der Gründung eines Unternehmens wird Geldkapital aufgebracht, das zum Kauf von Produktionsmitteln eingesetzt wird, die sich im Zuge der Produktion langsamer (→ Anlagevermögen) oder schneller (Umlaufvermögen) in Geldkapital zurückverwandeln, womit der Umschlag von neuem beginnt (vgl. den Kommentar zu Konto 2.2, S. 54). Entsprechend ist **Kapitalist** = *Person(enmehrheit), die über K. verfügt, und zwar indem sie (a) Eigentum an ihm besitzt; (b) über seinen Einsatz im Produktionsprozeß entscheidet* (dieser Teil des Verfügungsrechts wird häufig delegiert); *(c) das aus dem Einsatz fließende Einkommen an sich zieht; (d) das Risiko des Verlustes trägt.* Insbesondere entwertet der technische Fortschritt ständig Sach- und Humankapital und damit das in Sachkapital angelegte Geldkapital: Produkte werden anderweitig billiger hergestellt oder veralten, Fähigkeiten und Kenntnisse werden nicht mehr gebraucht. Synonyme: Für Sachkapital: Realkapital; Produktivkapital; Produktivvermögen; Produktionsapparat. Für Humankapital: Arbeitsvermögen. Für Kapitalgut: Investitionsgut.

**Kapitalexport** = *Zunahme des Saldos aus → Forderungen und Verbindlichkeiten von → Inländern (ohne Zentralbank) gegenüber Ausländern;* oder = *Zunahme des Auslands-Geldvermögens von Inländern außer der Zentralbank.* Gliederung in kurzfristigen und langfristigen sowie in privaten und öffentlichen K. Wird in der → Kapitalverkehrsbilanz erfaßt. Bestandsänderungsgröße. S. 211.

**Kapitalimport** = *Abnahme des Saldos aus → Forderungen und Verbindlichkeiten von → Inländern (ohne Zentralbank) gegenüber Ausländern;* oder = *Abnahme des Auslands-Geldvermögens von Inländern (ohne Zentralbank).* Gliederung in kurzfristigen und langfristigen sowie in privaten und öffentlichen K. Wird in der → Kapitalverkehrsbilanz erfaßt. Bestandsänderungsgröße. S. 211.

**Kapitalintensität der Arbeit** = → *Brutto-Anlagevermögen je Beschäftigten;* oder = *Durchschnittliche Ausstattung eines Arbeitsplatzes mit dauerhaften Produktionsmitteln.* Dimension: DM in konstanten Preisen je durchschnittlich Beschäftigten. S. 321 f.

**Kapitalkoeffizient** = → *Brutto-Anlagevermögen je Einheit des Produktionsergebnisses.* Reziproker Wert der → Kapitalproduktivität. S. 319–321.

**Kapitalproduktivität** = *Produktionsergebnis je Einheit des* → *Brutto-Anlagevermögens.* Reziproker Wert des → Kapitalkoeffizienten. S. 319.

**Kapitalverkehrsbilanz** = *Zusammenfassung der* → *Bilanz des kurzfristigen Kapitalverkehrs mit der* → *Bilanz des langfristigen Kapitalverkehrs.* Ihr Saldo gibt die Änderung der zusammengefaßten Nettoauslandsposition aller → Inländer außer der Deutschen Bundesbank an. Teilbilanz der → Zahlungsbilanz. Bestandsänderungsrechnung. Synonyme: Kapitalbilanz; Bilanz des Kapitalverkehrs; Bilanz der Kapitalbewegungen. S. 199, 211.

**Konsum, privater** = *Käufe der* → *privaten Haushalte von Sachgütern und Dienstleistungen plus Summe des* → *Eigenverbrauchs der* → *privaten Organisationen ohne Erwerbszweck, zuzüglich* → *unterstellter Transaktionen wie* → *Eigenverbrauch der Unternehmer, Deputate und Nutzung von Wohnungen durch die Eigentümer.* Ohne Käufe von Grundstücken, Gebäuden und Wohnungen. Gliederung in Käufe von dauerhaften Konsumgütern, nichtdauerhaften Konsumsachgütern und Dienstleistungen. Unterscheidung zwischen **Inlandskonsum** = *Käufe bei inländischen Wirtschaftseinheiten für den p. K. unabhängig davon, ob die Käufer* → *Inländer oder Ausländer sind;* und **Inländerkonsum** = *Käufe inländischer privater Haushalte von Konsumgütern im In- und Ausland.* Stromgrößen. Synonym: Privater Verbrauch. S. 102.

**Konsum, staatlicher** = *Summe des* → *Eigenverbrauchs der* → *öffentlichen Haushalte;* oder = *Wert der von öffentlichen Haushalten unentgeltlich zur Verfügung gestellten Dienstleistungen.* Stromgröße. Synonyme: Staatsverbrauch; Öffentlicher Verbrauch. S. 113, 117.

**Konsumquote, gesamtwirtschaftliche** = *Anteil des* → *privaten Konsums am* → *Bruttosozialprodukt zu Marktpreisen.* Dimensionslos.

**Lagerinvestition** = *Änderung der Bestände an nichtdauerhaften Produktionsmitteln einschließlich Handelsware und eigenen Erzeugnissen im Bereich der* → *Unternehmen und öffentlichen Haushalte.* Kann einzel- und gesamtwirtschaftlich positiv, gleich null oder negativ sein. Änderungen der Viehbestände werden erfaßt, nicht dagegen Änderungen der Waldbestände und Bodenschätze. Bewertung zu jahresdurchschnittlichen Herstellungskosten oder Einstandspreisen. Stromgröße. Synonyme: Vorratsinvestition; Vorratsänderung; Lagerbestandsänderung. S. 105, 109.

**Leistungsbilanz** = *Zusammenfassung von* → *Handels-,* → *Dienstleistungs- und* → *Übertragungsbilanz;* oder = *Zusammenstellung aller* → *Leistungstransaktionen zuzüglich der Realtransfers zwischen* → *Inländern und Ausländern.* Der Saldo der L. gibt die Änderung der zusammengefaßten Netto-Auslandsposition aller Inländer gegenüber dem Ausland an. Teilbilanz der → Zahlungsbilanz. Stromrechnung. Synonym: Bilanz der laufenden Posten. S. 124, 200.

**Lohnquote, gesamtwirtschaftliche** = *Anteil des* → *Bruttoeinkommens aus unselbständiger Arbeit am* → *Volkseinkommen.* Dimensionslos. S. 323 f.

**Masseneinkommen**=*Summe aus Bruttolöhnen und -gehältern sowie öffentlichen Einkommensübertragungen an →private Haushalte nach Abzug →direkter Steuern und sonstiger →laufender Übertragungen an den Staat;* oder=→*Verfügbares Einkommen der privaten Haushalte ohne verteilte →Einkommen aus Unternehmertätigkeit und Vermögen.* Stromgröße.

**Organisation ohne Erwerbszweck**=*Von einer Gruppe von →Wirtschaftssubjekten gegründete Institution, die ihre Leistungen überwiegend ohne kostendeckende Entgelte abgibt und hauptsächlich durch freiwillige Zahlungen wie Beiträge, Spenden und Zuschüsse finanziert wird.* Nach der Sektorzugehörigkeit der Geldgeber unterscheidet man **private O.en o. E.** als Zusammenschlüsse →privater Haushalte im engeren Sinne in Gestalt von Kirchen, Gewerkschaften, politischen Parteien, Vereinen, Stiftungen; O.en o. E. (ohne nähere Kennzeichnung), die im Dienst von →Unternehmen stehen und von diesen unterhalten werden, wie Arbeitgeber- und Wirtschaftsverbände, Industrie- und Handelskammern; sowie überwiegend mit öffentlichen Zuschüssen finanzierte **öffentliche O.en o. E.,** die sich wissenschaftlichen (Forschungs- und Versuchsanstalten), kulturellen oder sonstigen Zwecken widmen. In der VGR werden die O.en o. E., falls nicht gesondert ausgewiesen, dem →Sektor zugeordnet, für den sie überwiegend tätig sind. Synonym: Organisation ohne Erwerbscharakter. S. 17, 255 f.

**Produktionsapparat, gesamtwirtschaftlicher**=*Gesamtheit der Sachgüter* (dauerhafte Produktionsmittel und Lagerbestände) *im Bereich der →Unternehmen, →öffentlichen Haushalte und →Organisationen ohne Erwerbszweck, einschließlich Wohnbauten der →privaten Haushalte.* Bestandsgröße. Synonyme: Erzeugersachkapital; Kapitalstock; Realkapital(bestand). S. 5, 76–78, 308–312.

**Produktionswert.** Zu unterscheiden sind **Bruttoproduktionswert**=*Wert der von einer produzierenden Einheit während eines Zeitraums erzeugten Sachgüter und Dienstleistungen;* oder=*Summe aus Umsatz und Wert der Bestandsänderung an eigenen Erzeugnissen und der selbsterstellten Anlagen einer produzierenden Einheit;* und **Nettoproduktionswert**=*Bruttoproduktionswert abzüglich →Vorleistungen.* Zum Umsatz gehören auch die Verkäufe von Handelsware (=gekaufte und unbearbeitet und ohne technische Verbindung mit eigenen Erzeugnissen weiterverkaufte Waren), der →Eigenverbrauch der Unternehmer und Einnahmen aus Vermietung. Werden wie bei →öffentlichen Haushalten Dienstleistungen unentgeltlich abgegeben, treten an die Stelle des Umsatzes die zur Herstellung eingesetzten Aufwendungen. Eigene Erzeugnisse sind unfertige und fertige Waren aus eigener Produktion. Verkäufe werden zu Marktpreisen; der Eigenverbrauch der Unternehmer, die Bestandsänderung an eigenen Erzeugnissen und die selbsterstellten Anlagen zu Herstellungskosten bewertet. Der N. einer produzierenden Einheit ist ihr Beitrag zum →Bruttoinlandsprodukt zu Marktpreisen. Stromgrößen. Synonym: In der VGR des Statistischen Bundesamts ist „P." Synonym für die hier als „Bruttoproduktionswert" bezeichnete Größe. Was hier „Nettoproduktionswert" heißt, wird dort als „Bruttowertschöpfung" bezeichnet. S. 87, 106 f., 244.

**Realtauschverhältnis**=*Quotient aus dem Index der Durchschnittswerte (oder dem Preisindex) der Warenausfuhr und dem Index der Durchschnittswerte (oder dem Preisindex) der Wareneinfuhr.* Dimensionslos. Synonyme: Reales Austauschverhältnis; Terms of Trade. S. 153 f., 230–232.

**Restposten der Zahlungsbilanz**=*Differenz zwischen der Änderung der Auslandsposition der Bundesbank (einschließlich deren Ausgleichsposten) und dem Saldo der zusammengefaßten →Leistungsbilanz und →Kapitalverkehrsbilanz.* Beruht auf Mängeln bei der statistischen Erfassung der Transaktionen zwischen →Inländern und Ausländern. Saldo aus Strom- und Bestandsänderungsgrößen. Synonyme: Saldo der nicht erfaßten Posten und der statistischen Ermittlungsfehler; Saldo der statistisch nicht aufgliederbaren Transaktionen; Fehler und Auslassungen. S. 200–202, 290.

**Sektor**=*Zusammenfassung von Wirtschaftssubjekten.* Häufig werden →Unternehmen, →öffentliche Haushalte und →private Haushalte zu je einem S. zusammengefaßt. Auch das Ausland kann als S. angesehen werden. In der →gesamtwirtschaftlichen Finanzierungsrechnung bildet man den →Finanzsektor. Wird ein S. untergliedert, entstehen **Teilsektoren** (auch: Untersektoren). Transaktionen oder Kreditbeziehungen zwischen den zu einem S. zusammengefaßten Wirtschaftssubjekten werden oft weggelassen (aufgerechnet) und nur die Transaktionen oder Kreditbeziehungen zur Umwelt wiedergegeben. S. 15, 65 f.

**Sozialbeitrag**=*Zahlung eines →privaten Haushalts oder anderer Wirtschaftssubjekte zugunsten eines solchen an eine Einrichtung der sozialen Sicherung.* Einteilung in der VGR in **tatsächliche S.e** (Arbeitgeber- und Arbeitnehmerbeiträge an →Sozialversicherungshaushalte, Pflicht- und freiwillige Beiträge von →Selbständigen und Hausfrauen, Beiträge des Staates zugunsten von Empfängern von →Sozialleistungen, Beiträge von →Unternehmen an Versicherungsunternehmen zugunsten ihrer Arbeitnehmer) und **unterstellte S.e.** Dies sind in den Einkommensumverteilungskonten gebuchte fiktive Zahlungen der privaten Haushalte an Wirtschaftssubjekte, die als Arbeitgeber entsprechende Sozialleistungen gewähren. Beispiele sind u. S.e an private Arbeitgeber in Höhe der laufenden Betriebsrenten zuzüglich der Netto-Rückstellungen für zukünftige solche Renten, an den Staat und an →private Organisationen ohne Erwerbszweck als Gegenposten für die Beamtenversorgung, Beihilfen und ähnliches. Stromgröße. S. 110, 253.

**Sozialleistung**=*Laufende Zahlung an →private Haushalte oder an Ausländer ohne spezielle Gegenleistung zur Abdeckung sozialer Risiken.* Zahler sind →Unternehmen (Leistungen von Versicherungsunternehmen und Versorgungswerken, Betriebsrenten, Beihilfen), →Sozialversicherungshaushalte (Sozial- und Unfallrenten, Arbeitslosen- und Krankengeld), →Gebietskörperschaften (Pensionen und Beihilfen an Beamte, Kriegs- und Wehrdienstopferversorgung, Lastenausgleichs- und Wiedergutmachungsleistungen, Arbeitslosen- und Sozialhilfe, Kinder- und Wohngeld, Ausbildungsbeihilfen), →private Organisationen ohne Erwerbszweck (Pensionen, Beihilfen). Stromgröße. S. 253.

**Sozialleistungsquote**=*Quotient aus dem Gesamtbetrag der →Sozialleistungen in einer Volkswirtschaft während eines Zeitraums und dem →Bruttosozialprodukt zu Marktpreisen.* Dimensionslos.

**Sozialprodukt.** Zu unterscheiden sind: **Bruttosozialprodukt zu Marktpreisen**= *Summe aus →privatem und →staatlichem Konsum, →Bruttoinvestition und Saldo aus →Export und →Import;* oder=*Wert aller Sachgüter und Dienste, die während eines Zeitraums erzeugt, aber im gleichen Zeitraum nicht wieder im heimischen Produktionsprozeß ver-*

*braucht wurden, abzüglich Import;* **Nettosozialprodukt zu Marktpreisen** = *Summe aus privatem und staatlichem Konsum, Nettoinvestition und Saldo aus Export und Import;* oder = *Bruttosozialprodukt zu Marktpreisen minus → Abschreibungen;* **Nettosozialprodukt zu Faktorkosten** = → *Volkseinkommen.* Basiert auf dem Inländerkonzept: Eine Volkswirtschaft umfaßt die Gesamtheit der → Inländer. Nicht zum S. gehören demnach im Inland entstandene → Erwerbs- und Vermögenseinkommen, die Ausländern zufließen. Anderseits werden im Ausland entstandene Erwerbs- und Vermögenseinkommen, die Inländern zufließen, zum S. gerechnet. Alle genannten Komponenten des Bruttosozialprodukts zu Marktpreisen enthalten → unterstellte Transaktionen. Brutto- und Nettosozialprodukt zu Marktpreisen werden sowohl zu jeweiligen Preisen als auch zu Preisen eines Basisjahres (→ reales Sozialprodukt) berechnet. Stromgrößen. Synonyme: Inländerprodukt; nominales (auch: nominelles) S.; S. zu jeweiligen (auch: laufenden) Preisen. Abkürzungen für Brutto- und Nettosozialprodukt zu Marktpreisen: BSP und NSP. Statt von S. wird gelegentlich ungenau von der „wirtschaftlichen Gesamtleistung" gesprochen. S. 8, 101–103, 116f., 125 f., 146f., 288.

**Sozialprodukt, reales** = *(Brutto- oder Netto-) → Sozialprodukt zu (Markt-)Preisen eines Basisjahres.* Eine Berechnung des → Nettosozialprodukts zu Faktorkosten in Preisen eines Basisjahres wird nicht vorgenommen. Stromgröße. Synonyme: Preisbereinigtes (Brutto- oder Netto-)Sozialprodukt; (Brutto- oder Netto-)Sozialprodukt in konstanten Preisen. S. 144 f.

**Spezialhandel** = *Einfuhr ausländischer Waren, direkt und aus Lager, in den freien Verkehr, zur aktiven und nach passiver Veredelung, sowie als Bedarf deutscher Seeschiffe und Luftfahrzeuge; Ausfuhr von Waren aus dem freien Verkehr, nach aktiver und zur passiven Veredelung, sowie als Bedarf ausländischer Seeschiffe und Luftfahrzeuge.* Gold und Silber für internationale Zahlungszwecke sind nicht eingeschlossen. Lager sind Freihafen- und Zollager. Aktive Veredelung ist die zollamtlich bewilligte Be- und Verarbeitung sowie Ausbesserung ausländischer Waren im Zollgebiet und in den Zollfreigebieten; passive Veredelung ist die Be- und Verarbeitung von Waren im Ausland. In der amtlichen Außenhandelsstatistik werden die Waren mit ihren Grenzübergangswerten erfaßt, also die Ausfuhr fob, die Einfuhr cif (ohne deutsche → Einfuhrabgaben). Im Unterschied zum S. umfaßt der → Generalhandel zusätzlich in Ein- und Ausfuhr auch diejenigen Waren, die auf Lager ein- und von diesem wieder ausgeführt werden, ohne in das Erhebungsgebiet zu gelangen. Stromgröße.

**Steuern** = *„Geldleistungen, die nicht eine Gegenleistung für eine besondere Leistung darstellen und von einem öffentlich-rechtlichen Gemeinwesen zur Erzielung von Einnahmen allen auferlegt werden, bei denen der Tatbestand zutrifft, an den das Gesetz die Leistungspflicht knüpft; die Erzielung von Einnahmen kann Nebenzweck sein. Zölle und Abschöpfungen sind Steuern im Sinne dieses Gesetzes."* Dies ist die Definition in § 3 der Abgabenordnung (AO 1977), BGBl. I 1976, S. 620. Für die Zwecke der VGR werden S. in → direkte und → indirekte S. eingeteilt. S. 13 f., 108, 110, 154 f., 281 f.

**Steuer, direkte** = → *Steuer oder ähnliche Abgabe, die von → öffentlichen Haushalten laufend bei → Unternehmen oder → privaten Haushalten erhoben wird und das → Einkommen der Belasteten vermindert.* Einteilung in d. S.n auf Einkommen und → Vermögen (veranlagte Einkommensteuer, Lohn-, Körperschaft-, Vermögensteuer, Lastenausgleichsabgaben), d. S.n auf den privaten Verbrauch (Kraftfahrzeugsteuer der privaten Haushalte, Hunde- und Jagdsteuer). Hinzugerechnet wird der (1970/71 erhobene) Konjunkturzuschlag zur Einkommensteuer, nicht hinzugerechnet werden als → Vermögensübertragungen gebuchte d. S.n wie Erbschaft- und Schenkungsteuer, Ablösungsbeträge für Lastenausgleichsabgaben. Stromgröße. S. 119, 249.

**Steuer, indirekte**=*Steuer oder ähnliche Abgabe, die von → öffentlichen Haushalten oder Einrichtungen der Europäischen Gemeinschaften bei Produzenten erhoben wird und bei der Gewinnermittlung (nicht als Sonderausgabe) abzugsfähig ist.* Die i. S.n knüpfen an den Einsatz von Produktionsfaktoren, die Produktion, den Umsatz oder die → Einfuhr an. Einteilung in der VGR in **Produktionssteuern, nichtabzugsfähige Umsatzsteuer** und **Einfuhrabgaben.** Zu den P. gehören Grund- und Grunderwerbsteuer; Gewerbe-, Kapitalverkehr-, Versicherung-, Getränkesteuer; Verbrauchsteuern außer auf → Einfuhren; Kraftfahrzeugsteuer und Verwaltungsgebühren, soweit nicht von → privaten Haushalten entrichtet; „Kohlepfennig" und ähnliche Abgaben; Umlagen der Europäischen Gemeinschaft für Kohle und Stahl. Die n. U. ist der Teil der Mehrwert- und Einfuhrumsatzsteuer, der von den Käufern der steuerbelasteten Waren und Dienstleistungen nicht als Vorsteuer abgezogen werden darf. Als entrichtet gelten auch Beträge, die aufgrund steuerlicher Sonderregelungen von den Steuerpflichtigen einbehalten werden dürfen; zum Ausgleich wird eine → Subvention in gleicher Höhe unterstellt. E. werden beim Grenzübergang von Waren und Dienstleistungen vom Ausland ins Inland fällig und umfassen Zölle, Verbrauchsteuern auf Einfuhren sowie Abschöpfungs- und Währungsausgleichsbeträge bei der Einfuhr landwirtschaftlicher Erzeugnisse. Stromgrößen. Synonym: Manche Autoren, früher auch das Statistische Bundesamt, nennen i. S.n auch „Kostensteuern". Diese Bezeichnung wird hier vermieden, da sie weder Steuern auf Kosten noch selbst Kosten sind, vgl. den Kostenbegriff S. 5. S. 108, 118.

**Steuerquote, volkswirtschaftliche**=*Quotient aus dem gesamten Aufkommen an → Steuern in einer Volkswirtschaft während eines Zeitraums und dem → Bruttosozialprodukt zu Marktpreisen.* Die Quote kann auch für einzelne Steuern berechnet werden: **Einkommensteuerquote, Umsatzsteuerquote.** Sie ist ein grobes Maß für die Umverteilungstätigkeit der → Gebietskörperschaften ohne die der → Sozialversicherungshaushalte. Rechnet man die → Sozialbeiträge im Zähler der v. S. hinzu, ergibt sich die **volkswirtschaftliche Abgabenquote.** Synonym für v. S.: volkswirtschaftliche Steuerlastquote. Dimensionslos.

**Stromgröße**=*In Geldeinheiten bewertete oder in physischen Einheiten gemessene Größe, die für einen Zeitraum festgelegt wird, mit der Dimension „(Geld- oder Mengen-)Einheiten je Zeitraum".* Die meisten Stromgrößen entstehen aus der Zusammenfassung von → Transaktionen während eines Zeitraums und sind daher diskontinuierlich (Käufe von Sachgütern, Kreditgewährungen, alle Zahlungsein- und -ausgänge). Einige sind zeitweilig oder ständig kontinuierlich: Nutzung von Boden und von Wohnungen, Abgabe von Arbeitsleistungen, Lieferung von Elektrizität. Synonym: Zeitraumgröße. S. 47, 93 f.

**Subvention**=*Finanzhilfe → öffentlicher Haushalte an → Unternehmen, hauptsächlich in Gestalt von Transferzahlungen, geldwerten Leistungen, Einnahmeverzichten, Abnahmegarantien oder Bürgschaften, die an den Einsatz von Produktionsfaktoren, die laufende Produktionstätigkeit, deren Ergebnisse oder den Verkauf von Erzeugnissen anknüpfen und das Ziel* *haben, Produktionsprozesse aufrecht zu erhalten; Produktivitätsfortschritte, Unternehmenswachstum oder Strukturwandel zu fördern; Preise niedrig zu halten oder → Einkommen zu erhöhen.* Der Empfang von S.en kann mit Auflagen verbunden sein. Das Abgrenzungsproblem gegenüber anderen → laufenden Übertragungen des Staates wird vom Bundesgesetzgeber eher willkürlich gelöst; so zählen laut Subventionsbericht [I.20], S. 8 f. auch Zahlungen an → private Haushalte von Wohngeld und die gesamte Sparförderung zu den S.en, nicht jedoch Zuschüsse an die Deutsche Bundesbahn oder die allgemeine Förderung von Forschung und Entwicklung. In der VGR werden nur S.en in Gestalt von Geldzahlungen (Zuschüssen) erfaßt. Stromgröße. S. 108, 247.

**Transaktion, ökonomische** = *Übergang eines → Wirtschaftsobjekts von einem → Wirtschaftssubjekt auf ein anderes.* Beim Übergang mit Gegenleistung fällt dieser mit dem Zeitpunkt zusammen, in dem eine → Forderung oder Verbindlichkeit entsteht und geht bei Sachgütern daher häufig mit dem Eigentumsübergang einher. Gliederung danach, ob ein Gut oder eine Forderung mit oder ohne Gegenleistung übergeht; oder in **Leistungstransaktionen** = *Ändern die → Geldvermögen der Beteiligten der Höhe nach;* und **Finanztransaktionen** = *Ändern nicht die Höhe der Geldvermögen.* Eine ö. T. ist kleinste Einheit einer Stromgröße. S. 12–14, 46 f., 93–97.

**Transaktion, unterstellte** = *In die → VGR aufgenommene Transaktion, die entweder nicht oder nicht so stattgefunden hat, wie sie erfaßt wird.* S. 207, 283–285.

**Übertragung** = *Übergang eines Gutes oder einer → Forderung von einem → Wirtschaftssubjekt an ein anderes ohne ökonomische Gegenleistung.* Einteilung in → laufende Übertragungen und → Vermögensübertragungen. Stromgröße. Synonyme: Unentgeltliche Leistung; Transfer. Für freiwillige Übertragung: Schenkung. Für Übertragung von Geld: Transferzahlung. S. 13, 93, 122–124.

**Übertragung, laufende** = → *Übertragung, die weder vom Geber noch vom Empfänger wegen ihrer Höhe als unmittelbar vermögenswirksam angesehen wird.* Zu ihnen zählen → Subventionen, die meisten → Steuern und die meisten Übertragungen an → private Haushalte. Stromgröße. S. 265 f.

**Übertragungsbilanz** = *Zusammenstellung der Gegenbuchungen zu allen ohne Gegenleistung erfolgten Güter- und Forderungstransaktionen zwischen → Inländern und Ausländern.* Gliederung in private und öffentliche Leistungen. Teilbilanz der → Leistungsbilanz und der → Zahlungsbilanz. Stromrechnung. Synonyme: Bilanz der unentgeltlichen Leistungen; Schenkungsbilanz. S. 197–199, 209.

**Übertragungseinkommen** = → *Einkommen ohne spezielle Gegenleistung.* Fließt überwiegend in Gestalt von → Sozialleistungen von → öffentlichen an → private Haushalte. Statistisch unerfaßt bleiben Unterstützungszahlungen zwischen privaten Haushalten. Nicht dazu zählen → Subventionen. Stromgröße. Synonyme: Einkommensübertragung; Transfereinkommen. S. 114.

**Unternehmen** = *Rechtlich selbständiges → Wirtschaftssubjekt, das selbst bilanziert, Sachgüter oder Dienstleistungen herstellt und gegen spezielles Entgelt verkauft oder vorwiegend Kredite nimmt und gewährt, wobei es in der Regel Überschüsse erzielt oder mindestens seine Kosten deckt.* Zu den U. zählen auch land- und forstwirtschaftliche Betriebe, Banken, Effektenbörsen, Handwerksbetriebe, freiberuflich Tätige sowie öffentliche U. wie kommunale Verkehrs- und Versorgungsunternehmen, Bundesbahn und Bundespost, Bundesanstalt für landwirtschaftliche Marktordnung. Auch Wohnungsvermietung und Nutzung von Eigentümerwohnungen gehören zum →Sektor U. Ferner werden hierzu solche →Organisationen ohne Erwerbszweck gerechnet, die wie Industrie- und Handelskammern oder Arbeitgeber- und Wirtschaftsverbände Leistungen vorwiegend an U. abgeben und von diesen finanziert werden. Nicht zu den U. gehören häusliche Bedienstete. Wichtigste Gliederungen: Nach einem rechtlichen, aber auch statistisch relevanten Kriterium in →U. mit eigener Rechtspersönlichkeit einerseits und Einzelunternehmen und Personengesellschaften anderseits. Bei Geldbestandsrechnungen: In Banken (Bundesbank und Geschäftsbanken) und Nichtbanken (alle anderen U.). Bei →gesamtwirtschaftlichen Finanzierungsrechnungen: In U. des →Finanzsektors (Finanzunternehmen) und Produktionsunternehmen. In der →Entstehungsrechnung des →Inlandsprodukts: Nach dem Schwerpunkt der wirtschaftlichen Tätigkeit, dem Produktionsverfahren und der Art der erzeugten Güter in Wirtschaftsbereiche. Synonym: Unternehmung. Im Wirtschaftsbereich Land- und Forstwirtschaft, Fischerei: Land- oder forstwirtschaftlicher Betrieb. S. 15.

**Unternehmen mit eigener Rechtspersönlichkeit**=*Aktien- und Kommanditgesellschaften, Gesellschaften mit beschränkter Haftung, Genossenschaften, bergrechtliche Gewerkschaften, Reedereien, Kreditinstitute unabhängig von ihrer Rechtsform sowie einige öffentliche Unternehmen.* Zu den letztgenannten gehören Bundesbahn, Bundesbank, Bundespost; ferner öffentliche Unternehmen ohne eigene Rechtspersönlichkeit wie Verkehrs- und Versorgungsunternehmen, bei denen nur der Saldo zwischen Einnahmen und Ausgaben im Haushalt der zuständigen →Gebietskörperschaft gebucht wird. S. 119, 248 f.

**Verbrauch, letzter**=*Summe aus →privatem und →staatlichem Konsum.* Stromgröße. Synonym: Endverbrauch. S. 246.

**Vermögen**=*Summe der Werte der Vermögensgegenstände im Eigentum eines →Wirtschaftssubjekts, eines →Sektors oder einer Volkswirtschaft zu einem Zeitpunkt abzüglich der Werte der Verbindlichkeiten.* V. ist eine Nettogröße und daher zu unterscheiden von **Bruttovermögen**=*Gesamtwert der Vermögensgegenstände eines Wirtschaftssubjekts, eines Sektors oder einer Volkswirtschaft.* Vermögensgegenstände werden in Sachgüter, →Forderungen (einschließlich Beteiligungsrechte und ähnliches) und →immaterielle Vermögensobjekte eingeteilt. Der Gesamtwert der Sachgüter bildet das **Sachvermögen.** Der Saldo aus Forderungen und Verbindlichkeiten ist das →Geldvermögen, und daher gilt auch V.=*Summe aus Sach- und Geldvermögen.* Im Alltagsleben spricht man vom V. eines Wirtschaftssubjekts häufig erst dann, wenn der Gesamtwert seiner Vermögensobjekte nicht ganz klein ist. In engerem Sinne gilt als V. nur der Gesamtwert solcher Objekte, die Erträge in Geld erbringen, →Kapital, so daß dauerhafte Konsumgüter nicht dazu gehören. In weiterem Sinne ist **Arbeitsvermögen**= →Humankapital. Ob Ansprüche an gesetzliche Rentenversicherungen zum V. der Berechtigten gehören, ist strittig. Bestandsgröße. Synonyme: Reinvermögen; Nettovermögen; in Unternehmensbilanzen auch: Eigenkapital, das sich etwa bei einer Aktiengesellschaft aus Grundkapital, Rücklagen und Gewinn(vortrag) zusammensetzt. Für Bruttovermögen: Rohvermögen; Aktivvermögen; Gesamtvermögen (so in der Vermögensteuerstatistik); Vermögen (so in der Vermögensrechnung des Bundes). Für Sachvermögen: Realvermögen; Realkapital; Sachkapital. S. 48, 80 f., 332–335.

**Vermögensobjekt, immaterielles** = *Handelbares Recht zur Ausbeutung von Lagerstätten oder zur Nutzung bestimmter Güter oder Gütergesamtheiten.* Beispiele sind Rechte zur Gewinnung von Mineralien, Erzen, Energieträgern aus ihren Lagerstätten; Wassernutzungsrechte; Patente, Lizenzen, Urheberrechte; Brennrechte; Optionsrechte; Geschäfts- oder Firmenwerte. Synonym: immaterielles Wirtschaftsgut. S. 4, 76, 78.

**Vermögensrechnung** = *Gegenüberstellung der bewerteten Vermögensgegenstände und Verbindlichkeiten für ein → Wirtschaftssubjekt, einen → Sektor oder eine Volkswirtschaft.* Die Passivposten einer V. können als Finanzierungsquellen gesehen werden, die zum Erwerb der Vermögensobjekte geführt haben und angeben, wer in welcher Höhe Ansprüche auf diese hat. Sie bezeichnen demnach die rechtlichen und wirtschaftlichen Eigentumsverhältnisse. Bestandsrechnung. S. 48 f.

**Vermögensübertragung** = *→ Übertragung von Sachgütern oder → Forderungen, die für den Geber oder den Empfänger oder beide eine wegen ihrer Höhe vermögenswirksame → Transaktion darstellt.* Gegensatz: → Laufende Übertragung. Differiert die Ansicht von Geber und Empfänger darüber, ob es sich um eine V. oder eine laufende Übertragung handelt, so wird die Ansicht der kleineren Wirtschaftseinheit zugrunde gelegt. In der Bundesrepublik sind die wichtigsten V.en die folgenden. → Private Haushalte an Staat: Erbschaftsteuer, Schenkungsteuer, Lastenausgleichs-Ablösungsbeträge. – Staat an private Haushalte: Hauptentschädigung aufgrund des Lastenausgleichs, Leistungen zur Förderung der Vermögensbildung, Vermögensentschädigungen aufgrund der Wiedergutmachung. – Private Haushalte an → Unternehmen: Zuteilung von Bauspareinlagen, Tilgung von Bauspardarlehen (beides → unterstellte Transaktionen). – Staat an Unternehmen: Investitionszuschüsse; Entschädigungen für Kriegsfolgen; Betriebsmittelzuweisungen an Bundesanstalt für landwirtschaftliche Marktordnung; Prämien für die Stillegung von Bergwerken, Schiffen und Kühen. – Unternehmen an Staat: Vermögenswirksame Steuern, Anliegerbeiträge. – Unterstellt werden unter anderem die Übertragung von Gewinnen öffentlicher Unternehmen vom Staat an den Sektor Unternehmen und die Übertragung der Eigenmittel privater und → öffentlicher Haushalte für den Wohnungsbau an den Unternehmenssektor. Die wichtigsten internationalen V.en sind: Reparationen, Marshallplan-Hilfe, Entwicklungshilfe in Form von Investitionsfinanzierung, Verzicht auf Schuldenrückzahlung. Stromgröße. Synonym: Vermögenstransfer. S. 254, 265 f.

**Verteilungsrechnung** = *Gliederung des → Volkseinkommens in → Einkommen aus unselbständiger Arbeit und → Einkommen aus Unternehmertätigkeit und Vermögen, einschließlich Nachweis der → Steuern und sonstigen Abgaben, des → verfügbaren Einkommens der → privaten Haushalte und des Staates aus Unternehmertätigkeit und Vermögen sowie der unverteilten Gewinne.* Stromrechnung. S. 132 f.

**Verwendungsrechnung** = *Gliederung des → Brutto- oder → Nettosozialprodukts zu Marktpreisen in die Komponenten → privater Konsum, → staatlicher Konsum, → Brutto- oder → Nettoinvestition und → Außenbeitrag.* Stromrechnung. S. 131.

**Volkseinkommen** = *Summe der → Erwerbs- und Vermögenseinkommen vor Abzug der → direkten Steuern und → Sozialbeiträge, die den → Inländern einer Volkswirtschaft während eines Zeitraums zugeflossen sind.* Stromgröße. Synonyme: Nettosozialprodukt zu Faktorkosten; Inländereinkommen. S. 101 f., 120 f., 132 f.

**Vorleistungen**=*Wert der von →Unternehmen, →öffentlichen Haushalten und der übrigen Welt an Unternehmen oder öffentliche Haushalte während eines Zeitraums verkauften nichtdauerhaften Produktionsgüter, die im selben Zeitraum im Produktionsprozeß eingesetzt (verbraucht, bearbeitet, verarbeitet, in andere Sachgüter eingebaut) werden; ohne Arbeitsleistungen und ohne Nutzungen von dauerhaften Produktionsmitteln und Grundstücken.* Gliederung in Sachgüter (Roh-, Hilfs-, Betriebs- und Brennstoffe; Halbfabrikate; Handelsware) und Dienstleistungen (Transportkosten, Post- und Anwaltsgebühren, Mieten, Ausgaben für Geschäftsreisen, Tagegelder). Zu den V. zählen auch Aufwendungen für die laufende Instandhaltung der dauerhaften Produktionsmittel. Die V. des Staates enthalten auch Käufe militärischer Güter unabhängig von ihrer Nutzungsdauer. Stromgröße. S. 4 f., 87, 103, 245 f.

**Vorprodukte**=*Wert der an →Unternehmen während eines Zeitraums verkauften nichtdauerhaften Produktionsmittel, die vom kaufenden Unternehmen nicht während desselben Zeitraums im Produktionsprozeß eingesetzt werden und daher dessen Lagerbestände vergrößern.* Stromgröße. S. 106, 109.

**Währungsreserve**=*Bestand der zentralen Währungsbehörde eines Landes an Gold, kurzfristig verfügbaren Guthaben bei ausländischen Banken und Geldmarktanlagen im Ausland einschließlich Sorten, Sonderziehungsrechten sowie bedingungslosen Ziehungsrechten (Reservepositionen) gegenüber internationalen Institutionen zur Beschaffung von Fremdwährungen; abzüglich Verbindlichkeiten gegenüber dem Ausland.* Nicht zur W. der Bundesrepublik Deutschland gehören langfristige →Forderungen der Deutschen Bundesbank gegen die Weltbank. Die W. ermöglicht es, jederzeit am Devisenmarkt Auslandswährungen verkaufen zu können, um den Kurs der heimischen Währung zu stützen; oder Zahlungsverpflichtungen des Landes in Fremdwährung nachkommen zu können. Bestandsgröße. S. 219–221.

**Wertschöpfung.** Zu unterscheiden sind **Bruttowertschöpfung**=*In einer produzierenden Einheit entstandener →Nettoproduktionswert abzüglich →Abschreibungen;* und **Nettowertschöpfung**=*Summe der in einem →Unternehmen, einem →öffentlichen oder →privaten Haushalt, einem →Sektor oder einer Volkswirtschaft entstandenen →Erwerbs- und Vermögenseinkommen;* oder=*Bruttowertschöpfung abzüglich Saldo aus →indirekten Steuern und →Subventionen.* Die Summe der B.en aller produzierenden Einheiten innerhalb der Grenzen eines Landes ergibt dessen →Nettoinlandsprodukt zu Marktpreisen, die Summe der N.en das →Nettoinlandsprodukt zu Faktorkosten. Stromgrößen. Synonyme: Für B.: Beitrag zum Nettoinlandsprodukt zu Marktpreisen. Für N.: Beitrag zum Nettoinlandsprodukt zu Faktorkosten. Das Statistische Bundesamt bezeichnet in seiner VGR mit „B." das, was in diesem Buch „Nettoproduktionswert" heißt. S. 87, 103, 108.

**Wirtschaftsobjekt**=*Sachgut, Dienst- oder Faktorleistung, →Forderung, →immaterielles Vermögensobjekt oder sonstiges Objekt, das Gegenstand →ökonomischer Transaktionen ist oder sein kann.* Zu den sonstigen Objekten gehören Informationen verschiedenster Art, die zweifellos auch gehandelt werden, aber in Klassifikationen wie der Gliederung der Transaktionsarten (S. 13) schwer unterzubringen sind und daher häufig ignoriert werden. Synonyme: Wirtschaftsgut; wirtschaftliches Gut; ökonomischer Wert. S. 9, 13.

**Wirtschaftssubjekt**=*Institution, die selbständig Wirtschaftspläne oder Wirtschaftsrechnungen (Bilanzen, Vermögens-, Aufwands- und Ertrags-, Haushaltsrechnungen) aufstellt* *oder aufstellen kann;* oder=*Natürliche oder juristische Person oder Personenmehrheit, die selbständig wirtschaftliche Entscheidungen trifft und danach handelt.* Grundgliederung in →private Unternehmen, →öffentliche W.e, →Organisationen ohne Erwerbszweck, →private Haushalte (im engeren Sinne). Synonyme: Wirtschaftseinheit; Wirtschaftsteilnehmer; Entscheidungseinheit; Aktor; Transaktor; Prozeßregler. S. 14–17, 22.

**Wirtschaftssubjekt, öffentliches**=→*Wirtschaftssubjekt, das in der Hauptsache Kollektivgüter in Form von Dienstleistungen herstellt, diese ohne spezielles Entgelt einem unbestimmten Abnehmerkreis (der „Allgemeinheit") zur Verfügung stellt und sich im wesentlichen aus Zwangsabgaben finanziert; oder das →Einkommen und/oder →Vermögen umverteilt; oder das sich ganz oder überwiegend im Eigentum eines ö. W.s befindet.* Einteilung in →öffentliche Haushalte, öffentliche Unternehmen und wirtschaftspolitische Instanzen. In der VGR zählen →Unternehmen im Eigentum öffentlicher Haushalte jedoch zum →Sektor Unternehmen (in der Bundesrepublik auch die Bundesmonopolverwaltungen für Branntwein, die Bundesanstalt für landwirtschaftliche Marktordnung sowie kommunale Versorgungs- und Verkehrsunternehmen einschließlich Hafenbetriebe). Synonyme (für die Gesamtheit der ö. W.e): Öffentliche Hand; Staat. S. 15 f.

**Zahlungsbilanz.** Ausführliche Definition S. 207. Strom- und Bestandsänderungsrechnung.

# Personen- und Institutionenverzeichnis

Institutionen sind nach der korrekten Bezeichnung eingeordnet, zum Beispiel die Bundespost unter „Deutsche Bundespost". Die Deutsche Bundesbank und das Statistische Bundesamt sowie geographische Eigennamen sind nicht aufgenommen.

# Sachverzeichnis

Zusammengesetzte Begriffe sind unter dem ersten Substantiv („privater Konsum" unter „Konsum, privater"), mit „Brutto-" oder „Netto-" beginnende Wörter unter dem Stammwort („Bruttovermögen" unter „Vermögen") eingeordnet. Auf die in Anhang III fettgedruckten Wörter wird mit fettgedruckten Seitenzahlen verwiesen.